轨道交通实训课新理念新形态活页式教材

轨道交通运营管理实训指导

（一）车站设备运用

主 编/邵 维 李 曼
张艳林 吴 婷

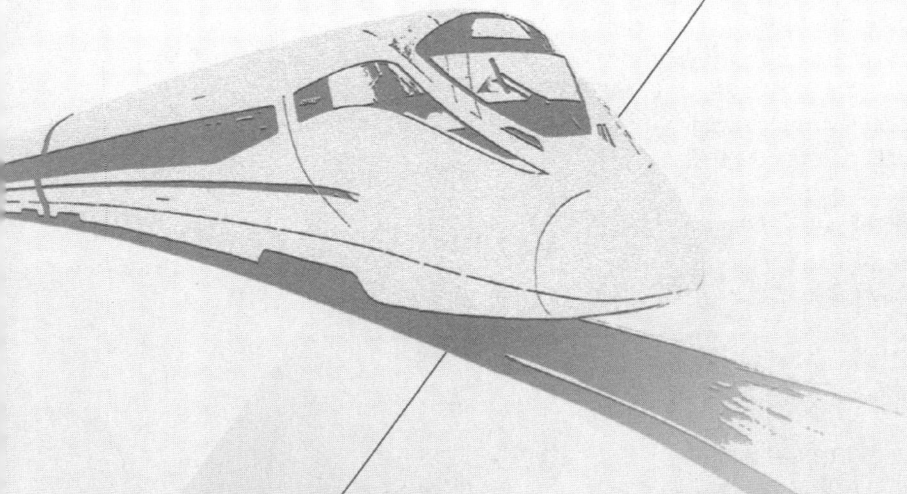

西南交通大学出版社
·成 都·

图书在版编目（CIP）数据

轨道交通运营管理实训指导. 一，车站设备运用 / 邵维等主编. —成都：西南交通大学出版社，2023.6
ISBN 978-7-5643-9338-0

Ⅰ. ①轨… Ⅱ. ①邵… Ⅲ. ①城市铁路－轨道交通－运营管理－高等职业教育－教材②城市铁路－车站设备－高等职业教育－教材 Ⅳ. ①U239.5

中国国家版本馆 CIP 数据核字（2023）第104471号

Guidao Jiaotong Yunying Guanli Shixun Zhidao
轨道交通运营管理实训指导

主 编／邵 维 李 曼 张艳林 吴 婷

责任编辑／宋浩田
封面设计／墨创文化

西南交通大学出版社出版发行
（四川省成都市金牛区二环路北一段111号西南交通大学创新大厦21楼 610031）
发行部电话：028-87600564 028-87600533
网址：http://www.xnjdcbs.com
印刷：四川玖艺呈现印刷有限公司

成品尺寸 185 mm × 260 mm
总印张 49.25 总字数 1166千
版次 2023年6月第1版 印次 2023年6月第1次

书号 ISBN 978-7-5643-9338-0
套价（全5册） 150.00元

课件咨询电话：028-81435775
图书如有印装质量问题 本社负责退换

前言
PREFACE

随着我国城市轨道交通发展步伐的不断加快，对人才的需求也相应增大。目前，国内开设城市轨道交通专业的高等院校逐渐增多，以期培养出相关企业所需的既具有专业职业素养，又掌握相关岗位所需要的理论知识和操作技能的高素质技能型人才。我国高等职业教育倡导教学做一体的教学方式，让学生在理论中掌握实际岗位所需的知识和技能，缩短自身能力与现实岗位所需的差距。

本书以城市轨道交通车站机电设备相关的理论知识以及操作技能为主线，围绕城市轨道交通机电设备进行阐述。主要从车站设备的运用、车站现场火灾应急处置、车站机电设备站台门故障处置等三大模块进行编排。每个模块包含相关的实训内容、理论链接，让学生通过理论与实践相结合，真正地掌握相关的知识和技能。

本书编写过程中参考的资料包括国家职业技能标准、国家教学标准、国家职业技能竞赛内容、1+X 城市轨道交通站务职业技能等级证书要求，在此基础上制订实训内容，并配套实训相关的数字化教学资源，使课堂内容与岗位发展要求相对接，实现人岗匹配，以培养适应行业发展的创新型高技能人才。本书图文并茂的编排方式，更有助于提高学生学习过程中的趣味性以及学习的积极性。

本书在编写时参考了国内外优秀的行业成果，编委会在此对这些文献的作者表示衷心感谢，同时感谢郑州捷安高科股份有限公司的大力支持。新教材的编写是一项探索性工作，由于时间紧迫，难免有不足之处，欢迎各使用单位以及个人对教材提出宝贵意见和建议，以便书中修订时补充更正。

编　者

2022 年 9 月

目录
CONTENTS

项目一 车站设备运用

任务一 站台门

一、实训目的

（1）掌握站台门的基本结构。
（2）掌握站台门的安全操作步骤。
（3）掌握滑动门、应急门、端门操作方法。
（4）掌握站台门控制优先级。

二、理论链接

1. 站台门控制级

1）系统级控制

在正常运行模式下，由信号系统直接对站台门进行控制，在系统级控制时，列车到站并在允许的误差范围内停稳时，列车驾驶员在驾驶室内进行开/关门操作，控制命令经信号系统发送至站台门中央接口盘（PSC），中央接口盘（PSC）通过门控单元进行开/关门控制。

2）站台级——PSL 就地控制盘

使用情况：当信号系统故障、中央接口盘（PSC）对门控单元控制失败等故障状态下，由列车司机或车站人员在站台 PSL 上操作，对屏蔽门进行的控制。

3）就地级——LCB 就地控制盒

使用情况：当因故障应急处理需要或设备测试需要，利用各门单元的 LCB 对单个滑动门单元进行操作时进行就地级操作。

（1）门单元控制回路接受信号系统、PSL、IBP 控制指令。正常情况下，LCB 应保持“自动”位。在 LCB 未恢复“自动”位前，操作人员不应离开该门单元。

（2）“手动开门”位状态下旁路安全回路，系统也无法监测到该门的状态。列车不会因该单元门打开而无法正常进出站。

（3）位于“隔离”位时，该单元门不受系统控制开关，但此单元门没有被旁路，系统可以检测到其当前门状态。

（4）LCB 钥匙在“手动开门”“手动关门”挡位都不能拔出钥匙，只能在“隔离”位或“自动”位拔出。

4）就地级——滑动门

（1）当控制系统电源不能供电或个别屏蔽门单元发生故障时，由站台人员或乘客对屏蔽门进行手动操作。

（2）手动操作打开滑动门后，需进行手动复位后方可恢复该滑动门的系统级控制。

2. 站台门控制优先级

屏蔽门开关门控制优先级从高到低依次为：滑动门手动操作（就地级）、LCB（就地级）、IBP 盘操作（车站级）、PSL 操作（站台级）、站台门与信号系统控制（系统级）。

三、实训要求

1. 实训时间

实训课时为 2 课时。

2. 实训形式

独自完成实训操作，结合理论链接以及实操完成实训考核。

3. 实训注意事项

（1）注意人身安全，避免被站台门夹住，碰伤。

（2）注意端门、应急门开关门过程中不要有异物阻挡关门。

（3）严禁在滑动门门槛处放置物品。

（4）严禁在站台门门体上放置、依靠物品。

（5）注意防止人员踩空或物品掉落入轨道的情况出现。

4. 工器具材料准备

钥匙箱包含：

（1）滑动门：机械钥匙（四角钥匙）。

（2）PSL 就地控制盘上：互锁解除钥匙。

（3）LCB 就地控制盒：LCB 钥匙。

（4）端门钥匙。

（5）应急门钥匙。

四、实训作业步骤

表 1-1-1　实训作业步骤

序号	实训内容	详细信息	图片
1	认识站台门的基本结构	主要包括滑动门、应急门、固定门、端墙门、LCB 就地控制盒、应急推杆、门头灯。滑动门是乘客上下列车的主要通道，由联锁系统控制，与车门同步	
		LCB 就地控制盘：自动位、隔离位、手动开门、手动关门。默认位置：自动位	
2	站台门安全操作	开门操作： 使用 LCB 钥匙，将钥匙从自动位直接打至开门位，该滑动门打开。 关门操作： 使用 LCB 钥匙，将钥匙从开门位打至关门位，该滑动门关闭； 转至“自动”位，拔出钥匙； 转至“隔离”位，拔出钥匙	
		PSL 开关门操作： 操作允许开关，打到“有效”位置，PSL 允许指示灯亮起。 开门操作：按下开门按钮，整侧屏蔽门打开，开门到位后，“开门到位指示灯”亮起，“全部门关闭紧锁指示灯”熄灭； 关门操作：按下关门按钮，整侧屏蔽门关闭，关门到位并锁紧后，“全部门关闭紧锁指示灯”亮起，“开门到位指示灯”熄灭； PSL 开关打到“无效”位置，PSL 允许指示灯熄灭，取出钥匙并带走，操作完毕	

续表

序号	实训内容	详细信息	图片
2	站台门安全操作	“互锁解除”操作： 适用情况：当屏蔽门全部关闭后，信号系统因无法确认整侧屏蔽门关闭锁紧状态而不能发车时； 操作人员可用钥匙转动互锁解除开关至互锁解除位置，并保持至列车离站，互锁解除指示灯亮； 松开手后该开关会自动恢复至正常位，互锁解除指示灯灭。取出钥匙，恢复系统及控制。 试灯按钮操作： 按下按钮，PSL 盘上有的指示灯亮，用于测试所有指示灯是否正常	
3	滑动门手动操作	使用四角钥匙插入门侧中上部的锁孔中，向右扭动，门即可解锁，手动拉开滑动门	
4	应急门操作	站台人员在站台侧用钥匙打开应急门上的门闩，向站台侧旋转 90°，推开应急门； 乘客在轨道内侧推压推杆，推杆带动门框内的解锁机构松开应急门的上下门闩，然后向站台侧旋转 90°推开应急门； 应急门打开后，在完成乘客疏散后应及时关闭	 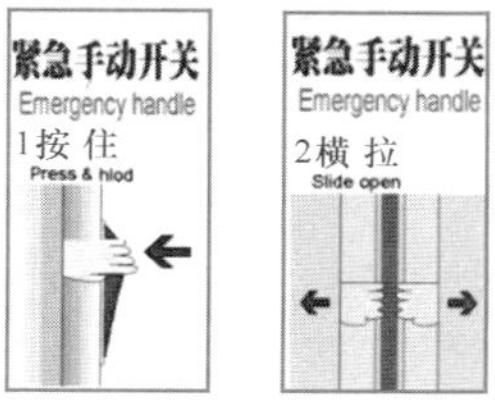

续表

序号	实训内容	详细信息	图片
5	端门操作	站台人员在站台侧用钥匙打开端门的门闩，手握把手，向站台侧旋转 90°，推开端门； 在轨道侧推压推杆，解锁机构松开端门的上下门闩，然后向站台侧旋转 90°推开端门； 端门打开后，在完成乘客疏散后应及时关闭	

五、实训考核标准

表 1-1-2 实训考核标准

内容	详细内容	配分	评分标准	得分
认识站台门基本结构	手指站台门说出站台门结构： 滑动门、应急门、固定门、端墙门、LCB 就地控制盒、应急推杆、门头灯	14	描述漏项或错项，每项扣 2 分，扣完为止	
LCB 就地控制盘挡位作用描述	口述各挡位作用，各挡位开/关门是否影响信号： （1）手动开门：打开该门，此门被旁路，系统也无法监测到该门的状态。 （2）手动关门：关闭该门，此门被旁路，系统也无法监测到该门的状态。 （3）“自动”位：正常情况下，受系统的控制。 （4）“隔离”位：滑动门开关不受系统控制，但此门没有被旁路，系统可以检测到其当前门状态	10	1. 挡位描述漏项或错项，每项扣 2.5 分，扣完为止。 2. 作用描述漏项、错项或操作错误，每项扣 2 分，扣完为止	
门头指示灯	口述门头指示灯灭灯、常亮、闪烁代表的意思	9	描述漏项或错项，每项扣 3 分	
发现故障门	手指：×方向×号站台门门头灯 用对讲机汇报：×方向×号站台门门头灯亮，关门故障	10	操作错误，每项扣 2.5 分，扣完为止	
检查异物	检查站台门是否有异物，如有，清除异物	7	1. 未手指门槽检查异物动作，扣 2 分。 2. 未口述确认有无异物，扣 5 分。 3. 未操作或操作错误，扣 7 分	
处理故障门	用 LCB 钥匙将故障站台门的 LCB 转至“关门”位	20	描述漏项或错项，每项扣 5 分，扣完为止	
确认故障站台门关闭	手指：×方向×号站台门门头灯 用对讲机汇报：×方向×号站台门门头灯熄灭，关门成功	20	描述漏项或错项，每项扣 10 分，扣完为止	
显示信号	确认站台安全后，给司机显示“好了”信号	10	未向列车方向打“好了”信号，扣 5 分，错误一次扣 5 分	
总分	—	100	—	

六、思考题

（1）站台门控制优先级是什么?

（2）使用 LCB 钥匙，将“自动”位打至“开门”位后，列车是否可以正常进出站?

（3）使用 LCB 钥匙，将“自动”位打至“隔离”位后，列车是否可以正常进出站?

任务二　扶　梯

一、实训目的

（1）掌握扶梯的工作原理。

（2）掌握扶梯的开梯、关梯安全操作步骤。

（3）掌握扶梯的紧急停止操作方法。

（4）掌握扶梯的转换运行方向操作方法。

二、理论链接

1. 扶梯的安全操作

1）开梯操作

（1）运行前检查。

检查标志，确认扶梯周围的安全设施（三角区的护板，防止进入的栅栏、隔板及防护网）有无破损等异状。

检查异物（检查扶梯踏板、扶手带、梳齿板和裙板，裙板和梯级的间隙。清除夹在里面的碎纸、小石子、口香糖等物）。

检查紧停按钮，确认紧急按钮是否处于正常状态（若处于被按压状态，必须将其恢复到正常状态）。

（2）启动扶梯。

将钥匙插入操作盘上，报警停止开关鸣响警笛，发出信号将开始运转，放手后钥匙将回到中央位置，将其拔出。

确认自动扶梯踏板和阶梯上没有乘客后，将钥匙插入运行开关向需运行方向（上或下）旋转，自动扶梯开始运行，待稳定运行后放手，钥匙自动回到中央位置，即可将其拔出（启动时一只手旋转钥匙，同时另一只手按在紧停开关上，当出现异常时及时按动紧停开关）。

确认扶手带是否正常转动，如有异常声响或振动，要立即按动紧停按钮，停住自动扶梯，同时通知维修人员。

确认正常运转后，再试运转 5～10 分钟。

如果试运转中按动了紧停按钮，在问题处理完毕后，必须将红色罩复原。

2）关梯操作

确认有无异常声响或振动，如有则关闭自动扶梯。

停止之前，不允许乘客进入自动扶梯的梯口。

将钥匙插入报警停止开关，鸣响警笛。

确认自动扶梯附近或扶梯梯级上无人后，再用钥匙开启停止开关，自动扶梯则停止运行。

每天正常运行结束后须认真检查并清扫扶梯踏板、扶手带、梳齿板、裙板以及扶梯下部专用房。

正常停止扶梯后，应采取措施，设置停止使用牌，防止乘客将其当作楼梯使用。

3）紧急停止

在出现异常，必须使用紧急停止按钮时，应在大声通知乘客“紧急停止，请抓紧扶手”后再进行操作。

操作时用手指按压红色罩（平时呈向外膨胀凸出状），凸起状态变塌陷状态。

操作后，用手指按压红色罩的周围，使其中部恢复正常状态。

4）转换运行方向

将钥匙插入报警停止开关，鸣响警笛。

确认扶梯梯级上无人后，再用钥匙开启停止开关，自动扶梯停止运行并将钥匙拔出。

待完全停止后，将钥匙插入运行开关，开启需运行方向的开关（上或下）。

三、实训要求

1. 实训时间

实训课时为 2 课时。

2. 实训形式

以小组的形式完成实训作业步骤的实操，结合理论链接以及实操完成个人实训考核。

3. 实训注意事项

（1）注意人身安全，避免被扶梯夹住，碰伤。

（2）注意开关扶梯过程中不要有异物阻挡扶梯。

（3）严禁出现在开关扶梯时扶梯上有人的情况。

（4）在对扶梯结构原理进行认知教育时请注意断电。

4. 工器具材料准备

（1）扶梯钥匙。

（2）滑动门救援设备及工具。

四、实训作业步骤

表 1-2-1　实训作业步骤

实训内容	详细信息	图片
扶梯的安全操作	（1）开梯操作： a. 运行前检查； b. 插入钥匙，转动到需运行方向，扶梯稳定运行后松开钥匙； c. 拔出钥匙，待扶梯正常运行后方可离开	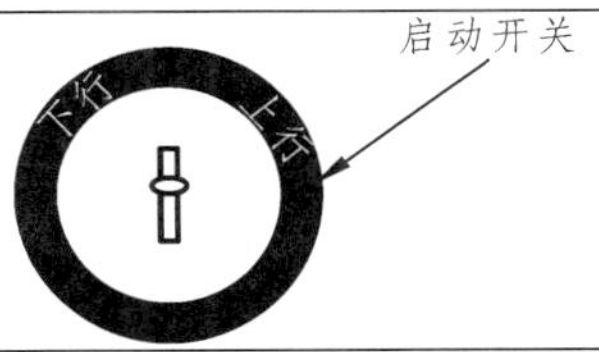

续表

实训内容	详细信息	图片
扶梯的安全操作	（2）关梯操作： 确认扶梯无人后，使用钥匙转到停止方向	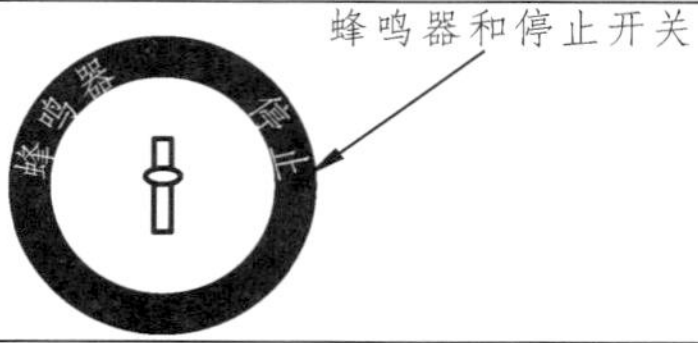
	（3）紧急停止： 通知乘客“紧急停止，请抓紧扶手”后再操作紧急停止按钮	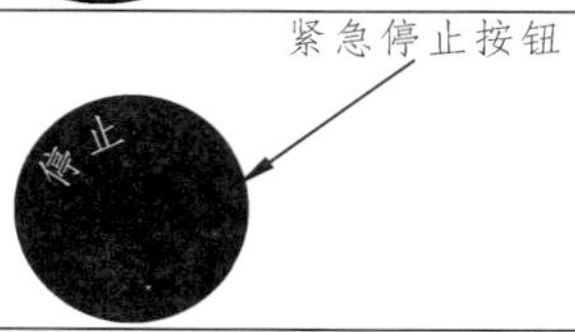
	（4）转换运行方向： a. 确认扶梯无人后，开启停止开关； b. 完全停止后拔出钥匙，再转到要运行的方向的开关	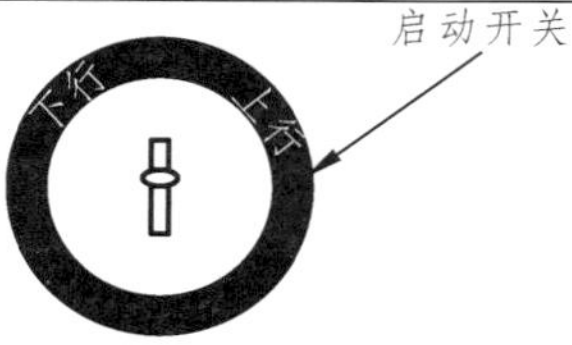 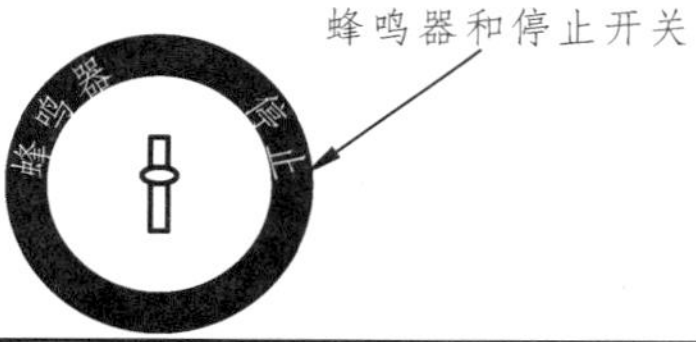

五、实训考核标准

表 1-2-2　实训考核标准

内容	填写标准	配分	评分标准	得分
开梯操作	（1）运行前检查：检查标志、检查异物、检查紧停按钮。 （2）进行开梯操作。 （3）三次确认：确认自动扶梯踏板和阶梯上没有乘客、确认扶手带是否正常转动、确认正常运转后，三次确认后再试运转	30	描述错误或不当，每项扣分 10，扣完为止	
乘客摔倒	扶梯运行过程中发现乘客在扶梯上摔倒受伤并口呼：乘客摔倒受伤	10	描述漏项或错项，每项扣 10 分，扣完为止	
紧急停止	（1）通知乘客“紧急停止，请抓紧扶手”。 （2）进行紧急停止操作	20	描述漏项或错项，每项扣 10 分，扣完为止	
汇报现场情况	将乘客送去救治，汇报现场情况：乘客已送去救治，恢复扶梯运行	10	描述漏项或错项，每项扣 10 分，扣完为止	
重新开启扶梯	（1）运行前检查。 （2）插入钥匙，转动到需运行方向，扶梯稳定运行后松开钥匙。 （3）拔出钥匙，待扶梯正常运行后方可离开	30	描述不当或错误，每项扣 10 分，扣完为止	
总分	—	100	—	

六、思考题

扶梯在插入钥匙后报警鸣笛的作用是什么?

任务三　IBP 盘

一、实训目的

（1）掌握 IBP 盘的模块组成。
（2）掌握 IBP 盘各模块安全操作方法。
（3）操作 IBP 盘各模块。

二、理论链接

1. IBP 盘各模块作用

1）电梯及扶梯

自动扶梯及电梯监控区主要监控自动扶梯、电梯的状态，可控制电/扶梯停止与恢复运行，分为单台急停自动扶梯和单台急停自动电梯。通过 IBP 盘实现紧急情况下自动扶梯及电梯的单台停机功能，并通过指示灯表明扶梯的当前运行方向。

2）IBP 试灯

自复按钮，按下后除信号区外的所有指示灯及带灯按钮亮起，用以检测指示灯及按钮的状态。

3）门禁

当发生紧急情况时，可通过门禁紧急释放需要通过刷门禁卡通行的门，使人员可以快速疏散。

4）AFC 闸机

当车站发生火灾等紧急情况时，需要及时疏散乘客，确保人员安全，此时 AFC 紧急释放就起到了至关重要的作用，通过紧急释放可以设置闸机紧急模式，打开闸机，使乘客可以快速脱离危险区域。

5）屏蔽门

通过 IBP 盘实现紧急情况下 PSD 的手动控制功能（打开、关闭对应上/下行所有滑动门单元），并通过指示灯表示屏蔽门的状态。

6）信号系统

IBP 信号监控区域主要设置了针对紧急停车和扣车操作相关的元件，以满足车站在特殊情况下的紧急和扣车使用，信号区所有按钮为自复按钮。

7）环境与设备监控

环控系统须满足两个方面的要求，一是日常运营给乘客和设备提供舒适及适宜的环境；二是事故及灾害情况下进行通风、排烟、排毒、排热，起到生命保障及辅助灭火的作用。

地铁发生的火灾的可能形态有：站厅公共区火灾、站台公共区火灾、站厅两端设备房区火灾、站台两端设备房区火灾、列车火灾、车站外部区域火灾等，当火灾发生时，车站环控系统负责防排烟处理。

车站环控主要分为 A、B 端小系统、大系统，主要操作为模式启动、模式复位。

三、实训要求

1. 实训时间

实训课时为 2 课时。

2. 实训形式

以小组的形式完成实训作业步骤的实操，结合理论以及实操完成个人实训考核。

3. 实训注意事项

（1）操作各模块按钮后，及时复位。

（2）注意每次启动程序之前，先检查 IBP 盘上所有钥匙开关位置，检查按钮是否已经复位。

（3）不要坐在 IBP 盘操作台上。

（4）不要用坚硬的物件敲击柜体，不要用尖利的物品划柜体表面。

4. 工器具材料准备

各模块钥匙。

四、实训作业步骤

表 1-3-1　实训作业步骤

序号	实训内容	详细信息	图片
1	IBP 盘的模块组成	IBP 盘上主要由电梯及扶梯、IBP 试灯、门禁、AFC 闸机、屏蔽门、防淹门、消火栓泵及喷淋泵、隧道通风、信号系统、环境与监控设备模块组成	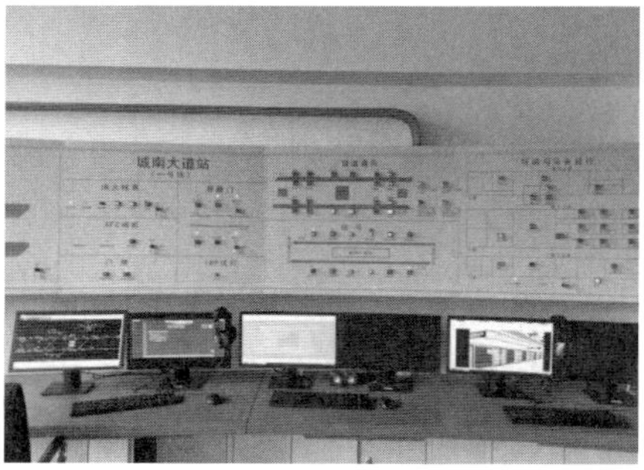
2	IBP 盘各模块安全操作	（1）电梯及扶梯。 ① 停梯操作步骤： a. 将钥匙插入锁孔，操作至“有效”位，“有效”位绿灯常亮； b. 按下相应电/扶梯按钮，按钮上方红灯应常亮。 ② 复位停梯操作步骤： a. 再次按压相应电/扶梯“停梯”按钮，按钮上方红灯熄灭； b. 将钥匙操作至“无效”位，“有效”位绿灯熄灭	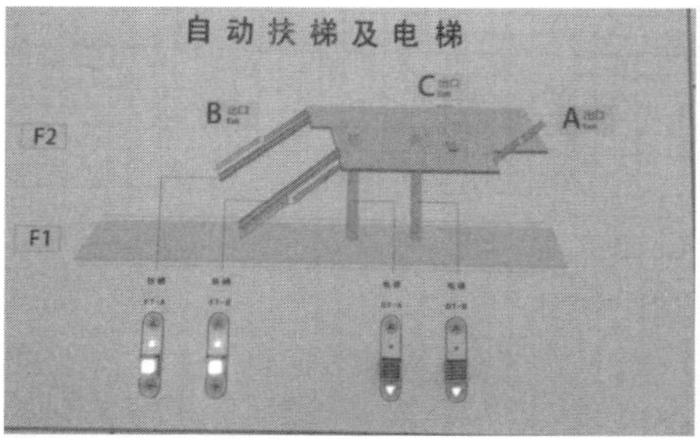

续表

序号	实训内容	详细信息	图片
2	IBP盘各模块安全操作	（2）IBP 试灯。 ① 按下 IPB 盘试灯按钮，除信号系统灯不受控制，其余 IPB 盘上灯全部点亮； ② 试灯按钮灯弹起后，所有灯恢复原状态	
		（3）门禁。 ① 释放门禁操作步骤： 选择相应端门禁按钮并按压，执行成功后按钮上方应红灯常亮，相应端门禁失效； ② 复位释放门禁操作步骤： 再次按压门禁按钮，执行成功后按钮上方应绿灯常亮，相应端门禁启用； ③ 注意事项： 门禁有效时，按钮上方绿灯常亮；释放门禁后，按钮上方红灯常亮；操作试灯时，按钮上方黄灯常亮	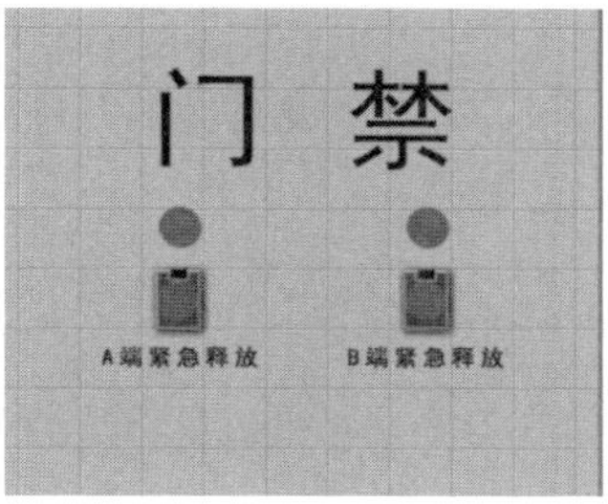
		（4）AFC 闸机。 ① 释放闸机操作： a. 紧急情况下，将钥匙插入锁孔，操作至“有效”位，“有效”绿灯常亮； b. 按下“紧急释放”按钮，车站所有闸机扇门应全部打开，“紧急释放”按钮灯、“消防联动指示”及“紧急释放状态”均红灯常亮。 ② 复位紧急释放操作： a. 再次按压“紧急释放”按钮进行复位，车站所有闸机扇门应关闭且恢复正常状态，“紧急释放”按钮、“消防联动指示”及“紧急释放状态”均灭灯； b. 将钥匙操作至“无效”位，“有效”绿灯熄灭	
		（5）屏蔽门。 开/关整侧屏蔽门操作步骤： a. 将钥匙插入相应侧屏蔽门锁孔，操作至“有效”位，操作允许红色指示灯常亮； b. 按下“开门”按钮，屏蔽门开门到位后“开门到位”黄灯常亮； c. 按下“关门”按钮，屏蔽门关门锁紧后“关闭锁紧”绿灯常亮； d. 将屏蔽门操作钥匙至“无效”位，操作容许指示灯熄灭	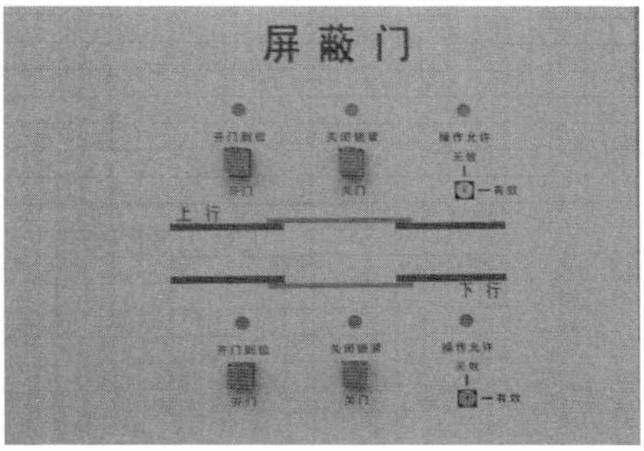

续表

序号	实训内容	详细信息	图片
2	IBP盘各模块安全操作	（6）防淹门。 防淹门的关闭/打开： （注：初始状态就地控制指示灯亮，开启或关闭防淹门需要先发送“请求关门”信息，只有在“允许关门”灯点亮后操作防淹门才有效。每次开关门之前都需要发送请求关门信息，否则操作无效） a. 按下“请求关门（解除请求）”按钮，“允许关门”指示灯、“请求关门（解除请求）”按钮灯、“车站控制”指示灯点亮。“就地控制”指示灯灭； b. 按下“关门”按钮，防淹门关闭，“关门到位”指示灯、“安全装置到位”指示灯点亮。“开门到位”指示灯、“安全装置原位”指示灯灭灯； c. 按下“开门”按钮，防淹门打开，“开门到位”指示灯、“安全装置原位”指示灯亮。“关门到位”指示灯、“安全装置到位”指示灯灭灯； d. 再次按下“请求关门（解除请求）”按钮，“允许关门”指示灯、“请求关门（解除请求）”按钮灯、“车站控制”指示灯点灭。“就地控制”指示灯点亮	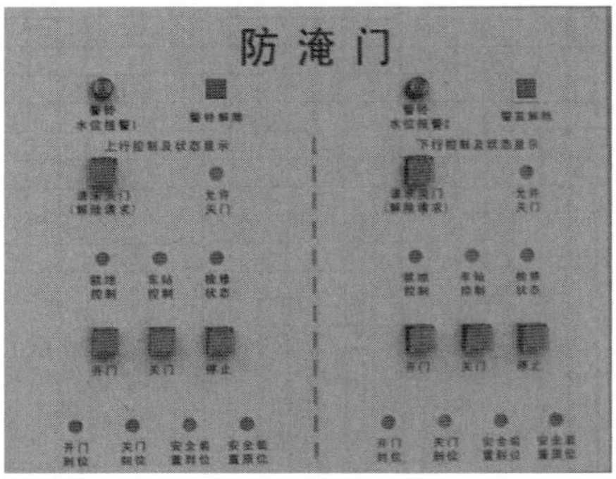
		（7）消火栓泵及喷淋泵。 ① 启泵步骤： a. 将钥匙操至“有效”位，“自动状态”灯熄灭，“有效”位指示绿灯常亮； b. 按下“启泵”按钮，蜂鸣器响起。 ② 停泵步骤： a. 按下“停泵”按钮，泵响应停止； b. 将钥匙操作至“无效”位，“有效”位灯熄灭，“自动状态”灯常亮。 ③ 消音功能启用和复位： a. 启用消音：按下“消音”按钮，“消音”按钮常亮，报警声停止； b. 复位消音：再次按压“消音”按钮执行复位，复位成功后，“消音”按钮灯熄灭	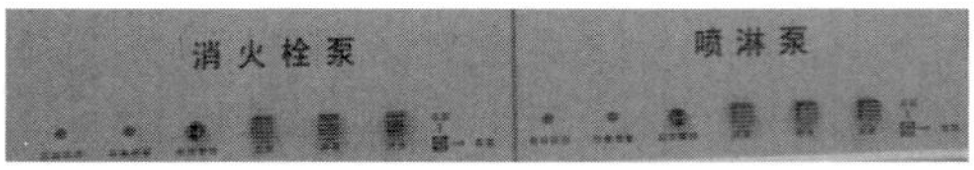

续表

序号	实训内容	详细信息	图片
2	IBP盘各模块安全操作	（8）隧道通风。 ① 启动操作： 按下“火灾”（或“阻塞”）按钮，按钮红灯闪烁。模式执行成功后按钮红灯常亮。 ② 复位操作： 按下复位按钮，执行成功后按钮红灯熄灭。 启动图中所标注按钮时，站台会有相应的真实风机响应，并一一对应	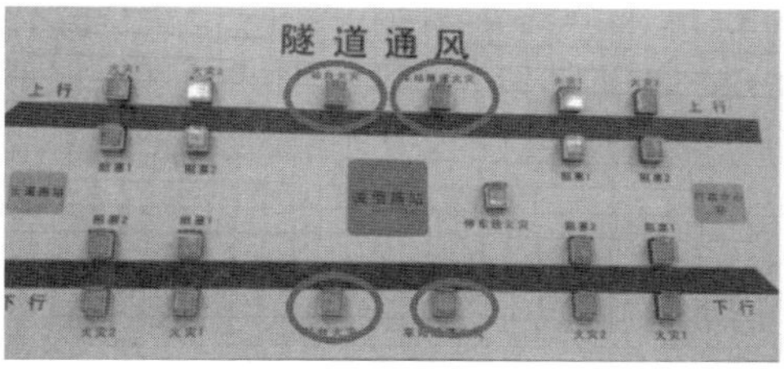
		（9）信号系统。 ① 紧急停车操作： a. 按下“紧急停车”按钮，“紧急停车”红灯常亮，蜂鸣器响起； b. 按下“警铃解除”按钮，蜂鸣器消音，“紧急停车”红灯常亮且紧急有效； c. 按下“取消紧急停车”按钮，“紧急停车”红灯灭灯，蜂鸣器响起； d. 按下“警铃解除”按钮，蜂鸣器消音，恢复正常； e. 注意：操作上行蜂鸣器响起时，上行警铃解除有效，下行解除无效。操作下行蜂鸣器响起时，下行警铃解除有效，上行解除无效。 ② 车站扣车操作： a. 初始状态“扣车”黄灯常亮状态下，按下“扣车”按钮，则扣车生效，“取消扣车”红灯闪烁； b. 按下“取消扣车”按钮，扣车取消，恢复正常	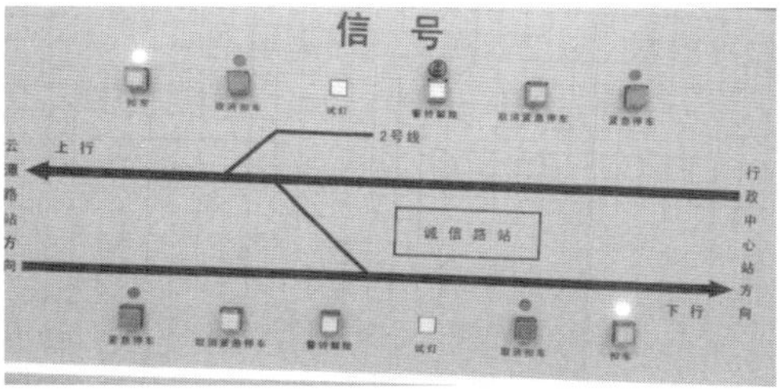
		（10）环境与设备监控。 ① 启动模式操作步骤： a. 将钥匙操至“手动”位，“自动状态”灯熄灭，“手动状态”灯、“手动”位红灯均常亮； b. 按压发生火灾相对应的按钮，火灾模式开始执行时按钮红灯闪烁，执行成功后按钮红灯常亮。 ② 复位操作步骤： a. 按下“复位”按钮，红色灯常亮的按钮将熄灭； b. 将钥匙操至“自动”位，“手动状态”灯、“手动”位灯均熄灭，“自动状态”灯常亮； c. 按下右图中相应按钮启动对应的火灾模式，电梯停止运行，闸机释放，紧急广播响起	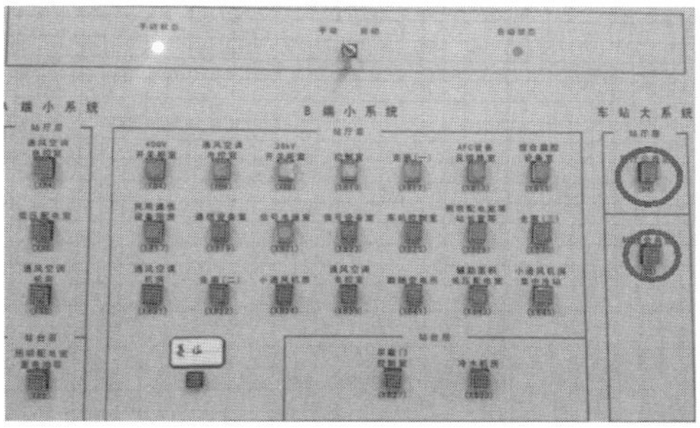

五、实训考核标准

表 1-3-2　实训考核标准

内容	标准	配分	评分标准	得分
IBP 盘的模块组成	手指 IBP 盘说出 IBP 盘的模块组成： 主要包含电梯及扶梯、IBP 试灯、门禁、AFC 闸机、屏蔽门、防淹门、消火栓及喷淋泵、隧道通风、信号系统、环境与设备监控	20	描述漏项或错项，每项扣 2 分，扣完为止	
IBP 盘状态检查	IBP 试灯操作步骤： （1）按下 IPB 盘试灯按钮，除信号系统灯不受控制，其余 IPB 盘上灯全部点亮。 （2）试灯按钮灯弹起后，所有灯恢复原状态。 口呼：IBP 盘设备状态正常	15	（1）灯未全部点亮（信号系统除外）扣 5 分。 （2）灯未全部点亮松手扣 5 分。 （3）未口呼扣 5 分	
站台发生火灾	发现站台发生火灾，汇报现场情况：站台发生火灾，请协助处理	5	未口呼扣 5 分	
AFC 闸机紧急释放	使用 AFC 闸机模块控制闸机门： （1）将钥匙插入锁孔，打至“有效”位。 （2）按下“紧急释放”按钮。 （3）将钥匙打至“无效”位	15	操作漏项或错项，每项扣 5 分，扣完为止	
屏蔽门开门	开/关整侧屏蔽门操作步骤： （1）将钥匙插入相应侧屏蔽门锁孔，打至“有效”位；操作容许红色指示灯常亮。 （2）按下“开门”按钮，屏蔽门开门到位后“开门到位”黄灯常亮。 （3）将屏蔽门操作钥匙打至“无效”位；操作容许指示灯熄灭	15	操作漏项或错项，每项扣 5 分，扣完为止	
AFC 闸机紧急释放恢复	站台火灾处理完成后恢复 AFC 闸机： （1）将钥匙插入锁孔，打至“有效”位。 （2）再次按压“紧急释放”按钮进行复位。 （3）将钥匙打至“无效”位	15	操作漏项或错项，每项扣 5 分，扣完为止	
屏蔽门恢复	站台火灾处理完成后恢复屏蔽门： （1）将钥匙插入相应侧屏蔽门锁孔，打至“有效”位，操作容许红色指示灯常亮。 （2）按下“关门”按钮，屏蔽门关门锁紧后“关闭锁紧”绿灯常亮。 （3）将屏蔽门操作钥匙打至“无效”位，操作容许指示灯熄灭	15	操作漏项或错项，每项扣 5 分，扣完为止	
总分	—	100		

六、思考题

（1）IBP 盘各个模块的作用是什么？

（2）操作 AFC 闸机“紧急释放”按钮，AFC 闸机状态以及按钮灯的状态变化是怎样的？

任务四　FAS 主机

一、实训目的

（1）掌握 FAS 主机事件的处理。

（2）掌握 FAS 主机系统登录退出操作。

（3）掌握 FAS 主机系统事件处理操作。

二、理论链接

1. 状态类型

火灾报警控制器包含了九种类型的工作状态：正常、火警、故障、监管、启动、反馈、屏蔽、测试/移动测试、定位测试。

1）正常状态

（1）主电指示灯亮。

（2）自动或手动指示灯亮。

（3）没有火警/启动、故障、监管、屏蔽、测试、移动测试、定位测试等事件发生。

（4）正常状态的液晶屏显示如图 1-4-1 所示。

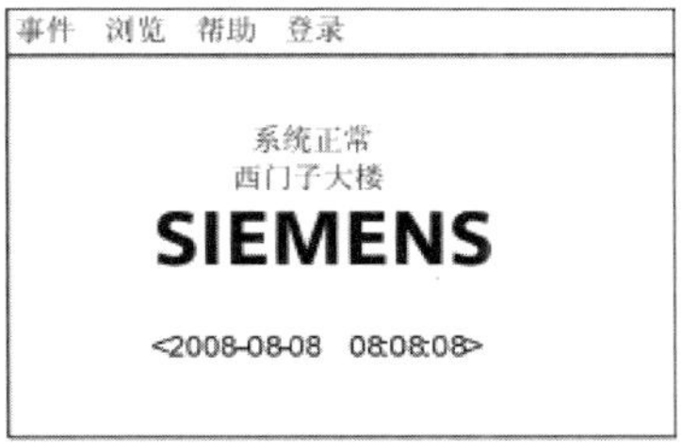

图 1-4-1　正常状态

2）火警状态

（1）火警指示灯亮。

（2）火警状态的液晶屏显示如图 1-4-2 所示。

（3）确认消音指示灯闪。

（4）声光控制指示灯亮。

（5）蜂鸣器响。

（6）声光报警器启动。

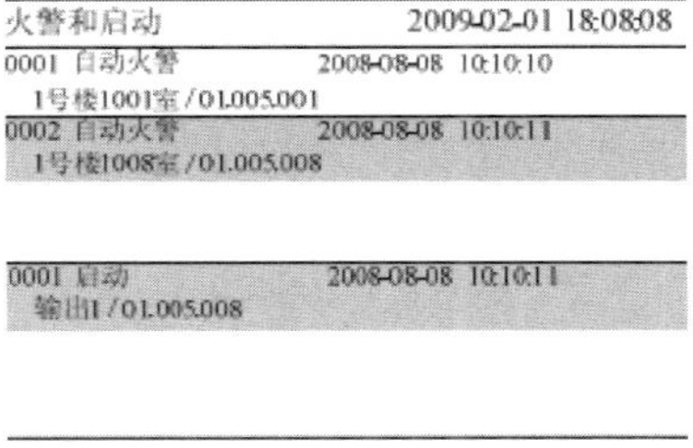

图 1-4-2　火警状态

注意：

① 当多个火警同时发生时：

a. 多个火警信息被显示；

b. 光标停留在第一条火警信息上，其他火警倒序循环显示；

c. 通过“↓”/“↑”键查看所有火警信息。

② 火警分为“自动火警”和“手动火警”两类。

3）故障状态

（1）故障指示灯亮。

（2）故障状态的液晶屏显示如图 1-4-3 所示。

（3）确认消音指示灯闪。

（4）蜂鸣器响。

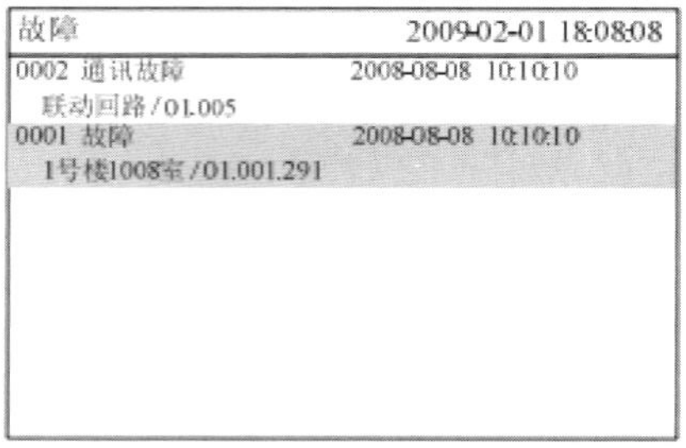

图 1-4-3 故障状态

注意：

a.“0001”：表示事件的顺序。

b.“通讯故障”：表示事件的类型。

c.“2008-08-08 10:10:10”：表示事件发生日期和时间。

d.“联动回路/01.0005”：表示发生事件的设备的文本信息和设备地址。

e.“联动组”：表示该联动设备所在组的文本信息（若未分配组，则仅显示发生事件的设备的文本信息和设备地址）。

4）监管状态

（1）监管指示灯亮。

（2）监管状态的液晶屏显示如图 1-4-4 所示。

（3）确认消音指示灯闪。

（4）蜂鸣器响。

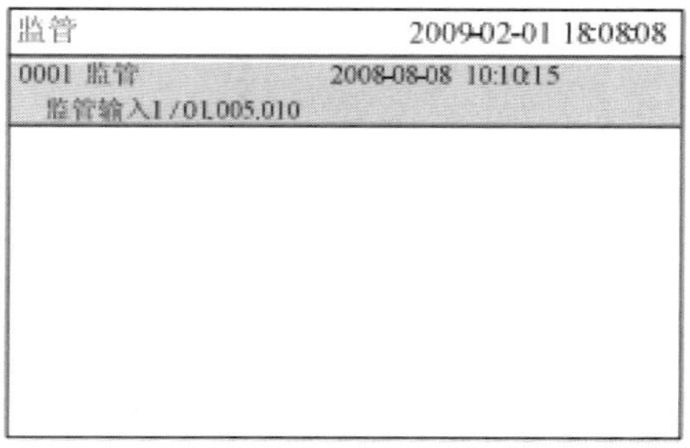

图 1-4-4 监管状态

注意：

当存在比故障优先级高的事件与故障事件同时发生的情况，故障事件将不会自动地被显示，必须先手动进入故障窗口（参考“实时事件查询”功能），然后才能处理该故障。

5）启动状态

（1）启动指示灯亮（启动无反馈时闪）。

（2）启动状态的液晶屏显示如图 1-4-5 所示。

（3）确认消音指示灯闪。

（4）蜂鸣器响。

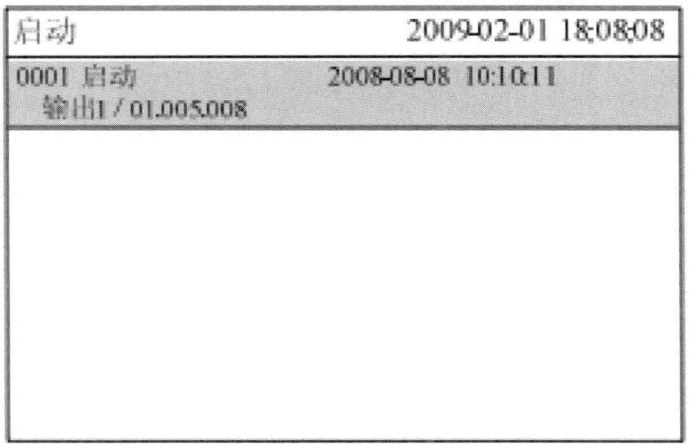

图 1-4-5　启动状态

注意：按“←”键切换火警与启动窗口。

6）反馈状态

（1）反馈指示灯亮。

（2）反馈状态的液晶屏显示如图 1-4-6 所示。

（3）确认消音指示灯闪。

（4）蜂鸣器响。

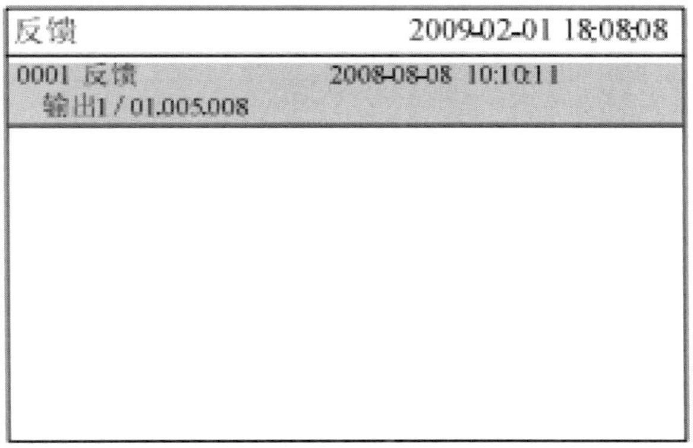

图 1-4-6　反馈状态

7）屏蔽状态

（1）屏蔽指示灯亮。

（2）屏蔽状态的液晶屏显示如图 1-4-7 所示。

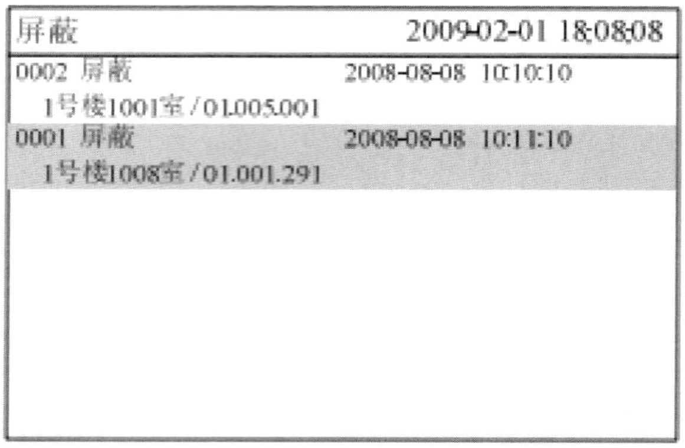

图 1-4-7　屏蔽状态

8）测试/移动测试状态

（1）功能。

用于测试报警设备的功能是否正常。在测试和移动测试模式下，如果有满足报警条件的情况发生，报警设备正常报警，但联动设备不启动。在测试任务完成后需立即将其恢复到正常模式。

（2）测试与移动测试的区别。

测试：在设定为测试状态后火警不自动消失，需手动恢复到正常状态。

移动测试：在设定的移动测试时间后火警自动消失（时间可通过控制器参数编辑进行设定），需手动恢复到正常状态。

（3）状态。

① 测试指示灯亮。

② 测试/移动测试状态的液晶屏显示如图 1-4-8 所示。

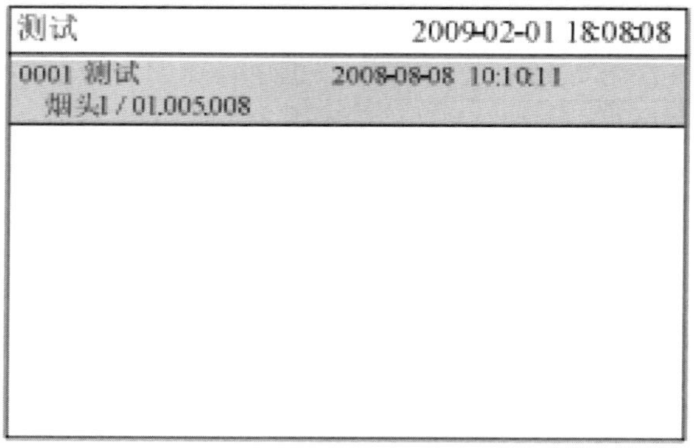

图 1-4-8　测试/移动测试状态

9）定位测试状态

定位测试状态的液晶屏显示如图 1-4-9 所示。

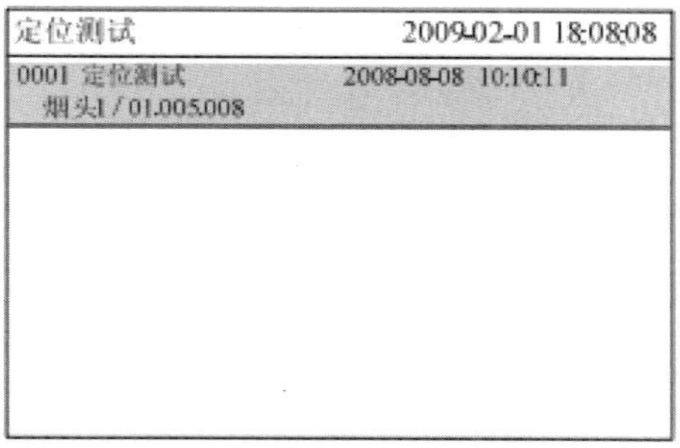

图 1-4-9 定位测试状态

三、实训要求

1. 实训时间

实训课时为 2 课时。

2. 实训形式

以小组的形式完成实训作业步骤的实操，结合理论链接以及实操完成个人实训考核。

3. 实训注意事项

（1）注意使用时的安全用电。

（2）不要用坚硬的物件敲击柜体，不要用尖利的物品划柜体表面。

4. 工器具材料准备

（1）FAS 系统。

（2）FAS 主机。

四、实训作业步骤

表 1-4-1 实训作业步骤

序号	实训内容	详细信息	图片
1	登录退出操作	（1）登录。 ① 按“菜单”键显示主菜单； ② 按“→”键选择“登录”，然后按“OK”键，弹出密码输入窗口； ③ 键入相应的 2/3 级用户密码，按“OK”键。如果键入正确的密码，即可登录 2/3 级（按“←”可删除错误的输入）。 注意事项： a. 默认的 2 级密码是 1234，3 级是 4321，密码可以通过工具软件 FXS1800 进行更改； b. 输入 3 次错误系统自动退出“登录界面”	 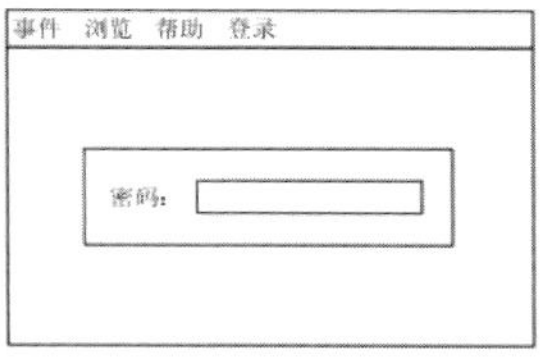

续表

序号	实训内容	详细信息	图片
1	登录退出操作	（2）退出。 有两种退出办法： ① 系统自动退出。 如果在没有任何操作情况下，用户级别将在系统设定的登录时间过后自动退出到 1 级用户（系统登录时间可在控制器参数里设定）。 ② 使用菜单退出。 a. 按“菜单”键显示主菜单； b. 按“→”键选择“登录”，然后按“OK”键，退出窗口弹出； c. 按“OK”键确定退回到一级用户，按“退出”键退出当前界面	 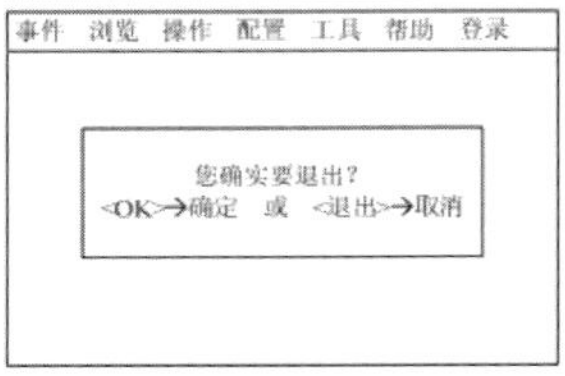
2	事件处理	（1）火灾事件处理。 ① 火警状态查看； ② 按“确认消音”键将蜂鸣器消音； 如果当前用户是 1 级用户，系统将自动弹出登录界面，键入 2/3 级密码后，按“OK”键返回火警窗口，再按“确认消音”键。 ③ 按“声光控制”键一次停止声光报警器，指示灯由亮变为灭，再按一次又重新启动声光报警器，指示灯由灭变为亮，如此反复； ④ 找出火警发生地点； ⑤ 到现场处理火情； ⑥ 如果火情很紧急，立即打电话报警；如果火情可控，处理完后，按“复位”键，火警事件消失	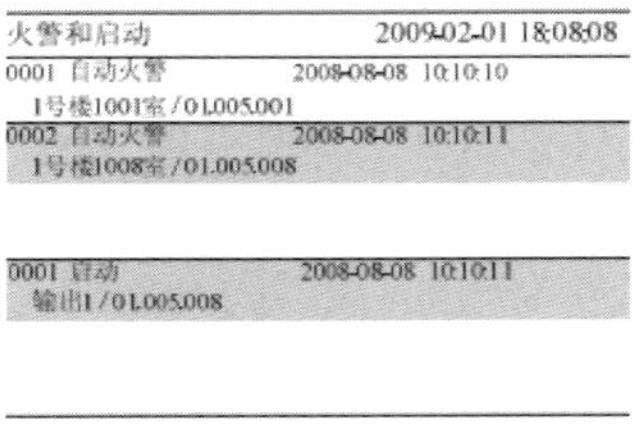
		（2）故障事件处理。 ① 故障状态查看； ② 按“确认消音”键将蜂鸣器消音； ③ 查看故障发生地点； ④ 到现场处理故障； ⑤ 故障解除后，故障事件消失，故障指示灯和确认消音指示灯灭	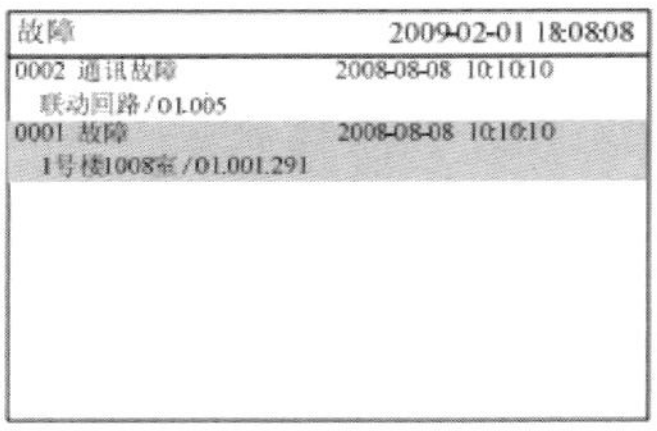
		（3）监管事件处理。 ① 监管状态查看； ② 按“确认消音”键将蜂鸣器消音； ③ 查看监管事件发生地点； ④ 可根据实际情况判断是否需要到现场进行处理； 当监管信号消失后，监管事件随之消失，按“复位”键，监管指示灯灭，控制器恢复到正常状态	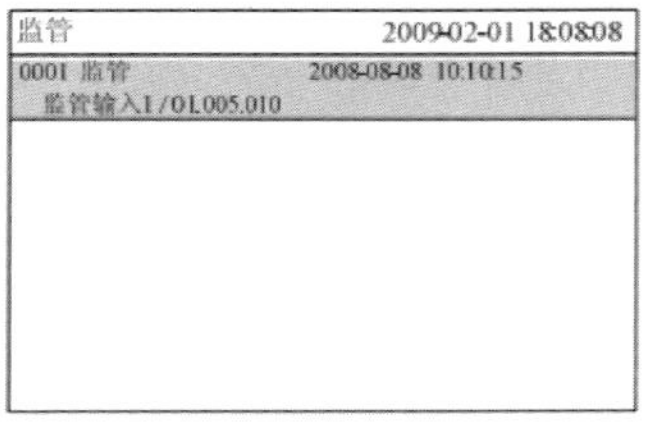
		（4）启动/反馈事件处理。 ① 启动状态查看； ② 按“确认/消音”键将蜂鸣器消音； ③ 查看启动/反馈发生地点； ④ 可根据实际情况判断是否需要到现场进行处理； ⑤ 当反馈信号消失后，反馈指示灯灭。按“复位”键，启动指示灯灭，控制器恢复到正常状态	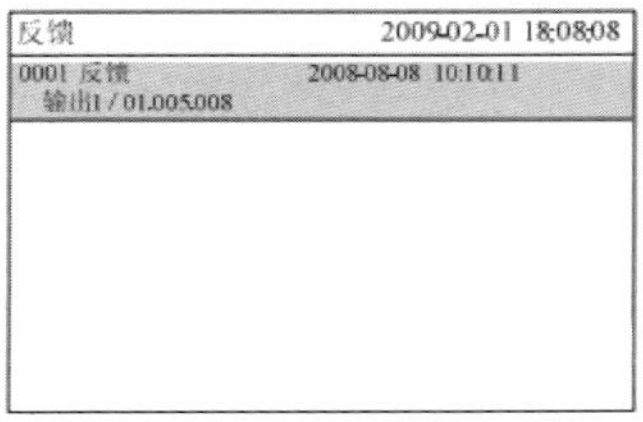

续表

序号	实训内容	详细信息	图片
2	事件处理	（5）实时事件查询。 ① 按“菜单”键显示主菜单。 ② 按“↓”选择任意一种需要查询的事件，然后按“OK”键。 全部符合要求的事件将被显示在浏览窗口中，按“↓”/“↑”键进行浏览。 当有事件被选择后，按“→”键弹出操作窗口，所有在权限允许范围内的可操作项都会被列出来。按“↓”/“↑”键进行选择，然后按“OK”键即可进行相应的操作	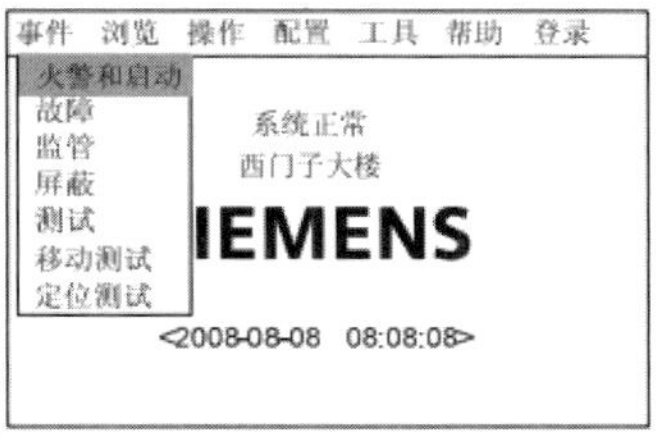
		（6）设备属性查询。 ① 选择一个事件或站、回路、点，按“→”键弹出快捷菜单，选择“设备属性”，然后按“OK”键，弹出设备属性窗口； ② 按“退出”键退出设备属性查询窗口	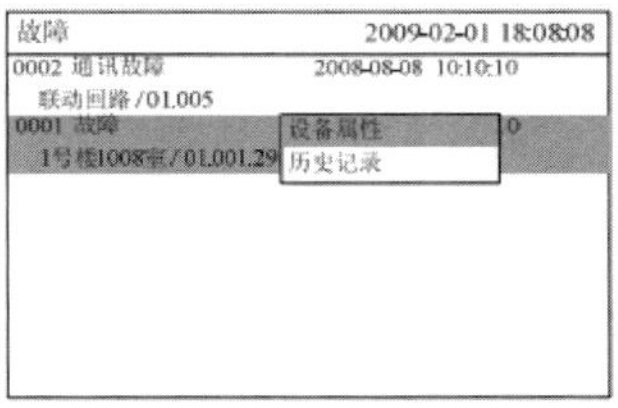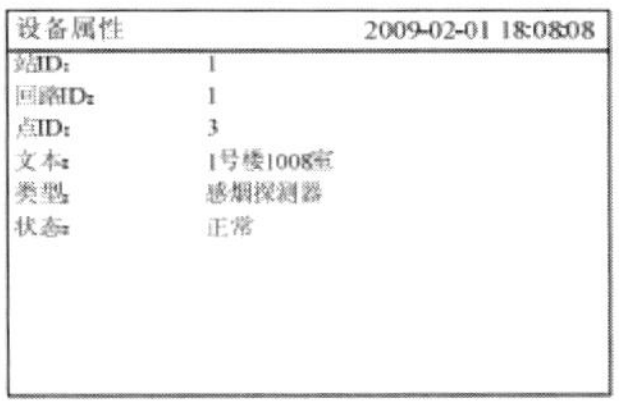
		（7）历史记录查询。 ① 选择一个事件或站、回路、点，按“→”键弹出快捷菜单，选择“历史记录”，然后按“OK”键，弹出记录窗口，所有历史记录都将显示出来。 ② 按“菜单”键弹出记录菜单，选择“高级查询”，然后按“OK”键，弹出高级查询窗口。 ③ 选择类型，输入需要查询的时间段，然后按“OK”键。 如果选择“打印”，可以将所有显示的历史记录	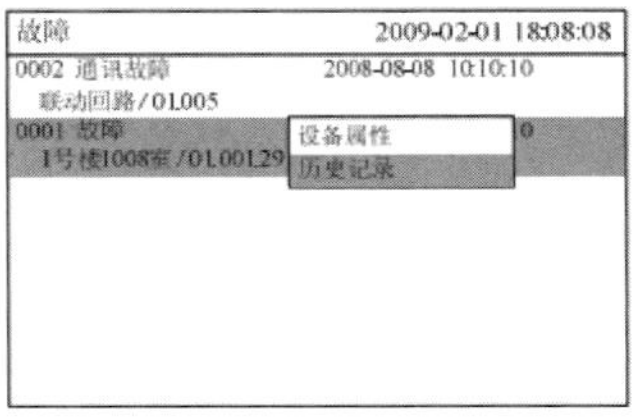
		打印出来。如果打印过程中有实时事件发生，则历史记录打印会被中断，且不会再继续。 如果选择“退出”，则退回到初始界面	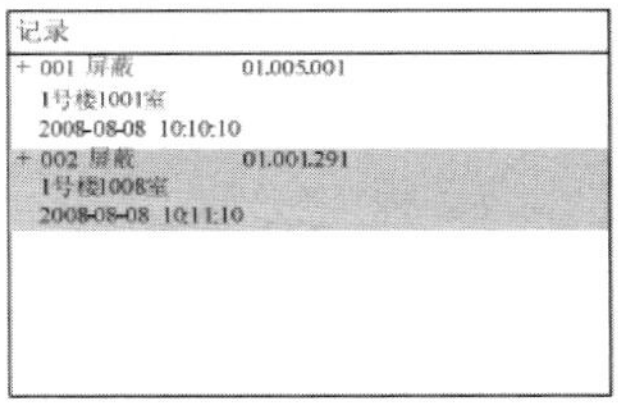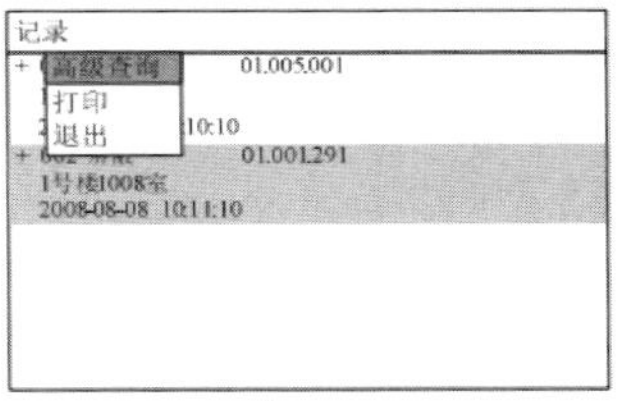

续表

序号	实训内容	详细信息	图片
2	事件处理	（8）屏蔽/开放。 屏蔽操作： ① 按“菜单”键进入主菜单。 ② 按“→”键选择“浏览”子菜单。 ③ 然后按“↓”键选择需要屏蔽设备所在的选项，然后按“OK”键。此时可将该设备直接显示在窗口上，便于查找。 ④ 如果不知道需要屏蔽的设备属于哪种设备类型，选择“所有设备”，然后按“OK”键，树状图显示出来。在树状图中通过站、回路、点一层一层向下查找，直到找到需要屏蔽的设备。 ⑤ 按“→”键弹出快捷菜单，然后按“↓”键选择“屏蔽”，再按“OK”键，被选择的设备即被屏蔽，控制器即进入屏蔽状态。 开放操作： ① 第一种：与上述①～③步相同，只是在第③步的时候选择“开放”，再按“OK”键，被选择的设备即被开放。 ② 第二种：通过查询屏蔽实时事件（参考实时信息查询操作），可较快找到被屏蔽的设备，然后按“→”键弹出快捷菜单，再按“↓”键选择“开放”，再按“OK”键，被选择的设备即被开放。 ③ 当所有被屏蔽的设备都被开放后，屏蔽指示灯灭	  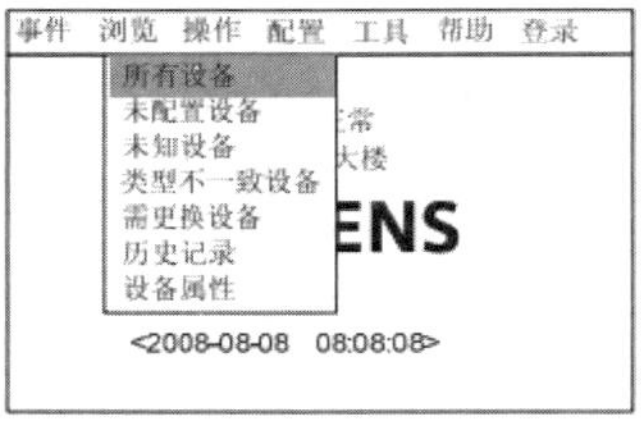 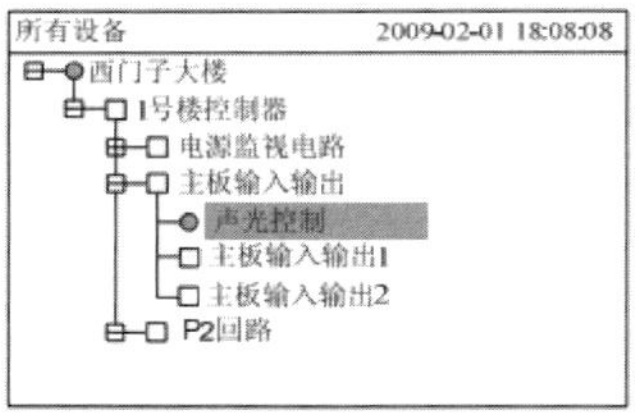
		（9）启动/停止。 启动操作： ① 按“菜单”键进入主菜单； ② 按“→”键选择“浏览”子菜单，然后按“↓”键选择“所有设备”，再按“OK”键，树状图显示出来。在树状图中通过站、回路、点一层一层向下查找，直到找到需要启动或停止的设备。 ③ 按“→”键弹出快捷菜单，然后按“↓”键选择“启动”，再按“OK”键，被选择的设备即被启动，控制器即进入启动状态。 ④ 按“确认/消音”键将蜂鸣器消音，同时确认/消音指示灯将从闪烁状态变为灭。 停止操作： ① 第一种：与上述①～③步相同，只是在第③步的时候选择“停止”，再按“OK”键，被选择的设备即被停止。 ② 第二种：通过查询启动实时事件（参考实时信息查询操作），可较快找到被启动的设备，然后按“→”键弹出快捷菜单，再按“↓”键选择“停止”，按“OK”键，被选择的设备即被停止。 当所有被启动的设备都被停止后，按下“复位”键，启动指示灯灭	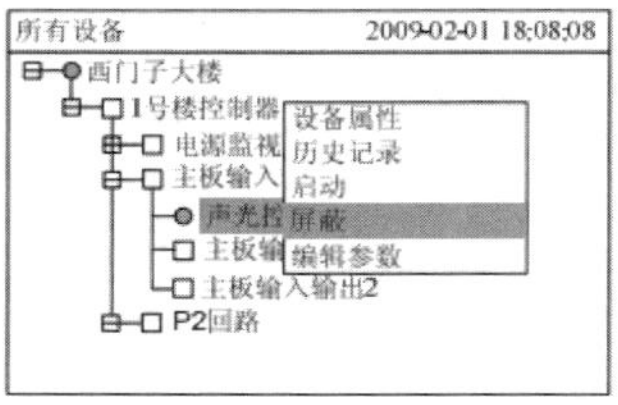 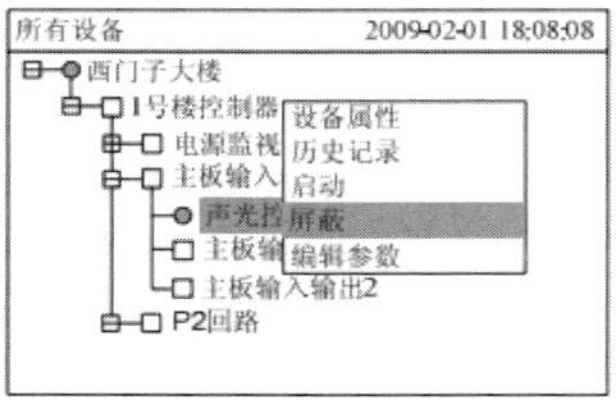 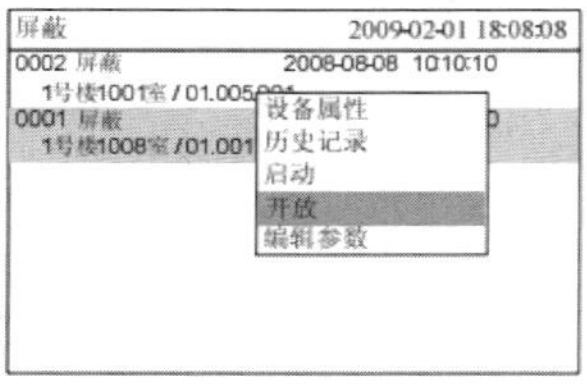

续表

<table>
<tr><th>序号</th><th>实训内容</th><th>详细信息</th><th>图片</th></tr>
<tr><td rowspan="2">2</td><td rowspan="2">事件处理</td><td></td><td>

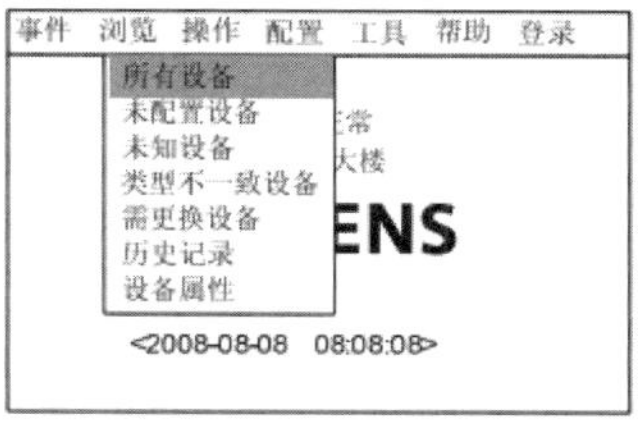

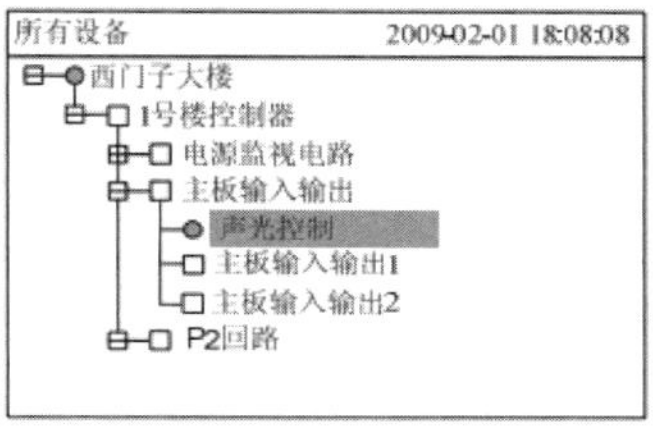

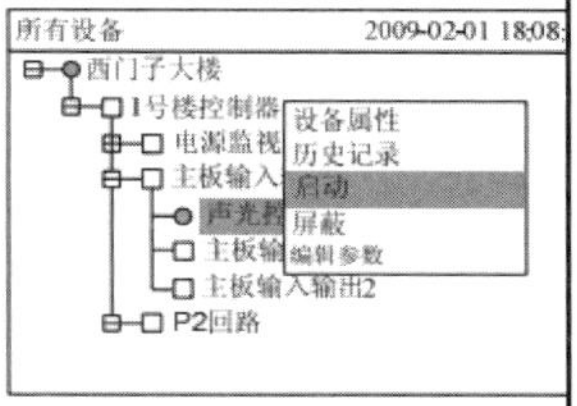

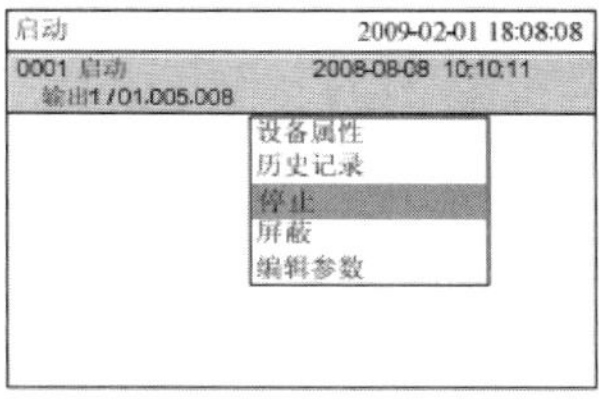

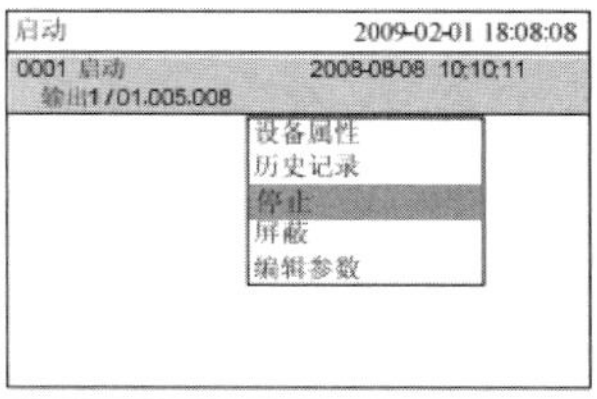
</td></tr>
<tr><td>（10）测试/移动测试。
① 测试/移动测试。
a. 按“菜单”键进入主菜单。
b. 按“→”键选择“浏览”子菜单，然后按“↓”键选择“所有设备”，再按“OK”键，树状图显示出来。</td><td>
</td></tr>
</table>

续表

<table>
<tr><th>序号</th><th>实训内容</th><th>详细信息</th><th>图片</th></tr>
<tr>
<td rowspan="2">2</td>
<td rowspan="2">事件处理</td>
<td>c. 按“→”键弹出快捷菜单，然后按“↓”键选择“测试”/“移动测试”，再按“OK”键，被选择的设备即处于测试模式，控制器也进入测试状态。
② 恢复操作：有以下两种方法。
a. 第一种：与上述 a～c 步相同，只是在第③步的时候选择“恢复”，再按“OK”键，被选择的设备即被恢复。
b. 第二种：通过查询测试/移动测试实时事件（参考实时事件查询操作），可较快找到被测试的设备，然后按“→”键弹出快捷菜单，再按“↓”键选择“恢复”，最后按“OK”键，被选择的设备即被恢复。
c. 当所有测试设备都被恢复后，测试指示灯灭</td>
<td>
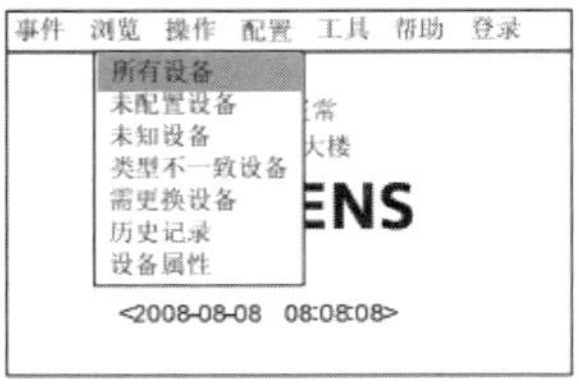

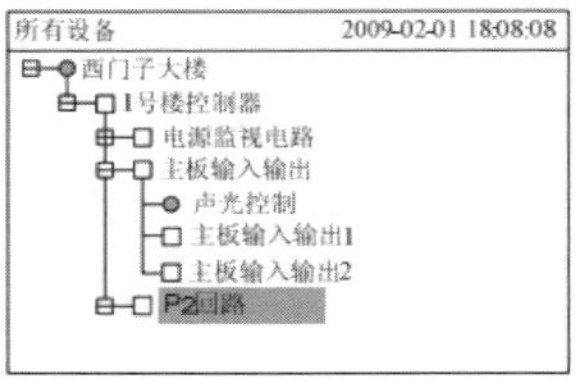

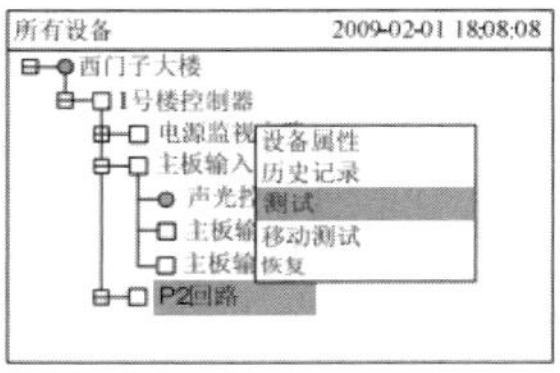

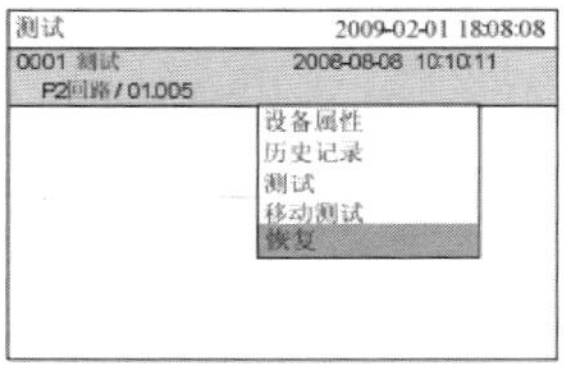

</td>
</tr>
<tr>
<td>（11）定位测试/定位恢复。
① 定位测试操作
a. 按“菜单”键进入主菜单。
b. 按“→”键选择“浏览”子菜单，然后按“↓”键选择“所有设备”，再按“OK”键，树状图显示出来。在树状图中通过站、回路、点一层一层向下查找，直到找到需要定位测试的设备或探测回路。
c. 按“→”键弹出快捷菜单，然后按“↓”键选择“定位测试”，再按“OK”键，被选择的设备即处于定位模式，设备上的 LED 指示灯闪。
② 定位恢复操作
与上述 a～c 步相同，只是在第③步的时候选择“定位恢复”，再按“OK”键，被选择的设备即被恢复，LED 指示灯灭</td>
<td>

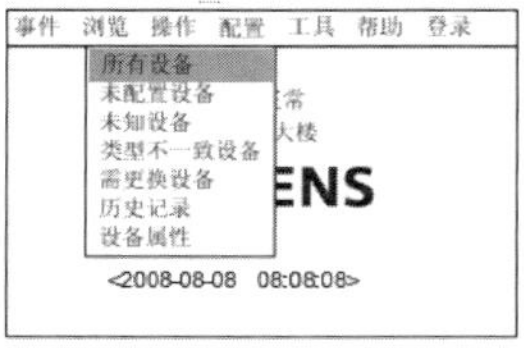

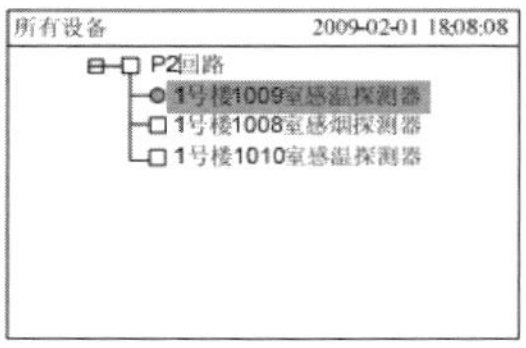

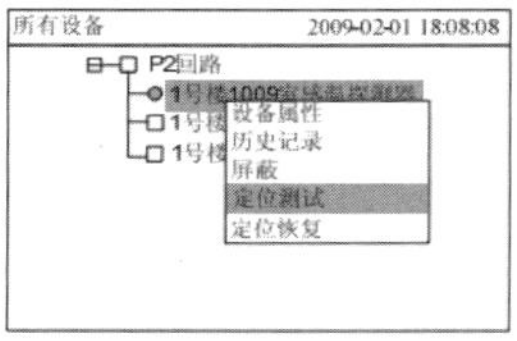

</td>
</tr>
</table>

五、实训考核标准

表 1-4-2　实训考核标准

项目	标准	配分	评分标准	得分
登录系统	① 按“菜单”键显示主菜单； ② 按“→”键选择“登录”，然后按“OK”键，弹出密码输入窗口； ③ 键入相应的 2/3 级用户密码，按“OK”键。如果键入正确的密码，即可登录 2/3 级（按“←”可删除错误的输入）	20	（1）不正确的用户级别登录扣 10 分。 （2）不能够正确登录扣 10 分	
火灾事件处理	① 火警状态查看； ② 按“确认/消音”键将蜂鸣器消音； 如果当前用户是 1 级用户，系统将自动弹出登录界面，键入 2/3 级密码后，按“OK”键返回火警窗口，再按“确认/消音”键。 ③ 按“声光控制”键一次停止声光报警器，指示灯由亮变为灭。再按一次又重新启动声光报警器，指示灯由灭变为亮。如此反复； ④ 找出火警发生地点； ⑤ 到现场处理火情； ⑥ 如果火情很紧急，立即打电话报警。如果火情可控，处理完后，按“复位”键，火警事件消失，火警指示灯灭	30	描述漏项或错项，每项扣 5 分，扣完为止	
故障事件处理	① 故障状态查看； ② 按“确认消音”键将蜂鸣器消音； ③ 查看故障发生地点； ④ 到现场处理故障； ⑤ 故障解除后，故障事件消失，故障指示灯和确认消音指示灯灭	30	描述漏项或错项，每项扣 6 分，扣完为止	
保存配置退出系统	① 按“菜单”键进入主菜单； ② 按“→”键选择“配置”子菜单，然后按“↓”键选择“保存配置”； ③ 按“OK”键，确认保存配置窗口显示，再按“OK”键系统即开始执行保存； ④ 保存完成后退回到初始界面	20	不能正确保存配置，每项扣 5 分，扣完为止	
总分	—	100		

六、思考题

（1）控制器正常状态的表现是什么？
（2）控制器火警状态的表现是什么？
（3）控制器怎么对实时事件进行查询？

任务五　综合监控

一、实训目的

（1）掌握综合监控系统 HMI 界面结构组成。
（2）掌握综合监控系统 HMI 界面操作。
（3）掌握综合监控系统的各相关操作。

二、理论链接

1. 设备元素说明

各图例说明如表 1-5-1 ~ 1-5-5 所示。

表 1-5-1　元素说明

图例说明	图标	状态	颜色	备注
母线		110 kV 交流电	红色	受电
		35 kV 交流电	黄色	受电
		400 V 交流电	蓝色	受电
		1 500 V 直流电	绿色	受电
		各级母线未受电颜色	灰色	不受电
断路器	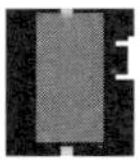	分闸	绿色	
		合闸	红色	
母联备自投投入/投出			绿色	对于 35 kV 母线：投入
				对于 400 V 母线：投出
	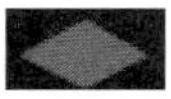		红色	对于 35 kV 母线：投出
				对于 400 V 母线：投入
隔离开关		分闸	绿色	
	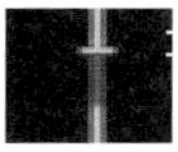	合闸	红色	
变压器 35 kV/400 V		正常		
		通信中断	灰色	

续表

图例说明	图标	状态	颜色	备注
变压器 35 kV/1 200 V		正常	绿色	
		通信中断	灰色	
变压器 110 kV/35 kV		正常	颜色与相应电压等级颜色对应	
		通信中断	灰色	
整流器	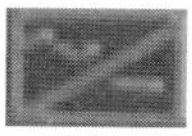	正常	绿色	
避雷器		正常	绿色	
电压变送器	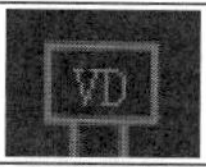	正常	绿色	
钢轨电位限制装置	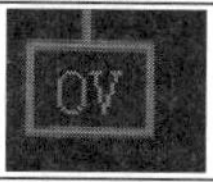	正常	绿色	
排流柜	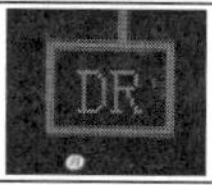	正常	绿色	
遥测量的显示		—	—	
电压互感器		正常	绿色	

表 1-5-2　全线 35 kV 环网

图例说明	图标	状态	颜色	备注
母联断路器		分闸	绿色	
		合闸	红色	

表 1-5-3　变电所导航说明

图例说明	图标	状态	颜色	备注
变电所导航		正常		通过点击能进入相应的各个站

表 1-5-4　全线接触网

图例说明	图标	状态	颜色	备注
1 500 V 供电		正常		

表 1-5-5　光字屏说明

图例说明	图标	状态	颜色	备注
光字屏		正常	绿色	

三、实训要求

1. 实训时间

实训课时为 2 课时。

2. 实训形式

分组练习，完成实操作业，结合实操独自完成实训考核。

3. 工器具材料准备

（1）鼠标键盘。

（2）ISCS 系统。

4. 实训注意事项

与站台门联动时先确认站台门 LCB 钥匙在自动位、PSL 就地控制钥匙允许操作钥匙是否在无效位。

四、实训作业步骤

表 1-5-6　实训作业步骤

序号	实训内容	详细信息	图片
1	ISCS 系统 HMI 界面操作	（1）系统登录。 在左屏内出现登录窗口，提示输入用户名。如旁图所示（初始化设置用户名为本站拼音首字母缩写，密码相同）。 ISCS 工作站的 HMI 界面分为 4 部分，分别是：菜单栏、导航栏、用户显示区、底部栏	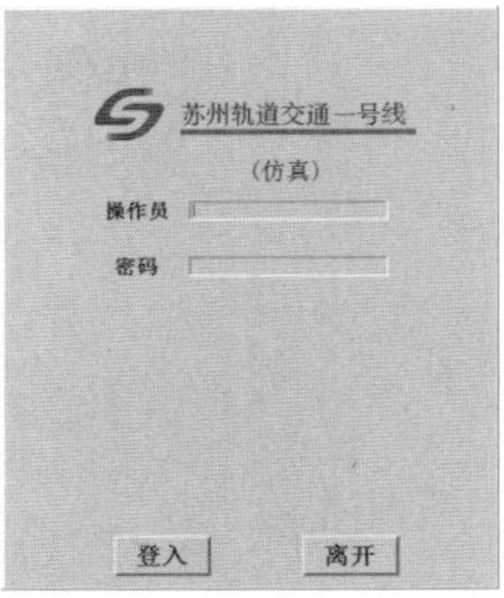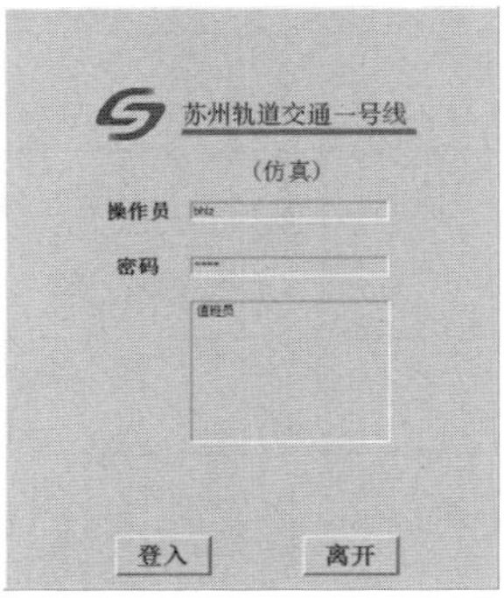

续表

序号	实训内容	详细信息	图片
1	ISCS 系统 HMI 界面操作		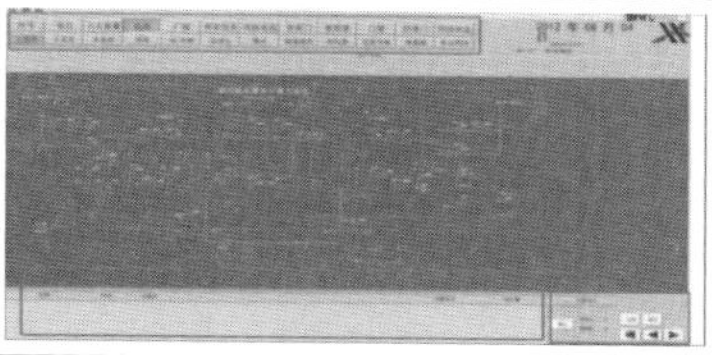
2	机电系统	（2）权限移交。 ① 正常移交。 a. 在车站权限 HMI 中选择需要进行权限移交的子系统，如通风系统，单击【转移控制权限至远方】按钮； b. 系统的控制权状态将变为蓝色字体，描述为“车站交接权限”（若有中心级向车站转移权限，则描述为“交接权限到车站”）； c. 中心的权限交接画面的【接收控制权】按钮将变为红色，以提示操作员接受系统的控制权限； d. 操作员单击接收控制权按钮后，系统的控制权限将转移到控制中心，转移后的控制权限画面如图所示。 ② 强制移交。 在车站权限HMI中选择需要强制收回控制权的状态，如通风系统，单击【强制收回按钮】，如图所示，系统的控制权将被车站强制收回	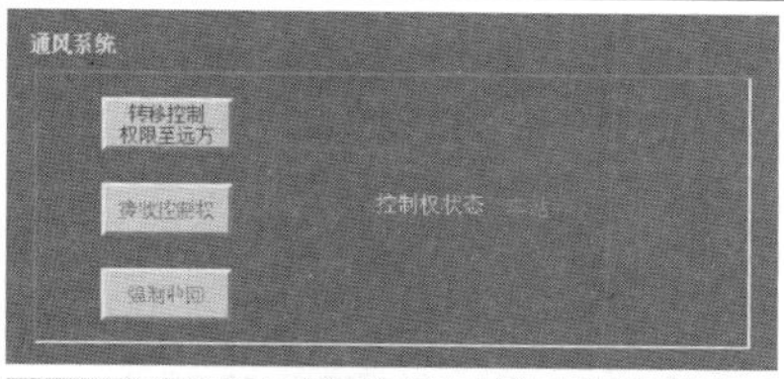
		电/扶梯控制： ① 在综合监控机电系统电/扶梯子系统中选择启动的电/扶梯左键单击； ② 选择启动或停止并点“执行”会在自身图元上有状态显示	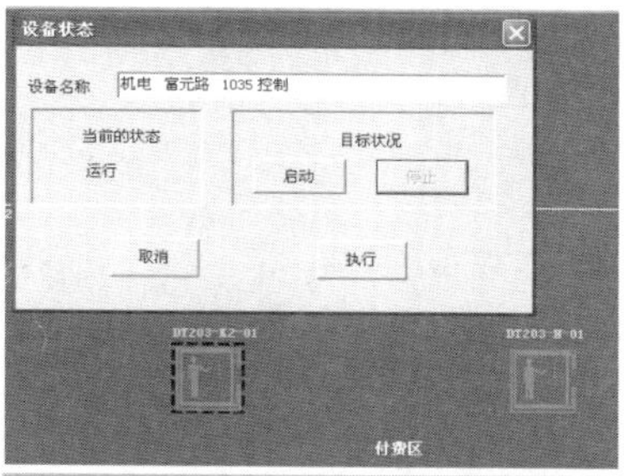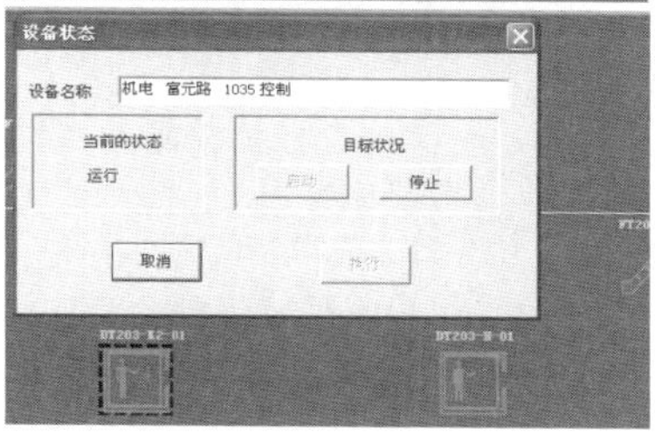

续表

序号	实训内容	详细信息	图片
2	机电系统		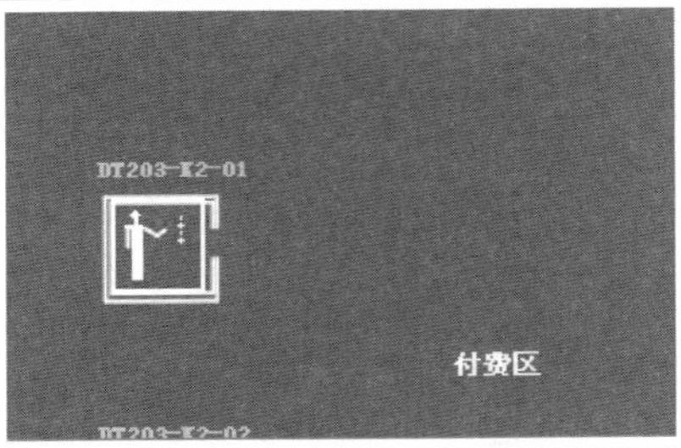
		模式控制： ① 在综合监控机电系统模式子系统中通过控制窗口选要启用的模式。 ② 点击“执行”按钮，在选中的模式号这一栏会显绿色。在运行模式中会显示运行的模式编号，模式状态中显示启动状态（▮先闪烁，运行正常后稳定）	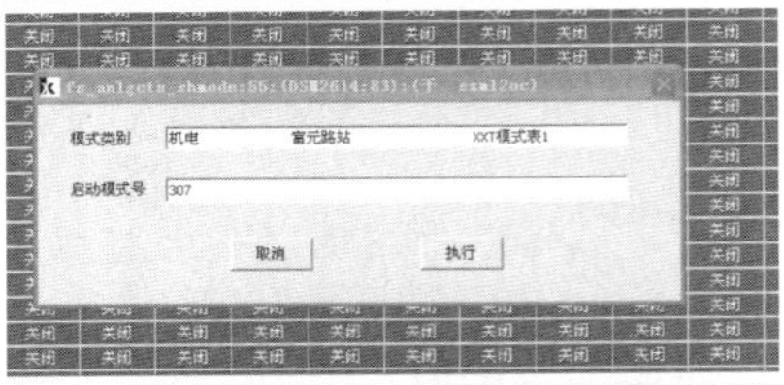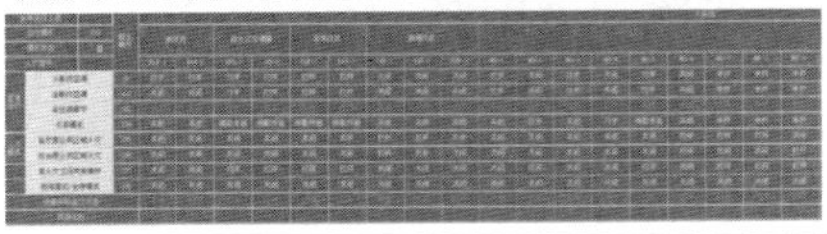
		站厅照明控制： 站厅照明灯控制关联车控室内综合监控程序中“机电”—“照明”页面中的元素如图所示。 站厅总共存在六列灯的控制，软件中一个元素对应站厅一列灯的显示。开关方式同前所述。 ① 释放门禁操作步骤。 选择相应端门禁按钮并按压，执行成功后按钮上方红灯常亮，相应端门禁失效； ② 复位释放门禁操作步骤。 再次按压门禁按钮，执行成功后按钮上方绿灯常亮，相应端门禁启用； ③ 注意事项。 门禁有效时，按钮上方绿灯常亮；释放门禁后，按钮上方红灯常亮；操作试灯时，按钮上方黄灯常亮	
3	广播系统	（1）中心级广播系统操作。 ① 在子系统选择栏，点击按钮“广播”，然后再点击按钮“中心广播主画面”，进入控制中心主画面。 ② 广播区域的选择。 a. 在左上方的特定区域左键点击全线，以实现对正线所有车站的广播区域选择。	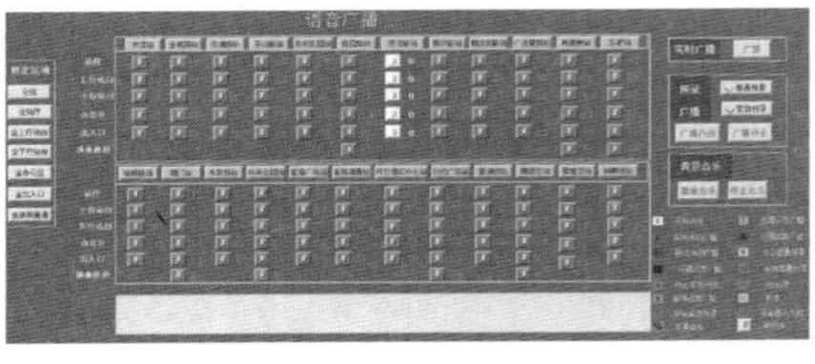

续表

序号	实训内容	详细信息	图片
3	广播系统	b. 左键再次点击全线，则取消对正线所有车站的广播区域选择。 c. 在左上方的特定区域左键点击全出入口，以实现对正线多个车站相同广播区的选择，再次点击则取消选择。 d. 在车站列表中左键点击车站名，以实现对正线任一个车站的全部广播区的选择，再次点击则取消选择。 ③ 广播音源的选择。 a. 实时广播： 点击“广播”按钮，可通过配备的PA 话筒进行实时广播，同时按钮由“广播”转为“停止”。 再次点击此按钮，停止实时广播，同时释放选择区域中实时广播占用。 b. 预录广播： 分为普通预录和紧急预录两种。下面以普通预录为例： 选中普通预录按钮，点击“广播内容”按钮，弹出语音广播设置窗口， 在窗口中选择需要播放的普通预录制语音，点击“发布”，广播普通预录制语音。 点击“广播停止”按钮，停止选中区域中的普通预录制语音广播。 ④ 对选中的广播区域进行广播	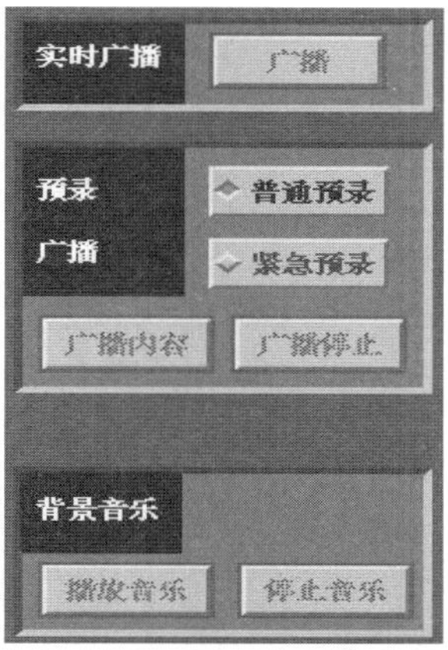 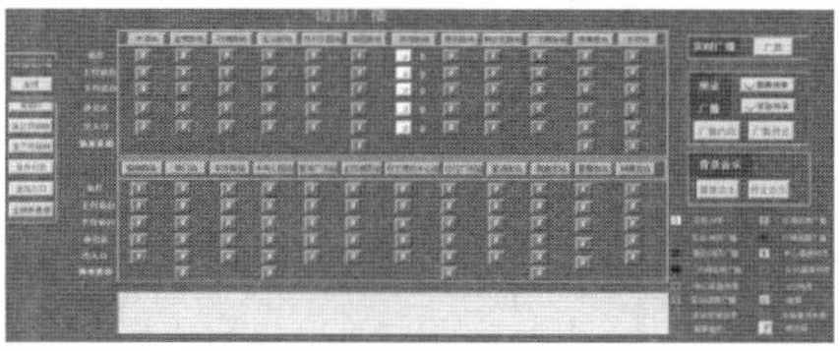
		（2）车站级广播系统操作。 ① 在子系统选择栏，点击按钮“广播”，然后再点击“车站广播主画面”按钮，进入车站广播主画面。 ② 广播区域的选择。 a. 在上方的特定区域左键点击全车站，以实现对整个车站的广播区域选择，再次点击取消选择； b. 在上方特定区域列表左键点击上行站台和下行站台，实现对车站任意广播区的选择，再次点击取消选择； c. 在上方的特定区域左键点击上行站台，实现对车站单个广播区的选择。 ③ 对选中广播区进行广播。 a. 预录广播：分为普通预录和紧急预录两种。下面以普通预录为例： 选中普通预录按钮，在窗口中选择需要播放的普通预录制语音；点击“播放”，广播普通预录制语音； 点击“广播停止”按钮，停止选中区域中的普通预录制语音广播	 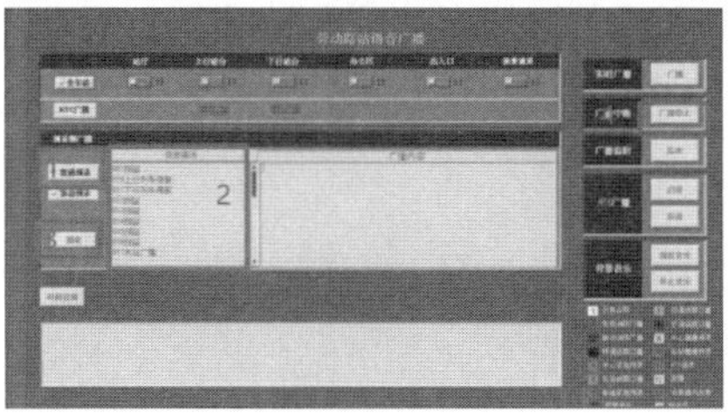

续表

序号	实训内容	详细信息	图片
4	乘客信息系统	乘客信息系统： ① 启动并进入系统画面； ② 选中画面顶端子系统导航区域的“乘客信息”按钮； ③ 将弹出子系统功能导航按钮，单击其中的“主画面”按钮。 注：每个车站不同分区按钮旁都有相应控制器的状态显示，其中绿色代表控制器正常，红色代表控制器故障，蓝色代表通信故障。 ④ 全线车站的所有显示区。 单击画面左侧的“全线”按钮，对应的全线所有区域的按钮显示为被按下的状态。 类似的“全站厅LCD”“全上行站台”“全下行站台”“全出站口”按钮被按下，对应的全线所有区域的按钮显示为被按下的状态	 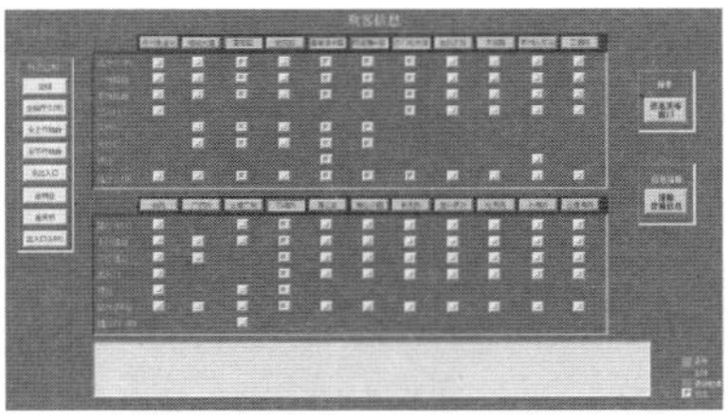 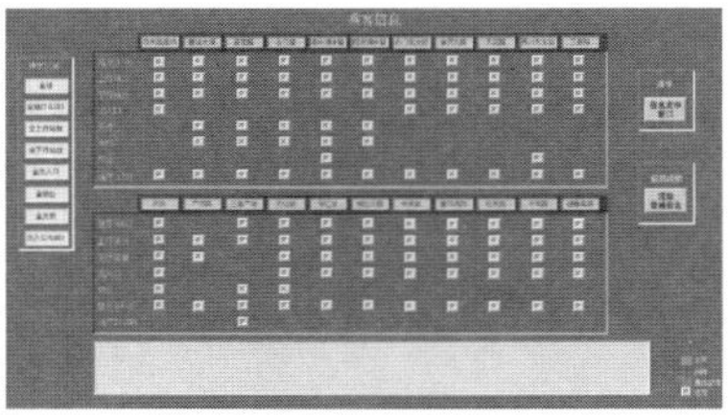 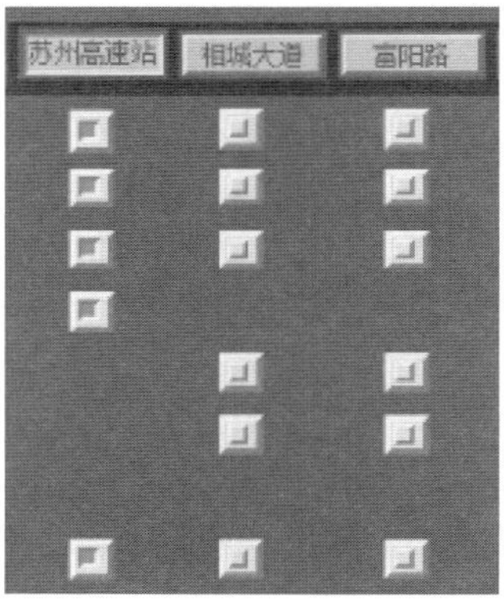
5	闭路电视系统	车站 CCTV 一般控制功能： ① 点击左侧的按钮，选择车站的区域（站厅、站台、出入口）； ② 点击摄像机图元可以选中此摄像机，当选择云台摄像机时，上半部的“操控”按钮可用，操作员可对此摄像机进行控制； 与分别表示对摄像机进行上下转动。 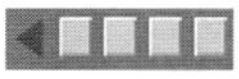与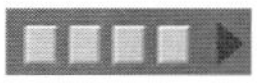分别表示对摄像机进行水平转动，并且离箭头越近的按钮表示点击后转动速度越快。 分别表示对焦、光圈、远近控制	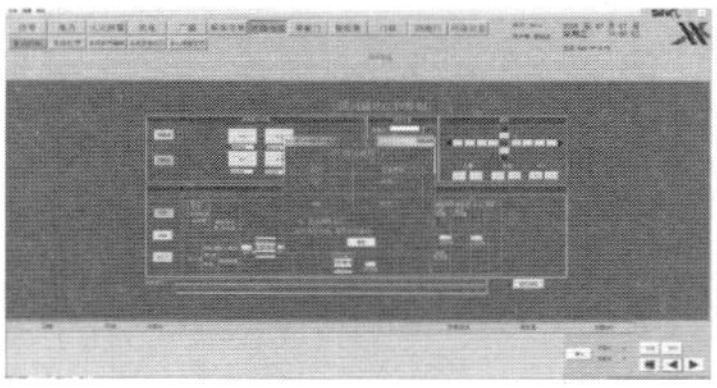 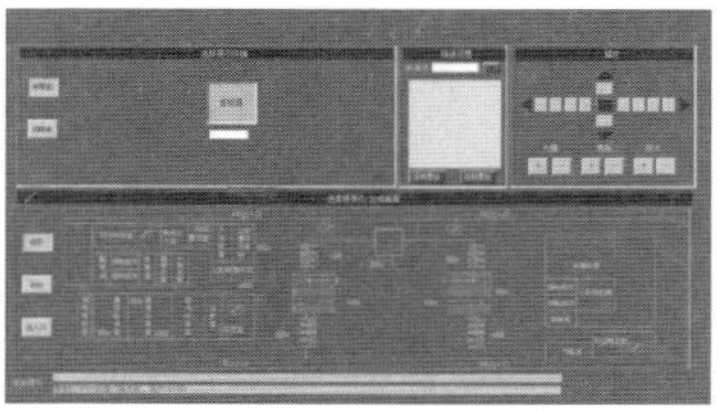

续表

序号	实训内容	详细信息	图片
5	闭路电视系统	③ 可以选择单画面或者四画面监视模式	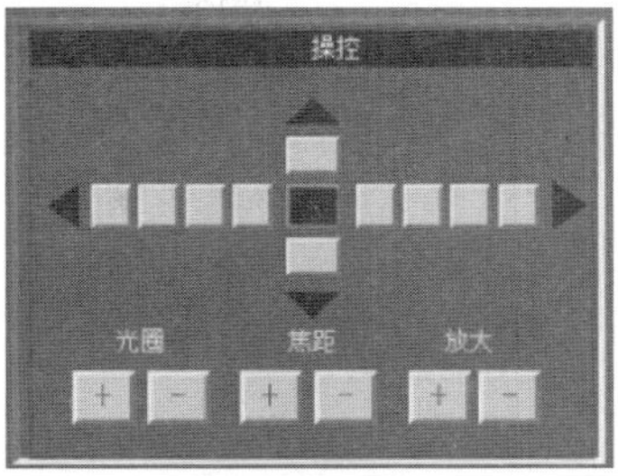  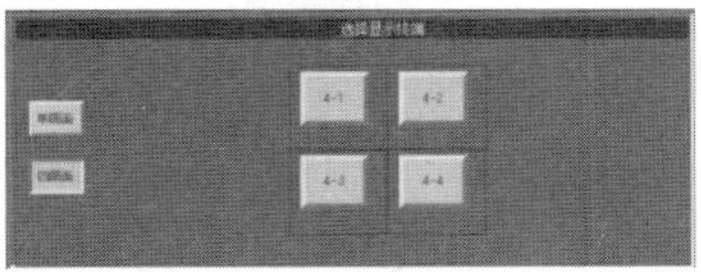
6	屏蔽门	屏蔽门执行开关门操作，同电扶梯控制相同	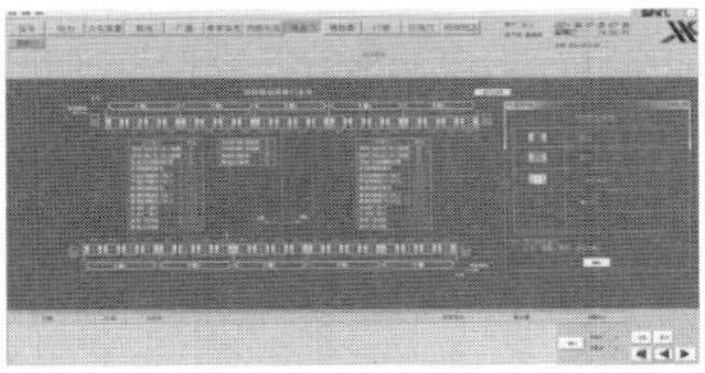
7	售检票	售检票执行运行、停止操作，同电扶梯控制操作相同	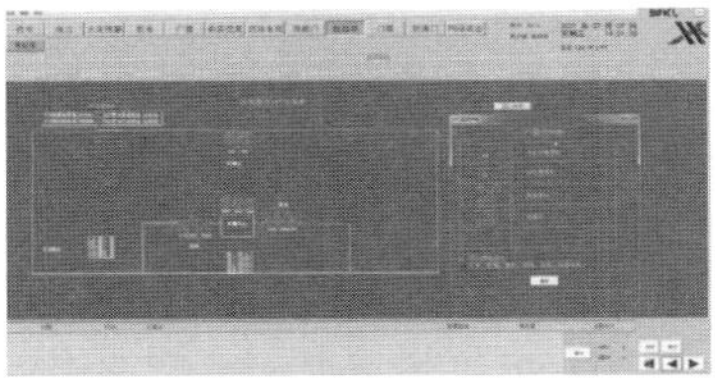
8	火灾报警	报警联动： （1）当 FAS 主机检测到有设备报警时，综合监控会给出报警提示，视图中相应设备变为红色报警状态，下方报警列表框中给出对应报警信息。 （2）在弹出对话框中“确认”火灾模式后，现场联动设备，所有闸机释放，电梯停止。若点击“取消”，则不自动触发，需人工开启火灾模式。 （3）点击大系统模式表中“火灾恢复”按钮，火灾 IBP 盘上“环境与设备监控”下“复位”按钮均可恢复	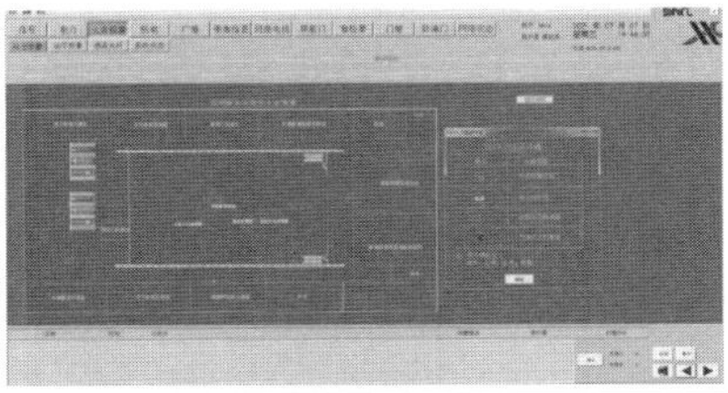 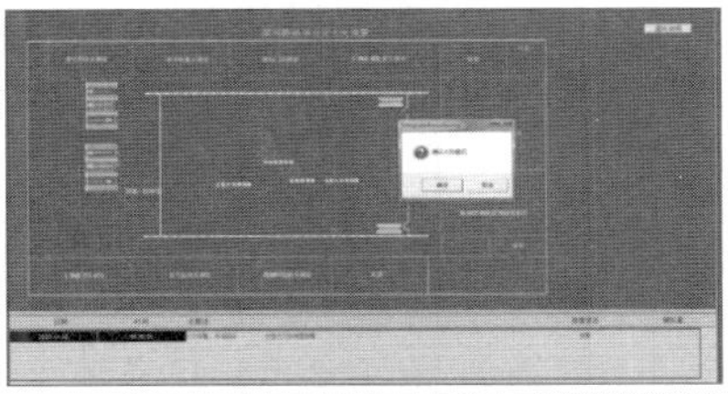 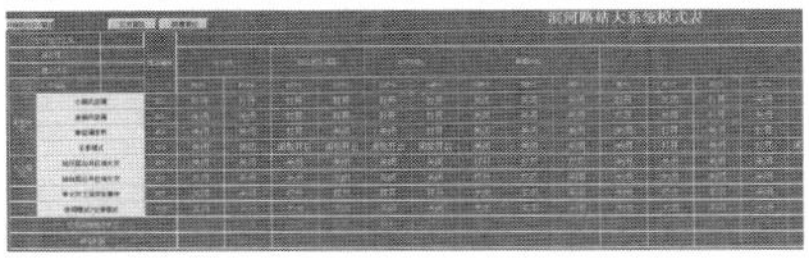

续表

序号	实训内容	详细信息	图片
9	电力系统操作与功能	（1）HMI 界面操作。 ① 点击某个子系统按钮并在该子系统的功能选择栏上选择了功能按钮后，被选中的按钮会呈现棕褐色； ② 通过点击“全线”，得出全线的功能选择栏； ③ 点击“车站”后，会返回旁图的车站功能选择栏。 （2）遥控操作。 ① 第一步：通过人机界面调出所要控制开关的一次主接线图。 ② 第二步：在调出的一次主接线图中点击所要控制设备的图元，此时系统将自动弹出一个对话框。此对话框将显示被控设备的静态信息、动态信息、控制信息。 ③ 第三步：点击“遥控”选择被控设备的目标操作状态，此时会弹出一个对话框，确定是否对目标状态的操作。若遥控选择命令返校成功，此时被选择的目标操纵状态为选中状态；若遥控选择命令返校失败，重新进行遥控选择。 ④ 第四步：点击“遥控执行”按钮，系统自动执行返校。遥控成功，则工作站显示器上开关状态刷新。点击遥控撤销操作，则执行命令不会下发。 （3）遥测显示操作。 ① 鼠标左键点击遥测显示，测量对象的各种电气量就会显示出来。 （4）SOE 事件记录。 SOE（事件顺序）记录用于分辨事件发生的先后顺序（如故障跳闸的顺序）。系统可以以各种方式（按时间、事故源对象等）查询、分析和打印 SOE 记录。 （5）人机界面显示。 ① 通过点击图中标记的图元，可进入对应车站的一次接线功能界面； ② 点击站名可进入相应车站的一次接线图功能界面。 启泵步骤： a. 将钥匙打至“有效”位，“自动状态”灯熄灭，“有效”位指示绿灯常亮；	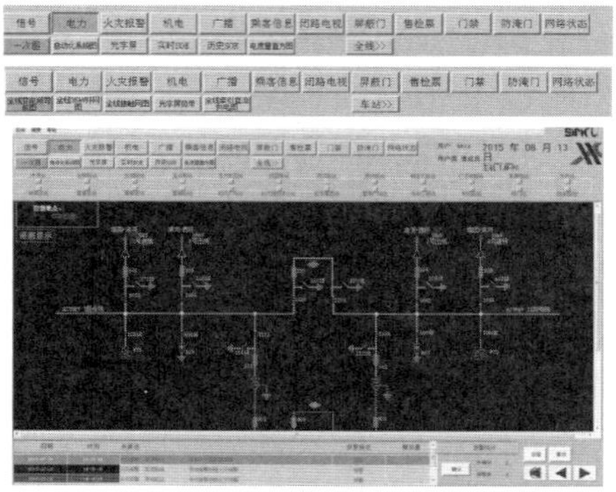 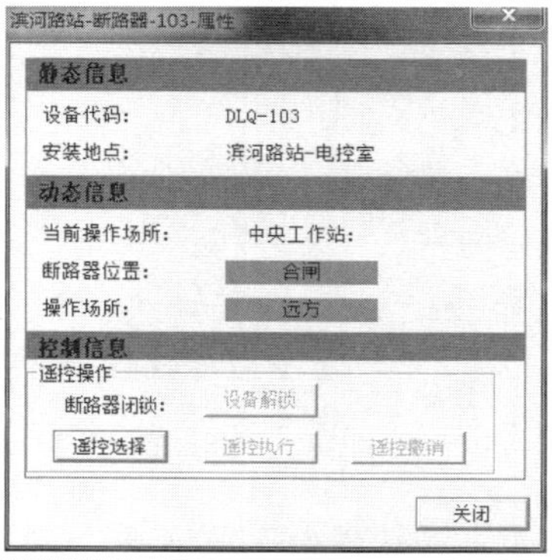 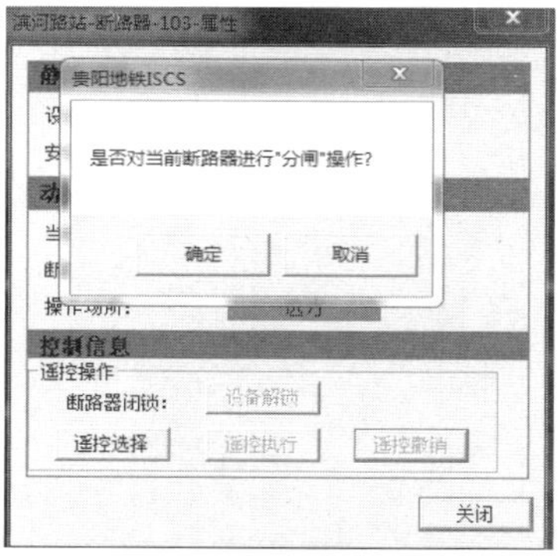 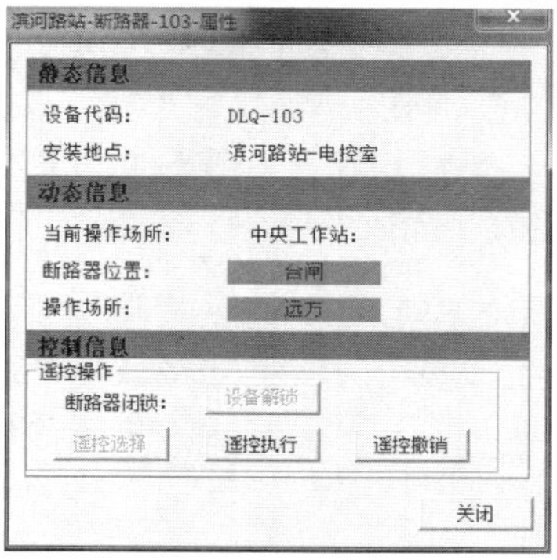

续表

序号	实训内容	详细信息	图片
9	电力系统操作与功能	b. 按下“启泵”按钮，蜂鸣器响起。 停泵步骤： a. 按下“停泵”按钮，泵响应停止； b. 将钥匙操作至“无效”位，“有效”位灯熄灭，“自动状态”灯常亮。 消音功能启用和复位： a. 启用消音：按下“消音”按钮，“消音”按钮常亮，报警声停止； b. 复位消音：再次按压“消音”按钮执行复位，复位成功后，“消音”按钮灯熄灭。 （6）光字屏。 ① 点击 1500V/400V光字屏 ，选择AC 1500V，DC 400V 光字屏。 ② 通过全线功能选择栏，点击 光字屏目录 ，选择各个不同降压变电所，牵引降压变电所。 （7）自动化系统图。 ① 系统能实时显示各个变电所综合自动化系统的运行状况。 ② 紧急停车操作不同设备可点击 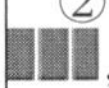，了解各个不同变电所内所有设备的具体运行状况	 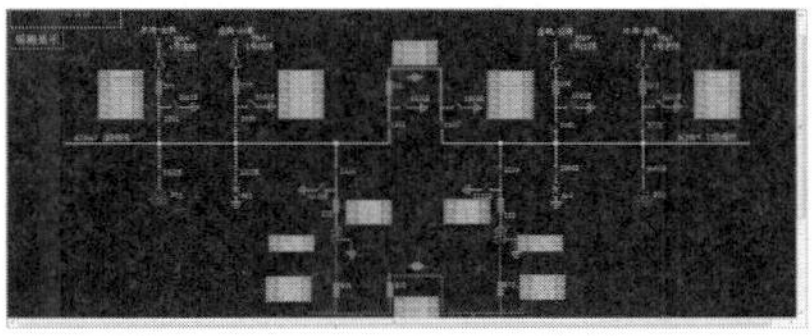 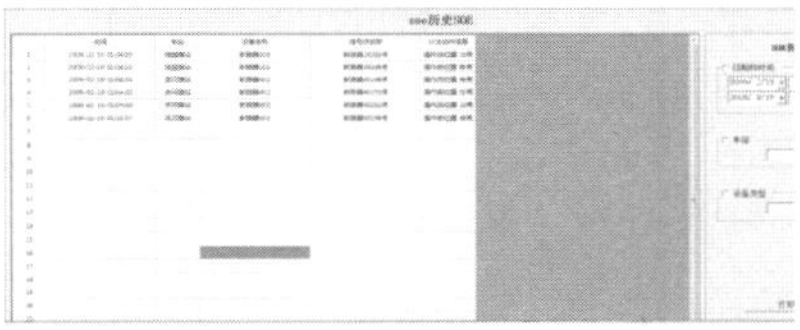 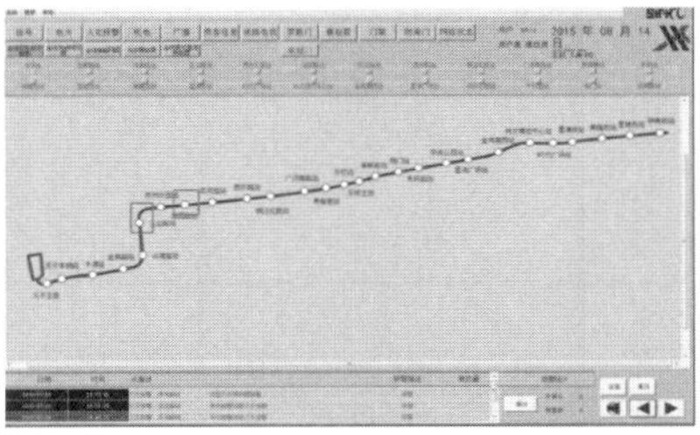 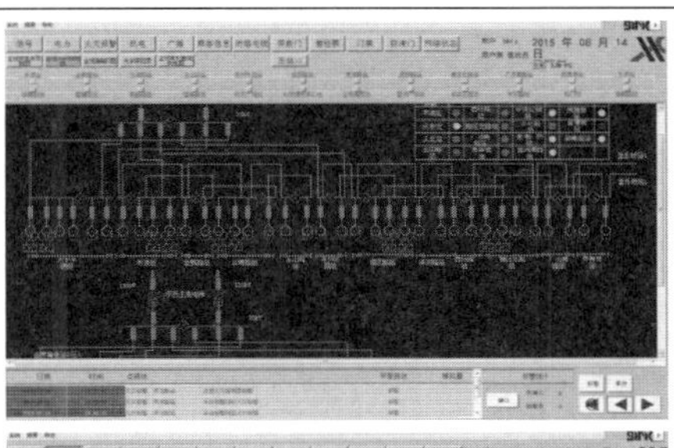 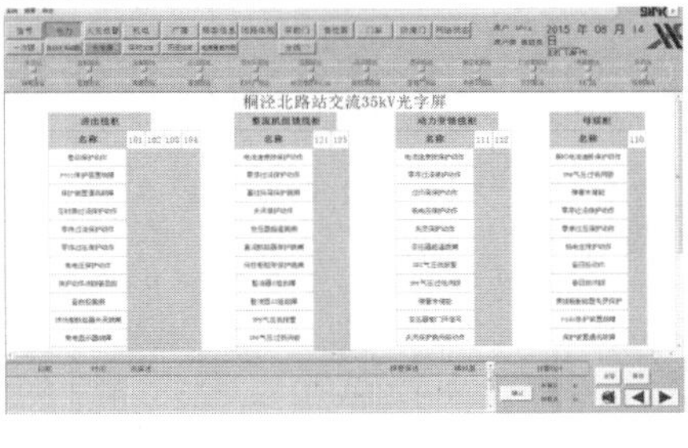

续表

序号	实训内容	详细信息	图片
9	电力系统操作与功能		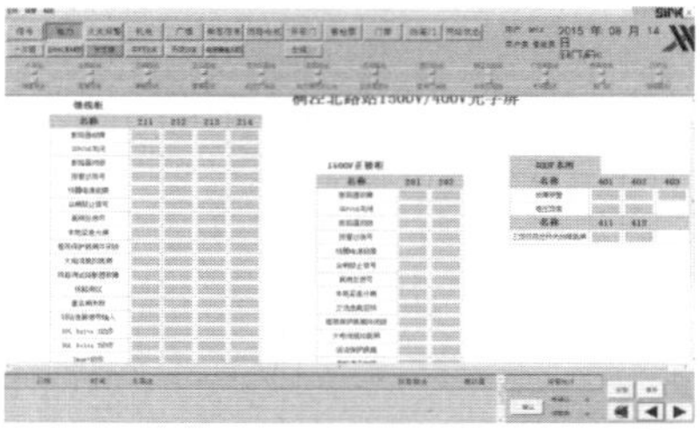 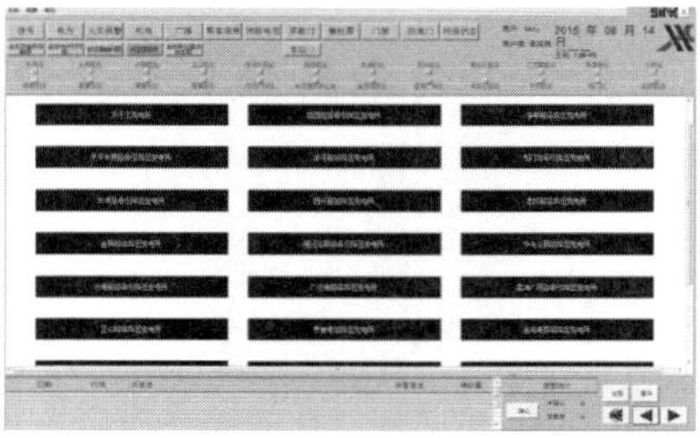 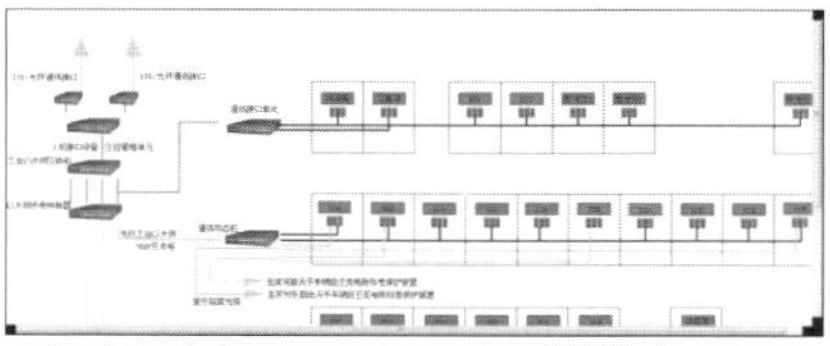 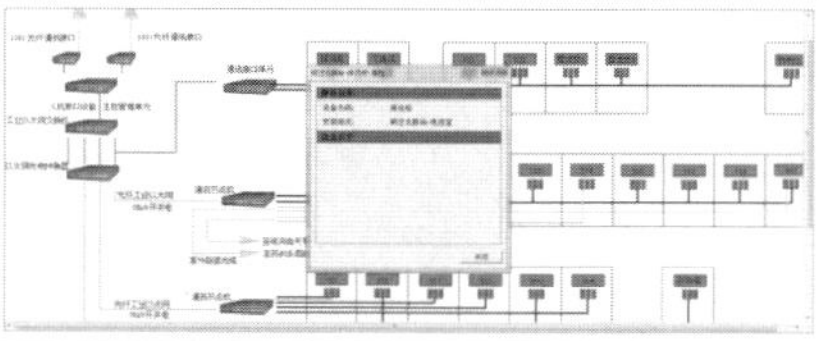

五、实训考核标准

表 1-5-7 实训考核标准

项目	标准	配分	评分标准	得分
ISCS 系统 HMI 界面操作	系统登录： 在左屏内出现登录窗口，提示输入用户名（初始化设置用户名为本站拼音首字母缩写，密码相同）	5	操作错误，扣 5 分，扣完为止	
中心级向车站转移权限	（1）在中心权限 HMI 中选择需要进行权限移交的子系统，如通风系统，单击有的按钮“转移控制权限至远方”按钮。 （2）系统的控制权状态将变为蓝色字体，描述为“交接权限到车站”。 （3）车站的权限交接画面的“接收控制权”按钮将变为红色，以提示操作员接受系统的控制权限。 （4）操作员单击接收控制权按钮后，系统的控制权限将转移到控制车站	25	操作错误，每项扣 6 分，扣完为止	

续表

项目	标准	配分	评分标准	得分
在车站上行对站台进行广播	（1）在子系统选择栏，点击“广播”按钮，再点击“车站广播主画面”按钮。 （2）在上方的特定区域左键点击上行站台，实现对车站单个广播区的选择。 （3）选中“普通预录”，选择需要播放的语音，点击“播放”。 （4）播放完成后，再次点击“广播停止”按钮，停止广播	25	操作错误，每项扣 6 分，扣完为止	
查看并确认火灾报警信息	（1）在弹出对话框中“确认”火灾模式后，现场联动设备，所有闸机释放，电梯停止。 （2）查看综合监控视图中相应变为红色报警状态的设备。 （3）在下方报警列表框中找到对应的报警信息。 （4）点击大系统模式表中“火灾恢复”按钮，火灾 IBP 盘上“环境与设备监控”下“复位”按钮均可恢复	25	操作错误，每项扣 6 分，扣完为止	
遥控操作	（1）人机界面调出所要控制开关的一次主接线图。 （2）在调出的一次主接线图中点击所要控制设备的图元。 （3）点击遥控，选择被控设备的目标操作状态。 （4）点击遥控执行按钮，系统自动执行返校	20	操作错误，每项扣 5 分，扣完为止	
总分	—	100		

六、思考题

（1）电扶梯系统执行停梯后的变化是什么？
（2）车站广播系统和中心广播系统的区别有哪些？

任务六　自动售票机

一、实训目的

（1）掌握自动售票机的模块功能。
（2）掌握自动售票机的基本操作。
（3）掌握自动售票机的购票操作流程。
（4）掌握自动售票机的维护业务流程。

二、理论链接

1. 自动售票机整体结构

自动售票机前面结构如图 1-6-1 所示。

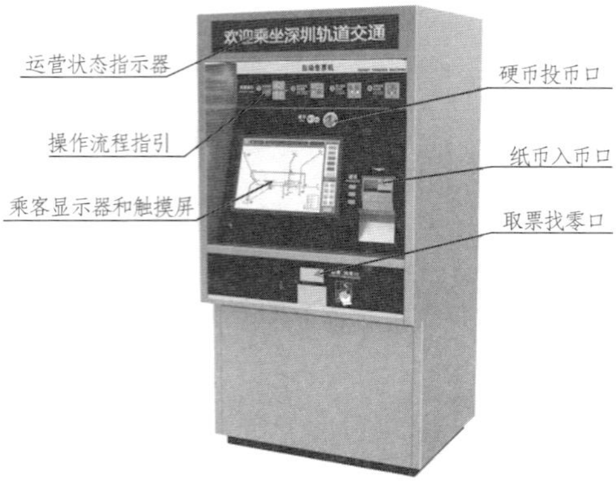

图 1-6-1　自动售票机前面结构

自动售票机后面结构如图 1-6-2 所示。

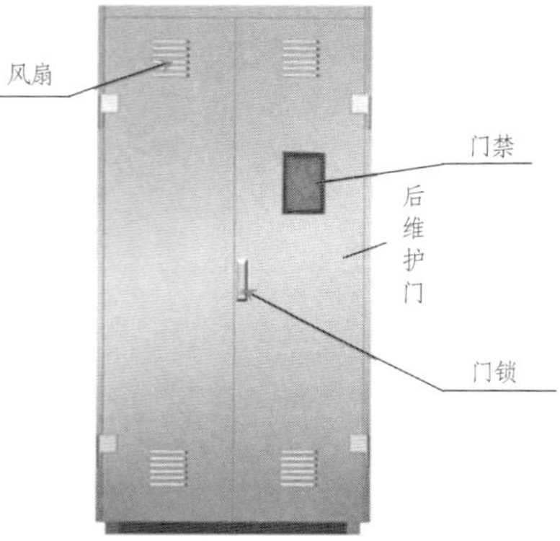

图 1-6-2　自动售票机后面结构

自动售票机部件构成如图 1-6-3 所示。

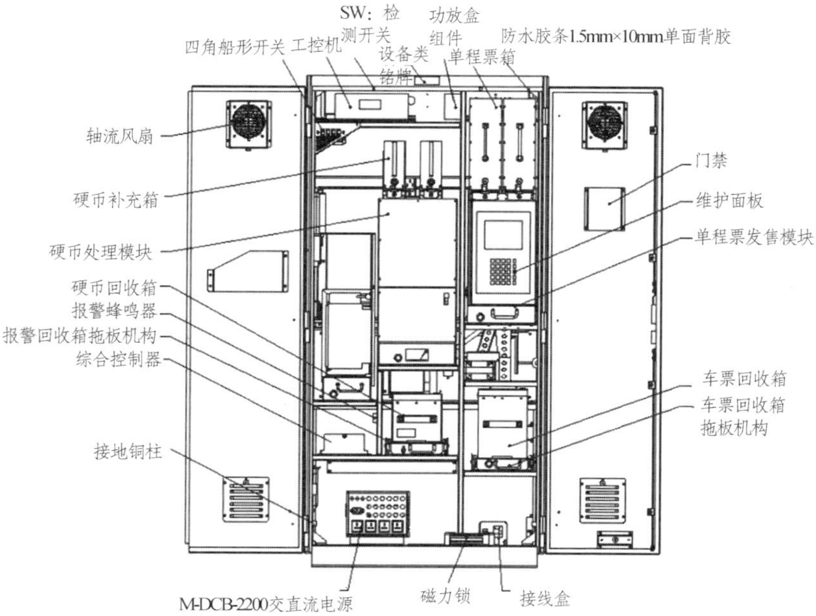

图 1-6-3　部件构成

2. 自动售票机部件功能说明

（1）机箱：主要起支撑和保护机内机电部件的作用。外形尺寸设计符合人体工程学，适合嵌入式安装。后维护门装有传感器，有机械锁定装置，须使用钥匙开启。维护时自动售票机自动进入暂停工作的状态。

（2）电源箱：接受外部输入的交流电源，并进行转换处理，为自动售票机中所有电子和电气部件提供稳定可靠的电源。

（3）门禁：用于对维护和运营人员的身份验证，在打开后维护门之前必须先刷卡认证，非法开后维护门则会报警。

（4）磁力锁：吸附在后维护门的下方，为自动售票机增加门禁控制的磁力锁，只有刷卡认证通过后才会自动解锁，可为设备提供更安全的保障。

三、实训要求

1. 实训时间

实训课时为 2 课时。

2. 实训形式

分组完成实训练习操作，结合实操完成个人实训考核。

3. 实训注意事项

（1）注意人身安全，避免被自动售票机夹伤。

（2）注意开关自动售票机柜门过程中不要有异物阻挡。

（3）严禁在操作自动售票机硬件设备遇到阻塞时强制操作，避免损坏设备。

（4）在对自动售票机内部结构设备认知时请注意用电安全。

4. 工器具材料准备

钥匙箱包含：

（1）自动售票机柜门钥匙。

（2）纸币模块钥匙。

（3）硬币模块钥匙。

（4）硬币回收钱箱钥匙。

四、实训作业步骤

表 1-6-1　实训作业步骤

序号	实训内容	详细信息	图片
1	自动售票机基本操作	（1）开机操作流程： ① 使用 TVM 维护门钥匙打开 TVM 维护门下门和上门； ② 打开电源开关，打开硬件开机开关； ③ 启动系统正常，程序正常启动后进入乘客主界面； ④ 关闭维护门	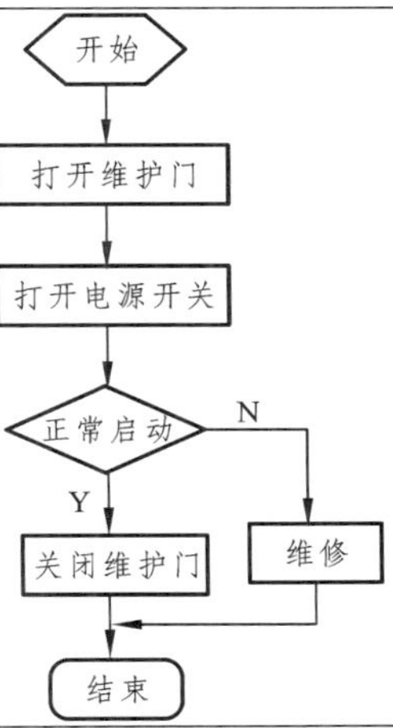

续表

序号	实训内容	详细信息	图片
1	自动售票机基本操作	（2）关机操作流程。 ① 使用 TVM 维护门钥匙打开 TVM 维护门下门和上门； ② 登录维护面板； ③ 执行关闭设备菜单关闭工控机； ④ 关闭设备电源； ⑤ 关闭维护门	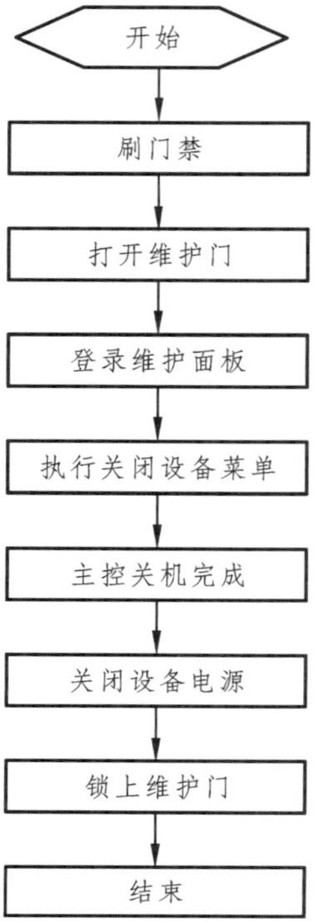
2	购票操作流程	购票操作主流程： ① 选择目的站； ② 选择买票张数； ③ 投入钱币； ④ 出票、找零到出票/找零口； ⑤ 取票/找零	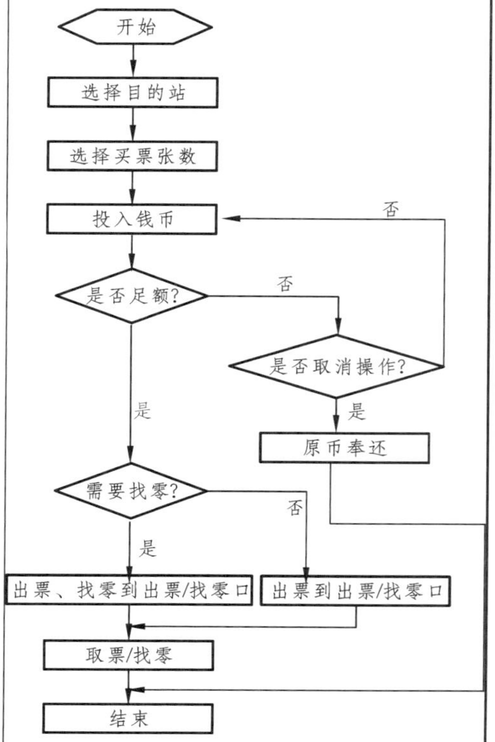

续表

<table>
<tr><th>序号</th><th>实训内容</th><th>详细信息</th><th>图片</th></tr>
<tr><td rowspan="3">3</td><td rowspan="3">维护业务</td><td>（1）维护业务主流程：
① 刷门禁；
② 用钥匙打开维护门；
③ 登录，在维护面板输入用户名、密码；
④ 进入维护菜单；
⑤ 执行相关维护操作；
⑥ 完成维护操作；
⑦ 退出维护菜单；
⑧ 锁上维护门</td><td>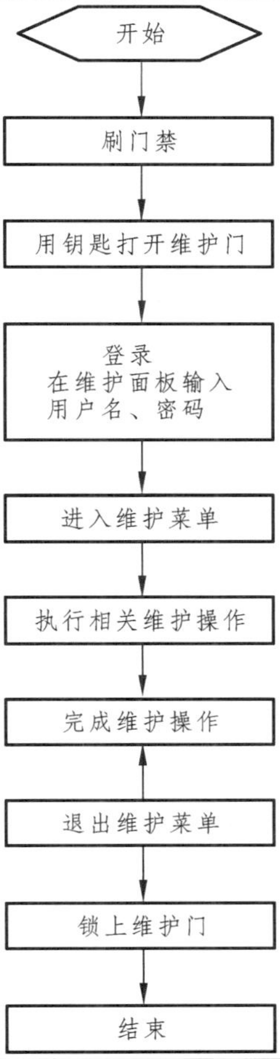
</td></tr>
<tr><td>（2）维护登录：
在此登录窗口中（维护单元第一次登录窗口），通过维护键盘输入正确的用户名和密码，会自动弹出维护主界面（用户名：888888；密码：123456）</td><td>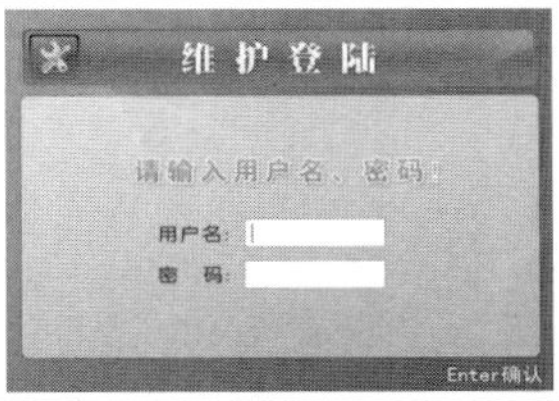
</td></tr>
<tr><td>（3）补充硬币操作流程：
① 登录后维护；
② 维护界面操作；
③ 硬币的加入：
a. 把硬币加币箱放到卡槽推进到底，这时按维护键盘的 F2 键能读取加币箱的 ID 信息；
b. 分别把钥匙插入加币箱和挡板的钥匙孔逆时针旋转钥匙；
c. 向外抽出挡板，硬币在重力作用下掉入五角硬币备用箱，若不能自动掉入，请轻拍加币箱侧板；</td><td>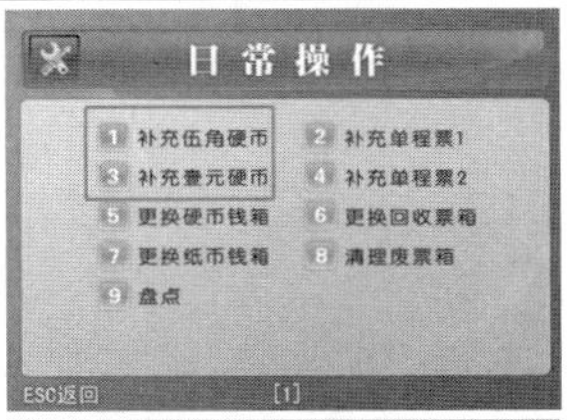

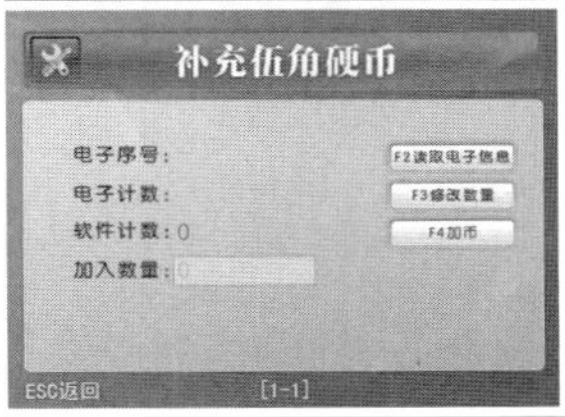
</td></tr>
</table>

续表

序号	实训内容	详细信息	图片
		d. 硬币加完后，向里推挡板到底，顺时针旋转钥匙回锁挡板和加币箱； e. 取出加币箱，加币完成。 ④ 完成硬币补充	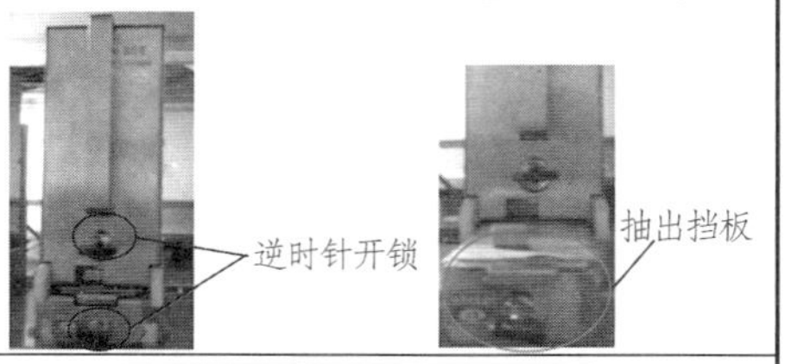
3	维护业务	（4）补充单程票操作流程： ① 登录后维护； ② 维护界面操作； ③ 单程票的加入； a. 把装有单程票的票箱放到卡槽推进到底，这时按维护键盘的F2键能读取票箱的ID信息； b. 分别把钥匙插入票箱和挡板的钥匙孔逆时针旋转钥匙； c. 向外抽出挡板，单程票在重力作用下掉入单程票箱，若不能自动掉入，请轻拍票箱侧板； d. 票加完后，向里推挡板到底，顺时针旋转钥匙回锁挡板和票箱； e. 取出票箱，加票完成。 ④ 完成单程票补充。	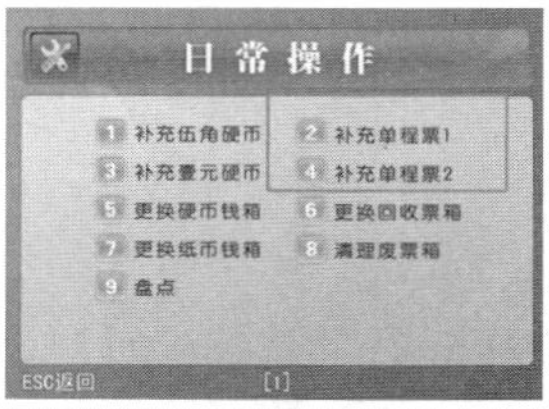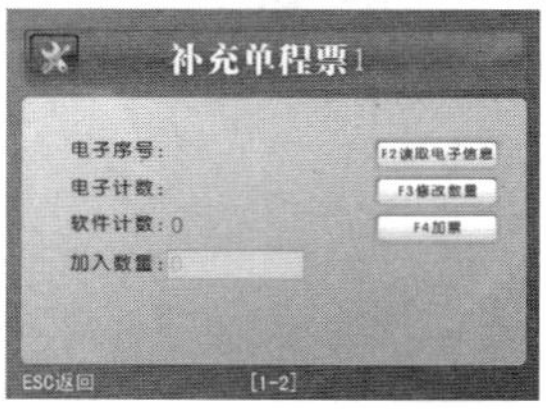
		（5）纸币钱箱更换操作流程： ① 登录后维护。 ② 维护界面操作。 ③ 纸币钱箱的取出与装入。 a. 将钱箱的压杆由右侧上抬拨到左侧打开压杆； b. 将纸币钱箱钥匙插入钱箱右上角的锁，顺时针旋转钥匙直到听到到位的声音； c. 抽出纸币钱箱； d. 将空钱箱装入钱箱座，其操作过程与取出过程正好相反。 ④ 完成纸币钱箱的更换	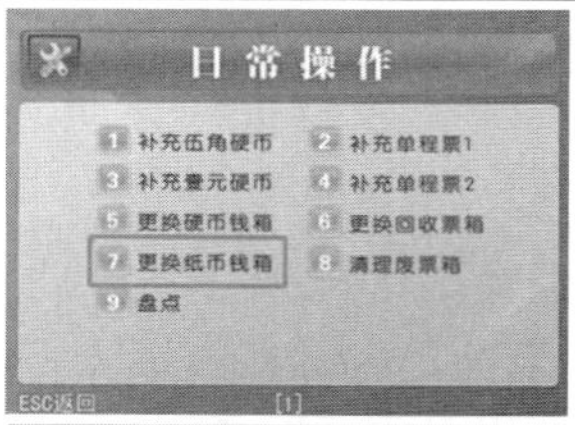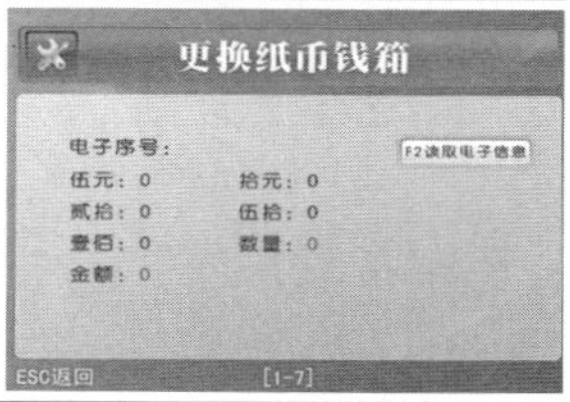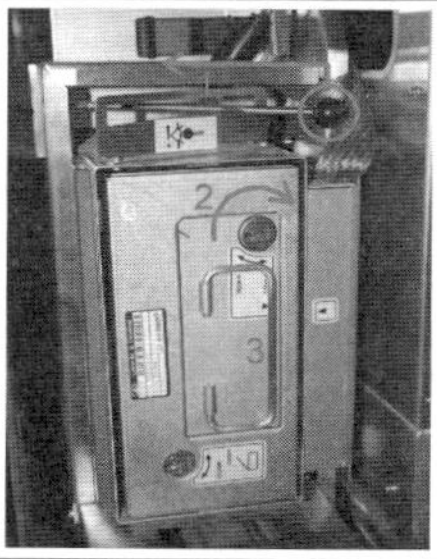

续表

<table>
<tr><th>序号</th><th>实训内容</th><th>详细信息</th><th>图片</th></tr>
<tr><td rowspan="4">3</td><td rowspan="4">维护业务</td><td rowspan="3">（6）硬币回收箱更换操作流程：
① 登录后维护；
② 维护界面操作；
③ 硬币钱箱的取出与装入；
a. 按下拖链锁，拉出硬币回收钱箱拖板；
b. 往上提起拿走硬币回收钱箱；
c. 将空的硬币回收钱箱放到硬币回收箱拖板上并确认卡住；
d. 往里推拖板,直到拖链锁锁上。
④ 完成硬币钱箱的更换</td><td>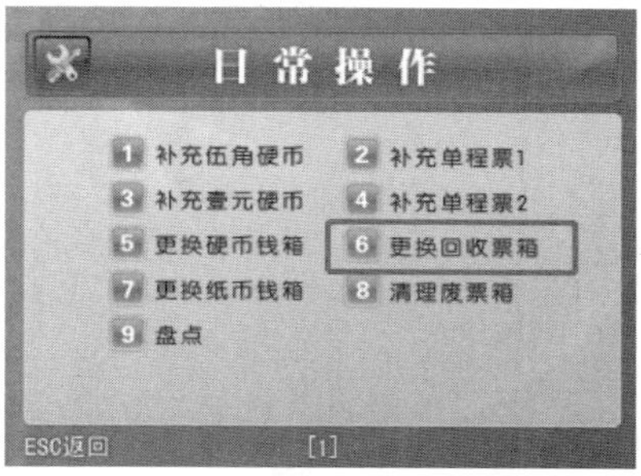
</td></tr>
<tr><td>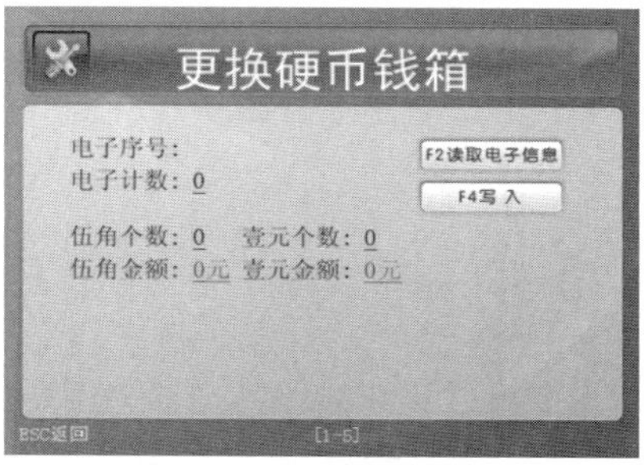

</td></tr>
<tr><td>往上拔复位销
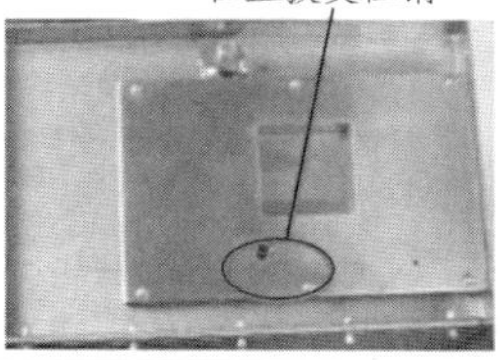</td></tr>
<tr><td>（7）维护后注销：
日常操作完成后，退回到主菜单界面，根据主菜单界面显示注销退出的快捷键“9”，点击维护键盘的“9”按键或者点击“ESC”按键，会弹出一个“确定注销并退出维护”的界面。
确认画面上显示的“是（1）”，点击维护键盘上的“1”或“Enter”键，即退出后维护</td><td>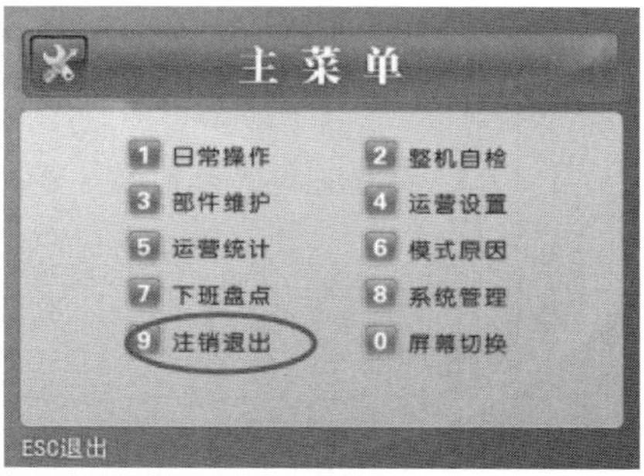
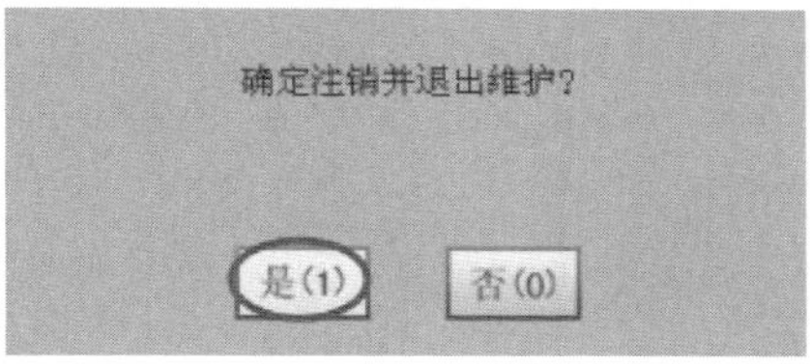
</td></tr>
</table>

五、实训考核标准

表 1-6-2 实训考核标准

项目	标准	配分	评分标准	得分
主要结构	手指自动售票机说出各主要结构： 维护面板、乘客显示器和触摸屏、纸币处理模块、主控单元、电源箱、回收票箱、硬币回收钱箱、硬币处理模块、单程票发售模块、票箱等	10	描述漏项或错项，每项扣 1 分，扣完为止	
开机操作	（1）使用 TVM 维护门钥匙打开 TVM 维护门下门和上门。 （2）打开电源开关。 （3）启动系统正常。 （4）关闭维护门	10	操作错误每项扣 2 分，扣完为止	
维护登录	（1）打开后维护门，此时乘客显示器应显示“暂停服务”，在维护面板显示屏会弹出登录窗口。 （2）在此登录窗口中（维护单元第一次登录窗口），通过维护键盘输入正确的用户名和密码，会自动弹出维护主界面（用户名：888888；密码：123456）	10	操作错误每项扣 5 分，扣完为止	
补充硬币	（1）装入新的硬币回收钱箱。 （2）在维护面板更换硬币回收钱箱	10	操作错误每项扣 5 分，扣完为止	
补充单程票	（1）把装有单程票的票箱放到卡槽。 （2）在维护面板完成单程票补充	10	操作错误每项扣 5 分，扣完为止	
纸币钱箱更换	（1）登录后维护。 （2）在维护面板完成纸币钱箱的更换	10	操作错误每项扣 5 分，扣完为止	
硬币回收箱更换	（1）硬币钱箱的取出与装入。 （2）在维护面板完成硬币钱箱的更换	10	操作错误每项扣 5 分，扣完为止	
购票操作	（1）选择目的站。 （2）选择买票张数。 （3）投入钱币。 （4）出票、找零到出票/找零口。 （5）取票/找零	10	操作错误每项扣 2 分，扣完为止	
注销退出	（1）注销退出： ① 按 Esc 键返回到主菜单； ② 选择注销退出，选择确定。 （2）关上并锁闭 TVM 维护门（先关上门，再关下门）。 （3）拔出钥匙	10	1. 未注销退出，扣 5 分。 2. 未关闭维护门，扣 3 分。 3. 未拔出钥匙，扣 2 分	
关机操作	（1）使用 TVM 维护门钥匙打开 TVM 维护门下门和上门。 （2）登录维护面板。 （3）执行关闭设备菜单关闭工控机。 （4）关闭设备电源。 （5）关闭维护门	10	操作错误每项扣 2 分，扣完为止	
总分	—	100		

六、思考题

（1）自动售票机主要由哪几个模块组成？
（2）简述自动售票机更换票箱的流程。
（3）简述自动售票机的基本业务及功能。

任务七　自动检票机

一、实训目的

（1）掌握自动检票机的模块功能。
（2）掌握自动检票机的日常操作。
（3）掌握自动检票机的维护业务流程。

二、理论链接

1. 自动检票机整体结构

双向自动检票机付费区端效果如图 1-7-1 所示。

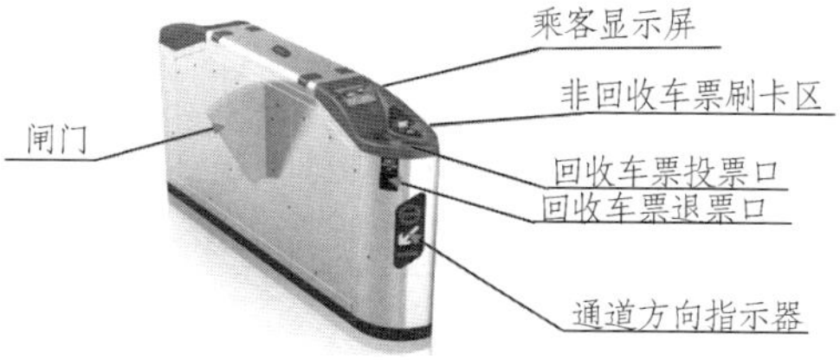

图 1-7-1　双向自动检票机付费区端效果图

双向自动检票机部件构成图如图 1-7-2 所示。

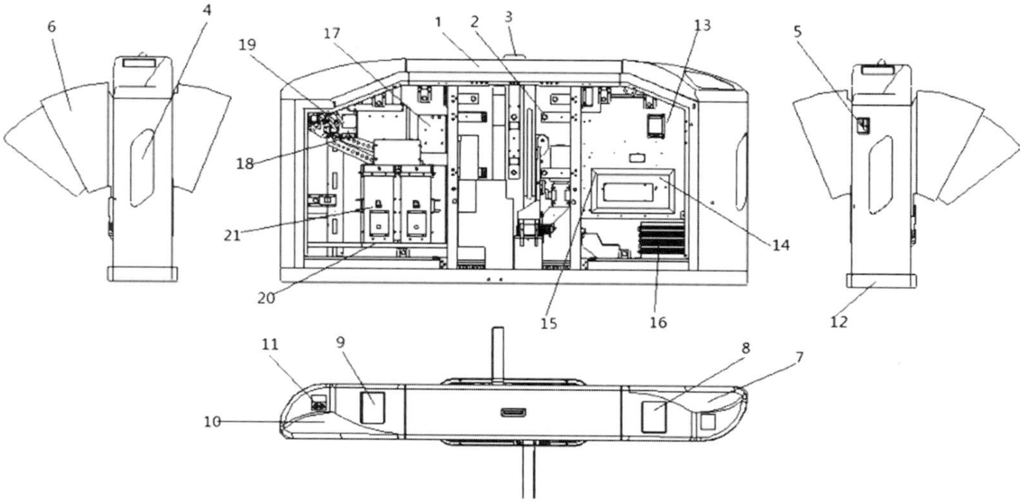

图 1-7-2　双向自动检票机部件构成

2. 自动检票机部件功能说明

（1）通道方向指示器：通道方向指示器安装在自动检票机两端的面板上，由表示“通道可用”的绿色指示灯和“通道不可用”的红色指示灯组成，使乘客可以在远处依据该指示器选择通道。

（2）回收车票退票口：回收车票退票口安装在双向自动检票机和出站自动检票机的付费区端，当乘客投入无效的车票或其他类似车票的物体时，将从退票口退出；退出时有灯光提示，乘客取出后提示灯光熄灭。

（3）进站车票读写器：进站车票读写器安装于双向自动检票机和进站自动检票机的非付费区端，用于处理进站乘客的车票。

（4）进站乘客显示器：进站乘客显示器安装于双向自动检票机和进站自动检票机的非付费区端，用于显示乘客操作提示信息及乘客车票的相关信息。

（5）出站乘客显示器：出站乘客显示器安装于双向自动检票机和出站自动检票机的付费区端，用于显示出站乘客的车票信息和消费相关信息，以及给乘客相应的操作提示。

（6）出站非回收车票读写器：出站非回收车票读写器安装于双向自动检票机和出站自动检票机的付费区端，用于处理出站乘客的车票，该读写器不处理需要回收的车票。

（7）回收车票投票口：回收车票投票口安装于双向自动检票机和出站自动检票机的付费区端，有明显标志提示，用于出站回收车票的投入。

三、实训要求

1. 实训时间

实训课时为 2 课时。

2. 实训形式

分组完成实训练习操作，结合实操完成个人实训考核。

3. 实训注意事项

（1）注意人身安全，避免被自动检票机闸门夹伤。

（2）注意开关自动检票机柜门过程中是否有异物阻挡。

（3）严禁在操作自动检票机硬件设备遇到阻塞时强制操作，避免损坏设备。

（4）在对自动检票机内部结构设备开展认知教育时请注意用电安全。

4. 工器具材料准备

钥匙箱，包含自动检票机柜门钥匙。

四、实训作业步骤

表 1-7-1 实训作业步骤

序号	实训内容	详细信息	图片
1	自动检票机基本操作	（1）开机操作流程： ① 使用维护门钥匙打开维护门； ② 打开电源开关； ③ 系统正常启动； ④ 关闭维护门	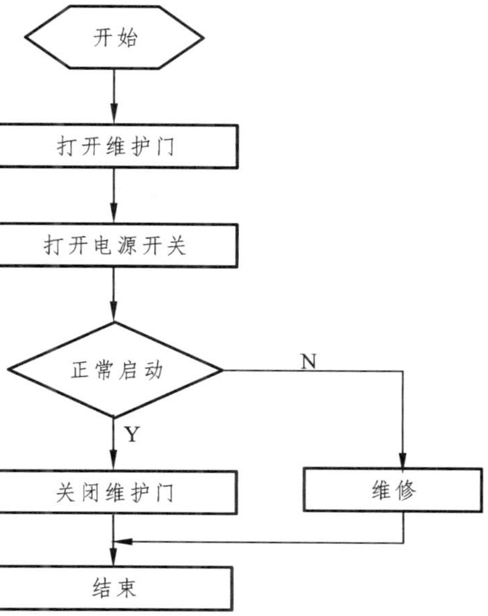
		（2）进站操作流程： ① 将车票放到读卡区域； ② 通道闸门打开； ③ 乘客进站过闸； ④ 通道闸门关闭	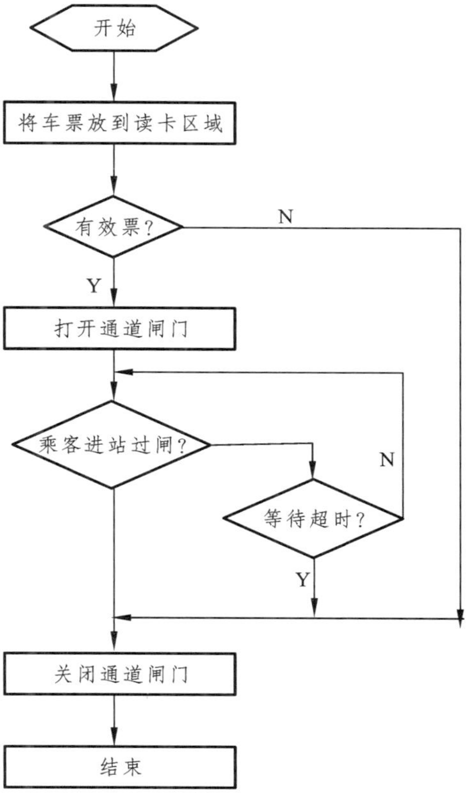

续表

序号	实训内容	详细信息	图片
1	自动检票机基本操作	（3）出站操作流程（回收车票）： ① 将车票放到预读区域； ② 将车票放入回收口； ③ 通道闸门打开； ④ 乘客进站过闸； ⑤ 通道闸门关闭	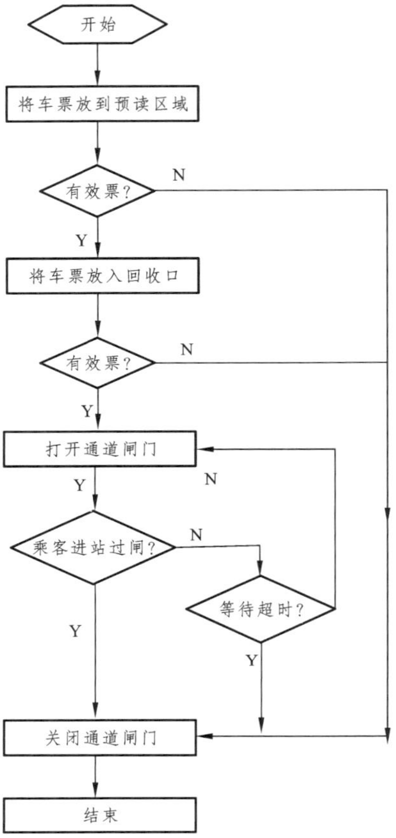
		（4）出站操作流程（非回收车票）： ① 将车票放到预读区域； ② 通道闸门打开； ③ 乘客进站过闸； ④ 通道闸门关闭	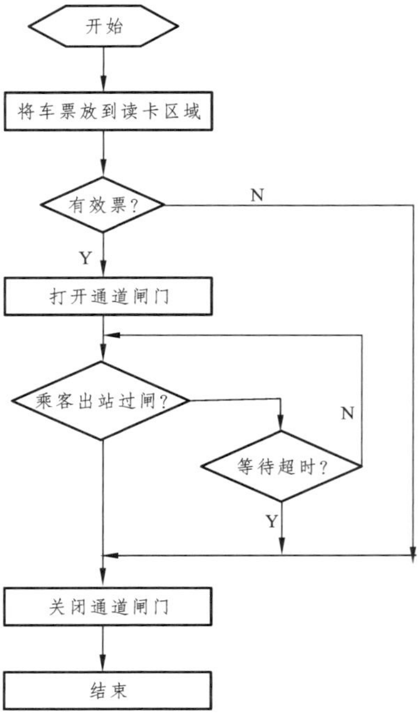

续表

序号	实训内容	详细信息	图片
2	维护业务	（1）登录操作： 先打开后维护门，此时乘客显示屏显示“请输入用户名和密码”，然后进入主菜单界面	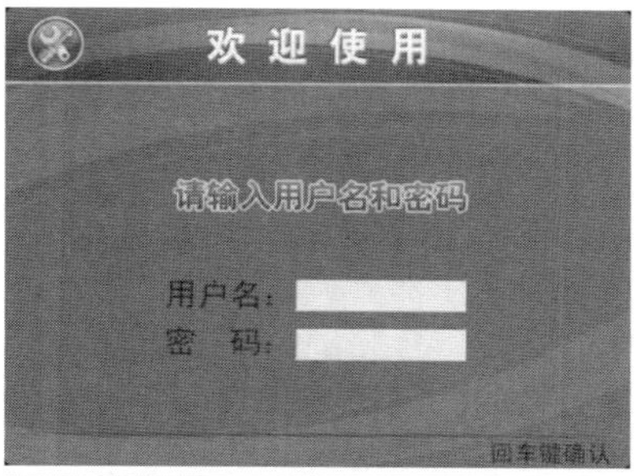 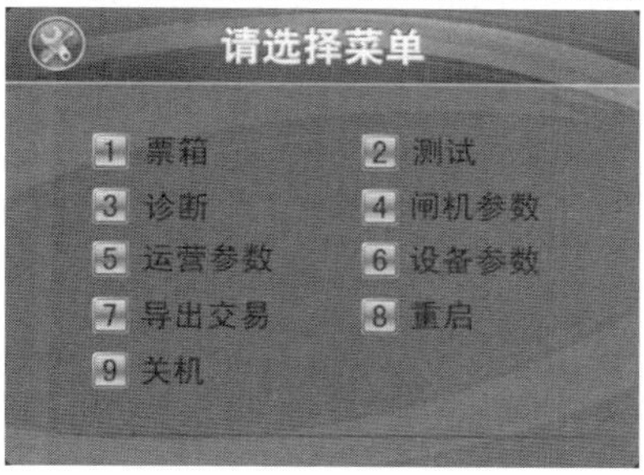
		（2）更换票箱操作： ① 登入操作； ② 根据“选择菜单界面”提示的快捷键，在维护键盘上按键“1”，进入票箱操作界面，如图所示； ③ 在票箱操作界面，选择6进入“更换票箱”界面； ④ 按维护维修单元键盘上的“F1”及“F2”键分别松开票箱1及票箱2的电磁铁； ⑤ 取出原有票箱并放入空票箱，并使新更换的空票箱到位； ⑥ 按功能键“F3”锁定票箱； ⑦ 按下“Enter”键，确认票箱计数清零； ⑧ 关上维护门，离开通道，并确认自动检票机正常工作	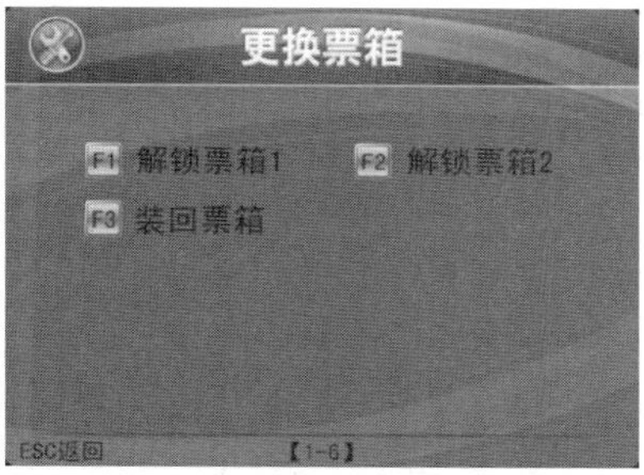 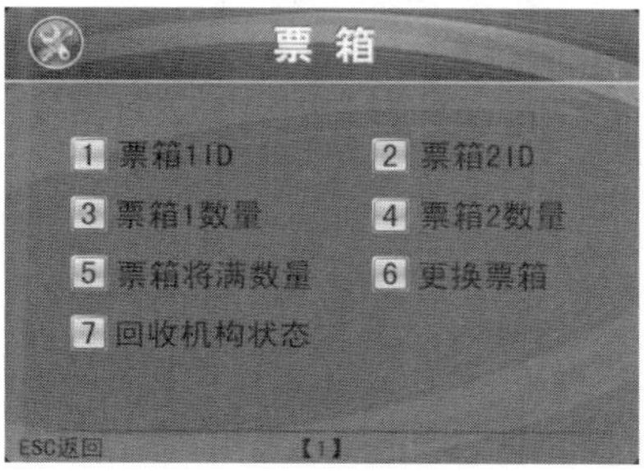
		（3）查询票箱操作： ① 登入的操作； ② 进入主菜单界面按数字键1便可以进入票箱操作界面； ③ 在进入票箱操作界面按数字键3和4便可以得到单程票的数量	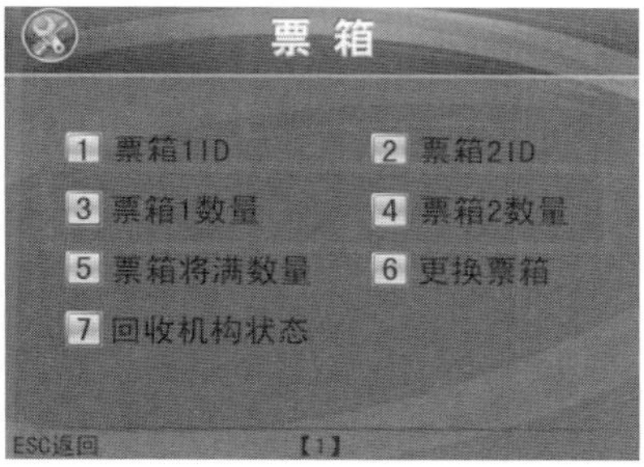

续表

序号	实训内容	详细信息	图片
3	维护业务总结	维护业务主流程： ① 使用维护门钥匙打开维护门； ② 登录维护面板，在维护面板输入用户名、密码； ③ 进入维护菜单； ④ 执行相关维护操作； ⑤ 完成维护操作； ⑥ 退出维护菜单； ⑦ 关闭维护门	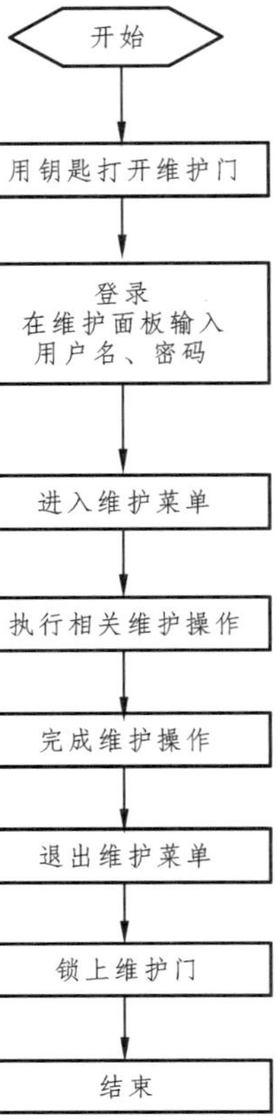

五、实训考核标准

表 1-7-2　实训考核标准

项目	标准	配分	评分标准	得分
主要结构	手指自动检票机说出其主要结构： 通行控制传感器、优惠报警指示灯、通道方向指示器、自动检票机机芯、进站车票读写器、进站乘客显示器、出站乘客显示器、出站非回收车票读写器、金属标识牌、工控机、综合控制器、电源模块、维护维修单元、车票回收机构、出站回收车票读写器、票箱座、票箱等	20	描述漏项或错项，每项扣 2 分，扣完为止	
打开 AGM 维护门	使用 AGM 维护门钥匙打开 AGM 维护门	10	未打开维护门，扣 10 分	
更换票箱操作	操作流程： ① 登录操作； ② 根据“选择菜单界面”提示的快捷键，在维护键盘上按键“1”，进入票箱操作界面； ③ 在票箱操作界面，选择 6 进入“更换票箱”界面；	30	描述漏项或错项，每项扣 4 分，扣完为止	

续表

项目	标准	配分	评分标准	得分
更换票箱操作	④ 按维护维修单元键盘上的“F1”及“F2”键分别松开票箱1及票箱2的电磁铁； ⑤ 取出原有票箱并放入空票箱，并使新更换的空票箱到位； ⑥ 按功能键“F3”锁定票箱； ⑦ 按下“Enter”键，确认票箱计数清零； ⑧ 关上维护门，离开通道，并确认自动检票机正常工作			
查询票箱操作	操作流程： ① 登录操作； ② 进入主菜单界面，按数字键1便可以进入票箱操作界面； ③ 进入票箱操作界面后按数字键3和4便可以得到单程票的数量	20	描述漏项或错项，每项扣5分，扣完为止	
注销退出	(1) 注销退出： ① 按“Esc”键返回到主菜单； ② 先选择注销退出，再选择确定。 (2) 关上并锁闭AGM维护门。 (3) 拔出钥匙	20	(1) 未注销退出，扣5分。 (2)未关闭维护门，扣3分。 (3) 未拔出钥匙，扣2分	
总分	—	100		

六、思考题

(1) 自动检票机主要由哪几个模块组成?

(2) 简述自动检票机更换票箱的流程。

(3) 简述自动检票机查询票箱的操作。

任务八　半自动售票机

一、实训目的

(1) 了解半自动售票机的功能。

(2) 掌握半自动售票机的操作。

二、理论链接

1. 半自动售票机整体结构

半自动售票机整体结构如图1-8-1所示。

2. 半自动售票机定义

半自动售票机（Booking of Machine，BOM），可按照安装位置的不同而设置成不同的操作类型，使设备功能得到集中使用，如单独为非付费区服务、单独为付费区服务、兼顾非付费区及付费区服务等。

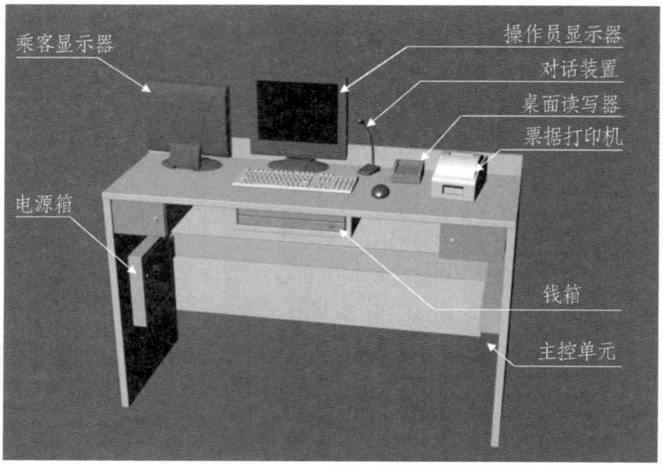

图 1-8-1　半自动售票机

半自动售票机按系统设置的票价表出售供乘客使用的车票，可对超程、超时、无票、车票损坏的乘客实现补票功能。补票方式根据具体情况采用原票补票或出售出站票等方式。针对不同的补票情况可设置不同的补票手续费。

半自动售票机可以对符合条件的储值卡进行充值。

半自动售票机可以对车票的有效性进行分析。半自动售票机对车票的分析与自动检票机保持一致。有效性分析的内容主要包括：安全性检查、合法性检查、状态检查、使用地点检查、余额检查、有效期检查、进出次序检查、超程检查、超时检查、更新信息检查等。

3. 部件功能说明

1）主控单元功能

工控机作为人工处理机的主控单元，是整个系统的控制核心，其功能包括数据处理、网络通信、显示等，它与车站 AFC 系统或中心 AFC 系统通过以太网连接，进行数据交换。底层控制单元通过串行端口（RS-232）实现数据交换。

2）操作员显示器功能

操作员显示器主要用于给票亭里的操作员显示操作提示信息及相关操作指引信息等，引导操作员完成相关票务操作。

3）乘客显示器功能

乘客显示器主要用于给乘客显示设备运行状态、充值信息、票务信息、提示信息等。

4）桌面读写器功能

桌面读写器由车站工作人员操作，主要完成对乘客的单程票、储值票、深圳通等票卡进行的查询、充值、读写等处理。

5）票据打印机功能

人工处理机通过票据打印机为乘客提供充值交易凭据，能够打印中、英文字体。票据打印机采用针式打印机，具有多联打印功能。

6）钱箱功能

钱箱主要用于存放纸币、硬币等，带电磁锁，既可通过信号驱动自动弹开，也可以用钥匙手动打开钱箱。

7）对讲装置功能

对话装置采用窗口对讲机，实现操作员与乘客之间的双方对话扩音功能。

8）电源箱功能

电源箱是设备的配电、电源转换单元，为设备内部各个模块提供电源。

三、实训要求

1. 实训时间

实训课时为 2 课时。

2. 实训形式

分组完成实训练习操作，结合理论链接以及实操完成个人实训考核。

3. 实训注意事项

（1）注意开机顺序。

（2）尽量避免强制关机。

（3）注意用电安全。

4. 工器具材料准备

钥匙箱，包含工控机钥匙。

四、实训作业步骤

表 1-8-1　实训作业步骤

序号	实训内容	详细信息	图片
1	售卡操作	（1）操作步骤： ① 进入登录界面，输入正确的用户名，密码，点击“确定”，进入系统操作主页面； ② 点击“售卡”，显示售卡操作界面； ③ 操作员选择售卡类型，可以是单程票和储值票两种类型； ④ 选择金额或次数； ⑤ 选择售卡张数	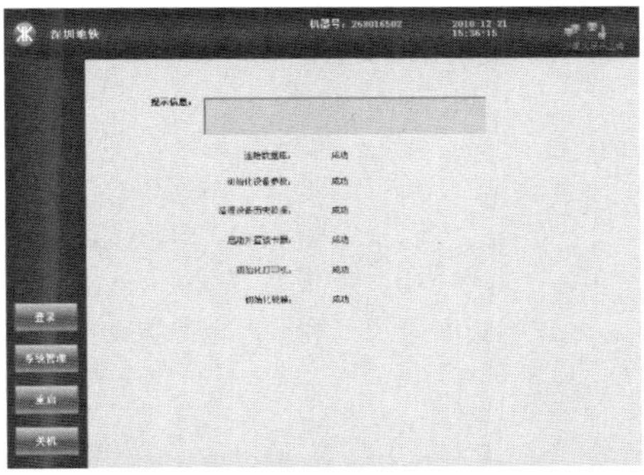 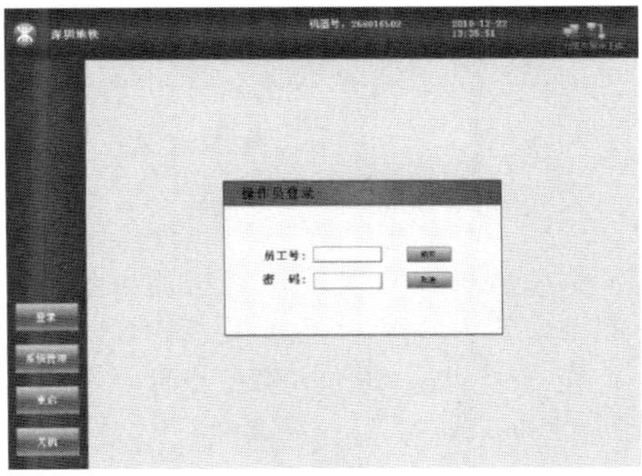

续表

序号	实训内容	详细信息	图片
1	售卡操作		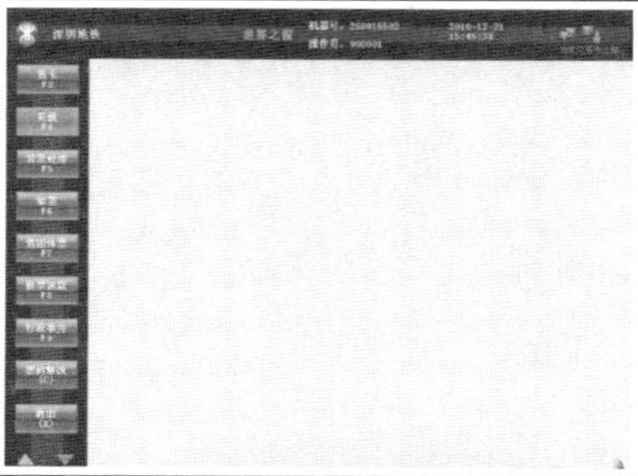
		（2）按金额售单程票： ① 选择“金额售票”； ② 选择相应的金额； ③ 选择相应的数量； ④ 售卡成功后，会在操作员界面上显示被成功赋值的卡片信息	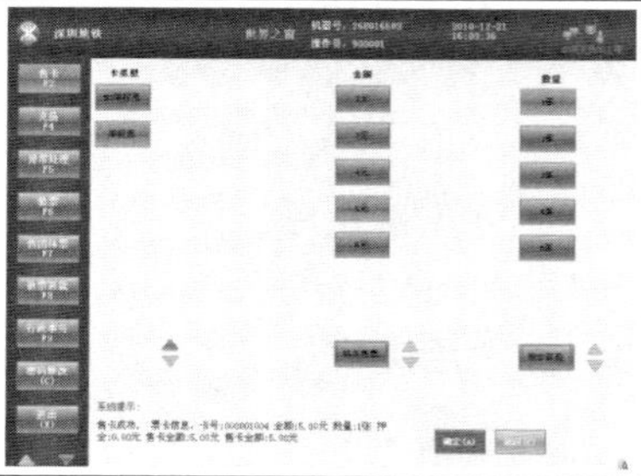
		（3）按站点售单程票： ① 选择“站点售票”； ② 选择相应的站点； ③ 选择相应的数量； ④ 售卡成功后，会在操作员界面上显示被成功赋值的卡片信息 （4）售储值票： ① 选择售卡类型为“储值票”； ② 选择相应的售卡金额； ③ 售卡成功后，会在操作员界面上显示被成功赋值的卡片信息	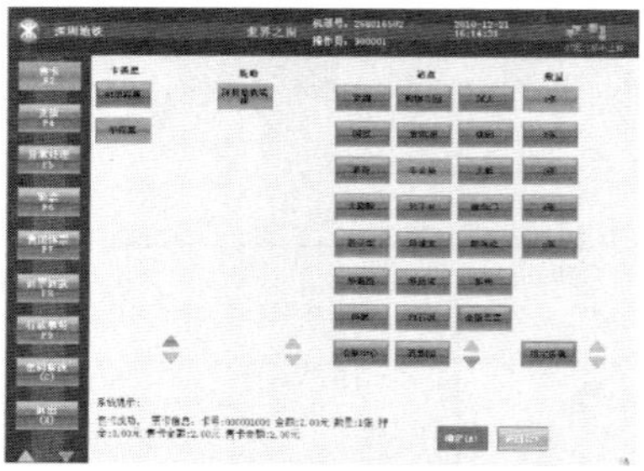 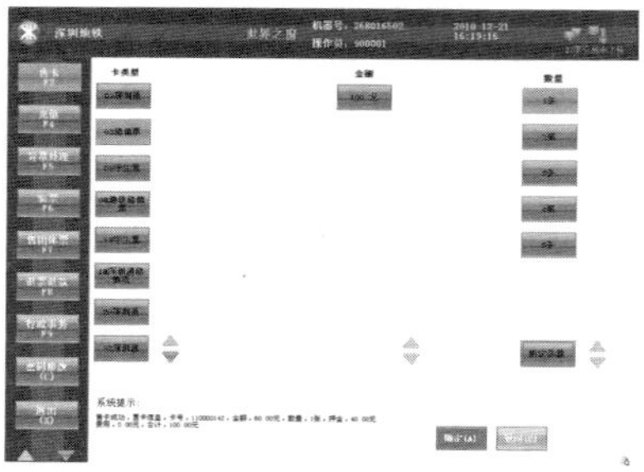
2	充值	（1）充值操作步骤： ① 操作员点击左侧菜单“充值”按钮，显示增值列表界面； ② 操作员将储值卡放置于读卡器感应区，并根据乘客要求选择对应的增值金额，增值金额可从增值金额列表里选择；	

续表

序号	实训内容	详细信息	图片
2	充值	③ 在弹出的提示信息框中选择“确定”； ④ 点击“确定”按钮，完成增值功能，此时会在操作员和乘客显示器上显示相应的信息	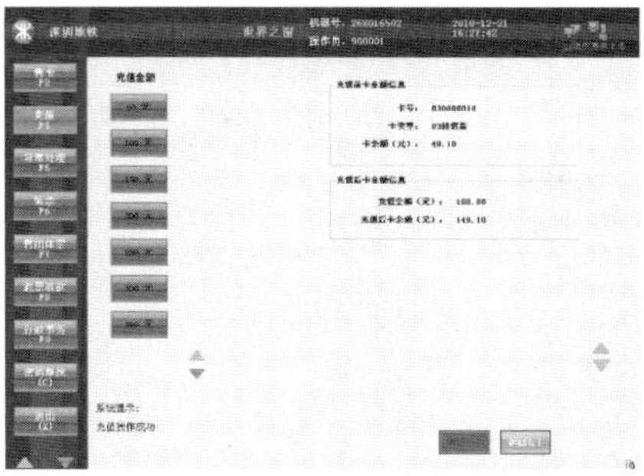 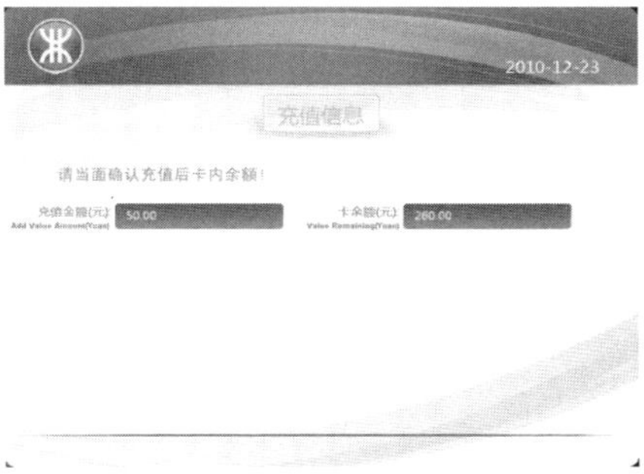
3	退票退款	单程票退票退款操作步骤： ① 操作员将票卡放置于读卡器感应区； ② 点击左侧菜单“退票退款”按钮，系统会自动读取票卡信息，进行数据校验，验证卡片是否可退。如果可退，则将票卡信息显示于处理界面；如果不可退，则显示不可退的原因； ③ 选择退卡原因； ④ 点击“确定”按钮，系统会自动判断票卡是否允许退还，并给予信息提示	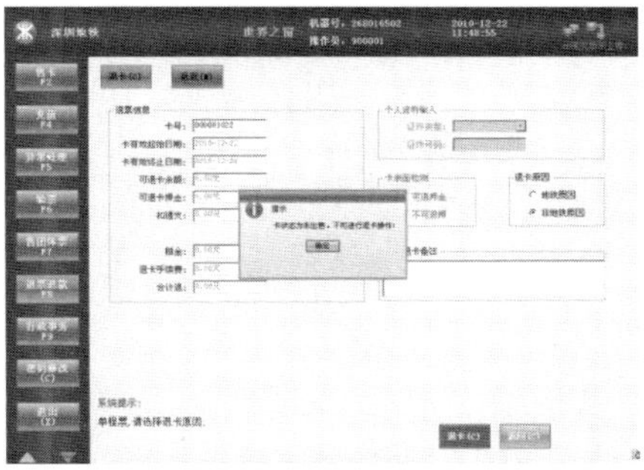 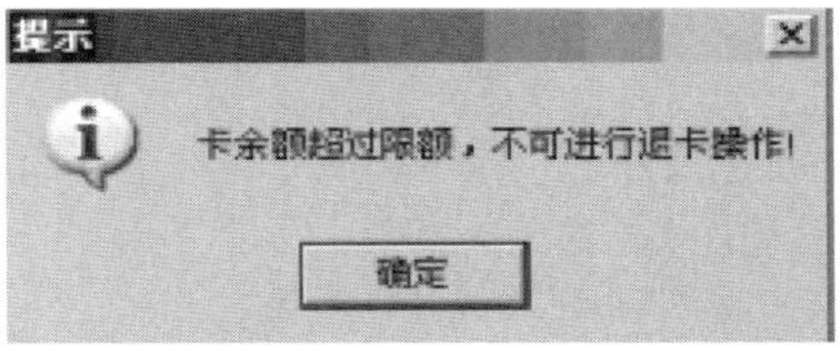
4	车票异常处理	车票异常处理操作步骤： ① 选择主菜单中的“异常处理”； ② 系统显示“异常处理”界面； ③ 选择所在区域：“付费区”或“非付费区”； ④ 点击“读卡分析”，在“卡基本信息”框中显示卡的基本信息； ⑤ 点击异常处理	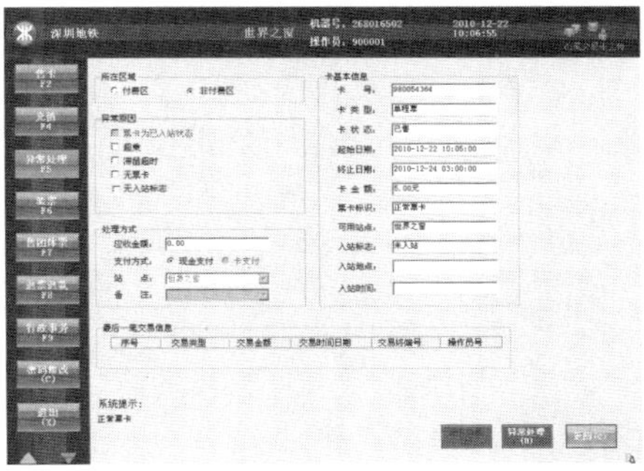

续表

序号	实训内容	详细信息	图片
4	车票异常处理		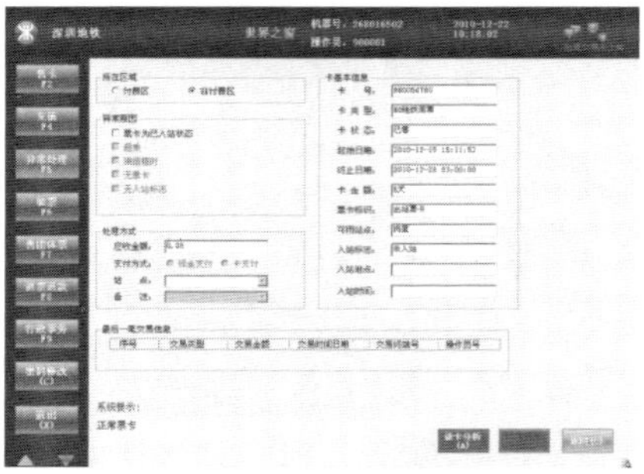
5	验卡	验卡操作步骤： ① 在业务面板上，将单程票或储值票放在外置读卡器上； ② 读卡，对卡数据进行校验，对于非系统卡，系统不能读出卡内信息，并给出错误提示信息；对于本系统卡，可以读出卡内信息，如果卡内数据有异常，在数据显示时会对异常数据做出标记； ③ 如果要继续验卡，则换另一张卡，系统会自动继续检验该卡，不需关闭验卡界面； ④ 按“返回”后窗口关闭	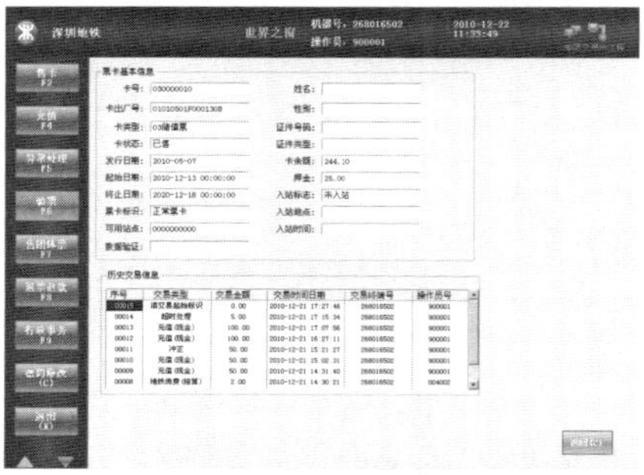 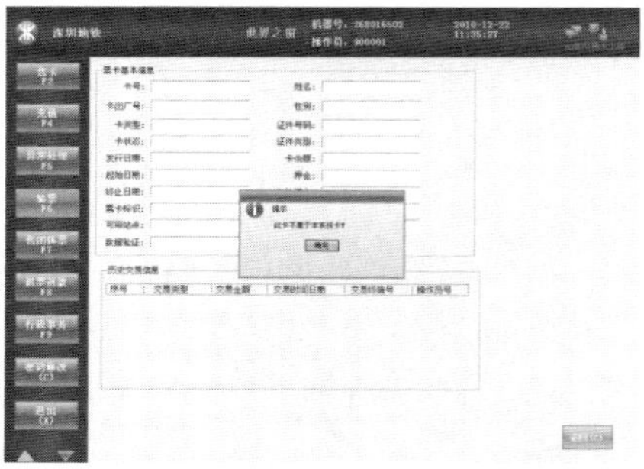
6	行政事务	行政事务操作步骤： 操作员点击左侧菜单“行政事务”按钮，显示行政事务处理界面，包括售行李票、补收票款、乘客退款三个功能。 （1）售行李票。 ① 进入行政事务处理主界面； ② 点击“售行李票”按钮，显示操作界面； ③ 选择目的站点，系统会自动计算对应的金额； ④ 点击确定按钮。 （2）补收票款。 ① 进入行政事务处理主界面； ② 点击“补收票款”，进入补收票款界面；	

续表

序号	实训内容	详细信息	图片
6	行政事务	③ 操作员根据乘客的说明，选择对应的原因，系统自动计算出相应的金额； ④ 点击确定按钮。 （3）乘客退款。 ① 进入行政事务处理主界面； ② 点击“乘客退款”，进入乘客退款界面； ③ 操作员根据乘客的说明，选择对应的原因，系统自动计算出相应的金额； ④ 点击确定按钮	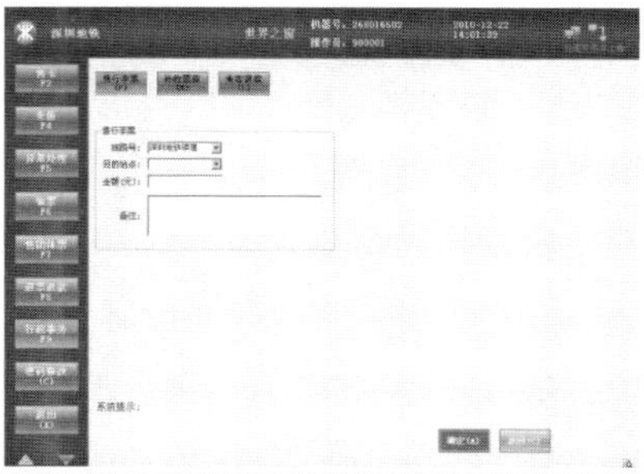 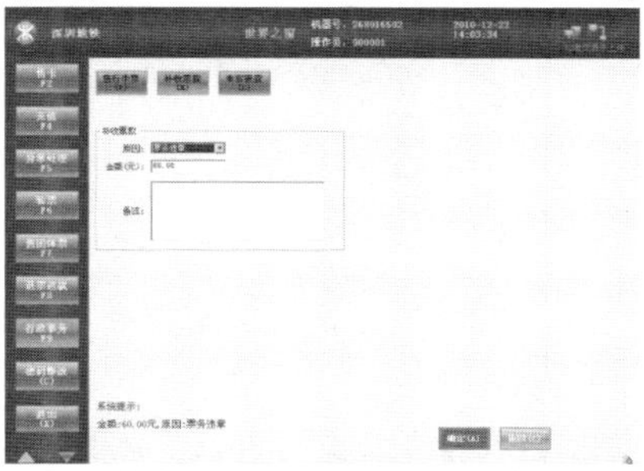 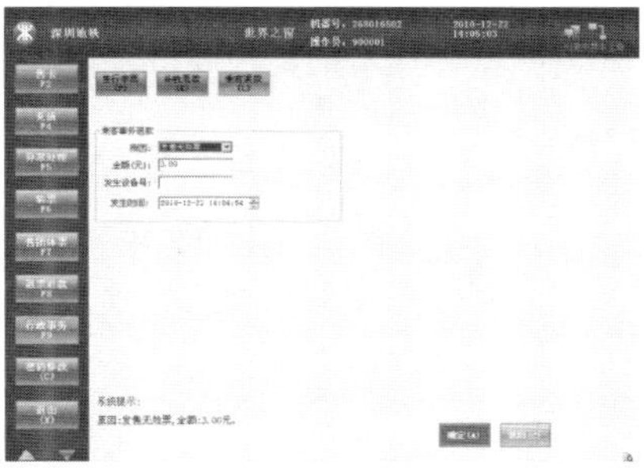
7	退出操作	操作步骤： ① 点击“退出”按钮，进入系统管理界面； ② 在系统管理界面点击“登录”按钮，管理员身份经验证后才可进行退出操作。 点击“退出系统”按钮，退出系统	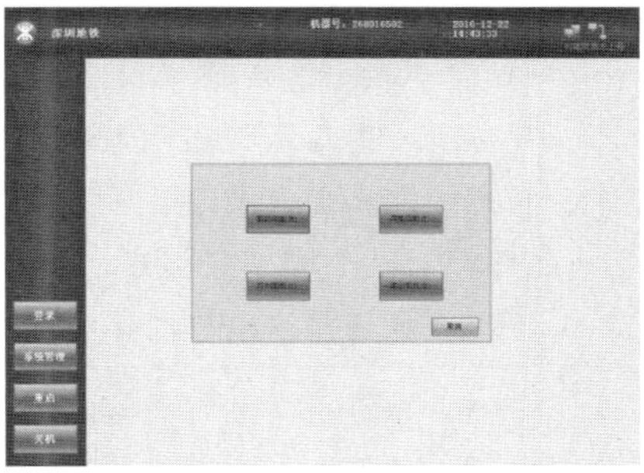 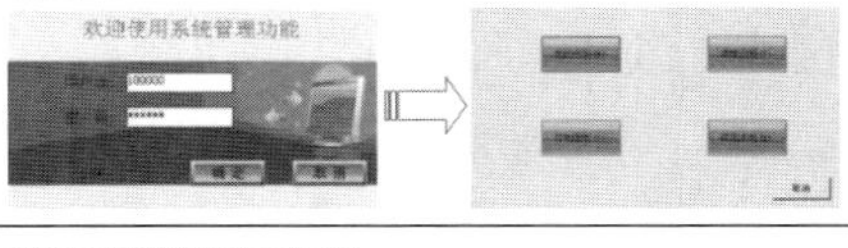
8	关机操作	操作步骤： ① 在系统管理界面点击“关机”按钮； ② 在弹出的提示对话框中点击“确定”按钮，即可关机	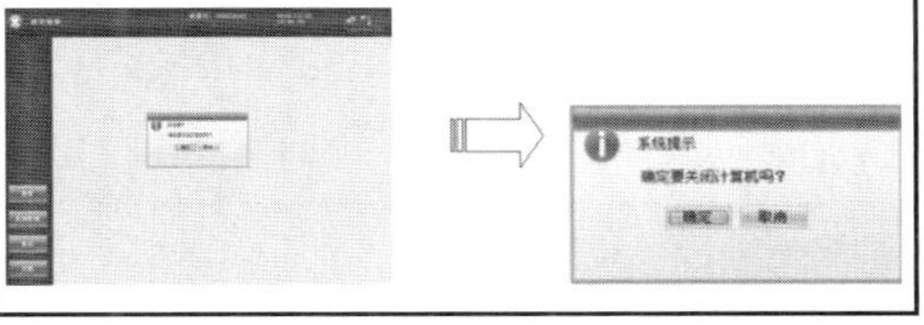

五、实训考核标准

表 1-8-2　实训考核标准

项目	标准	配分	评分标准	得分
基本结构	手指半自动售票机说出其主要结构： 工控机、发卡模块、乘客显示器、操作员显示器、票据打印机、桌面读写器	20	描述漏项或错项，每项扣 4 分，扣完为止	
售卡操作	（1）进入登录界面，输入正确的用户名、密码，点击“确定”，进入系统操作主页面。 （2）点击“售卡”，显示售卡操作界面。 （3）操作员选择售卡类型，可以是单程票和储值票两种类型。 （4）选择金额或次数。 （5）选择售卡张数	20	描述漏项或错项，每项扣 4 分，扣完为止	
充值操作	（1）操作员点击左侧菜单“充值”按钮，显示增值列表界面。 （2）操作员将储值卡放置于读卡器感应区，并根据乘客要求选择对应的增值金额，增值金额可从增值金额列表选择。 （3）在弹出的提示信息框中选择“确定。 （4）点击确定按钮，完成增值功能，此时会在操作员和乘客显示器上显示相应的信息	20	描述漏项或错项，每项扣 4 分，扣完为止	
退票退款	（1）操作员将票卡放置于读卡器感应区。 （2）点击左侧菜单“退票退款”按钮，系统会自动读取票卡信息，进行数据校验，验证卡片是否可退，如果可退则将票卡信息显示于处理界面，如果不可退，则显示不可退的原因。 （3）选择退卡原因。 （4）点击“确定”按钮，系统会自动判断票卡是否允许退还，并给予信息提示	20	描述漏项或错项，每项扣 5 分，扣完为止	
退出操作	（1）点击“退出”按钮，进入系统管理界面。 （2）在系统管理界面点击“登录”按钮，管理员身份经验证后才可进行退出操作。 （3）点击“退出系统”按钮，退出系统	15	描述漏项或错项，每项扣 5 分，扣完为止	
关机	（1）在系统管理界面点击“关机”按钮。 （2）在弹出的提示对话框中点击“确定”按钮，即可关机	5	描述错项，每项扣 3 分，扣完为止	
总分	—	100		

六、思考题

（1）简述半自动售票机的主要功能。

（2）半自动售票机主要由哪几个模块组成？

（3）简述半自动售票机的售票操作。

项目二 现场火灾应急处置项目

任务一 站厅 A 端 TVM 着火

一、实训目的

（1）了解不同灭火器类型适用的火灾场景。
（2）掌握站厅 A 端 TVM 着火时的应急处置流程。

二、理论链接

1. 灭火器灭火原理

挑选灭火器的时候，依据不同灭火器的灭火原理挑选。

二氧化碳灭火器主要是依靠二氧化碳窒息作用和部分冷却作用灭火。一般用于扑救贵重设备、档案、仪器仪表这些物品。

干粉灭火器的粉末会落在可燃物表面，在高温下形成一层玻璃状覆盖物，从而隔绝氧气，进而灭火。

所以 TVM 着火通常会使用二氧化碳灭火器。

2. 不同火灾场景选用的灭火器种类

不同火灾场景选用的灭火器种类如表 2-1-1 所示。

表 2-1-1 不同灭火器的使用场景表

火灾场景	场景配用灭火器类型
站厅 TVM 火灾	二氧化碳灭火器
站厅商铺着火	二氧化碳灭火器
站厅付费区书报架着火	干粉灭火器
站台 B 端垃圾桶着火	干粉灭火器

三、实训要求

1. 实训时间

实训课时为 4 课时。

2. 实训形式

独自完成实训操作，结合理论链接以及实操完成实训考核。

3. 实训注意事项

（1）注意开关扶梯的先后顺序。

（2）站在上风口灭火。

（3）灭火器的选择。

4. 工器具材料准备

（1）三维车站系统。

（2）灭火系统。

（3）灭火器有电。

四、实训作业步骤

表 2-1-2　实训作业步骤

序号	实训内容	详细信息	图片
1	站厅A端TVM着火	（1）准备工作： ① 检查消防战斗装备等备品备件，调整腰带、头盔卡扣的松紧； ② 按下计时按钮，开始比赛，确认火灾报警并进行客运组织作业	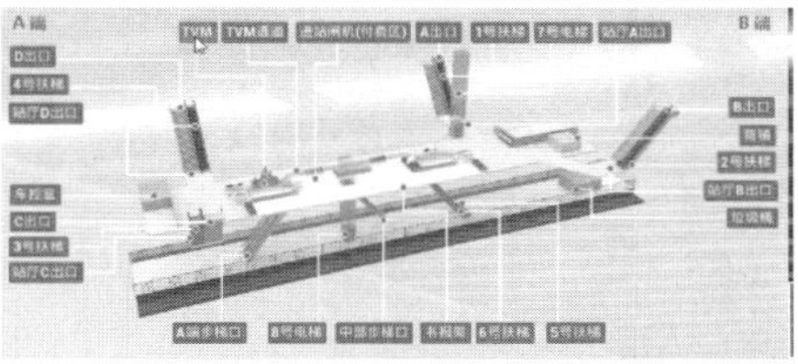
		（2）确认火灾报警： ① 查看火情：点击站层图火灾点，查看具体火情； ② 确认火灾报警。汇报车站值班员：站厅 A 端 TVM 着火； ③ 车站值班员（机器人）自动回复：收到，请启动火灾模式，并进行客运组织	
		（3）客运组织： ① 启动站厅火灾模式。 a. 点击站层图“车控室”； b. 在“车控室”场景中点击 IBP 盘“环境与设备监控”； c. 在“环境与设备监控”场景中，点击“有效—站厅火灾模式—无效”，启动站厅火灾模式。 ② 查看环控系统站厅火灾模式联动执行成功。 a. 点击“恢复视角”，回到“车控室”场景中； b. 在“车控室”场景中点击“综合监控显示屏—机电—模式”。 ③ 口呼：站厅火灾模式执行成功。 ④ 确认闸机已全开状态。 a. 点击“恢复视角”，在“车控室”场景中点击 IBP 盘“闸机”；	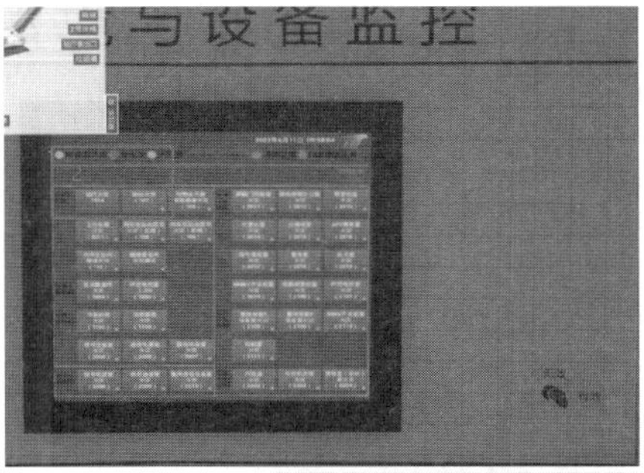 

续表

序号	实训内容	详细信息	图片
1	站厅A端TVM着火	b. 在“闸机”场景中，查看紧急释放灯亮，确认闸机已全开。 ⑤ 口呼：闸机已全开。 ⑥ 确认门禁已全开状态。 a. 点击“恢复视角”，在“车控室”场景中点击IBP盘“门禁”； b. 在“门禁”场景中，查看紧急释放灯亮，确认门禁已全开。 ⑦ 口呼：门禁已全开。 ⑧ 确认7号、8号直梯已停用。 在“车控室”场景中点击“综合监控显示屏—机电—电扶梯”，确认7号、8号直梯已停用。 ⑨ 口呼：7号、8号直梯已停用。 ⑩ 挑选备品。 a. 点击“恢复视角”； b. 在“车控室”场景中点击“备品柜”，点击“对讲机、手提广播、引导棒、反光背心、红白带、自动扶梯钥匙”至“我的背包” ⑪ 隔离火灾区域。 a. 点击站层图A端“TVM通道”； b. 在A端“TVM通道”场景中，点击“我的背包”，选择“红白带—使用”； c. 点击站层图“站厅D出口”； d. 在“站厅D出口”场景中，点击“我的背包”，选择“红白带—使用”。 ⑫ 紧停4号自动扶梯。 a. 点击站层图“4号扶梯”； b. 在“4号扶梯”场景中，口呼：紧急停止，请抓紧扶手； c. 在“4号扶梯”场景中，按压红色停止按钮，扶梯停止运行。 ⑬ 口呼：4号扶梯已关闭。 ⑭ 紧停3号自动扶梯。 a. 点击站层图“3号扶梯”； b. 在“3号扶梯”场景中，口呼：“紧急停止，请抓紧扶手”； c. 在“3号扶梯”场景中，按压红色停止按钮，扶梯停止运行。 ⑮ 口呼：3号扶梯已关闭。 ⑯ 紧停5号自动扶梯。 a. 点击站层图“5号扶梯”；	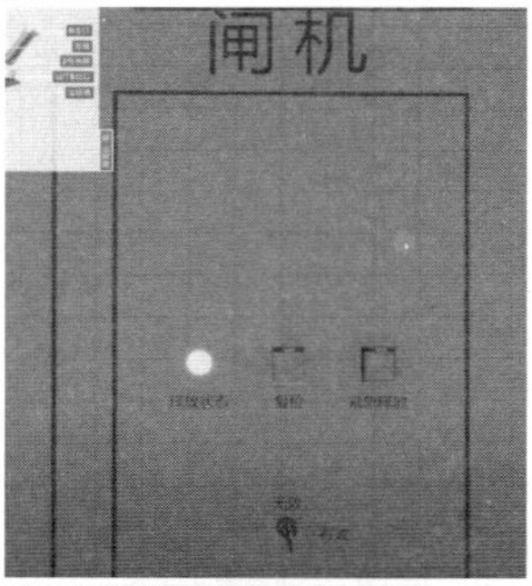 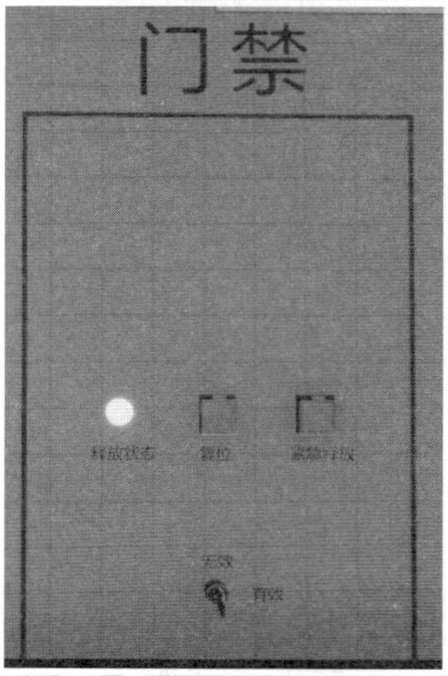  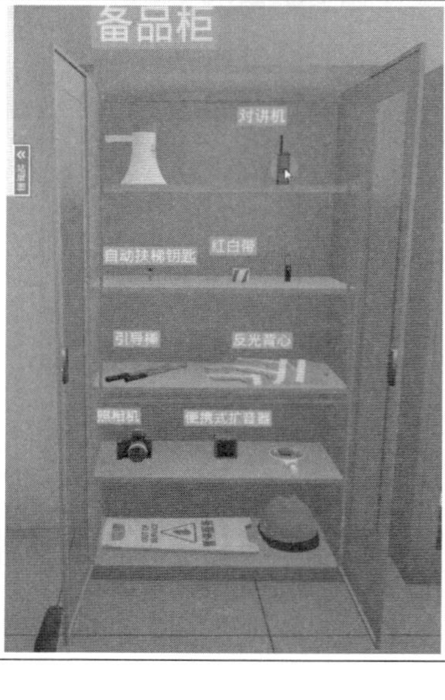

续表

序号	实训内容	详细信息	图片
1	站厅A端TVM着火	b. 在“5号扶梯”场景中，口呼：紧急停止，请抓紧扶手； c. 在“5号扶梯”场景中，按压红色停止按钮，扶梯停止运行。 ⑰ 口呼：5号扶梯已关闭。 ⑱ 紧停6号自动扶梯。 a. 点击站层图“6号扶梯”； b. 在“6号扶梯”场景中，口呼：“紧急停止，请抓紧扶手”； c. 在“6号扶梯”场景中，按压红色停止按钮，扶梯停止运行。 ⑲ 口呼：6号扶梯已关闭。 ⑳ 紧停1号自动扶梯。 a. 点击站层图“1号扶梯”； b. 在“1号扶梯”场景中，口呼：紧急停止，请抓紧扶手； c. 在“1号扶梯”场景中，按压红色停止按钮，扶梯停止运行。 ㉑ 口呼：1号扶梯已关闭。 ㉒ 紧停2号自动扶梯。 a. 点击站层图“2号扶梯”； b. 在“2号扶梯”场景中，口呼：紧急停止，请抓紧扶手； c. 在“2号扶梯”场景中，按压红色停止按钮，扶梯停止运行。 ㉓ 口呼：2号扶梯已关闭。 ㉔ 进行组织疏散。 a. 点击站层图“D出口”； b. 在“D出口”场景中，点击“我的背包”，选择“引导棒—使用”； c. 点击站层图“站厅C出口”； d. 在“站厅C出口”场景中，点击“我的背包”，选择“引导棒、反光背心、手提广播—使用”。 ㉕ 语音疏导乘客疏散：乘客您好，现在出现火情，请大家不要惊慌，按照工作人员指引，有序出站。 ㉖ 按下计时按钮：客运组织部分完成，请摘下语音识别设备	    

续表

序号	实训内容	详细信息	图片
1	站厅A端TVM着火	（4）消防灭火： ① 按下计时按钮,开始穿戴消防装备； ② 穿消防战斗服和防护靴； ③ 将消防腰斧及消防员呼救器挂于安全腰带上，并系好安全腰带； ④ 戴好消防头盔并佩戴防爆式照明灯； ⑤ 戴好防护手套； ⑥ 携带消防应急包； ⑦ 口呼：“穿戴准备完毕”； ⑧ 按下计时按钮：穿戴消防装备已完成； ⑨ 按下计时按钮：挑选灭火器进行灭火； ⑩ 选择灭火器：根据着火物质和场景选择类型正确且可正常使用的灭火器； ⑪ 拔掉保险销； ⑫ 判断风向，站在上风口：站在灭火操作区中间的位置，通过观察失火场景中火焰和烟雾的风向，移步至上风口位置； ⑬ 灭火距离在 3～5 m； ⑭ 侧身朝向火焰根部，进行灭火； ⑮ 先灭近火再灭远火：在火灾被扑灭的过程中往火灾中心移动至少 0.5 m； ⑯ 放回灭火器：火势熄灭后，将灭火器放回指定位置； ⑰ 按下计时按钮：灭火完成，请脱下并恢复消防装备，带好语音识别设备	 
		（5）客运组织恢复： ① 按下计时按钮，进行客运组织恢复作业。 ② 开启 5 号自动扶梯上行。 a. 点击站层图“5 号扶梯”； b. 在“5 号扶梯”场景中，点击“我的背包—自动扶梯钥匙—使用”； c. 点击“运行钥匙孔”，表示插入钥匙； d. 点击“上行”，自动扶梯开始运行； e. 待稳定运行后，点击“钥匙”，表示钥匙已拔出。 ③ 口呼：5 号扶梯已开启。 ④ 开启 6 号自动扶梯下行。 a. 点击站层图“6 号扶梯”； b. 在“6 号扶梯”场景中，点击“我的背包—自动扶梯钥匙—使用”； c. 点击“运行钥匙孔”，表示插入钥匙。 d. 点击“下行”，自动扶梯开始运行。 e. 待稳定运行后，点击“钥匙”，表示钥匙已拔出	 

续表

序号	实训内容	详细信息	图片
1	站厅A端TVM着火	⑤ 口呼：6号扶梯已开启。 ⑥ 开启1号自动扶梯上行。 a. 点击站层图“1号扶梯”； b. 在“1号扶梯”场景中，点击“我的背包—自动扶梯钥匙—使用”。 c. 点击“运行钥匙孔”，表示插入钥匙； d. 点击“上行”，自动扶梯开始运行； e. 待稳定运行后，点击“钥匙”，表示钥匙已拔出。 ⑦ 口呼：1号扶梯已开启。 ⑧ 开启2号自动扶梯上行。 a. 点击站层图“2号扶梯”； b. 在“2号扶梯”场景中，点击“我的背包—自动扶梯钥匙—使用”； c. 点击“运行钥匙孔”，表示插入钥匙； d. 点击“上行”，自动扶梯开始运行； e. 待稳定运行后，点击“钥匙”，表示钥匙已拔出。 ⑨ 口呼：2号扶梯已开启。 ⑩ 开启3号自动扶梯上行。 a. 点击站层图“3号扶梯”； b. 在“3号扶梯”场景中，点击“我的背包—自动扶梯钥匙—使用”。 c. 点击“运行钥匙孔”，表示插入钥匙； d. 点击“上行”，自动扶梯开始运行； e. 待稳定运行后，点击“钥匙”，表示钥匙已拔出。 ⑪ 口呼：3号扶梯已开启。 ⑫ 开启4号自动扶梯上行。 a. 点击站层图“4号扶梯”； b. 在“4号扶梯”场景中，点击“我的背包—自动扶梯钥匙—使用”； c. 点击“运行钥匙孔”，表示插入钥匙； d. 点击“上行”，自动扶梯开始运行； e. 待稳定运行后，点击“钥匙”，表示钥匙已拔出。 ⑬ 口呼：4号扶梯已开启。 ⑭ 撤除隔离。 a. 点击站层图A端“TVM通道”； b. 在A端“TVM通道”场景中，点击“红白带—撤除红白带”； c. 点击站层图“站厅D出口”； d. 在“站厅D出口”场景中，点击“红白带—撤除红白带”。 ⑮ 收回引导棒。 a. 点击站层图“D出口”； b. 在“D出口”场景中，点击“引导棒—收回引导棒”	  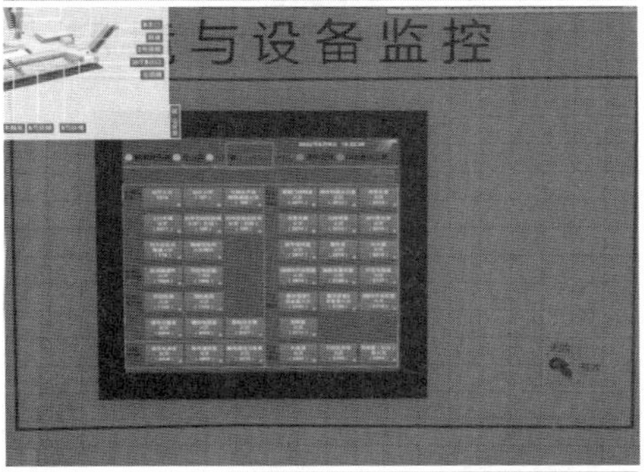 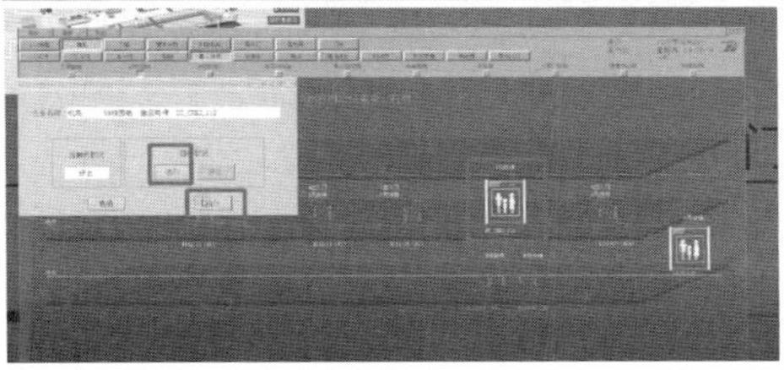

续表

序号	实训内容	详细信息	图片
1	站厅A端TVM着火	⑯ 复位火灾模式。 a. 点击“恢复视角”，在“车控室”场景中点击IBP盘“环境与设备监控”； b. 在“环境与设备监控”场景中，点击“有效—火灾复位—无效”，恢复车站正常通风。 ⑰ 口呼：火灾模式已复位。 ⑱ 开启7号、8号直梯。 a. 点击站层图“车控室”； b. 在“车控室”场景中，点击“综合监控显示屏—机电—电扶梯”； c. 点击对应直梯，点击“控制—运行—执行”，打开7号、8号直梯。 ⑲ 口呼：7号、8号直梯已开启。 ⑳ 恢复闸机。 a. 点击“恢复视角”，在“车控室”场景中点击IBP盘“闸机”； b. 在“闸机”场景中，点击“有效”，表示IBP盘投入使用； c. 点击“复位外罩—复位按钮—复位外罩”，表示打开外罩，按压按钮并盖上外罩； d. 查看紧急释放灯灭，确认闸机已复位； e. 点击“无效”，确认闸机控制盘无法擅动。 ㉑ 口呼：闸机恢复正常。 ㉒ 恢复门禁。 a. 点击“恢复视角”，在“车控室”场景中点击IBP盘“门禁”； b. 在“门禁”场景中，点击“有效”，表示可以进行操作； c. 点击“复位外罩—复位按钮—复位外罩”，表示打开外罩，按压按钮并盖上外罩； d. 查看紧急释放灯灭，确认门禁已复位； e. 点击“无效”，确认门禁控制盘无法擅动。 ㉓ 口呼：门禁恢复正常。 ㉔ 备品复位。 a. 点击“恢复视角”，在“车控室”场景中，点击“备品柜—我的背包—全选—放回”。 b. 口呼：备品已回收摆放到位	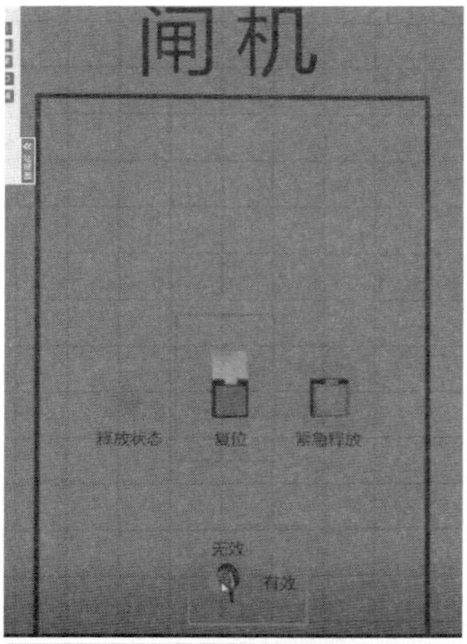 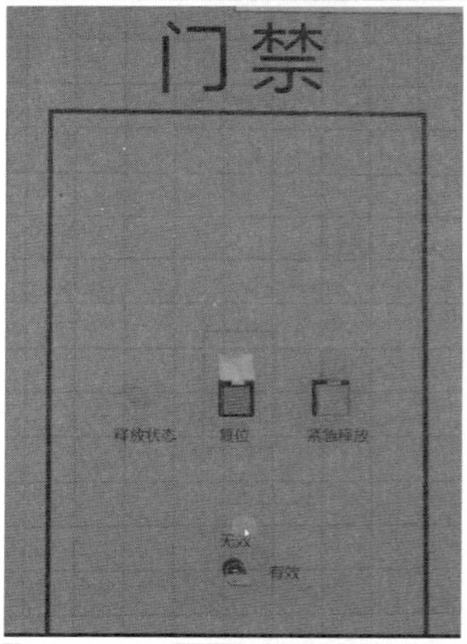 
		（6）确认结束： ① 口呼：考试完毕。 ② 按下计时按钮，结束当前实训内容	

五、实训考核标准

表 2-1-3　实训考核标准

序号	作业程序	作业内容	配分	评分标准	得分
1	准备工作	（1）检查消防战斗装备等备品备件，调整腰带、头盔卡扣的松紧	—	根据个人尺寸，对备品备件尺寸进行调节	
		（2）按下计时按钮，开始比赛：确认火灾报警并进行客运组织作业			
2	确认火灾报警	（1）查看火情：点击站层图火灾点，查看具体火情	4	（1）未点击查看，扣 2 分	
		（2）确认火灾报警。汇报车站值班员：站厅 A 端 TVM 着火		（2）未汇报或汇报内容错误，扣 2 分	
		（3）车站值班员（机器人）自动回复：收到，请启动火灾模式，并进行客运组织		—	
3	客运组织	（1）启动站厅火灾模式： ① 点击站层图“车控室”； ② 在“车控室”场景中点击 IBP 盘“环境与设备监控”； ③ 在“环境与设备监控”场景中，点击“有效—站厅火灾模式—无效”，启动站厅火灾模式	38	（1）扣分标准： ① 未成功开启火灾工况，扣 1.5 分。 ② 未将钥匙恢复无效位，扣 0.5 分。 ③ 配分 2 分	
		（2）查看环控系统站厅火灾模式联动执行成功： ① 点击“恢复视角”，回到“车控室”场景中； ② 在“车控室”场景中点击“综合监控显示屏—机电—模式”		（2）未查看工况，扣 1 分	
		（3）口呼：站厅火灾模式执行成功		（3）未口呼或口呼内容错误，扣 1 分	
		（4）确认闸机已全开状态： ① 点击“恢复视角”，在“车控室”场景中点击 IBP 盘“闸机”； ② 在“闸机”场景中，查看紧急释放灯亮，确认闸机已全开		（4）未确认闸机状态，扣 1 分	
		（5）口呼：闸机已全开		（5）未口呼或口呼内容错误，扣 0.5 分	
		（6）确认门禁已全开状态： ① 点击“恢复视角”，在“车控室”场景中点击 IBP 盘“门禁”； ② 在“门禁”场景中，查看紧急释放灯亮，确认门禁已全开		（6）未确认门禁状态，扣 1 分	

续表

序号	作业程序	作业内容	配分	评分标准	得分
3	客运组织	（7）口呼：门禁已全开	38	（7）未口呼或口呼内容错误，扣 0.5 分	
		（8）确认 7 号、8 号直梯已停用： 在“车控室”场景中点击“综合监控显示屏—机电—电扶梯”，确认 7 号、8 号直梯已停用		（8）未确认直梯状态，扣 1 分	
		（9）口呼：7 号、8 号直梯已停用		（9）未口呼或口呼内容错误，扣 1 分	
		（10）挑选备品： ① 点击“恢复视角”； ② 在“车控室”场景中点击“备品柜”，点击“对讲机、手提广播、引导棒、反光背心、红白带、自动扶梯钥匙”至“我的背包”		（10）扣分标准： ① 所需虚拟备品必须一次拿齐：对讲机、手提广播、引导棒、反光背心、红白带、自动扶梯钥匙，每多（少）拿一项扣 3 分； ② 配分 6 分，扣完为止	
		（11）隔离火灾区域： ① 点击站层图 A 端“TVM 通道”； ② 在 A 端“TVM 通道”场景中，点击“我的背包”，选择“红白带—使用”； ③ 点击站层图“站厅 D 出口”； ④ 在“站厅 D 出口”场景中，点击“我的背包”，选择“红白带—使用”		（11）未隔离或隔离区域错误，每处扣 1 分，配分 2 分	
		（12）紧停 4 号自动扶梯： ① 点击站层图“4 号扶梯”； ② 在“4 号扶梯”场景中，口呼：紧急停止，请抓紧扶手； ③ 在“4 号扶梯”场景中，按压红色停止按钮，扶梯停止运行		（12）扣分标准： ① 未口呼、口呼内容错误或未在紧停扶梯前口呼，扣 1 分； ② 未关闭自动扶梯，扣 1 分； ③ 配分 2 分	
		（13）口呼：4 号扶梯已关闭		（13）未口呼或口呼内容错误，扣 0.5 分	
		（14）紧停 3 号自动扶梯： ① 点击站层图“3 号扶梯”； ② 在“3 号扶梯”场景中，口呼：紧急停止，请抓紧扶手； ③ 在“3 号扶梯”场景中，按压红色停止按钮，扶梯停止运行		（14）扣分标准： ① 未口呼、口呼内容错误或未在紧停扶梯前口呼，扣 1 分； ② 未关闭自动扶梯，扣 1 分； ③ 配分 2 分	
		（15）口呼：3 号扶梯已关闭		（15）未口呼或口呼内容错误，扣 0.5 分	

续表

序号	作业程序	作业内容	配分	评分标准	得分
3	客运组织	（16）紧停5号自动扶梯： ①点击站层图“5号扶梯”； ②在“5号扶梯”场景中，口呼：紧急停止，请抓紧扶手； ③在“5号扶梯”场景中，按压红色停止按钮，扶梯停止运行	38	（16）扣分标准： ①未口呼、口呼内容错误或未在紧停扶梯前口呼，扣1分； ②未关闭自动扶梯，扣1分； ③配分2分	
		（17）口呼：5号扶梯已关闭		（17）未口呼或口呼内容错误，扣0.5分	
		（18）紧停6号自动扶梯： ①点击站层图“6号扶梯”； ②在“6号扶梯”场景中，口呼：紧急停止，请抓紧扶手； ③在“6号扶梯”场景中，按压红色停止按钮，扶梯停止运行		（18）扣分标准： ①未口呼、口呼内容错误或未在紧停扶梯前口呼，扣1分； ②未关闭自动扶梯，扣1分； ③配分2分。 注：步骤（16）（18）操作无先后顺序要求，但每操作完成必须正确口呼	
		（19）口呼：6号扶梯已关闭		（19）未口呼或口呼内容错误，扣0.5分	
		（20）紧停1号自动扶梯： ①点击站层图“1号扶梯”； ②在“1号扶梯”场景中，口呼：紧急停止，请抓紧扶手； ③在“1号扶梯”场景中，按压红色停止按钮，扶梯停止运行		（20）扣分标准： ①未口呼、口呼内容错误或未在紧停扶梯前口呼，扣1分。 ②未关闭自动扶梯，扣1分。 ③配分2分	
		（21）口呼：1号扶梯已关闭		（21）未口呼或口呼内容错误，扣0.5分	
		（22）紧停2号自动扶梯： ①点击站层图“2号扶梯”； ②在“2号扶梯”场景中，口呼：紧急停止，请抓紧扶手； ③在“2号扶梯”场景中，按压红色停止按钮，扶梯停止运行		（22）扣分标准： ①未口呼、口呼内容错误或未在紧停扶梯前口呼，扣1分； ②未关闭自动扶梯，扣1分； ③配分2分。 注：步骤（20）（22）操作无先后顺序要求，但每次操作完成必须正确口呼	
		（23）口呼：2号扶梯已关闭		（23）未口呼或口呼内容错误，扣0.5分	
		（24）进行组织疏散： ①点击站层图“D出口”； ②在“D出口”场景中，点击“我的背包”，选择“引导棒—使用”； ③点击站层图“站厅C出口”； ④在“站厅C出口”场景中，点击“我的背包”，选择“引导棒、反光背心、手提广播—使用”		（24）扣分标准： ①未在D出口使用引导棒，扣1分； ②未在站厅C出口使用引导棒、反光背心、手提广播，每缺一样扣1分； ③配分4分	

续表

序号	作业程序	作业内容	配分	评分标准	得分
3	客运组织	（25）语音疏导乘客疏散：乘客您好，现在出现火情，请大家不要惊慌，按照工作人员指引，有序出站	38	（25）未人工广播或广播词语错误，扣 2 分	
		（26）按下计时按钮：客运组织部分完成，请摘下语音识别设备		（26）注意事项：穿戴消防服前请摘下语音识别设备	
4	消防灭火	（1）按下计时按钮：开始穿戴消防装备	40	—	
		（2）穿消防战斗服和防护靴		（2）要求：衣服和裤子拉链拉至顶部、所有魔术贴贴紧、裤子吊带套上、裤子在靴外不得塞入靴内、裤脚自然垂下、不得完全露出防护靴上的黄色圆圈。不符合要求，每项扣 1 分，配分 5 分，扣完为止	
		（3）将消防腰斧及消防员呼救器挂于安全腰带上，并系好安全腰带		（3）扣分标准： ① 未系安全腰带，或腰带松垮，扣 2 分； ② 未携带或未将消防员呼救器挂于安全腰带上扣 2 分； ③ 配分 4 分	
		（4）戴好消防头盔并佩戴防爆式照明灯		（4）扣分标准： ① 未戴上消防头盔，或消防头盔卡扣松垮，扣 2 分； ② 未佩戴防爆式照明灯，扣 1 分； ③ 配分 3 分	
		（5）戴好防护手套		（5）未戴高温手套，扣 1 分	
		（6）携带消防应急包		（6）未携带消防应急包，扣 1 分	
		（7）口呼：“穿戴准备完毕”		（7）未口呼或口呼内容错误，扣 1 分	
		（8）按下计时按钮：穿戴消防装备已完成		（8）穿戴消防装备标准时间是 2 分钟，2 分钟内完成穿戴不扣分，超过 2 分钟，每多 1 秒扣 1 分，最多扣 5 分，本项只扣不加	
		（9）按下计时按钮：挑选灭火器进行灭火		—	
		（10）选择灭火器：根据着火物质和场景选择类型正确且可正常使用的灭火器		（10）选错灭火器（以按下灭火器手柄为准），扣 10 分。直到选对灭火器，才能继续灭火操作	

续表

序号	作业程序	作业内容	配分	评分标准	得分
4	消防灭火	（11）拔掉保险销	40	—	
		（12）判断风向，站在上风口：站在灭火操作区中间的位置，通过观察失火场景中火焰和烟雾的风向，移步至上风口位置		（12）上风口选择错误，扣2分	
		（13）灭火距离在3～5 m		（13）灭火距离未在3～5 m扣2分	
		（14）侧身朝向火焰根部，进行灭火		（14）扣分标准： ① 未对准火焰根部，扣2分； ② 未侧身，扣1分； ③ 配分3分	
		（15）先灭近火再灭远火：在火灾被扑灭的过程中往火灾中心移动至少0.5 m		（15）未向火灾中心移动至少0.5 m，扣1分	
		（16）放回灭火器：火势熄灭后，将灭火器放回指定位置		（16）扣分标准： ① 火未熄灭而停止操作，扣6分； ② 灭火器未放回指定位置，扣1分； ③ 配分7分	
		（17）按下计时按钮：灭火完成，请脱下并恢复消防装备，带好语音识别设备		（17）灭火操作标准时间是18秒，18 s内完成灭火，不扣分；超过18 s，每多1 s扣1分，最多扣5分，本项只扣不加	
5	客运组织恢复	（1）按下计时按钮：进行客运组织恢复作业	18	—	
		（2）开启5号自动扶梯上行： ① 点击站层图“5号扶梯”； ② 在“5号扶梯”场景中，点击“我的背包—自动扶梯钥匙—使用”； ③ 点击“运行钥匙孔”，表示插入钥匙； ④ 点击“上行”，自动扶梯开始运行； ⑤ 待稳定运行后，点击“钥匙”，表示钥匙已拔出		（2）扣分标准： ① 操作编号错误或开启方向错误，扣0.5分； ② 未拔出钥匙，扣0.5分； ③ 配分1分	
		（3）口呼：5号扶梯已开启		（3）未口呼或口呼内容错误，扣0.5分	
		（4）开启6号自动扶梯下行： ① 点击站层图“6号扶梯”； ② 在“6号扶梯”场景中，点击“我的背包—自动扶梯钥匙—使用”；		（4）扣分标准： ① 操作编号错误或开启方向错误，扣0.5分； ② 未拔出钥匙，扣0.5分； ③ 配分1分	

续表

序号	作业程序	作业内容	配分	评分标准	得分
		③ 点击“运行钥匙孔”，表示插入钥匙； ④ 点击“下行”，自动扶梯开始运行； （5）待稳定运行后，点击“钥匙”，表示钥匙已拔出		注：步骤（2）（4）操作无先后顺序要求，但每操作完成必须正确口呼	
		（5）口呼：6 号扶梯已开启		（5）未口呼或口呼内容错误，扣 0.5 分	
		（6）开启 1 号自动扶梯上行： ① 点击站层图“1 号扶梯”； ② 在“1 号扶梯”场景中，点击“我的背包—自动扶梯钥匙—使用”； ③ 点击“运行钥匙孔”，表示插入钥匙； ④ 点击“上行”，自动扶梯开始运行； ⑤ 待稳定运行后，点击“钥匙”，表示钥匙已拔出		（6）扣分标准： ① 操作编号错误或开启方向错误，扣 0.5 分； ② 未拔出钥匙，扣 0.5 分； ③ 配分 1 分	
		（7）口呼：1 号扶梯已开启		（7）未口呼或口呼内容错误，扣 0.5 分	
5	客运组织恢复	（8）开启 2 号自动扶梯上行： ① 点击站层图“2 号扶梯”； ② 在“2 号扶梯”场景中，点击“我的背包—自动扶梯钥匙—使用”； ③ 点击“运行钥匙孔”，表示插入钥匙； ④ 点击“上行”，自动扶梯开始运行； ⑤ 待稳定运行后，点击“钥匙”，表示钥匙已拔出	18	（8）扣分标准： ① 操作编号错误或开启方向错误，扣 0.5 分； ② 未拔出钥匙，扣 0. 5 分； ③ 配分 1 分。 注：步骤（6）（8）操作无先后顺序要求，但每操作完成必须正确口呼	
		（9）口呼：2 号扶梯已开启		（9）未口呼或口呼内容错误，扣 0.5 分	
		（10）开启 3 号自动扶梯上行： ① 点击站层图“3 号扶梯”； ② 在“3 号扶梯”场景中，点击“我的背包—自动扶梯钥匙—使用”； ③ 点击“运行钥匙孔”，表示插入钥匙； ④ 点击“上行”，自动扶梯开始运行； ⑤ 待稳定运行后，点击“钥匙”，表示钥匙已拔出		（10）扣分标准： ① 操作编号错误或开启方向错误，扣 0.5 分； ② 未拔出钥匙，扣 0.5 分； ③ 配分 1 分	

续表

序号	作业程序	作业内容	配分	评分标准	得分
5	客运组织恢复	（11）口呼：3 号扶梯已开启	18	（11）未口呼或口呼内容错误，扣 0.5 分	
		（12）开启 4 号自动扶梯上行： ① 点击站层图“4 号扶梯”； ② 在“4 号扶梯”场景中，点击“我的背包—自动扶梯钥匙—使用”； ③ 点击“运行钥匙孔”，表示插入钥匙； ④ 点击“上行”，自动扶梯开始运行； ⑤ 待稳定运行后，点击“钥匙”，表示钥匙已拔出		（12）扣分标准： ① 操作编号错误或开启方向错误，扣 0.5 分； ② 未拔出钥匙，扣 0.5 分； ③ 配分 1 分	
		（13）口呼：4 号扶梯已开启		（13）未口呼或口呼内容错误，扣 0.5 分	
		（14）撤除隔离： ① 点击站层图 A 端“TVM 通道”； ② 在 A 端“TVM 通道”场景中，点击“红白带—撤除红白带”； ③ 点击站层图“站厅 D 出口”； ④ 在“站厅 D 出口”场景中，点击“红白带—撤除红白带”		（14）未撤除红白带，每处扣 0.5 分，配分 1 分	
		（15）收回引导棒： ① 点击站层图“D 出口”； ② 在“D 出口”场景中，点击“引导棒—收回引导棒”		（15）未收回引导棒，扣 1 分	
		（16）复位火灾模式： ① 点击“恢复视角”，在“车控室”场景中点击 IBP 盘“环境与设备监控”； ② 在“环境与设备监控”场景中，点击“有效—火灾复位—无效”，恢复车站正常通风		（16）扣分标准： ① 未将火灾复位，扣 0.5 分； ② 未将钥匙恢复无效位，扣 0.5 分； ③ 配分 1 分	
		（17）口呼：火灾模式已复位		（17）未口呼或口呼内容错误，扣 0.5 分	
		（18）开启 7 号、8 号直梯： ① 点击站层图“车控室”； ② 在“车控室”场景中，点击“综合监控显示屏—机电—电扶梯”； ③ 点击对应直梯，点击“控制—运行—执行”，打开 7 号、8 号直梯		（18）未开启直梯，每个扣 0.5 分，配分 1 分	

续表

序号	作业程序	作业内容	配分	评分标准	得分
5	客运组织恢复	（19）口呼：7号、8号直梯已开启	18	（19）未口呼或口呼内容错误，扣0.5分	
		（20）恢复闸机： ① 点击“恢复视角”，在“车控室”场景中点击IBP盘“闸机”； ② 在“闸机”场景中，点击“有效”，表示IBP盘投入使用； ③ 点击“复位外罩—复位按钮—复位外罩”，表示打开外罩，按压按钮并盖上外罩； ④ 查看紧急释放灯灭，确认闸机已复位； ⑤ 点击“无效”，确认闸机控制盘无法擅动		（20）扣分标准： ① 未复位闸机，扣0.5分； ② 未将钥匙恢复无效位，扣0.5分； ③ 配分1分	
		（21）口呼：闸机恢复正常		（21）未口呼或口呼内容错误，扣0.5分	
		（22）恢复门禁： ① 点击“恢复视角”，在“车控室”场景中点击IBP盘“门禁”； ② 在“门禁”场景中，点击“有效”，表示可以进行操作； ③ 点击“复位外罩—复位按钮—复位外罩”，表示打开外罩，按压按钮并盖上外罩； ④ 查看紧急释放灯灭，确认门禁已复位； ⑤ 点击“无效”，确认门禁控制盘无法擅动		（22）扣分标准： ① 未复位门禁，扣0.5分； ② 未将钥匙恢复无效位，扣0.5分； ③ 配分1分	
		（23）口呼：门禁恢复正常		（23）未口呼或口呼内容错误，扣0.5分	
		（24）备品复位： 点击“恢复视角”，在“车控室”场景中，点击“备品柜—我的背包—全选—放回”		（24）未放回所有备品，扣0.5分	
		（25）口呼：备品已回收摆放到位		（25）未口呼或口呼内容错误，扣0.5分	
6	确认结束	（1）口呼：考试完毕。 （2）按下计时按钮，结束当前比赛内容	—	—	—
合计			100		

六、思考题

（1）TVM着火时选择灭火器的依据是什么？

（2）常见的灭火器有哪些?

（3）简述标准的作业流程的步骤。

任务二　站厅 B 端商铺着火

一、实训目的

（1）了解不同灭火器类型适用的火灾场景。

（2）掌握出现站厅 B 端商铺着火时的应急处置流程。

二、理论链接

1. 灭火器灭火原理

挑选灭火器的时候，依据不同灭火器的灭火原理挑选。

二氧化碳灭火器主要是依靠二氧化碳窒息作用和部分冷却作用灭火。一般用于扑救贵重设备、档案、仪器仪表等。

干粉灭火器的粉末会落在可燃物表面，在高温下形成一层玻璃状覆盖物，从而隔绝氧气，进而灭火。

商铺着火时应使用二氧化碳灭火器。

2. 不同火灾场景选用的灭火器种类

不同火灾场景选用的灭火器种类如表 2-2-1 所示。

表 2-2-1　不同灭火器的使用场景

火灾场景	场景配用灭火器类型
站厅 TVM 火灾	二氧化碳灭火器
站厅商铺着火	二氧化碳灭火器
站厅付费区书报架着火	干粉灭火器
站台 B 端垃圾桶着火	干粉灭火器

3. 客运组织作业中不同火灾场景关闭、开启扶梯的顺序

发生火灾时，客运组织作业按照距离火灾点由近及远的顺序关闭扶梯。

灭火结束后，客运组织作业按照距离火灾点由远及近的顺序开启扶梯。

三、实训要求

1. 实训时间

实训课时为 4 课时。

2. 实训形式

独自完成实训操作，结合理论链接以及实操完成实训考核。

3. 实训注意事项

（1）注意开关扶梯的先后顺序。

（2）站在上风口灭火。

（3）灭火器的选择。

4. 工器具材料准备

（1）三维车站系统。

（2）灭火系统。

（3）灭火器有电。

四、实训作业步骤

表 2-2-2　实训作业步骤

序号	实训内容	详细信息	图片
1	站厅B端商铺着火	（1）准备工作： ① 检查消防战斗装备等备品备件，调整腰带、头盔卡扣的松紧； ② 按下计时按钮，开始比赛：确认火灾报警并进行客运组织作业	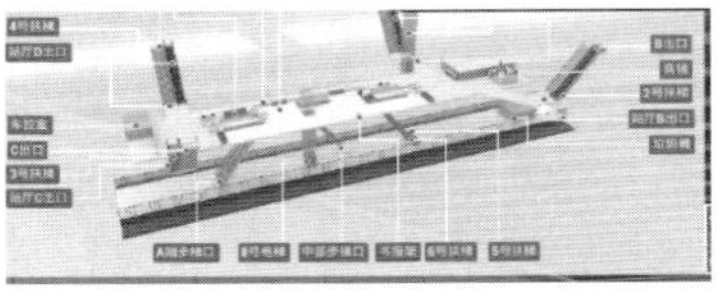
		（2）确认火灾报警： ① 查看火情：点击站层图火灾点，查看具体火情； ② 确认火灾报警。汇报车站值班员：站厅B端商铺着火； ③ 车站值班员（机器人）自动回复：收到，请启动火灾模式，并进行客运组织	
		（3）客运组织： ① 启动站厅火灾模式： a. 点击站层图“车控室”； b. 在“车控室”场景中点击 IBP 盘“环境与设备监控”； c. 在“环境与设备监控”场景中，点击“有效—站厅火灾模式—无效”，启动站厅火灾模式。 ② 查看环控系统站厅火灾模式联动执行成功： a. 点击“恢复视角”，回到“车控室”场景中； b. 在“车控室”场景中点击“综合监控显示屏—机电—模式”。 ③ 口呼：站厅火灾模式执行成功。 ④ 确认闸机已全开状态。 a. 点击“恢复视角”，在“车控室”场景中点击 IBP 盘“闸机”； b. 在“闸机”场景中，查看紧急释放灯亮，确认闸机已全开。 ⑤ 口呼：闸机已全开。 ⑥ 确认门禁已全开状态： a. 点击“恢复视角”，在“车控室”场景中点击 IBP 盘“门禁”； b. 在“门禁”场景中，查看紧急释放灯亮，确认门禁已全开。	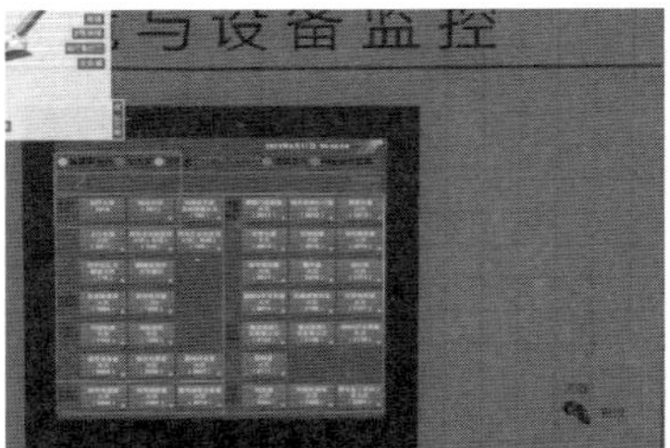 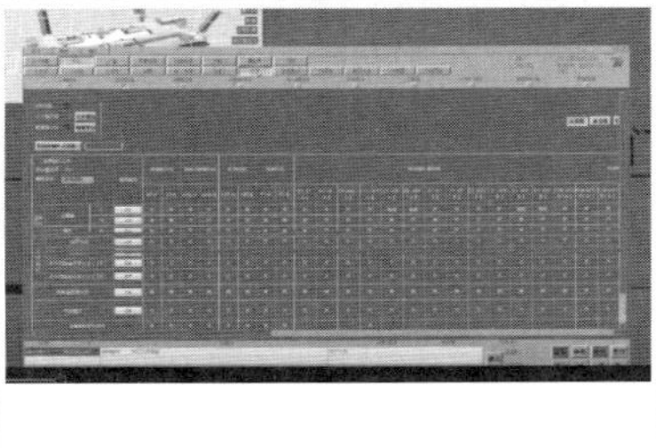

续表

<table>
<tr><th>序号</th><th>实训内容</th><th>详细信息</th><th>图片</th></tr>
<tr><td>1</td><td>站厅B端商铺着火</td><td>⑦ 口呼：门禁已全开。
⑧ 确认7号、8号直梯已停用：
在“车控室”场景中点击“综合监控显示屏—机电—电扶梯”，确认7号、8号直梯已停用。
⑨ 口呼：7号、8号直梯已停用。
⑩ 挑选备品。
a. 点击“恢复视角”；
b. 在“车控室”场景中点击“备品柜”，点击“对讲机、手提广播、引导棒、反光背心、红白带、自动扶梯钥匙”至“我的背包”。
⑪ 隔离火灾区域。
a. 点击站层图B端“商铺”；
b. 在B端“商铺”场景中，点击“我的背包”，选择“红白带—使用”。
⑫ 紧停2号自动扶梯
a. 点击站层图“2号扶梯”；
b. 在“2号扶梯”场景中，口呼：紧急停止，请抓紧扶手；
c. 在“2号扶梯”场景中，按压红色停止按钮，扶梯停止运行。
⑬ 口呼：2号扶梯已关闭。
⑭ 紧停1号自动扶梯。
a. 点击站层图“1号扶梯”；
b. 在“1号扶梯”场景中，口呼：紧急停止，请抓紧扶手；
c. 在“1号扶梯”场景中，按压红色停止按钮，扶梯停止运行。
⑮ 口呼：1号扶梯已关闭。
⑯ 紧停5号自动扶梯。
a. 点击站层图“5号扶梯”；
b. 在“5号扶梯”场景中，口呼：紧急停止，请抓紧扶手；
c. 在“5号扶梯”场景中，按压红色停止按钮，扶梯停止运行。
⑰ 口呼：5号扶梯已关闭。
⑱ 紧停6号自动扶梯。
a. 点击站层图“6号扶梯”；
b. 在“6号扶梯”场景中，口呼：紧急停止，请抓紧扶手；
c. 在“6号扶梯”场景中，按压红色停止按钮，扶梯停止运行。
⑲ 口呼：6号扶梯已关闭。
⑳ 紧停3号自动扶梯。
a. 点击站层图“3号扶梯”；</td><td>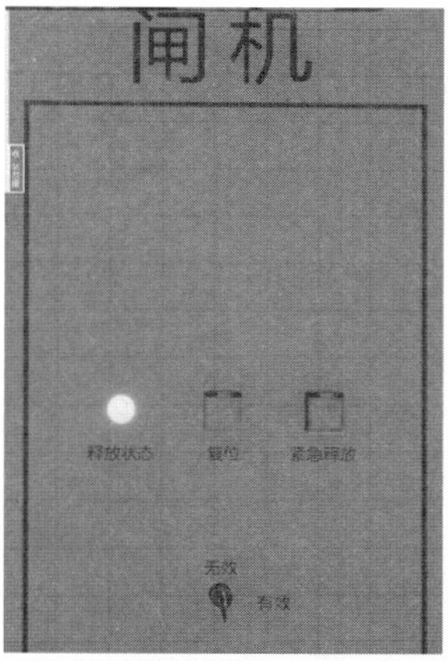

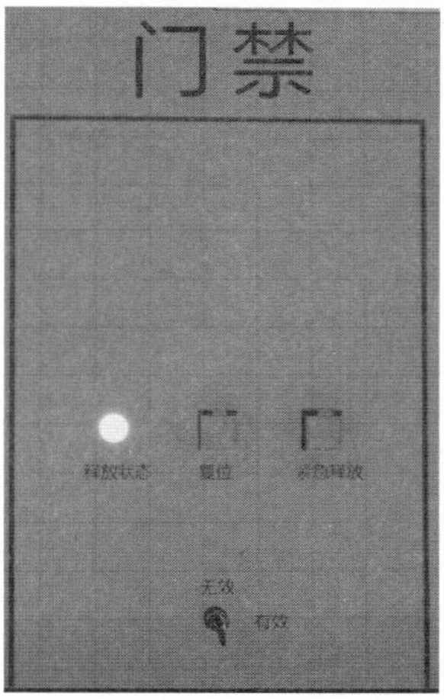

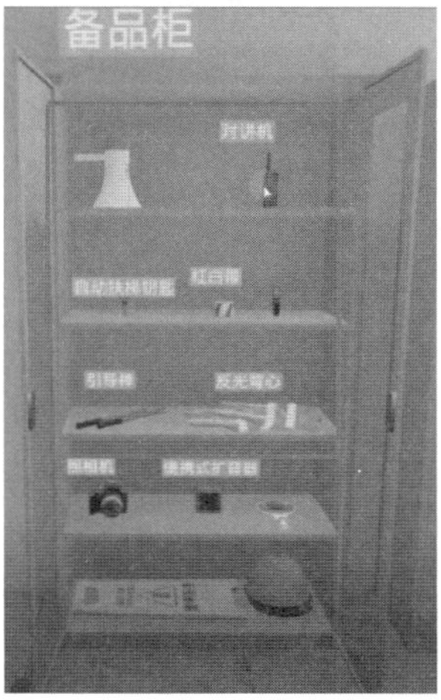
</td></tr>
</table>

续表

序号	实训内容	详细信息	图片
1	站厅B端商铺着火	b. 在“3号扶梯”场景中，口呼：紧急停止，请抓紧扶手； c. 在“3号扶梯”场景中，按压红色停止按钮，扶梯停止运行。 ㉑ 口呼：3号扶梯已关闭。 ㉒ 紧停4号自动扶梯。 a. 点击站层图“4号扶梯”； b. 在“4号扶梯”场景中，口呼：紧急停止，请抓紧扶手； c. 在“4号扶梯”场景中，按压红色停止按钮，扶梯停止运行。 ㉓ 口呼：4号扶梯已关闭。 ㉔ 进行组织疏散。 a. 点击站层图“B出口”； b. 在“B出口”场景中，点击“我的背包”，选择“引导棒—使用”； c. 点击站层图“站厅A出口”； d. 在“站厅A出口”场景中，点击“我的背包”，选择“引导棒、反光背心、手提广播—使用”。 ㉕ 语音疏导乘客疏散：乘客您好，现在出现火情，请大家不要惊慌，按照工作人员指引，有序出站。 ㉖ 按下计时按钮：客运组织部分完成，请摘下语音识别设备	   
		（4）消防灭火。 ① 按下计时按钮：开始穿戴消防装备； ② 穿消防战斗服和防护靴； ③ 将消防腰斧及消防员呼救器挂于安全腰带上，并系好安全腰带； ④ 戴好消防头盔并佩戴防爆式照明灯； ⑤ 戴好防护手套； ⑥ 携带消防应急包； ⑦ 口呼：穿戴准备完毕； ⑧ 按下计时按钮：穿戴消防装备已完成； ⑨ 按下计时按钮：挑选灭火器进行灭火； ⑩ 选择灭火器：根据着火物质和场景选择类型正确且可正常使用的灭火器； ⑪ 拽保险销； ⑫ 判断风向，站在上风口：站在灭火操作区中间的位置，通过观察失火场景中火焰和烟雾的风向，移步至上风口位置； ⑬ 灭火距离在3～5 m；	

续表

序号	实训内容	详细信息	图片
1	站厅B端商铺着火	⑭ 侧身朝向火焰根部，进行灭火； ⑮ 先灭近火再灭远火：在火灾被扑灭的过程中往火灾中心移动至少 0.5 m； ⑯ 放回灭火器：火势熄灭后，将灭火器放回指定位置； ⑰ 按下计时按钮：灭火完成，请脱下并恢复消防装备，带好语音识别设备	
		（5）客运组织恢复： ① 按下计时按钮，进行客运组织恢复作业。 ② 开启 5 号自动扶梯上行。 a. 点击站层图“5 号扶梯”； b. 在“5 号扶梯”场景中，点击“我的背包—自动扶梯钥匙—使用”； c. 点击“运行钥匙孔”，表示插入钥匙； d. 点击“上行”，自动扶梯开始运行； e. 待稳定运行后，点击“钥匙”，表示钥匙已拔出。 ③ 口呼：5 号扶梯已开启。 ④ 开启 6 号自动扶梯下行。 a. 点击站层图“6 号扶梯”； b. 在“6 号扶梯”场景中，点击“我的背包—自动扶梯钥匙—使用”； c. 点击“运行钥匙孔”，表示插入钥匙； d. 点击“下行”，自动扶梯开始运行； e. 待稳定运行后，点击“钥匙”，表示钥匙已拔出。 ⑤ 口呼：6 号扶梯已开启。 ⑥ 开启 3 号自动扶梯上行。 a. 点击站层图“3 号扶梯”； b. 在“3 号扶梯”场景中，点击“我的背包—自动扶梯钥匙—使用”； c. 点击“运行钥匙孔”，表示插入钥匙； d. 点击“上行”，自动扶梯开始运行； e. 待稳定运行后，点击“钥匙”，表示钥匙已拔出。 ⑦ 口呼：3 号扶梯已开启。 ⑧ 开启 4 号自动扶梯上行。 a. 点击站层图“4 号扶梯”； b. 在“4 号扶梯”场景中，点击“我的背包—自动扶梯钥匙—使用”； c. 点击“运行钥匙孔”，表示插入钥匙； d. 点击“上行”，自动扶梯开始运行； e. 待稳定运行后，点击“钥匙”，表示钥匙已拔出	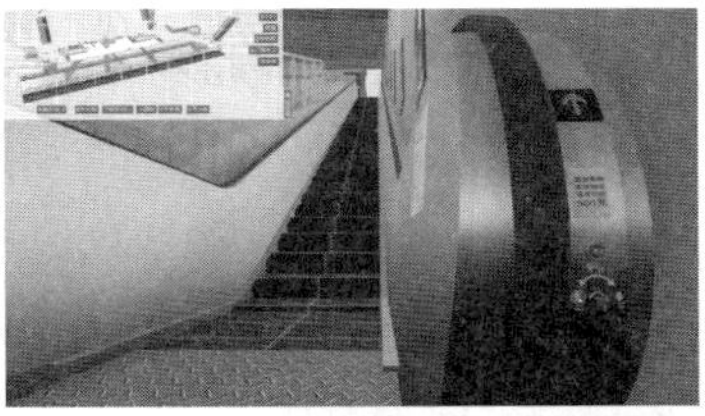  

续表

序号	实训内容	详细信息	图片
1	站厅B端商铺着火	⑨ 口呼：4号扶梯已开启。 ⑩ 开启1号自动扶梯上行。 a. 点击站层图“1号扶梯”； b. 在“1号扶梯”场景中，点击“我的背包—自动扶梯钥匙—使用”； c. 点击“运行钥匙孔”，表示插入钥匙； d. 点击“上行”，自动扶梯开始运行； e. 待稳定运行后，点击“钥匙”，表示钥匙已拔出。 ⑪ 口呼：1号扶梯已开启。 ⑫ 开启2号自动扶梯上行。 a. 点击站层图“2号扶梯”； b. 在“2号扶梯”场景中，点击“我的背包—自动扶梯钥匙—使用”； c. 点击“运行钥匙孔”，表示插入钥匙； d. 点击“上行”，自动扶梯开始运行； e. 待稳定运行后，点击“钥匙”，表示钥匙已拔出。 ⑬ 口呼：2号扶梯已开启。 ⑭ 撤除隔离。 a. 点击站层图B端“商铺”； b. 在B端“商铺”场景中，点击“红白带—撤除红白带”。 ⑮ 收回引导棒。 a. 点击站层图“B出口”； b. 在“B出口”场景中，点击“引导棒—收回引导棒”。 ⑯ 复位火灾模式。 a. 点击“恢复视角”，在“车控室”场景中点击IBP盘“环境与设备监控”； b. 在“环境与设备监控”场景中，点击“有效—火灾复位—无效”，恢复车站正常通风。 ⑰ 口呼：火灾模式已复位。 ⑱ 开启7号、8号直梯。 a. 点击站层图“车控室”； b. 在“车控室”场景中，点击“综合监控显示屏—机电—电扶梯”； c. 点击对应直梯，点击“控制—运行—执行”，打开7号、8号直梯。 ⑲ 口呼：7号、8号直梯已开启。 ⑳ 恢复闸机。 a. 点击“恢复视角”，在“车控室”场景中点击IBP盘“闸机”； b. 在“闸机”场景中，点击“有效”，表示IBP盘投入使用；	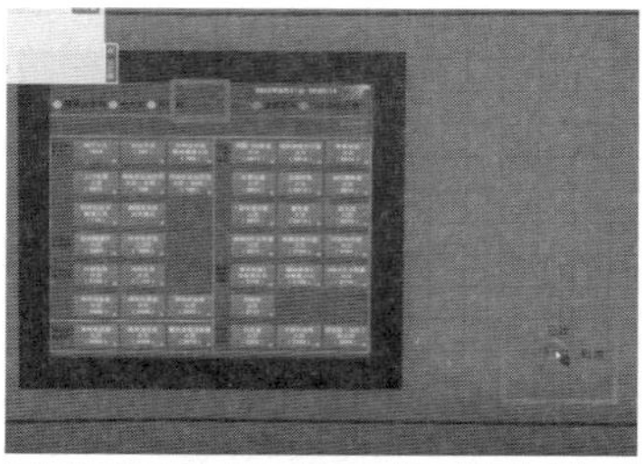  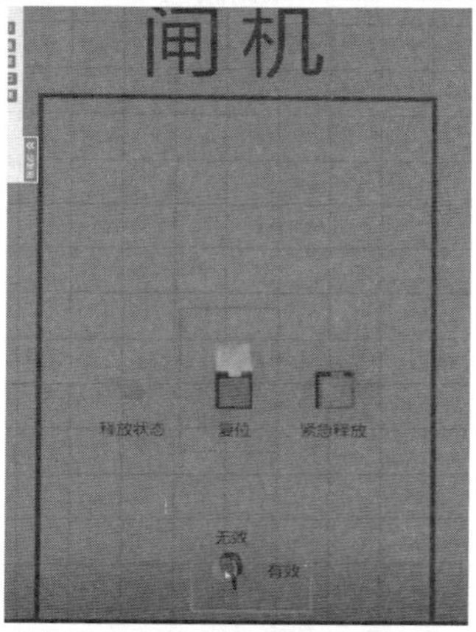 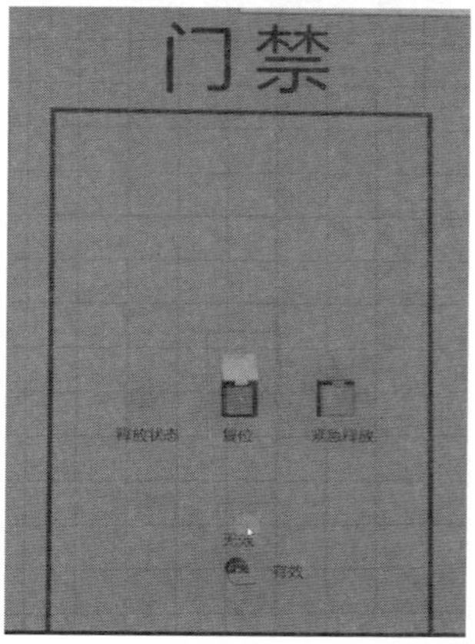

续表

序号	实训内容	详细信息	图片
1	站厅B端商铺着火	c. 点击“复位外罩—复位按钮—复位外罩”，表示打开外罩，按压按钮并盖上外罩； d. 查看紧急释放灯灭，确认闸机已复位； e. 点击“无效”，确认闸机控制盘无法擅动。 ㉑ 口呼：闸机恢复正常。 ㉒ 恢复门禁。 a. 点击“恢复视角”，在“车控室”场景中点击 IBP 盘“门禁”； b. 在“门禁”场景中，点击“有效”，表示可以进行操作； c. 点击“复位外罩—复位按钮—复位外罩”，表示打开外罩，按压按钮并盖上外罩； d. 查看紧急释放灯灭，确认门禁已复位； e. 点击“无效”，确认门禁控制盘无法擅动。 ㉓ 口呼：门禁恢复正常。 ㉔ 备品复位。 a. 点击“恢复视角”，在“车控室”场景中，点击“备品柜—我的背包—全选—放回”。 b. 口呼：备品已回收摆放到位	
		（6）任务结束： ① 口呼：考试完毕； ② 按下计时按钮，结束当前实训内容	

五、实训考核标准

表 2-2-3　实训考核标准

序号	作业程序	作业内容	配分	评分标准	得分
1	准备工作	（1）检查消防战斗装备等备品备件：调整腰带、头盔卡扣的松紧	—	根据个人身材，对备品备件尺寸进行相应调节	
		（2）按下计时按钮，开始比赛：确认火灾报警并进行客运组织作业			
2	确认火灾报警	（1）查看火情：点击站层图火灾点，查看具体火情	4	（1）未点击查看，扣 2 分	
		（2）确认火灾报警。汇报车站值班员：站厅 B 端商铺着火		（2）未汇报或汇报内容错误，扣 2 分	
		（3）车站值班员（机器人）自动回复：收到，请启动火灾模式，并进行客运组织		—	
3	客运组织	（1）启动站厅火灾模式： ① 点击站层图“车控室”； ② 在“车控室”场景中点击 IBP 盘“环境与设备监控”； ③ 在“环境与设备监控”场景中，点击“有效—站厅火灾模式—无效”，启动站厅火灾模式	38	（1）扣分标准： ① 未成功开启火灾工况，扣 1.5 分； ② 未将钥匙恢复无效位，扣 0.5 分； （3）配分 2 分	

续表

序号	作业程序	作业内容	配分	评分标准	得分
3	客运组织	（2）查看环控系统站厅火灾模式联动执行成功： ① 点击“恢复视角”，回到“车控室”场景中； ② 在“车控室”场景中点击“综合监控显示屏—机电—模式”	38	（2）未查看工况，扣1分	
		（3）口呼：站厅火灾模式执行成功		（3）未口呼或口呼内容错误，扣1分	
		（4）确认闸机已全开状态： ① 点击“恢复视角”，在“车控室”场景中点击IBP盘“闸机”； ② 在“闸机”场景中，查看紧急释放灯亮，确认闸机已全开		（4）未确认闸机状态，扣1分	
		（5）口呼：闸机已全开		（5）未口呼或口呼内容错误，扣0.5分	
		（6）确认门禁已全开状态： ① 点击“恢复视角”，在“车控室”场景中点击IBP盘“门禁”； ② 在“门禁”场景中，查看紧急释放灯亮，确认门禁已全开		（6）未确认门禁状态，扣1分	
		（7）口呼：门禁已全开		（7）未口呼或口呼内容错误，扣0.5分	
		（8）确认7号、8号直梯已停用： 在“车控室”场景中点击“综合监控显示屏—机电—电扶梯”，确认7号、8号直梯已停用		（8）未确认直梯状态，扣1分	
		（9）口呼：7号、8号直梯已停用		（9）未口呼或口呼内容错误，扣1分	
		（10）挑选备品： ① 点击“恢复视角”； ② 在“车控室”场景中点击“备品柜”，点击“对讲机、手提广播、引导棒、反光背心、红白带、自动扶梯钥匙”至“我的背包”		（10）扣分标准： ① 所需虚拟备品必须一次拿齐：对讲机、手提广播、引导棒、反光背心、红白带、自动扶梯钥匙，每多（少）拿一项扣3分； ② 配分6分，扣完为止	
		（11）隔离火灾区域： ① 点击站层图B端“商铺”； ② 在B端“商铺”场景中，点击“我的背包”，选择“红白带—使用”		（11）未隔离或隔离区域错误，扣2分	
		（12）紧停2号自动扶梯： ① 点击站层图“2号扶梯”； ② 在“2号扶梯”场景中，口呼：“紧急停止，请抓紧扶手”； ③ 在“2号扶梯”场景中，按压红色停止按钮，扶梯停止运行		（12）扣分标准： ① 未口呼、口呼内容错误或未在紧停扶梯前口呼，扣1分； ② 未关闭自动扶梯，扣1分； ③ 配分2分	

续表

序号	作业程序	作业内容	配分	评分标准	得分
3	客运组织	（13）口呼：2号扶梯已关闭	38	（13）未口呼或口呼内容错误，扣0.5分	
		（14）紧停1号自动扶梯： ①点击站层图“1号扶梯”； ②在“1号扶梯”场景中，口呼：“紧急停止，请抓紧扶手”； ③在“1号扶梯”场景中，按压红色停止按钮，扶梯停止运行		（14）扣分标准： ①未口呼、口呼内容错误或未在紧停扶梯前口呼，扣1分； ②未关闭自动扶梯，扣1分； ③配分2分	
		（15）口呼：1号扶梯已关闭		（15）未口呼或口呼内容错误，扣0.5分	
		（16）紧停5号自动扶梯： ①点击站层图“5号扶梯”； ②在“5号扶梯”场景中，口呼：“紧急停止，请抓紧扶手”； ③在“5号扶梯”场景中，按压红色停止按钮，扶梯停止运行		（16）扣分标准： ①未口呼、口呼内容错误或未在紧停扶梯前口呼，扣1分； ②未关闭自动扶梯，扣1分； ③配分2分	
		（17）口呼：5号扶梯已关闭		（17）未口呼或口呼内容错误，扣0.5分	
		（18）紧停6号自动扶梯： ①点击站层图“6号扶梯”； ②在“6号扶梯”场景中，口呼：“紧急停止，请抓紧扶手”； ③在“6号扶梯”场景中，按压红色停止按钮，扶梯停止运行		（18）扣分标准： ①未口呼、口呼内容错误或未在紧停扶梯前口呼，扣1分； ②未关闭自动扶梯，扣1分； ③配分2分。 注：步骤（16）（18）操作无先后顺序要求，但每操作完成必须正确口呼。	
		（19）口呼：6号扶梯已关闭		（19）未口呼或口呼内容错误，扣0.5分	
		（20）紧停3号自动扶梯： ①点击站层图“3号扶梯”； ②在“3号扶梯”场景中，口呼：“紧急停止，请抓紧扶手”； ③在“3号扶梯”场景中，按压红色停止按钮，扶梯停止运行		（20）扣分标准： ①未口呼、口呼内容错误或未在紧停扶梯前口呼，扣1分； ②未关闭自动扶梯，扣1分； ③配分2分	
		（21）口呼：3号扶梯已关闭		（21）未口呼或口呼内容错误，扣0.5分	
		（22）紧停4号自动扶梯： ①点击站层图“4号扶梯”； ②在“4号扶梯”场景中，口呼：“紧急停止，请抓紧扶手”； ③在“4号扶梯”场景中，按压红色停止按钮，扶梯停止运行		（22）扣分标准： ①未口呼、口呼内容错误或未在紧停扶梯前口呼，扣1分； ②未关闭自动扶梯，扣1分； ③配分2分。 注：步骤（20）（22）操作无先后顺序要求，但每操作完成必须正确口呼	

续表

序号	作业程序	作业内容	配分	评分标准	得分
3	客运组织	（23）口呼：4号扶梯已关闭	38	（23）未口呼或口呼内容错误，扣0.5分	
		（24）进行组织疏散： ① 点击站层图“B出口”； ② 在“B出口”场景中，点击“我的背包”，选择“引导棒—使用”； ③ 点击站层图“站厅A出口”； ④ 在“站厅A出口”场景中，点击“我的背包”，选择“引导棒、反光背心、手提广播—使用”		（24）扣分标准： ① 未在B出口使用引导棒，扣1分； ② 未在站厅A出口使用引导棒、反光背心、手提广播，每缺一样扣1分； ③ 配分4分	
		（25）语音疏导乘客疏散：乘客您好，现在出现火情，请大家不要惊慌，按照工作人员指引，有序出站		（25）未人工广播或广播词语错误，扣2分	
		（26）按下计时按钮：客运组织部分完成，请摘下语音识别设备		（26）注意事项：穿戴消防服前请摘下语音识别设备	
4	消防灭火	（1）按下计时按钮：开始穿戴消防装备	40	—	
		（2）穿消防战斗服和防护靴		（2）要求：衣服和裤子拉链拉至顶部、所有魔术贴贴紧、裤子吊带套上、裤子在靴外不得塞入靴内、裤脚自然垂下、不得完全露出防护靴上的黄色圆圈。不符合要求，每项扣1分，配分5分，扣完为止	
		（3）将消防腰斧及消防员呼救器挂于安全腰带上，并系好安全腰带		（3）扣分标准： ① 未系安全腰带，或腰带松垮，扣2分； ② 未携带或未将消防员呼救器挂于安全腰带上扣2分； ③ 配分4分	
		（4）戴好消防头盔并佩戴防爆式照明灯		（4）扣分标准： ① 未戴上消防头盔，或消防头盔卡扣松垮，扣2分； ② 未佩戴防爆式照明灯，扣1分； ③ 配分3分	
		（5）戴好防护手套		（5）未戴高温手套，扣1分	
		（6）携带消防应急包		（6）未携带消防应急包，扣1分	
		（7）口呼：穿戴准备完毕		（7）未口呼或口呼内容错误，扣1分	

续表

序号	作业程序	作业内容	配分	评分标准	得分
4	消防灭火	（8）按下计时按钮：穿戴消防装备已完成	40	（8）穿戴消防装备标准时间是 2 min，2 min 内完成穿戴不扣分，超过 2 min，每多 1 s 扣 1 分，最多扣 5 分，本项只扣不加	
		（9）按下计时按钮：挑选灭火器进行灭火		—	
		（10）选择灭火器：根据着火物质和场景选择类型正确且可正常使用的灭火器		（10）选错灭火器（以按下灭火器手柄为准），扣 10 分。直到选对灭火器，才能继续灭火操作	
		（11）拔掉保险销		—	
		（12）判断风向，站在上风口：站在灭火操作区中间的位置，通过观察失火场景中火焰和烟雾的风向，移步至上风口位置		（12）上风口选择错误，扣 2 分	
		（13）灭火距离在 3～5 m		（13）灭火距离未在 3～5 m 扣 2 分	
		（14）侧身朝向火焰根部，进行灭火		（14）扣分标准： ① 未对准火焰根部，扣 2 分； ② 未侧身，扣 1 分； ③ 配分 3 分	
		（15）先灭近火再灭远火：在火灾被扑灭的过程中往火灾中心移动至少 0.5 m		（15）未向火灾中心移动至少 0.5 m，扣 1 分	
		（16）放回灭火器：火势熄灭后，将灭火器放回指定位置		（16）扣分标准： ① 火未熄灭而停止操作，扣 6 分； ② 灭火器未放回指定位置，扣 1 分； ③ 配分 7 分	
		（17）按下计时按钮：灭火完成，请脱下并恢复消防装备，带好语音识别设备		（17）灭火操作标准时间是 18 s，18 s 内完成灭火，不扣分；超过 18 s，每多 1 s 扣 1 分，最多扣 5 分，本项只扣不加	
5	客运组织恢复	（1）按下计时按钮：进行客运组织恢复作业	18	—	
		（2）开启 5 号自动扶梯上行： ① 点击站层图“5 号扶梯”； ② 在“5 号扶梯”场景中，点击“我的背包—自动扶梯钥匙—使用”； ③ 点击“运行钥匙孔”，表示插入钥匙； ④ 点击“上行”，自动扶梯开始运行； ⑤ 待稳定运行后，点击“钥匙”，表示钥匙已拔出		（2）扣分标准： ① 操作编号错误或开启方向错误，扣 0.5 分； ② 未拔出钥匙，扣 0.5 分； ③ 配分 1 分	

续表

序号	作业程序	作业内容	配分	评分标准	得分
5	客运组织恢复	（3）口呼：5号扶梯已开启	18	（3）未口呼或口呼内容错误，扣0.5分	
		（4）开启6号自动扶梯下行： ① 点击站层图“6号扶梯”； ② 在“6号扶梯”场景中，点击“我的背包—自动扶梯钥匙—使用”； ③ 点击“运行钥匙孔”，表示插入钥匙； ④ 点击“下行”，自动扶梯开始运行； ⑤ 待稳定运行后，点击“钥匙”，表示钥匙已拔出		（4）扣分标准： ① 操作编号错误或开启方向错误，扣0.5分； ② 未拔出钥匙，扣0.5分； ③ 配分1分。 注：步骤2、4操作无先后顺序要求，但每操作完成必须正确口呼	
		（5）口呼：6号扶梯已开启		（5）未口呼或口呼内容错误，扣0.5分	
		（6）开启3号自动扶梯上行： ① 点击站层图“3号扶梯”； ② 在“3号扶梯”场景中，点击“我的背包—自动扶梯钥匙—使用”； ③ 点击“运行钥匙孔”，表示插入钥匙； ④ 点击“上行”，自动扶梯开始运行； ⑤ 待稳定运行后，点击“钥匙”，表示钥匙已拔出		（6）扣分标准： ① 操作编号错误或开启方向错误，扣0.5分； ② 未拔出钥匙，扣0.5分； ③ 配分1分	
		（7）口呼：3号扶梯已开启		（7）未口呼或口呼内容错误，扣0.5分	
		（8）开启4号自动扶梯上行： ① 点击站层图“4号扶梯”； ② 在“4号扶梯”场景中，点击“我的背包—自动扶梯钥匙—使用”； ③ 点击“运行钥匙孔”，表示插入钥匙； ④ 点击“上行”，自动扶梯开始运行； ⑤ 待稳定运行后，点击“钥匙”，表示钥匙已拔出		（8）扣分标准： ① 操作编号错误或开启方向错误，扣0.5分； ② 未拔出钥匙，扣0. 5分； ③ 配分1分。 注：步骤6、8操作无先后顺序要求，但每操作完成必须正确口呼	
		（9）口呼：4号扶梯已开启		（9）未口呼或口呼内容错误，扣0.5分	
		（10）开启1号自动扶梯上行： ① 点击站层图“1号扶梯”； ② 在“1号扶梯”场景中，点击“我的背包—自动扶梯钥匙—使用”； ③ 点击“运行钥匙孔”，表示插入钥匙； ④ 点击“上行”，自动扶梯开始运行； ⑤ 待稳定运行后，点击“钥匙”，表示钥匙已拔出		（10）扣分标准： ① 操作编号错误或开启方向错误，扣0.5分； ② 未拔出钥匙，扣0.5分； ③ 配分1分	

续表

序号	作业程序	作业内容	配分	评分标准	得分
5	客运组织恢复	（11）口呼：1号扶梯已开启	18	（11）未口呼或口呼内容错误，扣0.5分	
		（12）开启2号自动扶梯上行： ① 点击站层图“2号扶梯”； ② 在“2号扶梯”场景中，点击“我的背包—自动扶梯钥匙—使用”； ③ 点击“运行钥匙孔”，表示插入钥匙； ④ 点击“上行”，自动扶梯开始运行； ⑤ 待稳定运行后，点击“钥匙”，表示钥匙已拔出		（12）扣分标准： ① 操作编号错误或开启方向错误，扣0.5分； ② 未拔出钥匙，扣0.5分； ③ 配分1分	
		（13）口呼：2号扶梯已开启		（13）未口呼或口呼内容错误，扣0.5分	
		（14）撤除隔离： ① 点击站层图B端“商铺”； ② 在B端“商铺”场景中，点击“红白带—撤除红白带”		（14）未撤除红白带，扣1分	
		（15）收回引导棒： ① 点击站层图“B出口”； ② 在“B出口”场景中，点击“引导棒—收回引导棒”		（15）未收回引导棒，扣1分	
		（16）复位火灾模式： ① 点击“恢复视角”，在“车控室”场景中点击IBP盘“环境与设备监控”； ② 在“环境与设备监控”场景中，点击“有效—火灾复位—无效”，恢复车站正常通风		（16）扣分标准： ① 未将火灾复位，扣0.5分； ② 未将钥匙恢复无效位，扣0.5分； ③ 配分1分	
		（17）口呼：火灾模式已复位		（17）未口呼或口呼内容错误，扣0.5分	
		（18）开启7号、8号直梯： ① 点击站层图“车控室”； ② 在“车控室”场景中，点击“综合监控显示屏—机电—电扶梯”； ③ 点击对应直梯，点击“控制—运行—执行”，打开7号、8号直梯。		（18）未开启直梯，每个扣0.5分，配分1分	
		（19）口呼：7号、8号直梯已开启		（19）未口呼或口呼内容错误，扣0.5分	
		（20）恢复闸机： ① 点击“恢复视角”，在“车控室”场景中点击IBP盘“闸机”； ② 在“闸机”场景中，点击“有效”，表示IBP盘投入使用； ③ 点击“复位外罩—复位按钮—复位外罩”，表示打开外罩，按压按钮并盖上外罩； ④ 查看紧急释放灯灭，确认闸机已复位； ⑤ 点击“无效”，确认闸机控制盘无法擅动		（20）扣分标准： ① 未复位闸机，扣0.5分； ② 未将钥匙恢复无效位，扣0.5分； ③ 配分1分	

续表

序号	作业程序	作业内容	配分	评分标准	得分
5	客运组织恢复	（21）口呼：闸机恢复正常	18	（21）未口呼或口呼内容错误，扣 0.5 分	
		（22）恢复门禁： ① 点击“恢复视角”，在“车控室”场景中点击 IBP 盘“门禁”； ② 在“门禁”场景中，点击“有效”，表示可以进行操作； ③ 点击“复位外罩—复位按钮—复位外罩”，表示打开外罩，按压按钮并盖上外罩； ④ 查看紧急释放灯灭，确认门禁已复位； ⑤ 点击“无效”，确认门禁控制盘无法擅动		（22）扣分标准： ① 未复位门禁，扣 0.5 分； ② 未将钥匙恢复无效位，扣 0.5 分； ③ 配分 1 分	
		（23）口呼：门禁恢复正常		（23）未口呼或口呼内容错误，扣 0.5 分	
		（24）备品复位： 点击“恢复视角”，在“车控室”场景中，点击“备品柜—我的背包—全选—放回”		（24）未放回所有备品，扣 0.5 分	
		（25）口呼：备品已回收摆放到位		（25）未口呼或口呼内容错误，扣 0.5 分	
6	确认结束	（1）口呼：考试完毕。 （2）按下计时按钮，结束当前实训内容	—	—	—
合计			100		

六、思考题

（1）商铺着火时关闭扶梯的原则是什么？

（2）常见的灭火器还有哪些？

（3）简述标准的作业流程的步骤。

任务三　站厅付费区书报架着火

一、实训目的

（1）了解不同灭火器类型适用的火灾场景。

（2）掌握站厅付费区书报架着火时的应急处置流程。

二、理论链接

1. 灭火器灭火原理

挑选灭火器的时候，依据为不同灭火器的灭火原理。

二氧化碳灭火器主要是依靠二氧化碳窒息作用和部分冷却作用灭火。一般用于扑救贵重设备、档案、仪器仪表等。

干粉灭火器的粉末会落在可燃物表面，在高温下形成一层玻璃状覆盖物，从而隔绝氧气，进而灭火。

所以书报架着火选择干粉灭火器。

2. 不同火灾场景选用的灭火器种类

不同火灾场景选用的灭火器种类如表 2-3-1 所示。

表 2-3-1　不同灭火器的使用场景

火灾场景	场景配用灭火器类型
站厅 TVM 火灾	二氧化碳灭火器
站厅商铺着火	二氧化碳灭火器
站厅付费区书报架着火	干粉灭火器
站台 B 端垃圾桶着火	干粉灭火器

3. 不同火灾场景下客运组织作业中组织疏散的区别

站厅 A 端 TVM 着火时在“D 出口”“站厅 C 出口”进行疏散。

站厅 B 端商铺着火时在“B 出口”“站厅 A 出口”进行疏散。

站厅付费区书报架着火时在“A 端‘进站闸机’”“站厅 C 出口”进行疏散。

站台 B 端垃圾桶着火时在“A 端步梯口”“中部步梯口”进行疏散。

三、实训要求

1. 实训时间

实训课时为 4 课时。

2. 实训形式

独自完成实训操作，结合理论链接以及实操完成实训考核。

3. 实训注意事项

（1）注意开关扶梯的先后顺序。

（2）站在上风口灭火。

（3）灭火器的选择。

4. 工器具材料准备

（1）三维车站系统。

（2）灭火系统。

（3）灭火器有电。

四、实训作业步骤

表 2-3-2　实训作业步骤

序号	实训内容	详细信息	图片
1	站厅付费区书报架着火	（1）准备工作： ① 检查消防战斗装备等备品备件：调整腰带、头盔卡扣的松紧。 ② 按下计时按钮，开始比赛：确认火灾报警并进行客运组织作业	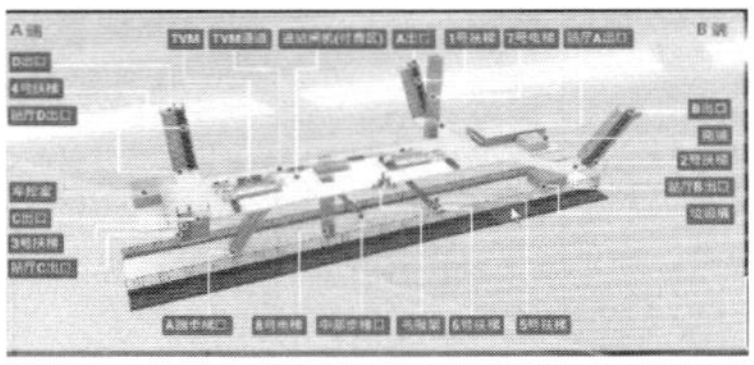
		（2）确认火灾报警： ① 查看火情：点击站层图火灾点，查看具体火情。 ② 确认火灾报警。汇报车站值班员：站厅付费区书报架着火。 ③ 车站值班员（机器人）自动回复：收到，请启动火灾模式，并进行客运组织	
		（3）客运组织： ① 启动站厅火灾模式。 a. 点击站层图“车控室”； b. 在“车控室”场景中点击 IBP 盘“环境与设备监控”； c. 在“环境与设备监控”场景中，点击“有效—站厅火灾模式—无效”，启动站厅火灾模式。 ② 查看环控系统站厅火灾模式联动执行成功。 a. 点击“恢复视角”，回到“车控室”场景中； b. 在“车控室”场景中点击“综合监控显示屏—机电—模式”。 ③ 口呼：站厅火灾模式执行成功。 ④ 确认闸机已全开状态。 a. 点击“恢复视角”，在“车控室”场景中点击 IBP 盘“闸机”； b. 在“闸机”场景中，查看紧急释放灯亮，确认闸机已全开。 ⑤ 口呼：闸机已全开。 ⑥ 确认门禁已全开状态。 a. 点击“恢复视角”，在“车控室”场景中点击 IBP 盘“门禁”； b. 在“门禁”场景中，查看紧急释放灯亮，确认门禁已全开。 ⑦ 口呼：门禁已全开。 ⑧ 确认 7 号、8 号直梯已停用。 在“车控室”场景中点击“综合监控显示屏—机电—电扶梯”，确认 7 号、8 号直梯已停用	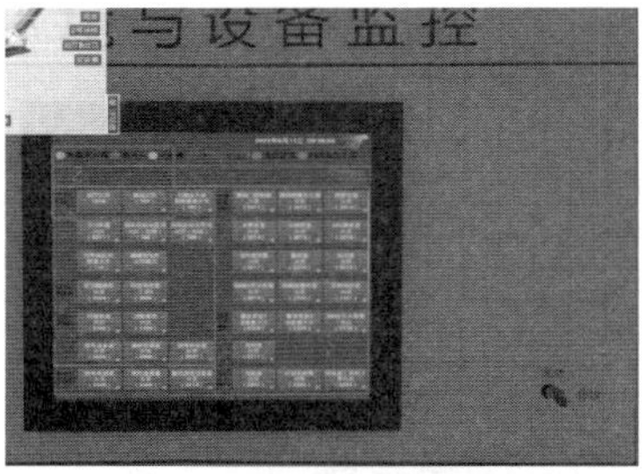 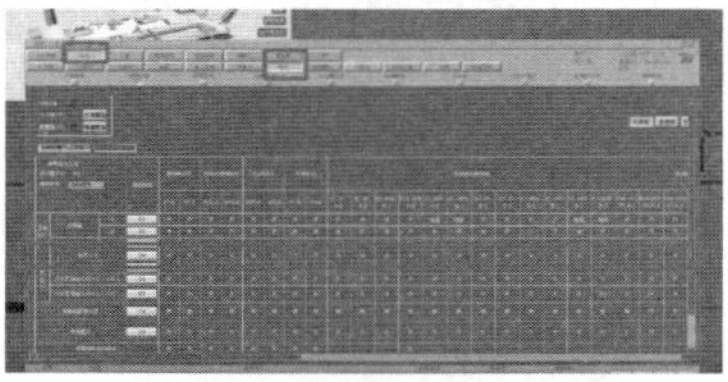 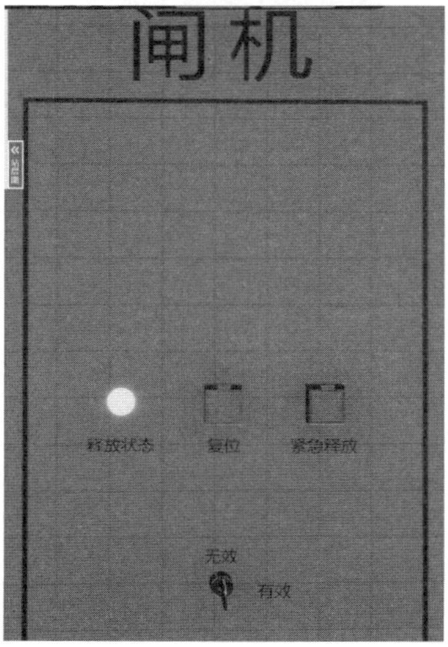

续表

序号	实训内容	详细信息	图片
1	站厅付费区书报架着火	⑨ 口呼：7号、8号直梯已停用。 ⑩ 挑选备品： a. 点击“恢复视角”； b. 在“车控室”场景中点击“备品柜”，点击“对讲机、手提广播、引导棒、反光背心、红白带、自动扶梯钥匙”至“我的背包”。 ⑪ 隔离火灾区域。 a. 点击站层图“书报架”； b. 在“书报架”场景中，点击“我的背包”，选择“红白带—使用”。 ⑫ 紧停5号自动扶梯。 a. 点击站层图“5号扶梯”； b. 在“5号扶梯”场景中，口呼：紧急停止，请抓紧扶手； c. 在“5号扶梯”场景中，按压红色停止按钮，扶梯停止运行。 ⑬ 口呼：5号扶梯已关闭。 ⑭ 紧停6号自动扶梯。 a. 点击站层图“6号扶梯”； b. 在“6号扶梯”场景中，口呼：紧急停止，请抓紧扶手； c. 在“6号扶梯”场景中，按压红色停止按钮，扶梯停止运行。 ⑮ 口呼：6号扶梯已关闭。 ⑯ 紧停1号自动扶梯。 a. 点击站层图“1号扶梯”； b. 在“1号扶梯”场景中，口呼：紧急停止，请抓紧扶手； c. 在“1号扶梯”场景中，按压红色停止按钮，扶梯停止运行。 ⑰ 口呼：1号扶梯已关闭。 ⑱ 紧停2号自动扶梯。 a. 点击站层图“2号扶梯”； b. 在“2号扶梯”场景中，口呼：紧急停止，请抓紧扶手； c. 在“2号扶梯”场景中，按压红色停止按钮，扶梯停止运行。 ⑲ 口呼：2号扶梯已关闭。 ⑳ 紧停3号自动扶梯。 a. 点击站层图“3号扶梯”； b. 在“3号扶梯”场景中，口呼：紧急停止，请抓紧扶手； c. 在“3号扶梯”场景中，按压红色停止按钮，扶梯停止运行。	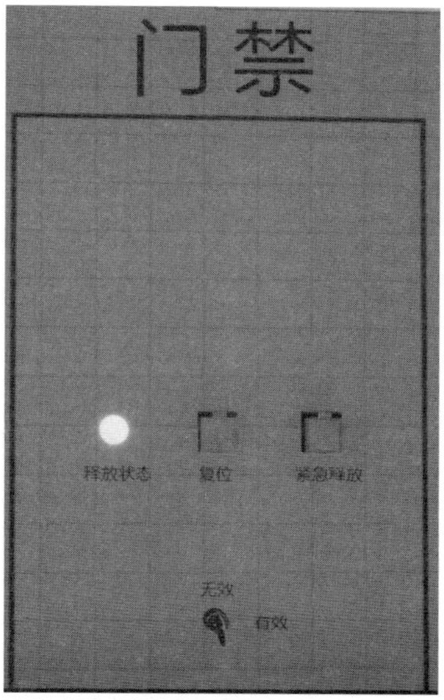 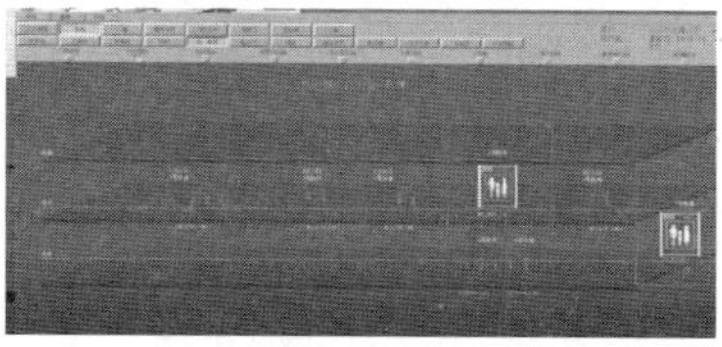 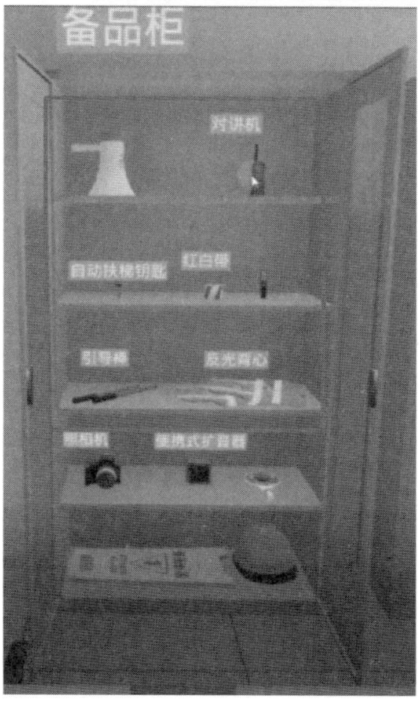

续表

序号	实训内容	详细信息	图片
1	站厅付费区书报架着火	㉑ 口呼：3 号扶梯已关闭。 ㉒ 紧停 4 号自动扶梯。 a. 点击站层图“4 号扶梯”； b. 在“4 号扶梯”场景中，口呼：紧急停止，请抓紧扶手； c. 在“4 号扶梯”场景中，按压红色停止按钮，扶梯停止运行。 ㉓ 口呼：4 号扶梯已关闭。 ㉔ 进行组织疏散。 a. 点击站层图 A 端“进站闸机（付费区）”； b. 在 A 端“进站闸机（付费区）”场景中，点击“我的背包”，选择“引导棒、反光背心、手提广播—使用”。 ㉕ 语音疏导乘客疏散：乘客您好，现在出现火情，请大家不要惊慌，按照工作人员指引，有序出站。 ㉖ 按下计时按钮：客运组织部分完成，请摘下语音识别设备	  
		（4）消防灭火： ① 按下计时按钮：开始穿戴消防装备； ② 穿消防战斗服和防护靴； ③ 将消防腰斧及消防员呼救器挂于安全腰带上，并系好安全腰带； ④ 戴好消防头盔并佩戴防爆式照明灯； ⑤ 戴好防护手套； ⑥ 携带消防应急包； ⑦ 口呼：穿戴准备完毕； ⑧ 按下计时按钮：穿戴消防装备已完成； ⑨ 按下计时按钮：挑选灭火器进行灭火； ⑩ 选择灭火器：根据着火物质和场景选择类型正确且可正常使用的灭火器； ⑪ 上下颠倒摇晃使干粉松动，拔掉保险销。 ⑫ 判断风向，站在上风口：站在灭火操作区中间的位置，通过观察失火场景中火焰和烟雾的风向，移步至上风口位置； ⑬ 灭火距离在 3～5 m； ⑭ 侧身朝向火焰根部，进行灭火； ⑮ 先灭近火再灭远火：在火灾被扑灭的过程中往火灾中心移动至少 0.5 m； ⑯ 放回灭火器：火势熄灭后，将灭火器放回指定位置； ⑰ 按下计时按钮：灭火完成，请脱下并恢复消防装备，带好语音识别设备	 

续表

序号	实训内容	详细信息	图片
1	站厅付费区书报架着火	（5）客运组织恢复： ① 按下计时按钮：进行客运组织恢复作业。 ② 开启5号自动扶梯上行： a. 点击站层图“5号扶梯”； b. 在“5号扶梯”场景中，点击“我的背包—自动扶梯钥匙—使用”； c. 点击“运行钥匙孔”，表示插入钥匙； d. 点击“上行”，自动扶梯开始运行； e. 待稳定运行后，点击“钥匙”，表示钥匙已拔出。 ③ 口呼：5号扶梯已开启。 ④ 开启6号自动扶梯下行。 a. 点击站层图“6号扶梯”； b. 在“6号扶梯”场景中，点击“我的背包—自动扶梯钥匙—使用”； c. 点击“运行钥匙孔”，表示插入钥匙； d. 点击“下行”，自动扶梯开始运行； e. 待稳定运行后，点击“钥匙”，表示钥匙已拔出。 ⑤ 口呼：6号扶梯已开启。 ⑥ 开启1号自动扶梯上行。 a. 点击站层图“1号扶梯”； b. 在“1号扶梯”场景中，点击“我的背包—自动扶梯钥匙—使用”； c. 点击“运行钥匙孔”，表示插入钥匙； d. 点击“上行”，自动扶梯开始运行； e. 待稳定运行后，点击“钥匙”，表示钥匙已拔出。 ⑦ 口呼：1号扶梯已开启。 ⑧ 开启2号自动扶梯上行。 a. 点击站层图“2号扶梯”； b. 在“2号扶梯”场景中，点击“我的背包—自动扶梯钥匙—使用”； c. 点击“运行钥匙孔”，表示插入钥匙； d. 点击“上行”，自动扶梯开始运行； e. 待稳定运行后，点击“钥匙”，表示钥匙已拔出。 ⑨ 口呼：2号扶梯已开启。 ⑩ 开启3号自动扶梯上行。 a. 点击站层图“3号扶梯”； b. 在“3号扶梯”场景中，点击“我的背包—自动扶梯钥匙—使用”； c. 点击“运行钥匙孔”，表示插入钥匙； d. 点击“上行”，自动扶梯开始运行；	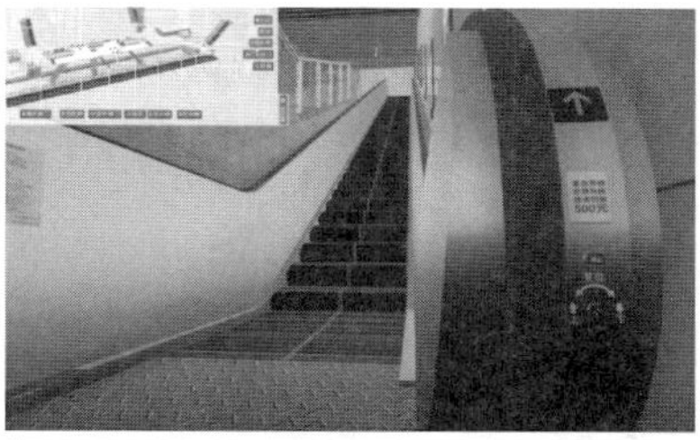  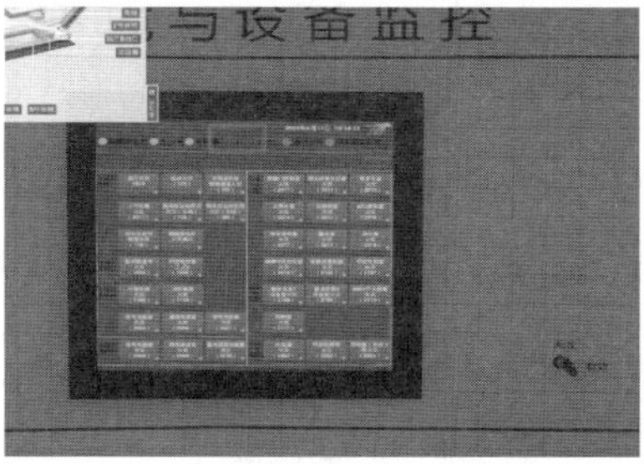 

续表

<table>
<tr><th>序号</th><th>实训内容</th><th>详细信息</th><th>图片</th></tr>
<tr>
<td>1</td>
<td>站厅付费区书报架着火</td>
<td>e. 待稳定运行后，点击“钥匙”，表示钥匙已拔出。
⑪ 口呼：3 号扶梯已开启。
⑫ 开启 4 号自动扶梯上行。
a. 点击站层图“4 号扶梯”；
b. 在“4 号扶梯”场景中，点击“我的背包—自动扶梯钥匙—使用”；
c. 点击“运行钥匙孔”，表示插入钥匙；
d. 点击“上行”，自动扶梯开始运行；
e. 待稳定运行后，点击“钥匙”，表示钥匙已拔出。
⑬ 口呼：4 号扶梯已开启。
⑭ 撤除隔离。
a. 点击站层图“书报架”；
b. 在“书报架”场景中，点击“红白带—撤除红白带”。
⑮ 复位火灾模式。
a. 点击“恢复视角”，在“车控室”场景中点击 IBP 盘“环境与设备监控”；
b. 在“环境与设备监控”场景中，点击“有效—火灾复位—无效”，恢复车站正常通风。
⑯ 口呼：火灾模式已复位。
⑰ 开启 7 号、8 号直梯。
a. 点击站层图“车控室”；
b. 在“车控室”场景中，点击“综合监控显示屏—机电—电扶梯”；
c. 点击对应直梯，点击“控制—运行—执行”，打开 7 号、8 号直梯。
⑱ 口呼：7 号、8 号直梯已开启。
⑲ 恢复闸机。
a. 点击“恢复视角”，在“车控室”场景中点击 IBP 盘“闸机”；
b. 在“闸机”场景中，点击“有效”，表示 IBP 盘投入使用；
c. 点击“复位外罩—复位按钮—复位外罩”，表示打开外罩，按压按钮并盖上外罩；
d. 查看紧急释放灯灭，确认闸机已复位；
e. 点击“无效”，确认闸机控制盘无法擅动。
⑳ 口呼：闸机恢复正常。
㉑ 恢复门禁。
a. 点击“恢复视角”，在“车控室”场景中点击 IBP 盘“门禁”；
b. 在“门禁”场景中，点击“有效”，表示可以进行操作；</td>
<td>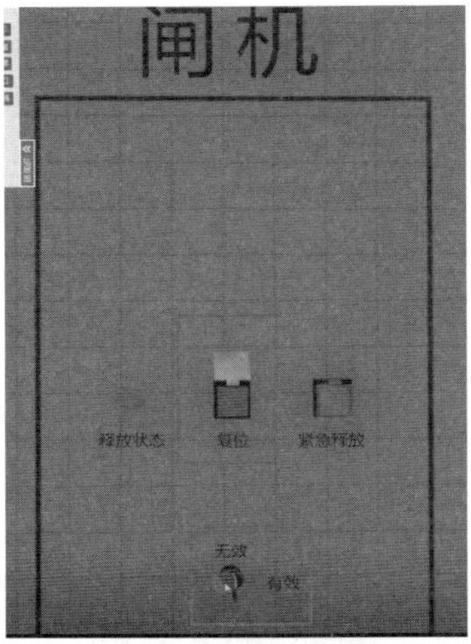

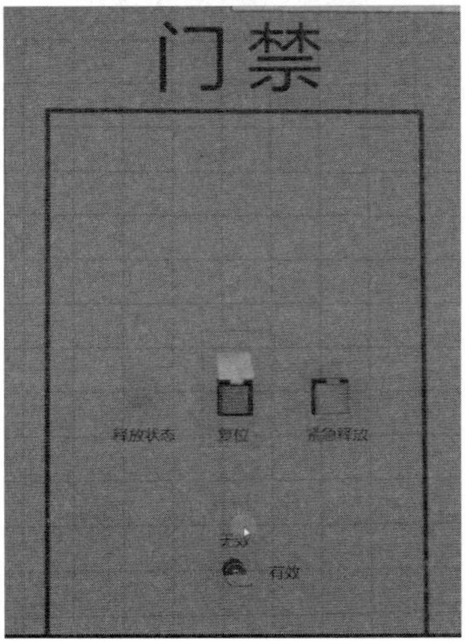
</td>
</tr>
</table>

续表

序号	实训内容	详细信息	图片
1	站厅付费区书报架着火	c. 点击“复位外罩—复位按钮—复位外罩”，表示打开外罩，按压按钮并盖上外罩； d. 查看紧急释放灯灭，确认门禁已复位； e. 点击“无效”，确认门禁控制盘无法擅动。 ㉒ 口呼：门禁恢复正常。 ㉓ 备品复位。 a. 点击“恢复视角”，在“车控室”场景中，点击“备品柜—我的背包—全选—放回”。 b. 口呼：备品已回收摆放到位	
		（6）确认结束 ① 口呼：考试完毕。 ② 按下计时按钮，结束当前实训内容	

五、实训考核标准

表 2-3-3　实训考核标准

序号	作业程序	作业内容	配分	评分标准	得分
1	准备工作	（1）检查消防战斗装备等备品备件：调整腰带、头盔卡扣的松紧	—	（1）根据个人身形尺寸，对备品备件尺寸进行相应调节	—
		（2）按下计时按钮，开始比赛：确认火灾报警并进行客运组织作业			
2	确认火灾报警	（1）查看火情：点击站层图火灾点，查看具体火情	4	（1）未点击查看，扣 2 分	
		（2）确认火灾报警。汇报车站值班员：站厅付费区书报架着火		（2）未汇报或汇报内容错误，扣 2 分	
		（3）车站值班员（机器人）自动回复：收到，请启动火灾模式，并进行客运组织		—	
3	客运组织	（1）启动站厅火灾模式： ① 点击站层图“车控室”； ② 在“车控室”场景中点击 IBP 盘“环境与设备监控”； ③ 在“环境与设备监控”场景中，点击“有效—站厅火灾模式—无效”，启动站厅火灾模式	38	（1）扣分标准： ① 未成功开启火灾工况，扣 1.5 分； ② 未将钥匙恢复无效位，扣 0.5 分； ③ 配分 2 分	
		（2）查看环控系统站厅火灾模式联动执行成功： ① 点击“恢复视角”，回到“车控室”场景中； ② 在“车控室”场景中点击“综合监控显示屏—机电—模式”		（2）未查看工况，扣 1 分	

续表

序号	作业程序	作业内容	配分	评分标准	得分
3	客运组织	（3）口呼：站厅火灾模式执行成功	38	（3）未口呼或口呼内容错误，扣1分	
		（4）确认闸机已全开状态： ① 点击“恢复视角”，在“车控室”场景中点击IBP盘“闸机”； ② 在“闸机”场景中，查看紧急释放灯亮，确认闸机已全开		（4）未确认闸机状态，扣1分	
		（5）口呼：闸机已全开		（5）未口呼或口呼内容错误，扣0.5分	
		（6）确认门禁已全开状态： ① 点击“恢复视角”，在“车控室”场景中点击IBP盘“门禁”； ② 在“门禁”场景中，查看紧急释放灯亮，确认门禁已全开。		（6）未确认门禁状态，扣1分	
		（7）口呼：门禁已全开		（7）未口呼或口呼内容错误，扣0.5分	
		（8）确认7号、8号直梯已停用： 在“车控室”场景中点击“综合监控显示屏—机电—电扶梯”，确认7号、8号直梯已停用		（8）未确认直梯状态，扣1分	
		（9）口呼：7号、8号直梯已停用		（9）未口呼或口呼内容错误，扣1分	
		（10）挑选备品： ① 点击“恢复视角”； ② 在“车控室”场景中点击“备品柜”，点击“对讲机、手提广播、引导棒、反光背心、红白带、自动扶梯钥匙”至我的背包		（10）扣分标准： ① 所需虚拟备品必须一次拿齐：对讲机、手提广播、引导棒、反光背心、红白带、自动扶梯钥匙，每多（少）拿一项扣3分； ② 配分6分，扣完为止	
		（11）隔离火灾区域： ① 点击站层图“书报架”； ② 在“书报架”场景中，点击“我的背包”，选择“红白带—使用”		（11）未隔离或隔离区域错误，扣2分	
		（12）紧停5号自动扶梯： ① 点击站层图“5号扶梯”； ② 在“5号扶梯”场景中，口呼：紧急停止，请抓紧扶手； ③ 在“5号扶梯”场景中，按压红色停止按钮，扶梯停止运行		（12）扣分标准： ① 未口呼、口呼内容错误或未在紧停扶梯前口呼，扣1分； ② 未关闭自动扶梯，扣1分； ③ 配分2分	
		（13）口呼：5号扶梯已关闭		（13）未口呼或口呼内容错误，扣0.5分	

续表

序号	作业程序	作业内容	配分	评分标准	得分
3	客运组织	（14）紧停6号自动扶梯： ①点击站层图“6号扶梯”； ②在“6号扶梯”场景中，口呼：紧急停止，请抓紧扶手； ③在“6号扶梯”场景中，按压红色停止按钮，扶梯停止运行	38	（14）扣分标准： ①未口呼、口呼内容错误或未在紧停扶梯前口呼，扣1分； ②未关闭自动扶梯，扣1分； ③配分2分。 注：步骤12、14操作无先后顺序要求，但每操作完成必须正确口呼	
		（15）口呼：6号扶梯已关闭		（15）未口呼或口呼内容错误，扣0.5分	
		（16）紧停1号自动扶梯： ①点击站层图“1号扶梯”； ②在“1号扶梯”场景中，口呼：紧急停止，请抓紧扶手； ③在“1号扶梯”场景中，按压红色停止按钮，扶梯停止运行		（16）扣分标准： ①未口呼、口呼内容错误或未在紧停扶梯前口呼，扣1分； ②未关闭自动扶梯，扣1分； ③配分2分	
		（17）口呼：1号扶梯已关闭		（17）未口呼或口呼内容错误，扣0.5分	
		（18）紧停2号自动扶梯： ①点击站层图“2号扶梯”； ②在“2号扶梯”场景中，口呼：紧急停止，请抓紧扶手； ③在“2号扶梯”场景中，按压红色停止按钮，扶梯停止运行		（18）扣分标准： ①未口呼、口呼内容错误或未在紧停扶梯前口呼，扣1分； ②未关闭自动扶梯，扣1分； ③配分2分	
		（19）口呼：2号扶梯已关闭		（19）未口呼或口呼内容错误，扣0.5分	
		（20）紧停3号自动扶梯： ①点击站层图“3号扶梯”； ②在“3号扶梯”场景中，口呼：紧急停止，请抓紧扶手； ③在“3号扶梯”场景中，按压红色停止按钮，扶梯停止运行		（20）扣分标准： ①未口呼、口呼内容错误或未在紧停扶梯前口呼，扣1分； ②未关闭自动扶梯，扣1分； ③配分2分	
		（21）口呼：3号扶梯已关闭		（21）未口呼或口呼内容错误，扣0.5分	
		（22）紧停4号自动扶梯： ①点击站层图“4号扶梯”； ②在“4号扶梯”场景中，口呼：紧急停止，请抓紧扶手； ③在“4号扶梯”场景中，按压红色停止按钮，扶梯停止运行		（22）扣分标准： ①未口呼、口呼内容错误或未在紧停扶梯前口呼，扣1分； ②未关闭自动扶梯，扣1分； ③配分2分。 注：步骤（16）（18）（20）（22）操作无先后顺序要求，但每操作完成必须正确口呼	

续表

序号	作业程序	作业内容	配分	评分标准	得分
3	客运组织	（23）口呼：4号扶梯已关闭	38	（23）未口呼或口呼内容错误，扣0.5分	
		（24）进行组织疏散： ① 点击站层图A端“进站闸机（付费区）”； ② 在A端“进站闸机（付费区）”场景中，点击“我的背包”，选择“引导棒、反光背心、手提广播—使用”		（24）未在A端进站闸机（付费区）处使用引导棒、反光背心、手提广播，每缺一样扣1分，配分3分	
		（25）语音疏导乘客疏散：乘客您好，现在出现火情，请大家不要惊慌，按照工作人员指引，有序出站		（25）未人工广播或广播词语错误，扣3分	
		（26）按下计时按钮：客运组织部分完成，请摘下语音识别设备		（26）注意事项：穿戴消防服前请摘下语音识别设备	
4	消防灭火	（1）按下计时按钮：开始穿戴消防装备	40	—	
		（2）穿消防战斗服和防护靴		（2）要求：衣服和裤子拉链拉至顶部、所有魔术贴贴紧、裤子吊带套上、裤子在靴外不得塞入靴内、裤脚自然垂下、不得完全露出防护靴上的黄色圆圈。不符合要求，每项扣1分，配分5分，扣完为止	
		（3）将消防腰斧及消防员呼救器挂于安全腰带上，并系好安全腰带		（3）扣分标准： ① 未系安全腰带，或腰带松垮，扣2分； ② 未携带或未将消防员呼救器挂于安全腰带上扣2分； ③ 配分4分	
		（4）戴好消防头盔并佩戴防爆式照明灯		（4）扣分标准： ① 未戴上消防头盔，或消防头盔卡扣松垮，扣2分； ② 未佩戴防爆式照明灯，扣1分； ③ 配分3分	
		（5）戴好防护手套		（5）未戴高温手套，扣1分	
		（6）携带消防应急包		（6）未携带消防应急包，扣1分	
		（7）口呼：穿戴准备完毕		（7）未口呼或口呼内容错误，扣1分	
		（8）按下计时按钮：穿戴消防装备已完成		（8）穿戴消防装备标准时间是2 min，2 min内完成穿戴不扣分，超过2 min，每多1 s扣1分，最多扣5分，本项只扣不加	

续表

序号	作业程序	作业内容	配分	评分标准	得分
4	消防灭火	（9）按下计时按钮：挑选灭火器进行灭火	40	—	
		（10）选择灭火器：根据着火物质和场景选择类型正确且可正常使用的灭火器		（10）选错灭火器（以按下灭火器手柄为准），扣 10 分。直到选对灭火器，才能继续灭火操作	
		（11）上下颠倒摇晃使干粉松动，拔掉保险销		（11）未上下颠倒摇晃灭火器，扣 1 分	
		（12）判断风向，站在上风口：站在灭火操作区中间的位置，通过观察失火场景中火焰和烟雾的风向，移步至上风口位置		（12）上风口选择错误，扣 1 分	
		（13）灭火距离在 3～5 m		（13）灭火距离未在 3～5 m 扣 2 分	
		（14）侧身朝向火焰根部，进行灭火		（14）扣分标准： ① 未对准火焰根部，扣 2 分； ② 未侧身，扣 1 分； ③ 配分 3 分	
		（15）先灭近火再灭远火：在火灾被扑灭的过程中往火灾中心移动至少 0.5 m		（15）未向火灾中心移动至少 0.5 m，扣 1 分	
		（16）放回灭火器：火势熄灭后，将灭火器放回指定位置		（16）扣分标准： ① 火未熄灭而停止操作，扣 6 分； ② 灭火器未放回指定位置，扣 1 分； ③ 配分 7 分	
		（17）按下计时按钮：灭火完成，请脱下并恢复消防装备，带好语音识别设备		（17）灭火操作标准时间是 18 s，18 s 内完成灭火，不扣分，超过 18 s，每多 1 秒扣 1 分，最多扣 5 分，本项只扣不加	
5	客运组织恢复	（1）按下计时按钮：进行客运组织恢复作业	18	—	
		（2）开启 5 号自动扶梯上行： ① 点击站层图“5 号扶梯”； ② 在“5 号扶梯”场景中，点击“我的背包—自动扶梯钥匙—使用”； ③ 点击“运行钥匙孔”，表示插入钥匙； ④ 点击“上行”，自动扶梯开始运行； ⑤ 待稳定运行后，点击“钥匙”，表示钥匙已拔出		（2）扣分标准： ① 操作编号错误或开启方向错误，扣 0.5 分； ② 未拔出钥匙，扣 0.5 分； ③ 配分 1 分	
		（3）口呼：5 号扶梯已开启		（3）未口呼或口呼内容错误，扣 0.5 分	

续表

序号	作业程序	作业内容	配分	评分标准	得分
5	客运组织恢复	（4）开启6号自动扶梯下行： ① 点击站层图“6号扶梯”； ② 在“6号扶梯”场景中，点击“我的背包—自动扶梯钥匙—使用”； ③ 点击“运行钥匙孔”，表示插入钥匙； ④ 点击“下行”，自动扶梯开始运行； ⑤ 待稳定运行后，点击“钥匙”，表示钥匙已拔出	18	（4）扣分标准： ① 操作编号错误或开启方向错误，扣0.5分； ② 未拔出钥匙，扣0.5分； ③ 配分1分。 注：步骤（2）（4）操作无先后顺序要求，但每个操作完成后必须正确口呼	
		（5）口呼：6号扶梯已开启		（5）未口呼或口呼内容错误，扣0.5分	
		（6）开启1号自动扶梯上行： ① 点击站层图“1号扶梯”； ② 在“1号扶梯”场景中，点击“我的背包—自动扶梯钥匙—使用”； ③ 点击“运行钥匙孔”，表示插入钥匙； ④ 点击“上行”，自动扶梯开始运行； ⑤ 待稳定运行后，点击“钥匙”，表示钥匙已拔出		（6）扣分标准： ① 操作编号错误或开启方向错误，扣0.5分； ② 未拔出钥匙，扣0.5分； ③ 配分1分	
		（7）口呼：1号扶梯已开启		（7）未口呼或口呼内容错误，扣0.5分	
		（8）开启2号自动扶梯上行： ① 点击站层图“2号扶梯”； ② 在“2号扶梯”场景中，点击“我的背包—自动扶梯钥匙—使用”； ③ 点击“运行钥匙孔”，表示插入钥匙； ④ 点击“上行”，自动扶梯开始运行； ⑤ 待稳定运行后，点击“钥匙”，表示钥匙已拔出		（8）扣分标准： ① 操作编号错误或开启方向错误，扣0.5分； ② 未拔出钥匙，扣0.5分； ③ 配分1分	
		（9）口呼：2号扶梯已开启		（9）未口呼或口呼内容错误，扣0.5分	
		（10）开启3号自动扶梯上行： ① 点击站层图“3号扶梯”； ② 在“3号扶梯”场景中，点击“我的背包—自动扶梯钥匙—使用”； ③ 点击“运行钥匙孔”，表示插入钥匙； ④ 点击“上行”，自动扶梯开始运行； ⑤ 待稳定运行后，点击“钥匙”，表示钥匙已拔出		（10）扣分标准： ① 操作编号错误或开启方向错误，扣0.5分； ② 未拔出钥匙，扣0.5分； ③ 配分1分	

续表

序号	作业程序	作业内容	配分	评分标准	得分
5	客运组织恢复	（11）口呼：3号扶梯已开启	18	（11）未口呼或口呼内容错误，扣0.5分	
		（12）开启4号自动扶梯上行： ① 点击站层图“4号扶梯”； ② 在“4号扶梯”场景中，点击“我的背包—自动扶梯钥匙—使用”； ③ 点击“运行钥匙孔”，表示插入钥匙； ④ 点击“上行”，自动扶梯开始运行； ⑤ 待稳定运行后，点击“钥匙”，表示钥匙已拔出		（12）扣分标准： ① 操作编号错误或开启方向错误，扣0.5分； ② 未拔出钥匙，扣0.5分； ③ 配分1分。 注：步骤（6）（8）（10）（12）操作无先后顺序要求，但每个操作完成后必须正确口呼	
		（13）口呼：4号扶梯已开启		（13）未口呼或口呼内容错误，扣0.5分	
		（14）撤除隔离： ① 点击站层图“书报架”； ② 在“书报架”场景中，点击“红白带—撤除红白带”		（14）未撤除红白带，扣1分	
		（15）复位火灾模式： ① 点击“恢复视角”，在“车控室”场景中点击IBP盘“环境与设备监控”； ② 在“环境与设备监控”场景中，点击“有效—火灾复位—无效”，恢复车站正常通风		（15）扣分标准： ① 未将火灾复位，扣1.5分； ② 未将钥匙恢复无效位，扣0.5分； ③ 配分2分	
		（16）口呼：火灾模式已复位		（16）未口呼或口呼内容错误，扣0.5分	
		（17）开启7号、8号直梯： ① 点击站层图“车控室”； ② 在“车控室”场景中，点击“综合监控显示屏—机电—电扶梯”； ③ 点击对应直梯，点击“控制—运行—执行”，打开7号、8号直梯		（17）未开启直梯，每个扣0.5分，配分1分	
		（18）口呼：7号、8号直梯已开启。		（18）未口呼或口呼内容错误，扣0.5分	
		（19）恢复闸机： ① 点击“恢复视角”，在“车控室”场景中点击IBP盘“闸机”； ② 在“闸机”场景中，点击“有效”，表示IBP盘投入使用；		（19）扣分标准： ① 未复位闸机，扣0.5分； ② 未将钥匙恢复无效位，扣0.5分； ③ 配分1分	

续表

序号	作业程序	作业内容	配分	评分标准	得分
5	客运组织恢复	③ 点击“复位外罩—复位按钮—复位外罩”，表示打开外罩，按压按钮并盖上外罩； ④ 查看紧急释放灯灭，确认闸机已复位； ⑤ 点击“无效”，确认闸机控制盘无法擅动	18		
		（20）口呼：闸机恢复正常		（20）未口呼或口呼内容错误，扣 0.5 分	
		（21）恢复门禁： ① 点击“恢复视角”，在“车控室”场景中点击 IBP 盘“门禁”； ② 在“门禁”场景中，点击“有效”，表示可以进行操作； ③ 点击“复位外罩—复位按钮—复位外罩”，表示打开外罩，按压按钮并盖上外罩； ④ 查看紧急释放灯灭，确认门禁已复位； ⑤ 点击“无效”，确认门禁控制盘无法擅动		（21）扣分标准： ① 未复位门禁，扣 0.5 分； ② 未将钥匙恢复无效位，扣 0.5 分； ③ 配分 1 分	
		（22）口呼：门禁恢复正常		（22）未口呼或口呼内容错误，扣 0.5 分	
		（23）备品复位： 点击“恢复视角”，在“车控室”场景中，点击“备品柜—我的背包—全选—放回”		（23）未放回所有备品，扣 0.5 分	
		（24）口呼：备品已回收摆放到位		（24）未口呼或口呼内容错误，扣 0.5 分	
6	确认结束	（1）口呼：考试完毕。 （2）按下计时按钮，结束当前实训内容	—	—	—
合计			100		

六、思考题

（1）书报架着火时选择灭火器的依据是什么？

（2）作业流程中着火与 TVM、商铺着火有什么不同？

（3）简述标准的作业流程的步骤。

任务四　站台 B 端垃圾桶着火

一、实训目的

（1）了解不同灭火器类型适用的火灾场景。

（2）掌握出现站台 B 端垃圾桶着火时的应急处置流程。

二、理论链接

1. 灭火器灭火原理

挑选灭火器的时候，依据不同灭火器的灭火原理挑选。

二氧化碳灭火器主要是依靠二氧化碳窒息作用和部分冷却作用灭火，一般用于扑救贵重设备、档案、仪器仪表等。

干粉灭火器的粉末会落在可燃物表面，在高温下形成一层玻璃状覆盖物，从而隔绝氧气，进而灭火。

垃圾桶着火建议选择干粉灭火器。

2. 不同火灾场景选用的灭火器种类

不同火灾场景选用的灭火器种类如表 2-4-1 所示。

表 2-4-1　不同灭火器的使用场景

火灾场景	场景配用灭火器类型
站厅 TVM 火灾	二氧化碳灭火器
站厅商铺着火	二氧化碳灭火器
站厅付费区书报架着火	干粉灭火器
站台 B 端垃圾桶着火	干粉灭火器

3. 不同火灾场景下站在上风口灭火的原因

灭火时站在灭火操作区中间的位置，通过观察失火场景中火焰和烟雾的风向，移步至上风口位置。

火灾现场中会产生浓浓的烟雾，并会不断地朝下风口吹去，要是人处于下风口，不仅无法正常灭火，还有可能被烟雾呛到，从而带来生命危险。

三、实训要求

1. 实训时间

实训课时为 4 课时。

2. 实训形式

独自完成实训操作，结合理论链接以及实操完成实训考核。

3. 实训注意事项

（1）注意开关扶梯的先后顺序。

（2）站在上风口灭火。

（3）灭火器的选择。

4. 工器具材料准备

（1）三维车站系统。

（2）灭火系统。

（3）灭火器有电。

四、实训作业步骤

表 2-4-2　实训作业步骤

<table>
<tr><th>序号</th><th>实训内容</th><th>详细信息</th><th>图片</th></tr>
<tr><td rowspan="3">1</td><td rowspan="3">站台
B 端
垃圾桶
着火</td><td>（1）准备工作：
① 检查消防战斗装备等备品备件：调整腰带、头盔卡扣的松紧。
② 按下计时按钮，开始比赛：确认火灾报警并进行客运组织作业</td><td>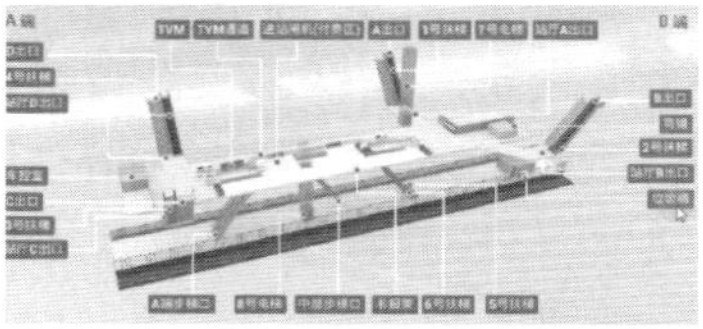</td></tr>
<tr><td>（2）确认火灾报警：
① 查看火情：点击站层图火灾点，查看具体火情。
② 确认火灾报警。汇报车站值班员：站台 B 端垃圾桶着火。
③ 车站值班员（机器人）自动回复：收到，请启动火灾模式，并进行客运组织</td><td></td></tr>
<tr><td>（3）客运组织：
① 启动站台火灾模式。
a. 点击站层图“车控室”；
b. 在“车控室”场景中点击 IBP 盘“环境与设备监控”；
c. 在“环境与设备监控”场景中，点击“有效—站台火灾模式—无效”，启动站台火灾模式。
② 查看环控系统站台火灾模式联动执行成功。
a. 点击“恢复视角”，回到“车控室”场景中；
b. 在“车控室”场景中点击“综合监控显示屏—机电—模式”。
③ 口呼：站台火灾模式执行成功。
④ 确认闸机已全开状态：
a. 点击“恢复视角”，在“车控室”场景中点击 IBP 盘“闸机”；
b. 在“闸机”场景中，查看紧急释放灯亮，确认闸机已全开。
⑤ 口呼：闸机已全开。
⑥ 确认门禁已全开状态。
a. 点击“恢复视角”，在“车控室”场景中点击 IBP 盘“门禁”；
b. 在“门禁”场景中，查看紧急释放灯亮，确认门禁已全开。
⑦ 口呼：门禁已全开。
⑧ 确认 7 号、8 号直梯已停用。
在“车控室”场景中点击“综合监控显示屏—机电—电扶梯”，确认 7 号、8 号直梯已停用</td><td>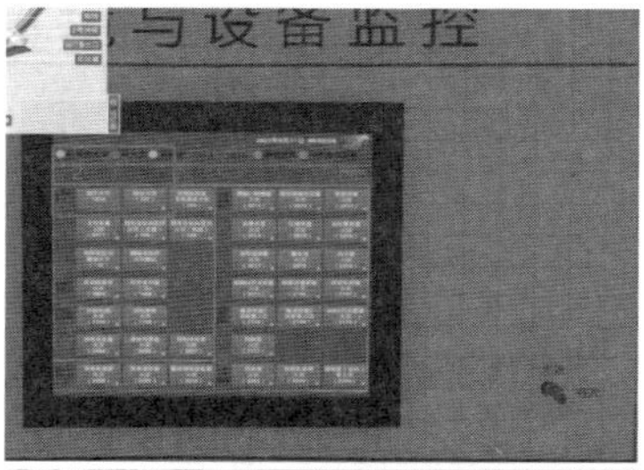

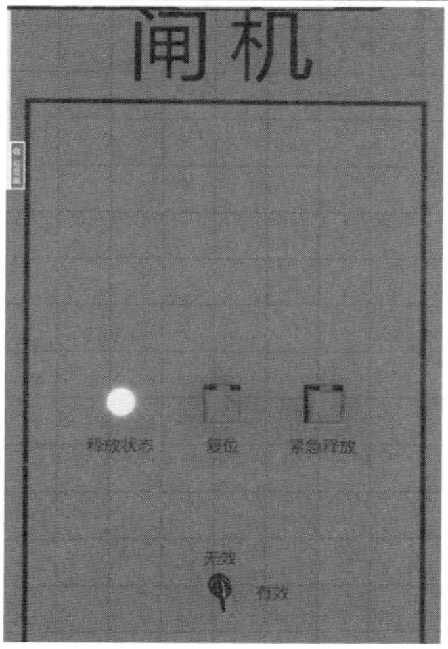
</td></tr>
</table>

续表

序号	实训内容	详细信息	图片
1	站台 B 端 垃圾桶 着火	⑨ 口呼：7 号、8 号直梯已停用。 ⑩ 挑选备品。 a. 点击“恢复视角”； b. 在“车控室”场景中点击“备品柜”，点击“对讲机、手提广播、引导棒、反光背心、红白带、自动扶梯钥匙”至“我的背包”。 ⑪ 隔离火灾区域。 a. 点击站层图站台 B 端“垃圾桶”； b. 在“站台 B 端垃圾桶”场景中，点击“我的背包”，选择“红白带—使用”。 ⑫ 紧停 5 号自动扶梯。 a. 点击站层图“5 号扶梯”； b. 在“5 号扶梯”场景中，口呼：“紧急停止，请抓紧扶手”； c. 在“5 号扶梯”场景中，按压红色停止按钮，扶梯停止运行。 ⑬ 口呼：5 号扶梯已关闭。 ⑭ 紧停 6 号自动扶梯。 a. 点击站层图“6 号扶梯”； b. 在“6 号扶梯”场景中，口呼：紧急停止，请抓紧扶手； c. 在“6 号扶梯”场景中，按压红色停止按钮，扶梯停止运行。 ⑮ 口呼：6 号扶梯已关闭	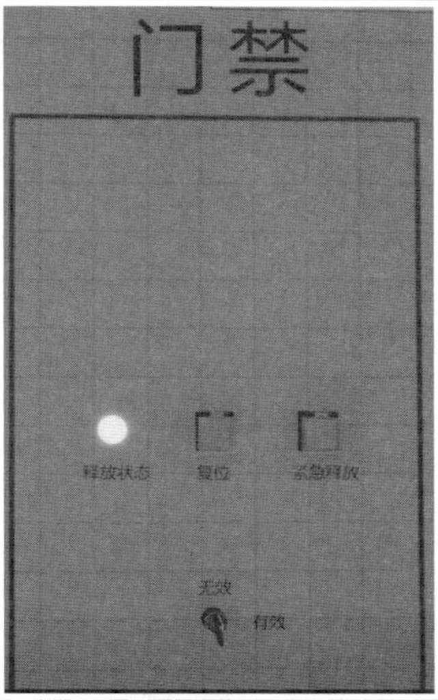  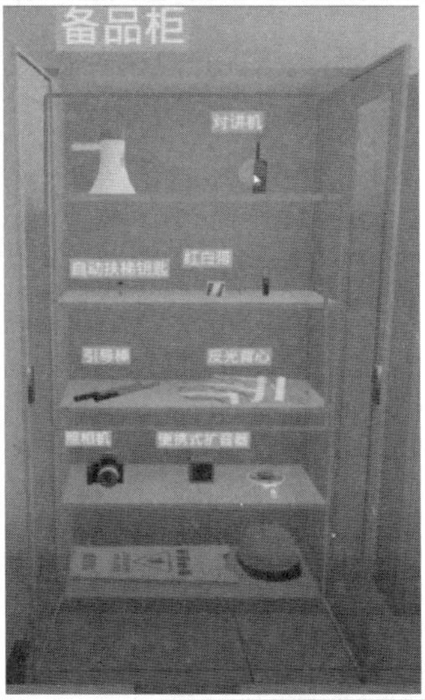 

续表

序号	实训内容	详细信息	图片
1	站台 B 端 垃圾桶 着火	⑯ 进行组织疏散。 a. 点击站层图站台“A 端步梯口”; b. 在站台“A 端步梯口”场景中，点击“我的背包”，选择“引导棒—使用”。 c. 点击站层图站台“中部步梯口”; d. 在站台“中部步梯口”场景中，点击“我的背包”，选择“引导棒、反光背心、手提广播—使用”。 ⑰ 语音疏导乘客疏散：乘客您好，现在出现火情，请大家不要惊慌，按照工作人员指引，有序出站。 ⑱ 按下计时按钮：客运组织部分完成，请摘下语音识别设备	  
		（4）消防灭火。 ① 按下计时按钮：开始穿戴消防装备。 ② 穿消防战斗服和防护靴。 ③ 将消防腰斧及消防员呼救器挂于安全腰带上，并系好安全腰带。 ④ 戴好消防头盔并佩戴防爆式照明灯。 ⑤ 戴好防护手套。 ⑥ 携带消防应急包。 ⑦ 口呼：穿戴准备完毕。 ⑧ 按下计时按钮：穿戴消防装备已完成。 ⑨ 按下计时按钮：挑选灭火器进行灭火。 ⑩ 选择灭火器：根据着火物质和场景选择类型正确且可正常使用的灭火器。 ⑪ 上下颠倒摇晃使干粉松动，拔掉保险销。 ⑫ 判断风向，站在上风口：站在灭火操作区中间的位置，通过观察失火场景中火焰和烟雾的风向，移步至上风口位置。 ⑬ 灭火距离在 3～5 m。 ⑭ 侧身朝向火焰根部，进行灭火	

续表

<table>
<tr><th>序号</th><th>实训内容</th><th>详细信息</th><th>图片</th></tr>
<tr><td rowspan="2">1</td><td rowspan="2">站台
B端
垃圾桶
着火</td><td>⑮ 先灭近火再灭远火：在火灾被扑灭的过程中往火灾中心移动至少0.5 m。
⑯ 放回灭火器：火势熄灭后，将灭火器放回指定位置。
⑰ 按下计时按钮：灭火完成，请脱下并恢复消防装备，带好语音识别设备</td><td></td></tr>
<tr><td>（5）客运组织恢复。
① 按下计时按钮：进行客运组织恢复作业。
② 开启5号自动扶梯上行。
a. 点击站层图“5号扶梯”；
b. 在“5号扶梯”场景中，点击“我的背包—自动扶梯钥匙—使用”；
c. 点击“运行钥匙孔”，表示插入钥匙；
d. 点击“上行”，自动扶梯开始运行；
e. 待稳定运行后，点击“钥匙”，表示钥匙已拔出。
③ 口呼：5号扶梯已开启。
④ 开启6号自动扶梯下行。
a. 点击站层图“6号扶梯”；
b. 在“6号扶梯”场景中，点击“我的背包—自动扶梯钥匙—使用”；
c. 点击“运行钥匙孔”，表示插入钥匙；
d. 点击“下行”，自动扶梯开始运行；
e. 待稳定运行后，点击“钥匙”，表示钥匙已拔出。
⑤ 口呼：6号扶梯已开启。
⑥ 撤除隔离。
a. 点击站层图站台B端“垃圾桶”；
b. 在站台B端“垃圾桶”场景中，点击“红白带—撤除红白带”。
⑦ 收回引导棒。
a. 点击站层图站台“A端步梯口”；
b. 在站台“A端步梯口”场景中，点击“引导棒—收回引导棒”。
⑧ 复位火灾模式。
a. 点击“恢复视角”，在“车控室”场景中点击IBP盘“环境与设备监控”；
b. 在“环境与设备监控”场景中，点击“有效—火灾复位—无效”，恢复车站正常通风。
⑨ 口呼：火灾模式已复位</td><td>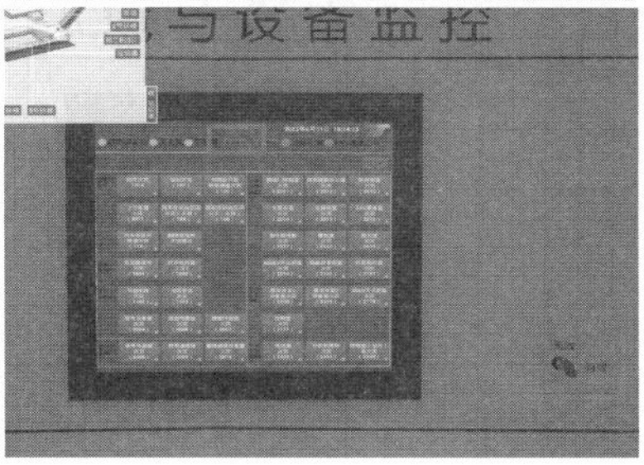</td></tr>
</table>

续表

序号	实训内容	详细信息	图片
1	站台 B端 垃圾桶 着火	⑩ 开启7号、8号直梯。 a. 点击站层图“车控室”; b. 在“车控室”场景中，点击“综合监控显示屏—机电—电扶梯”; c. 点击对应直梯，点击“控制—运行—执行”，打开7号、8号直梯。 ⑪ 口呼：7号、8号直梯已开启。 ⑫ 恢复闸机。 a. 点击“恢复视角”，在“车控室”场景中点击IBP盘“闸机”; b. 在“闸机”场景中，点击“有效”，表示IBP盘投入使用; c. 点击“复位外罩—复位按钮—复位外罩”，表示打开外罩，按压按钮并盖上外罩; d. 查看紧急释放灯灭，确认闸机已复位; e. 点击“无效”，确认闸机控制盘无法擅动。 ⑬ 口呼：闸机恢复正常。 ⑭ 恢复门禁。 a. 点击“恢复视角”，在“车控室”场景中点击IBP盘“门禁”; b. 在“门禁”场景中，点击“有效”，表示可以进行操作; c. 点击“复位外罩—复位按钮—复位外罩”，表示打开外罩，按压按钮并盖上外罩; d. 查看紧急释放灯灭，确认门禁已复位; e. 点击“无效”，确认门禁控制盘无法擅动。 ⑮ 口呼：门禁恢复正常。 ⑯ 备品复位： a. 点击“恢复视角”，在“车控室”场景中，点击“备品柜—我的背包—全选—放回”。 b. 口呼：备品已回收摆放到位	 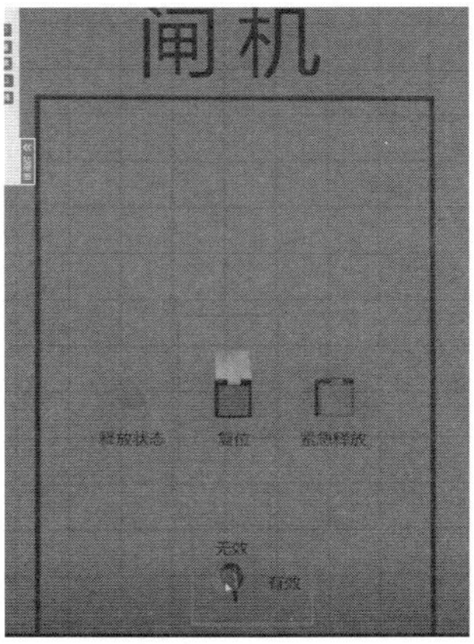 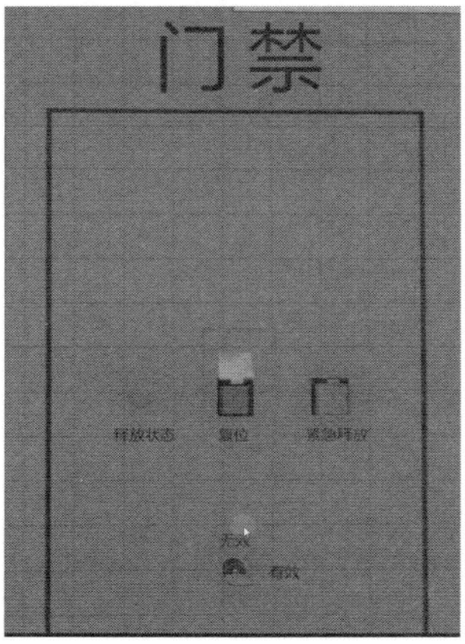 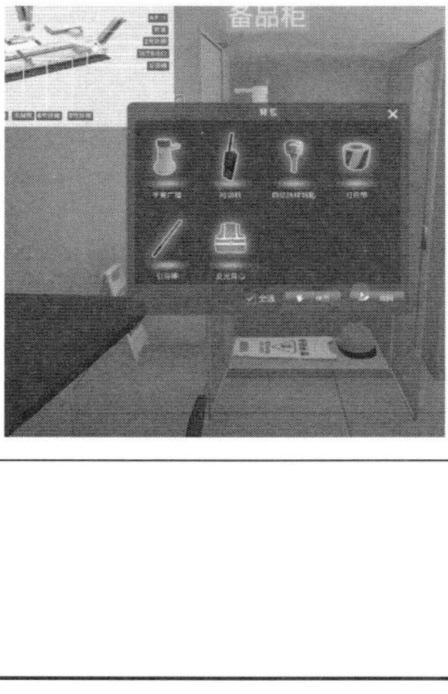
		（6）任务结束： ① 口呼：考试完毕。 ② 按下计时按钮，结束当前实训内容	

五、实训考核标准

表 2-4-3　实训考核标准

序号	作业程序	作业内容	配分	评分标准	得分
1	准备工作	（1）检查消防战斗装备等备品备件：调整腰带、头盔卡扣的松紧	—	（1）根据个人尺寸，对备品备件尺寸进行相应调节	—
		（2）按下计时按钮，开始比赛：确认火灾报警并进行客运组织作业			
2	确认火灾报警	（1）查看火情：点击站层图火灾点，查看具体火情	4	（1）未点击查看，扣 2 分	
		（2）确认火灾报警。汇报车站值班员：站台 B 端垃圾桶着火		（2）未汇报或汇报内容错误，扣 2 分	
		（3）车站值班员（机器人）自动回复：收到，请启动火灾模式，并进行客运组织		—	
3	客运组织	（1）启动站台火灾模式： ① 点击站层图“车控室”； ② 在“车控室”场景中点击 IBP 盘“环境与设备监控”； ③ 在“环境与设备监控”场景中，点击“有效—站台火灾模式—无效”，启动站台火灾模式	38	（1）扣分标准： ① 未成功开启火灾工况，扣 3 分； ② 未将钥匙恢复无效位，扣 1 分； ③ 配分 4 分	
		（2）查看环控系统站台火灾模式联动执行成功： ① 点击“恢复视角”，回到“车控室”场景中； ② 在“车控室”场景中点击“综合监控显示屏—机电—模式”		（2）未查看工况，扣 2 分	
		（3）口呼：站台火灾模式执行成功		（3）未口呼或口呼内容错误，扣 1 分	
		（4）确认闸机已全开状态： ① 点击“恢复视角”，在“车控室”场景中点击 IBP 盘“闸机”； ② 在“闸机”场景中，查看紧急释放灯亮，确认闸机已全开		（4）未确认闸机状态，扣 1 分	
		（5）口呼：闸机已全开		（5）未口呼或口呼内容错误，扣 1 分	
		（6）确认门禁已全开状态： ① 点击“恢复视角”，在“车控室”场景中点击 IBP 盘“门禁”； ② 在“门禁”场景中，查看紧急释放灯亮，确认门禁已全开		（6）未确认门禁状态，扣 1 分	
		（7）口呼：门禁已全开		（7）未口呼或口呼内容错误，扣 1 分	
		（8）确认 7 号、8 号直梯已停用： 在“车控室”场景中点击“综合监控显示屏—机电—电扶梯”，确认 7 号、8 号直梯已停用		（8）未确认直梯状态，扣 2 分	
		（9）口呼：7 号、8 号直梯已停用		（9）未口呼或口呼内容错误，扣 1 分	

续表

序号	作业程序	作业内容	配分	评分标准	得分
3	客运组织	（10）挑选备品： ① 点击“恢复视角”； ② 在“车控室”场景中点击“备品柜”，点击“对讲机、手提广播、引导棒、反光背心、红白带、自动扶梯钥匙”至“我的背包”	38	（10）扣分标准： ① 所需虚拟备品必须一次拿齐：对讲机、手提广播、引导棒、反光背心、红白带、自动扶梯钥匙，每多（少）拿一项扣3分； ② 配分6分，扣完为止	
		（11）隔离火灾区域： ① 点击站层图站台B端“垃圾桶”； ② 在“站台B端垃圾桶”场景中，点击“我的背包”，选择“红白带—使用”		（11）未隔离或隔离区域错误，扣4分	
		（12）紧停5号自动扶梯： ① 点击站层图“5号扶梯”； ② 在“5号扶梯”场景中，口呼：“紧急停止，请抓紧扶手”； ③ 在“5号扶梯”场景中，按压红色停止按钮，扶梯停止运行		（12）扣分标准： ① 未口呼、口呼内容错误或未在紧停扶梯前口呼，扣1分； ② 未关闭自动扶梯，扣2分； ③ 配分3分	
		（13）口呼：5号扶梯已关闭		（13）未口呼或口呼内容错误，扣1分	
		（14）紧停6号自动扶梯： ① 点击站层图“6号扶梯”； ② 在“6号扶梯”场景中，口呼：紧急停止，请抓紧扶手； ③ 在“6号扶梯”场景中，按压红色停止按钮，扶梯停止运行		（14）扣分标准： ① 未口呼、口呼内容错误或未在紧停扶梯前口呼，扣1分； ② 未关闭自动扶梯，扣2分； ③ 配分3分。 注：步骤（12）（14）操作无先后顺序要求，但每操作完成必须正确口呼	
		（15）口呼：6号扶梯已关闭		（15）未口呼或口呼内容错误，扣1分	
		（16）进行组织疏散： ① 点击站层图站台“A端步梯口”； ② 在站台“A端步梯口”场景中，点击“我的背包”，选择“引导棒—使用”； ③ 点击站层图站台“中部步梯口”； ④ 在站台“中部步梯口”场景中，点击“我的背包”，选择“引导棒、反光背心、手提广播—使用”		（16）扣分标准： ① 未在站台A端步梯口使用引导棒，扣1分； ② 未在站台中部步梯口使用引导棒、反光背心、手提广播，每缺一样扣1分； ③ 配分4分	
		（17）语音疏导乘客疏散：乘客您好，现在出现火情，请大家不要惊慌，按照工作人员指引，有序出站		（17）未人工广播或广播词语错误，扣2分	
		（18）按下计时按钮：客运组织部分完成，请摘下语音识别设备		（18）注意事项：穿戴消防服前请摘下语音识别设备	
4	消防灭火	（1）按下计时按钮：开始穿戴消防装备	40	—	
		（2）穿消防战斗服和防护靴		（2）要求：衣服和裤子拉链拉至顶部、所有魔术贴贴紧、裤子吊带套上、裤子在靴外不得塞入靴内、裤脚自然垂下、不得完全露出防护靴上的黄色圆圈。不符合要求，每项扣1分，配分5分，扣完为止	

续表

序号	作业程序	作业内容	配分	评分标准	得分
4	消防灭火	（3）将消防腰斧及消防员呼救器挂于安全腰带上，并系好安全腰带	40	（3）扣分标准： ①未系安全腰带，或腰带松垮，扣2分； ②未携带或未将消防员呼救器挂于安全腰带上扣2分； ③配分4分	
		（4）戴好消防头盔并佩戴防爆式照明灯		（4）扣分标准： ①未戴上消防头盔，或消防头盔卡扣松垮，扣2分； ②未佩戴防爆式照明灯，扣1分； ③配分3分	
		（5）戴好防护手套		（5）未戴高温手套，扣1分	
		（6）携带消防应急包		（6）未携带消防应急包，扣1分	
		（7）口呼："穿戴准备完毕"		（7）未口呼或口呼内容错误，扣1分	
		（8）按下计时按钮：穿戴消防装备已完成		（8）穿戴消防装备标准时间是2 min，2 min内完成穿戴不扣分，超过2 min，每多1 s扣1分，最多扣5分，本项只扣不加	
		（9）按下计时按钮：挑选灭火器进行灭火		—	
		（10）选择灭火器：根据着火物质和场景选择类型正确且可正常使用的灭火器		（10）选错灭火器（以按下灭火器手柄为准），扣10分。直到选对灭火器，才能继续灭火操作	
		（11）上下颠倒摇晃使干粉松动，拔掉保险销		（11）未上下颠倒摇晃灭火器，扣1分	
		（12）判断风向，站在上风口：站在灭火操作区中间的位置，通过观察失火场景中火焰和烟雾的风向，移步至上风口位置		（12）上风口选择错误，扣1分	
		（13）灭火距离在3～5 m		（13）灭火距离未在3～5 m扣2分	
		（14）侧身朝向火焰根部，进行灭火		（14）扣分标准： ①未对准火焰根部，扣2分； ②未侧身，扣1分； ③配分3分	
		（15）先灭近火再灭远火：在火灾被扑灭的过程中往火灾中心移动至少0.5 m		（15）未向火灾中心移动至少0.5 m，扣1分	
		（16）放回灭火器：火势熄灭后，将灭火器放回指定位置		（16）扣分标准： ①火未熄灭而停止操作，扣6分； ②灭火器未放回指定位置，扣1分； ③配分7分	
		（17）按下计时按钮：灭火完成，请脱下并恢复消防装备，带好语音识别设备		（17）灭火操作标准时间是18 s，18 s内完成灭火，不扣分；超过18 s，每多1 s扣1分，最多扣5分，本项只扣不加	

续表

序号	作业程序	作业内容	配分	评分标准	得分
5	客运组织恢复	（1）按下计时按钮：进行客运组织恢复作业	18	—	
		（2）开启5号自动扶梯上行： ① 点击站层图“5号扶梯”； ② 在“5号扶梯”场景中，点击“我的背包—自动扶梯钥匙—使用”； ③ 点击“运行钥匙孔”，表示插入钥匙； ④ 点击“上行”，自动扶梯开始运行； ⑤ 待稳定运行后，点击“钥匙”，表示钥匙已拔出		（2）扣分标准： ① 操作编号错误或开启方向错误，扣2分； ② 未拔出钥匙，扣1分； ③ 配分3分	
		（3）口呼：5号扶梯已开启		（3）未口呼或口呼内容错误，扣0.5分	
		（4）开启6号自动扶梯下行： ① 点击站层图“6号扶梯”； ② 在“6号扶梯”场景中，点击“我的背包—自动扶梯钥匙—使用”； ③ 点击“运行钥匙孔”，表示插入钥匙； ④ 点击“下行”，自动扶梯开始运行； ⑤ 待稳定运行后，点击“钥匙”，表示钥匙已拔出		（4）扣分标准： ① 操作编号错误或开启方向错误，扣2分； ② 未拔出钥匙，扣1分； ③ 配分3分。 注：步骤（2）（4）操作无先后顺序要求，但每操作完成必须正确口呼	
		（5）口呼：6号扶梯已开启		（5）未口呼或口呼内容错误，扣0.5分	
		（6）撤除隔离： ① 点击站层图站台B端“垃圾桶”； ② 在站台B端“垃圾桶”场景中，点击“红白带—撤除红白带”		（6）未撤除红白带，扣1分	
		（7）收回引导棒： ① 点击站层图站台“A端步梯口”； ② 在站台“A端步梯口”场景中，点击“引导棒—收回引导棒”		（7）未收回引导棒，扣1分	
		（8）复位火灾模式： ① 点击“恢复视角”，在“车控室”场景中点击IBP盘“环境与设备监控”； ② 在“环境与设备监控”场景中，点击“有效—火灾复位—无效”，恢复车站正常通风		（8）扣分标准： ① 未将火灾复位，扣1分； ② 未将钥匙恢复无效位，扣0.5分； ③ 配分1.5分	
		（9）口呼：火灾模式已复位		（9）未口呼或口呼内容错误，扣0.5分	
		（10）开启7号、8号直梯： ① 点击站层图“车控室”； ② 在“车控室”场景中，点击“综合监控显示屏—机电—电扶梯”； ③ 点击对应直梯，点击“控制—运行—执行”，打开7号、8号直梯		（10）未开启直梯，每个扣0.75分，配分1.5分	
		（11）口呼：7号、8号直梯已开启		（11）未口呼或口呼内容错误，扣0.5分	

续表

序号	作业程序	作业内容	配分	评分标准	得分
5	客运组织恢复	（12）恢复闸机： ① 点击“恢复视角”，在“车控室”场景中点击 IBP 盘“闸机”； ② 在“闸机”场景中，点击“有效”，表示 IBP 盘投入使用； ③ 点击“复位外罩—复位按钮—复位外罩”，表示打开外罩，按压按钮并盖上外罩； ④ 查看紧急释放灯灭，确认闸机已复位； ⑤ 点击“无效”，确认闸机控制盘无法擅动	18	（12）扣分标准： ① 未复位闸机，扣 1 分； ②未将钥匙恢复无效位，扣 0.5 分； ③ 配分 1.5 分	
		（13）口呼：闸机恢复正常		（13）未口呼或口呼内容错误，扣 0.5 分	
		（14）恢复门禁： ① 点击“恢复视角”，在“车控室”场景中点击 IBP 盘“门禁”； ② 在“门禁”场景中，点击“有效”，表示可以进行操作； ③ 点击“复位外罩—复位按钮—复位外罩”，表示打开外罩，按压按钮并盖上外罩； ④ 查看紧急释放灯灭，确认门禁已复位； ⑤ 点击“无效”，确认门禁控制盘无法擅动		（14）扣分标准： ① 未复位门禁，扣 1 分； ② 未将钥匙恢复无效位，扣 0.5 分； ③ 配分 1.5 分	
		（15）口呼：门禁恢复正常		（15）未口呼或口呼内容错误，扣 0.5 分	
		（16）备品复位： 点击“恢复视角”，在“车控室”场景中，点击“备品柜—我的背包—全选—放回”		（16）未放回所有备品，扣 0.5 分	
		（17）口呼：备品已回收摆放到位		（17）未口呼或口呼内容错误，扣 0.5 分	
6	确认结束	（1）口呼：考试完毕。 （2）按下计时按钮，结束当前实训内容	—	—	—
合计			100		

六、思考题

（1）垃圾桶着火时选择灭火器的依据是什么？

（2）简述标准的作业流程的步骤。

项目三 站台门处置

任务一 单门关门故障处置

一、实训目的

（1）了解不同站台门故障现象的表现。
（2）掌握站台门故障处置流程。

二、理论链接

1. 虚拟站台门基本结构

虚拟站台门基本结构如图 3-1-1 所示。

图 3-1-1 虚拟站台门

虚拟站台门模拟真实站台门，由联锁系统控制，与系统同步开关门。包括滑动门、门头灯、LCB 就地控制盒、PSL 就地控制盘、紧急停车按钮。

2. 站台门故障现象判断

单门关门故障现象：关门时遇 1 个站台门无法正常关闭，门头灯常亮。

三、实训要求

1. 实训时间

实训课时为 1 课时。

2. 实训形式

独自完成实训操作，结合理论链接以及实操完成实训考核。

3. 实训注意事项

（1）每次开始任务前，注意将站台门 LCB 钥匙打至自动位。
（2）注意将站台门 PSL 允许操作钥匙打至无效位。
（3）检查 IBP 盘上的屏蔽门，操作钥匙是否归于无效位。

4. 工器具材料准备

（1）站台门。
（2）鹅颈话筒。
（3）ATS 系统。
（4）对讲机。
（5）站台门钥匙箱盒[包含 LCB 钥匙、PSL 钥匙、机械钥匙（四角钥匙）]。

四、实训作业步骤

表 3-1-1　实训作业步骤

序号	实训内容	详细信息	图片
1	单门关门故障处置	（1）发现故障： 站务员发现上行 2 号门门头灯亮，关门故障。站务员手指上行 2 号门门头灯，口呼：上行 2 号门门头灯亮，关门故障	
		（2）现场处置： ① 汇报值班员现场故障门情况。 站务员用对讲机汇报值班员：值班员，上行 2 号门关门故障，使用 LCB 关闭站台门。 ② 使用 LCB 钥匙转至“关门位”。 用 LCB 钥匙（1 号）将故障门（2 号门）的 LCB 转至“关门”位置。	

续表

序号	实训内容	详细信息	图片
1	单门关门故障处置	③ 确认故障门关闭，并手指口呼确认故障门关闭。 站务员看到屏蔽门关门、门头灯熄灭后手指：上行 2 号门门头灯和上行 2 号站台门。口呼：门头灯熄灭，关门成功。口呼：故障门处置完毕。 ④ 列车出清，将 LCB 转至“自动”位。 列车出清站台后，用 LCB 钥匙（1 号）将故障门（2 号门）的 LCB 转至“自动”位置，取出钥匙。 ⑤ 汇报值班员故障门处理完成。 用对讲机汇报值班员：值班员，上行 2 号门故障已处理完毕	  

五、实训考核标准

表 3-1-2　实训考核标准

序号	作业程序	作业内容	配分	评分标准	得分
1	发现故障	（1）手指：上行 2 号门门头灯	18	（1）未手指或手指错误，扣 9 分	
		（2）口呼：上行 2 号门门头灯亮，关门故障		（2）未口呼或口呼错误，扣 9 分	

续表

序号	作业程序	作业内容	配分	评分标准	得分
2	现场处置	（1）用对讲机汇报值班员：值班员，上行2号门关门故障，使用LCB关闭站台门	82	（1）未使用对讲机汇报值班员或汇报错误，扣10分	
		（2）值班员回复：收到		（2）值班员未回复，扣1分	
		（3）用LCB钥匙（1号）将故障门（2号门）的LCB转至“关门”位置		（3）扣分标准： ① 未使用LCB关闭故障门，扣20分； ② 在站台门故障现象呈现之前将钥匙插入钥匙孔中，扣20分，本项只扣不加	
		（4）确认故障门关闭。 手指：上行2号门门头灯和上行2号站台门		（4）未手指或手指错误，扣9分	
		（5）口呼：门头灯熄灭，关门成功		（5）未口呼或口呼错误，扣8分	
		（6）口呼：故障门处置完毕		（6）未口呼或口呼错误，扣8分	
		（7）列车出清站台后，用LCB钥匙（1号）将故障门（2号门）的LCB转至“自动”位置，取出钥匙		（7）扣分标准： ① 未将故障门LCB恢复“自动”位置，扣10分； ② 未取出钥匙，扣5分	
		（8）用对讲机汇报值班员：值班员，上行2号门故障已处理完毕		（8）未使用对讲机汇报值班员或汇报错误，扣10分	
		（9）值班员回复：收到		（9）值班员未回复，扣1分	
合计			100		

六、思考题

（1）结合前面所学站台门知识，关门故障时门头灯状态是怎样的？

（2）结合前面所学知识，如果屏蔽门LCB钥匙在“关门位”未及时复位，当列车进站停稳后，车门打开时，该单元门会自动打开吗？

（3）简述站台门单门关门故障的作业流程。

任务二　单门开门故障处置

一、实训目的

（1）掌握不同站台门故障现象的表现。

（2）掌握站台门故障处置流程。

二、理论链接

1. 虚拟站台门基本结构

虚拟站台门基本结构如图 3-2-1 所示。

图 3-2-1　虚拟站台门

虚拟站台门模拟真实站台门，由联锁系统控制，与系统同步开关门。包括滑动门、门头灯、LCB 就地控制盒、PSL 就地控制盘、紧急停车按钮。

2. 站台门故障现象判断

单门开门故障现象：列车进站开门时遇 1 个站台门无法正常开启，该故障站台门门头灯不亮。

3. LCB 就地控制盒

LCB 就地控制盒如图 3-2-2 所示。

图 3-2-2　就地级—LCB 就地控制盒

LCB 就地控制盒：自动位、隔离位、手动开门、手动关门，默认位置：自动位。

使用情况：当因故障应急处理需要或设备测试需要，利用各门单元的 LCB 对单个滑动门单元进行操作时进行就地级操作。

（1）门单元控制回路接受信号系统、PSL、IBP 控制指令。正常情况下，LCB 应保持“自动”位。在 LCB 未恢复“自动”位前，操作人员不应离开该门单元。

（2）“手动开门”位状态下旁路安全回路，系统也无法监测到该门的状态。列车不会因该单元门打开无法正常进出站。

（3）“手动关门”位状态下旁路安全回路，系统也无法监测到该门的状态。

（4）位于“隔离”位时，该单元门不受系统控制开关，但此单元门没有被旁路，系统可以检测到其当前门状态。

（5）LCB 钥匙在“手动开门”“手动关门”挡位都不能拔出钥匙，只能在“隔离”位或“自动”位拔出。

三、实训要求

1. 实训时间

实训课时为 1 课时。

2. 实训形式

独自完成实训操作，结合理论链接以及实操完成实训考核。

3. 实训注意事项

（1）每次开始任务前，注意将站台门 LCB 钥匙打至自动位。

（2）注意将站台门 PSL 允许操作钥匙打至无效位。

（3）检查 IBP 盘上的屏蔽门，操作钥匙是否归于无效位。

4. 工器具材料准备

（1）站台门。

（2）鹅颈话筒。

（3）ATS 系统。

（4）对讲机。

（5）站台门钥匙箱盒[包含 LCB 钥匙、PSL 钥匙、机械钥匙（四角钥匙）]。

四、实训作业步骤

表 3-2-1　实训作业步骤

序号	实训内容	详细信息	图片
1	单门开门故障处置	（1）发现故障： 站务员发现上行 3 号门门头灯不亮，开门故障，手指：上行 3 号门门头灯。口呼：上行 3 号门门头灯不亮，开门故障	

续表

序号	实训内容	详细信息	图片
1	单门开门故障处置	（2）现场处置： ① 汇报值班员现场故障门情况。 用对讲机汇报值班员：值班员，上行 3 号门开门故障，使用 LCB 开启站台门。 ② 使用 LCB 钥匙转至“开门位”。 用 LCB 打开 3 号故障门：用 LCB 钥匙（1 号）将故障门（3 号门）的 LCB 转至“开门”位置。站台门打开后，口呼：请有序下车。 ③ 使用 LCB 钥匙转至“关门位”。 用 LCB 关闭 3 号故障门：停站时间到，乘客乘降完毕后，用 LCB 钥匙（1 号）将故障门（3 号门）的 LCB 转至“关门”位置。口呼：故障门处置完毕。 ④ 列车出清，将 LCB 转至“自动”位。 列车出清站台后，用 LCB 钥匙（1 号）将故障门（3 号门）的 LCB 转至“自动”位置，取出钥匙。用对讲机汇报值班员：值班员，上行 3 号门故障已处理完毕。 ⑤ 汇报值班员故障门处理完成。 用对讲机汇报值班员：值班员，上行 3 号门故障已处理完毕	   

五、实训考核标准

表 3-2-2 实训考核标准

序号	作业程序	作业内容	配分	评分标准	得分
1	发现故障	（1）手指：上行 3 号门门头灯	18	（1）未手指或手指错误，扣 9 分	
		（2）口呼：上行 3 号门门头灯不亮，开门故障		（2）未口呼或口呼错误，扣 9 分	
2	现场处置	（1）用对讲机汇报值班员：值班员，上行 3 号门开门故障，使用 LCB 开启站台门	82	（1）未使用对讲机汇报值班员或汇报错误，扣 15 分	
		（2）值班员回复：收到		（2）值班员未回复，扣 1 分	
		（3）用 LCB 打开 3 号故障门：用 LCB 钥匙（1 号）将故障门（3 号门）的 LCB 转至“开门”位置		（3）扣分标准： ① 未使用 LCB 打开故障门，扣 10 分； ② 在站台门故障现象呈现之前将钥匙插入钥匙孔中，扣 10 分，本项只扣不加	
		（4）站台门打开后，口呼：请有序下车		（4）未口呼或口呼错误，扣 10 分	
		（5）用 LCB 关闭 3 号故障门：停站时间到，乘客乘降完毕后，用 LCB 钥匙（1 号）将故障门（3 号门）的 LCB 转至“关门”位置		（5）未使用 LCB 关闭故障门，扣 10 分	
		（6）口呼：故障门处置完毕		（6）未口呼或口呼错误，扣 10 分	
		（7）列车出清站台后，用 LCB 钥匙（1 号）将故障门（3 号门）的 LCB 转至“自动”位置，取出钥匙		（7）扣分标准： ① 未将故障门 LCB 钥匙恢复“自动”位，扣 10 分； ② 未取出钥匙，扣 5 分	
		（8）用对讲机汇报值班员：值班员，上行 3 号门故障已处理完毕		（8）未使用对讲机汇报值班员或汇报错误，扣 10 分	
		（9）值班员回复：收到		（9）值班员未回复，扣 1 分	
合计			100		

六、思考题

（1）单门开门故障与单门关门故障处置流程相比，多了一个将 LCB 钥匙转至“关门”位的步骤，其原因是什么？

（2）结合前面所学知识，如果屏蔽门 LCB 钥匙在“关门位”未及时复位，当列车进站停稳后，车门打开时，该单元门会自动打开吗？

（3）简述站台门单门关门故障的作业流程。

任务三　多门关门故障处置

一、实训目的

（1）掌握不同站台门故障现象的表现。
（2）学习站台门故障处置流程。

二、理论链接

1. 虚拟站台门基本结构

虚拟站台门基本结构如图 3-3-1 所示。

图 3-3-1　虚拟站台门

虚拟站台门模拟真实站台门，由联锁系统控制，与系统同步开关门。包括滑动门、门头灯、LCB 就地控制盒、PSL 就地控制盘、紧急停车按钮等设备。

2. 站台门故障现象判断

多门关门故障现象：列车关门时遇 2 个以上多节列车对应站台门无法正常关闭，故障门门头灯常亮。

3. PSL 就地控制盘

PSL 就地控制盘如图 3-3-2 所示。

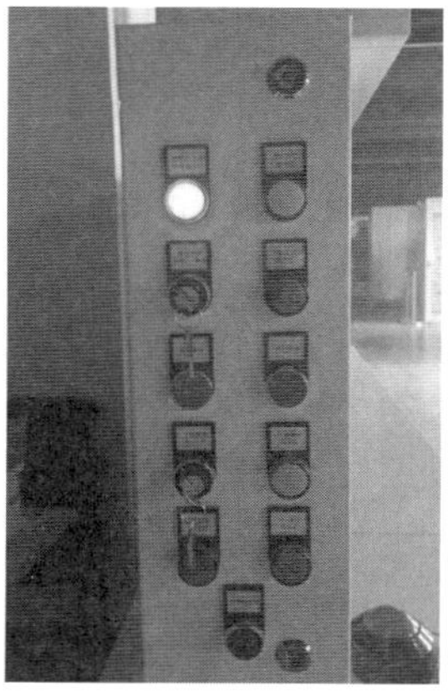

图 3-3-2　站台级—PSL 就地控制盘

使用情况：在信号系统故障、中央接口盘 PSC 对门控单元控制失败等故障状态下，由列车司机或车站人员在站台 PSL 上操作，对屏蔽门进行控制。

三、实训要求

1. 实训时间

实训课时为 1 课时。

2. 实训形式

独自完成实训操作，结合理论链接以及实操完成实训考核。

3. 实训注意事项

（1）每次开始任务前，注意将站台门 LCB 钥匙打至自动位。

（2）注意将站台门 PSL 允许操作钥匙打至无效位。

（3）检查 IBP 盘上屏蔽门的操作钥匙是否归于无效位。

4. 工器具材料准备

（1）站台门。

（2）鹅颈话筒。

（3）ATS 系统。

（4）对讲机。

（5）站台门钥匙箱盒[包含 LCB 钥匙、PSL 钥匙、机械钥匙（四角钥匙）]。

四、实训作业步骤

表 3-3-1　实训作业步骤

序号	实训内容	详细信息	图片
1	多门关门故障处置	（1）发现故障： 站务员发现列车门关闭后，上行 2 号、3 号站台门没有关闭，门头灯亮。手指：上行 2 号、3 号故障门门头灯。口呼：多门关门故障	
		（2）现场处置： ① 汇报值班员现场故障门情况。 用对讲机汇报值班员：值班员，上行多门关门故障，操作 PSL 互锁解除发车。 ② 汇报值班站长现场故障门情况。 用对讲机汇报值班站长：值班站长，上行多门关门故障，请派人看护故障站台门。 ③ 使用 PSL 互锁解除发车。 站务员使用互锁解除发车：将上行 PSL 互锁解除开关钥匙（2 号）旋转至互锁解除位，互锁解除指示灯点亮，并保持互锁解除位。确认列车车尾超过站台安全门端门。口呼：列车已发出。	

续表

序号	实训内容	详细信息	图片
1	多门关门故障处置	④ 列车出清，松开 PSL 互锁解除钥匙。 松开上行 PSL 互锁解除开关钥匙（2 号），并取出钥匙，互锁解除指示灯熄灭。 ⑤ 使用 LCB 钥匙分别将两个故障门的 LCB 转至“关门”位。 用两套 LCB 钥匙（1 号）分别将 2 号、3 号故障门 LCB 转至“关门”位置。口呼：故障门处置完毕。 ⑥ 再使用 LCB 钥匙分别将两个故障门的 LCB 转至“自动”位，并取出钥匙，用 LCB 钥匙（1 号）将 2 号故障门 LCB 转至“自动”位置，并取出钥匙。用 LCB 钥匙（1 号）将 3 号故障门 LCB 转至“自动”位置，并取出钥匙。 ⑦ 汇报值班员、值班站长故障门处理完成。 对讲机汇报值班员、值班站长：值班员、值班站长，上行多门故障已处理完毕	   

五、实训考核标准

表 3-3-2　实训考核标准

序号	作业程序	作业内容	配分	评分标准	得分
1	发现故障	（1）手指：上行 2 号、3 号故障门门头灯 （2）口呼：多门关门故障	8	（1）未手指或手指错误，扣 4 分 （2）未口呼或口呼错误，扣 4 分	

续表

序号	作业程序	作业内容	配分	评分标准	得分
2	现场处置	（1）用对讲机汇报值班员：值班员，上行多门关门故障，操作 PSL 互锁解除发车	92	（1）未使用对讲机汇报值班员或汇报错误，扣 10 分	
		（2）值班员回复：收到		（2）值班员未回复，扣 1 分	
		（3）用对讲机汇报值班站长：值班站长，上行多门关门故障，请派人看护故障站台门		（3）未使用对讲机汇报值班站长或汇报错误，扣 10 分	
		（4）值班站长（机器人）自动回复：收到		—	
		（5）站务员使用互锁解除发车： 将上行 PSL 互锁解除开关钥匙(2 号）旋转至互锁解除位，互锁解除指示灯点亮，并保持互锁解除位		（5）扣分标准： ① 未执行互锁解除或因松开互锁解除钥匙开关导致列车紧急停车，扣 10 分； ② 在站台门故障现象呈现之前将钥匙插入钥匙孔中，扣 10 分，本项只扣不加	
		（6）确认列车车尾超过站台安全门端门。口呼：列车已发出		（6）未口呼或口呼错误，扣 5 分	
		（7）松开上行 PSL 互锁解除开关钥匙（2 号），并取出钥匙，互锁解除指示灯熄灭		（7）扣分标准： ① 未松开互锁解除钥匙，扣 5 分； ② 未取出互锁解除钥匙，扣 5 分	
		（8）用两套 LCB 钥匙（1 号）分别将 2 号、3 号故障门 LCB 转至“关门”位置		（8）扣分标准： ① 未用 LCB 钥匙关闭故障门，每个扣 5 分； ② 本项总分 10 分	
		（9）确认故障门关闭。 口呼：关门成功		（9）未口呼或口呼错误，扣 5 分	
		（10）系统提示“维修人员通知现场故障已修复”		—	
		（11）口呼：故障门处置完毕		（11）未口呼或口呼错误，扣 5 分	
		（12）用 LCB 钥匙（1 号）将 2 号故障门 LCB 转至“自动”位置，并取出钥匙		（12）扣分标准： ① 未将 2 号故障门 LCB 钥匙恢复“自动”位置，扣 5 分； ② 未取出故障门 LCB 钥匙，扣 5 分	
		（13）用 LCB 钥匙（1 号）将 3 号故障门 LCB 转至“自动”位置，并取出钥匙		（13）扣分标准： ① 未将 3 号故障门 LCB 钥匙恢复“自动”位置，扣 5 分； ② 未取出故障门 LCB 钥匙，扣 5 分	
		（14）用对讲机汇报值班员、值班站长：值班员、值班站长，上行多门故障已处理完毕		（14）未使用对讲机汇报或汇报错误，扣 5 分	
		（15）值班员回复：收到		（15）值班员未回复，扣 1 分	
		（16）值班站长（机器人）自动回复：收到		—	
合计			100		

六、思考题

（1）多门关门故障与单门关门故障处置流程的不同是什么？
（2）使用互锁解除钥匙出清列车时，什么时候才可以松开互锁解除钥匙？
（3）简述站台门多门关门故障的作业流程。

任务四　多门开门故障处置

一、实训目的

（1）掌握不同站台门故障现象的表现。
（2）学习站台门故障处置流程。

二、理论链接

1. 虚拟站台门基本结构

虚拟站台门基本结构如图 3-4-1 所示。

图 3-4-1　虚拟站台门

虚拟站台门模拟真实站台门，由联锁系统控制，与系统同步开关门。包括滑动门、门头灯、LCB 就地控制盒、PSL 就地控制盘、紧急停车按钮。

2. 站台门故障现象判断

多门开门故障现象：列车进站开门时遇 2 个以上多节列车对应站台门无法开启，门头灯不亮，且列车未收到站台门“关闭且锁紧信号”时的故障处理流程。

三、实训要求

1. 实训时间

实训课时为 1 课时。

2. 实训形式

独自完成实训操作，结合理论链接以及实操完成实训考核。

3. 实训注意事项

（1）每次开始任务前，注意将站台门 LCB 钥匙打至自动位。

（2）注意将站台门 PSL 允许操作钥匙打至无效位。

（3）检查 IBP 盘上屏蔽门的操作钥匙是否归于无效位。

4. 工器具材料准备

（1）站台门。

（2）鹅颈话筒。

（3）ATS 系统。

（4）对讲机。

（5）站台门钥匙箱盒[包含 LCB 钥匙、PSL 钥匙、机械钥匙（四角钥匙）]。

四、实训作业步骤

表 3-4-1　实训作业步骤

序号	实训内容	详细信息	图片
1	多门开门故障处置	（1）发现故障： 站务员发现列车到站后车门打开，站台门不开，上行 2 号、3 号站台门门头灯不亮。手指：上行 2 号、3 号故障门门头灯。口呼：多门开门故障	
		（2）现场处置： ① 汇报值班员现场故障门情况。 用对讲机汇报值班员：值班员，上行 2 号、3 号门开门故障。 ② 汇报值班站长现场故障门情况以及组织乘客从 1 号、4 号门乘降。 用对讲机汇报值班站长：值班站长，上行 2 号、3 号门开门故障，组织乘客由 1 号、4 号门乘降。 ③ 乘客乘降完毕。 值班站长（机器人）通知站务员：乘客乘降完毕。站台门关闭后，值班员通知站务员：上行列车未收到站台门关闭锁紧信息，请处置。站务员回复：收到	

续表

序号	实训内容	详细信息	图片
1	多门开门故障处置	④ 使用PSL互锁解除发车。 站务员使用互锁解除发车：将上行PSL互锁解除钥匙开关（2号）旋转至互锁解除位，互锁解除指示灯点亮，并保持互锁解除位。确认列车车尾超过安全门端门，口呼：列车已发出。 ⑤ 列车出清，松开PSL互锁解除钥匙。 松开上行PSL互锁解除开关钥匙（2号），并取出钥匙，互锁解除指示灯熄灭。 接到维修人员现场故障修复，即系统自动播放“故障门已修复”。口呼：故障门处置完毕。 ⑥ 汇报值班员、值班站长故障门处理完成。 用对讲机汇报值班员、值班站长：值班员、值班站长，上行多门故障已处理完毕	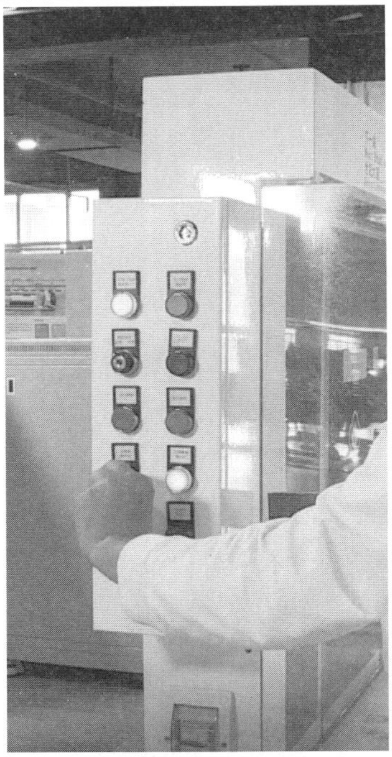  

五、实训考核标准

表3-4-2 实训考核标准

序号	作业程序	作业内容	配分	评分标准	得分
1	发现故障	（1）手指：上行2号、3号故障门门头灯	8	（1）未手指或手指错误，扣4分	
		（2）口呼：多门开门故障		（2）未口呼或口呼错误，扣4分	

续表

序号	作业程序	作业内容	配分	评分标准	得分
2	现场处置	（1）用对讲机汇报值班员：值班员，上行 2 号、3 号门开门故障	92	（1）未使用对讲机汇报值班员或汇报错误，扣 10 分	
		（2）值班员回复：收到		（2）值班员未回复，扣 1 分	
		（3）用对讲机汇报值班站长：值班站长，上行 2 号、3 号门开门故障，组织乘客由 1 号、4 号门乘降		（3）未使用对讲机汇报值班站长或汇报错误，扣 10 分	
		（4）值班站长（机器人）自动回复：收到		—	
		（5）值班站长（机器人）通知站务员：乘客乘降完毕		—	
		（6）站务员回复：收到		（6）站务员未回复，扣 5 分	
		（7）站台门关闭后，值班员通知站务员：上行列车未收到站台门关闭锁紧信息，请处置		（7）未使用对讲机通知站务员或通知错误，扣 10 分	
		（8）站务员回复：收到		（8）站务员未回复，扣 5 分	
		（9）站务员使用互锁解除发车： 将上行 PSL 互锁解除钥匙开关（2 号）旋转至互锁解除位，互锁解除指示灯点亮，并保持互锁解除位		（9）扣分标准： ① 未执行互锁解除或因松开互锁解除钥匙开关导致列车紧急停车，扣 20 分； ② 在站台门故障现象呈现之前将钥匙插入钥匙孔中，扣 20 分，本项只扣不加	
		（10）确认列车车尾超过安全门端门，口呼：列车已发出		（10）未口呼或口呼错误，扣 5 分	
		（11）松开上行 PSL 互锁解除开关钥匙（2 号），并取出钥匙，互锁解除指示灯熄灭		（11）扣分标准： ① 未松开互锁解除钥匙，扣 5 分； ② 未取出互锁解除钥匙，扣 5 分	
		（12）接到维修人员现场故障修复，即系统自动播放“故障门已修复”		—	
		（13）口呼：故障门处置完毕		（13）未口呼或口呼错误，扣 5 分	
		（14）用对讲机汇报值班员、值班站长：值班员、值班站长，上行多门故障已处理完毕		（14）未使用对讲机汇报值班员、值班站长，扣 10 分	
		（15）值班员回复：收到		（15）值班员未回复，扣 1 分	
		（16）值班站长（机器人）自动回复：收到		—	
合计			100		

六、思考题

（1）多门开门故障与单门开门故障处置流程的不同之处是什么?
（2）简述站台门多门开门故障的作业流程。

任务五　站台门夹物故障先期处置

一、实训目的

（1）掌握不同站台门故障现象的表现。
（2）学习站台门夹物故障处置流程。

二、理论链接

1. 虚拟站台门基本结构

虚拟站台门基本结构如图 3-5-1 所示。

图 3-5-1　虚拟站台门

虚拟站台门模拟真实站台门，由联锁系统控制，与系统同步开关门，包括滑动门、门头灯、LCB 就地控制盒、PSL 就地控制盘、紧急停车按钮。

2. 站台门故障现象判断

站台门夹物故障现象：车门与站台门夹物（书包带），且车门与站台门均正常关闭，列车即将出站。

三、实训要求

1. 实训时间

实训课时为 1 课时。

2. 实训形式

独自完成实训操作，结合理论链接以及实操完成实训考核。

3. 实训注意事项

（1）每次开始任务前，注意将站台门 LCB 钥匙打至自动位。

（2）注意将站台门 PSL 允许操作钥匙打至无效位。

（3）检查 IBP 盘上的屏蔽门，操作钥匙是否归于无效位。

4. 工器具材料准备

（1）站台门。

（2）鹅颈话筒。

（3）ATS 系统。

（4）对讲机。

（5）站台门钥匙箱盒[包含 LCB 钥匙、PSL 钥匙、机械钥匙（四角钥匙）]。

四、实训作业步骤

表 3-5-1 实训作业步骤

序号	实训内容	详细信息	图片
1	站台门夹物故障先期处置	（1）发现故障： ① 站务员发现车门与站台门夹物（如书包带），且车门与站台门均正常关闭，列车即将出站。手指：上行 2 号门。口呼：上行 2 号门夹物。 ② 按下上行站台紧急停车按钮（阻止列车出站）。 ③ 向值班员汇报，用对讲机汇报值班员：值班员，上行 2 号站台门、车门夹物，已按下上行紧急停车按钮	
		（2）现场处置： ① 用手动解锁钥匙拉开 2 号站台门。对讲机通知司机打开列车。 用对讲机通知司机打开列车门：司机，车门夹物，请再次打开车门。司机（机器人）自动回复：收到，已打开车门。 ② 清楚异物后手动拉回站台门；口呼：站台门已关闭。 ③ 汇报值班员。 对讲机汇报值班员：值班员，现场处置完毕，请恢复上行紧急停车按钮。值班员（机器人）自动回复：收到	

五、实训考核标准

表 3-5-2　实训考核标准

序号	作业程序	作业内容	配分	评分标准	评分方式	扣分	得分
1	确认开始	选手按下计时按钮，开始比赛	—	—	—	—	—
2	发现故障并汇报	（1）手指：上行 2 号门	30	（1）未手指或手指错误，扣 5 分	人工评分		
		（2）口呼：上行 2 号门夹物		（2）未口呼或口呼内容错误，扣 5 分	人工评分为主，计算机自动评分为辅助		
		（3）按下上行站台紧急停车按钮（阻止列车出站）		（3）扣分标准： ① 本项配分 10 分； ② 比赛开始 10 秒内，未按下上行站台紧急停车按钮，本试题直接记为 0 分	计算机自动评分		
		（4）用对讲机汇报值班员： 值班员，上行 2 号站台门、车门夹物，已按下上行紧急停车按钮		（4）未使用对讲机汇报值班员或汇报错误，扣 10 分	人工评分为主，计算机自动评分为辅助		
		（5）值班员（机器人）自动回复：收到		—	—		
3	现场处置	（1）用手动解锁钥匙拉开 2 号站台门	70	（1）扣分标准： ① 未使用手动解锁钥匙拉开 2 号站台门，扣 20 分； ② 在站台门故障现象呈现之前将钥匙插入钥匙孔中，扣20分，本项只扣不加	人工评分		
		（2）用对讲机通知司机打开列车门：司机，车门夹物，请再次打开车门		（2）未使用对讲机通知司机或通知错误，扣 20 分	人工评分为主，计算机自动评分为辅助		
		（3）司机（机器人）自动回复：收到，已打开车门		—	—		
		（4）清除异物后，手动拉回站台门		（4）未拉回站台门，扣 10 分	人工评分		
		（5）口呼：站台门已关闭		（5）未口呼或口呼内容错误，扣 10 分	人工评分为主，计算机自动评分为辅助		
		（6）用对讲机汇报值班员：值班员，现场处置完毕，请恢复上行紧急停车按钮		（6）未使用对讲机汇报值班员或汇报错误，扣 10 分	人工评分为主，计算机自动评分为辅助		
		（7）值班员（机器人）自动回复：收到		—	—		

续表

序号	作业程序	作业内容	配分	评分标准	评分方式	扣分	得分
4	确认结束	（1）口呼：考试完毕。 （2）学生再次按下计时按钮，结束当前实训内容	—	—	—	—	—
合计			100	—			

六、思考题

试说明为何在打开站台门之前要先按下紧急停车按钮？若未先按下紧急停车按钮，会造成哪些后果？

任务六　整列关门故障先期处置

一、实训目的

（1）掌握不同站台门故障现象的表现。
（2）学习站台门整列关门故障处置流程。

二、理论链接

1. 虚拟站台门基本结构

虚拟站台门基本结构如图 3-6-1 所示。

图 3-6-1　虚拟站台门

虚拟站台门模拟真实站台门，由联锁系统控制，与系统同步开关门。包括滑动门、门头灯、LCB 就地控制盒、PSL 就地控制盘、紧急停车按钮。

2. 站台门故障现象判断

整列关门故障现象：列车出站关门时，整列站台门无法正常关闭，门头灯常亮，通知司机，得知司机操作 PSL 关门后整列站台门仍不能关闭。

三、实训要求

1. 实训时间

实训课时为 1 课时。

2. 实训形式

独自完成实训操作，结合理论链接以及实操完成实训考核。

3. 实训注意事项

（1）每次开始任务前，注意将站台门 LCB 钥匙打至自动位。

（2）注意将站台门 PSL 允许操作钥匙打至无效位。

（3）检查 IBP 盘上的屏蔽门，操作钥匙是否归于无效位。

4. 工器具材料准备

（1）站台门。

（2）鹅颈话筒。

（3）ATS 系统。

（4）对讲机。

（5）站台门钥匙箱盒[包含 LCB 钥匙、PSL 钥匙、机械钥匙（四角钥匙）]。

四、实训作业步骤

表 3-6-1　实训作业步骤

序号	实训内容	详细信息	图片
1	整列关门故障先期处置	（1）发现故障： 站务员上行整列故障门门头灯亮，列车已关门，手指：上行整列故障门门头灯亮，列车已关门。口呼：上行整列关门故障，列车已关门	
		（2）现场处置： ① 汇报值班员、值班站长。 用对讲机汇报值班员：值班员，上行整列站台门关门故障，操作 PSL 互锁解除，使列车尽快发出。值班员（机器人）自动回复：收到。 用对讲机汇报值班站长：值班站长，上行整列站台门关门故障，请派人看护故障门。值班站长（机器人）自动回复：收到。 ② 使用互锁解除发车。 站务员使用互锁解除发车：将上行 PSL 互锁解除钥匙开关（2 号）旋转至互锁解除位，互锁解除指示灯点亮，并保持互锁解除位。确认列车车尾超过站台安全门端门后。口呼：列车已发出	

续表

序号	实训内容	详细信息	图片
1	整列关门故障先期处置	③ 故障未修复、使用互锁解除接车。 松开互锁解除钥匙开关（2 号），互锁解除指示灯熄灭。故障未能修复，口呼：故障未修复，使用互锁解除接入进站列车。 继续在 PSL 处。口呼：列车即将进站。 站务员使用互锁解除接车：将上行 PSL 互锁解除钥匙开关（2 号）旋转至互锁解除位，互锁解除指示灯点亮，并保持互锁解除位。确认列车停稳后，口呼：整列列车进站停稳。松开上行 PSL 互锁解除开关钥匙（2 号），并取出钥匙，互锁解除指示灯熄灭。 整列故障门恢复正常：系统提示“整列故障门恢复正常”。口呼：故障门处置完毕。 ④ 列车发出后汇报值班员、值班站长。 列车正常发出，用对讲机汇报值班员、值班站长：值班员、值班站长，上行整列故障门已处理完毕。值班员、值班站长（机器人）自动回复：收到	 

五、实训考核标准

表 3-6-2　实训考核标准

序号	作业程序	作业内容	配分	评分标准	评分方式	扣分	得分
1	确认开始	选手按下计时按钮，开始比赛。 列车关门到位后，系统提示：PSL 关闭站台门无效	—	—	—	—	—
2	发现故障	（1）手指：上行整列故障门门头灯亮，列车已关门	10	（1）未手指或手指错误，扣 5 分	人工评分		
		（2）口呼：上行整列关门故障，列车已关门		（2）未口呼或口呼内容错误，扣 5 分	人工评分为主，计算机自动评分为辅助		

续表

序号	作业程序	作业内容	配分	评分标准	评分方式	扣分	得分
3	现场处置	（1）用对讲机汇报值班员：值班员，上行整列站台门关门故障，操作 PSL 互锁解除，使列车尽快发出	90	（1）未使用对讲机汇报值班员或汇报错误，扣 5 分	人工评分为主，计算机自动评分为辅助		
		（2）值班员（机器人）自动回复：收到		—	—		
		（3）用对讲机汇报值班站长：值班站长，上行整列站台门关门故障，请派人看护故障门		（3）未使用对讲机汇报值班站长或汇报错误，扣 5 分	人工评分为主，计算机自动评分辅助		
		（4）值班站长（机器人）自动回复：收到		—	—		
		（5）站务员使用互锁解除发车：将上行 PSL 互锁解除钥匙开关（2 号）旋转至互锁解除位，互锁解除指示灯点亮，并保持互锁解除位		（5）扣分标准： ① 未执行互锁解除或者因松开互锁解除钥匙开关导致列车紧急停车，扣 10 分	计算机自动评分		
				② 在站台门故障现象呈现之前将钥匙插入钥匙孔中，扣 10 分，本项只扣不加	人工评分		
		（6）确认列车车尾超过站台安全门端门后。口呼：列车已发出		（6）未口呼或口呼内容错误，扣 10 分	人工评分为主，计算机自动评分为辅助		
		（7）松开互锁解除钥匙开关（2 号），互锁解除指示灯熄灭		（7）未松开互锁解除钥匙，扣 10 分	计算机自动评分		
		（8）故障未能修复，口呼：故障未修复，使用互锁解除接入进站列车		（8）未口呼或口呼内容错误，扣 5 分	人工评分为主，计算机自动评分为辅助		
		（9）继续在 PSL 处。 口呼：列车即将进站		（9）未口呼或口呼内容错误，扣 5 分	人工评分为主，计算机自动评分为辅助		
		（10）站务员使用互锁解除接车：将上行 PSL 互锁解除钥匙开关（2 号）旋转至互锁解除位，互锁解除指示灯点亮，并保持互锁解除位		（10）未执行互锁解除或者因松开互锁解除钥匙开关导致列车紧急停车，扣 10 分	计算机自动评分		
		（11）确认列车停稳后，口呼：整列列车进站停稳		（11）未口呼或口呼内容错误，扣 5 分	人工评分为主，计算机自动评分为辅助		
		（12）松开上行 PSL 互锁解除开关钥匙（2 号），并取出钥匙，互锁解除指示灯熄灭。		（12）扣分标准： ① 未松开互锁解除钥匙，扣 5 分	计算机自动评分		
				② 未取出互锁解除钥匙，扣 5 分	人工评分		
		（13）整列故障门恢复正常：系统提示“整列故障门恢复正常”		—	—		

续表

序号	作业程序	作业内容	配分	评分标准	评分方式	扣分	得分
3	现场处置	（14）口呼：故障门处置完毕	90	（14）未口呼或口呼内容错误，扣 10 分	人工评分为主，计算机自动评分为辅助		
		（15）列车正常发出，用对讲机汇报值班员、值班站长：值班员、值班站长，上行整列故障门已处理完毕		（15）未使用对讲机汇报值班员、值班站长或汇报错误，扣 5 分	人工评分为主，计算机自动评分为辅助		
		（16）值班员、值班站长（机器人）自动回复：收到		—	—		
4	确认结束	（1）口呼：考试完毕。 （2）学生再次按下计时按钮，结束当前实训内容	—	—	—	—	—
合计			100	—			

六、思考题

整列关门故障与单门关门、多门关门故障处置流程的不同之处是什么？

任务七　整列开门故障先期处置

一、实训目的

（1）掌握不同站台门故障现象的表现。
（2）学习站台门整列开门故障处置流程。

二、理论链接

1. 虚拟站台门基本结构

虚拟站台门基本结构如图 3-7-1 所示。

图 3-7-1　虚拟站台门

虚拟站台门模拟真实站台门，由联锁系统控制，与系统同步开关门。包括滑动门、门头灯、LCB 就地控制盒、PSL 就地控制盘、紧急停车按钮。

2. 站台门故障现象判断

整列开门故障现象：列车进站后整列站台门无法开启，通知司机并接到操作 PSL 无法开启站台门，通知值班员并接到操作 IBP 盘仍无法开启站台门。

三、实训要求

1. 实训时间

实训课时为 1 课时。

2. 实训形式

独自完成实训操作，结合理论链接以及实操完成实训考核。

3. 实训注意事项

（1）每次开始任务前，注意将站台门 LCB 钥匙打至自动位。

（2）注意将站台门 PSL 允许操作钥匙打至无效位。

（3）检查 IBP 盘上的屏蔽门，确认操作钥匙是否归于无效位。

4. 工器具材料准备

（1）站台门。

（2）鹅颈话筒。

（3）ATS 系统。

（4）对讲机。

（5）站台门钥匙箱盒[包含 LCB 钥匙、PSL 钥匙、机械钥匙（四角钥匙）]。

四、实训作业步骤

表 3-7-1 实训作业步骤

序号	实训内容	详细信息	图片
1	整列开门故障先期处置	（1）发现故障： 站务员发现上行整列故障门门头灯灭，列车已开门。手指：上行整列故障门门头灯灭，列车已开门。口呼：上行整列站台门故障，每节车厢手动开启 1 个站台门，供乘客乘降	
		（2）现场处置： ① 汇报值班站长。 用对讲机汇报值班站长：值班站长，上行整列站台门故障，请求支援。值班站长（机器人）自动回复：收到	

续表

序号	实训内容	详细信息	图片
1	整列开门故障先期处置	② 用手动解锁钥匙开启任一站台门。 用手动解锁钥匙开启任意一个故障门。站台门打开后，口呼：请您抓紧在此门上下车。通知司机：司机，上行乘客全部乘降完毕，请关门。司机（机器人）自动回复：收到。 ③ 使用互锁解除发车。 站务员使用互锁解除发车：将上行PSL互锁解除开关钥匙（2号）旋转至互锁解除位，互锁解除指示灯点亮，并保持互锁解除位。确认列车车尾超过站台安全门端门。口呼：列车已发出。 松开上行PSL互锁解除开关钥匙（2号），并取出钥匙，互锁解除指示灯熄灭。 口呼：乘客您好，此站台门故障，请您远离此门，注意安全。 ④ 手动将站台门逐个关闭。 手动将站台门逐个关闭。口呼：故障门处置完毕。 ⑤ 列车发出后汇报值班员、值班站长。 用对讲机汇报值班员、值班站长：值班站长、值班员，上行整列故障门已处理完毕。值班员、值班站长（机器人）自动回复：收到	  

五、实训考核标准

表 3-7-2　实训考核标准

序号	作业程序	作业内容	配分	评分标准	评分方式	扣分	得分
1	确认开始	选手按下计时按钮，开始比赛。列车开门到位后，系统提示：PSL、IBP盘开门无效	—	—	—	—	—
2	发现故障	（1）手指：上行整列故障门门头灯灭，列车已开门	20	（1）未手指或手指错误，扣10分	人工评分		
		（2）口呼：上行整列站台门故障，每节车厢手动开启1个站台门，供乘客乘降		（2）未口呼或口呼内容错误，扣10分	人工评分为主，计算机自动评分辅助		

续表

<table>
<tr><th>序号</th><th>作业程序</th><th>作业内容</th><th>配分</th><th>评分标准</th><th>评分方式</th><th>扣分</th><th>得分</th></tr>
<tr><td rowspan="14">3</td><td rowspan="14">现场处置</td><td>（1）用对讲机汇报值班站长：值班站长，上行整列站台门故障，请求支援</td><td rowspan="14">80</td><td>（1）未使用对讲机汇报值班站长或汇报错误，扣 10 分</td><td>人工评分为主，计算机自动评分辅助</td><td rowspan="2"></td><td rowspan="2"></td></tr>
<tr><td>（2）值班站长（机器人）自动回复：收到</td><td>—</td><td>—</td></tr>
<tr><td>（3）用手动解锁钥匙开启任意一个故障门</td><td>（3）扣分标准：
① 未使用手动解锁钥匙拉开 2 号站台门，扣 10 分；
② 在站台门故障现象呈现之前将钥匙插入钥匙孔中，扣10分，本项只扣不加</td><td>人工评分</td><td></td><td></td></tr>
<tr><td>（4）站台门打开后，口呼：请您抓紧在此门上下车</td><td>（4）未口呼或口呼内容错误，扣 5 分</td><td>人工评分为主，计算机自动评分辅助</td><td></td><td></td></tr>
<tr><td>（5）通知司机：司机，上行乘客全部乘降完毕，请关门</td><td>（5）未通知司机或通知错误，扣 5 分</td><td>人工评分为主，计算机自动评分辅助</td><td rowspan="2"></td><td rowspan="2"></td></tr>
<tr><td>（6）司机（机器人）自动回复：收到</td><td>—</td><td>—</td></tr>
<tr><td>（7）站务员使用互锁解除发车：将上行 PSL 互锁解除开关钥匙（2 号）旋转至互锁解除位，互锁解除指示灯点亮，并保持互锁解除位</td><td>（7）未执行互锁解除或者因松开互锁解除钥匙开关导致列车紧急停车，扣 10 分</td><td>计算机自动评分</td><td rowspan="2"></td><td rowspan="2"></td></tr>
<tr><td>（8）确认列车车尾超过站台安全门端门。口呼：列车已发出</td><td>（8）未口呼或口呼内容错误，扣 5 分</td><td>人工评分为主，计算机自动评分辅助</td></tr>
<tr><td rowspan="2">（9）松开上行 PSL 互锁解除开关钥匙（2 号），并取出钥匙，互锁解除指示灯熄灭</td><td>（9）扣分标准：
① 未松开互锁解除钥匙，扣 5 分</td><td>计算机自动评分</td><td rowspan="2"></td><td rowspan="2"></td></tr>
<tr><td>② 未取出互锁解除钥匙，扣 5 分</td><td>人工评分</td></tr>
<tr><td>（10）口呼：乘客您好，此站台门故障，请您远离此门，注意安全</td><td>（10）未口呼或口呼内容错误，扣 5 分</td><td>人工评分为主，计算机自动评分辅助</td><td></td><td></td></tr>
<tr><td>（11）手动将站台门逐个关闭</td><td>（11）未将站台门逐个关闭，扣 10 分</td><td>人工评分</td><td rowspan="2"></td><td rowspan="2"></td></tr>
<tr><td>（12）口呼：故障门处置完毕</td><td>（12）未口呼或口呼内容错误，扣 5 分</td><td>人工评分为主，计算机自动评分辅助</td></tr>
</table>

续表

序号	作业程序	作业内容	配分	评分标准	评分方式	扣分	得分
3	现场处置	（13）用对讲机汇报值班员、值班站长：值班站长、值班员，上行整列故障门已处理完毕	80	（13）未使用对讲机汇报值班站长或汇报错误，扣 5 分	人工评分为主，计算机自动评分辅助		
		（14）值班员、值班站长（机器人）自动回复：收到		—	—		
4	确认结束	（1）口呼：考试完毕。 （2）学生再次按下计时按钮，结束当前实训内容	—	—	—	—	—
合计			100	—			

六、思考题

整列开门故障与单门开门、多门开门故障处置流程的不同之处是什么？

轨道交通实训课新理念新形态活页式教材

轨道交通运营管理实训指导

（二）票务作业

主 编/邵 维 李 曼
张艳林 吴 婷

西南交通大学出版社
·成 都·

图书在版编目（CIP）数据

轨道交通运营管理实训指导. 二，票务作业 / 邵维等主编. —成都：西南交通大学出版社，2023.6
ISBN 978-7-5643-9338-0

Ⅰ. ①轨… Ⅱ. ①邵… Ⅲ. ①城市铁路－轨道交通－运营管理－高等职业教育－教材②城市铁路－旅客运输－售票－高等职业教育－教材 Ⅳ. ①U239.5

中国国家版本馆 CIP 数据核字（2023）第104768号

目录
CONTENTS

项目四 车站设备运用

任务一 自动售票机开站

一、实训目的

（1）掌握自动售票机开站的步骤。

（2）掌握补充单程票的操作过程。

（3）掌握补充硬币的操作过程。

（4）掌握补充纸币的操作过程。

二、理论链接

场景说明：

（1）自动售票机（Ticket Vending Machine，TVM）处于暂停服务状态，要求实现TVM正常运营。

（2）补充单程票、补充硬币、装入纸币钱箱、装入硬币回收钱箱无先后顺序要求；装入5元找零钱箱、10元找零钱箱、纸币回收钱箱无先后顺序要求；装入A票箱、B票箱无先后顺序要求。

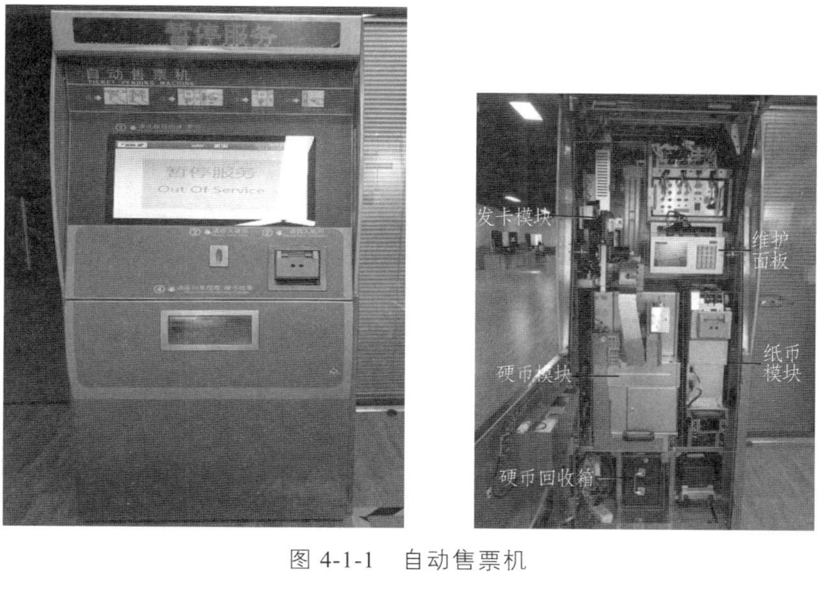

图 4-1-1　自动售票机

三、实训要求

1. 实训时间

实训课时为 2 课时。

2. 实训形式

按照实训内容分步骤进行：

（1）实操作业与理论相结合。

（2）独自完成实训操作，结合理论链接以及实操完成实训考核。

3. 实训注意事项

（1）注意人身安全，避免被自动售票机夹伤。

（2）注意开关自动售票机柜门过程中不要有异物阻挡。

（3）严禁在操作自动售票机硬件设备遇到阻塞时强制操作，避免设备损坏。

4. 工器具材料准备

（1）维护门钥匙。

（2）找零钱箱侧门钥匙。

（3）硬币回收钱箱硬币入口封门钥匙。

四、实训作业步骤

表 4-1-1 实训作业步骤

序号	实训内容	详细信息	图片
1	打开 TVM 维护门	使用 TVM 维护门钥匙（1 号）打开 TVM 维护门下门和上门	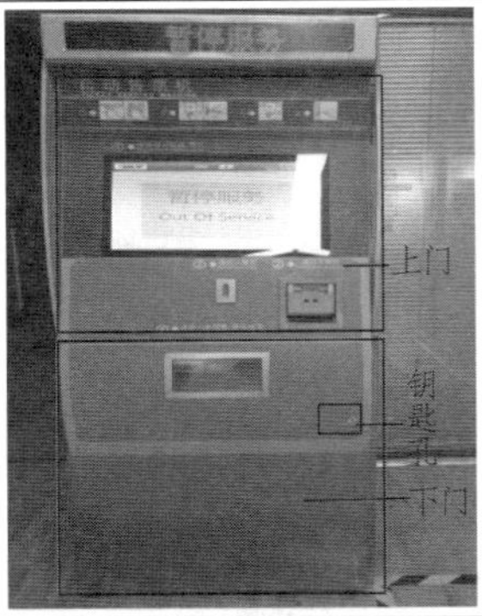
2	补充单程票	将装满单程票的票箱 A、B 装入，并在维护面板上输入补票数： （1）按压蓝色解锁按钮，拉出发卡模块。 （2）装入 A 票箱：拉动 A 票箱下面的卡扣，将装好单程票的票箱放在 A 卡槽内，松开票箱卡扣，使其自动复位。 （3）装入 B 票箱：拉动 B 票箱下面的卡扣，将装好单程票的票箱放在 B 卡槽内，松开票箱卡扣，使其自动复位。 （4）按压蓝色解锁按钮，推回发卡模块	

续表

序号	实训内容	详细信息	图片
2	补充单程票	（5）输入补票数： ① 在维护面板输入账号 123456、密码 123456 后，点击“Enter”键登录； ② 在“主菜单”中，选择 1 运营服务； ③ 在“运营服务”界面，选择 2 补充单程票 A； ④ 输入补票数 600，按“F1”键加票； ⑤ 按 Esc 键返回到“运营服务”界面，选择 4 补充单程票 B。 （6）输入补票数 600，按“F1”键加票	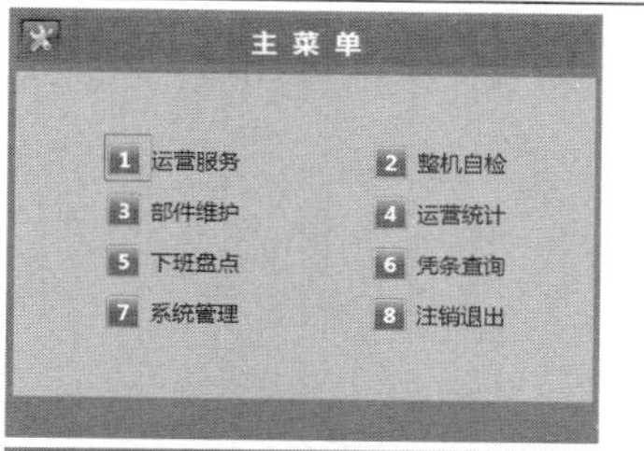 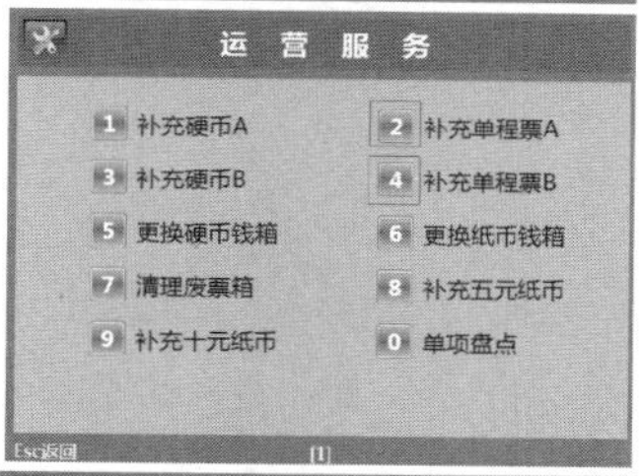 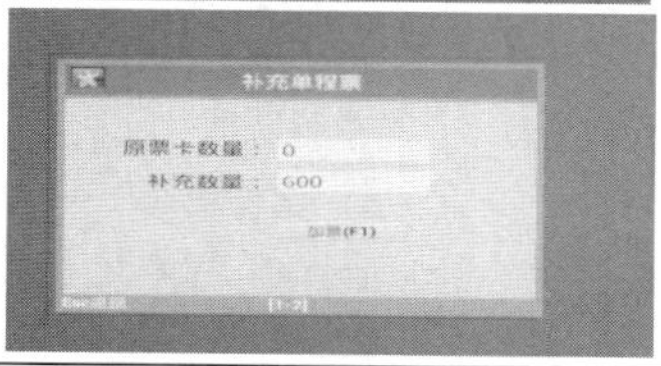
3	补充硬币	（1）按压蓝色解锁按钮，拉出硬币模块。 （2）使用硬币专用找零钱箱侧门钥匙（2号）打开专用找零钱箱侧门。 （3）装入 1 元专用找零钱箱 A。 （4）锁上专用找零钱箱侧门，拔出钥匙。 （5）按压蓝色解锁按钮，推回硬币模块。 （6）输入 1 元硬币补币数： ① 按“Esc”键返回到“运营服务”界面，选择 1 补充硬币 A； ② 输入补币数 500，按“F1”键加币	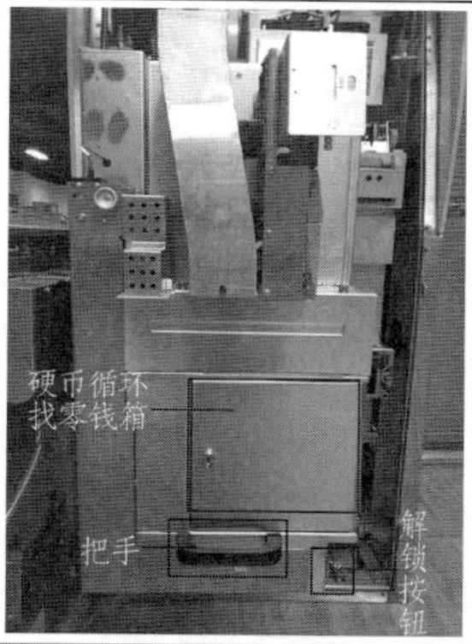 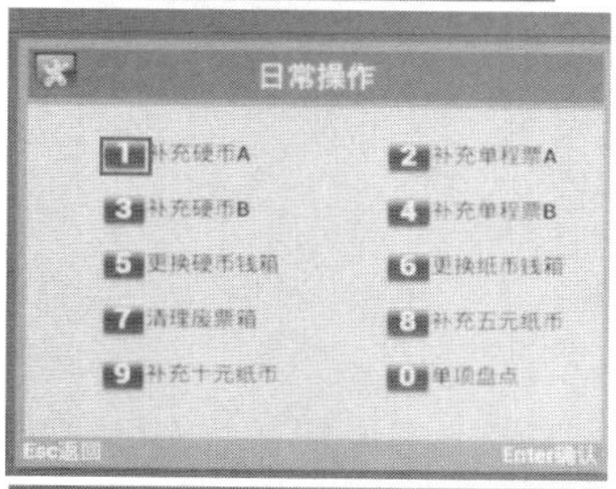 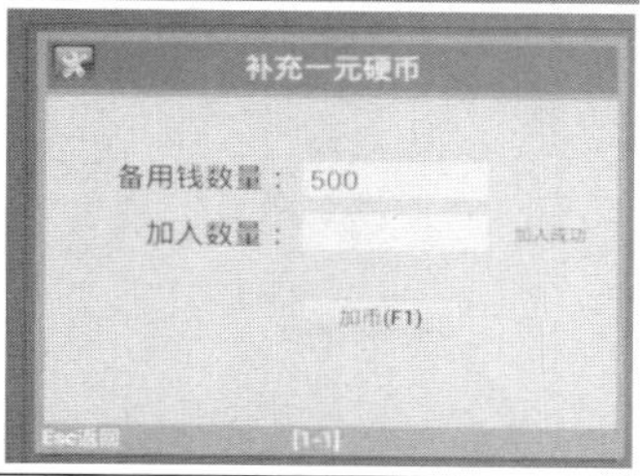

续表

<table>
<tr><th>序号</th><th>实训内容</th><th>详细信息</th><th>图片</th></tr>
<tr><td>4</td><td>装入纸币钱箱</td><td>（1）按压蓝色解锁按钮，拉出纸币模块。
（2）装入 5 元找零钱箱、10 元找零钱箱。
（3）装入纸币回收钱箱。
（4）按压蓝色解锁按钮，推回纸币模块。
（5）输入 5 元纸币、10 元纸币补币数：
① 按“Esc”键返回到“运营服务”界面中，选择 8 补充五元纸币；
② 输入补币数量 500，按“F1”键加币。
③ 按“Esc”键返回到“运营服务”界面，选择 9 补充十元纸币；
④ 输入补币数量 500，按“F1”键加币</td><td>

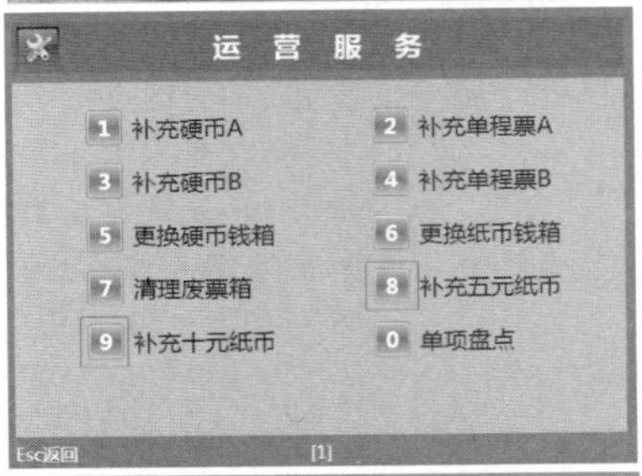

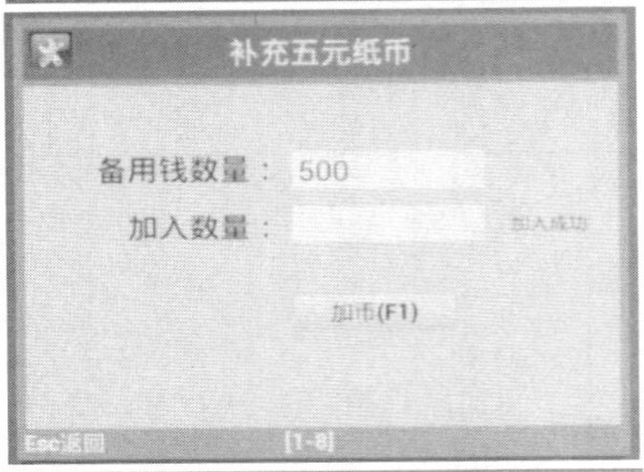

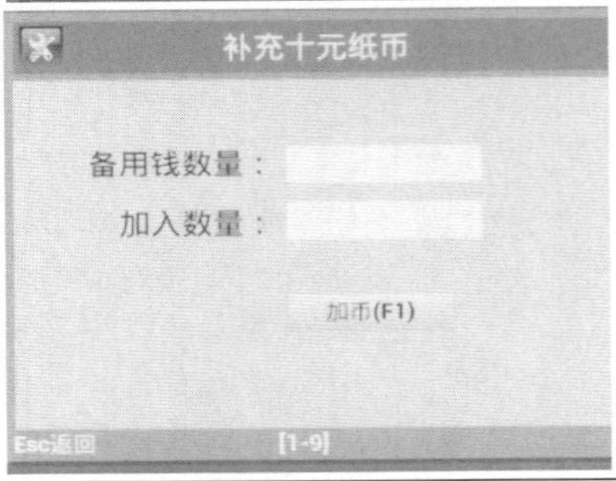
</td></tr>
<tr><td>5</td><td>装入硬币回收钱箱并上锁</td><td>（1）装入硬币回收钱箱。
（2）上锁：
① 使用硬币回收钱箱硬币入口封门钥匙（4 号）将硬币入口封门锁锁到位；
② 拔出钥匙</td><td>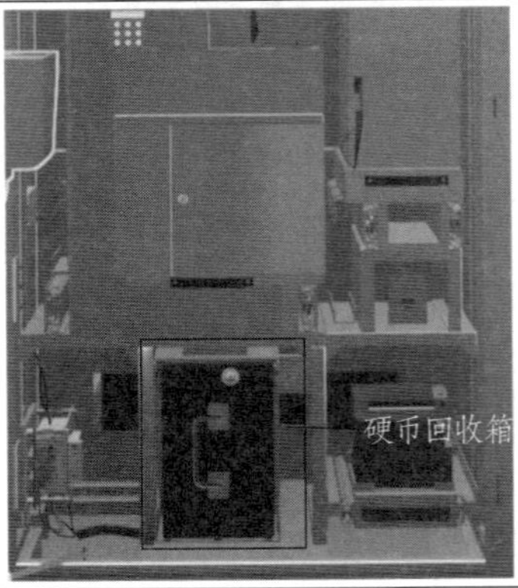
</td></tr>
</table>

续表

序号	实训内容	详细信息	图片
5	装入硬币回收钱箱并上锁		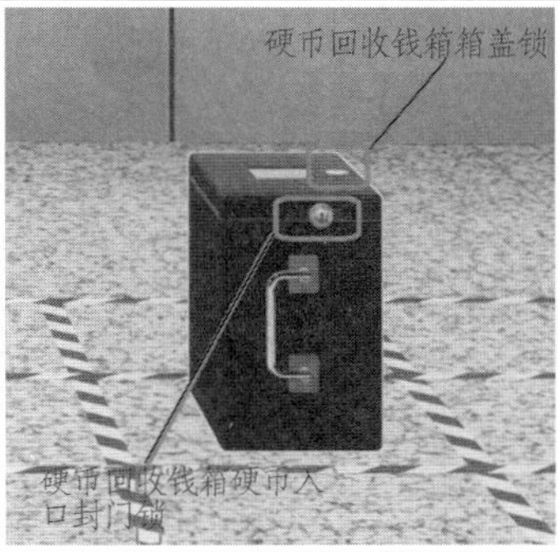
6	注销退出	（1）注销退出： ① 按 Esc 键返回到主菜单； ② 选择 8 注销退出，选择 1 确定。 （2）关上并锁闭 TVM 维护门（先关上门，再关下门）。 （3）拔出钥匙	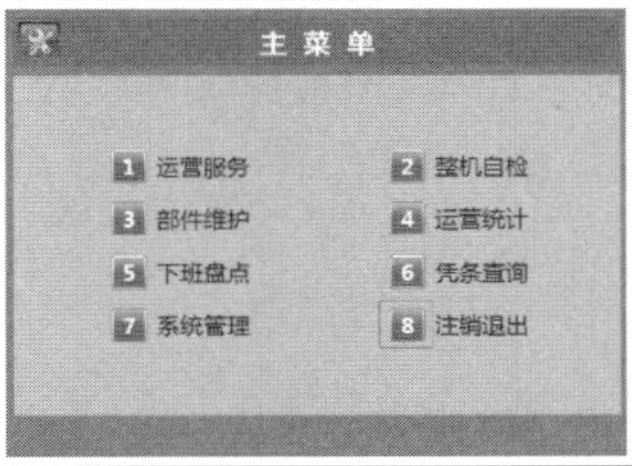

五、实训考核标准

表 4-1-2　实训考核标准

序号	内容	详细内容	配分	评分标准	得分
1	打开 TVM 维护门	使用 TVM 维护门钥匙（1 号）打开 TVM 维护门下门和上门	5	（1）未打开维护门，扣 5 分	
2	补充单程票	将装满单程票的票箱 A、B 装入，并在维护面板上输入补票数： （1）按压蓝色解锁按钮，拉出发卡模块	20	—	
		（2）装入 A 票箱：拉动 A 票箱下面的卡扣，将装好单程票的票箱放在 A 卡槽内，松开票箱卡扣，使其自动复位		（2）未安装 A 票箱到位，扣 5 分	
		（3）装入 B 票箱：拉动 B 票箱下面的卡扣，将装好单程票的票箱放在 B 卡槽内，松开票箱卡扣，使其自动复位		（3）未安装 B 票箱到位，扣 5 分	
		（4）按压蓝色解锁按钮，推回发卡模块		—	
		（5）输入补票数： ① 在维护面板输入账号“123456”、密码“123456”后，点击“Enter”键登录； ② 在“主菜单”中，选择“1 运营服务”； ③ 在“运营服务”界面，选择“2 补充单程票 A”； ④ 输入补票数 600，按“F1”键加票。 ⑤ 按“Esc”键返回到“运营服务”界面，选择 4 补充单程票 B； ⑥ 输入补票数 600，按“F1”键加票		（5）扣分标准： ① 未输入 A 票箱补票数，或补票数错误，扣 5 分； ② 未输入 B 票箱补票数，或补票数错误，扣 5 分； ③ 配分 10 分	

续表

序号	内容	详细内容	配分	评分标准	得分
3	补充硬币	（1）按压蓝色解锁按钮，拉出硬币模块	20	—	
		（2）使用硬币专用找零钱箱侧门钥匙（2号）打开专用找零钱箱侧门		（2）未打开侧门，扣2分	
		（3）装入1元专用找零钱箱A		（3）未装入1元专用找零钱箱，扣5分	
		（4）锁上专用找零钱箱侧门，拔出钥匙		（4）扣分标准： ①未锁上侧门，扣2分； ②未拔出钥匙，扣2分； ③配分4分	
		（5）按压蓝色解锁按钮，推回硬币模块		—	
		（6）输入1元硬币补币数： ①按“Esc”键返回到“运营服务”界面，选择1补充硬币A； ②输入补币数500，按“F1”键加币		（6）未输入1元硬币补币数，或补币数错误，扣5分	
4	装入纸币钱箱	（1）按压蓝色解锁按钮，拉出纸币模块	25	—	
		（2）装入5元找零钱箱、10元找零钱箱		（2）未将5元和10元找零钱箱安装到位，扣6分	
		（3）装入纸币回收钱箱		（3）未将纸币回收钱箱装到位，扣6分	
		（4）按压蓝色解锁按钮，推回纸币模块		—	
		（5）输入5元纸币、10元纸币补币数： ①按“Esc”键返回到“运营服务”界面中，选择“8补充五元纸币”； ②输入补币数量500，按“F1”键加币； ③按“Esc”键返回到“运营服务”界面，选择“9补充十元纸币”； ④输入补币数量500，按“F1”键加币		（5）扣分标准： ①未输入5元补币数，或补币数错误，扣6分； ②未输入10元补币数，或补币数错误，扣6分； ③配分12分	
5	装入硬币回收钱箱并上锁	（1）装入硬币回收钱箱	10	（1）未装入或未装到位，扣5分	
		（2）上锁： ①使用硬币回收钱箱硬币入口封门钥匙（4号）将硬币入口封门锁锁到位； ②拔出钥匙		（2）扣分标准： ①未将硬币入口封门锁锁到位，扣3分； ②未拔出钥匙，扣2分； ③配分5分	
6	注销退出	（1）注销退出： ①按Esc键返回到主菜单； ②选择8注销退出，选择1确定	10	（1）未注销退出，扣5分	
		（2）关上并锁闭TVM维护门（先关上门，再关下门）		（2）未关闭维护门，扣3分	
		（3）拔出钥匙		（3）未拔出钥匙，扣2分	
7	确认TVM设备正常	查看TVM运营状态显示器显示“服务中”，乘客显示器（触摸屏）处于正常服务模式	10	扣分标准： （1）若设备未处于正常服务模式，而进行手指口呼，扣10分； （2）未手指或手指位置错误，每处扣2.5分，配分5分； （3）未口呼或口呼内容错误，扣5分； （4）配分10分，扣完为止	
		（1）手指：TVM运营状态显示器、乘客显示器			
		（2）口呼：设备正常			
	合计		100		

六、思考题

（1）自动售票机开站步骤是什么?

（2）如何装入纸币钱箱?

（3）如何补充单程票?

任务二　自动售票机关站

一、实训目的

（1）掌握自动售票机关站的步骤。

（2）掌握下班盘点的操作过程。

（3）掌握取出票箱的操作过程。

（4）掌握取出纸币、硬币回收钱箱的操作过程。

二、理论链接

场景说明：

（1）TVM 处于暂停服务状态，要求将票箱、钱箱等清空，实现 TVM 结束运营。

（2）取出票箱、取出 1 元专用找零钱箱、取出纸币钱箱、取出硬币回收钱箱无先后顺序要求。

（3）取出 A 票箱、B 票箱无先后顺序要求；取出 5 元找零钱箱、10 元找零钱箱、纸币回收钱箱无先后顺序要求。

（4）首先进行下班盘点，听到硬币落入回收钱箱的声音结束后，取走回收硬币和纸币的回收钱箱。

三、实训要求

1. 实训时间

实训课时为 2 课时。

2. 实训形式

（1）实操作业与理论相结合。

（2）独自完成实训操作，结合理论链接以及实操完成实训考核。

3. 实训注意事项

（1）注意人身安全，避免被自动售票机夹伤。

（2）注意开关自动售票机柜门过程中不要有异物阻挡。

（3）严禁在操作自动售票机硬件设备遇到阻塞时，强制操作，避免损坏设备。

4. 工器具材料准备

（1）维护门钥匙。

（2）硬币专用找零钱箱侧门钥匙。

（3）纸币钱箱安全钥匙。

（4）硬币回收钱箱硬币入口封门钥匙。

四、实训作业步骤

表 4-2-1　实训作业步骤

<table>
<tr><th>序号</th><th>实训内容</th><th>详细信息</th><th>图片</th></tr>
<tr><td>1</td><td>下班盘点</td><td>（1）使用 TVM 维护门钥匙（1 号）打开 TVM 维护门下门和上门。
（2）进入下班盘点：
① 在维护面板输入账号 123456、密码 123456 后，点击“Enter”键登录；
② 在“主菜单”中，选择“5 下班盘点”</td><td>
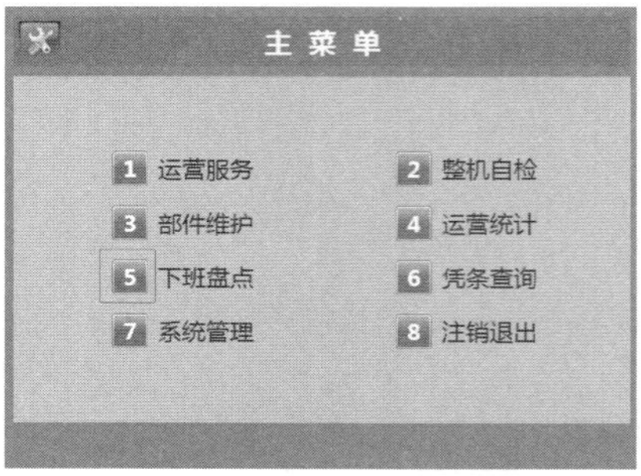

</td></tr>
<tr><td>2</td><td>取出票箱</td><td>（1）按压蓝色解锁按钮，拉出发卡模块。
（2）取出 2 个票箱：
① 取出 A 票箱：拉动 A 票箱下面的卡扣，取出 A 票箱；
② 取出 B 票箱：拉动 B 票箱下面的卡扣，取出 B 票箱。
③ 按压蓝色解锁按钮，推回发卡模块</td><td>
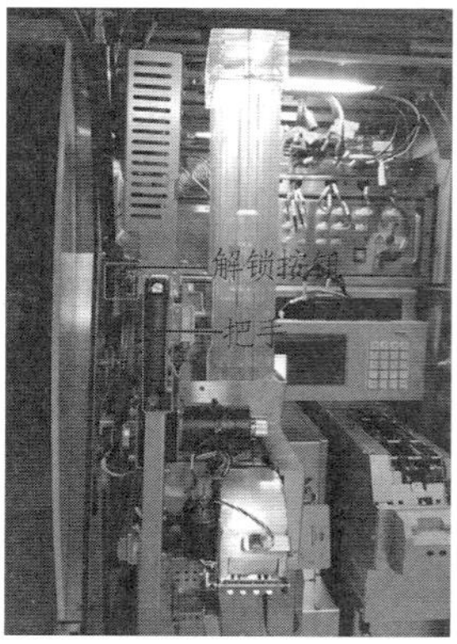

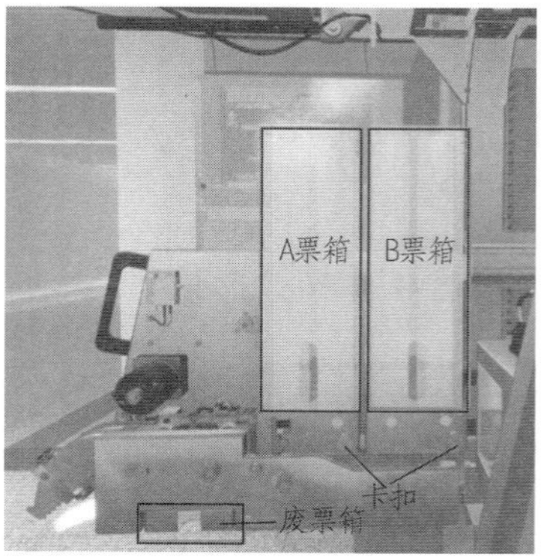

</td></tr>
</table>

续表

序号	实训内容	详细信息	图片
3	取出 1 元专用找零钱箱	（1）按压蓝色解锁按钮，拉出硬币模块。 （2）取出 1 元专用找零钱箱： ① 使用硬币专用找零钱箱侧门钥匙（2 号）打开专用找零钱箱侧门； ② 取出 1 元专用找零钱箱 A； ③ 锁上专用找零钱箱侧门，拔出钥匙。 ③ 按压蓝色解锁按钮，推回硬币模块	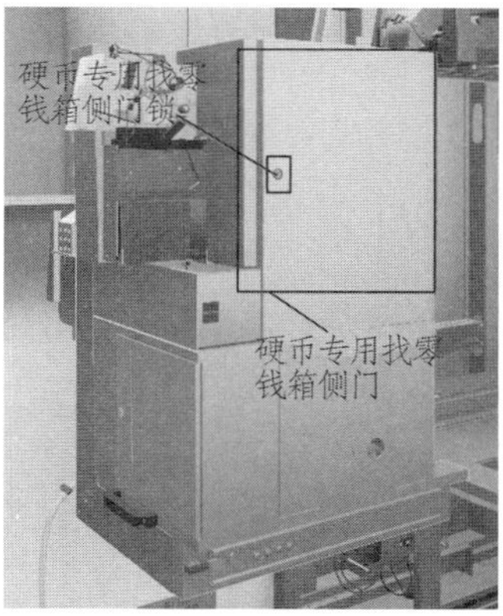 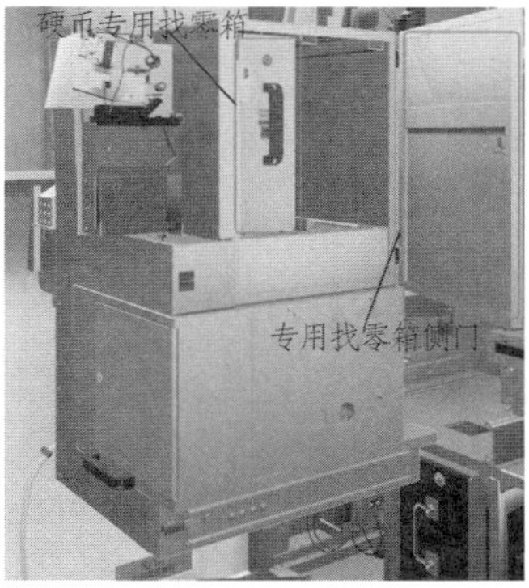
4	取出纸币钱箱	（1）按压蓝色解锁按钮，拉出纸币模块。 （2）取出 5 元、10 元找零钱箱： ① 使用纸币钱箱安全钥匙（6 号）打开纸币找零钱箱安全锁； ② 取出 5 元找零钱箱； ③ 取出 10 元找零钱箱。 ③ 取出纸币回收钱箱： ① 使用纸币钱箱安全钥匙（6 号）打开纸币回收钱箱安全锁； ② 取出纸币回收钱箱。 （4）拔出钥匙。 （5）按压蓝色解锁按钮，推回纸币模块	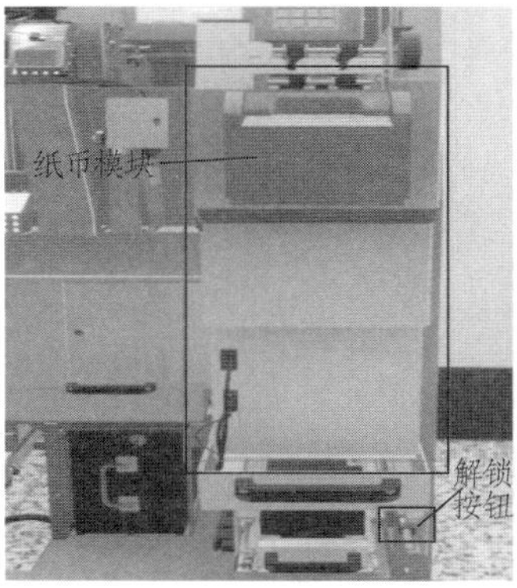 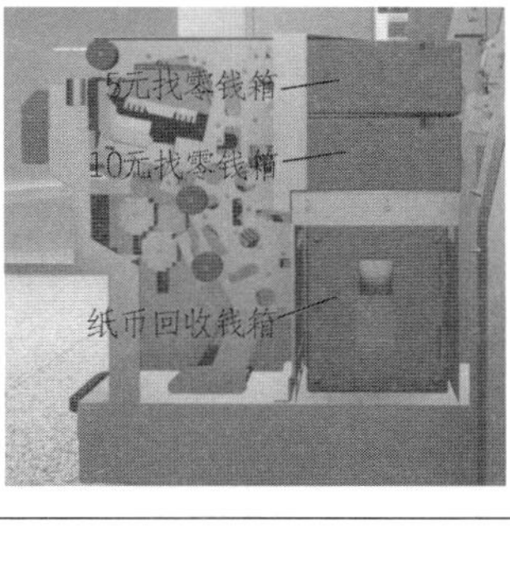

续表

序号	实训内容	详细信息	图片
5	取出硬币回收钱箱	（1）取出硬币回收钱箱：使用硬币回收钱箱硬币入口封门钥匙（4 号）解锁硬币入口封门锁，拉出硬币回收钱箱。 （2）拔出钥匙	
6	运营统计	进入运营统计： （1）按“Esc”键返回到主菜单。 （2）选择“4 运营统计”，确认单程票、硬币、纸币数量清零	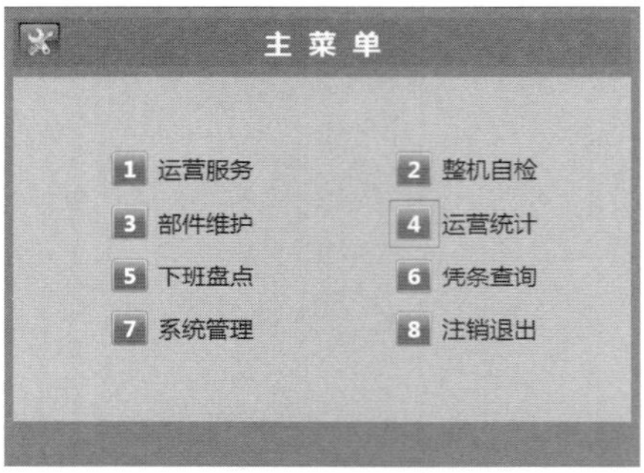 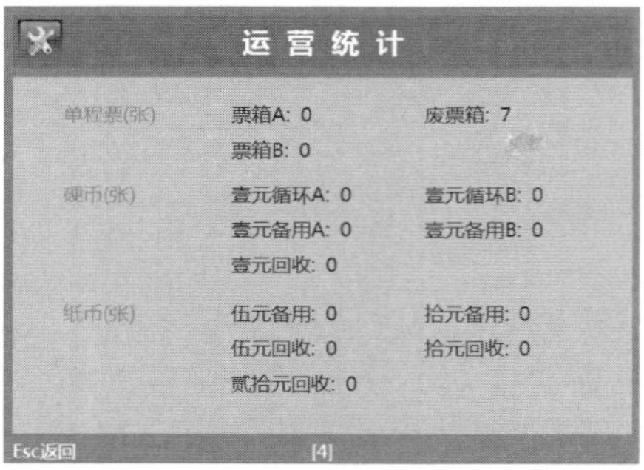
7	注销退出	（1）注销退出： ① 按“Esc”键返回到主菜单； ② 选择“8 注销退出”，选择“1 确定”。 （2）关上并锁闭 TVM 维护门（先关上门，再关下门）。 （3）拔出钥匙	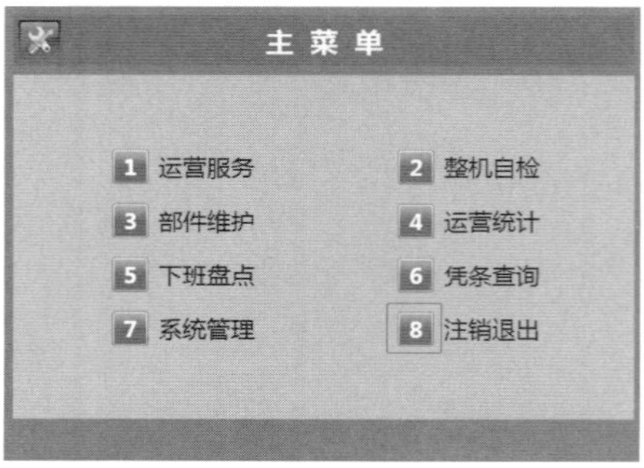

五、实训考核标准

表 4-2-2　实训考核标准

序号	内容	详细内容	配分	评分标准	得分
1	下班盘点	（1）使用 TVM 维护门钥匙（1 号）打开 TVM 维护门下门和上门	15	（1）未打开维护门，扣 5 分	
		（2）进入下班盘点： ① 在维护面板输入账号 123456、密码 123456 后，点击“Enter”键登录； ② 在“主菜单”中，选择 5 下班盘点		（2）未进行下班盘点，扣 10 分	
2	取出票箱	（1）按压蓝色解锁按钮，拉出发卡模块	12	—	
		（2）取出 2 个票箱： ① 取出 A 票箱：拉动 A 票箱下面的卡扣，取出 A 票箱； ② 取出 B 票箱：拉动 B 票箱下面的卡扣，取出 B 票箱		（2）扣分标准： ① 未取出 A 票箱，扣 6 分； ② 未取出 B 票箱，扣 6 分； ③ 配分 12 分	
		（3）按压蓝色解锁按钮，推回发卡模块		—	
3	取出 1 元专用找零钱箱	（1）按压蓝色解锁按钮，拉出硬币模块	14	—	
		（2）取出 1 元专用找零钱箱： ① 使用硬币专用找零钱箱侧门钥匙（2 号）打开专用找零钱箱侧门； ② 取出 1 元专用找零钱箱 A； ③ 锁上专用找零钱箱侧门，拔出钥匙		（2）扣分标准： ① 未取出 1 元专用找零钱箱，扣 6 分； ② 未锁上侧门，扣 6 分； ③ 未拔出钥匙，扣 2 分； ④ 配分 14 分	
		（3）按压蓝色解锁按钮，推回硬币模块		—	
4	取出纸币钱箱	（1）按压蓝色解锁按钮，拉出纸币模块	20	—	
		（2）取出 5 元、10 元找零钱箱： ① 使用纸币钱箱安全钥匙（6 号）打开纸币找零钱箱安全锁； ② 取出 5 元找零钱箱； ③ 取出 10 元找零钱箱		（2）扣分标准： ① 未取出 5 元找零钱箱，扣 6 分； ② 未取出 10 元找零钱箱，扣 6 分； ③ 配分 12 分	
		（3）取出纸币回收钱箱： ① 使用纸币钱箱安全钥匙（6 号）打开纸币回收钱箱安全锁； ② 取出纸币回收钱箱		（3）未取出纸币回收钱箱，扣 6 分	
		（4）拔出钥匙		（4）未拔出钥匙，扣 2 分	
		（5）按压蓝色解锁按钮，推回纸币模块		—	
5	取出硬币回收钱箱	（1）取出硬币回收钱箱：使用硬币回收钱箱硬币入口封门钥匙（4 号）解锁硬币入口封门锁，拉出硬币回收钱箱	8	（1）未取出硬币回收钱箱，扣 6 分	
		（2）拔出钥匙		（2）未拔出钥匙，扣 2 分	
6	运营统计	进入运营统计： （1）按“Esc”键返回到主菜单； （2）选择 4 运营统计，确认单程票、硬币、纸币数量清零	10	未通过运营统计确认单程票、硬币、纸币数量清零，扣 10 分	

续表

序号	内容	详细内容	配分	评分标准	得分
7	注销退出	（1）注销退出： ① 按“Esc”键返回到主菜单； ② 选择 8 注销退出，选择 1 确定	11	（1）未注销退出，扣 5 分	
		（2）关上并锁闭 TVM 维护门（先关上门，再关下门）		（2）未关闭维护门，扣 4 分	
		（3）拔出钥匙		（3）未拔出钥匙，扣 2 分	
8	关闭 TVM 设备	查看 TVM 运营状态显示器显示“结束运营”，乘客显示器（触摸屏）显示结束运营	10	扣分标准： （1）若设备未处于结束运营模式，而进行手指口呼，扣 10 分； （2）未手指或手指位置错误，每处扣 2.5 分，配分 5 分； （3）未口呼或口呼内容错误，扣 5 分； （4）配分 10 分，扣完为止	
		（1）手指：TVM 运营状态显示器、乘客显示器			
		（2）口呼：结束运营			
合计			100		

六、思考题

（1）自动售票机的关站步骤是什么？

（2）取出 1 元专用找零钱箱的作业步骤是什么？

任务三　AG 换向

一、实训目的

（1）掌握 AG 换向的操作流程。

（2）掌握更改闸机方向的操作步骤。

二、理论链接

1. 自动检票机

自动检票机如图 4-3-1 所示。

图 4-3-1　自动检票机

2. 付费区与非付费区的区别

非付费区就是从地面出入口经过通道下到站厅，经过安检直到检票闸机前。付费区就是进入闸机之后的空间。与非付费区之间通常以检票口为界。站台是站厅的公共区。地铁站厅公共区包含付费区和非付费区。

三、实训要求

1. 实训时间

实训课时为 1 课时。

2. 实训形式

（1）实操作业与理论相结合。

（2）个人单独操作。

3. 实训注意事项

（1）注意人身安全，避免被自动检票机夹伤。

（2）注意开关自动检票机维护门过程中不要有异物阻挡。

（3）严禁在操作自动检票机硬件设备遇到阻塞时，强制操作，避免损坏设备。

4. 工器具材料准备

AG 维护门钥匙。

四、实训作业步骤

表 4-3-1　实训作业步骤

序号	实训内容	详细信息	图片
1	更改闸机方向	（1）打开 AG 维护门： 使用 AG 维护门钥匙（8 号），打开非付费区维护门（2 号门），闸机扇门自动开启，取出小键盘。 （2）转换方向： ① 通过小键盘输入账号 123456、密码 123456，点击“Enter”键登录； ② 选择“2 通道类型设置”； ③ 选择“2 出站检票模式”	 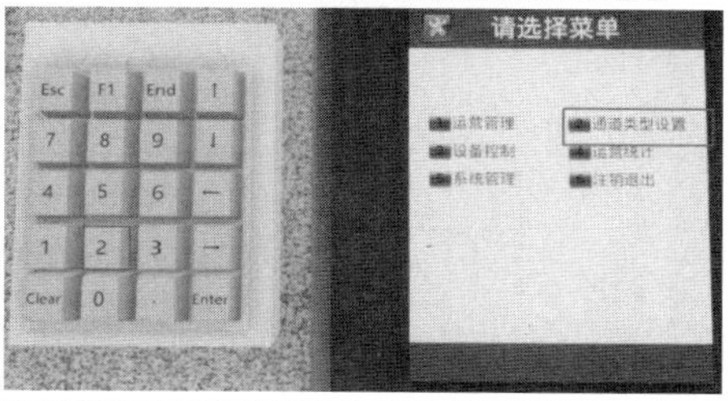

续表

序号	实训内容	详细信息	图片
1	更改闸机方向		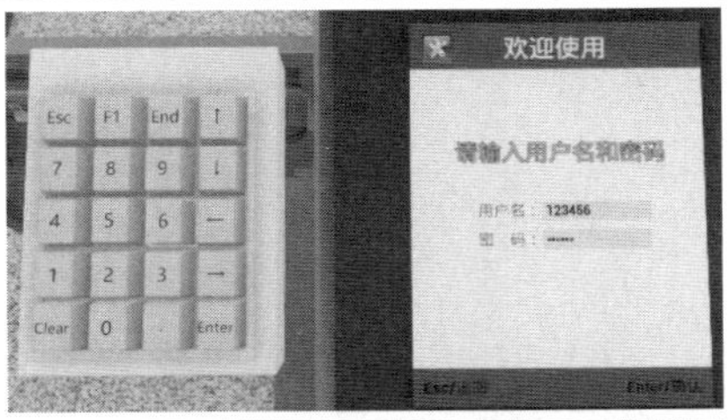
2	注销退出	（1）注销退出： ① 按“Esc”键返回到主菜单； ② 选择“6 注销退出”，选择“1 确定”。 （2）关闭 AG 维护门： ① 将小键盘收进非付费区侧门（2 号门）； ② 锁闭非付费区维护门（2 号门），闸机扇门自动关闭，并拔出钥匙	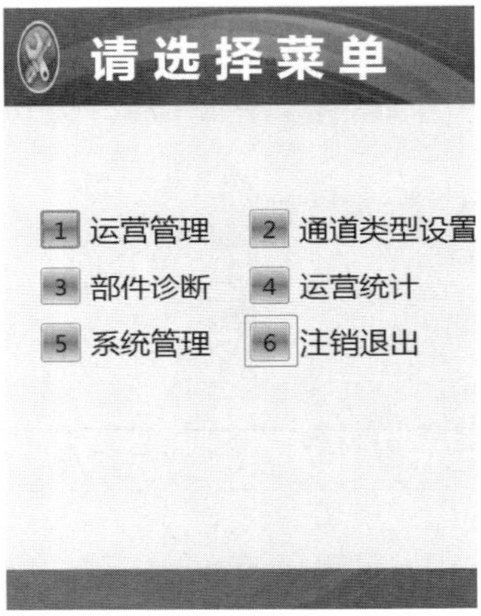
3	确认更改方向成功	确认非付费区、付费区两端顶棚导向标志和闸机指示灯方向正确	付费区  非付费区 

五、实训考核标准

实训考核场景说明：进站闸机转换为出站闸机。

表 4-3-2　实训考核标准

序号	内容	详细内容	配分	评分标准	得分
1	更改闸机方向	（1）打开 AG 维护门：使用 AG 维护门钥匙（8 号），打开非付费区维护门（2 号门），闸机扇门自动开启，取出小键盘	50	—	

续表

序号	内容	详细内容	配分	评分标准	得分
1	更改闸机方向	（2）转换方向： ① 通过小键盘输入账号 123456、密码 123456，点击“Enter”键登录； ② 选择“2 通道类型设置”； ③ 选择“2 出站检票模式”	50	（2）未选择正确的方向，扣 50 分	
2	注销退出	（1）注销退出： ① 按“” Esc 键返回到主菜单； ② 选择“6 注销退出”，选择“1 确定”	25	（1）未注销退出，扣 10 分	
		（2）关闭 AG 维护门： ① 将小键盘收进非付费区侧门（2 号门）； ② 锁闭非付费区维护门（2 号门），闸机扇门自动关闭，并拔出钥匙		（2）扣分标准： ① 未将小键盘收进侧门，扣 5 分； ② 未关闭维护门，扣 10 分； ③ 配分 15 分	
3	确认更改方向成功	确认非付费区、付费区两端顶棚导向标志和闸机指示灯方向正确	20	扣分标准： （1）若顶棚导向标志或闸机指示灯方向不正确，而进行手指口呼，扣 20 分； （2）未手指或手指位置不对，每处扣 2.5 分，配分 10 分； （3）未口呼或口呼内容错误，扣 10 分； （4）配分 20 分，扣完为止	
		（1）手指： ① 上下手指非付费区端顶棚导向标志、闸机指示灯； ② 上下手指付费区端顶棚导向标志、闸机指示灯			
		（2）口呼：导向标志方向正确，闸机方向转换完毕			
4	钥匙归位	将所有钥匙放到指定位置	5	未将钥匙放到指定位置，扣 5 分	
5	确认结束	（1）口呼：考试完毕。 （2）学生再次按下计时按钮，结束当前实训内容	—	—	—
合计			100		

六、思考题

（1）AG 换向的操作流程是什么？

（2）如何确认更改方向成功？

（3）非付费区和付费区的区别是什么？

项目五　英语问询

任务一　询问乘车路线

一、实训目的

（1）了解英语问询的方式。

（2）掌握乘车路线的英语问询。

二、理论链接

1. 关键单词音标

Railway Station	['reɪlweɪ 'steɪʃn]
Guidance	[' ɡ aɪdns]
Airport Station	['erpɔːrt 'steɪʃn]
Central Hospital	['sentrəl 'hɑːspɪtl]
Transfer	[træns'fɜːr]

2. 票价表与线路图

票价表与线路图如图 5-1-1 所示。

图 5-1-1　线路图

票价表如图 5-1-2 所示。

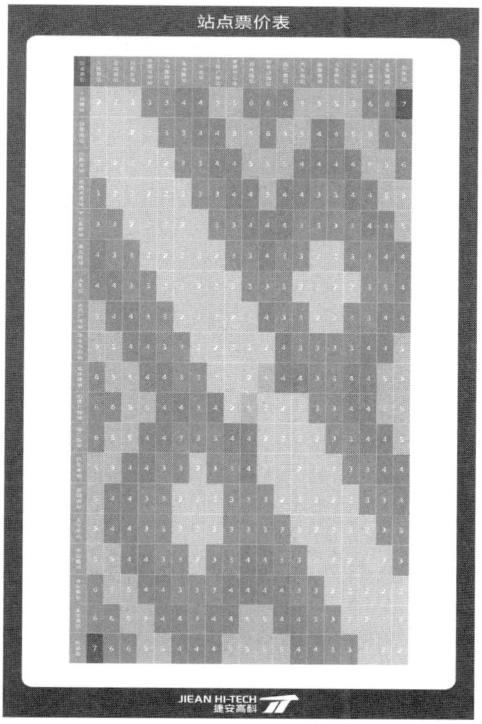

图 5-1-2　票价表

3. 行车和换乘时间

每个区间行车时间统一为 2 min，乘客换乘走行时间为 2 min。

三、实训要求

1. 实训时间

实训课时为 1 课时。

2. 实训形式

（1）实操作业与理论相结合。

（2）独自完成实训操作，结合理论链接以及实操完成实训考核。

3. 实训注意事项

（1）注意多练习。

（2）英语问询时发音正确。

（3）语调要平缓，不错说、多说、漏说。

4. 工器具材料准备

鹅颈话筒。

四、实训作业步骤

表 5-1-1　实训作业步骤

序号	实训内容	详细信息
1	问询方向	（1）乘客主动问询： Excuse me. Is this train bound for (Railway Station)? （翻译：请问这是去（火车站）的列车吗？） （2）站务员应答： Yes, you can take line (2) for (Railway Station), please follow the guidance to take the train. [翻译：是的，乘坐（2）号线可到达（火车站），请根据导向指引乘车。] （3）乘客问询： How can I get there? （翻译：请问我该如何到达？） （4）站务员应答： You can take line (2) towards (Airport Station), it's (3) stations away from here.[翻译：从这个站坐（2）号线（机场站）方向，一共（3）站。]
2	问询坐车	（1）乘客主动问询： I would like to go to (Central Hospital Station), but I don't know how to get there. [翻译：我要去（中心医院站），但我不知道怎么坐车。] （2）站务员应答： The (Central Hospital Station) is on line (1), you can take line (2) and then transfer line (1) at the Railway Station. [翻译：（中心医院站）在（1）号线，您可以乘坐（2）号线在火车站换乘（1）号线。]
3	问询站点	（1）乘客问询： How many stations does it take? （翻译：需要坐几个站？） （2）站务员应答： It's (3) stations away from here. [翻译：一共（3）个站。]

五、实训考核标准

表 5-1-2　实训考核标准（问询 1）

序号	内容	详细内容	配分	评分标准	得分
1	英语问询	（1）乘客主动问询： Excuse me. Is this train bound for (Railway Station)? [翻译：请问这是去（火车站）的列车吗？]	100	—	
		（2）站务员应答： Yes, you can take line (2) for (Railway Station), please follow the guidance to take the train.		（2）扣分标准： ① 指引错误，扣 50 分； ② 要求英语使用正确，语音正确，语调平缓，错/漏/多说一个单词扣 5 分；	

续表

序号	内容	详细内容	配分	评分标准	得分
1	英语问询	[翻译：是的，乘坐（2）号线可到达（火车站），请根据导向指引乘车。]		③ 配分 50 分，扣完为止	
		（3）乘客问询：How can I get there?（翻译：请问我该如何到达？）		—	
		（4）站务员应答：You can take line (2) towards (Airport Station), it's (3) stations away from here.[翻译：从这个站坐（2）号线（机场站）方向，一共（3）站。]		（4）扣分标准：① 数据错误，扣 20 分；② 要求英语使用正确，语音正确，语调平缓，错/漏/多说一个单词扣 5 分；③ 配分 50 分，扣完为止	
合计			100		

表 5-1-3　实训考核标准（问询 2）

序号	内容	详细内容	配分	评分标准	得分
1	英语问询	（1）乘客主动问询：I would like to go to (Central Hospital Station), but I don't know how to get there.[翻译：我要去（中心医院站），但我不知道怎么坐车。]	100	—	
		（2）站务员应答：The (Central Hospital Station) is on line (1), you can take line (2) and then transfer line (1) at the Railway Station.[翻译：（中心医院站）在（1）号线，您可以乘坐（2）号线在火车站换乘（1）号线。]		（2）扣分标准：① 指引错误，扣 50 分；② 要求英语使用正确，语音正确，语调平缓，错/漏/多说一个单词扣 5 分；③ 配分 50 分，扣完为止	
		（3）乘客问询：How many stations does it take?（翻译：需要坐几个站？）		—	
		（4）站务员应答：It's (3) stations away from here.[翻译：一共（3）个站。]		（4）扣分标准：① 数据错误，扣 20 分；② 要求英语使用正确，语音正确，语调平缓，错/漏/多说一个单词扣 5 分；③ 配分 50 分，扣完为止	
合计			100		

六、思考题

（1）乘车路线英语问询的对话内容是什么？

（2）问询 2 中，去（中心医院站）乘坐（2）号线在火车站换乘（1）号线需要几站？

任务二　询问首末班车

一、实训目的

（1）了解英语问询的方式。

（2）掌握首末班车的英语问询。

二、理论链接

1. 关键单词音标

Zoo Station	[zuː 'steɪʃn]
Railway Station	['reɪlweɪ 'steɪʃn]
service	['sɜːrvɪs]
departure	[dɪ'pɑːrtʃər]

2. 场景说明

（1）时间 t = 首班车时间 + 当前站与目的站乘车时间 + 30 min，若该时间早于火车票时间，则回答可以赶上；若该时间晚于火车票时间，则回答赶不上。

（2）在回答乘客从本站需要多久到火车站时，该时间包括乘车时间和换乘时间

（3）关于询问是否延长收车，统一回复有延长收车。

3. 行车和换乘时间

每个区间行车时间统一为 2 min，乘客换乘走行时间为 2 min。

三、实训要求

1. 实训时间

实训课时为 1 课时。

2. 实训形式

（1）实操作业与理论相结合。

（2）独自完成实训操作，结合理论链接以及实操完成实训考核。

3. 实训注意事项

（1）注意多练习。

（2）英语问询语音正确。

（3）语调要平缓，不错说、多说、漏说。

4. 工器具材料准备

鹅颈话筒。

四、实训作业步骤

表 5-2-1 实训作业步骤

序号	实训内容	详细信息
1	问询时间	（1）乘客主动问询： Excuse me. When does the last train/first train leave for (Zoo Station)? [翻译：请问本站去（动物园站）的最后一班车/第一班车是什么时间？] （2）站务员应答： The first/last train leaves at (6:02/ 22:32). [翻译：最后一班车/首班车是（6:02/22:32）。] （3）乘客问询： How long does it take to get there? （翻译：从这里过去需要多久？） （4）站务员应答： It takes about (10) minutes. [翻译：大概（10）分钟。]
2	问询时间	（1）乘客主动问询： Excuse me. When does the first train leave for (Railway Station)? [翻译：请问本站去（火车站）的第一班车是什么时间？] （2）站务员应答： The first train leaves at (6:02). [翻译：第一班车是（6:02）。] （3）乘客问询： My train departure time is (6:45), can I catch the train? [翻译：我的火车票是（6:45）能赶上吗？] （4）站务员应答： The (Zoo Station) is (5) stations from (Railway Station), each station takes 2 minutes to travel, you can/can't catch the train if you take the first train. [翻译：（动物园站）离（火车站）有（5）站，每个站大概需要 2 分钟运行时间，您乘坐首班车可以/不可以赶上火车。]
3	问询时间	（1）乘客主动问询： Excuse me. When does the last train/first train leave for (Zoo Station)? [翻译：请问本站去（动物园站）的最后一班车/第一班车是什么时间？] （2）站务员应答： The first/last train leaves at (6:02/22:32). [翻译：首班车/尾班车是（6:02/22:32）。] （3）乘客问询： How far does it take from (Zoo Station) to (Railway Station), and how long does it take? [翻译：（动物园站）离（火车站）有多远？需要多久时间？] （4）站务员应答： It's (5) stations. Each station takes 2 minutes to travel, and in all it takes (10) minutes. [翻译：有（5）站的距离，每个站大约需要 2 分钟时间，一共是（10）分钟。]

续表

序号	实训内容	详细信息
4	问询时间	（1）乘客主动问询： Excuse me. When does the last train leave for (Zoo Station)? [翻译：请问本站去（动物园站）的最后一班车是什么时间？] （2）站务员应答： The last train leaves at (22:32). [翻译：最后一班车是（22:32）。] （3）乘客问询： Can I catch the last train to (Zoo Station) at (Railway Station) if I take this train?[翻译：搭这一趟车能在（火车站）赶上去（动物园站）的末班车吗？] （4）站务员应答： It takes about (10) minutes to get to (the Railway Station), and the last train at (Railway Station) towards (Renmin Road Station) is (22:38), which means you can/can't catch it. [翻译：您需要（10）分钟到（火车站），（火车站）（人民路站）方向最后一班车是（22:38），您能够/不能赶上那趟车。]
5	问询时间	（1）乘客主动问询： Excuse me. When does the last train leave for (Zoo Station)? [翻译：请问本站去（动物园站）的最后一班车是什么时间？] （2）站务员应答： The last train leaves at (22:32). [翻译：最后一班车是（22:32）。] （3）乘客问询： Do you extend your service time tonight?（翻译：你们今晚会延长收车吗？） （4）站务员应答： Yes, the last train towards (Fenglin Road) is used to be (22:32), we will extend 1 hour service tonight, and it changes to (23:32). Both are departure time. [翻译：是的，开往（枫林路）方向的最后一班车本来是（22:32），今天延长一小时后改为（23：32），都是发车时间。]

五、实训考核标准

表 5-2-2　实训考核标准（问询 1）

序号	内容	详细内容	配分	评分标准	得分
1	英语问询	（1）乘客主动问询： Excuse me. When does the last train/first train leave for (Zoo Station)? [翻译：请问本站去（动物园站）的最后一班车/第一班车是什么时间？]	100	—	
		（2）站务员应答： The first/last train leaves at (6:02/ 22:32). [翻译：最后一班车/首班车是（6:02/22:32）。]		（2）扣分标准： ① 时间错误，扣 20 分； ② 要求英语使用正确，语音正确，语调平缓，错/漏/多说一个单词扣 5 分； ③ 配分 50 分，扣完为止	

续表

序号	内容	详细内容	配分	评分标准	得分
1	英语问询	（3）乘客问询： How long does it take to get there? （翻译：从这里过去需要多久？）	100	—	
		（4）站务员应答： It takes about (10) minutes. [翻译：大概（10）分钟。]		（4）扣分标准： ① 数据错误，扣 20 分； ② 要求英语使用正确，语音正确，语调平缓，错/漏/多说一个单词扣 5 分； ③ 配分 50 分，扣完为止	
合计			100		

表 5-2-3　实训考核标准（问询 2）

序号	内容	详细内容	配分	评分标准	得分
1	英语问询	（1）乘客主动问询： Excuse me. When does the first train leave for (Railway Station)? [翻译：请问本站去（火车站）的第一班车是什么时间？]	100	—	
		（2）站务员应答： The first train leaves at (6:02). [翻译：第一班车是（6:02）。]		（2）扣分标准： ① 时间错误，扣 20 分； ② 要求英语使用正确，语音正确，语调平缓，错/漏/多说一个单词扣 5 分； ③ 配分 50 分，扣完为止	
		（3）乘客问询： My train departure time is (6:45), can I catch the train? [翻译：我的火车票是（6:45）能赶上吗？]		—	
		（4）站务员应答： The (Zoo Station) is (5) stations from (Railway Station), each station takes 2 minutes to travel, you can/can't catch the train if you take the first train. [翻译：（动物园站）离（火车站）有（5）站，每个站大概需要 2 分钟运行时间，您乘坐首班车可以/不可以赶上火车。]		（4）扣分标准： ① 数据错误，扣 20 分； ② 要求英语使用正确，语音正确，语调平缓，错/漏/多说一个单词扣 5 分； ③ 配分 50 分，扣完为止	
合计			100		

表 5-2-4　实训考核标准（问询 3）

<table>
<tr><th>序号</th><th>内容</th><th>详细内容</th><th>配分</th><th>评分标准</th><th>得分</th></tr>
<tr><td rowspan="4">1</td><td rowspan="4">英语问询</td><td>（1）乘客主动问询：
Excuse me. When does the last train/first train leave for (Zoo Station)?
[翻译：请问本站去（动物园站）的最后一班车/第一班车是什么时间？]</td><td rowspan="4">100</td><td>—</td><td rowspan="4"></td></tr>
<tr><td>（2）站务员应答：
The first/last train leaves at (6:02/22:32).
[翻译：首班车/尾班车是（6:02/22:32）。]</td><td>（2）扣分标准：
① 时间错误，扣 20 分；
② 要求英语使用正确，语音正确，语调平缓，错/漏/多说一个单词扣 5 分；
③ 配分 50 分，扣完为止</td></tr>
<tr><td>（3）乘客问询：
How far does it take from (Zoo Station) to (Railway Station), and how long does it take?
[翻译：（动物园站）离（火车站）有多远？需要多久时间？]</td><td>—</td></tr>
<tr><td>（4）站务员应答：
It's (5) stations. Each station takes 2 minutes to travel, and in all it takes (10) minutes.
[翻译：有（5）站的距离，每个站大约需要 2 分钟时间，一共是（10）分钟。]</td><td>（4）扣分标准：
① 数据错误，扣 20 分；
② 要求英语使用正确，语音正确，语调平缓，错/漏/多说一个单词扣 5 分；
③ 配分 50 分，扣完为止</td></tr>
<tr><td colspan="3">合计</td><td>100</td><td colspan="2"></td></tr>
</table>

表 5-2-5　实训考核标准（问询 4）

<table>
<tr><th>序号</th><th>内容</th><th>详细内容</th><th>配分</th><th>评分标准</th><th>得分</th></tr>
<tr><td rowspan="3">1</td><td rowspan="3">英语问询</td><td>（1）乘客主动问询：
Excuse me. When does the last train leave for (Zoo Station)?
[翻译：请问本站去（动物园站）的最后一班车是什么时间？]</td><td rowspan="3">100</td><td>—</td><td rowspan="3"></td></tr>
<tr><td>（2）站务员应答：
The last train leaves at (22:32).
[翻译：最后一班车是（22:32）。]</td><td>（2）扣分标准：
① 时间错误，扣 20 分；
② 要求英语使用正确，语音正确，语调平缓，错/漏/多说一个单词扣 5 分；
③ 配分 50 分，扣完为止</td></tr>
<tr><td>（3）乘客问询：
Can I catch the last train to (Zoo Station) at (Railway Station) if I take this train?[翻译：搭这一趟车能在（火车站）赶上去（动物园站）的末班车吗？]</td><td>—</td></tr>
</table>

续表

序号	内容	详细内容	配分	评分标准	得分
1	英语问询	（4）站务员应答： It takes about (10) minutes to get to (the Railway Station), and the last train at (Railway Station) towards (Renmin Road Station) is (22:38), which means you can/can't catch it. [翻译：您需要（10）分钟到（火车站），（火车站）（人民路站）方向最后一班车是(22:38)，您能够/不能赶上那趟车。]	100	（4）扣分标准： ① 数据错误，扣 20 分； ② 要求英语使用正确，语音正确，语调平缓，错/漏/多说一个单词扣 5 分； ③ 配分 50 分，扣完为止	
合计			100		

表 5-2-6　实训考核标准（问询 5）

序号	内容	详细内容	配分	评分标准	得分
1	英语问询	（1）乘客主动问询： Excuse me. When does the last train leave for (Zoo Station)? [翻译：请问本站去（动物园站）的最后一班车是什么时间？]	100	—	
		（2）站务员应答： The last train leaves at (22:32). [翻译：最后一班车是（22:32）。]		（2）扣分标准： ① 时间错误，扣 20 分； ② 要求英语使用正确，语音正确，语调平缓，错/漏/多说一个单词扣 5 分； ③ 配分 50 分，扣完为止	
		（3）乘客问询： Do you extend your service time tonight?（翻译：你们今晚会延长收车吗？）		—	
		（4）站务员应答： Yes, the last train towards (Fenglin Road) is used to be (22:32), we will extend 1 hour service tonight, and it changes to (23:32). Both are departure time. [翻译：是的，开往（枫林路）方向的最后一班车本来是（22:32），今天延长一小时后改为（23:32），都是发车时间。]		（4）扣分标准： ① 数据错误，扣 20 分； ② 要求英语使用正确，语音正确，语调平缓，错/漏/多说一个单词扣 5 分； ③ 配分 50 分，扣完为止	
合计			100		

六、思考题

（1）首末班车英语问询的对话内容是什么?

（2）乘客怎样用英语问询“请问本站去（动物园站）的最后一班车是什么时间”?

任务三　乘客问路

一、实训目的

（1）了解英语问询的方式。

（2）掌握乘客问路的英语问询。

二、理论链接

1. 关键单词音标

Nearest	['nɪrəst]
Station	['steɪʃn]
escalator	['eskəleɪtər]
toilet	['tɔɪlət]
subway	['sʌbweɪ]
Restaurant	['restrɑːnt]

2. 场景说明

关于乘客问询 A/B/C/D 口是否有扶梯，统一回复有扶梯。

3. 行车和换乘时间

每个区间行车时间统一为 2 min，乘客换乘走行时间为 2 min。

三、实训要求

1. 实训时间

实训课时为 1 课时。

2. 实训形式

（1）实操作业与理论相结合。

（2）独自完成实训操作，结合理论链接以及实操完成实训考核。

3. 实训注意事项

（1）注意多练习。

（2）英语问询语音正确。

（3）语调要平缓，不错说、多说、漏说。

4. 工器具材料准备

鹅颈话筒。

四、实训作业步骤

表 5-3-1　实训作业步骤

序号	实训内容	详细信息
1	问询方向/扶梯	（1）乘客主动问询： Excuse me. Where is (the nearest bus stop)? [翻译：请问（最近公交车站）在哪里？] （2）站务员应答： Leave the station from Exit (A). [翻译：从（A）口出去。] （3）乘客问询： Is there an escalator at exit (A)? [翻译：请问（A）口有扶梯吗？] （4）站务员应答： Yes, there is an escalator at Exit (A).Let me help you to carry the luggage to (A). （有的，（A）口有扶梯，我帮你把行李拿到（A）口吧。）
2	问询方向/时间	（1）乘客主动问询： Excuse me. Where is (the museum)? [翻译：请问（博物馆）在哪个出口？] （2）站务员应答： Leave the station from Exit (D). [翻译：从（D）口出去。] （3）乘客问询： When does it open，by the way? [翻译：顺便问一下（博物馆）几点开门？] （4）站务员应答： It opens at 9:00 am every day and closes at 7:00 pm. （翻译：每天上午九点开门，下午七点关门。）
3	问询方向/厕所	（1）乘客主动问询： Excuse me. Where is the toilet in the subway station? （翻译：请问地铁里有厕所吗？）（2）站务员应答： I'm sorry. There is no toilet in this station. （翻译：不好意思，这个车站没有厕所。） （3）乘客问询： Where is the nearest toilet? （翻译：请问最近的厕所在哪里？） （4）站务员应答： You can leave from Exit A. There is a public toilet within 10 meters. （翻译：从 A 口出去 10 米有公共厕所。）
4	问询方向/饭店	（1）乘客主动问询： Excuse me. Where is (the Restaurant)? [翻译：请问（饭店）在哪里？] （2）站务员应答： Leave the station from Exit (B). [翻译：从（B）口出去。] （3）乘客问询： Is (the Peace Hotel) far away from (the Restaurant)? [翻译：（和平酒店）离（饭店）远吗?] （4）站务员应答： Not far away, you can leave from Exit (B). They are next to each other, and it takes 2 minutes by walking. [翻译：不远，都在（B）口上面，他们紧挨着，步行大概 2 分钟。]

五、实训考核标准

表 5-3-2　实训考核标准（问询 1）

<table>
<tr><th>序号</th><th>内容</th><th>详细内容</th><th>配分</th><th>评分标准</th><th>得分</th></tr>
<tr><td rowspan="4">1</td><td rowspan="4">英语问询</td><td>（1）乛客主动问询：
Excuse me. Where is (the nearest bus stop)?
[翻译：请问（最近公交车站）在哪里？]</td><td rowspan="4">100</td><td>—</td><td rowspan="4"></td></tr>
<tr><td>（2）站务员应答：
Leave the station from Exit (A).
[翻译：从（A）口出去。]</td><td>（2）扣分标准：
① 指引错误，扣 50 分；
② 要求英语使用正确，语音正确，语调平缓，错/漏/多说一个单词扣 5 分；
③ 配分 50 分，扣完为止</td></tr>
<tr><td>（3）乘客问询：
Is there an escalator at exit (A)?
[翻译：请问（A）口有扶梯吗？]</td><td>—</td></tr>
<tr><td>（4）站务员应答：
Yes, there is an escalator at Exit (A).Let me help you to carry the luggage to (A). [有的,（A）口有扶梯,我帮你把行李拿到（A）口吧。]</td><td>（4）扣分标准：
① 指引错误，扣 50 分；
② 要求英语使用正确，语音正确，语调平缓，错/漏/多说一个单词扣 5 分；
③ 配分 50 分，扣完为止</td></tr>
<tr><td colspan="3">合计</td><td>100</td><td colspan="2"></td></tr>
</table>

表 5-3-3　实训考核标准（问询 2）

<table>
<tr><th>序号</th><th>内容</th><th>详细内容</th><th>配分</th><th>评分标准</th><th>得分</th></tr>
<tr><td rowspan="4">1</td><td rowspan="4">英语问询</td><td>（1）乘客主动问询：
Excuse me. Where is (the museum)?
[翻译：请问（博物馆）在哪个出口？]</td><td rowspan="4">100</td><td>—</td><td rowspan="4"></td></tr>
<tr><td>（2）站务员应答：
Leave the station from Exit (D).
[翻译：从（D）口出去。]</td><td>（2）扣分标准：
① 指引错误，扣 50 分；
② 要求英语使用正确，语音正确，语调平缓，错/漏/多说一个单词扣 5 分；
③ 配分 50 分，扣完为止</td></tr>
<tr><td>（3）乘客问询：
When does it open，by the way?
[翻译：顺便问一下（博物馆）几点开门？]</td><td>—</td></tr>
<tr><td>（4）站务员应答：
It opens at 9:00 am every day and closes at 7:00 pm.
（翻译：每天上午九点开门，下午七点关门。）</td><td>（4）扣分标准：
① 数据错误，扣 20 分；
② 要求英语使用正确，语音正确，语调平缓，错/漏/多说一个单词扣 5 分；
③ 配分 50 分，扣完为止</td></tr>
<tr><td colspan="3">合计</td><td>100</td><td colspan="2"></td></tr>
</table>

表 5-3-4　实训考核标准（问询 3）

序号	内容	详细内容	配分	评分标准	得分
1	英语问询	（1）乘客主动问询： Excuse me. Where is the toilet in the subway station? （翻译：请问地铁里有厕所吗？）	100	—	
		（2）站务员应答： I'm sorry. There is no toilet in this station. （翻译：不好意思，这个车站没有厕所。）		（2）扣分标准： ① 指引错误，扣 50 分； ② 要求英语使用正确，语音正确，语调平缓，错/漏/多说一个单词扣 5 分； ③ 配分 50 分，扣完为止	
		（3）乘客问询： Where is the nearest toilet? （翻译：请问最近的厕所在哪里？）		—	
		（4）站务员应答： You can leave from Exit A. There is a public toilet within 10 meters. （翻译：从 A 口出去 10 米有公共厕所。）		（4）扣分标准： ① 指引错误，扣 50 分； ② 要求英语使用正确，语音正确，语调平缓，错/漏/多说一个单词扣 5 分； ③ 配分 50 分，扣完为止	
合计			100		

表 5-3-5　实训考核标准（问询 4）

序号	内容	详细内容	配分	评分标准	得分
1	英语问询	（1）乘客主动问询： Excuse me. Where is (the Restaurant)? [翻译：请问（饭店）在哪里？]	100	—	
		（2）站务员应答： Leave the station from Exit (B). [翻译：从（B）口出去。]		（2）扣分标准： ① 指引错误，扣 50 分； ② 要求英语使用正确，语音正确，语调平缓，错/漏/多说一个单词扣 5 分； ③ 配分 50 分，扣完为止	
		（3）乘客问询： Is (the Peace Hotel) far away from (the Restaurant)? [翻译：（和平酒店）离（饭店）远吗?]		—	
		（4）站务员应答： Not far away, you can leave from Exit (B). They are next to each other, and it takes 2 minutes by walking. [翻译：不远，都在（B）口上面，他们紧挨着，步行大概 2 分钟。]		（4）扣分标准： ① 指引错误，扣 50 分； ② 要求英语使用正确，语音正确，语调平缓，错/漏/多说一个单词扣 5 分； ③ 配分 50 分，扣完为止	
合计			100		

六、思考题

（1）乘客问路英语问询的对话内容是什么？

（2）乘客怎样用英语问询“请问（博物馆）在哪个出口”？

任务四　询问票务

一、实训目的

（1）了解英语问询的方式。

（2）掌握票务的英语问询。

二、理论链接

1. 关键单词音标

Zoo Station [zuː 'steɪʃn]

Railway Station ['reɪlweɪ 'steɪʃn]

Ticket ['tɪkɪt]

Discount ['dɪskaʊnt]

2. 线路图与票价表

线路图如图 5-4-1 所示，票价表如图 5-4-2 所示。

图 5-4-1　线路图

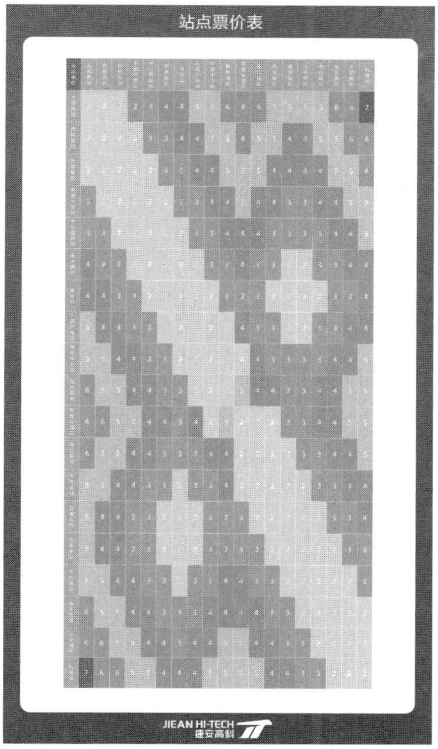

图 5-4-2　票价表

3. 行车和换乘时间

每个区间行车时间统一为 2 min，乘客换乘走行时间为 2 min。

三、实训要求

1. 实训时间

实训课时为 1 课时。

2. 实训形式

（1）实操作业与理论相结合。

（2）独自完成实训操作，结合理论链接以及实操完成实训考核。

3. 实训注意事项

（1）注意多练习。

（2）英语问询语音正确。

（3）语调要平缓，不错说、多说、漏说。

4. 工器具材料准备

鹅颈话筒。

四、实训作业步骤

表 5-4-1　实训作业步骤

序号	实训内容	详细信息
1	问询票价	（1）乘客主动问询： How much is the ticket from （Zoo Station）to （Railway Station）? [翻译：请问从（动物园站）去（火车站）的车票是多少钱?] （2）站务员应答： The ticket from （Zoo Station）to （Railway Station）is （4）yuan. [翻译：（动物园站）去（火车站）的票价是（4）元。] （3）乘客问询： Is there any discount for student ticket? （翻译：请问学生票可以打折吗？） （4）站务员应答： I am sorry. The current discount is only for primary and secondary school students, you need to buy a full price ticket. （翻译：很抱歉，目前的折扣只针对中小学生，大学生需要购买全票。）
2	问询票价	（1）乘客主动问询： How much is the ticket from （Zoo Station）to （Railway Station）? [翻译：请问从（动物园站）去（火车站）的车票是多少钱？] （2）站务员应答： The ticket from （Zoo Station）to （Railway Station）is （4）yuan. [翻译：（动物园站）去（火车站）的票价是（4 元）。] （3）乘客问询： But I don't have small change. （翻译：但是我没有零钱。） （4）站务员应答： You can exchange at the ticket center. （翻译：您可以到票务中心兑换。）

五、实训考核标准

表 5-4-2　实训考核标准（问询 1）

序号	内容	详细内容	配分	评分标准	得分
1	英语问询	（1）乘客主动问询： How much is the ticket from (Zoo Station) to (Railway Station)? [翻译：请问从（动物园站）去（火车站）的车票是多少钱?]	100	—	
		（2）站务员应答： The ticket from (Zoo Station) to (Railway Station) is (4) yuan. [翻译：（动物园站）去（火车站）的票价是（4）元。]		（2）扣分标准： ① 票价错误，扣 20 分； ② 要求英语使用正确，语音正确，语调平缓，错/漏/多说一个单词扣 5 分； ③ 配分 50 分，扣完为止	
		（3）乘客问询： Is there any discount for student ticket? （翻译：请问学生票可以打折吗？）		—	
		（4）站务员应答： I am sorry. The current discount is only for primary and secondary school students, you need to buy a full price ticket. （翻译：很抱歉，目前的折扣只针对中小学生，大学生需要购买全票。）		（4）要求英语使用正确，语音正确，语调平缓，错/漏/多说一个单词扣 5 分，配分 50 分，扣完为止	
合计			100		

表 5-4-3　实训考核标准（问询 2）

序号	内容	详细内容	配分	评分标准	得分
1	英语问询	（1）乘客主动问询： How much is the ticket from (Zoo Station) to (Railway Station)? [翻译：请问从（动物园站）去（火车站）的车票是多少钱？]	100	—	
		（2）站务员应答： The ticket from (Zoo Station) to (Railway Station) is (4) yuan. [翻译：（动物园站）去（火车站）的票价是（4 元）。]		（2）扣分标准： ① 票价错误，扣 20 分； ② 要求英语使用正确，语音正确，语调平缓，错/漏/多说一个单词扣 5 分； ③ 配分 50 分，扣完为止	
		（3）乘客说明： But I don't have small change. （翻译：但是我没有零钱。）		—	
		（4）站务员应答： You can exchange at the ticket center.（翻译：您可以到票务中心兑换。）		（4）扣分标准： ① 指引错误，扣 50 分； ② 要求英语使用正确，语音正确，语调平缓，错/漏/多说一个单词扣 5 分； ③ 配分 50 分，扣完为止	
合计			100		

六、思考题

（1）英语问询询问票价的对话内容是什么？

（2）乘客怎样用英语问询“请问从（动物园站）去（火车站）的车票是多少钱”？

项目六 票务事务处理

任务一　补票-车票超程

一、实训目的

（1）了解车票超程的乘客事务处理方法。

（2）掌握读卡分析的操作方法。

（3）车票超程补票的操作流程。

（4）掌握更换打印纸的操作方法。

二、理论链接

（1）打印机无纸设置标准如图 6-1-1 所示。

图 6-1-1　打印机无纸

（2）更换打印纸标准（打印纸的具体放置方向、拉出纸的长度不能超过打印机下边缘）如图 6-1-2、6-1-3 所示。

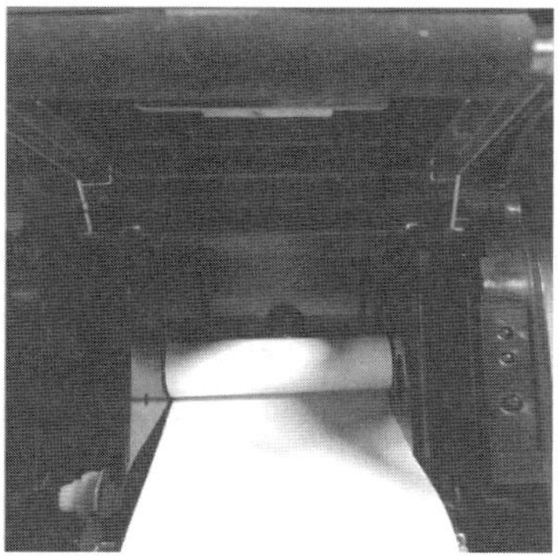

图 6-1-2　打印纸放置方向

图 6-1-3　拉出纸长度

（3）将小票递给乘客时，需整齐切掉小票。

三、实训要求

1. 实训时间

实训课时为 1 课时。

2. 实训形式

（1）实操作业与理论相结合。

（2）独自完成实训操作，结合理论链接以及实操完成实训考核。

3. 实训注意事项

（1）注意开机顺序。

（2）尽量避免强制关机。

（3）注意用电安全。

（4）遇到程序处理缓慢，请耐心等待，待程序执行完毕后，进入正常操作界面。

4. 工器具材料准备

（1）鼠标、键盘。

（2）操作员显示器。

四、实训作业步骤

表 6-1-1　实训作业步骤

序号	实训内容	详细信息	图片
1	读卡分析	（1）双手接过乘客的车票放置在读卡器上。 （2）读卡分析： ① 鼠标点击左侧功能栏“异常处理”按钮； ② 所在区域选择“付费区”； ③ 点击左下角“读卡分析”	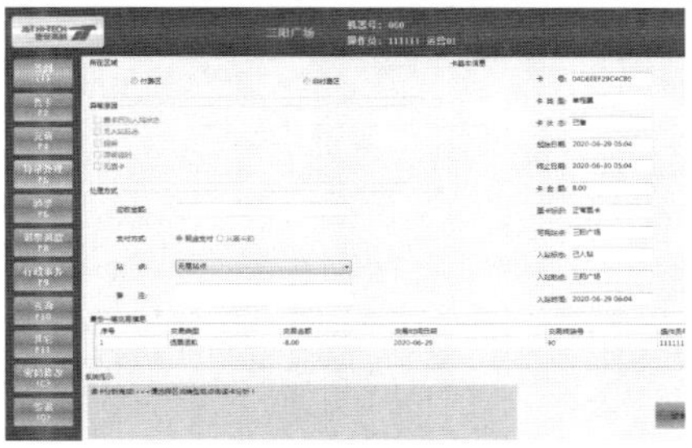

续表

序号	实训内容	详细信息	图片
2	异常处理打印水单	（1）点击右下角“异常处理”。 （2）更换打印纸： ① 按下电源按钮，关闭电源； ② 按下打印机机盖开关，盖子弹起，取出空的打印纸卷，放到指定位置； ③ 从备品盒中取出新打印纸卷，将其安装到位； ④ 盖上打印机盖子； ⑤ 按下电源按钮，开启电源。 （3）补打水单： ① 点击操作显示器左侧功能栏“其他”按钮； ② 点击“补打水单”； ③ 在水单列表中选择需要补打的记录，点击“打印”	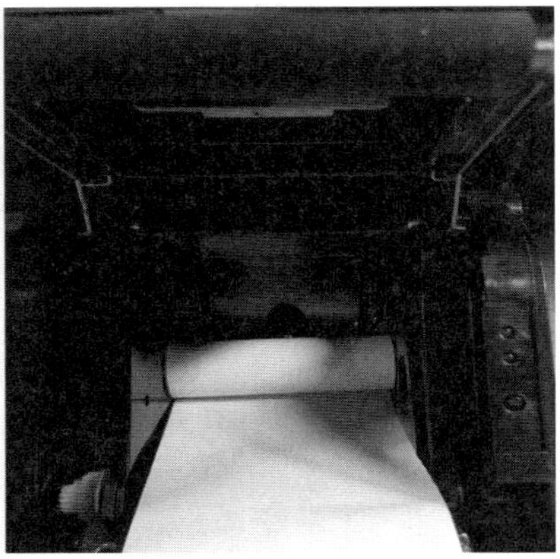
3	确认处理结果	（1）读卡分析，确认处理结果： ① 鼠标点击左侧功能栏“异常处理”按钮； ② 所在区域选择“付费区”； ③ 点击左下角“读卡分析”	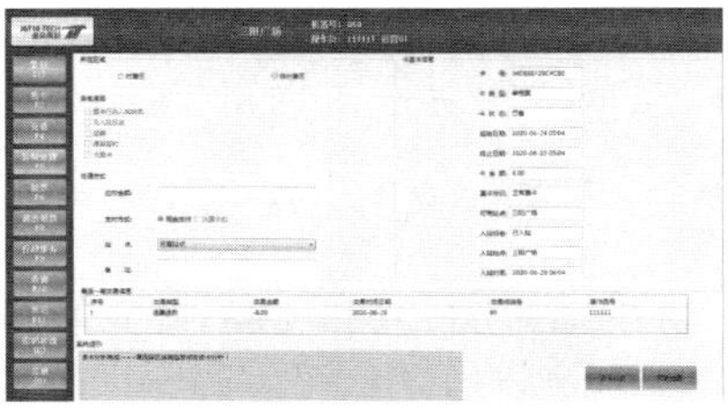

五、实训考核标准

表 6-1-2　实训考核标准

序号	内容	详细内容	配分	评分标准	得分
1	读卡分析	（1）双手接过乘客的车票放置在读卡器 （2）读卡分析： ① 鼠标点击左侧功能栏“异常处理”按钮； ② 所在区域选择“付费区”； ③ 点击左下角“读卡分析” （3）鼠标指：超程 （4）口呼：票卡超程，进行异常处理	30	（1）未双手接过，扣 5 分； （2）未鼠标指或鼠标指错误，扣 20 分； （3）未口呼或口呼内容错误，扣 5 分	
2	异常处理	（1）点击右下角“异常处理”	10	（1）未操作或操作错误，扣 10 分	
3	打印水单	（1）口呼：更换打印纸 （2）更换打印纸： ① 按下电源按钮，关闭电源； ② 按下打印机机盖开关，盖子弹起，取出空的打印纸卷，放到指定位置； ③ 从备品盒中取出新打印纸卷，将其安装到位	30	（1）未口呼或口呼内容错误，扣 4 分。 （2）扣分标准： ① 纸卷放反，扣 2 分； ② 打印纸拉出长度超过打印机下边缘，扣 1 分； ③ 配分 3 分，扣完为止	

续表

序号	内容	详细内容	配分	评分标准	得分
3	打印水单	④ 盖上打印机盖子； ⑤ 按下电源按钮，开启电源	30	（3）扣分标准： ① 未选择正确单据，扣 2 分； ② 未打出小票，扣 1 分； ③ 配分 3 分	
		（3）补打水单： ① 点击操作显示器左侧功能栏“其他”按钮； ② 点击“补打水单”； ③ 在水单列表中选择需要补打的记录，点击“打印”			
4	确认处理结果	（1）读卡分析，确认处理结果： ① 鼠标点击左侧功能栏“异常处理”按钮； ② 所在区域选择“付费区”； ③ 点击左下角“读卡分析”	20	（1）未提示正常票卡，扣 5 分； （2）未鼠标指或鼠标指错误，扣 10 分； （3）未口呼或口呼内容错误，扣 5 分	
		（2）鼠标指：正常票卡			
		（3）口呼：票卡正常			
合计			100		

六、思考题

（1）车票超程后补票的操作流程是什么？

（2）如何计算出车票超程后补票的相应金额？

任务二　补票-车票超时

一、实训目的

（1）了解车票超时的乘客事务处理方法。

（2）掌握车票超时补票的操作流程。

二、理论链接

（1）超时需补交票款由系统随机设定（范围：1～4 元），以系统提示的方式显示在 BOM 操作屏上。

（2）现场放置 2 个信封，内放现金（张数一致，总金额不等），学生随机挑选 1 个。

（3）清点现金

学生选择随机编号的信封，并将信封和超时收款放置到桌面后，自行按下客服中心计时按钮，开始清点现金。

（4）在客服中心内清点所有现金，填写站务员结算单：

① 打开信封，取出现金；

② 清点信封中的现金和超程收款，按面额分类；

③ 填写站务员结算单：日期、各面额的张数和对应金额、小计金额、选手编号；

④ 将站务员结算单和所有现金装进信封，放到指定位置。

三、实训要求

1. 实训时间

实训课时为 1 课时。

2. 实训形式

（1）实操作业与理论相结合。

（2）独自完成实训操作，结合理论链接以及实操完成实训考核。

3. 实训注意事项

（1）注意开机顺序。

（2）尽量避免强制关机。

（3）注意用电安全。

（4）遇到程序处理缓慢，请耐心等待，待程序执行完毕后，将进入正常操作界面。

4. 工器具材料准备

（1）鼠标、键盘。

（2）操作员显示器。

四、实训作业步骤

表 6-2-1　实训作业步骤

序号	实训内容	详细信息	图片
1	读卡分析	（1）双手接过乘客的车票放置在读卡器。 （2）读卡分析： ① 鼠标点击左侧功能栏“异常处理”按钮； ② 所在区域选择“付费区”； ③ 点击左下角“读卡分析”	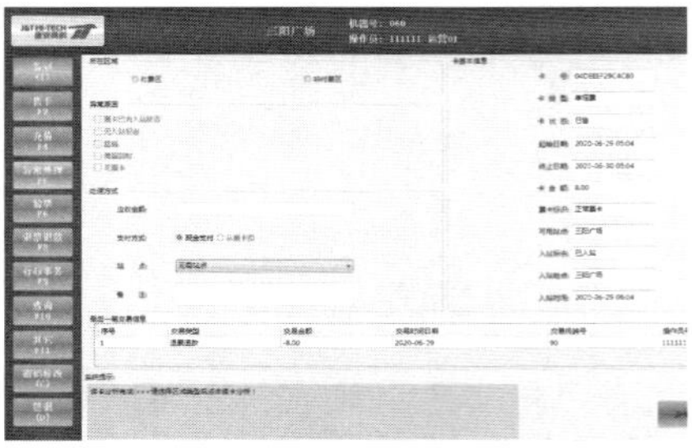
2	异常处理打印水单	（1）点击右下角“异常处理”。 （2）更换打印纸： ① 按下电源按钮，关闭电源； ② 按下打印机机盖开关，盖子弹起，取出空的打印纸卷，放到指定位置； ③ 从备品盒中取出新打印纸卷，将其安装到位； ④ 盖上打印机盖子； ⑤ 按下电源按钮，开启电源。 （3）补打水单： ① 点击操作显示器左侧功能栏“其他”按钮； ② 点击“补打水单”； ③ 在水单列表中选择需要补打的记录，点击“打印”	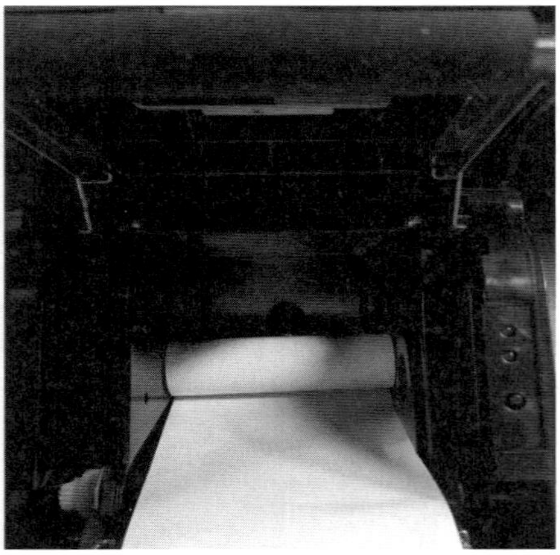

续表

序号	实训内容	详细信息	图片
3	确认处理结果	（1）读卡分析，确认处理结果： ① 鼠标点击左侧功能栏“异常处理”按钮； ② 所在区域选择“付费区”； ③ 点击左下角“读卡分析”	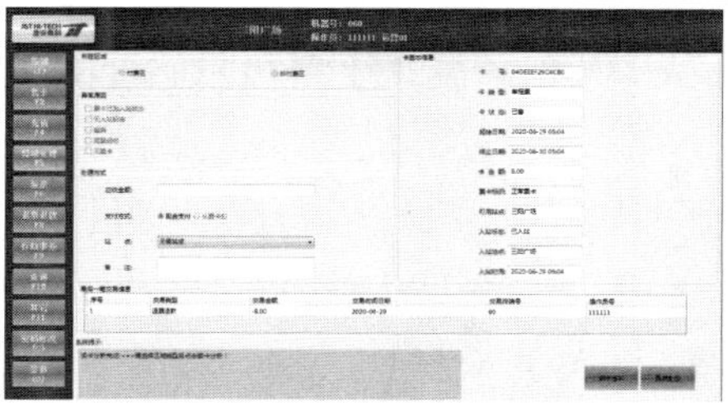

五、实训考核标准

表 6-2-2　实训考核标准

序号	内容	详细内容	配分	评分标准	得分
1	读卡分析	（1）双手接过乘客的车票放置在读卡器。 （2）读卡分析： ① 鼠标点击左侧功能栏“异常处理”按钮； ② 所在区域选择“付费区”； ③ 点击左下角“读卡分析”。 （3）鼠标指：超时。 （4）口呼：票卡超时，进行异常处理	30	（1）未双手接过，扣 5 分。 （2）未鼠标指或鼠标指错误，扣 20 分。 （3）未口呼或口呼内容错误，扣 5 分	
2	异常处理	（1）点击右下角“异常处理”	10	（1）未操作或操作错误，扣 10 分	
3	打印水单	（1）口呼：更换打印纸。 （2）更换打印纸： ① 按下电源按钮，关闭电源； ② 按下打印机机盖开关，盖子弹起，取出空的打印纸卷，放到指定位置； ③ 从备品盒中取出新打印纸卷，将其安装到位； ④ 盖上打印机盖子； ⑤ 按下电源按钮，开启电源 （3）补打水单： ① 点击操作显示器左侧功能栏“其他”按钮； ② 点击“补打水单”； ③ 在水单列表中选择需要补打的记录，点击“打印”	30	（1）未口呼或口呼内容错误，扣 4 分。 （2）扣分标准： ① 纸卷放反，扣 2 分； ② 打印纸拉出长度超过打印机下边缘，扣 1 分； ③ 配分 3 分，扣完为止。 （3）扣分标准： ① 未选择正确单据，扣 2 分； ② 未打出小票，扣 1 分； ③ 配分 3 分	
4	确认处理结果	（1）读卡分析，确认处理结果： ① 鼠标点击左侧功能栏“异常处理”按钮； ② 所在区域选择“付费区”； ③ 点击左下角“读卡分析”。 （2）鼠标指：正常票卡 （3）口呼：票卡正常	20	（1）未提示正常票卡，扣 5 分； （2）未鼠标指或鼠标指错误，扣 10 分； （3）未口呼或口呼内容错误，扣 5 分	
合计			100		

六、思考题

（1）车票超时后补票的操作流程是什么?
（2）如何计算出车票超时后补票的相应金额?

任务三 售 票

一、实训目的

（1）掌握售票的具体操作步骤。
（2）掌握售储值票的操作流程。
（3）了解售卖周票和次票时的操作流程。

二、理论链接

售票操作如下：
（1）点击左侧功能栏“售卡”按钮。
（2）票类型选择“单程票”。
（3）线路选择“（1）号线”。
（4）站点选择“（动物园）”。
（5）数量选择“1”。
（6）系统提示：票价（6）元。

三、实训要求

1. 实训时间

实训课时为 2 课时。

2. 实训形式

（1）实操作业与理论相结合。
（2）独自完成实训操作，结合理论链接以及实操完成实训考核。

3. 实训注意事项

（1）注意开机顺序。
（2）尽量避免强制关机。
（3）注意用电安全。
（4）遇到程序处理缓慢，请耐心等待，待程序执行完毕后，将进入正常操作界面。

4. 工器具材料准备

（1）鼠标、键盘。
（2）桌面读写器。
（3）操作员显示器。

四、实训作业步骤

表 6-2-3　实训作业步骤

序号	实训内容	详细信息
1	乘客问询	（1）一名乘客（助演）在站厅，问询（动物园）怎么走。 （2）站务员回答： （动物园站）在（1）号线，您可以乘坐（2）号线在火车站换乘（1）号线。 （3）乘客（助演）： 从这里过去需要多久？ （4）站务员回答： 大概（30）分钟。 （5）乘客（助演）： 我想买一张票。 （6）站务员回答： 好的，稍等一下
2	售票操作	（1）选择站点： ① 点击左侧功能栏“售卡”按钮； ② 票类型选择“单程票”； ③ 线路选择“（1）号线”； ④ 站点选择“（动物园）”； ⑤ 数量选择“1”； ⑥ 系统提示：票价（6）元。 （2）站务员说明票价： 车票是（6）元。 （3）乘客（助演）递过钱： 给您钱。 （4）站务员双手接过钱，平摊至桌面。 （5）站务员确认收款金额： 收您 10 元。 （6）站务员操作： ① 点击“确定”。 ② 点击左侧功能栏“验票”按钮； ③ 从出票口取出车票放置在读卡器上。 （7）站务员手掌指向乘客显示屏向乘客（助演）确认卡金额： 请确认车票金额为（6）元。 （8）乘客（助演）回答：好的。 （9）站务员将车票和找零给乘客（助演）： ① 将找的零钱逐个数给乘客，并叠放成一摞，不得散落； ② 将车票和零钱双手递给乘客：这是您的车票和零钱

五、实训考核标准

场景说明：一名乘客（助演）在车站客服中心咨询站务员到线网某站的乘车路线及相关信息，站务员用回答引导乘客，并进行售票。

表 6-2-4　实训考核标准

序号	内容	详细内容	配分	评分标准	得分
1	乘客问询	（1）一名乘客（助演）在站厅，问询（动物园）怎么走	20	（1）指引错误，扣 10 分；扣完为止。 （2）回答时间与实际时间相差超过 5 分钟，扣 5 分。 要求，语音正确，语调平缓，错/漏/多说扣 1 分；配分 5 分，扣完为止	
		（2）站务员回答： （动物园站）在（1）号线，您可以乘坐（2）号线在火车站换乘（1）号线			
		（3）乘客（助演）： 从这里过去需要多久？			
		（4）站务员回答： 大概（30）分钟			
		（5）乘客（助演）： 我想买一张票			
		（6）站务员回答： 好的，稍等一下			
2	售票操作	（1）选择站点： ① 点击左侧功能栏“售卡”按钮； ② 票类型选择“单程票”； ③ 线路选择“(1)号线”； ④ 站点选择“(动物园)”； ⑤ 数量选择“1”； ⑥ 系统提示：票价（6）元	75	（1）未正确提示票价信息，扣 15 分	
		（2）站务员说明票价： 车票是（6）元		（2）扣分标准： ① 回答票价错误，扣 5 分； ② 回答语音正确，语调平缓，错/漏/多说扣 1 分； 配分 5 分，扣完为止	
		（3）乘客（助演）递过钱：给您钱		—	
		（4）站务员双手接过钱，平摊至桌面		（4）扣分标准： ① 未双手接过纸币扣 2 分； ② 未将纸币平摊至桌面，扣 2 分； ③ 配分 4 分	
		（5）站务员确认收款金额：收您 10 元		（5）要求语音正确，语调平缓，错/漏/多说扣 1 分，配分 5 分	
		（6）站务员操作： ① 点击“确定”。 ② 点击左侧功能栏“验票”按钮； ③ 从出票口取出车票放置在读卡器上		（6）未正确提示验票信息，扣 18 分	
		（7）站务员手掌指向乘客显示屏向乘客（助演）确认卡金额： 请确认车票金额为（6）元		（7）扣分标准： ① 未指向乘客显示屏，扣 2 分； ② 要求语音正确，语调平缓，错/漏/多说扣 1 分； ③ 配分 10 分，扣完为止	
		（8）乘客（助演）回答：好的		—	

续表

序号	内容	详细内容	配分	评分标准	得分
2	售票操作	（9）站务员将车票和找零给乘客（助演）: ① 将找的零钱逐个数给乘客，并叠放成一摞，不得散落； ② 将车票和零钱双手递给乘客：这是您的车票和零钱	75	（9）扣分标准： ① 找零金额错误，扣 3 分； ② 零钱散落，扣 2 分； ③ 未双手递交，扣 2 分； ④ 要求语音正确，语调平缓，错/漏/多说扣 1 分，配分 8 分； ⑤ 配分 15 分	
3	送别乘客	（1）站务员面带微笑，右手抬起 30°做送别手势至乘客转身离开	5	（1）扣分标准： ① 未微笑扣 2 分； ② 未做送别手势或手势不达标，扣 3 分； ③ 配分 5 分	
		（2）乘客（助演）：谢谢		—	
合计			100		

六、思考题

（1）售票的具体操作步骤是什么？

（2）IC 票卡的种类有哪几种？

任务四　BOM 票箱空的处置

一、实训目的

（1）掌握 BOM 票箱空的处置方法。

（2）掌握更换票箱的操作流程。

（3）了解 BOM 票箱空的现象。

二、理论链接

1. 场景说明

BOM 无法正常发售单程票，站务员进行故障处置使设备恢复正常。

2. 半自动售票机部件功能

BOM 主要包括工控机、发卡模块、乘客显示器、操作员显示器、票据打印机、桌面读写器。

（1）主控单元功能。

工控机作为人工处理机的主控单元，是整个系统的控制核心，其功能包括数据处理、网络通信、显示等，它与车站 AFC 系统或中心 AFC 系统通过以太网连接，进行数据交换。底层控制单元通过串行端口（RS-232）实现数据交换。

（2）操作员显示器功能。

操作员显示器主要用于给票亭里的操作员显示操作提示信息及相关操作指引信息等，引导操作员完成相关票务操作。

（3）乘客显示器功能。

乘客显示器主要用于给乘客显示设备运行状态、充值信息、票务信息、提示信息等。

三、实训要求

1. 实训时间

实训课时为 1 课时。

2. 实训形式

（1）实操作业与理论相结合。

（2）独自完成实训操作，结合理论链接以及实操完成实训考核。

3. 实训注意事项

（1）注意开机顺序。

（2）尽量避免强制关机。

（3）注意用电安全。

4. 工器具材料准备

（1）鼠标、键盘。

（2）桌面读写器。

（3）操作员显示器。

四、实训作业步骤

表 6-2-5　实训作业步骤

序号	实训内容	详细信息	图片
1	发现故障	查看 BOM 显示器提示："卡模块：票箱空"	
2	更换票箱	（1）更换票箱： ① 取下空票箱放到指定位置； ② 装入已装满单程票的票箱。 （2）完成票箱更换： ① 点击左侧功能栏"其他"按钮； ② 点击"补充车票"； ③ 输入补票数 200； ④ 点击"确定"。 （3）口呼："票箱更换完毕"	

续表

序号	实训内容	详细信息	图片
3	确认设备恢复正常	（1）确认发售正常： ① 点击左侧功能栏“售卡”按钮； ② 票类型选择“单程票”； ③ 选择“金额售票”； ④ 金额选择“3 元”； ⑤ 数量选择“1”； ⑥ 点击“确定”； ⑦ 点击左侧功能栏“验票”按钮； ⑧ 从出票口取出车票放置在读卡器上	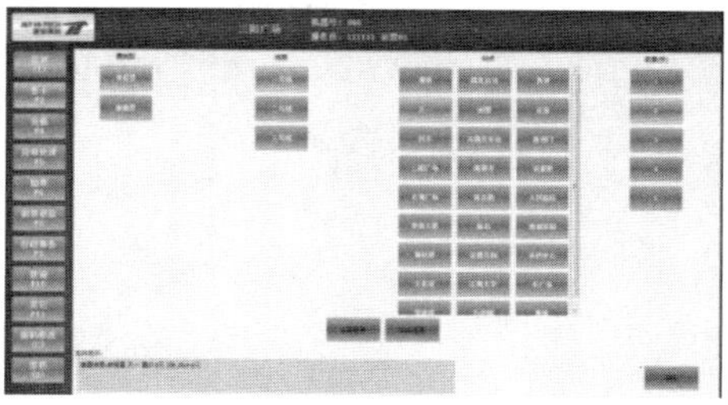

五、实训考核标准

表 6-2-6　实训考核标准

序号	内容	详细内容	配分	评分标准	得分
1	发现故障	查看 BOM 显示器提示：“卡模块：票箱空”。 （1）手指：BOM 操作显示器	15	（1）未手指或手指错误，扣 5 分	
		（2）口呼：“票箱已空，更换票箱”		（2）未口呼或口呼内容错误，扣 10 分	
2	更换票箱	（1）更换票箱： ① 取下空票箱放到指定位置； ② 装入已装满单程票的票箱	50	（1）未将满的票箱安装到位，扣 20 分	
		（2）完成票箱更换： ① 点击左侧功能栏“其他”按钮； ② 点击“补充车票”； ③ 输入补票数 200； ④ 点击“确定”		（2）未输入补票数，或补票数错误，扣 20 分	
		（3）口呼：“票箱更换完毕”		（3）未口呼或口呼内容错误，扣 10 分	
3	确认设备恢复正常	（1）确认发售正常： ① 点击左侧功能栏“售卡”按钮； ② 票类型选择“单程票”； ③ 选择“金额售票”； ④ 金额选择“3 元”； ⑤ 数量选择“1”； ⑥ 点击“确定”； ⑦ 点击左侧功能栏“验票”按钮； ⑧ 从出票口取出车票放置在读卡器上	35	（1）未正确提示验票信息，扣 25 分	
		（2）口呼：“设备恢复正常”		（2）未口呼或口呼内容错误，扣 10 分	
合计			100		

六、思考题

（1）BOM 票箱空的处置步骤是什么？

（2）更换票箱的操作流程是什么？

项目七 自动售票机发卡模块故障处置

任务一 票箱空的处置

一、实训目的

（1）掌握自动售票机票箱空的处置方法。

（2）掌握自动售票机票箱空的故障排查和判断。

二、理论链接

1. 发卡模块

发卡模块如图 7-1-1 所示。

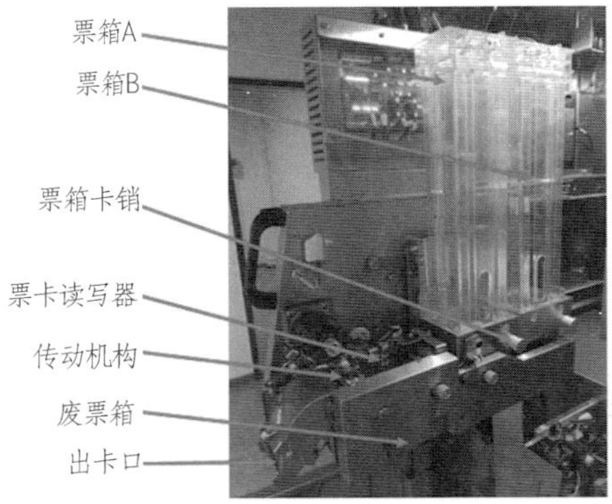

图 7-1-1 发卡模块

该发卡模块发售单程票，共有两个票箱，废票箱容量约 30 张。

2. 故障排查

使用 TVM 维护门钥匙（1 号）打开 TVM 维护门下门和上门。

查看状态提示：

（1）在维护面板输入账号 123456、密码 123456 后，点击“Enter”键登录。

（2）状态栏提示：“票箱 A：空，票箱 B：空”。

（3）按压蓝色解锁按钮，拉出发卡模块。发现票箱 A 空，票箱 B 空。

3. 故障排查

表 7-1-1　故障排查

故障模块	故障现象	故障原因	排查方法
发卡模块	TVM 运营状态显示器显示："暂停服务"，乘客显示器显示"暂停服务"	票箱空	（1）使用 TVM 维护门钥匙（1 号）打开 TVM 维护门下门，拉开上门
			（2）查看状态提示： ① 在维护面板输入账号 123456、密码 123456 后，点击 Enter 键登录； ② 状态栏提示："票箱 A：空，票箱 B：空"
			（3）按压蓝色解锁按钮，拉出发卡模块。发现：票箱 A 空，票箱 B 空
		未输入补票数	（1）使用 TVM 维护门钥匙（1 号）打开 TVM 维护门下门，拉开上门
			（2）查看状态提示： ① 在维护面板输入账号 123456、密码 123456 后，点击 Enter 键登录； ② 状态栏提示："票箱 A：空，票箱 B：空"
			（3）按压蓝色解锁按钮，拉出发卡模块。发现：票箱 A 有票，票箱 B 有票
		废票箱满	（1）使用 TVM 维护门钥匙（1 号）打开 TVM 维护门下门，拉开上门
			（2）查看状态提示： ① 在维护面板输入账号 123456、密码 123456 后，点击 Enter 键登录； ② 状态栏提示："废票箱：满"
			（3）检查废票箱： ① 按压蓝色解锁按钮，拉出发卡模块； ② 拉出废票箱，发现废票箱满
		废票箱未清零	（1）使用 TVM 维护门钥匙（1 号）打开 TVM 维护门下门，拉开上门
			（2）查看状态提示： ① 在维护面板输入账号 123456、密码 123456 后，点击"Enter"键登录； ② 状态栏提示："废票箱：满"
			（3）检查废票箱： ① 按压蓝色解锁按钮，拉出发卡模块； ② 拉出废票箱，发现废票箱空
		发卡模块卡票	（1）使用 TVM 维护门钥匙（1 号）打开 TVM 维护门下门，拉开上门
			（2）查看状态提示： ① 在维护面板输入账号 123456、密码 123456 后，点击"Enter"键登录； ② 状态栏提示："发卡模块：异常"
			（3）按压蓝色解锁按钮，拉出发卡模块
			（4）进入单程票模块测试： ① 在"主菜单"中选择 3 部件维护； ② 在"部件维护"中，选择 1 单程票发卡模块； ③ 在"单程票发卡模块"中选择 3 部件测试； ④ 在"部件测试"中选择 1 票到读写器； ⑤ 发现票不能正常发出（还在票箱中，没发出来），确定票箱中有异常票

续表

故障模块	故障现象	故障原因	排查方法
硬币模块	TVM 运营状态显示器显示："服务中/只收纸币"；乘客显示器右上角显示"只收纸币"	硬币回收钱箱满	（1）使用 TVM 维护门钥匙（1 号）打开 TVM 维护门下门，拉开上门
			（2）查看状态提示： ① 在维护面板输入账号 123456、密码 123456 后，点击"Enter"键登录； ② 状态栏提示："硬币回收钱箱：满"
			（3）打开硬币回收钱箱，确认硬币回收钱箱是否有硬币： ① 使用硬币回收钱箱硬币入口封门钥匙（4 号）解锁硬币入口封门锁，拉出硬币回收钱箱，放到指定位置，拔出钥匙； ② 使用硬币回收钱箱箱盖钥匙（5 号）打开钱箱箱盖，发现硬币回收钱箱中有硬币
		硬币回收钱箱未清零	（1）使用 TVM 维护门钥匙（1 号）打开 TVM 维护门下门，拉开上门
			（2）查看状态提示： ① 在维护面板输入账号 123456、密码 123456 后，点击"Enter"键登录； ② 状态栏提示："硬币回收钱箱：满"
			（3）打开硬币回收钱箱，确认硬币回收钱箱是否有硬币： ① 使用硬币回收钱箱硬币入口封门钥匙（4 号）解锁硬币入口封门锁，拉出硬币回收钱箱，放到指定位置，拔出钥匙； ② 使用硬币回收钱箱箱盖钥匙（5 号）打开钱箱箱盖，发现硬币回收钱箱中无硬币
	TVM 运营状态显示器显示："服务中"；乘客显示器右上角显示"只纸币找零"	硬币专用找零钱箱空	（1）使用 TVM 维护门钥匙（1 号）打开 TVM 维护门下门，拉开上门
			（2）查看状态提示： ① 在维护面板输入账号 123456、密码 123456 后，点击"Enter"键登录； ② 状态栏提示："1 元专用找零钱箱 A：空"
			（3）打开 1 元专用找零钱箱 A，确认是否有硬币： ① 按压蓝色解锁按钮，拉出硬币模块； ② 使用硬币专用找零钱箱侧门钥匙（2 号）打开硬币专用找零钱箱侧门； ③ 拉出 1 元专用找零钱箱 A，放到指定位置；使用 1 元专用找零钱箱钥匙（3 号）打开钱箱，发现钱箱里无硬币，确认 1 元专用找零钱箱 A 空
		未输入硬币补币数	（1）使用 TVM 维护门钥匙（1 号）打开 TVM 维护门下门，拉开上门
			（2）查看状态提示： ① 在维护面板输入账号 123456、密码 123456 后，点击"Enter"键登录； ② 状态栏提示："1 元专用找零钱箱 A：空"

续表

故障模块	故障现象	故障原因	排查方法
硬币模块	TVM运营状态显示器显示："服务中"；乘客显示器右上角显示"只纸币找零"	未输入硬币补币数	（3）打开1元专用找零钱箱A，确认是否有硬币： ① 按压蓝色解锁按钮，拉出硬币模块； ② 使用硬币专用找零钱箱侧门钥匙（2号）打开硬币专用找零钱箱侧门； ③ 拉出1元专用找零钱箱A，放到指定位置；使用1元专用找零钱箱钥匙（3号）打开钱箱，发现钱箱中有硬币
纸币模块	TVM运营状态显示器显示："服务中/只收硬币"；乘客显示器右上角显示"只收硬币"	纸币回收钱箱满	（1）使用TVM维护门钥匙（1号）打开TVM维护门下门，拉开上门
			（2）查看状态提示： ① 在维护面板输入账号123456、密码123456后，点击Enter键登录； ② 状态栏提示："纸币回收钱箱：满"
			（3）打开纸币回收钱箱，确认纸币回收钱箱是否有纸币： ① 按压蓝色解锁按钮，拉出纸币模块； ② 使用纸币钱箱安全钥匙（6号）打开纸币回收钱箱安全锁，拿出纸币回收钱箱，拔出钥匙，将纸币回收钱箱放到指定位置； ③ 使用纸币钱箱钥匙（7号）打开纸币回收钱箱，发现纸币回收钱箱满
		纸币回收钱箱未清零	（1）使用TVM维护门钥匙（1号）打开TVM维护门下门，拉开上门
			（2）查看状态提示： ① 在维护面板输入账号123456、密码123456后，点击"Enter"键登录； ② 状态栏提示："纸币回收钱箱：满"
			（3）打开纸币回收钱箱，确认纸币回收钱箱是否有纸币： ① 按压蓝色解锁按钮，拉出纸币模块； ② 使用纸币钱箱安全钥匙（6号）打开纸币回收钱箱安全锁，取出纸币回收钱箱，拔出钥匙，将纸币回收钱箱放到指定位置； ③ 使用纸币钱箱钥匙（7号）打开纸币回收钱箱，发现纸币回收钱箱中无纸币
		纸币回收单元卡纸币	（1）使用TVM维护门钥匙（1号）打开TVM维护门下门，拉开上门
			（2）查看状态提示： ① 在维护面板输入账号123456、密码123456后，点击"Enter"键登录； ② 状态栏提示："纸币回收单元：异常"
			（3）检查回收单元传送机构： ① 按压蓝色解锁按钮，拉出纸币模块； ② 发现卡纸币

续表

故障模块	故障现象	故障原因	排查方法
纸币模块	TVM 运营状态显示器显示：“服务中”；乘客显示器右上角显示“只硬币找零”	纸币找零补币钱箱空	（1）使用 TVM 维护门钥匙（1 号）打开 TVM 维护门下门，拉开上门
			（2）查看状态提示： ① 在维护面板输入账号 123456、密码 123456 后，按“Enter”键登录； ② 状态栏提示：“5 元找零钱箱：空，10 元找零钱箱：空”
			（3）打开 5 元找零钱箱、10 元找零钱箱，确认 5 元找零钱箱、10 元找零钱箱是否有纸币： ① 按压蓝色解锁按钮，拉出纸币模块； ② 使用纸币钱箱安全钥匙（6 号）打开纸币找零钱箱安全锁，取出 5 元找零钱箱，放到指定位置；取出 10 元找零钱箱，拔出钥匙，将 10 元找零钱箱放到指定位置； ③ 使用纸币钱箱钥匙（7 号）打开 5 元找零钱箱，发现钱箱中无纸币； ④ 使用纸币钱箱钥匙（7 号）打开 10 元找零钱箱，发现钱箱中无纸币
		未输入纸币补币数	（1）使用 TVM 维护门钥匙（1 号）打开 TVM 维护门下门，拉开上门
			（2）查看状态提示： ① 在维护面板输入账号 123456、密码 123456 后，按“Enter”键登录； ② 状态栏提示：“5 元找零钱箱：空，10 元找零钱箱：空”
			（3）打开 5 元找零钱箱、10 元找零钱箱，确认 5 元找零钱箱、10 元找零钱箱是否有纸币： ① 按压蓝色解锁按钮，拉出纸币模块； ② 使用纸币钱箱安全钥匙（6 号）打开纸币找零钱箱安全锁，取出 5 元找零钱箱，放到指定位置；取出 10 元找零钱箱，拔出钥匙，将 10 元找零钱箱放到指定位置； ③ 使用纸币钱箱钥匙（7 号）打开 5 元找零钱箱，发现钱箱中有纸币； ④ 使用纸币钱箱钥匙（7 号）打开 10 元找零钱箱，发现钱箱中有纸币

三、实训要求

1. 实训时间

实训课时为 1 课时。

2. 实训形式

（1）实操作业与理论相结合。

（2）独自完成实训操作，结合理论链接以及实操完成实训考核。

3. 实训注意事项

（1）注意人身安全，避免被自动售票机夹伤。

（2）注意开关自动售票机维护门过程中的不要有异物阻挡。

（3）严禁在操作自动售票机硬件设备遇到阻塞时，强制操作，避免损坏设备。

4. 工器具材料准备

维护门钥匙。

四、实训作业步骤

表 7-1-2　实训作业步骤

序号	实训内容	详细信息	图片
1	故障排查和确认	按照 TVM 故障排查表排查故障并确认	
2	补充单程票	（1）取出空票箱： ① 拉动 A 票箱下面的卡扣，取出 A 票箱； ② 拉动 B 票箱下面的卡扣，取出 B 票箱。 （2）安装新票箱： ① 拉动 A 票箱下面的卡扣，将装满单程票的票箱，放在对应 A 卡槽，松开票箱卡扣，使其自动复位； ② 拉动 B 票箱下面的卡扣，将装满单程票的票箱，放在对应 B 卡槽，松开票箱卡扣，使其自动复位； ③ 按压蓝色解锁按钮，推回发卡模块。 （4）输入补票数： ① 在“主菜单”中，选择 1 运营服务； ② 选择 2 补充单程票 A； ③ 输入补票数量 200，按“F1”键加票； ④ 按“Esc”键返回到“运营服务”界面，选择 4 补充单程票 B； ⑤ 输入补票数 200，按“F1”键加票	 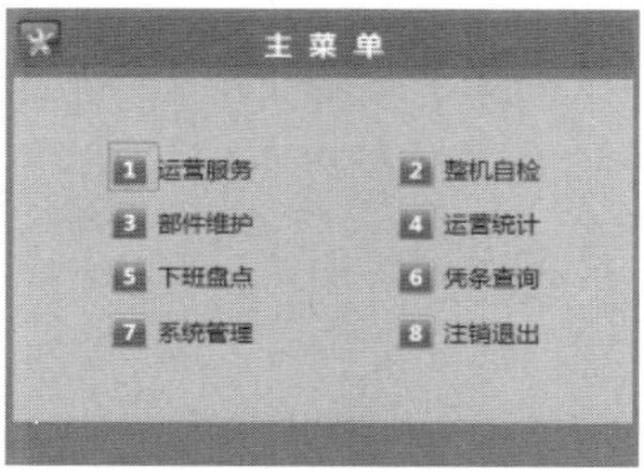 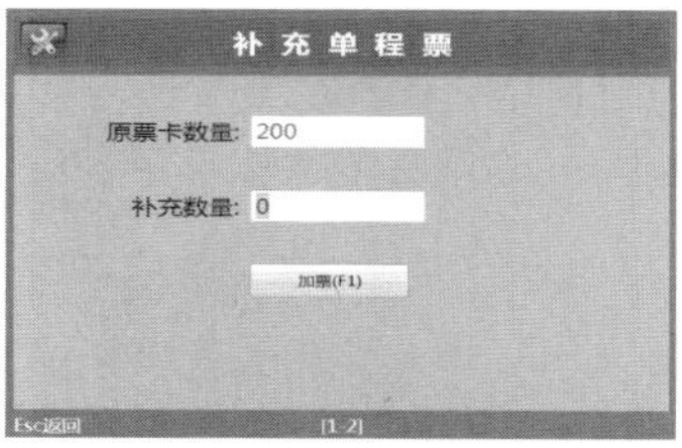 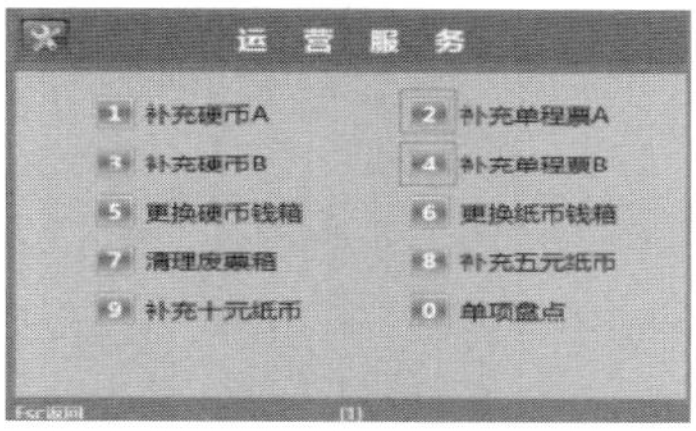

续表

序号	实训内容	详细信息	图片
3	注销退出	（1）注销退出： ① 按“Esc”键返回到主菜单； ② 选择 8 注销退出，选择 1 确定。 （2）关上并锁闭 TVM 维护门。 （3）拔出钥匙	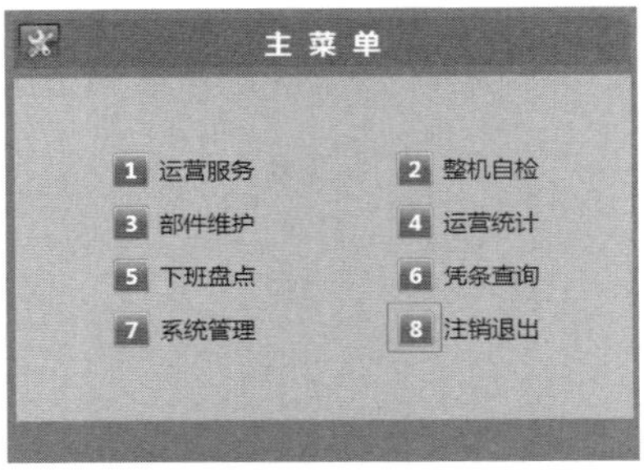
4	确认设备恢复正常	确认 TVM 恢复正常服务模式：运营状态显示器显示“服务中”，乘客显示器（触摸屏）处于正常服务模式	

五、实训考核标准

表 7-1-3　实训考核标准

序号	内容	详细内容	配分	评分标准	得分
1	排查故障	按照 TVM 故障排查表排查故障	—	—	—
2	确认故障	（1）手指：A 票箱、B 票箱	20	（1）未手指或手指位置错误，每处扣 5 分，配分 10 分	
		（2）口呼：票箱已空，补充单程票		（2）未口呼或口呼内容错误，扣 10 分	
3	补充单程票	（1）取出空票箱： ① 拉动 A 票箱下面的卡扣，取出 A 票箱； ② 拉动 B 票箱下面的卡扣，取出 B 票箱	40	（1）扣分标准： ① 未取出 A 票箱，扣 5 分； ② 未取出 B 票箱，扣 5 分； ③ 配分 10 分	
		（2）安装新票箱： ① 拉动 A 票箱下面的卡扣，将装满单程票的票箱，放在对应 A 卡槽，松开票箱卡扣，使其自动复位； ② 拉动 B 票箱下面的卡扣，将装满单程票的票箱，放在对应 B 卡槽，松开票箱卡扣，使其自动复位		（2）扣分标准： ① 未安装 A 票箱到位，扣 5 分； ② 未安装 B 票箱到位，扣 5 分； ③ 配分 10 分	
		（3）按压蓝色解锁按钮，推回发卡模块		—	

续表

<table>
<tr><th>序号</th><th>内容</th><th>详细内容</th><th>配分</th><th>评分标准</th><th>得分</th></tr>
<tr><td>3</td><td>补充单程票</td><td>（4）输入补票数：
① 在“主菜单”中，选择 1 运营服务；
② 选择 2 补充单程票 A；
③ 输入补票数量 600，按 F1 键加票；
④ 按“Esc”键返回到“运营服务”界面，选择 4 补充单程票 B；
⑤ 输入补票数 600，按 F1 键加票</td><td></td><td>（4）扣分标准：
① 未输入 A 票箱补票数，或补票数错误，扣 10 分；
② 未输入 B 票箱补票数，或补票数错误，扣 10 分；
③ 配分 20 分</td><td></td></tr>
<tr><td rowspan="3">4</td><td rowspan="3">注销退出</td><td>（1）注销退出：
① 按“Esc”键返回到主菜单；
② 选择 8 注销退出，选择 1 确定</td><td rowspan="3">20</td><td>（1）未注销退出，扣 10 分</td><td rowspan="3"></td></tr>
<tr><td>（2）关上并锁闭 TVM 维护门</td><td>（2）未关闭维护门，扣 5 分</td></tr>
<tr><td>（3）拔出钥匙</td><td>（3）未拔出钥匙，扣 5 分</td></tr>
<tr><td rowspan="3">5</td><td rowspan="3">确认设备恢复正常</td><td>确认 TVM 恢复正常服务模式：运营状态显示器显示“服务中”，乘客显示器（触摸屏）处于正常服务模式</td><td rowspan="3">20</td><td rowspan="3">扣分标准：
（1）若设备未恢复正常服务模式，而进行手指口呼，扣 20 分。
（2）未手指或手指位置错误，每处扣 5 分，配分 10 分。
（3）未口呼或口呼内容错误，扣 10 分。
（4）配分 20 分，扣完为止</td><td rowspan="3"></td></tr>
<tr><td>（1）手指：TVM 运营状态显示器、乘客显示器</td></tr>
<tr><td>（2）口呼：设备恢复正常</td></tr>
<tr><td colspan="3">合计</td><td>100</td><td colspan="2"></td></tr>
</table>

六、思考题

（1）自动售票机票箱空的处置方法是什么？

（2）如何补充自动售票机票箱中的单程票？

任务二　未输入补票数的处置

一、实训目的

（1）了解未输入补票数的故障现象。

（2）掌握未输入补票数故障的处置方法。

（3）学习输入补票数的操作流程。

二、理论链接

1. 未输入补票数的故障现象

TVM 运营状态显示器显示：“暂停服务”，乘客显示器显示“暂停服务”。

发卡模块侧面图如图 7-2-1 所示。

图 7-2-1　发卡模块侧面图

2. 故障排查

（1）使用 TVM 维护门钥匙（1 号）打开 TVM 维护门下门和上门。
（2）查看状态提示：
① 在维护面板输入账号 123456、密码 123456 后，点击“Enter”键登录；
② 状态栏提示：“票箱 A：空，票箱 B：空”。
（3）按压蓝色解锁按钮，拉出发卡模块。发现票箱 A 有票，票箱 B 有票。

三、实训要求

1. 实训时间

实训课时为 1 课时。

2. 实训形式

（1）实操作业与理论相结合。
（2）独自完成实训操作，结合理论链接以及实操完成实训考核。

3. 实训注意事项

（1）注意人身安全，避免被自动售票机夹伤。
（2）注意开关自动售票机维护门过程中不要有异物阻挡。
（3）严禁在操作自动售票机硬件设备遇到阻塞时，强制操作，避免损坏设备。

4. 工器具材料准备

维护门钥匙。

四、实训作业步骤

表 7-2-1　实训作业步骤

序号	实训内容	详细信息	图片
1	故障排查和确认	按照 TVM 故障排查表排查故障并确认	

续表

序号	实训内容	详细信息	图片
2	输入补票数	（1）按压蓝色解锁按钮，推回发卡模块。 （2）输入补票数： ① 在“主菜单”中，选择 1 运营服务； ② 选择 2 补充单程票 A； ③ 输入补票数量 200，按“F1”键加票； ④ 按“Esc”键，返回到“运营服务”界面，选择 4 补充单程票 B； ⑤ 输入补票数量 200，按“F1”键加票	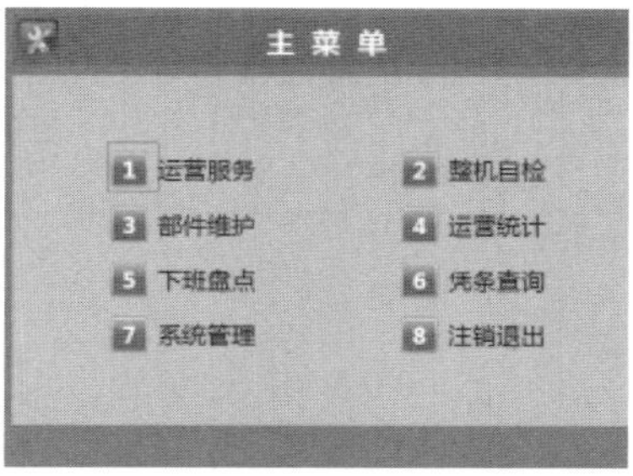 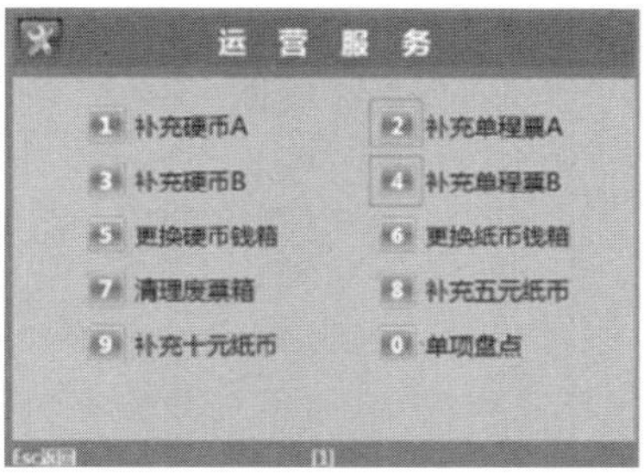 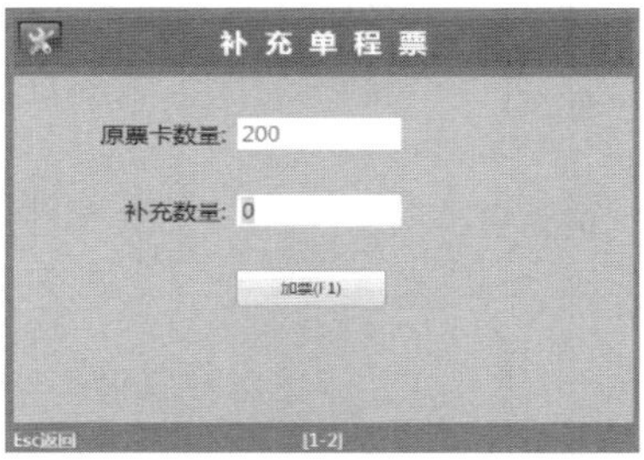
3	注销退出	（1）注销退出： ① 按“Esc”键返回到主菜单； ② 选择 8 注销退出，选择 1 确定。 （2）关上并锁闭 TVM 维护门。 （3）拔出钥匙	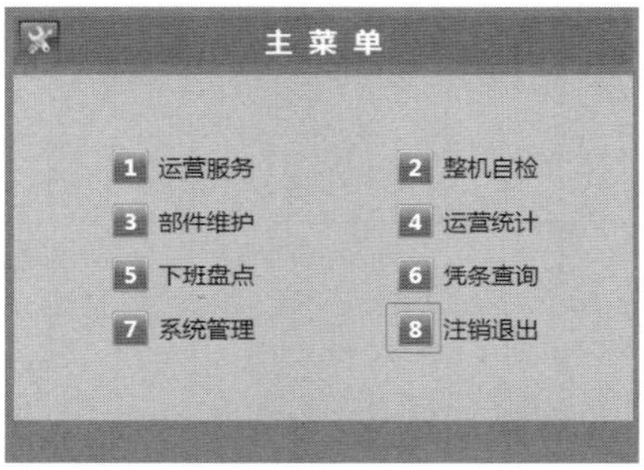
4	确认设备恢复正常	确认 TVM 恢复正常服务模式：运营状态显示器显示“服务中”，乘客显示器（触摸屏）处于正常服务模式	

六、实训考核标准

表 7-2-2 实训考核标准

序号	内容	详细内容	配分	评分标准	得分
1	排查故障	按照 TVM 故障排查表排查故障	—	—	—
2	确认故障	（1）手指：A 票箱、B 票箱	20	（1）未手指或手指位置错误，每处扣 5 分，配分 10 分	
		（2）口呼：未输入补票数，现输入补票数		（2）未口呼或口呼内容错误，扣 10 分	
3	输入补票数	（1）按压蓝色解锁按钮，推回发卡模块	40	—	
		（2）输入补票数： ① 在“主菜单”中，选择 1 运营服务； ② 选择 2 补充单程票 A； ③ 输入补票数量 600，按“F1”键加票； ④ 按“Esc”键，返回到“运营服务”界面，选择 4 补充单程票 B； ⑤ 输入补票数量 600，按“F1”键加票		（2）扣分标准： ① 未输入 A 票箱补票数，或补票数错误，扣 20 分； ② 未输入 B 票箱补票数，或补票数错误，扣 20 分； ③ 配分 40 分	
4	注销退出	（1）注销退出： ① 按 Esc 键返回到主菜单； ② 选择 8 注销退出，选择 1 确定	20	（1）未注销退出，扣 10 分	
		（2）关上并锁闭 TVM 维护门		（2）未关闭维护门，扣 5 分	
		（3）拔出钥匙		（3）未拔出钥匙，扣 5 分	
5	确认设备恢复正常	确认 TVM 恢复正常服务模式：运营状态显示器显示“服务中”，乘客显示器（触摸屏）处于正常服务模式	20	扣分标准： （1）若设备未恢复正常服务模式，而进行手指口呼，扣 20 分； （2）未手指或手指位置错误，每处扣 5 分，配分 10 分； （3）未口呼或口呼内容错误，扣 10 分； （4）配分 20 分，扣完为止	
		（1）手指：TVM 运营状态显示器、乘客显示器			
		（2）口呼：设备恢复正常			
合计			100		

六、思考题

（1）自动售票机票箱空的处置方法是什么？

（2）输入补票数的操作步骤是什么？

（3）未输入补票数的故障现象：TVM 运营状态显示器显示的是什么？

任务三　废票箱满的处置

一、实训目的

（1）了解自动售票机废票箱满的处置方法。
（2）掌握自动售票机废票箱满的故障排查和判断。
（3）掌握清空废票箱的操作步骤。

二、理论链接

1. 废票箱满的故障现象

TVM 运营状态显示器显示：“暂停服务”，乘客显示器显示“暂停服务”。

2. 故障排查

（1）使用 TVM 维护门钥匙（1 号）打开 TVM 维护门下门和上门。
（2）查看状态提示：
① 在维护面板输入账号 123456、密码 123456 后，点击“Enter”键登录；
② 状态栏提示：“废票箱：满”。
（3）检查废票箱：
① 按压蓝色解锁按钮，拉出发卡模块；
② 拉出废票箱，发现：废票箱满。

三、实训要求

1. 实训时间

实训课时为 1 课时。

2. 实训形式

（1）实操作业与理论相结合。
（2）独自完成实训操作，结合理论链接以及实操完成实训考核。

3. 实训注意事项

（1）注意人身安全，避免被自动售票机夹伤。
（2）注意开关自动售票机维护门过程中不要有异物阻挡。
（3）严禁在操作自动售票机硬件设备遇到阻塞时，强制操作，避免损坏设备。

4. 工器具材料准备

维护门钥匙。

四、实训作业步骤

表 7-3-1　实训作业步骤

序号	实训内容	详细信息	图片
1	故障排查和确认	按照 TVM 故障排查表排查故障并确认	

续表

序号	实训内容	详细信息	图片
2	清空废票箱	（1）清空废票箱：取出废票箱并清空废票箱。 （2）重新装回废票箱。 （3）按压蓝色解锁按钮，推回发卡模块。 （4）废票箱票数清零： ① 在“主菜单”中，选择 1 运营服务； ② 选择 7 清理废票箱； ③ 按“F1”键，清零废票箱	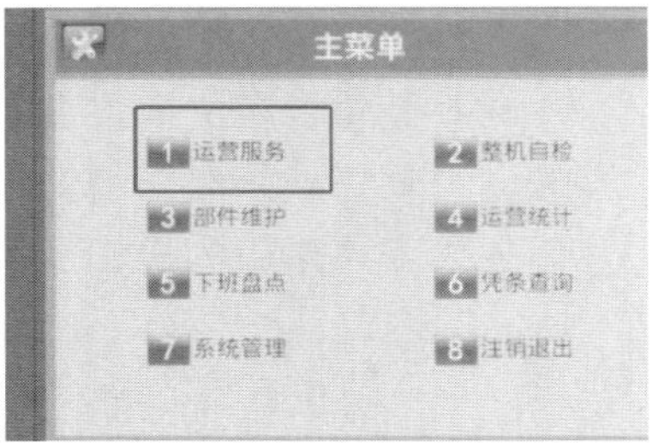 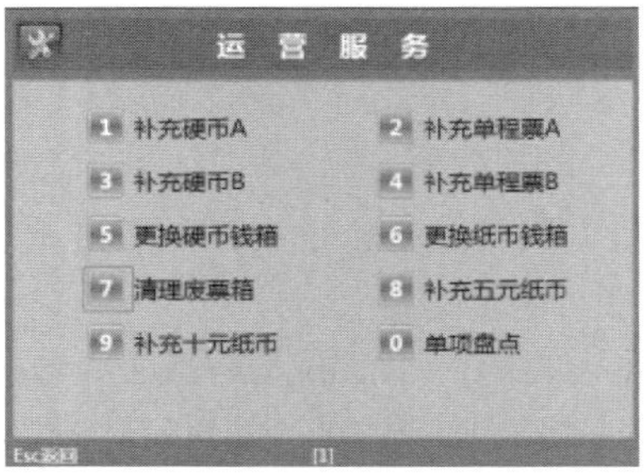 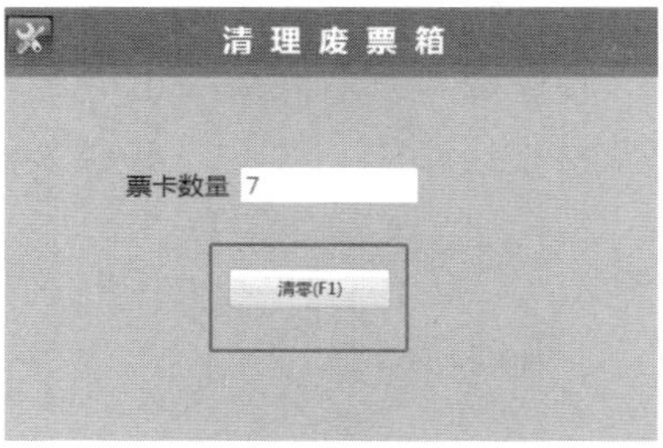
3	注销退出	（1）注销退出： ① 按“Esc”键返回到主菜单； ② 选择 8 注销退出，选择 1 确定。 （2）关上并锁闭 TVM 维护门。 （3）拔出钥匙	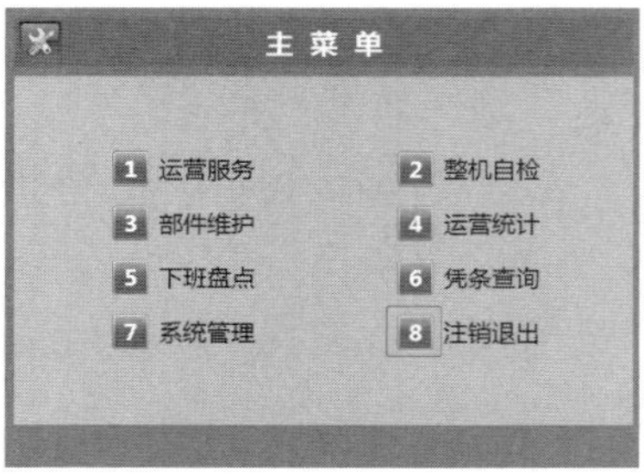
4	确认设备恢复正常	确认 TVM 恢复正常服务模式：运营状态显示器显示“服务中”，乘客显示器（触摸屏）处于正常服务模式	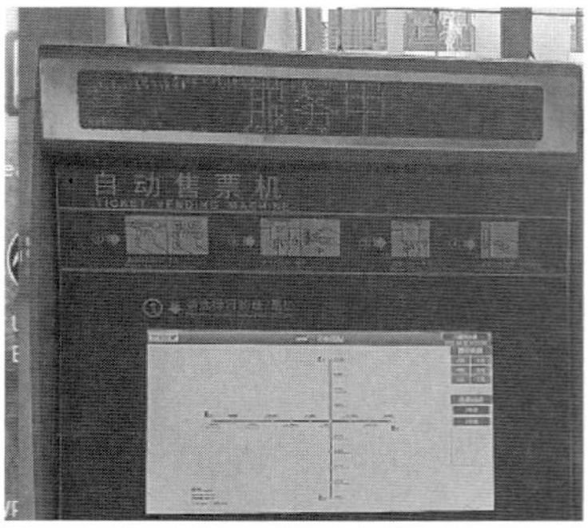

五、实训考核标准

表 7-3-2　实训考核标准

序号	内容	详细内容	配分	评分标准	得分
1	排查故障	按照 TVM 故障排查表排查故障	—	—	—
2	确认故障	（1）手指：废票箱	20	（1）未手指或手指位置错误，扣 10 分	
		（2）口呼：废票箱满，清空废票箱		（2）未口呼或口呼内容错误，扣 10 分	
3	清空废票箱	（1）清空废票箱：取出废票箱并清空废票箱	40	（1）未清空废票箱，扣 10 分	
		（2）重新装回废票箱		（2）未安装废票箱，扣 10 分	
		（3）按压蓝色解锁按钮，推回发卡模块		—	
		（4）废票箱票数清零： ① 在“主菜单”中，选择 1 运营服务； ② 选择 7 清理废票箱； ③ 按“F1”键，清零废票箱		（4）未将废票箱票数清零，扣 20 分	
4	注销退出	（1）注销退出： ① 按“Esc”键返回到主菜单； ② 选择 8 注销退出，选择 1 确定	20	（1）未注销退出，扣 10 分	
		（2）关上并锁闭 TVM 维护门		（2）未关闭维护门，扣 5 分	
		（3）拔出钥匙		（3）未拔出钥匙，扣 5 分	
5	确认设备恢复正常	确认 TVM 恢复正常服务模式：运营状态显示器显示“服务中”，乘客显示器（触摸屏）处于正常服务模式	20	扣分标准： （1）若设备未恢复正常服务模式，而进行手指口呼，扣 20 分。 （2）未手指或手指位置错误，每处扣 5 分，配分 10 分。 （3）未口呼或口呼内容错误，扣 10 分。 （4）配分 20 分，扣完为止	
		（1）手指：TVM 运营状态显示器、乘客显示器			
		（2）口呼：设备恢复正常			
合计			100		

六、思考题

（1）怎样进行自动售票机废票箱满的故障排查？

（2）如何清空自动售票机废票箱？

（3）简述自动售票机废票箱满的处置流程。

任务四　废票箱未清零的处置

一、实训目的

（1）了解自动售票机废票箱未清零的处置方法。

（2）掌握自动售票机废票箱未清零的故障排查和判断。
（3）掌握清零废票箱的操作步骤。

二、理论链接

1. 废票箱未清零的故障现象

TVM 运营状态显示器显示：“暂停服务”，乘客显示器显示“暂停服务”。

2. 故障排查

（1）使用 TVM 维护门钥匙（1 号）打开 TVM 维护门下门和上门；
（2）查看状态提示：
① 在维护面板输入账号 123456、密码 123456 后，点击“Enter”键登录；
② 状态栏提示：“废票箱：满”。
（3）检查废票箱：
① 按压蓝色解锁按钮，拉出发卡模块；
② 拉出废票箱，发现废票箱空。

三、实训要求

1. 实训时间

实训课时为 1 课时。

2. 实训形式

（1）实操作业与理论相结合。
（2）独自完成实训操作，结合理论链接以及实操完成实训考核。

3. 实训注意事项

（1）注意人身安全，避免被自动售票机夹伤。
（2）注意开关自动售票机维护门过程中不要有异物阻挡。
（3）严禁在操作自动售票机硬件设备遇到阻塞时，强制操作，避免损坏设备。

4. 工器具材料准备

维护门钥匙。

四、实训作业步骤

表 7-4-1　实训作业步骤

序号	实训内容	详细信息	图片
1	故障排查和确认	按照 TVM 故障排查表排查故障并确认	
2	清零废票箱	（1）装回废票箱。 （2）按压蓝色解锁按钮，推回发卡模块。	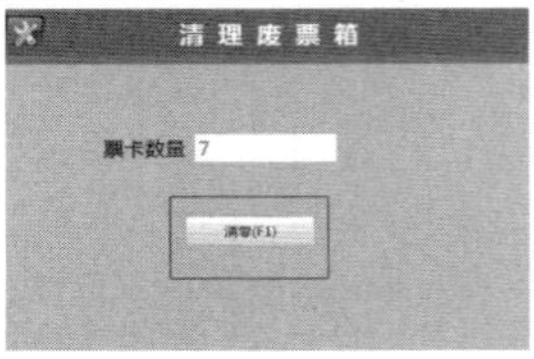

续表

序号	实训内容	详细信息	图片
2	清零废票箱	（3）废票箱票数清零： ① 在“主菜单”中，选择 1 运营服务； ② 选择 7 清理废票箱； ③ 按“F1”键，清零废票箱	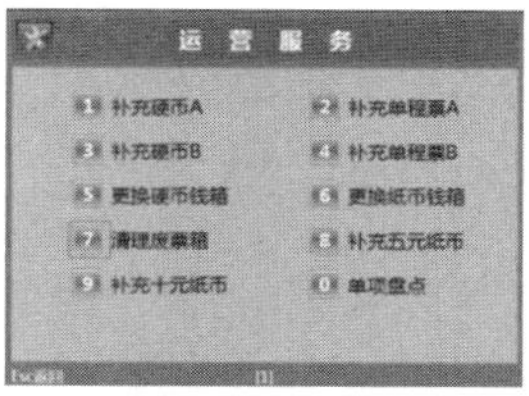 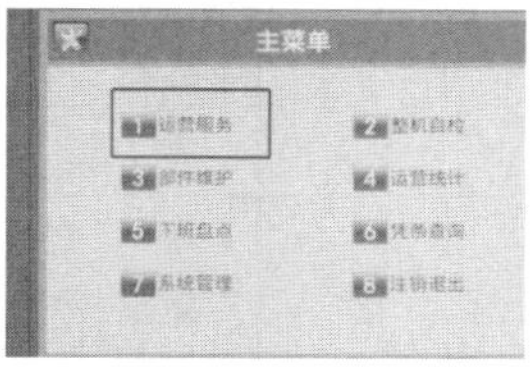
3	注销退出	（1）注销退出： ① 按“Esc”键返回到主菜单； ② 选择 8 注销退出，选择 1 确定。 （2）关上并锁闭 TVM 维护门。 （3）拔出钥匙	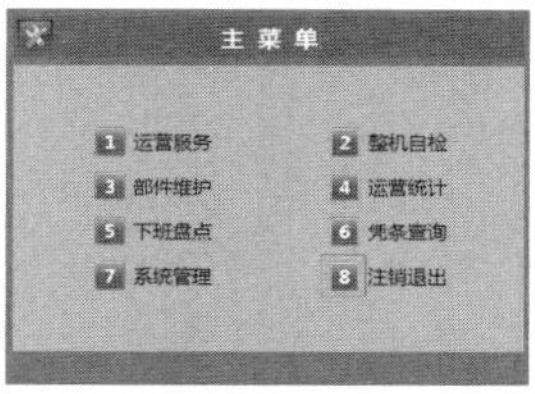
4	确认设备恢复正常	确认 TVM 恢复正常服务模式：运营状态显示器显示“服务中”，乘客显示器（触摸屏）处于正常服务模式	

五、实训考核标准

表 7-4-2　实训考核标准

序号	内容	详细内容	配分	评分标准	得分
1	排查故障	按照 TVM 故障排查表排查故障	—	—	—
2	确认故障	（1）手指：废票箱	20	（1）未手指或手指位置错误，扣 10 分	
		（2）口呼：废票箱未清零，现清零废票箱		（2）未口呼或口呼内容错误，扣 10 分	
3	清零废票箱	（1）装回废票箱	40	（1）装回废票箱，扣 20 分	
		（2）按压蓝色解锁按钮，推回发卡模块		—	
		（3）废票箱票数清零： ① 在“主菜单”中，选择 1 运营服务； ② 选择 7 清理废票箱； ③ 按“F1”键，清零废票箱		（3）未将废票箱票数清零，扣 20 分	

续表

序号	内容	详细内容	配分	评分标准	得分
4	注销退出	（1）注销退出： ① 按 Esc 键返回到主菜单； ② 选择 8 注销退出，选择 1 确定	20	（1）未注销退出，扣 10 分	
		（2）关上并锁闭 TVM 维护门		（2）未关闭维护门，扣 5 分	
		（3）拔出钥匙		（3）未拔出钥匙，扣 5 分	
5	确认设备恢复正常	确认 TVM 恢复正常服务模式：运营状态显示器显示“服务中”，乘客显示器（触摸屏）处于正常服务模式	20	扣分标准： （1）若设备未恢复正常服务模式，而进行手指口呼，扣 20 分。 （2）未手指或手指位置错误，每处扣 5 分，配分 10 分。 （3）未口呼或口呼内容错误，扣 10 分。 （4）配分 20 分，扣完为止	
		（1）手指：TVM 运营状态显示器、乘客显示器			
		（2）口呼：设备恢复正常			
合计			100		

六、思考题

（1）怎样进行自动售票机废票箱未清零的故障排查？

（2）如何清零自动售票机废票箱？

（3）自动售票机废票箱未清零的处置流程是什么？

任务五　发卡模块卡票的处置

一、实训目的

（1）了解自动售票机发卡模块卡票时的处置方法。

（2）掌握自动售票机发卡模块卡票的故障排查和判断。

（3）掌握清除异常票，重新安装票箱的操作步骤。

二、理论链接

1. 发卡模块卡票的故障现象

TVM 运营状态显示器显示：“暂停服务”，乘客显示器显示“暂停服务”。

2. 故障排查

（1）使用 TVM 维护门钥匙（1 号）打开 TVM 维护门下门和上门。

（2）查看状态提示：

① 在维护面板输入账号 123456、密码 123456 后，点击“Enter”键登录；

② 状态栏提示：“发卡模块：异常”。

（3）按压蓝色解锁按钮，拉出发卡模块。

（4）进入单程票模块测试：

① 在“主菜单”中选择 3 部件维护；

② 在“部件维护”中，选择 1 单程票发卡模块；

③ 在“单程票发卡模块”中选择 3 部件测试；

④ 在“部件测试”中选择 1 票到读写器；

⑤ 发现票不能正常发出（还在票箱中，没发出来），确定。

三、实训要求

1. 实训时间

实训课时为 1 课时。

2. 实训形式

（1）实操作业与理论相结合。

（2）独自完成实训操作，结合理论链接以及实操完成实训考核。

3. 实训注意事项

（1）注意人身安全，避免被自动售票机夹伤。

（2）注意开关自动售票机维护门过程中不要有异物阻挡。

（3）严禁在操作自动售票机硬件设备遇到阻塞时强制操作，避免损坏设备。

4. 工器具材料准备

维护门钥匙。

四、实训作业步骤

表 7-5-1　实训作业步骤

序号	实训内容	详细信息	图片
1	故障排查和确认	按照 TVM 故障排查表排查故障并确认	
2	清除异常票，重新安装票箱	（1）取出票箱 A：拉动 A 票箱下面的卡扣，取出 A 票箱。 （2）清除异常票：清除异常票。 （3）口呼：异常票清除。 （4）重新安装票箱 A：拉动 A 票箱下面的卡扣，将票箱放在对应 A 卡槽，松开票箱卡扣，使其自动复位	

续表

序号	实训内容	详细信息	图片
3	发卡测试	测试发售单程票： （1）在“部件维护”界面，选择 1 票到读写器。 （2）选择 2 票到出票口	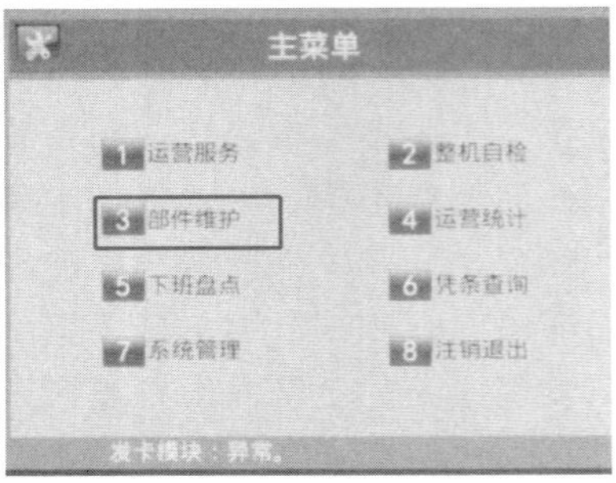 
4	注销退出	（1）注销退出： ① 按“Esc”键返回到主菜单； ② 选择 8 注销退出，选择 1 确定。 （2）关上并锁闭 TVM 维护门。 （3）拔出钥匙	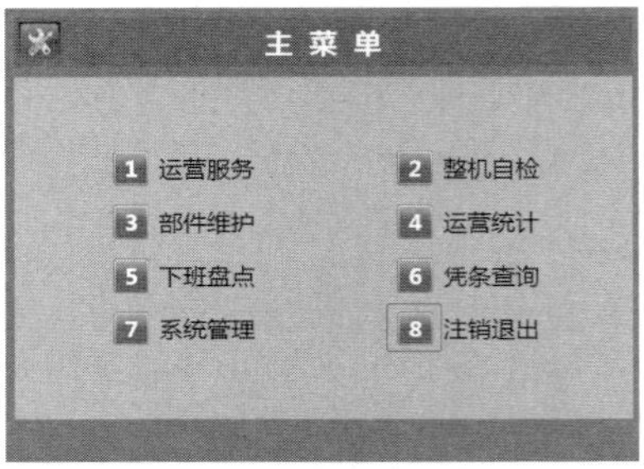
5	确认设备恢复正常	确认 TVM 恢复正常服务模式：运营状态显示器显示“服务中”，乘客显示器（触摸屏）处于正常服务模式	

五、实训考核标准

表 7-5-2　实训考核标准

序号	内容	详细内容	配分	评分标准	得分
1	排查故障	按照 TVM 故障排查表排查故障	—	—	
2	确认故障	（1）手指：A 票箱	20	（1）未手指或手指位置错误，扣 10 分	
		（2）口呼：发卡模块卡票，清除异常票		（2）未口呼或口呼内容错误，扣 10 分	

续表

序号	内容	详细内容	配分	评分标准	得分
3	清除异常票，重新安装票箱	（1）取出票箱 A：拉动 A 票箱下面的卡扣，取出 A 票箱	20	（1）未取出 A 票箱，扣 5 分	
		（2）清除异常票：清除异常票		（2）未清除异常票，扣 5 分	
		（3）口呼：异常票清除		（3）未口呼或口呼内容错误，扣 5 分	
		（4）重新安装票箱 A：拉动 A 票箱下面的卡扣，将票箱放在对应 A 卡槽，松开票箱卡扣，使其自动复位		（4）未重新安装 A 票箱到位，扣 5 分	
4	发卡测试	（1）测试发售单程票： ① 在“部件测试”界面，选择 1 票到读写器； ② 选择 2 票到出票口	20	（1）未测试发售单程票成功，扣 10 分	
		（2）口呼：测试发售单程票成功		（2）未口呼或口呼内容错误，扣 10 分	
5	注销退出	（1）按压蓝色解锁按钮，推回发卡模块	20	—	
		（2）注销退出： ① 按“Esc”键返回到主菜单； ② 选择 8 注销退出，选择 1 确定		（2）未注销退出，扣 10 分	
		（3）关上并锁闭 TVM 维护门		（3）未关闭维护门，扣 5 分	
		（4）拔出钥匙		（4）未拔出钥匙，扣 5 分	
6	确认设备恢复正常	确认 TVM 恢复正常服务模式：运营状态显示器显示“服务中”，乘客显示器（触摸屏）处于正常服务模式	20	扣分标准： （1）若设备未恢复正常服务模式，而进行手指口呼，扣 20 分。 （2）未手指或手指位置错误，每处扣 5 分，配分 10 分。 （3）未口呼或口呼内容错误，扣 10 分。 （4）配分 20 分，扣完为止	
		（1）手指：TVM 运营状态显示器、乘客显示器			
		（2）口呼：设备恢复正常			
合计			100		

六、思考题

（1）怎样进行自动售票机发卡模块卡票的故障排查？

（2）如何清除异常票并重新安装票箱？

（3）自动售票机发卡模块卡票的处置流程是什么？

项目八 自动售票机硬币模块故障处置

任务一 硬币回收钱箱满的处置

一、实训目的

（1）了解硬币回收钱箱满的故障现象。

（2）掌握硬币回收钱箱满故障的处置方法。

（3）学习更换硬币回收钱箱的操作流程。

二、理论链接

（1）硬币回收钱箱满的故障现象：TVM 运营状态显示器显示“服务中/只收纸币”；乘客显示器右上角显示”只收纸币”。

（2）看到显示器显示“只收纸币”，判断此时硬币模块出现问题，检查硬币模块。

（3）硬币回收钱箱的注意事项。

取出：使用硬币入口封门钥匙（4 号）解锁硬币入口封门锁（关闭封口、解锁钱箱），拉出硬币回收钱箱，放到指定位置，拔出钥匙。

放进：先装入硬币回收钱箱，再使用硬币入口封门钥匙（4 号）将硬币入口封门锁锁到位（打开封口、固定钱箱），并拔出钥匙。

（4）故障排查：

① 使用 TVM 维护门钥匙（1 号）打开 TVM 维护门下门和上门；

② 查看状态提示：

a. 在维护面板输入账号 123456、密码 123456 后，点击“Enter”键登录；

b. 状态栏提示：“硬币回收钱箱：满”。

③ 打开硬币回收钱箱，确认硬币回收钱箱是否有硬币：

a. 使用硬币回收钱箱硬币入口封门钥匙（4 号）解锁硬币入口封门锁，拉出硬币回收钱箱，拔出钥匙；

b. 使用硬币回收钱箱箱盖钥匙（5 号）打开钱箱箱盖，发现硬币回收钱箱中有硬币。

（5）硬币回收钱箱。

硬币回收钱箱如图 8-1-1 所示。

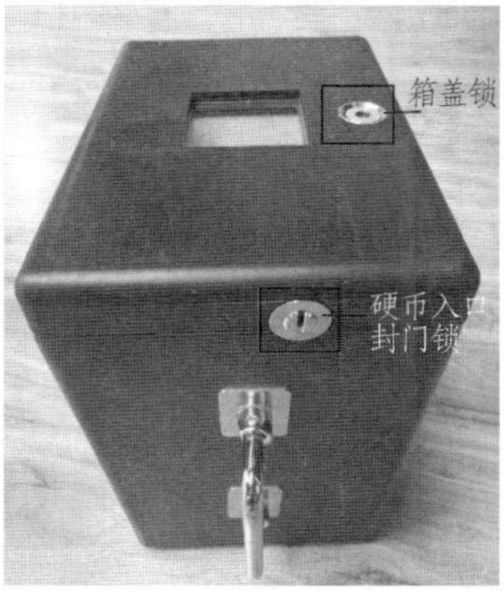

图 8-1-1　硬币回收钱箱

三、实训要求

1. 实训时间

实训课时为 1 课时。

2. 实训形式

（1）实操作业与理论相结合。
（2）独自完成实训操作，结合理论链接以及实操完成实训考核。

3. 实训注意事项

（1）注意人身安全，避免被自动售票机夹伤。
（2）注意开关自动售票机维护门过程中不要有异物阻挡。
（3）严禁在操作自动售票机硬件设备遇到阻塞时，强制操作，避免损坏设备。

4. 工器具材料准备

（1）维护门钥匙。
（2）硬币回收钱箱硬币入口封门钥匙。

四、实训作业步骤

表 8-1-1　实训作业步骤

序号	实训内容	详细信息	图片
1	故障排查和确认	按照 TVM 故障排查表排查故障并确认	
2	更换硬币回收钱箱	（1）将满的硬币回收钱箱箱盖锁上，并拔出钥匙。 （2）将空硬币回收钱箱装入并上锁： ① 装入空硬币回收钱箱； ② 使用硬币回收钱箱硬币入口封门钥匙（4 号）将硬币入口封门锁锁到位； ③ 拔出钥匙	

续表

序号	实训内容	详细信息	图片
2	更换硬币回收钱箱	（3）硬币回收钱箱清零： ① 选择 1 运营服务； ② 选择 5 更换硬币回收钱箱； ③ 输入账号 123456、密码 123456，点击“Enter”键进行硬币钱箱登录； （4）按“F1”键，开始更换。 （5）选择 2，更换结束	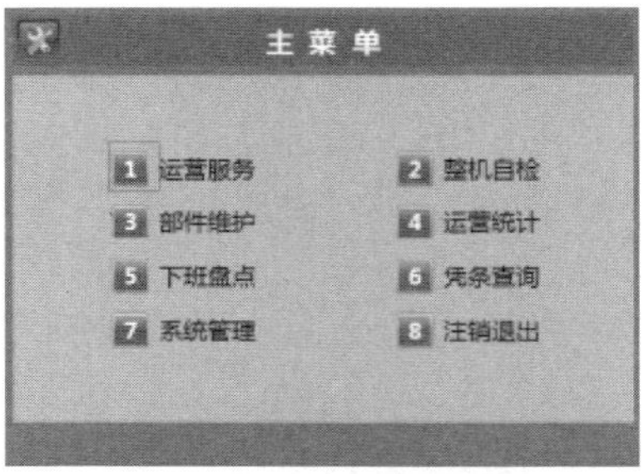 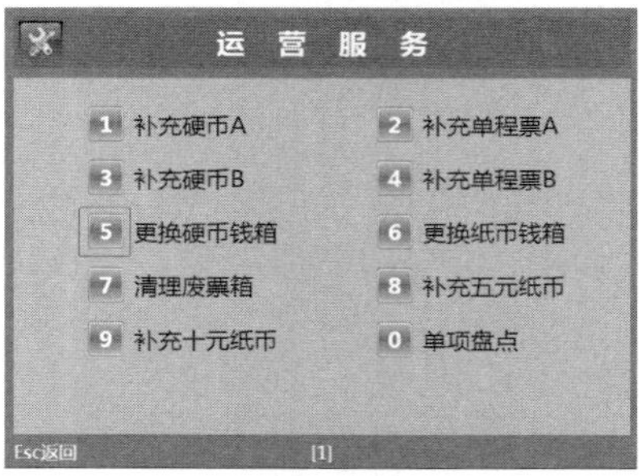 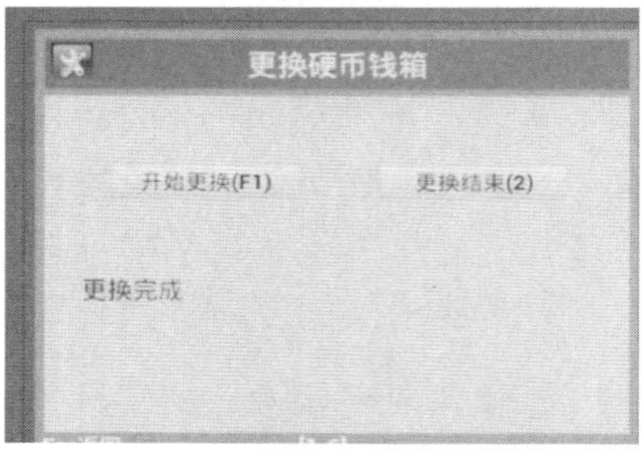
3	注销退出	（1）注销退出： ① 按“Esc”键返回到主菜单； ② 选择 8 注销退出，选择 1 确定。 （2）关上并锁闭 TVM 维护门。 （3）拔出钥匙	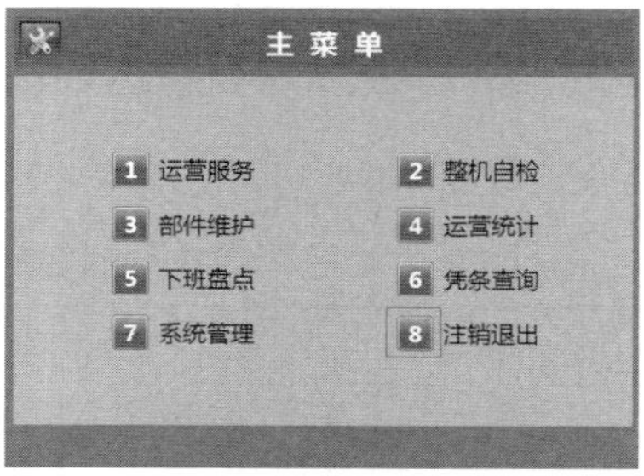
4	确认设备恢复正常	确认 TVM 恢复正常服务模式：运营状态显示器显示“服务中”，乘客显示器（触摸屏）处于正常服务模式	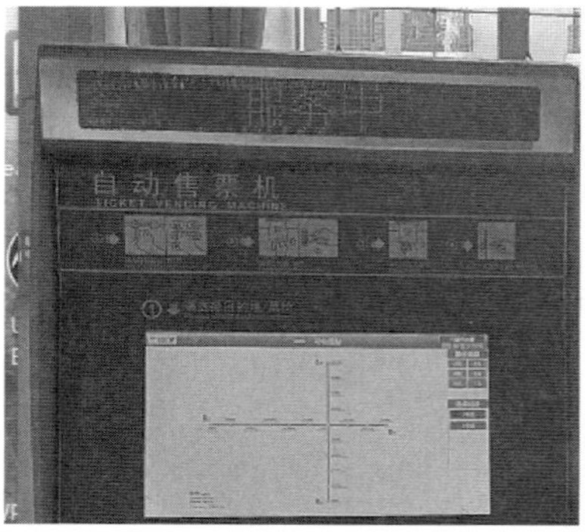

五、实训考核标准

表 8-1-2　实训考核标准

<table>
<tr><th>序号</th><th>内容</th><th>详细内容</th><th>配分</th><th>评分标准</th><th>得分</th></tr>
<tr><td>1</td><td>排查故障</td><td>按照 TVM 故障排查表排查故障</td><td>—</td><td>—</td><td>—</td></tr>
<tr><td rowspan="2">2</td><td rowspan="2">确认故障</td><td>（1）手指：硬币回收钱箱</td><td rowspan="2">20</td><td>（1）未手指或手指位置错误，扣10分</td><td rowspan="2"></td></tr>
<tr><td>（2）口呼：硬币回收钱箱满，更换硬币回收钱箱</td><td>（2）未口呼或口呼内容错误，扣10分</td></tr>
<tr><td rowspan="3">3</td><td rowspan="3">更换硬币回收钱箱</td><td>（1）将满的硬币回收钱箱箱盖锁上，并拔出钥匙</td><td rowspan="3">40</td><td>（1）扣分标准：
① 未将满的硬币回收钱箱箱盖锁上，扣 7 分；
② 未拔出钥匙，扣 6 分；
③ 配分 13 分</td><td rowspan="3"></td></tr>
<tr><td>（2）将空硬币回收钱箱装入并上锁：
① 装入空硬币回收钱箱；
② 使用硬币回收钱箱硬币入口封门钥匙（4 号）将硬币入口封门锁锁到位；
③ 拔出钥匙</td><td>（2）扣分标准：
① 未将硬币入口封门锁锁到位，扣 6 分；
② 未拔出钥匙，扣 6 分；
③ 配分 12 分</td></tr>
<tr><td>（3）硬币回收钱箱清零：
① 选择 1 运营服务；
② 选择 5 更换硬币回收钱箱；
③ 输入账号 123456、密码 123456，点击“Enter”键进行硬币钱箱登录；
（4）按“F1”键，开始更换。
（5）选择 2，更换结束</td><td>（3）未清零硬币回收钱箱，扣 15 分</td></tr>
<tr><td rowspan="3">4</td><td rowspan="3">注销退出</td><td>（1）注销退出：
① 按“Esc”键返回到主菜单；
② 选择 8 注销退出，选择 1 确定</td><td rowspan="3">20</td><td>（1）未注销退出，扣 10 分</td><td rowspan="3"></td></tr>
<tr><td>（2）关上并锁闭 TVM 维护门</td><td>（2）未关闭维护门，扣 5 分</td></tr>
<tr><td>（3）拔出钥匙</td><td>（3）未拔出钥匙，扣 5 分</td></tr>
<tr><td rowspan="3">5</td><td rowspan="3">确认设备恢复正常</td><td>确认 TVM 恢复正常服务模式：运营状态显示器显示“服务中”，乘客显示器（触摸屏）处于正常服务模式</td><td rowspan="3">20</td><td rowspan="3">扣分标准：
（1）若设备未恢复正常服务模式，而进行手指口呼，扣 20 分。
（2）未手指或手指位置错误，每处扣 5 分，配分 10 分。
（3）未口呼或口呼内容错误，扣 10 分。
（4）配分 20 分，扣完为止</td><td rowspan="3"></td></tr>
<tr><td>（1）手指：TVM 运营状态显示器、乘客显示器</td></tr>
<tr><td>（2）口呼：设备恢复正常</td></tr>
<tr><td colspan="3">合计</td><td>100</td><td colspan="2"></td></tr>
</table>

六、思考题

（1）硬币回收钱箱满故障的处置方法是什么？
（2）更换硬币回收钱箱的操作步骤是什么？
（3）硬币回收钱箱满的故障排查流程是什么？

任务二　硬币回收钱箱未清零的处置

一、实训目的

（1）了解自动售票机硬币回收钱箱未清零的故障排查和判断。
（2）掌握自动售票机硬币回收钱箱未清零的处置方法。
（3）掌握更换硬币回收钱箱的操作步骤。

二、理论链接

（1）硬币回收钱箱满的故障现象：TVM 运营状态显示器显示“服务中/只收纸币”；乘客显示器右上角显示”只收纸币”。

（2）看到显示器显示“只收纸币”，判断此时硬币模块出现问题，检查硬币模块。

（3）硬币回收钱箱的注意事项。

取出：使用硬币入口封门钥匙（4 号）解锁硬币入口封门锁（关闭封口、解锁钱箱），拉出硬币回收钱箱，放到指定位置，拔出钥匙。

放进：先装入硬币回收钱箱，再使用硬币入口封门钥匙（4 号）将硬币入口封门锁锁到位（打开封口、固定钱箱），并拔出钥匙。

（4）故障排查：

① 使用 TVM 维护门钥匙（1 号）打开 TVM 维护门下门和上门。

② 查看状态提示：

a. 在维护面板输入账号 123456、密码 123456 后，点击“Enter”键登录；

b. 状态栏提示：“硬币回收钱箱：满”。

③ 打开硬币回收钱箱，确认硬币回收钱箱是否有硬币：

a. 使用硬币回收钱箱硬币入口封门钥匙（4 号）解锁硬币入口封门锁，拉出硬币回收钱箱，拔出钥匙；

b. 使用硬币回收钱箱箱盖钥匙（5 号）打开钱箱箱盖，发现硬币回收钱箱中无硬币。

三、实训要求

1. 实训时间

实训课时为 1 课时。

2. 实训形式

（1）实操作业与理论相结合。
（2）独自完成实训操作，结合理论链接以及实操完成实训考核。

3. 实训注意事项

（1）注意人身安全，避免被自动售票机夹伤。

（2）注意开关自动售票机维护门过程中不要有异物阻挡。

（3）严禁在操作自动售票机硬件设备遇到阻塞时，强制操作，避免损坏设备。

4. 工器具材料准备

（1）维护门钥匙。

（2）硬币回收钱箱硬币入口封门钥匙。

四、实训作业步骤

表 8-2-1　实训作业步骤

序号	实训内容	详细信息	图片
1	故障排查和确认	按照 TVM 故障排查表排查故障并确认	
2	更换硬币回收钱箱	（1）重新装入硬币回收钱箱并上锁： ① 将硬币回收钱箱箱盖重新锁上，并拔出钥匙； ② 重新装入硬币回收钱箱； ③ 使用硬币回收钱箱硬币入口封门钥匙（4 号）将硬币入口封门锁锁到位； ④ 拔出钥匙。 （2）清零硬币回收钱箱： ① 在“主菜单”选择 1 运营服务； ② 选择 5 更换硬币回收钱箱； ③ 输入账号 123456、密码 123456，点击“Enter”键进行硬币钱箱登录； ④ 按“F1”键，开始更换； ⑤ 选择 2，更换结束	 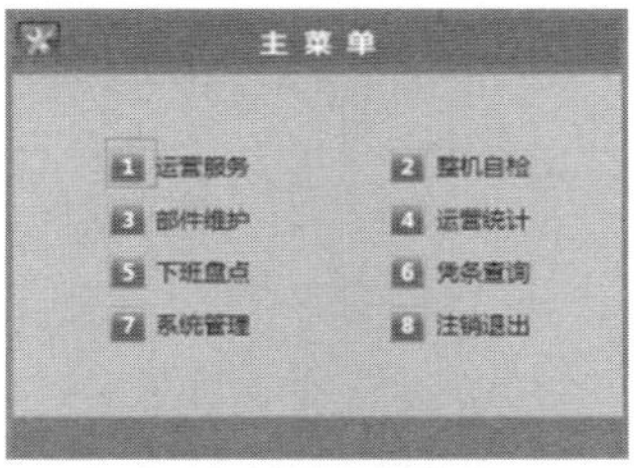 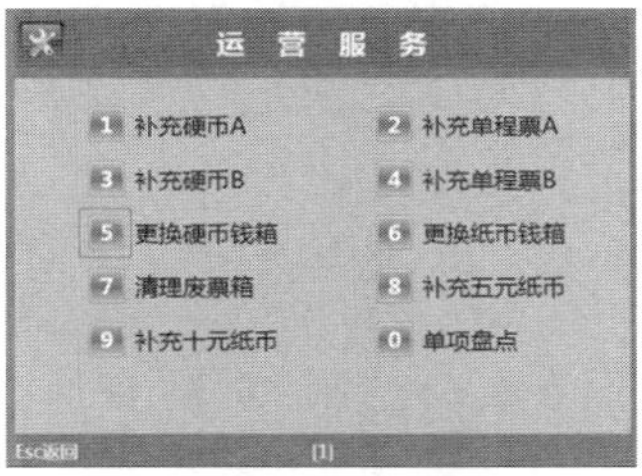 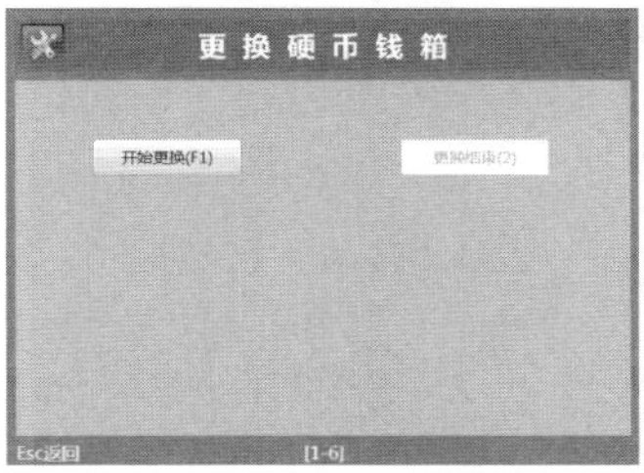

续表

序号	实训内容	详细信息	图片
3	注销退出	（1）注销退出： ① 按“Esc”键返回到主菜单； ② 选择 8 注销退出，选择 1 确定。 （2）关上并锁闭 TVM 维护门。 （3）拔出钥匙	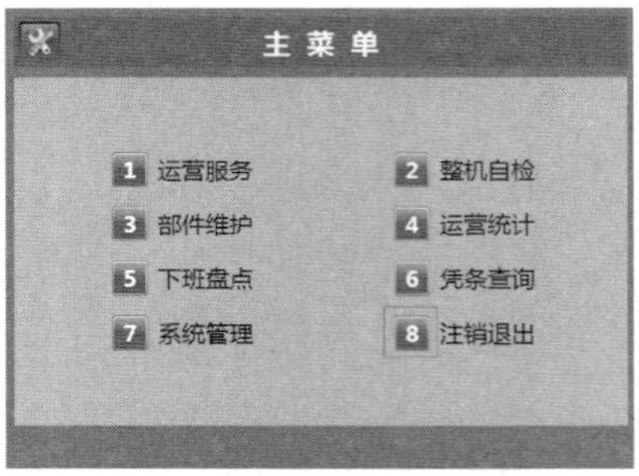
4	确认设备恢复正常	确认 TVM 恢复正常服务模式：运营状态显示器显示“服务中”，乘客显示器（触摸屏）处于正常服务模式	

五、实训考核标准

表 8-2-2　实训考核标准

序号	内容	详细内容	配分	评分标准	得分
1	排查故障	按照 TVM 故障排查表排查故障	—	—	—
2	确认故障	（1）手指：硬币回收钱箱	20	（1）未手指或手指位置错误，扣 10 分	
		（2）口呼：硬币回收钱箱未清零，现清零硬币回收钱箱		（2）未口呼或口呼内容错误，扣 10 分	
3	更换硬币回收钱箱	（1）重新装入硬币回收钱箱并上锁： ① 将硬币回收钱箱箱盖重新锁上，并拔出钥匙； ② 重新装入硬币回收钱箱； ③ 使用硬币回收钱箱硬币入口封门钥匙（4 号）将硬币入口封门锁锁到位； ④ 拔出钥匙	40	（1）扣分标准： ① 未将硬币入口封门锁锁到位，扣 15 分； ② 未拔出钥匙，扣 10 分； ③ 配分 25 分	
		（2）清零硬币回收钱箱： ① 在“主菜单”选择 1 运营服务； ② 选择 5 更换硬币回收钱箱； ③ 输入账号 123456、密码 123456，点击“Enter”键进行硬币钱箱登录； ④ 按“F1”键，开始更换； ⑤ 选择 2，更换结束		（2）未清零硬币回收钱箱，扣 15 分	

续表

<table>
<tr><th>序号</th><th>内容</th><th>详细内容</th><th>配分</th><th>评分标准</th><th>得分</th></tr>
<tr><td rowspan="3">4</td><td rowspan="3">注销退出</td><td>（1）注销退出：
① 按“Esc”键返回到主菜单；
② 选择 8 注销退出，选择 1 确定</td><td rowspan="3">20</td><td>（1）未注销退出，扣 10 分</td><td rowspan="3"></td></tr>
<tr><td>（2）关上并锁闭 TVM 维护门</td><td>（2）未关闭维护门，扣 5 分</td></tr>
<tr><td>（3）拔出钥匙</td><td>（3）未拔出钥匙，扣 5 分</td></tr>
<tr><td rowspan="3">5</td><td rowspan="3">确认设备恢复正常</td><td>确认 TVM 恢复正常服务模式：运营状态显示器显示“服务中”，乘客显示器（触摸屏）处于正常服务模式</td><td rowspan="3">20</td><td rowspan="3">扣分标准：
（1）若设备未恢复正常服务模式，而进行手指口呼，扣 20 分。
（2）未手指或手指位置错误，每处扣 5 分，配分 10 分。
（3）未口呼或口呼内容错误，扣 10 分。
（4）配分 20 分，扣完为止</td><td rowspan="3"></td></tr>
<tr><td>（1）手指：TVM 运营状态显示器、乘客显示器</td></tr>
<tr><td>（2）口呼：设备恢复正常</td></tr>
<tr><td colspan="3">合计</td><td>100</td><td colspan="2"></td></tr>
</table>

六、思考题

（1）怎样进行自动售票机硬币回收钱箱未清零的故障排查?

（2）如何更换硬币回收钱箱?

（3）自动售票机硬币回收钱箱未清零的处置流程是什么?

任务三　硬币专用找零钱箱空的处置

一、实训目的

（1）了解硬币专用找零钱箱空的故障现象。

（2）掌握硬币专用找零钱箱空的处置方法。

（3）学习补充硬币的操作流程。

二、理论链接

（1）硬币专用找零钱箱空的故障现象：TVM 运营状态显示器显示“服务中”；乘客显示器右上角显示“只纸币找零”。

（2）故障排查：

① 使用 TVM 维护门钥匙（1 号）打开 TVM 维护门下门和上门；

② 查看状态提示：

a. 在维护面板输入账号 123456、密码 123456 后，点击“Enter”键登录；

b. 状态栏提示：“1 元专用找零钱箱 A：空”。

③ 看到显示器显示“只收纸币”，判断此时硬币模块出现问题，检查硬币模块。

④ 打开 1 元专用找零钱箱 A，确认是否有硬币：

a. 按压蓝色解锁按钮，拉出硬币模块；

b. 使用硬币专用找零钱箱侧门钥匙（2 号）打开硬币专用找零钱箱侧门；

c. 拉出 1 元专用找零钱箱 A；使用 1 元专用找零钱箱钥匙（3 号）打开钱箱，发现钱箱里无硬币，确认 1 元专用找零钱箱 A 空。

三、实训要求

1. 实训时间

实训课时为 1 课时。

2. 实训形式

（1）实操作业与理论相结合。

（2）独自完成实训操作，结合理论链接以及实操完成实训考核。

3. 实训注意事项

（1）注意人身安全，避免被自动售票机夹伤；注意开关自动售票机维护门过程中不要有异物阻挡。

（2）严禁在操作自动售票机硬件设备遇到阻塞时，强制操作，避免损坏设备。

4. 工器具材料准备

（1）维护门钥匙。

（2）专用找零钱箱侧门钥匙。

四、实训作业步骤

表 8-3-1　实训作业步骤

序号	实训内容	详细信息	图片
1	故障排查和确认	按照 TVM 故障排查表排查故障并确认	
2	补充硬币	（1）更换 1 元专用找零钱箱： ① 将空的 1 元专用找零钱箱箱盖锁上，并拔出钥匙； ② 将装满 1 元硬币的 1 元专用找零钱箱 A 装入。 （2）锁上专用找零钱箱侧门，并拔出钥匙。 （3）按压蓝色解锁按钮，推回硬币模块。 （4）输入 1 元硬币补币数： ① 在“主菜单”，选择 1 运营服务； ② 选择 1 补充硬币 A； ③ 输入补币数量 500，按“F1”键加币	 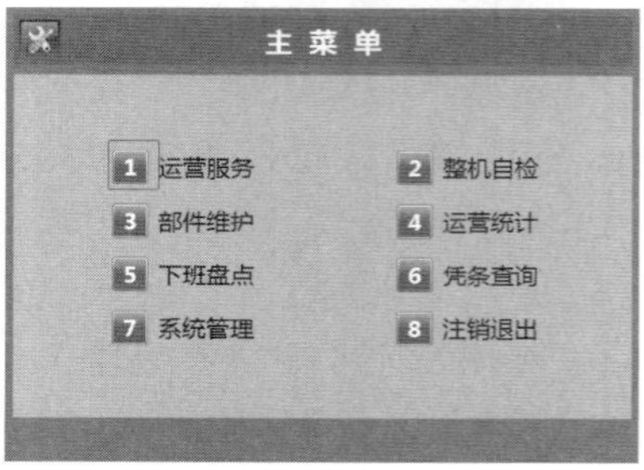

续表

序号	实训内容	详细信息	图片
2	补充硬币		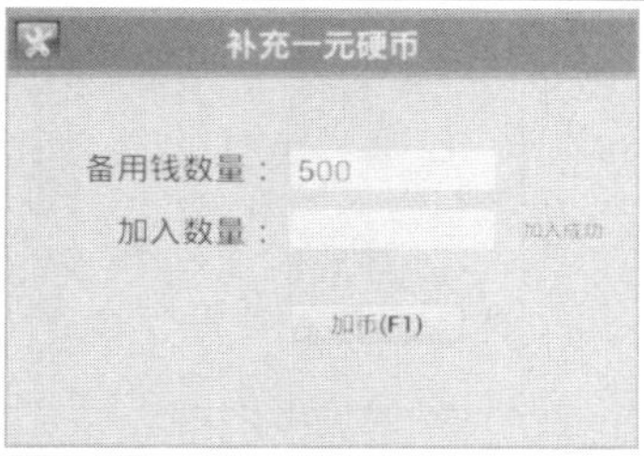
3	注销退出	（1）注销退出： ① 按“Esc”键返回到主菜单； ② 选择 8 注销退出，选择 1 确定。 （2）关上并锁闭 TVM 维护门。 （3）拔出钥匙	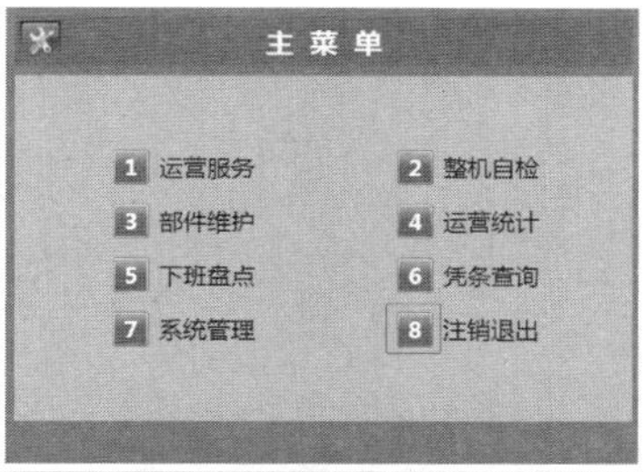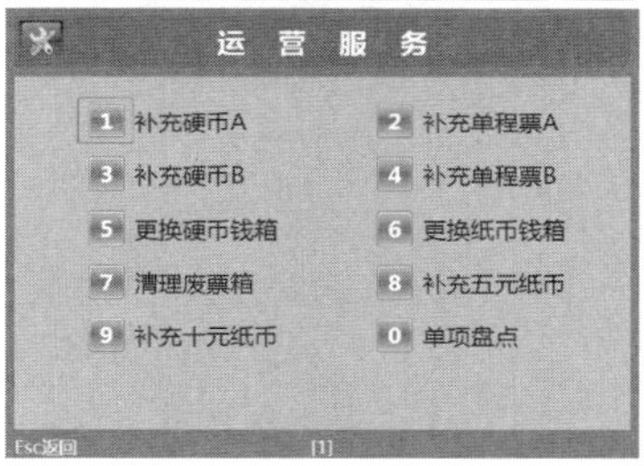
4	确认设备恢复正常	确认 TVM 恢复正常服务模式：运营状态显示器显示“服务中”，乘客显示器（触摸屏）处于正常服务模式	

五、实训考核标准

表 8-3-2　实训考核标准

序号	内容	详细内容	配分	评分标准	得分
1	排查故障	按照 TVM 故障排查表排查故障	—	—	—
2	确认故障	（1）手指：1 元专用找零钱箱 A	20	（1）未手指或手指位置错误，扣 10 分	
		（2）口呼：1 元专用找零钱箱空，补充 1 元硬币		（2）未口呼或口呼内容错误，扣 10 分	

续表

序号	内容	详细内容	配分	评分标准	得分
3	补充硬币	（1）更换1元专用找零钱箱： ①将空的1元专用找零钱箱箱盖锁上，并拔出钥匙； ②将装满1元硬币的1元专用找零钱箱A装入	40	（1）扣分标准： ①未将空的1元专用找零钱箱箱盖锁上，扣5分； ②未拔出钥匙，扣3分； ③未装入满的1元专用找零钱箱，扣5分； ④配分13分	
		（2）锁上专用找零钱箱侧门，并拔出钥匙		（2）扣分标准： ①未锁上侧门，扣4分； ②未拔出钥匙，扣3分； ③配分7分	
		（3）按压蓝色解锁按钮，推回硬币模块		—	
		（4）输入1元硬币补币数： ①在“主菜单”，选择1运营服务； ②选择1补充硬币A； ③输入补币数量500，按“F1”键加币		（4）未输入1元硬币补币数或补币数错误，扣20分	
4	注销退出	（1）注销退出： ①按“Esc”键返回到主菜单； ②选择8注销退出，选择1确定	20	（1）未注销退出，扣10分	
		（2）关上并锁闭TVM维护门		（2）未关闭维护门，扣5分	
		（3）拔出钥匙		（3）未拔出钥匙，扣5分	
5	确认设备恢复正常	确认TVM恢复正常服务模式：运营状态显示器显示“服务中”，乘客显示器（触摸屏）处于正常服务模式	20	扣分标准： （1）若设备未恢复正常服务模式，而进行手指口呼，扣20分。 （2）未手指或手指位置错误，每处扣5分，配分10分。 （3）未口呼或口呼内容错误，扣10分。 （4）配分20分，扣完为止	
		（1）手指：TVM运营状态显示器、乘客显示器			
		（2）口呼：设备恢复正常			
合计			100		

六、思考题

（1）硬币专用找零钱箱空的处置方法是什么？

（2）补充硬币的操作步骤是什么？

（3）硬币专用找零钱箱空的故障排查流程是什么？

任务四　未输入硬币补币的处置

一、实训目的

（1）了解未输入硬币补币的故障现象。

（2）掌握未输入硬币补币的处置方法。

（3）学习输入补币数的操作流程。

二、理论链接

（1）未输入硬币补币的故障现象：TVM 运营状态显示器显示“服务中”；乘客显示器右上角显示“只纸币找零”。

（2）故障排查：

① 使用 TVM 维护门钥匙（1 号）打开 TVM 维护门下门和上门。

② 查看状态提示：

a. 在维护面板输入账号 123456、密码 123456 后，点击“Enter”键登录；

b. 状态栏提示：“1 元专用找零钱箱 A：空”。

③ 打开 1 元专用找零钱箱 A，确认是否有硬币：

a. 按压蓝色解锁按钮，拉出硬币模块；

b. 使用硬币专用找零钱箱侧门钥匙（2 号）打开硬币专用找零钱箱侧门；

c. 拉出 1 元专用找零钱箱 A；使用 1 元专用找零钱箱钥匙（3 号）打开钱箱，发现钱箱里有硬币。

（3）看到显示器显示“只收纸币”，判断此时硬币模块出现问题，检查硬币模块。

三、实训要求

1. 实训时间

实训课时为 1 课时。

2. 实训形式

（1）实操作业与理论相结合。

（2）独自完成实训操作，结合理论链接以及实操完成实训考核。

3. 实训注意事项

（1）注意人身安全，避免被自动售票机夹伤。

（2）注意开关自动售票机维护门过程中不要有异物阻挡。

（3）严禁在操作自动售票机硬件设备遇到阻塞时，强制操作，避免损坏设备。

4. 工器具材料准备

（1）维护门钥匙。

（2）专用找零钱箱侧门钥匙。

（3）1 元专用找零钱箱钥匙。

四、实训作业步骤

表 8-4-1　实训作业步骤

序号	实训内容	详细信息	图片
1	故障排查和确认	按照 TVM 故障排查表排查故障并确认	

续表

序号	实训内容	详细信息	图片
2	输入 补币数	（1）重新安装1元专用找零钱箱A： ① 将1元专用找零钱箱箱盖锁上，并拔出钥匙； ② 将1元专用找零钱箱重新装入。 （2）锁上专用找零钱箱侧门，并拔出钥匙。 ③ 按压蓝色解锁按钮，推回硬币模块。 （3）输入1元硬币补币数： ① 在“主菜单”，选择1运营服务； ② 选择1补充硬币A； ③ 输入补币数量500，按“F1”键加币	 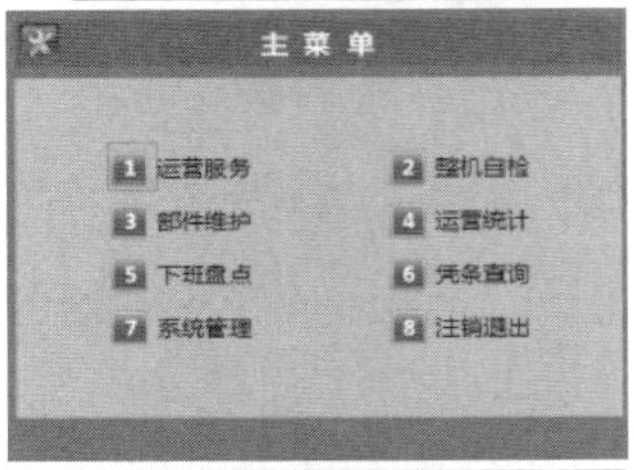 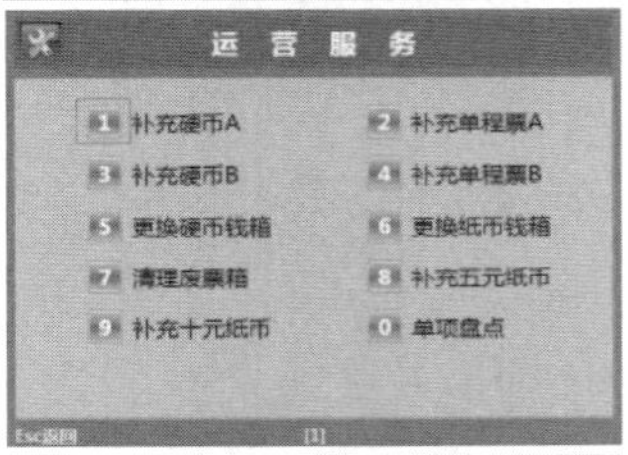 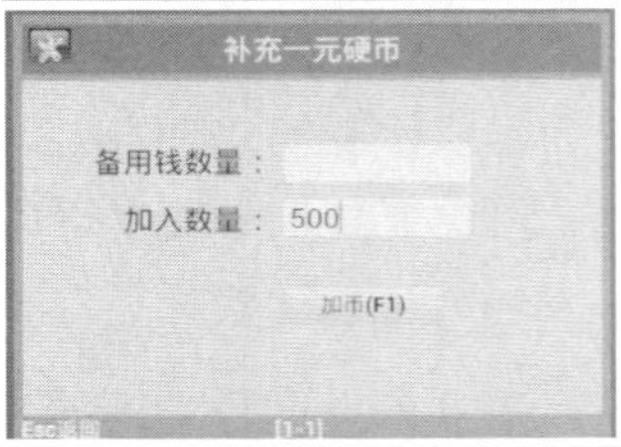
3	注销退出	（1）注销退出： ① 按“Esc”键返回到主菜单； ② 选择8注销退出，选择1确定。 （2）关上并锁闭TVM维护门。 （3）拔出钥匙	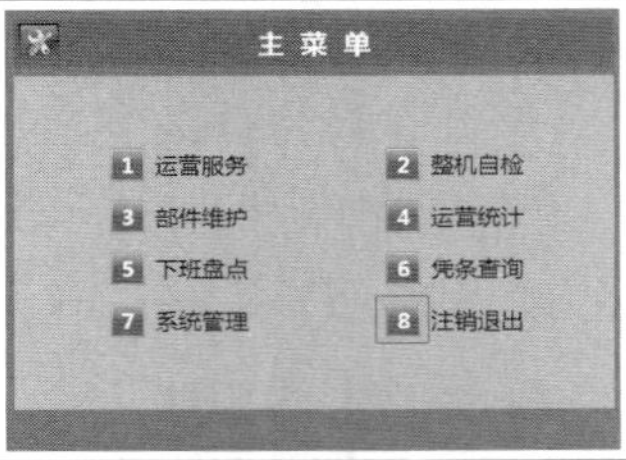
4	确认设备 恢复正常	确认TVM恢复正常服务模式：运营状态显示器显示“服务中”，乘客显示器（触摸屏）处于正常服务模式	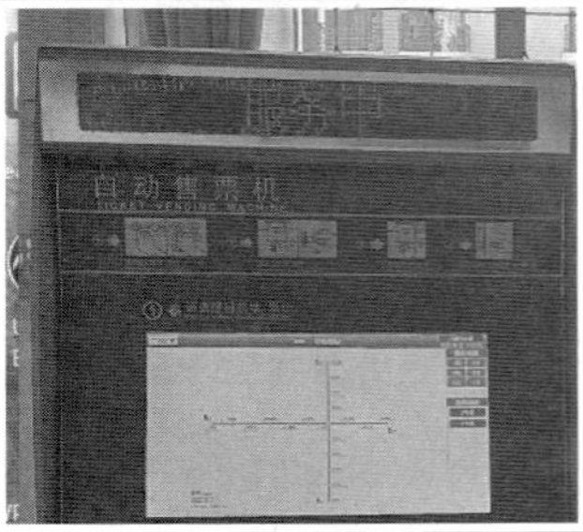

五、实训考核标准

表 8-4-2 实训考核标准

<table>
<tr><th>序号</th><th>内容</th><th>详细内容</th><th>配分</th><th>评分标准</th><th>得分</th></tr>
<tr><td>1</td><td>排查故障</td><td>按照 TVM 故障排查表排查故障</td><td>—</td><td>—</td><td>—</td></tr>
<tr><td rowspan="2">2</td><td rowspan="2">确认故障</td><td>（1）手指：1 元专用找零钱箱 A</td><td rowspan="2">20</td><td>（1）未手指或手指位置错误，扣 10 分</td><td rowspan="2"></td></tr>
<tr><td>（2）口呼：未输入补币数，现输入补币数</td><td>（2）未口呼或口呼内容错误，扣 10 分</td></tr>
<tr><td rowspan="4">3</td><td rowspan="4">输入补币数</td><td>（1）重新安装 1 元专用找零钱箱 A：
① 将 1 元专用找零钱箱箱盖锁上，并拔出钥匙；
② 将 1 元专用找零钱箱重新装入</td><td rowspan="4">40</td><td>（1）扣分标准：
① 未将1元专用找零钱箱箱盖锁上，扣 5 分；
② 未拔出钥匙，扣 3 分；
③ 未重新装入 1 元专用找零钱箱，扣 5 分；
④ 配分 13 分</td><td rowspan="4"></td></tr>
<tr><td>（2）锁上专用找零钱箱侧门，并拔出钥匙</td><td>（2）扣分标准：
① 未锁上侧门，扣 4 分；
② 未拔出钥匙，扣 3 分；
③ 配分 7 分</td></tr>
<tr><td>（3）按压蓝色解锁按钮，推回硬币模块</td><td>—</td></tr>
<tr><td>（4）输入 1 元硬币补币数：
① 在“主菜单”，选择 1 运营服务；
② 选择 1 补充硬币 A；
③ 输入补币数量 500，按“F1”键加币</td><td>（4）未输入 1 元硬币补币数或补币数错误，扣 20 分</td></tr>
<tr><td rowspan="3">4</td><td rowspan="3">注销退出</td><td>（1）注销退出：
① 按“Esc”键返回到主菜单；
② 选择 8 注销退出，选择 1 确定</td><td rowspan="3">20</td><td>（1）未注销退出，扣 10 分</td><td rowspan="3"></td></tr>
<tr><td>（2）关上并锁闭 TVM 维护门</td><td>（2）未关闭维护门，扣 5 分</td></tr>
<tr><td>（3）拔出钥匙</td><td>（3）未拔出钥匙，扣 5 分</td></tr>
<tr><td rowspan="3">5</td><td rowspan="3">确认设备恢复正常</td><td>确认 TVM 恢复正常服务模式：运营状态显示器显示“服务中”，乘客显示器处于正常服务模式</td><td rowspan="3">20</td><td rowspan="3">扣分标准：
（1）若设备未恢复正常服务模式，而进行手指口呼，扣 20 分。
（2）未手指或手指位置错误，每处扣 5 分，配分 10 分。
（3）未口呼或口呼内容错误，扣 10 分。
（4）配分 20 分，扣完为止</td><td rowspan="3"></td></tr>
<tr><td>（1）手指：TVM 运营状态显示器、乘客显示器</td></tr>
<tr><td>（2）口呼：设备恢复正常</td></tr>
<tr><td colspan="3">合计</td><td>100</td><td colspan="2"></td></tr>
</table>

六、思考题

（1）未输入硬币补币的处置方法是什么？

（2）输入补币数的操作步骤是什么？

（3）未输入硬币补币的故障排查流程是什么？

项目九　自动售票机纸币模块故障处置

任务一　纸币回收钱箱满的处置

一、实训目的

（1）了解纸币回收钱箱满的故障现象。

（2）掌握纸币回收钱箱满故障的处置方法。

（3）学习更换纸币回收钱箱的操作流程。

二、理论链接

（1）纸币回收钱箱满的故障现象：TVM 运营状态显示器显示“服务中/只收硬币”；乘客显示器右上角显示“只收硬币”。

（2）看到显示器显示“只收硬币”，判断此时纸币模块出现问题，检查纸币模块。

（3）故障排查：

① 使用 TVM 维护门钥匙（1 号）打开 TVM 维护门下门和上门；

② 查看状态提示：

a. 在维护面板输入账号 123456、密码 123456 后，点击“Enter”键登录；

b. 状态栏提示：“纸币回收钱箱：满”。

③ 打开纸币回收钱箱，确认纸币回收钱箱是否有纸币：

a. 按压蓝色解锁按钮，拉出纸币模块；

b. 使用纸币钱箱安全钥匙（6 号）打开纸币回收钱箱安全锁，拿出纸币回收钱箱，拔出钥匙；

c. 使用纸币钱箱钥匙（7 号）打开纸币回收钱箱，发现纸币回收钱箱满。

（4）纸币回收钱箱。

纸币回收钱箱正面和侧面如图 9-1-1 所示。

图 9-1-1　纸币回收钱箱正面和侧面

三、实训要求

1. 实训时间

实训课时为 1 课时。

2. 实训形式

（1）实操作业与理论相结合。

（2）独自完成实训操作，结合理论链接以及实操完成实训考核。

3. 实训注意事项

（1）注意人身安全，避免被自动售票机夹伤。

（2）注意开关自动售票机维护门过程中不要有异物阻挡。

（3）严禁在操作自动售票机硬件设备遇到阻塞时，强制操作，避免损坏设备。

4. 工器具材料准备

（1）TVM 维护门钥匙。

（2）纸币回收钱箱纸币入口封门钥匙。

（3）纸币钱箱安全钥匙。

四、实训作业步骤

表 9-1-1　实训作业步骤

序号	实训内容	详细信息	图片
1	故障排查和确认	按照 TVM 故障排查表排查故障并确认	
2	更换纸币回收钱箱	（1）安装新纸币回收钱箱： ① 将满的纸币回收钱箱锁上，并拔出钥匙； ② 将已经准备好的空纸币回收钱箱安装到位。 （2）按压蓝色解锁按钮，推回纸币模块。 （3）清零纸币回收钱箱： ① 在“主菜单”选择 1 运营服务； ② 选择 6 更换纸币回收钱箱； ③ 输入账号 123456、密码 123456，点击“Enter”键进行纸币钱箱登录； ④ 按“F1”键，开始更换； ⑤ 选择 2，更换结束	 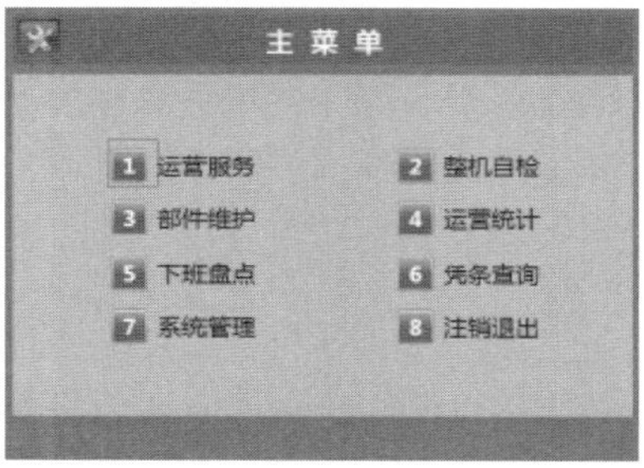

续表

序号	实训内容	详细信息	图片
2	更换纸币回收钱箱		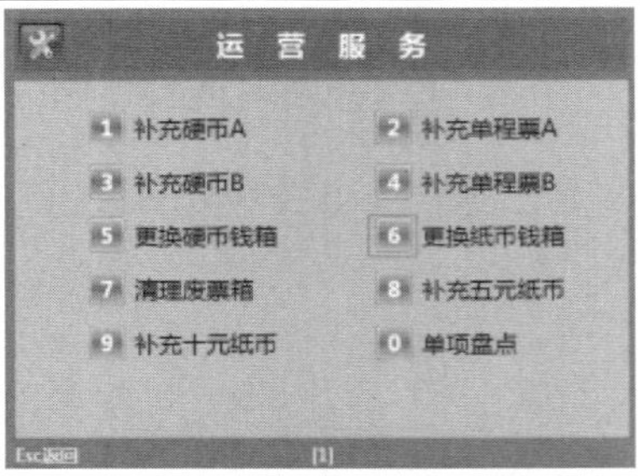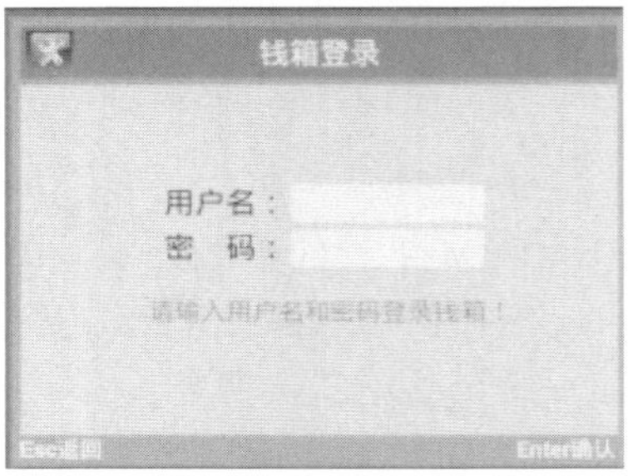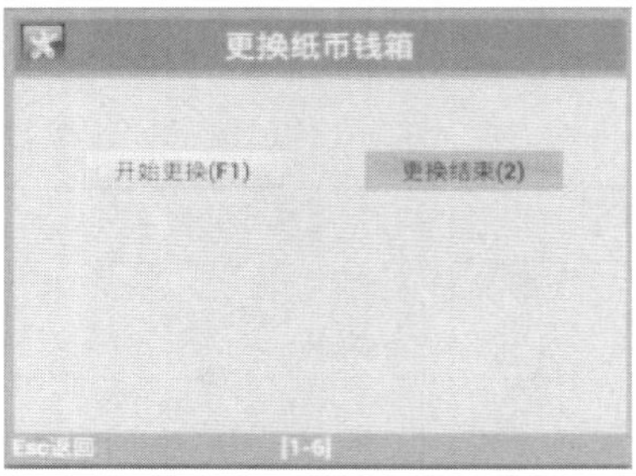
3	注销退出	（1）注销退出： ① 按“Esc”键返回到主菜单； ② 选择 8 注销退出，选择 1 确定。 （2）关上并锁闭 TVM 维护门。 （3）拔出钥匙	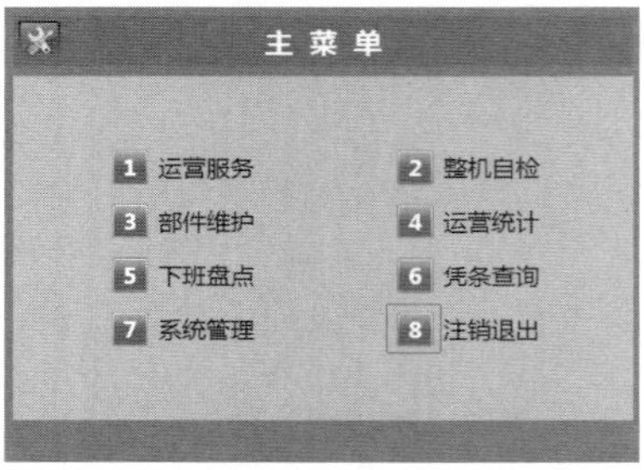
4	确认设备恢复正常	确认 TVM 恢复正常服务模式：运营状态显示器显示“服务中”，乘客显示器（触摸屏）处于正常服务模式	
5	钥匙归位	将所有钥匙放到指定位置	

五、实训考核标准

表 9-1-2　实训考核标准

<table>
<tr><th>序号</th><th>内容</th><th>详细内容</th><th>配分</th><th>评分标准</th><th>得分</th></tr>
<tr><td>1</td><td>排查故障</td><td>按照 TVM 故障排查表排查故障</td><td>—</td><td>—</td><td>—</td></tr>
<tr><td rowspan="2">2</td><td rowspan="2">确认故障</td><td>（1）手指：纸币回收钱箱</td><td rowspan="2">20</td><td>（1）未手指或手指位置错误，扣 10 分</td><td rowspan="2"></td></tr>
<tr><td>（2）口呼：纸币回收钱箱满，更换纸币回收钱箱</td><td>（2）未口呼或口呼内容错误，扣 10 分</td></tr>
<tr><td rowspan="3">3</td><td rowspan="3">更换纸币回收钱箱</td><td>（1）安装新纸币回收钱箱：
① 将满的纸币回收钱箱锁上，并拔出钥匙；
② 将已经准备好的空纸币回收钱箱安装到位</td><td rowspan="3">39</td><td>（1）扣分标准：
① 未将满的纸币回收钱箱锁上，扣 5 分；
② 未将空的纸币回收钱箱安装到位，扣 14 分；
③ 配分 19 分</td><td rowspan="3"></td></tr>
<tr><td>（2）按压蓝色解锁按钮，推回纸币模块</td><td>—</td></tr>
<tr><td>（3）清零纸币回收钱箱：
① 在“主菜单”选择 1 运营服务；
② 选择 6 更换纸币回收钱箱；
③ 输入账号 123456、密码 123456，点击“Enter”键进行纸币钱箱登录；
④ 按“F1”键，开始更换；
⑤ 选择 2，更换结束</td><td>（3）未清零纸币回收钱箱，扣 20 分</td></tr>
<tr><td rowspan="2">4</td><td rowspan="2">注销退出</td><td>（1）注销退出：
① 按“Esc”键返回到主菜单；
② 选择 8 注销退出，选择 1 确定</td><td rowspan="2">18</td><td>（1）未注销退出，扣 10 分</td><td rowspan="2"></td></tr>
<tr><td>（2）关上并锁闭 TVM 维护门（先关上门，再关下门），并拔出钥匙</td><td>（2）未关闭维护门，扣 8 分</td></tr>
<tr><td rowspan="3">5</td><td rowspan="3">确认设备恢复正常</td><td>确认 TVM 恢复正常服务模式：运营状态显示器显示“服务中”，乘客显示器（触摸屏）处于正常服务模式</td><td rowspan="3">20</td><td rowspan="3">扣分标准：
（1）若设备未恢复正常服务模式，而进行手指口呼，扣 20 分。
（2）未手指或手指位置不对，每处扣 5 分，配分 10 分。
（3）未口呼或口呼内容错误，扣 10 分。
（4）配分 20 分，扣完为止</td><td rowspan="3"></td></tr>
<tr><td>（1）手指：TVM 运营状态显示器、乘客显示器</td></tr>
<tr><td>（2）口呼：设备恢复正常</td></tr>
<tr><td>6</td><td>钥匙归位</td><td>将所有钥匙放到指定位置</td><td>3</td><td>未将钥匙放到指定位置，每少 1 个扣 1 分，配分 3 分</td><td></td></tr>
<tr><td colspan="3">合计</td><td>100</td><td colspan="2"></td></tr>
</table>

六、思考题

（1）纸币回收钱箱满故障的处置方法是什么?
（2）更换纸币回收钱箱的操作步骤是什么?
（3）如何进行纸币回收钱箱满的故障排查?

任务二　纸币回收单元卡纸币的处置

一、实训目的

（1）了解纸币回收单元卡纸币的故障现象。
（2）掌握纸币回收单元卡纸币的处置方法。
（3）学习清除卡币的操作流程。

二、理论链接

（1）纸币回收单元卡纸币的故障现象：TVM 运营状态显示器显示“服务中/只收硬币”；乘客显示器右上角显示“只收硬币”。

（2）看到显示器显示“只收硬币”，判断此时纸币模块出现问题，检查纸币模块。

（3）故障排查：

① 使用 TVM 维护门钥匙（1号）打开 TVM 维护门下门和上门。

② 查看状态提示：

a. 在维护面板输入账号 123456、密码 123456 后，点击“Enter”键登录；

b. 状态栏提示：“纸币回收单元：异常”。

③ 检查回收单元传送机构：

a. 按压蓝色解锁按钮，拉出纸币模块；

b. 发现卡纸币。

（4）纸币回收钱箱模块。

卡纸币位置如图 9-2-1 所示。

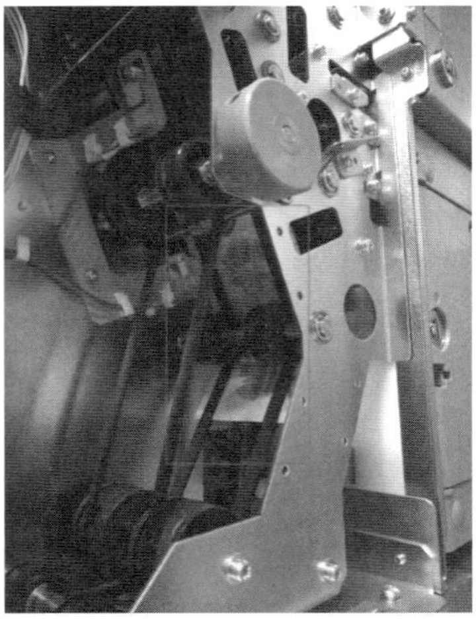

图 9-2-1　卡纸币位置

三、实训要求

1. 实训时间

实训课时为 1 课时。

2. 实训形式

（1）实操作业与理论相结合。

（2）独自完成实训操作，结合理论链接以及实操完成实训考核。

3. 实训注意事项

（1）注意人身安全，避免被自动售票机夹伤。

（2）注意开关自动售票机维护门过程中不要有异物阻挡。

（3）严禁在操作自动售票机硬件设备遇到阻塞时，强制操作，避免损坏设备。

4. 工器具材料准备

（1）TVM 维护门钥匙。

（2）纸币回收钱箱纸币入口封门钥匙。

（3）纸币钱箱安全钥匙。

四、实训作业步骤

表 9-2-1　实训作业步骤

序号	实训内容	详细信息	图片
1	故障排查和确认	按照 TVM 故障排查表排查故障并确认	
2	清除卡币	（1）转动传送转轮，将纸币退出。 （2）按压蓝色解锁按钮，推回纸币模块。 （3）复位： ① 在“主菜单”中选择 3 部件维护； ② 在“部件维护”中，选择 4 纸币模块； ③ 在“纸币模块”中选择 3 部件测试； ④ 在“部件测试”中选择 7 复位	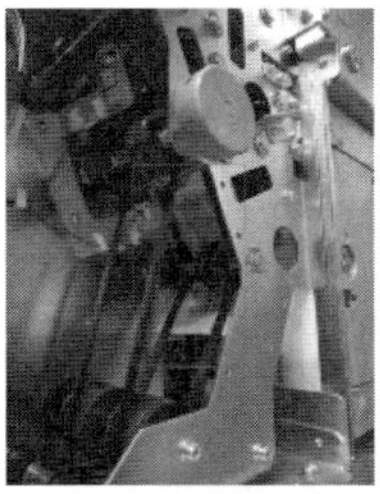 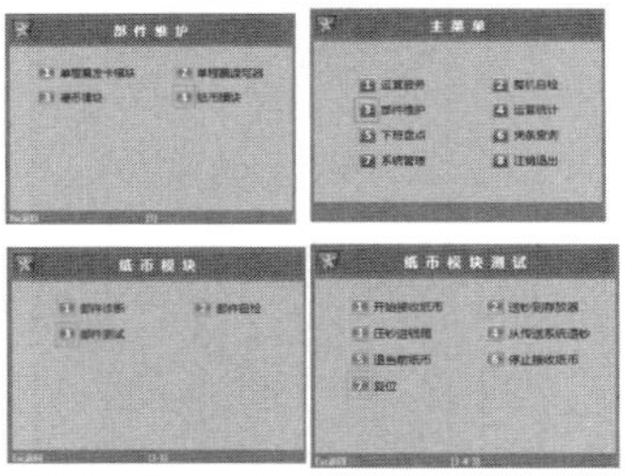
3	注销退出	（1）注销退出： ① 按“Esc”键返回到主菜单； ② 选择 8 注销退出，选择 1 确定。 （2）关上并锁闭 TVM 维护门。 （3）拔出钥匙	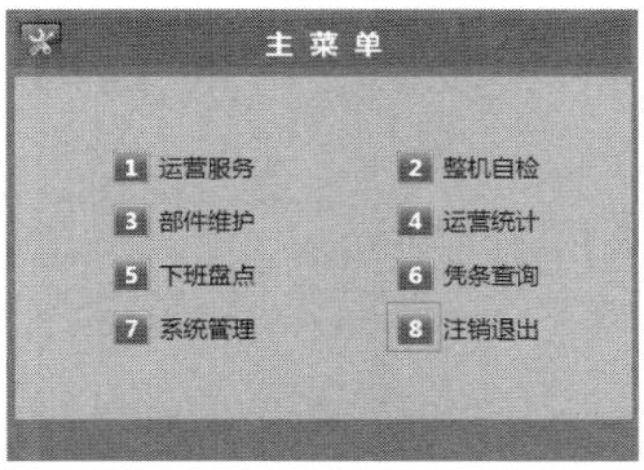

续表

序号	实训内容	详细信息	图片
4	确认设备恢复正常	确认 TVM 恢复正常服务模式：运营状态显示器显示“服务中”，乘客显示器（触摸屏）处于正常服务模式	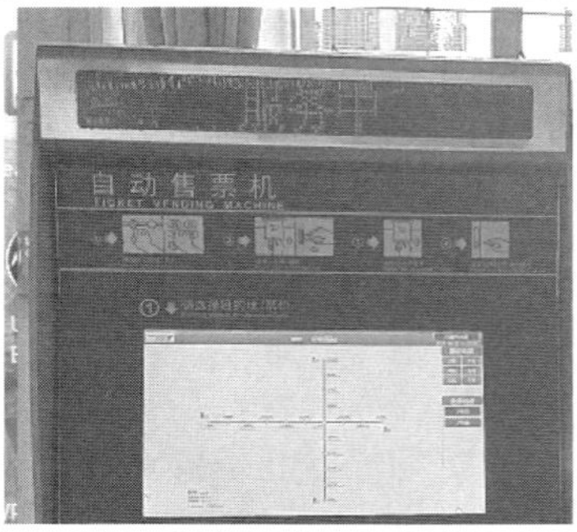
5	钥匙归位	将所有钥匙放到指定位置	

五、实训考核标准

表 9-2-2　实训考核标准

序号	内容	详细内容	配分	评分标准	得分
1	排查故障	按照 TVM 故障排查表排查故障	—	—	—
2	确认故障	（1）手指：卡纸币	20	（1）未手指或手指位置错误，扣10分	
		（2）口呼：纸币回收单元卡纸币，清除纸币		（2）未口呼或口呼内容错误，扣10分	
3	清除卡币	（1）转动传送转轮，将纸币退出	35	（1）未将卡币取出，扣 20 分	
		（2）按压蓝色解锁按钮，推回纸币模块		—	
		（3）复位： ① 在“主菜单”中选择 3 部件维护； ② 在“部件维护”中，选择 4 纸币模块； ③ 在“纸币模块”中选择 3 部件测试； ④ 在“部件测试”中选择 7 复位		（3）未将纸币模块复位，扣 15 分	
4	注销退出	（1）注销退出： ① 按“Esc”键返回到主菜单； ② 选择 8 注销退出，选择 1 确定	20	（1）未注销退出，扣 10 分	
		（2）关上并锁闭 TVM 维护门（先关上门，再关下门），并拔出钥匙		（2）未关闭维护门，扣 10 分	

续表

序号	内容	详细内容	配分	评分标准	得分
5	确认设备恢复正常	确认 TVM 恢复正常服务模式：运营状态显示器显示“服务中”，乘客显示器（触摸屏）处于正常服务模式	20	扣分标准： （1）若设备未恢复正常服务模式，而进行手指口呼，扣 20 分。 （2）未手指或手指位置不对，每处扣 5 分，配分 10 分。 （3）未口呼或口呼内容错误，扣 10 分。 （4）配分 20 分，扣完为止	
		（1）手指：TVM 运营状态显示器、乘客显示器			
		（2）口呼：设备恢复正常			
6	钥匙归位	将所有钥匙放到指定位置	5	未将钥匙放到指定位置，扣 5 分	
合计			100		

六、思考题

（1）纸币回收单元卡纸币的处置方法是什么?

（2）清除卡币的操作步骤是什么?

（3）如何进行纸币回收单元卡纸币的故障排查?

任务三　纸币找零补币钱箱空的处置

一、实训目的

（1）了解纸币找零补币钱箱空的故障现象。

（2）掌握纸币找零补币钱箱空的处置方法。

（3）学习补充纸币的操作流程。

二、理论链接

（1）纸币找零补币钱箱空的故障现象：TVM 运营状态显示器显示“服务中/只收硬币”；乘客显示器右上角显示“只收硬币”。

（2）看到显示器显示“只收硬币”，判断此时纸币模块出现问题，检查纸币模块。

（3）故障排查：

① 使用 TVM 维护门钥匙（1 号）打开 TVM 维护门下门和上门。

② 查看状态提示：

a. 在维护面板输入账号 123456、密码 123456 后，点击“Enter”键登录；

b. 状态栏提示：5 元找零钱箱：空，10 元找零钱箱：空”。

③ 打开 5 元找零钱箱、10 元找零钱箱，确认 5 元找零钱箱、10 元找零钱箱是否有纸币：

a. 按压蓝色解锁按钮，拉出纸币模块；

b. 使用纸币钱箱安全钥匙（6 号）打开纸币找零钱箱安全锁，取出 5 元找零钱箱，取出 10 元找零钱箱，拔出钥匙；

c. 使用纸币钱箱钥匙（7 号）打开 5 元找零钱箱，发现钱箱中无纸币；
d. 使用纸币钱箱钥匙（7 号）打开 10 元找零钱箱，发现钱箱中无纸币。

三、实训要求

1. 实训时间

实训课时为 1 课时。

2. 实训形式

（1）实操作业与理论相结合。
（2）独自完成实训操作，结合理论链接以及实操完成实训考核。

3. 实训注意事项

（1）注意人身安全，避免被自动售票机夹伤。
（2）注意开关自动售票机维护门过程中不要有异物阻挡。
（3）严禁在操作自动售票机硬件设备遇到阻塞时，强制操作，避免损坏设备。

4. 工器具材料准备

（1）TVM 维护门钥匙。
（2）纸币钱箱钥匙。
（3）纸币钱箱安全钥匙。

四、实训作业步骤

表 9-3-1　实训作业步骤

序号	实训内容	详细信息	图片
1	故障排查和确认	按照 TVM 故障排查表排查故障并确认	
2	补充纸币	（1）将空的 5 元找零钱箱、空的 10 元找零钱箱锁上，并拔出钥匙。 （2）装入满的 5 元找零钱箱、10 元找零钱箱： ① 将已经准备好的装满 5 元纸币的 5 元找零钱箱安装到位； ② 将已经准备好的装满 10 元纸币的 10 元找零钱箱安装到位。 （3）按压蓝色解锁按钮，推回纸币模块	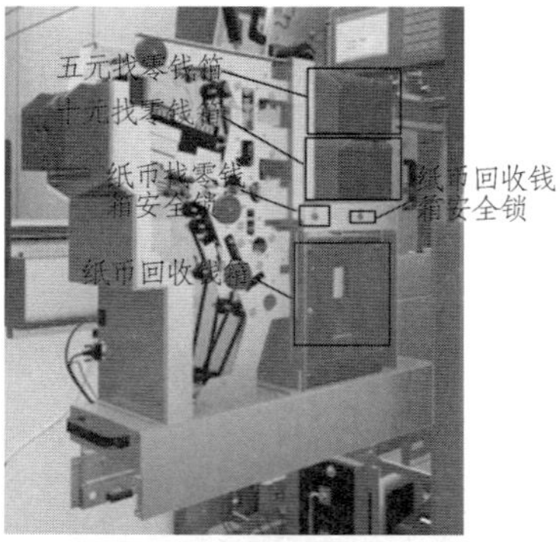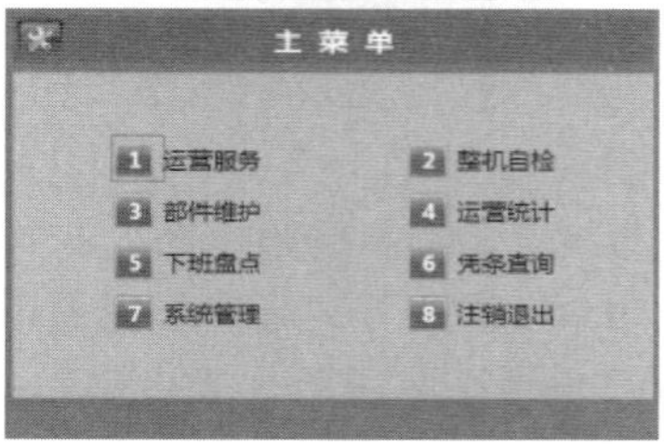

续表

序号	实训内容	详细信息	图片
2	补充纸币	（4）输入5元纸币、10元纸币补币数： ①在“主菜单”，选择1运营服务； ②选择“8补充五元纸币”； ③输入补币数量100，按“F1”键加币； ④按“Esc”键返回到“运营服务”界面，选择9补充十元纸币； ⑤输入补币数量100，按“F1”键加币	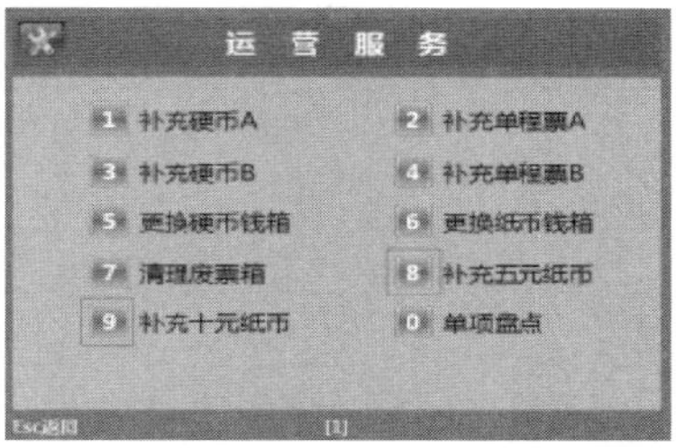 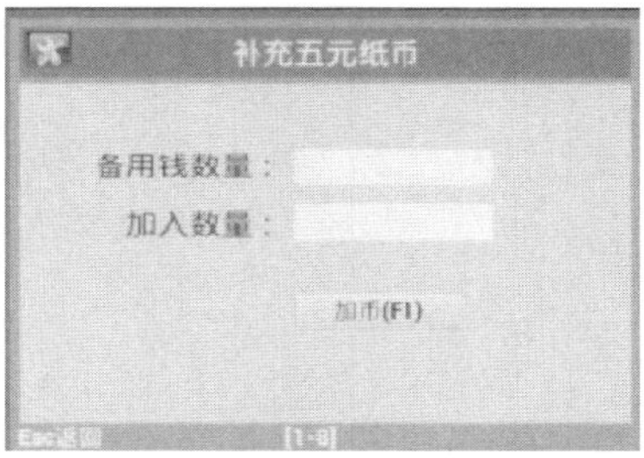 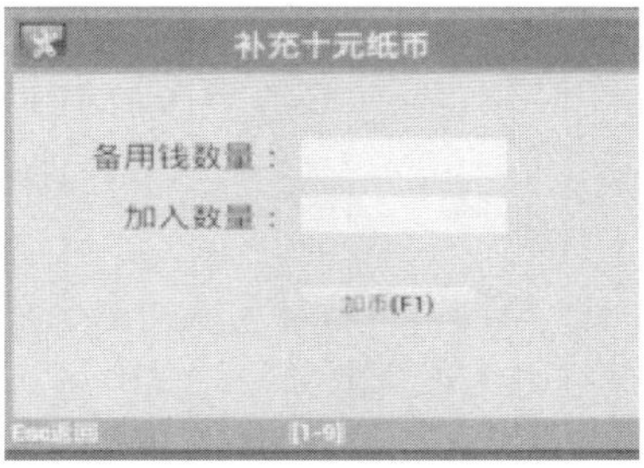
3	注销退出	（1）注销退出： ①按“Esc”键返回到主菜单； ②选择8注销退出，选择1确定。 （2）关上并锁闭TVM维护门。 （3）拔出钥匙	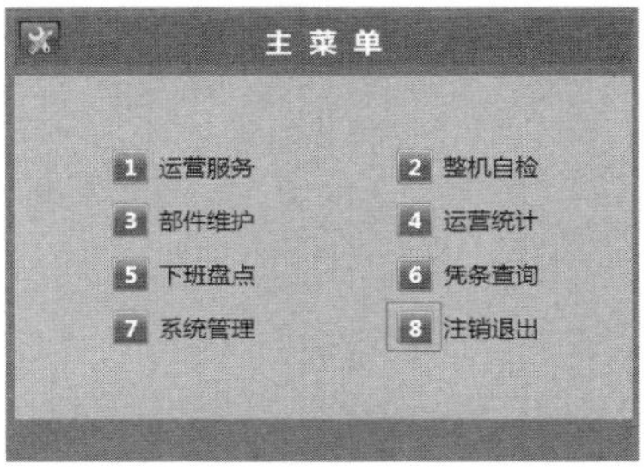
4	确认设备恢复正常	确认TVM恢复正常服务模式：运营状态显示器显示“服务中”，乘客显示器（触摸屏）处于正常服务模式	
5	钥匙归位	将所有钥匙放到指定位置	

五、实训考核标准

表 9-3-2 实训考核标准

序号	内容	详细内容	配分	评分标准	得分
1	排查故障	按照 TVM 故障排查表排查故障	—	—	—
2	确认故障	（1）手指：5 元找零钱箱、10 元找零钱箱	20	（1）未手指或手指位置错误，每处扣 5 分，配分 10 分	
		（2）口呼：找零钱箱空，补充纸币		（2）未口呼或口呼内容错误，扣 10 分	
3	补充纸币	（1）将空的 5 元找零钱箱、空的 10 元找零钱箱锁上，并拔出钥匙	39	（1）扣分标准： ① 未将空的 5 元找零钱箱锁上，扣 3 分； ② 未将空的 10 元找零钱箱锁上，扣 3 分； ③ 配分 6 分	
		（2）装入满的 5 元找零钱箱、10 元找零钱箱： ① 将已经准备好的装满 5 元纸币的 5 元找零钱箱安装到位； ② 将已经准备好的装满 10 元纸币的 10 元找零钱箱安装到位		（2）未将 5 元和 10 元找零钱箱安装到位，扣 13 分	
		（3）按压蓝色解锁按钮，推回纸币模块		—	
		（4）输入 5 元纸币、10 元纸币补币数： ① 在“主菜单”，选择 1 运营服务； ② 选择 8 补充五元纸币； ③ 输入补币数量 100，按“F1”键加币。 ④ 按“Esc”键返回到“运营服务”界面，选择 9 补充十元纸币； ⑤ 输入补币数量 100，按“F1”键加币		（4）扣分标准： ① 未输入 5 元补币数，或补币数错误，扣 10 分； ② 未输入 10 元补币数，或补币数错误，扣 10 分； ③ 配分 20 分	
4	注销退出	（1）注销退出： ① 按“Esc”键返回到主菜单； ② 选择 8 注销退出，选择 1 确定	18	（1）未注销退出，扣 10 分	
		（2）关上并锁闭 TVM 维护门（先关上门，再关下门），并拔出钥匙		（2）未关闭维护门，扣 8 分	

续表

序号	内容	详细内容	配分	评分标准	得分
5	确认设备恢复正常	确认 TVM 恢复正常服务模式：运营状态显示器显示“服务中”，乘客显示器（触摸屏）处于正常服务模式	20	扣分标准： （1）若设备未恢复正常服务模式，而进行手指口呼，扣 20 分。 （2）未手指或手指位置不对，每处扣 5 分，配分 10 分。 （3）未口呼或口呼内容错误，扣 10 分。 （4）配分 20 分，扣完为止	
		（1）手指：TVM 运营状态显示器、乘客显示器			
		（2）口呼：设备恢复正常			
6	钥匙归位	将所有钥匙放到指定位置	3	未将钥匙放到指定位置，每少 1 个扣 1 分，配分 3 分	
合计			100		

六、思考题

（1）纸币找零补币钱箱空的处置方法是什么？

（2）补充纸币的操作步骤是什么？

（3）如何进行纸币找零补币钱箱空的故障排查？

任务四　未输入纸币补币数的处置

一、实训目的

（1）了解未输入纸币补币数的故障现象。

（2）掌握未输入纸币补币数的处置方法。

（3）学习输入 5 元纸币、10 元纸币补币数的操作流程。

二、理论链接

（1）未输入纸币补币数的故障现象：TVM 运营状态显示器显示“服务中/只收硬币”；乘客显示器右上角显示“只收硬币”。

（2）看到显示器显示“只收硬币”，判断此时纸币模块出现问题，检查纸币模块。

（3）故障排查：

① 使用 TVM 维护门钥匙（1 号）打开 TVM 维护门下门和上门。

② 查看状态提示：

a. 在维护面板输入账号 123456、密码 123456 后，点击“Enter”键登录；

b. 状态栏提示：“5 元找零钱箱：空，10 元找零钱箱：空”。

③ 打开 5 元找零钱箱、10 元找零钱箱，确认 5 元找零钱箱、10 元找零钱箱是否有纸币：

a. 按压蓝色解锁按钮，拉出纸币模块；

b. 使用纸币钱箱安全钥匙（6 号）打开纸币找零钱箱安全锁，取出 5 元找零钱箱，取出 10 元找零钱箱，拔出钥匙；

c. 使用纸币钱箱钥匙（7 号）打开 5 元找零钱箱，发现钱箱中有纸币；
d. 使用纸币钱箱钥匙（7 号）打开 10 元找零钱箱，发现钱箱中有纸币。

三、实训要求

1. 实训时间

实训课时为 1 课时。

2. 实训形式

（1）实操作业与理论相结合。
（2）独自完成实训操作，结合理论链接以及实操完成实训考核。

3. 实训注意事项

（1）注意人身安全，避免被自动售票机夹伤。
（2）注意开关自动售票机维护门过程中不要有异物阻挡。
（3）严禁在操作自动售票机硬件设备遇到阻塞时，强制操作，避免损坏设备。

4. 工器具材料准备

（1）TVM 维护门钥匙。
（2）纸币回收钱箱纸币入口封门钥匙。
（3）纸币钱箱安全钥匙。

四、实训作业步骤

表 9-4-1　实训作业步骤

序号	实训内容	详细信息	图片
1	故障排查和确认	按照 TVM 故障排查表排查故障并确认	
2	补充纸币	（1）锁上 5 元找零钱箱、10 元找零钱箱，并拔出钥匙。 （2）重新装入 5 元找零钱箱、10 元找零钱箱。 （3）按压蓝色解锁按钮，推回纸币模块	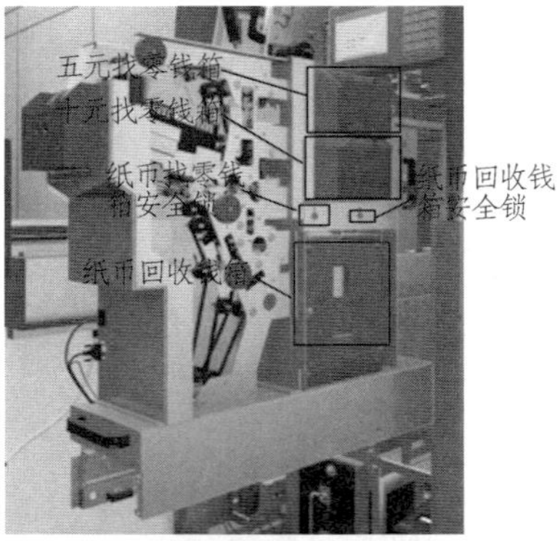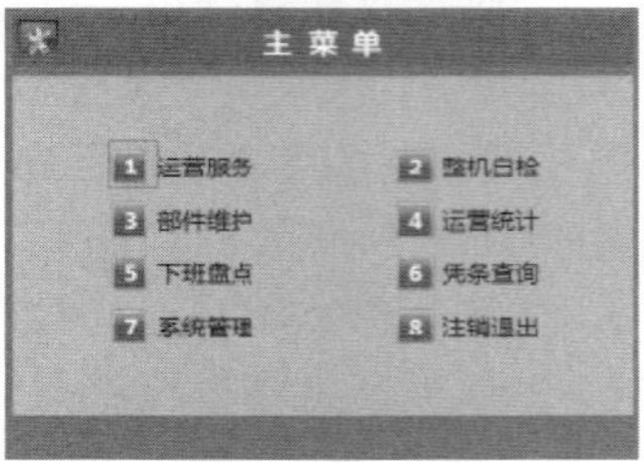

续表

序号	实训内容	详细信息	图片
2	补充纸币	（4）输入5元纸币、10元纸币补币数。 ①在“主菜单”，选择1运营服务； ②选择8补充五元纸币； ③输入补币数量100，按“F1”键加币； ④按“Esc”键返回到“运营服务”界面，选择9补充十元纸币； ⑤输入补币数量100，按“F1”键加币	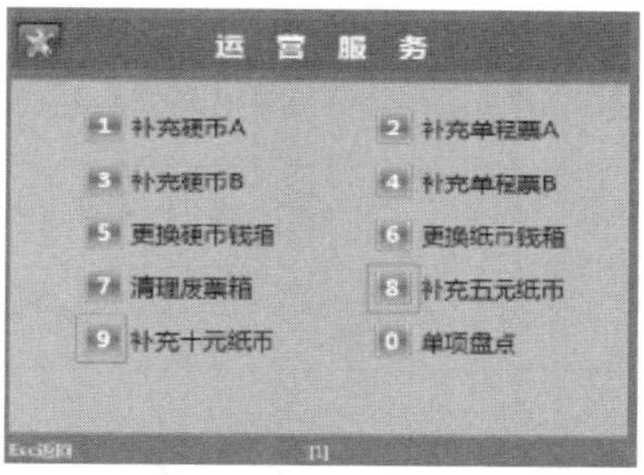 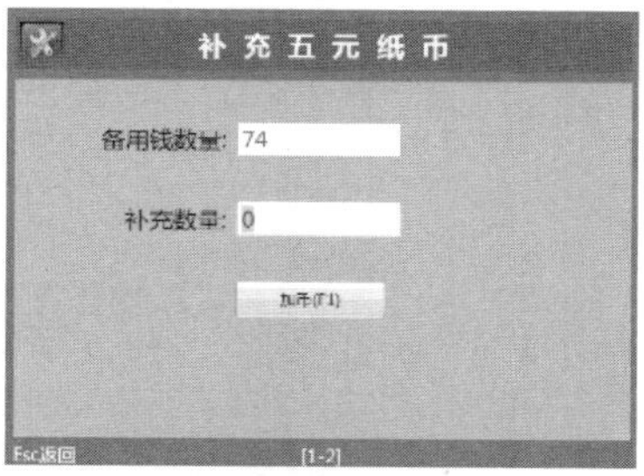 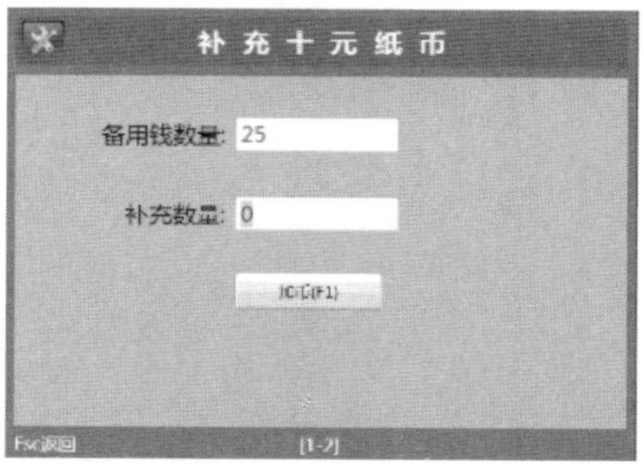
3	注销退出	（1）注销退出： ①按“Esc”键返回到主菜单； ②选择8注销退出，选择1确定。 （2）关上并锁闭TVM维护门。 （3）拔出钥匙	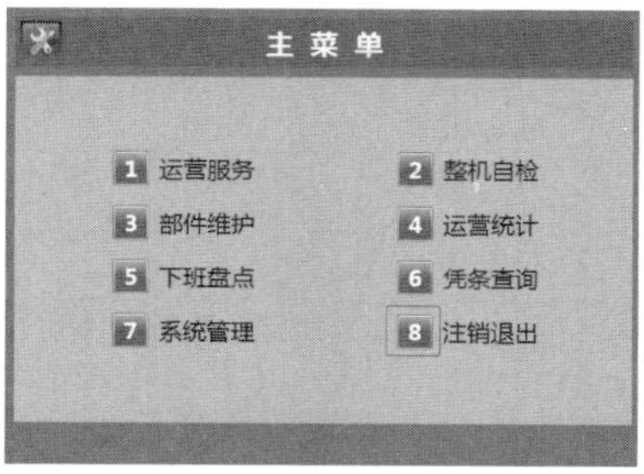
4	确认设备恢复正常	确认TVM恢复正常服务模式：运营状态显示器显示“服务中”，乘客显示器（触摸屏）处于正常服务模式	
5	钥匙归位	将所有钥匙放到指定位置	

五、实训考核标准

表 9-4-2　实训考核标准

序号	内容	详细内容	配分	评分标准	得分
1	排查故障	按照 TVM 故障排查表排查故障	—	—	—
2	确认故障	（1）手指：10 元找零补币钱箱	20	（1）未手指或手指位置错误，扣 10 分	
		（2）口呼：未输入补币数，现输入补币数		（2）未口呼或口呼内容错误，扣 10 分	
3	输入 5 元纸币、10 元纸币补币数	（1）锁上 5 元找零钱箱、10 元找零钱箱，并拔出钥匙	39	（1）扣分标准： ① 未将 5 元找零钱箱锁上，扣 3 分； ② 未将 10 元找零钱箱锁上，扣 3 分； ③ 配分 6 分	
		（2）重新装入 5 元找零钱箱、10 元找零钱箱		（2）未将 5 元和 10 元找零钱箱安装到位，扣 13 分	
		（3）按压蓝色解锁按钮，推回纸币模块		—	
		（4）输入 5 元纸币、10 元纸币补币数： ① 在“主菜单”，选择 1 运营服务； ② 选择 8 补充五元纸币； ③ 输入补币数量 100，按“F1”键加币； ④ 按“Esc”键返回到“运营服务”界面，选择 9 补充十元纸币； ⑤ 输入补币数量 100，按“F1”键加币		（4）扣分标准： ① 未输入 5 元补币数，或补币数错误，扣 10 分； ② 未输入 10 元补币数，或补币数错误，扣 10 分； ③ 配分 20 分	
4	注销退出	（1）注销退出： ① 按“Esc”键返回到主菜单； ② 选择 8 注销退出，选择 1 确定	18	（1）未注销退出，扣 10 分	
		（2）关上并锁闭 TVM 维护门（先关上门，再关下门），并拔出钥匙		（2）未关闭维护门，扣 8 分	
5	确认设备恢复正常	确认 TVM 恢复正常服务模式：运营状态显示器显示“服务中”，乘客显示器（触摸屏）处于正常服务模式	20	扣分标准： （1）若设备未恢复正常服务模式，而进行手指口呼，扣 20 分。 （2）未手指或手指位置不对，每处扣 5 分，配分 10 分。 （3）未口呼或口呼内容错误，扣 10 分。 （4）配分 20 分，扣完为止	
		（1）手指：TVM 运营状态显示器、乘客显示器			
		（2）口呼：设备恢复正常			
6	钥匙归位	将所有钥匙放到指定位置	3	未将钥匙放到指定位置，每少 1 个扣 1 分，配分 3 分	
合计			100		

六、思考题

（1）未输入纸币补币数的处置方法是什么？

（2）输入 5 元纸币、10 元纸币补币数的操作步骤是什么？

（3）如何进行未输入纸币补币数的故障排查？

任务五　纸币回收钱箱未清零的处置

一、实训目的

（1）了解纸币回收钱箱未清零的故障现象。

（2）掌握纸币回收钱箱未清零的处置方法。

（3）学习纸币回收钱箱未清零的处置流程。

二、理论链接

（1）未输入纸币补币数的故障现象：TVM 运营状态显示器显示“服务中/只收硬币”。

（2）乘客显示器右上角显示“只收硬币”，判断此时纸币模块出现问题，检查纸币模块。

（3）故障排查：

① 使用 TVM 维护门钥匙（1 号）打开 TVM 维护门下门和上门；

② 查看状态提示：

a. 在维护面板输入账号 123456、密码 123456 后，点击“Enter”键登录；

b. 状态栏提示：“纸币回收钱箱满”。

③ 打开纸币回收钱箱是否有纸币：

a. 按压蓝色解锁按钮，拉出纸币模块；

b. 使用纸币钱箱安全钥匙（6 号）打开纸币回收钱箱安全锁，取出纸币回收钱箱，拔出钥匙；

c. 使用纸币钱箱钥匙（7 号）打开纸币回收钱箱，发现纸币回收钱箱中无纸币。

三、实训要求

1. 实训时间

实训课时为 1 课时。

2. 实训形式

（1）实操作业与理论相结合。

（2）独自完成实训操作，结合理论链接以及实操完成实训考核。

3. 实训注意事项

（1）注意人身安全，避免被自动售票机夹伤。

（2）注意开关自动售票机维护门过程中的不要有异物阻挡。

（3）严禁在操作自动售票机硬件设备遇到阻塞时，强制操作，避免损坏设备。

4. 工器具材料准备

（1）TVM 维护门钥匙。

（2）纸币回收钱箱纸币入口封门钥匙。

（3）纸币钱箱安全钥匙。

四、实训作业步骤

表 9-5-1　实训作业步骤

<table>
<tr><th>序号</th><th>实训内容</th><th>详细信息</th><th>图片</th></tr>
<tr><td>1</td><td>故障排查和确认</td><td>按照 TVM 故障排查表排查故障并确认</td><td></td></tr>
<tr><td>2</td><td>补充纸币</td><td>（1）锁上 5 元找零钱箱、10 元找零钱箱，并拔出钥匙。
（2）重新装入 5 元找零钱箱、10 元找零钱箱。
（3）按压蓝色解锁按钮，推回纸币模块。
（4）输入 5 元纸币、10 元纸币补币数。
① 在“主菜单”，选择 1 运营服务；
② 选择 8 补充五元纸币；
③ 输入补币数量 100，按“F1”键加币；
④ 按“Esc”键返回到“运营服务”界面，选择 9 补充十元纸币；
⑤ 输入补币数量 100，按“F1”键加币</td><td>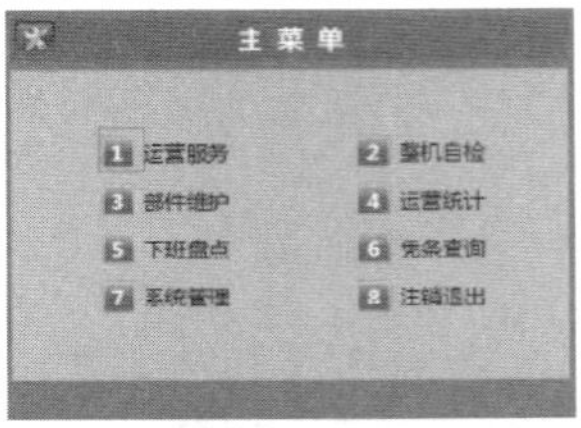

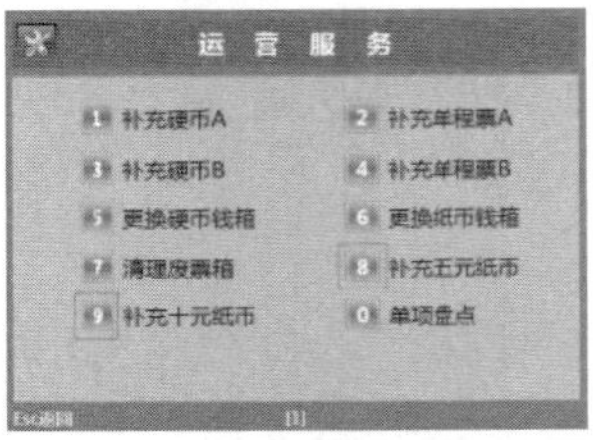

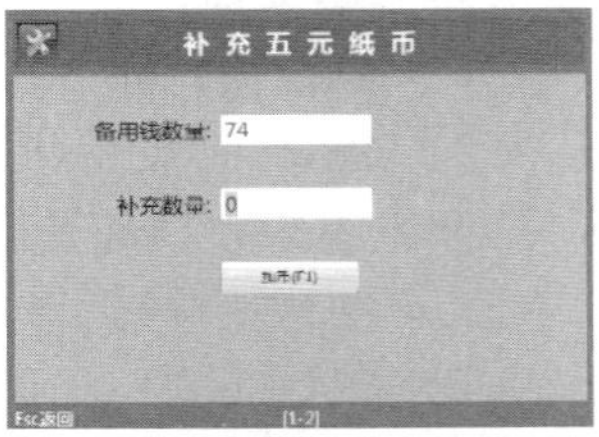

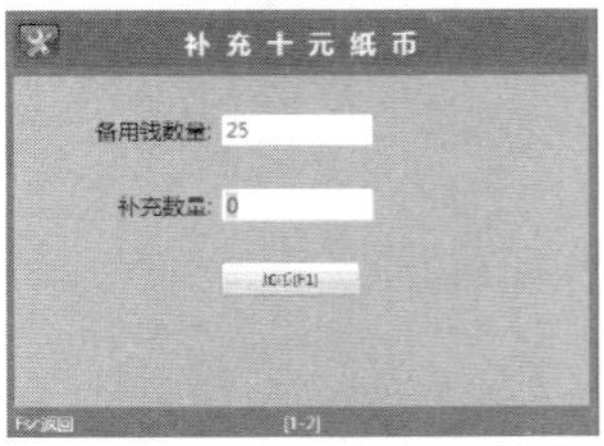
</td></tr>
<tr><td>3</td><td>注销退出</td><td>（1）注销退出：
① 按“Esc”键返回到主菜单；
② 选择 8 注销退出，选择 1 确定。
（2）关上并锁闭 TVM 维护门。
（3）拔出钥匙</td><td>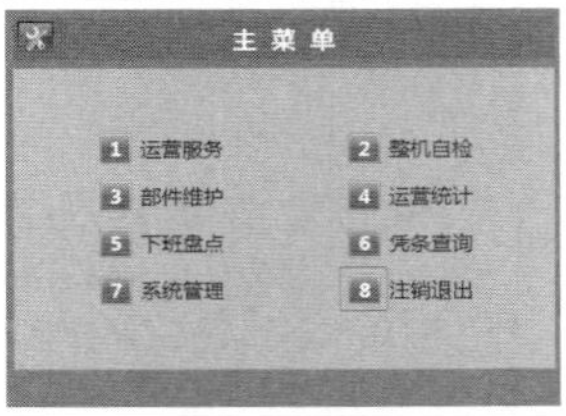
</td></tr>
<tr><td>4</td><td>确认设备恢复正常</td><td>确认 TVM 恢复正常服务模式：运营状态显示器显示“服务中”，乘客显示器（触摸屏）处于正常服务模式</td><td></td></tr>
<tr><td>5</td><td>钥匙归位</td><td>将所有钥匙放到指定位置</td><td></td></tr>
</table>

五、实训考核标准

表 9-5-2　实训考核标准

序号	内容	详细内容	配分	评分标准	得分
1	排查故障	按照 TVM 故障排查表排查故障	—	—	—
2	确认故障	（1）手指：纸币回收钱箱	20	（1）未手指或手指位置错误，扣 10 分	
		（2）口呼：纸币回收钱箱未清零，清零纸币回收钱箱		（2）未口呼或口呼内容错误，扣 10 分	
3	更换纸币回收钱箱	（1）重新装入纸币回收钱箱： ① 将纸币回收钱箱箱盖重新锁上，并拔出钥匙； ② 将纸币回收钱箱重新安装到位	40	（1）扣分标准： ① 未将纸币回收钱箱箱盖锁上，扣 5 分； ② 未拔出钥匙，扣 5 分； ③ 未将纸币回收钱箱装到位，扣 10 分； ④ 配分 20 分	
		（2）按压蓝色解锁按钮，推回纸币模块		—	
		（3）清零纸币回收钱箱： ① 在“主菜单”选择 1 运营服务； ② 选择 6 更换纸币回收钱箱； ③ 输入账号 123456、密码 123456，点击“Enter”键进行纸币钱箱登录； ④ 按“F1”键，开始更换； ⑤ 选择 2，更换结束		（3）未清零纸币回收钱箱，扣 20 分	
4	注销退出	（1）注销退出： ① 按“Esc”键返回到主菜单	20	（1）未注销退出，扣 10 分	
		② 选择 8 注销退出，选择 1 确定		（2）未关闭维护门，扣 5 分	
		③ 未拔出钥匙，扣 5 分		（3）未拔出钥匙，扣 5 分	
5	确认设备恢复正常	确认 TVM 恢复正常服务模式：运营状态显示器显示“服务中”，乘客显示器（触摸屏）处于正常服务模式	20	扣分标准： （1）若设备未恢复正常服务模式，而进行手指口呼，扣 20 分。 （2）未手指或手指位置不对，每处扣 5 分，配分 10 分。 （3）未口呼或口呼内容错误，扣 10 分。 （4）配分 20 分，扣完为止	
		（1）手指：TVM 运营状态显示器、乘客显示器			
		（2）口呼：设备恢复正常			
合计			100		

六、思考题

（1）纸币回收钱箱未清零的处置方法是什么？

（2）如何进行纸币回收钱箱未清零的故障排查？

项目十　AG 无法投入单程票

任务一　回收票箱满的处置

一、实训目的

（1）了解回收票箱满的故障现象。

（2）掌握回收票箱满的处置方法。

（3）学习更换票箱的操作流程。

二、理论链接

（1）回收票箱满的故障现象：闸机屏幕显示“禁止投入车票”，投票口红色。

（2）闸机投票口正常显示绿色，此时显示红色，无法正常投入票卡，检查回收票箱是否出现已满状况。

（3）故障排查：

① 打开 AG 维护门：

a. 使用 AG 维护门钥匙（8 号），打开付费区维护门（1 号门），闸机扇门自动开启；

b. 使用 AG 维护门钥匙（8 号），打开非付费区维护门（2 号门），取出小键盘。

② 查看回收票箱中票数：

a. 在维护面板输入账号 123456、密码 123456，按“Enter”键登录；

b. 在“主菜单”中，选择 1 运营管理；

c. 在“运营管理”中，选择 1 A 票箱数量；界面提示：票箱满。

d. 按“Esc”键返回到“运营管理”界面；

e. 在“运营管理”中，选择 2 B 票箱数量；界面提示：票箱满。

③ 检查票箱：

a. 按下票箱上方盖板上金属按钮，盖板弹起，票卡模块托盘自动降下；

b. 检查票箱，发现：票箱 A 满、票箱 B 满。

（4）回收模块。

回收模块如图 10-1-1 所示。

图 10-1-1　回收模块

三、实训要求

1. 实训时间

实训课时为 1 课时。

2. 实训形式

（1）实操作业与理论相结合。

（2）独自完成实训操作，结合理论链接以及实操完成实训考核。

3. 实训注意事项

（1）注意人身安全，避免被自动检票机闸门夹伤。

（2）注意开关自动检票机维护门过程中不要有异物阻挡。

（3）严禁在操作自动检票机硬件设备遇到阻塞时，强制操作，避免损坏设备。

4. 工器具材料准备

AG 维护门钥匙。

四、实训作业步骤

表 10-1-1　实训作业步骤

序号	实训内容	详细信息	图片
1	故障排查和确认	按照 AG 故障排查表排查故障并确认	
2	更换票箱	（1）取出 A 票箱、B 票箱： ① 取出 A 票箱，放到指定位置； ② 取出 B 票箱，放到指定位置。 （2）安装两个空票箱： ① 将准备好的空票箱放在 A 卡槽内； ② 将准备好的空票箱放在 B 卡槽内； ③ 按下盖板，票卡模块托盘自动上升	

续表

序号	实训内容	详细信息	图片
2	更换票箱	（3）清零A、B票箱： ① 在“主菜单”选择1运营管理； ② 选择3更换A票箱，选择1更换完成； ③ 按“Esc”键返回到“运营管理”界面，选择4更换B票箱，选择1更换完成	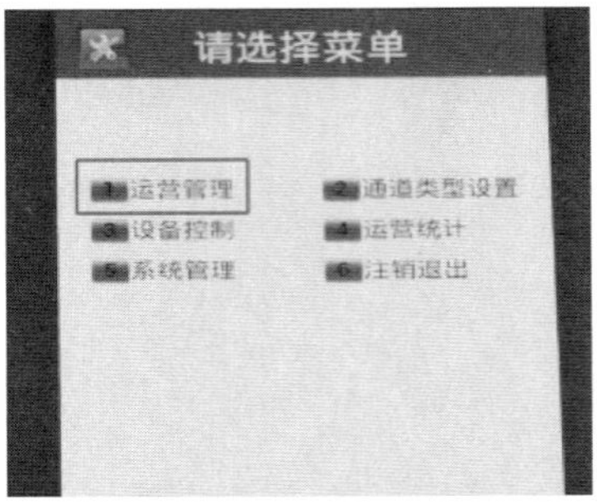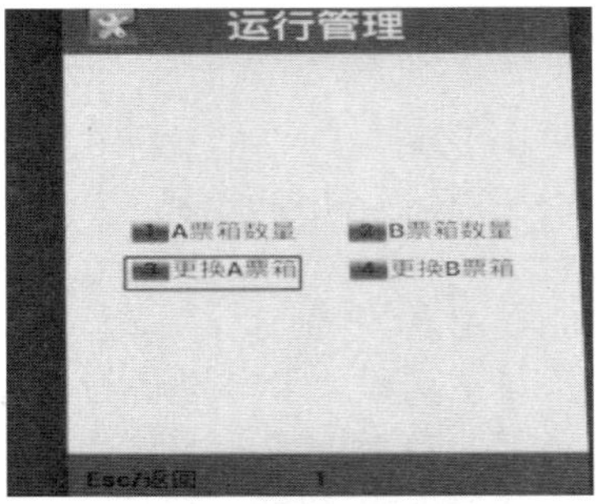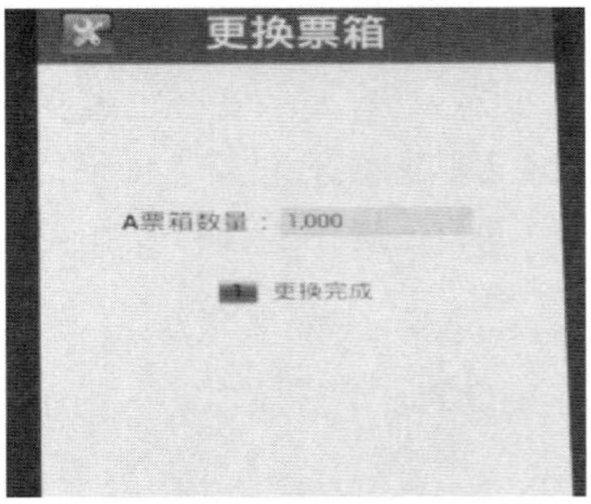
3	注销退出	（1）注销退出： ① 按“Esc”键返回到主菜单； ② 选择6注销退出，选择1确定。 （2）关闭AG维护门： ① 将小键盘收进非付费区侧门； ② 锁闭付费区维护门（1号门）、非付费区维护门（2号门），闸机扇门自动关闭，并拔出钥匙	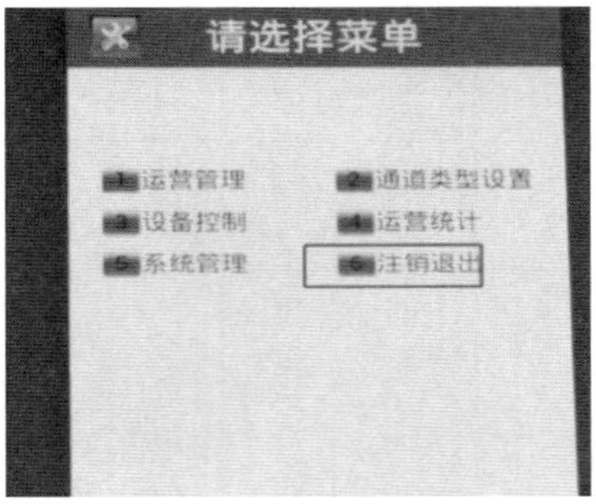
4	确认设备恢复正常	确认闸机恢复正常：闸机屏幕显示“请刷卡或投入车票”，投票口绿色	
5	钥匙归位	将所有钥匙放到指定位置	

五、实训考核标准

表 10-1-2　实训考核标准

序号	内容	详细内容	配分	评分标准	得分
1	排查故障	按照 AG 故障排查方法表进行故障排查	—	—	—
2	确认故障	（1）手指：票箱 A、票箱 B	20	（1）未手指或手指位置错误，扣 10 分	
		（2）口呼：A、B 票箱已满，更换票箱		（2）未口呼或口呼内容错误，扣 10 分	
3	更换票箱	（1）取出 A 票箱、B 票箱： ① 取出A票箱，放到指定位置； ② 取出 B 票箱，放到指定位置	40	（1）扣分标准： ① 未取出 A 票箱，扣 5 分； ② 未取出 B 票箱，扣 5 分； ③ 配分 10 分	
		（2）安装两个空票箱： ① 将准备好的空票箱放在 A 卡槽内； ② 将准备好的空票箱放在 B 卡槽内； ③ 按下盖板，票卡模块托盘自动上升		（2）扣分标准： ① 未将 A 票箱安装到位，扣 5 分； ② 未将 B 票箱安装到位，扣 5 分； ③ 配分 10 分	
		（3）清零 A、B 票箱： ① 在“主菜单”选择 1 运营管理； ② 选择 3 更换 A 票箱，选择 1 更换完成； ③ 按“Esc”键返回到“运营管理”界面，选择 4 更换 B 票箱，选择 1 更换完成		（3）扣分标准： ① 未清零 A 票箱，扣 10 分； ② 未清零 B 票箱，扣 10 分； ③ 配分 20 分	
4	注销退出	（1）注销退出： ① 按“Esc”键返回到主菜单； ② 选择 6 注销退出，选择 1 确定	18	（1）未注销退出，扣 10 分	
		（2）关闭 AG 维护门： ① 将小键盘收进非付费区侧门； ② 锁闭付费区维护门（1 号门）、非付费区维护门（2 号门），闸机扇门自动关闭，并拔出钥匙		（2）未关闭付费区和非付费区维护门，扣 8 分	
5	确认设备恢复正常	确认闸机恢复正常：闸机屏幕显示“请刷卡或投入车票”，投票口绿色	20	扣分标准： （1）若闸机未恢复正常，而进行手指口呼，扣 20 分。 （2）未手指或手指位置不对，每处扣 5 分，配分 10 分。 （3）未口呼或口呼内容错误，扣 10 分。 （4）配分 20 分，扣完为止	
		（1）手指：闸机屏幕、投票口			
		（2）口呼：闸机恢复正常			
6	钥匙归位	将所有钥匙放到指定位置	2	未将钥匙放到指定位置，扣 2 分	
合计			100		

六、思考题

（1）回收票箱满的处置方法是什么?
（2）更换票箱的操作步骤是什么?
（3）如何进行回收票箱满的故障排查?

任务二　回收票箱未清零的处置

一、实训目的

（1）了解回收票箱未清零的故障现象。
（2）掌握回收票箱未清零的处置方法。
（3）学习清空票箱的操作流程。

二、理论链接

（1）回收票箱未清零的故障现象：闸机屏幕显示“禁止投入车票”，投票口红色；

（2）闸机投票口正常显示绿色，此时显示红色，无法正常投入票卡，检查回收票箱是否出现已满状况。

（3）故障排查：

① 打开 AG 维护门：

a. 使用 AG 维护门钥匙（8 号），打开付费区维护门（1 号门），闸机扇门自动开启；

b. 使用 AG 维护门钥匙（8 号），打开非付费区维护门（2 号门），取出小键盘。

② 查看回收票箱中票数：

a. 在维护面板输入账号 123456、密码 123456，按“Enter”键登录；

b. 在“主菜单”中，选择 1 运营管理；

c. 在“运营管理”中，选择 1 A 票箱数量，界面提示：票箱满；

d. 按“Esc”键返回到“运营管理”界面；

e. 在“运营管理”中，选择 2 B 票箱数量；界面提示：票箱满。

③ 检查票箱：

a. 按下票箱上方盖板上金属按钮，盖板弹起，票卡模块托盘自动降下；

b. 检查票箱，发现：票箱 A 空、票箱 B 空。

三、实训要求

1. 实训时间

实训课时为 1 课时。

2. 实训形式

（1）实操作业与理论相结合。
（2）独自完成实训操作，结合理论链接以及实操完成实训考核。

3. 实训注意事项

（1）注意人身安全，避免被自动检票机闸门夹伤。

（2）注意开关自动检票机维护门过程中不要有异物阻挡。

（3）严禁在操作自动检票机硬件设备遇到阻塞时，强制操作，避免损坏设备。

4. 工器具材料准备

AG 维护门钥匙。

四、实训作业步骤

表 10-2-1　实训作业步骤

序号	实训内容	详细信息	图片
1	故障排查和确认	按照 AG 故障排查表排查故障并确认	
2	清空票箱	（1）按下盖板，票卡模块托盘自动上升。 （2）清零 A、B 票箱： ① 在“主菜单”选择 1 运营管理； ② 选择 3 更换 A 票箱，选择 1 更换完成； ③ 按“Esc”键返回到“运营管理”界面，选择 4 更换 B 票箱，选择 1 更换完成	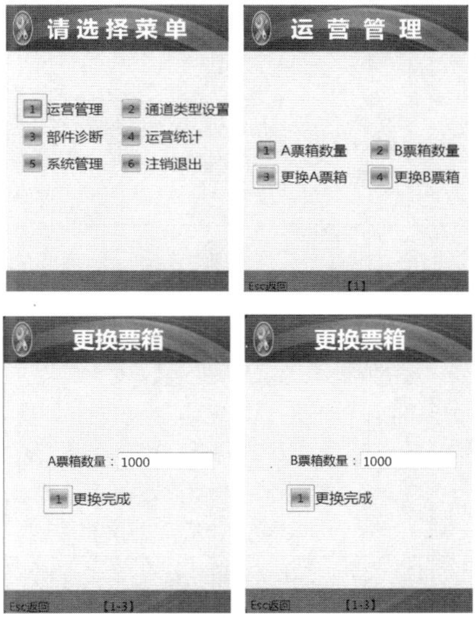
3	注销退出	（1）注销退出： ① 按“Esc”键返回到主菜单； ② 选择 6 注销退出，选择 1 确定。 （2）关闭 AG 维护门： ① 将小键盘收进非付费区侧门； ② 锁闭付费区维护门（1 号门）、非付费区维护门（2 号门），闸机扇门自动关闭，并拔出钥匙	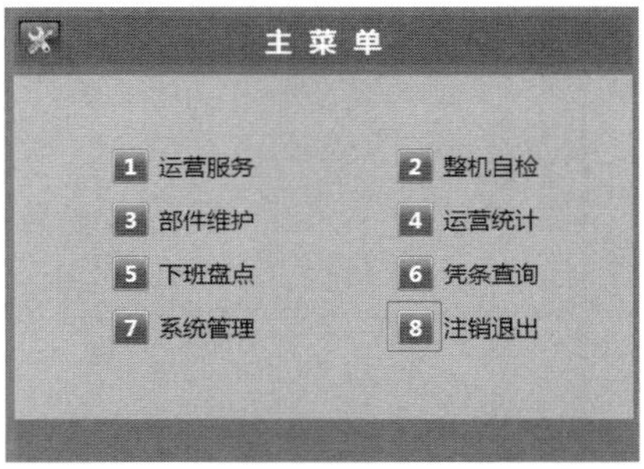
4	确认设备恢复正常	确认闸机恢复正常：闸机屏幕显示“请刷卡或投入车票”，投票口绿色	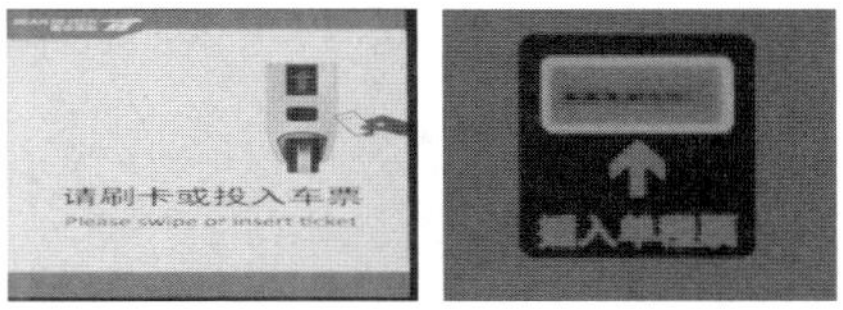
5	钥匙归位	将所有钥匙放到指定位置	

五、实训考核标准

表 10-2-2　实训考核标准

序号	内容	详细内容	配分	评分标准	得分
1	排查故障	按照 AG 故障排查方法表进行故障排查	—	—	—
2	确认故障	（1）手指：票箱 A、票箱 B	20	（1）未手指或手指位置错误，扣 10 分	
		（2）口呼：票箱未清零，现清零票箱		（2）未口呼或口呼内容错误，扣 10 分	
3	清空箱	（1）按下盖板，票卡模块托盘自动上升	40	—	
		（2）清零 A、B 票箱： ① 在“主菜单”选择 1 运营管理； ② 选择 3 更换 A 票箱，选择 1 更换完成		（2）扣分标准： ① 未清零 A 票箱，扣 20 分； ② 未清零 B 票箱，扣 20 分； ③ 配分 40 分	
		（3）按 Esc 键返回到“运营管理”界面，选择 4 更换 B 票箱，选择 1 更换完成。		—	
4	注销退出	（1）注销退出： ① 按“Esc”键返回到主菜单； ② 选择 6 注销退出，选择 1 确定	18	（1）未注销退出，扣 10 分	
		（2）关闭 AG 维护门： ① 将小键盘收进非付费区侧门； ② 锁闭付费区维护门（1 号门）、非付费区维护门（2 号门），闸机扇门自动关闭，并拔出钥匙		（2）未关闭付费区和非付费区维护门，扣 8 分	
5	确认设备恢复正常	确认闸机恢复正常：闸机屏幕显示“请刷卡或投入车票”，投票口绿色	20	扣分标准： （1）若闸机未恢复正常，而进行手指口呼，扣 20 分。 （2）未手指或手指位置不对，每处扣 5 分，配分 10 分。 （3）未口呼或口呼内容错误，扣 10 分。 （4）配分 20 分，扣完为止	
		（1）手指：闸机屏幕、投票口			
		（2）口呼：闸机恢复正常			
6	钥匙归位	将所有钥匙放到指定位置	2	未将钥匙放到指定位置，扣 2 分	
合计			100		

六、思考题

（1）回收票箱未清零的处置方法是什么？

（2）清空票箱的操作步骤是什么？

（3）如何进行回收票箱未清零的故障排查？

任务三　回收模块卡票的处置

一、实训目的

（1）了解回收模块卡票的故障现象。

（2）掌握回收模块卡票的处置方法。

（3）学习清除卡票的操作流程。

二、理论链接

（1）回收模块卡票的故障现象：闸机屏幕显示“禁止投入车票”，投票口红色；

（2）闸机投票口正常显示绿色，此时显示红色，无法正常投入票卡，检查回收模块。

（3）故障排查：

打开 AG 维护门：

① 使用 AG 维护门钥匙（8 号），打开付费区维护门（1 号门），闸机扇门自动开启；

② 检查单程票传送机构，发现卡票。

三、实训要求

1. 实训时间

实训课时为 1 课时。

2. 实训形式

（1）实操作业与理论相结合。

（2）独自完成实训操作，结合理论链接以及实操完成实训考核。

3. 实训注意事项

（1）注意人身安全，避免被自动检票机闸门夹伤。

（2）注意开关自动检票机维护门过程中不要有异物阻挡。

（3）严禁在操作自动检票机硬件设备遇到阻塞时，强制操作，避免损坏设备。

4. 工器具材料准备

AG 维护门钥匙。

四、实训作业步骤

表 10-3-1　实训作业步骤

序号	实训内容	详细信息	图片
1	故障排查和确认	按照 AG 故障排查表排查故障并确认	
2	清除卡票	（1）使用回收机构旁的转轴，手动将卡滞的票卡拨到回收票箱中。 （2）取出票箱： ① 按下票箱上方盖板上金属按钮，盖板弹起，票卡模块托盘自动降下； ② 取出票箱。 （3）从票箱中取出无效票，放到指定位置。 （4）重新安装票箱： ① 将票箱放在对应卡槽内； ② 按下盖板，票卡模块托盘自动上升	

续表

序号	实训内容	详细信息	图片
3	注销退出	（1）注销退出： ① 按“Esc”键返回到主菜单； ② 选择6注销退出，选择1确定。 （2）关闭AG维护门： ① 将小键盘收进非付费区侧门； ② 锁闭付费区维护门（1号门）、非付费区维护门（2号门），闸机扇门自动关闭，并拔出钥匙	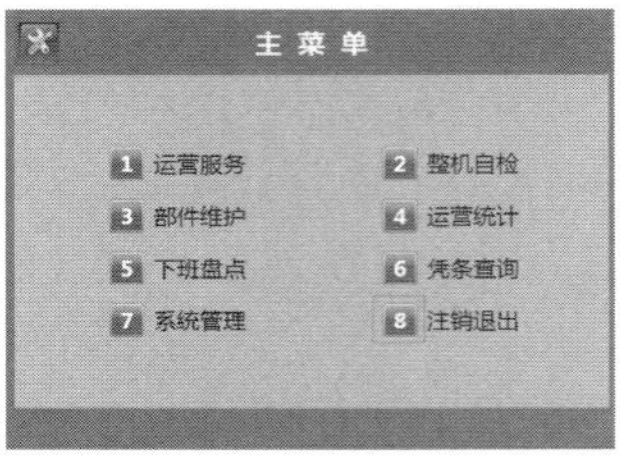
4	确认设备恢复正常	确认闸机恢复正常：闸机屏幕显示“请刷卡或投入车票”，投票口绿色	 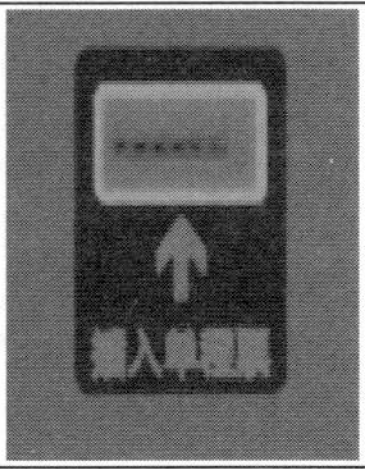
5	钥匙归位	将所有钥匙放到指定位置	

五、实训考核标准

表 10-3-2　实训考核标准

序号	内容	详细内容	配分	评分标准	得分
1	排查故障	按照AG故障排查方法表进行故障排查	—	—	—
2	确认故障	（1）手指：传送机构卡票	20	（1）未手指或手指位置错误，扣10分	
		（2）口呼：传送机构卡票，清除卡票		（2）未口呼或口呼内容错误，扣10分	
3	清除卡票	（1）使用回收机构旁的转轴，手动将卡滞的票卡拨到回收票箱中	50	（1）未将卡票拨到回收票箱中，扣20分	
		（2）取出票箱： ① 按下票箱上方盖板上金属按钮，盖板弹起，票卡模块托盘自动降下； ② 取出票箱		（2）未取出票箱，扣10分	
		（3）从票箱中取出无效票，放到指定位置		（3）未取出无效票，扣10分	
		（4）重新安装票箱： ① 将票箱放在对应卡槽内； ② 按下盖板，票卡模块托盘自动上升		（4）未将票箱重新安装到位，扣10分	
4	注销退出	（1）关闭AG维护门： 锁闭付费区维护门（1号门），闸机扇门自动关闭，并拔出钥匙	8	（1）未关闭维护门，扣8分	

续表

序号	内容	详细内容	配分	评分标准	得分
5	确认设备恢复正常	确认闸机恢复正常：闸机屏幕显示“请刷卡或投入车票”，投票口绿色	20	扣分标准： （1）若闸机未恢复正常，而进行手指口呼，扣 20 分。 （2）未手指或手指位置不对，每处扣 5 分，配分 10 分。 （3）未口呼或口呼内容错误，扣 10 分。 （4）配分 20 分，扣完为止	
		（1）手指：闸机屏幕、投票口			
		（2）口呼：闸机恢复正常			
6	钥匙归位	将所有钥匙放到指定位置	2	未将钥匙放到指定位置，扣 2 分	
合计			100		

六、思考题

（1）回收模块卡票的处置方法是什么？

（2）清除卡票的操作步骤是什么？

（3）如何进行回收模块卡票的故障排查？

项目十一 AFC设备故障情况下的应急处理

任务一　半自动售票机故障

一、实训目的

（1）了解半自动售票机故障的现象。

（2）掌握半自动售票机故障的处置流程。

（3）学习车站确认半自动售票机故障修复后的处置步骤。

二、理论链接

1. 半自动售票机故障处理流程

半自动售票机故障处理流程如图11-1-1所示。

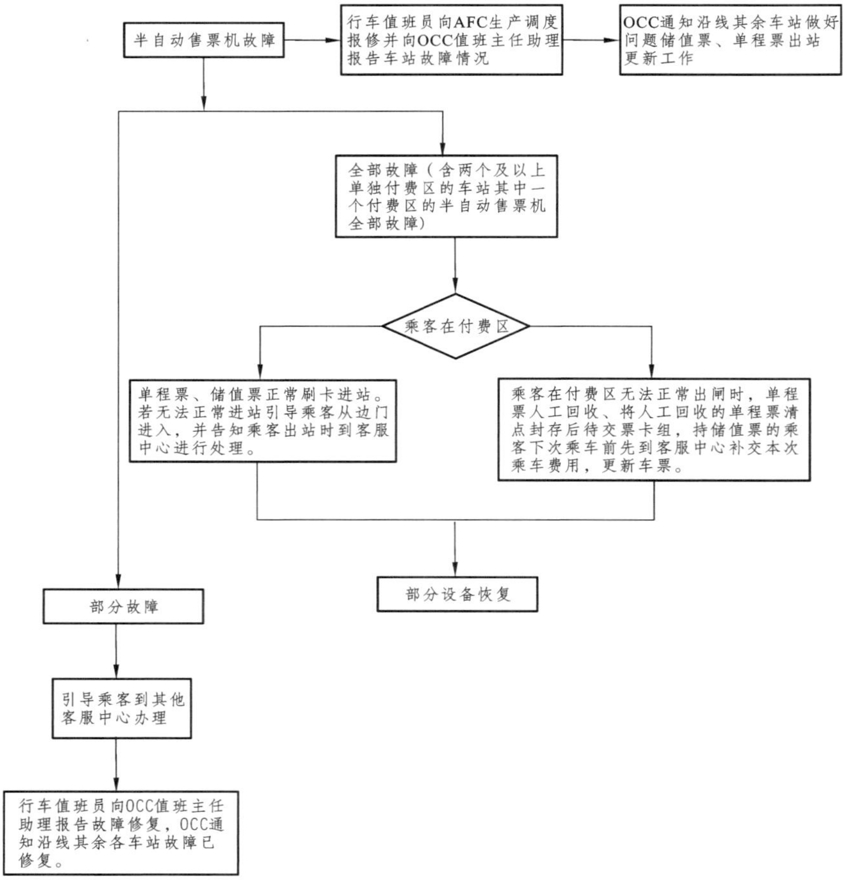

图11-1-1　半自动售票机故障处理流程图

2. 半自动售票机故障及处置

表 11-1-1

序号	故障现象	详细内容
1	上电故障	（1）设备无法上电，上电马上跳闸： 设备内有短路、过载或漏电现象，则检查并排除设备内短路、过载或漏电故障。 （2）设备上电，不启动，设备无反应： 电源线路接插不好，有开路，检查电源线路，排除开路。 （3）设备能上电无法启动，依次排查： ① 工控机操作系统损坏，则重新安装操作系统； ② 工控机硬件故障，则修复或更换工控机； ③ 运营软件损坏，则修复或重新安装运营软件； ④ 运营软件参数配置错误，则修正运营软件参数配置； ⑤ 病毒引起，则杀毒； ⑥ 工控机电源线太细，电源线上消耗的电压较大，导致工控机启动电压不足，则更换线径更粗（推荐 2.5 mm^2）且线材电阻率更低的电源线，并要求厂家把工控机电源 5 V 电压适当调高
2	读写器故障	读写器刷卡无反应： ① 桌面读写器存在读写盲区或读写器损坏，则修复或更换桌面读写器； ② 桌面读写器 SIM 卡损坏，则更换 SIM 卡； ③ 桌面读写器接线松脱，则检查并插牢桌面读写器接线； ④ 运营软件损坏，则修复或重新安装运营软件； ⑤ 运营软件参数配置错误，则修正运营软件参数配置
3	显示器故障	显示器异常： ① 电源异常，则修复或更换电源箱； ② VGA 线缆松脱，则插牢 VGA 线缆； ③ 显示器故障，则更换显示器； ④ 工控机显卡故障，则更换工控机； ⑤ 液晶面板损坏，则更换液晶显示器； ⑥ VGA 线质量问题，则更换 VGA 线； ⑦ 亮度设置原因，则通过按钮调节亮度
4	打印机故障	读写器刷卡无反应按下面步骤排查： ① 打印机通信线松脱，则插牢打印机通信线； ② 打印机驱动程序没装，则安装打印机驱动程序； ③ 串口号设置错误，则根据实际连线正确设置串口号； ④ 打印机没纸，则安装打印纸； ⑤ 打印机损坏，则更换打印机
5	钱箱故障	钱箱无法用主机发信号打开： ① 钱箱通信线松脱，则插牢钱箱通信线； ② 钱箱锁拧到了锁定或手动打开的位置 ，则用配套钥匙把钱箱锁拧到自动打开的位置； ③ 串口号设置错误，则根据实际连线正确设置串口号； ④ 系统软件参数设置错误，则正确设置系统软件参数； ⑤ AFC 系统软件损坏，则重装 AFC 系统软件； ⑥ 钱箱损坏，则更换钱箱
6	对讲机故障	对讲机输出没有声音： ① 话筒接线错误，则按说明书要求重新接线； ② 内外音量调节旋钮旋到“0”位置，则适当调高音量调节旋钮； ③ 对讲机损坏，则更换对讲机

三、实训要求

1. 实训时间

实训课时为 1 课时。

2. 实训形式

（1）实操作业与理论相结合。

（2）独自完成实训操作，结合理论链接以及实操完成实训考核。

3. 实训注意事项

（1）注意人身安全，避免被半自动售票机部件夹伤。

（2）注意操作秩序。

4. 工器具材料准备

“暂停服务”告示牌。

四、实训作业步骤

表 11-1-2　实训作业步骤

序号	实训内容	详细信息
1	车站半自动售票机发生故障	（1）行车值班员向 AFC 生产调度报修并向 OCC 值班主任助理报告故障情况。 （2）由 OCC 通知沿线其余各车站做好问题储值票、单程票出站更新工作
2	车站部分半自动售票机故障	（1）在故障客服中心窗口前摆放“暂停服务”告示牌。 （2）值班站长安排站务人员引导乘客到其他客服中心办理乘客事务
3	车站全部半自动售票机故障	含两个及以上单独付费区的车站其中一个付费区的半自动售票机全部故障时的故障处理步骤： （1）在所有客服中心窗口前摆放“暂停服务”告示牌。 （2）值班站长安排站务人员向前来办理乘客事务的乘客做好解释指引工作。 （3）乘客在付费区:持单程票乘客无法正常出闸，站务人员引导乘客从边门出站，回收单程票，将人工回收的单程票清点封存后，次日随报表上交票务部票务管理科票卡组。持储值票乘客无法正常出闸，站务人员引导乘客从边门出站，并告知乘客下次乘车前先到客服中心补交本次乘车费用，更新车票。 （4）乘客在非付费区无法正常进站:站务人员引导乘客从边门进站，并告知乘客出站时到客服中心进行处理
4	故障修复后	（1）行车值班员向 OCC 值班主任助理报告故障修复。 （2）OCC 通知沿线其余各车站故障已修复

五、实训考核标准

表 11-1-3　实训考核标准

序号	内容	详细内容	配分	评分标准	得分
1	车站半自动售票机发生故障	故障处理步骤： （1）行车值班员向 AFC 生产调度报修并向 OCC 值班主任助理报告故障情况。 （2）由 OCC 通知沿线其余各车站做好问题储值票、单程票出站更新工作	20	故障处理步骤漏项或错项，每项扣 10 分，扣完为止	
2	车站部分半自动售票机故障	故障处理步骤： （1）在故障客服中心窗口前摆放“暂停服务”告示牌。 （2）值班站长安排站务人员引导乘客到其他客服中心办理乘客事务	20	故障处理步骤漏项或错项，每项扣 10 分，扣完为止	
3	车站全部半自动售票机故障	含两个及以上单独付费区的车站其中一个付费区的半自动售票机全部故障时的故障处理步骤： （1）在所有客服中心窗口前摆放“暂停服务”告示牌。 （2）值班站长安排站务人员向前来办理乘客事务的乘客做好解释指引工作。 （3）乘客在付费区：持单程票乘客无法正常出闸，站务人员引导乘客从边门出站，回收单程票，将人工回收的单程票清点封存后，次日随报表上交票务部票务管理科票卡组。持储值票乘客无法正常出闸，站务人员引导乘客从边门出站，并告知乘客下次乘车前先到客服中心补交本次乘车费用，更新车票。 （4）乘客在非付费区无法正常进站：站务人员引导乘客从边门进站，并告知乘客出站时到客服中心进行处理	40	故障处理步骤漏项或错项，每项扣 15 分，扣完为止	
4	故障修复后	故障处理步骤： （1）行车值班员向 OCC 值班主任助理报告故障修复。 （2）OCC 通知沿线其余各车站故障已修复	20	故障处理步骤漏项或错项，每项扣 10 分，扣完为止	
合计			100		

六、思考题

（1）半自动售票机故障现象是什么？

（2）半自动售票机故障的处置方法是什么？

（3）打印机出现故障的原因有哪些？

任务二　自动售票机故障或能力不足

一、实训目的

（1）了解自动售票机故障或能力不足的现象。

（2）掌握自动售票机故障或能力不足的处置方法。

（3）学习自动售票机故障或能力不足的排查步骤。

二、理论链接

1. 功能简介

自动售票机安装在地铁车站的非付费区内，用于乘客自助式购买单程票。功能列表如下。

表 11-2-1　功能列表

序号	分类项	功能项	功能项描述
1	基本业务	售票	发售系统中允许自动售票机发售的各类车票
2		硬币找零	使用硬币为乘客提供找零
3		硬币鉴别	鉴别乘客投入的硬币的真伪、币值并相应处理
4		纸币鉴别	鉴别乘客投入的纸币的真伪、币值并相应处理
5	维护业务	门禁卡	在打开后维护门之前必须刷门禁卡，否则设备将启动蜂鸣器报警
		磁力锁	吸附在后维护门的下方，提供更安全的保障
		整机自检	对整机构成中的全部业务模块进行自检，以确认各模块是否存在故障
6		模式原因	查看本机处于当前运营模式的原因
7		系统维护	对整个操作系统进行关机、重启、程序退出等
8		钱箱更换	更换硬币回收箱和纸币钱箱，把箱内的钱取出，钱箱计数清零
9		票箱更换	更换加票箱、回收箱
10		状态查询	查询各个模块的状态
11		模块测试	对整机构成中的业务模块进行命令级的测试
12	后台业务	日志查询	查看一些主要的操作记录，如登录、换钱箱等
13		数据上传	设备可向系统上传设备状态、运行模式、报警及故障等信息
14		参数管理	设备通过网络接收参数并解析
15		数据管理	设备本地保存的数据的管理，对已经上传的数据在设定期限到达时自动清理，对未上传的数据根据策略进行处理
16		时钟同步	设备在线时通过定时、重启事件、运营开始和结束事件触发进行时钟同步，在离线时也可人工修正时钟
17		设备部件监视	定时监视设备各部件状态，及时报告设备状态，同时刷新系统各设备状态标志

2. 自动售票机故障处理流程

自动售票机故障处理流程如图 11-2-1 所示。

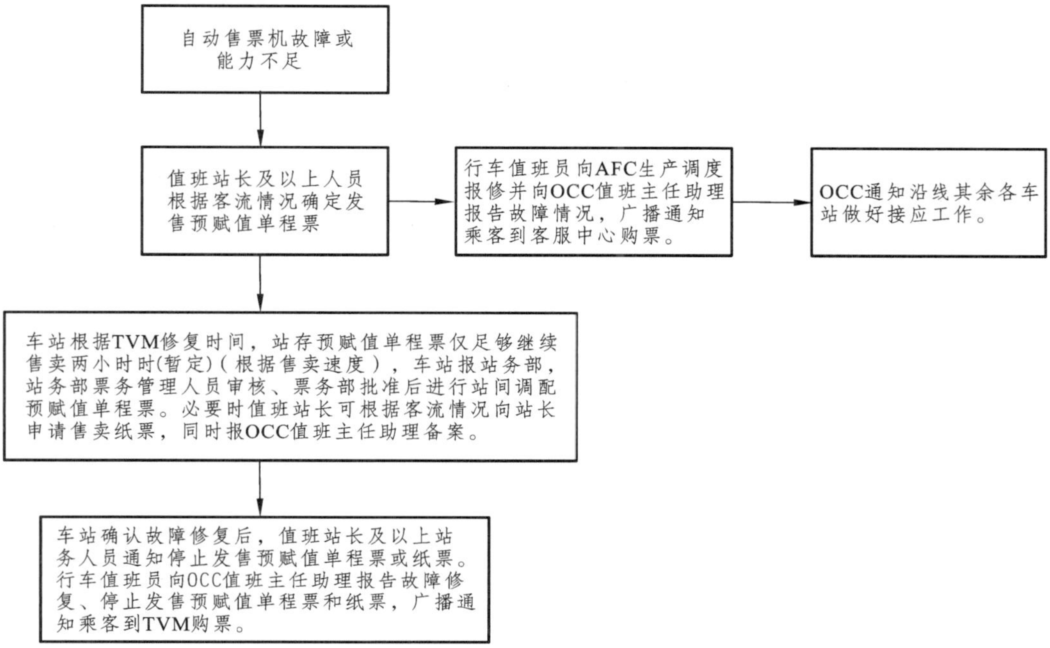

图 11-2-1　自动售票机故障处理流程图

三、实训要求

1. 实训时间

实训课时为 1 课时。

2. 实训形式

（1）实操作业与理论相结合。

（2）独自完成实训操作，结合理论链接以及实操完成实训考核。

3. 实训注意事项

（1）注意人身安全，避免被自动售票机夹伤。

（2）注意操作秩序。

4. 工器具材料准备

“暂停服务”告示牌。

四、实训作业步骤

表 11-2-2　实训作业步骤

序号	实训内容	详细信息
1	自动售票机发生故障	（1）行车值班员向 AFC 生产调度报修并向 OCC 值班主任助理报告故障情况。 （2）值班站长及以上人员根据客流情况确定发售预赋值单程票。 （3）广播通知乘客到客服中心或者临时票亭购票。 （4）OCC 通知沿线其余各车站做好接应工作

续表

序号	实训内容	详细信息
2	自动售票机修复期间	（1）车站根据TVM修复时间，站存预赋值单程票仅足够继续售卖两小时时（暂定）（根据售卖速度）。 （2）车站报站务部，站务部票务管理人员审核、票务部批准后进行站间调配预赋值单程票。 （3）必要时值班站长可根据客流情况向站长（站长助理）申请售卖纸票，同时报OCC值班主任助理备案
3	车站确认故障修复后	（1）值班站长及以上站务人员通知停止发售预赋值单程票或纸票。 （2）行车值班员向OCC值班主任助理报告故障修复、停止发售预赋值单程票和纸票。 （3）广播通知乘客到TVM购票。 （4）OCC通知沿线其余各车站故障车站的故障已修复

五、实训考核标准

表 11-2-3　实训考核标准

序号	内容	详细内容	配分	评分标准	得分
1	自动售票机发生故障	故障处理步骤： （1）行车值班员向AFC生产调度报修并向OCC值班主任助理报告故障情况。 （2）值班站长及以上人员根据客流情况确定发售预赋值单程票。 （3）广播通知乘客到客服中心或者临时票亭购票。 （4）OCC通知沿线其余各车站做好接应工作	30	故障处理步骤漏项或错项，每项扣8分，扣完为止	
2	自动售票机修复期间	故障处理步骤： （1）车站根据TVM修复时间，站存预赋值单程票仅足够继续售卖两小时（暂定）（根据售卖速度）。 （2）车站报站务部，站务部票务管理人员审核、票务部批准后进行站间调配预赋值单程票。 （3）必要时值班站长可根据客流情况向站长（站长助理）申请售卖纸票，同时报OCC值班主任助理备案	30	故障处理步骤漏项或错项，每项扣10分，扣完为止	
3	车站确认故障修复后	故障处理步骤： （1）值班站长及以上站务人员通知停止发售预赋值单程票或纸票。 （2）行车值班员向OCC值班主任助理报告故障修复、停止发售预赋值单程票和纸票。 （3）广播通知乘客到TVM购票。 （4）OCC通知沿线其余各车站故障车站的故障已修复	40	故障处理步骤漏项或错项，每项扣10分，扣完为止	
合计			100		

六、思考题

（1）自动售票机发生故障时的故障处理步骤是什么？

（2）自动售票机故障或能力不足的处置流程是什么？

（3）自动售票机修复期间的故障处理步骤有哪些？

任务三　自动售票机和半自动售票机全部故障

一、实训目的

（1）了解自动售票机和半自动售票机故障现象。

（2）掌握自动售票机故障或能力不足的排查及应急处置方法。

（3）学习半自动售票机故障或能力不足的排查及应急处置方法。

二、理论链接

1. 全部售票类设备故障

定义：当车站发生自动售票机和半自动售票机全部故障时，将无法出售单程票，乘客所持车票也不能在半自动售票机上进行分析、处理操作。

2. 自动售票机和半自动售票机全部故障

自动售票机和半自动售票机全部故障处理流程如图 11-3-1 所示。

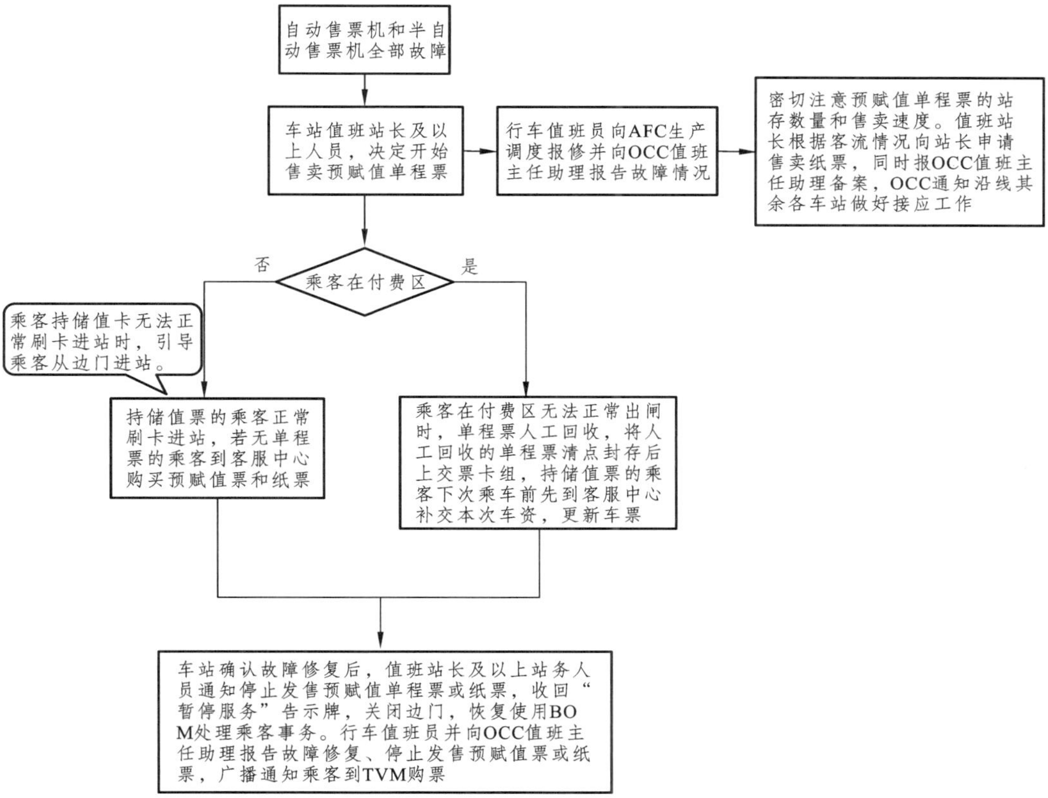

图 11-3-1　自动售票机和半自动售票机全部故障处理流程

3. 半自动售票机故障

（1）读卡器故障：卖票后验票，没有票卡信息显示，并显示“请正确放置票卡。

（2）发卡模块故障：售票显示发卡模块故障。

（3）显示器故障：不能正常显示售票界面，不能正常进行乘客事务处理。

4. 自动售票机故障

（1）发卡模块故障：读写器刷卡无反应，依次按照实训考核标准详细内容进行排查。

（2）不能使用硬币购票：硬币找零钱箱故障。

（3）不能使用纸币购票：纸币找零钱箱故障。

三、实训要求

1. 实训时间

实训课时为 1 课时。

2. 实训形式

（1）实操作业与理论相结合。

（2）独自完成实训操作，结合理论链接以及实操完成实训考核。

3. 实训注意事项

（1）注意人身安全，避免被自动检售票机夹伤。

（2）注意操作秩序。

4. 工器具材料准备

“暂停服务”告示牌。

四、实训作业步骤

表 11-3-1　实训作业步骤

序号	实训内容	详细信息
1	前期组织汇报	（1）行车值班员向 AFC 生产调度报修并向 OCC 值班主任助理报告故障情况。 （2）值班站长及以上人员根据客流情况确定发售预赋值单程票。 （3）广播通知乘客到客服中心或者临时票亭购票。 （4）值班站长密切注意预赋值单程票的站存数量和售卖速度，根据客流情况向站长（站长助理）申请售卖纸票，同时报 OCC 值班主任助理备案。 （5）OCC 通知沿线其余各车站做好接应工作
2	站务指引工作	（1）乘客在非付费区： ① 持储值票无法正常刷卡进站，引导乘客从边门进站； ② 无单程票的乘客，引导乘客到客服中心购买或临时票亭购买预赋值单程票和纸票。 （2）乘客在付费区： ① 持单程票乘客无法正常出闸时，站务人员引导乘客从边门出站，回收单程票，单程票回收清点封存后次日随报表上交； ② 持储值票乘客无法正常出闸时，站务人员引导乘客从边门出站，并告知乘客下次乘车前先到客服中心补交本次车资，更新车票
3	车站确认故障修复后	（1）值班站长及以上站务人员通知停止发售预赋值单程票或纸票，收回“暂停服务”告示牌。 （2）关闭边门，恢复使用 BOM 处理乘客事务。 （3）行车值班员向 OCC 值班主任助理报告故障修复、停止发售预赋值单程票和纸票。 （4）广播通知乘客到 TVM 购票。 （5）OCC 通知沿线其余各车站故障车站的故障已修复

五、实训考核标准

表 11-3-2　实训考核标准

序号	内容	详细内容	配分	评分标准	得分
1	前期组织汇报	故障处理步骤： （1）行车值班员向 AFC 生产调度报修并向 OCC 值班主任助理报告故障情况。 （2）值班站长及以上人员根据客流情况确定发售预赋值单程票。 （3）广播通知乘客到客服中心或者临时票亭购票。 （4）值班站长密切注意预赋值单程票的站存数量和售卖速度，根据客流情况向站长（站长助理）申请售卖纸票，同时报 OCC 值班主任助理备案。 （5）OCC 通知沿线其余各车站做好接应工作	30	故障处理步骤漏项或错项，每项扣 8 分，扣完为止	
2	站务指引工作	故障处理步骤： （1）乘客在非付费区； ① 持储值票无法正常刷卡进站，引导乘客从边门进站； ② 无单程票的乘客，引导乘客到客服中心购买或到临时票亭购买预赋值单程票和纸票。 （2）乘客在付费区 ① 持单程票乘客无法正常出闸时，站务人员引导乘客从边门出站，回收单程票，单程票回收清点封存后次日随报表上交； ② 持储值票乘客无法正常出闸时，站务人员引导乘客从边门出站，并告知乘客下次乘车前先到客服中心补交本次车资，更新车票	30	故障处理步骤漏项或错项，每项扣 10 分，扣完为止	
3	车站确认故障修复后	故障处理步骤： （1）值班站长及以上站务人员通知停止发售预赋值单程票或纸票，收回“暂停服务”告示牌。 （2）关闭边门，恢复使用 BOM 处理乘客事务。 （3）行车值班员向 OCC 值班主任助理报告故障修复、停止发售预赋值单程票和纸票。 （4）广播通知乘客到 TVM 购票。 （5）OCC 通知沿线其余各车站故障车站的故障已修复	40	故障处理步骤漏项或错项，每项扣 10 分，扣完为止	
合计			100		

六、思考题

（1）全部售票类设备故障时的应急处置流程是什么？

（2）付费区和非付费区的区别是什么？

（3）全部售检票类设备和半自动售票机设备故障的应急处置有什么不同？

任务四　全部进站闸机故障或能力不足

一、实训目的

（1）了解全部进站闸机故障和能力不足的现象。

（2）掌握全部进站闸机故障的应急处置方法。

（3）掌握全部进站闸机能力不足的应急处置方法。

二、理论链接

1. 闸机的分类

根据通行方向，分为进站闸机、出站闸机、双向闸机。

2. 全部进站闸机故障或能力不足故障处理流程

全部进站闸机故障或能力不足故障处理流程见图 11-4-1 所示。

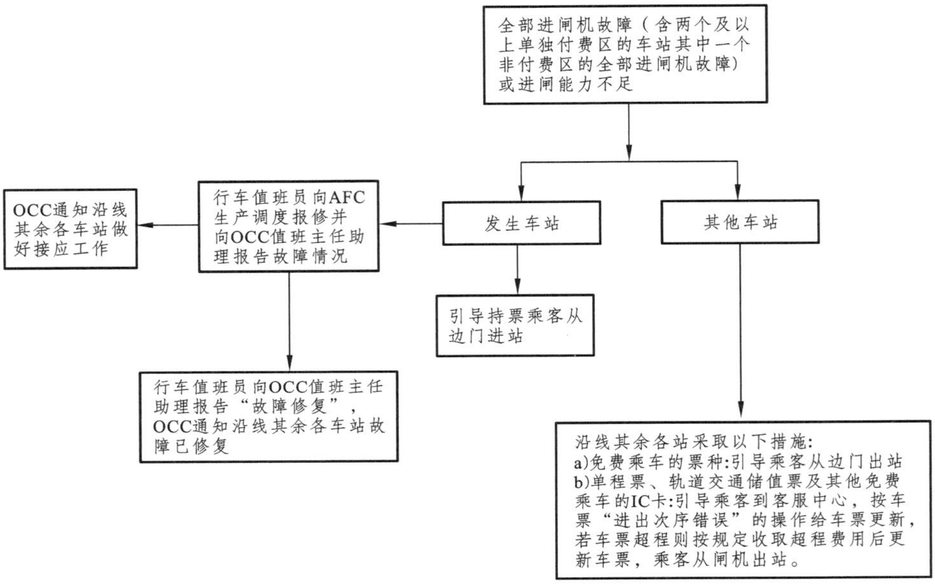

图 11-4-1　全部进站闸机故障或能力不足故障处理流程图

3. 闸机的四种常见故障

（1）通电后闸杆不能抬起。

（2）验票后连续多人通过。

（3）闸机刷卡或验票后不能通过。

（4）进口机转盘出现反转。

三、实训要求

1. 实训时间

实训课时为 1 课时。

2. 实训形式

（1）实操作业与理论相结合。

（2）独自完成实训操作，结合理论链接以及实操完成实训考核。

3. 实训注意事项

（1）注意人身安全，避免被自动检售票机夹伤。

（2）注意操作秩序。

4. 工器具材料准备

“暂停服务”告示牌。

四、实训作业步骤

表 11-4-1 实训作业步骤

序号	实训内容	详细信息
1	前期组织汇报	（1）发生车站的行车值班员向 AFC 生产调度报修并向 OCC 值班主任助理报告故障情况。 （2）OCC 通知沿线其余各车站做好接应工作
2	站务指引工作	（1）发生车站的值班站长安排站务人员及时在进站闸机前放置“暂停服务”告示牌和隔离带。 （2）引导持票乘客从边门进站，做好乘客的服务工作。 （3）接到 OCC 通知的沿线其余各车站采取以下措施： ① 免费乘车的票种：引导乘客从边门出站； ② 单程票、轨道交通储值票及其他非免费乘车的 IC 卡：引导乘客到客服中心，按车票“进出次序错误”的操作给车票更新； ③ 若车票超程则按规定收取超程费用后更新车票，乘客从闸机出站
3	车站确认故障修复后	（1）值班站长通知客运值班员、站务员收回“暂停服务”告示牌及隔离带，关闭边门。 （2）引导乘客从进站闸机进站。 （3）行车值班员向 OCC 值班主任助理报告“故障修复”。 （4）OCC 通知沿线其余各车站故障已修复

五、实训考核标准

表 11-4-2 实训考核标准

序号	内容	详细内容	配分	评分标准	得分
1	前期组织汇报	故障处理步骤： （1）发生车站的行车值班员向 AFC 生产调度报修并向 OCC 值班主任助理报告故障情况。 （2）OCC 通知沿线其余各车站做好接应工作	15	故障处理步骤漏项或错项，每项扣 7.5 分，扣完为止	
2	站务指引工作	故障处理步骤： （1）发生车站的值班站长安排站务人员及时在进站闸机前放置“暂停服务”告示牌和隔离带。 （2）引导持票乘客从边门进站，做好乘客的服务工作。 （3）接到 OCC 通知的沿线其余各车站采取以下措施： ① 免费乘车的票种：引导乘客从边门出站； ② 单程票、轨道交通储值票及其他非免费乘车的 IC 卡：引导乘客到客服中心，按车票“进出次序错误”的操作给车票更新； ③ 若车票超程则按规定收取超程费用后更新车票，乘客从闸机出站	45	故障处理步骤漏项或错项，每项扣 15 分，扣完为止	

续表

序号	内容	详细内容	配分	评分标准	得分
3	车站确认故障修复后	故障处理步骤： （1）值班站长通知客运值班员、站务员收回“暂停服务”告示牌及隔离带，关闭边门。 （2）引导乘客从进站闸机进站。 （3）行车值班员向 OCC 值班主任助理报告“故障修复”。 （4）OCC 通知沿线其余各车站故障已修复	40	故障处理步骤漏项或错项，每项扣10分，扣完为止	
合计			100		

六、思考题

（1）进站闸机常用功能故障排除方法有哪些?

（2）进站闸机的常见故障解决方法有哪些?

（3）当进站闸机通过能力不足，客流持续到达，造成每台闸机前排队等待进站乘客超过多少人时，就应采取限流措施?

任务五　全部出站闸机故障或能力不足

一、实训目的

（1）了解全部出站闸机故障和能力不足的现象。

（2）掌握全部出站闸机故障的排查及应急处置方法。

（3）掌握全部出站闸机能力不足的排查及应急处置方法。

二、理论链接

1. 闸机的作用

对乘客所持票卡的有效性进行检测，控制闸门开关，放行或阻止乘客通行，出站闸机对单程票进行回收。

2. 全部出站闸机故障或能力不足故障处理流程

全部出站闸机故障或能力不足故障处理流程如图 11-5-1 所示。

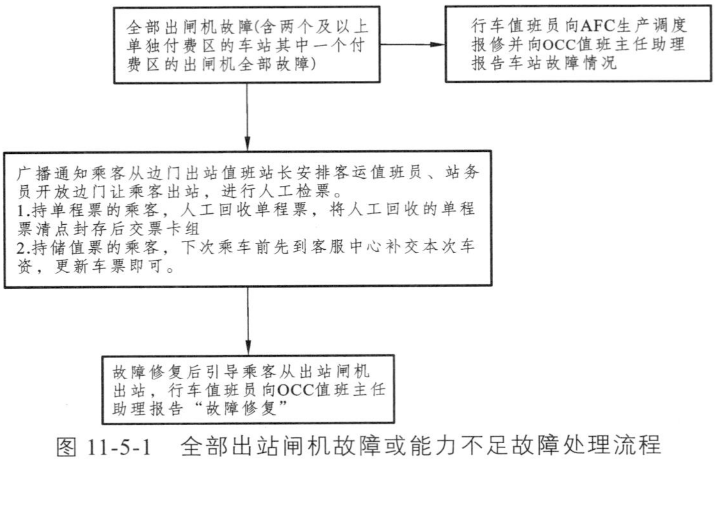

图 11-5-1　全部出站闸机故障或能力不足故障处理流程

三、实训要求

1. 实训时间

实训课时为 1 课时。

2. 实训形式

（1）实操作业与理论相结合。

（2）独自完成实训操作，结合理论链接以及实操完成实训考核。

3. 实训注意事项

（1）注意人身安全，避免被自动检售票机夹伤。

（2）注意操作秩序。

4. 工器具材料准备

“暂停服务”告示牌。

四、实训作业步骤

表 11-5-1　实训作业步骤

序号	实训内容	详细信息
1	前期组织汇报	（1）行车值班员向 AFC 生产调度报修并向 OCC 值班主任助理报告车站故障情况
2	站务指引工作	（1）车站人员及时在出站闸机前放置"暂停服务”告示牌和隔离带。 （2）值班站长安排客运值班员、站务员开放边门让乘客出站，进行人工检票： ① 持单程票的乘客：引导乘客从边门出站，人工回收单程票，将人工回收单程票清点封存次日随报表上交票务部票务管理科票卡组； ② 持储值票的乘客：引导乘客从边门出站，并告知乘客下次乘车前先到客服中心补交本次车资，更新车票
3	车站确认故障修复后	（1）车站人员收回“暂停服务”告示牌及隔离带，关闭边门。 （2）引导乘客从出站闸机出站。 （3）行车值班员向 OCC 值班主任助理报告“故障修复”

五、实训考核标准

表 11-5-2　实训考核标准

序号	内容	详细内容	配分	评分标准	得分
1	前期组织汇报	故障处理步骤： 行车值班员向 AFC 生产调度报修并向 OCC 值班主任助理报告车站故障情况	20	故障处理步骤漏项或错项，每项扣 20 分，扣完为止	
2	站务指引工作	故障处理步骤： （1）车站人员及时在出站闸机前放置“暂停服务”告示牌和隔离带。 （2）值班站长安排客运值班员、站务员开放边门让乘客出站，进行人工检票： ① 持单程票的乘客：引导乘客从边门出站，人工回收单程票，将人工回收单程票清点封存次日随报表上交票务部票务管理科票卡组； ② 持储值票的乘客：引导乘客从边门出站，并告知乘客下次乘车前先到客服中心补交本次车资，更新车票	50	故障处理步骤漏项或错项，每项扣 25 分，扣完为止	

续表

序号	内容	详细内容	配分	评分标准	得分
3	车站确认故障修复后	故障处理步骤： （1）车站人员收回“暂停服务”告示牌及隔离带，关闭边门。 （2）引导乘客从出站闸机出站。 （3）行车值班员向 OCC 值班主任助理报告“故障修复”	30	故障处理步骤漏项或错项，每项扣 10 分，扣完为止	
合计			100		

六、思考题

（1）进出站闸机的区别有哪些?

（2）出站闸机有哪些常见的故障?

（3）当出站闸机出现故障时，常用的排除故障方法有哪些?

项目十二　特殊情况下车站的应急处置

任务一　列车晚点

一、实训目的

（1）了解列车晚点。

（2）掌握列车晚点的处置流程。

（3）学习列车晚点后退款的操作步骤。

二、理论链接

1. 列车晚点的处理流程

列车晚点的处理流程如图 12-1-1 所示。

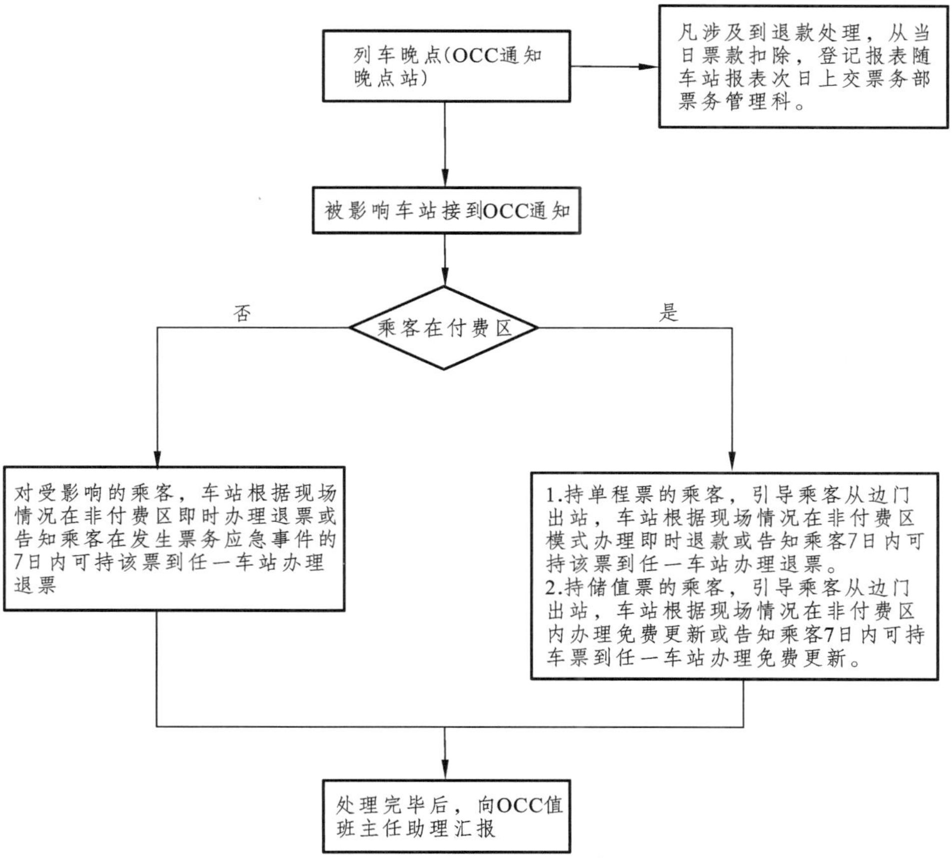

图 12-1-1　列车晚点的处理流程

三、实训要求

1. 实训时间

实训课时为 1 课时。

2. 实训形式

（1）实操作业与理论相结合。

（2）独自完成实训操作，结合理论链接以及实操完成实训考核。

3. 实训注意事项

（1）注意人身安全，避免被自动检票机闸门夹伤。

（2）注意开关自动检票机维护门过程中的不要有异物阻挡。

（3）严禁在操作自动检票机硬件设备遇到阻塞时，强制操作，避免损坏设备。

4. 工器具材料准备

扬声器。

四、实训作业步骤

表 12-1-1 实训作业步骤

序号	实训内容	详细信息
1	列车晚点（OCC 通知晚点站）	（1）凡涉及退款处理，从当日票款扣除，登记报表随车站报表次日，上交票务部票务管理科。 （2）被影响车站接到 OCC 通知
2	对受影响乘客的措施	（1）乘客不在付费区： 对受影响的乘客，车站根据现场情况在非付费区即时办理退票或告知乘客在发生票务应急事件的 7 日内可持该票到任一车站办理退票。 （2）乘客在付费区： ① 持单程票的乘客，引导乘客从边门出站，车站根据现场情况在非付费区模式办理即时退款或告知乘客 7 日内可持该票到任一车站办理退票； ② 持储值票的乘客，引导乘客从边门出站，车站根据现场情况在非付费区内办理免费更新或告知乘客 7 日内可持车票到任一车站办理免费更新
3	处理完毕后	向 OCC 值班主任助理汇报

五、实训考核标准

表 12-1-2 实训考核标准

序号	内容	详细内容	配分	评分标准	得分
1	列车晚点（OCC 通知晚点站）	处理步骤： （1）凡涉及退款处理，从当日票款扣除，登记报表随车站报表次日，上交票务部票务管理科； （2）被影响车站接到 OCC 通知	30	故障处理步骤漏项或错项，每项扣 15 扣完为止	
2	对受影响乘客的措施	处理步骤： （1）乘客不在付费区： 对受影响的乘客，车站根据现场情况在非付费区即时办理退票或告知乘客在发生票务应急事件的 7 日内可持该票到任一车站办理退票	45	故障处理步骤漏项或错项，每项扣 10 分，扣完为止	

续表

序号	内容	详细内容	配分	评分标准	得分
2	对受影响乘客的措施	（2）乘客在付费区： ① 持单程票的乘客：引导乘客从边门出站，车站根据现场情况在非付费区模式办理即时退款或告知乘客 7 日内可持该票到任一车站办理退票； ② 持储值票的乘客：引导乘客从边门出站，车站根据现场情况在非付费区内办理免费更新或告知乘客 7 日内可持车票到任一车站办理免费更新			
3	处理完毕后	处理步骤： 向 OCC 值班主任助理汇报	25	未向 OCC 值班主任助理汇报扣 25 分	
合计			100		

六、思考题

（1）列车晚点后 OCC 的工作是什么？
（2）列车晚点后的处置措施是什么？
（3）列车晚点处理完毕后的操作措施是什么？

任务二　运营故障需清客

一、实训目的

（1）了解因运营故障清客的现象。
（2）掌握因运营故障清客的处置流程。
（3）学习因运营故障清客退款处理的操作步骤。

二、理论链接

1. 运营故障需清客的处理流程

运营故障需清客的处理流程如图 12-2-1 所示。

2. 清客的两种类型

常规清客：指的是地铁列车运行至终点站时，乘客们必须下车，列车需要进行折返或按照时刻表计划退出服务。常规清客时，一般乘客事先会有所了解，掌握这方面的信息。

非常规清客：指的是列车运行中途，由于设备故障或发生紧急事件时，列车无法继续运行而需要进行应急清客。采取非常规清客的原因是发生了突发性情况，因此并无预见性，这种情况下司机会通过车厢广播进行播报，告知乘客清客原因，引导大家有序下车，确保安全。

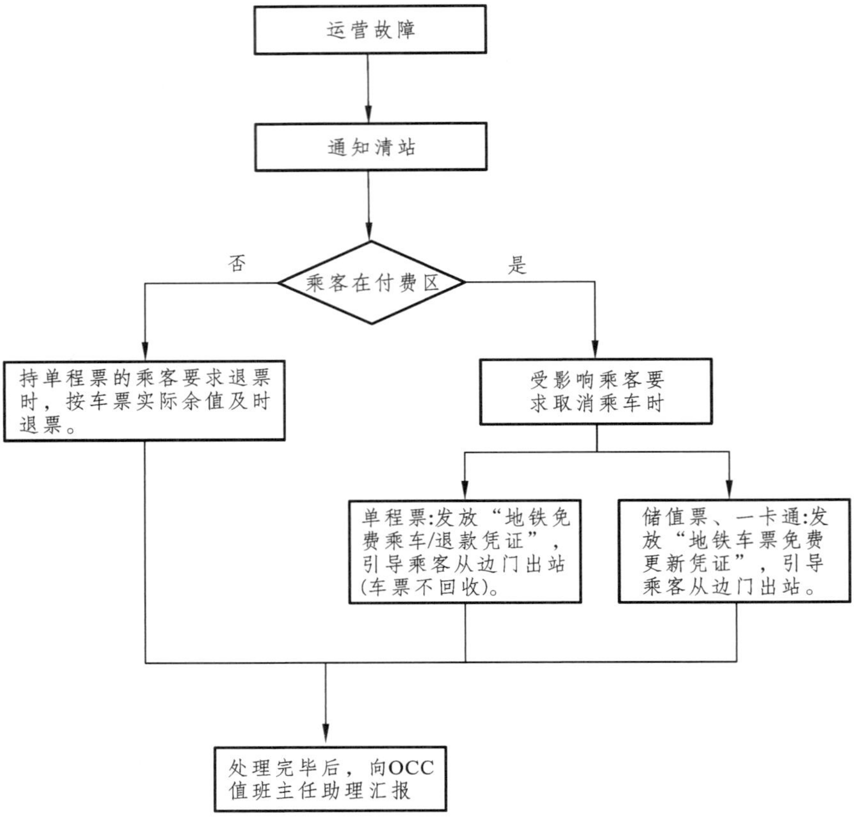

图 12-2-1　运营故障需清客的处理流程

三、实训要求

1. 实训时间

实训课时为 1 课时。

2. 实训形式

（1）实操作业和理论结合。

（2）独自完成实训操作，结合理论链接以及实操完成实训考核。

3. 实训注意事项

（1）注意人身安全，避免被自动检票机闸门夹伤。

（2）注意开关自动检票机维护门过程中不要有异物阻挡。

（3）严禁在操作自动检票机硬件设备遇到阻塞时，强制操作，避免损坏设备。

4. 工器具材料准备

扬声器。

四、实训作业步骤

表 12-2-1 实训作业步骤

序号	实训内容	详细信息
1	列车越站（OCC 通知列车运行前方站）	通知乘客因运营故障需要临时清客
2	针对受影响乘客采取的措施	对车站乘客进行清客： （1）非付费区受影响的持单程票的乘客要求退票时，按车票实际余值及时退票。 （2）付费区受影响乘客要求取消乘车时： ① 单程票：发放“地铁免费乘车/退款凭证”，引导乘客从边门出站（车票不回收）； ② 储值票、一卡通：发放“地铁车票免费更新凭证”，引导乘客从边门出站
3	处理完毕后	向 OCC 值班主任助理汇报

五、实训考核标准

表 12-2-2 实训考核标准

序号	内容	详细内容	配分	评分标准	得分
1	列车越站（OCC 通知列车运行前方站）	处理步骤： 通知乘客因运营故障需要临时清客	25	故障处理步骤漏项或错项，每项扣 25 分，扣完为止	
2	针对受影响乘客的措施	处理步骤： 对车站乘客进行清客： （1）非付费区受影响的持单程票的乘客要求退票时，按车票实际余值及时退票。 （2)付费区受影响乘客要求取消乘车时： ① 单程票：发放“地铁免费乘车/退款凭证”，引导乘客从边门出站（车票不回收）； ② 储值票、一卡通：发放“地铁车票免费更新凭证”，引导乘客从边门出站	50	故障处理步骤漏项或错项，每项扣 25 分，扣完为止	
3	处理完毕后	处理步骤： 向 OCC 值班主任助理汇报	25	未向 OCC 值班主任助理汇报扣 25 分	
合计			100		

六、思考题

（1）运营故障后 OCC 的工作是什么？

（2）运营故障清客后的处置流程是什么？

（3）运营故障清客后退票操作措施是什么？

任务三　列车越站

一、实训目的

（1）了解列车越站。

（2）掌握列车越站的处置流程。

（3）学习列车越站退款处理的操作步骤。

二、理论链接

1. 列车越站的处理流程

列车越站的处理流程如图 12-3-1 所示。

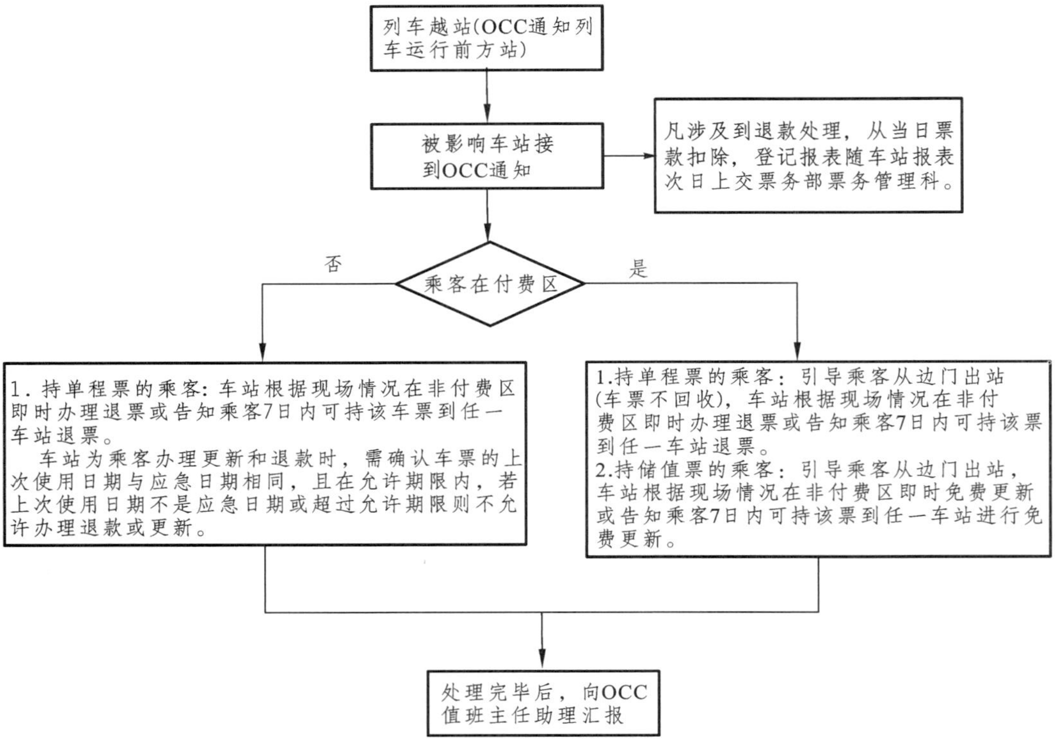

图 12-3-1　列车越站的处理流程

三、实训要求

1. 实训时间

实训课时为 1 课时。

2. 实训形式

（1）实操作业与理论相结合。

（2）独自完成实训操作，结合理论链接以及实操完成实训考核。

3. 实训注意事项

（1）注意人身安全，避免被自动检票机闸门夹伤。

（2）注意开关自动检票机维护门过程中不要有异物阻挡。

（3）严禁在操作自动检票机硬件设备遇到阻塞时，强制操作，避免损坏设备。

4. 工器具材料准备

扬声器。

四、实训作业步骤

表 12-3-1 实训作业步骤

序号	实训内容	详细信息
1	列车越站（OCC 通知列车运行前方站）	（1）凡涉及退款处理，从当日票款扣除，登记报表随车站报表次日，上交票务部票务管理科。 （2）被影响车站接到 OCC 通知
2	对受影响乘客的措施	（1）乘客不在付费区： ① 对受影响的乘客，车站根据现场情况在非付费区即时办理退票或告知乘客在发生票务应急事件的 7 日内可持该票到任一车站办理退票； ② 车站为乘客办理更新和退款时，需确认车票的上次使用日期与应急日期相同，且在允许期限内，若上次使用日期不是应急日期或超过允许期限则不允许办理退款或更新。 （2）乘客在付费区： ① 持单程票的乘客：引导乘客从边门出站（车票不回收），车站根据现场情况在非付费区即时办理退票或告知乘客 7 日内可持该票到任一车站退票； ② 持储值票的乘客：引导乘客从边门出站，车站根据现场情况在非付费区即时免费更新或告知乘客 7 日内可持该票到任一车站进行免费更新
3	处理完毕后	向 OCC 值班主任助理汇报

五、实训考核标准

表 12-3-2 实训考核标准

序号	内容	详细内容	配分	评分标准	得分
1	列车越站（OCC 通知列车运行前方站）	处理步骤： （1）凡涉及退款处理，从当日票款扣除，登记报表随车站报表次日，上交票务部票务管理科； （2）被影响车站接到 OCC 通知	30	故障处理步骤漏项或错项，每项扣 15 分扣完为止	
2	对受影响乘客的措施	处理步骤： （1）乘客不在付费区： ① 对受影响的乘客，车站根据现场情况在非付费区即时办理退票或告知乘客在发生票务应急事件的 7 日内可持该票到任一车站办理退票； ② 车站为乘客办理更新和退款时，需确认车票的上次使用日期与应急日期相同，且在允许期限内，若上次使用日期不是应急日期或超过允许期限则不允许办理退款或更新	45	故障处理步骤漏项或错项，每项扣 12 分，扣完为止	

续表

序号	内容	详细内容	配分	评分标准	得分
2	对受影响乘客的措施	（2）乘客在付费区： ① 持单程票的乘客：引导乘客从边门出站（车票不回收），车站根据现场情况在非付费区即时办理退票或告知乘客7日内可持该票到任一车站退票； ② 持储值票的乘客：引导乘客从边门出站，车站根据现场情况在非付费区即时免费更新或告知乘客7日内可持该票到任一车站进行免费更新			
3	处理完毕后	处理步骤： 向OCC值班主任助理汇报	25	未向OCC值班主任助理汇报扣25分	
合计			100		

六、思考题

（1）列车越站后OCC的工作是什么？

（2）列车越站后的处置流程是什么？

（3）列车越站后退票操作措施是什么？

任务四　车站出现火灾等紧急情况

一、实训目的

（1）掌握灭火疏散应急处理能力。

（2）熟练掌握灭火器的使用方法。

二、理论链接

车站内发生火灾等紧急情况的流程如图12-4-1所示。

三、实训要求

1. 实训时间

实训课时为1课时。

2. 实训形式

（1）实操作业与理论相结合。

（2）独自完成实训操作，结合理论链接以及实操完成实训考核。

3. 实训注意事项

（1）注意人身安全。

（2）正确使用灭火器材。

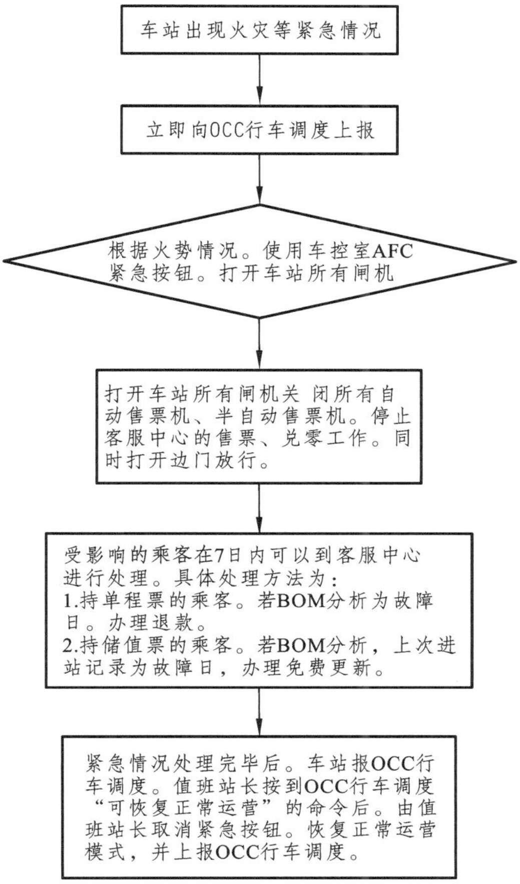

图 12-4-1　车站内发生火灾等紧急情况的流程

4. 工器具材料准备

（1）广播。

（2）湿毛巾。

（3）烟饼。

四、实训作业步骤

表 12-4-1　实训作业步骤

序号	实训内容	详细信息
1	车站出现火灾等紧急情况	（1）立即向 OCC 行车调度报告。 （2）根据火势情况，使用车控室 AFC 紧急按钮。打开车站所有闸机。 （3）打开车站所有闸机，关闭所有自动售票机、半自动售客服中心的售票，停止客服中心的售票、兑零工作，同时打开边门放行
2	对受影响乘客的措施	乘客不在付费区： 受影响的乘客在 7 日内可以到客服中心进行处理，具体处理方法为： ① 持单程票的乘客：若 BOM 分析为故障日，办理退款； ② 持储值票的乘客：若 BOM 分析上次进站记录为故障日，办理免费更新
3	处理完毕后	车站报 OCC 行车调度。值班站长接到 OCC 行车调度“可恢复正常运营”的命令后： （1）值班站长取消紧急按钮。 （2）上报 OCC 行车调度

五、实训考核标准

表 12-4-2　实训考核标准

序号	内容	详细内容	配分	评分标准	得分
1	车站出现火灾等紧急情况	处理步骤： （1）立即向 OCC 行车调度报告。 （2）根据火势情况，使用车控室 AFC 紧急按钮。打开车站所有闸机。 （3）打开车站所有闸机，关闭所有自动售票机、半自动售客服中心的售票，停止客服中心的售票、兑零工作，同时打开边门放行	30	处理步骤漏项或错项，每项扣 10 分，扣完为止	
2	对受影响乘客的措施	处理步骤： 乘客不在付费区： 受影响的乘客在 7 日内可以到客服中心进行处理，具体处理方法为： ① 持单程票的乘客：若 BOM 分析为故障日，办理退款； ② 持储值票的乘客：若 BOM 分析上次进站记录为故障日，办理免费更新	50	处理步骤漏项或错项，每项扣 25 分，扣完为止	
3	紧急情况处理完毕后	车站报 OCC 行车调度。值班站长接到 OCC 行车调度“可恢复正常运营”的命令后： （1）值班站长取消紧急按钮。 （2）上报 OCC 行车调度	20	处理步骤漏项或错项，每项扣 10 分，扣完为止	
合计			100		

六、思考题

（1）车站内发生火灾等紧急情况时的退票操作措施是什么？

（2）车站内发生火灾等紧急情况时的处置流程是什么？

轨道交通实训课新理念新形态活页式教材

轨道交通运营管理实训指导

（三）铁路调车作业

主　编/邵　维　李　曼
　　　　张艳林　吴　婷

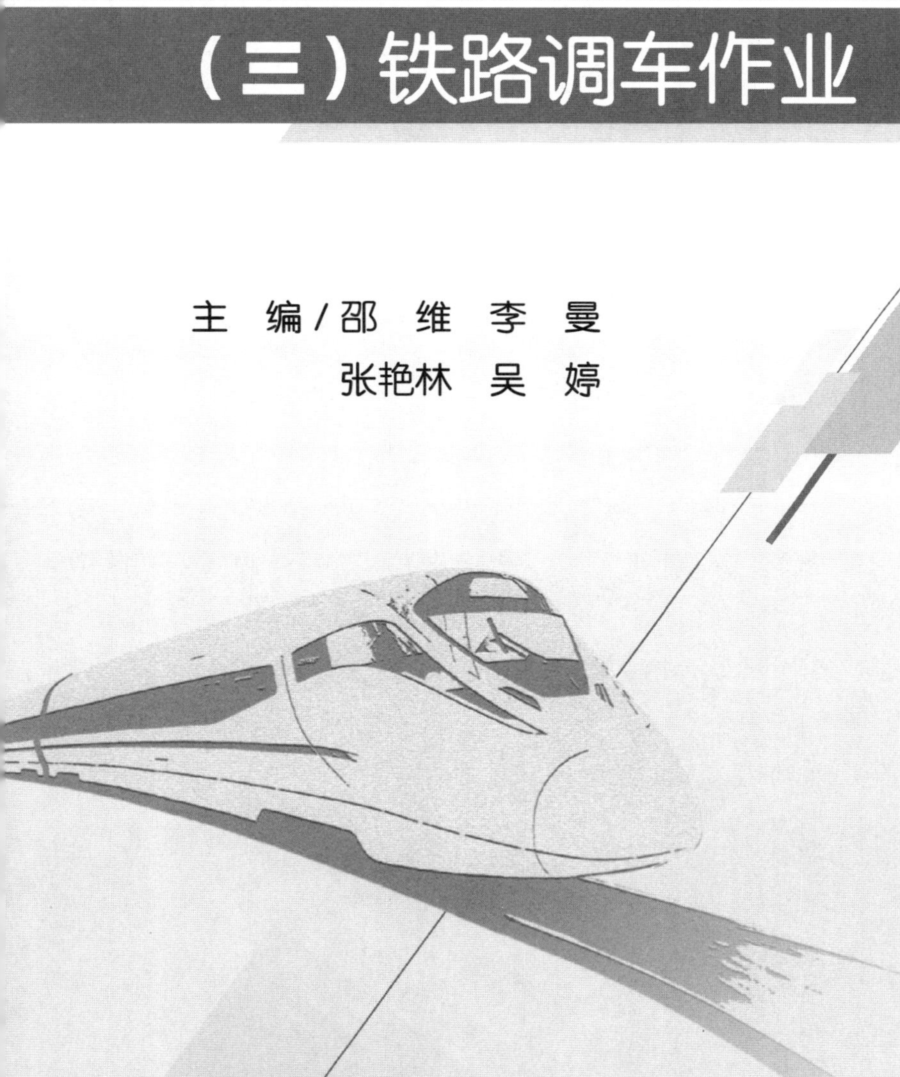

西南交通大学出版社
·成　都·

图书在版编目（CIP）数据

轨道交通运营管理实训指导. 三，铁路调车作业 / 邵维等主编. —成都：西南交通大学出版社，2023.6
ISBN 978-7-5643-9338-0

Ⅰ. ①轨… Ⅱ. ①邵… Ⅲ. ①城市铁路 – 轨道交通 – 运营管理 – 高等职业教育 – 教材②铁路行车 – 调车作业 – 高等职业教育 – 教材 Ⅳ. ①U239.5

中国国家版本馆 CIP 数据核字（2023）第104769号

目录
CONTENTS

项目十三 铁路调车基本知识

任务一 车站线路种类

一、实训目的

（1）熟悉并掌握铁路线路的分类。
（2）熟悉并掌握铁路线路的组成。
（3）熟悉并掌握铁路线路的用途。

二、理论链接

1. 铁路线路分类

铁路线路分为正线、站线、段管线、岔线及特别用途线。

1）正线

连结车站并贯穿或直股伸入车站的线路为正线。

2）站线

站线是指站内除正线以外的到发线、调车线、牵出线、货物线及站内指定用途的其他线路。

到发线是供接发旅客和货物列车的线路。

调车线是用于车列解体和编组的线路。

牵出线是用于在调车作业时将车辆牵引出去的线路。

货物线是办理货物装卸等货运业务的线路。

站内指定用途的其他线路主要有机车走行线、机待线、禁溜线、峰下迂回线、存车线、站内机车整备线、站修线、专用铁路交接线。

3）段管线

段管线是指机务、车辆、工务、电务、供电等段专用并由其管理的线路。比如机务段内机车整备线、机车转头用的三角线和转盘线，车辆段内车辆检修作业用的线路及公务、电务段内停留轨道车及其他车辆的线路。

4）岔线

岔线是指在区间或站内接轨，通向路内外单位的专用线路。

5）特别用途线

特别用途线指为保证行车安全而设置的安全线和避难线。安全线是指为防止机车车辆进入其他线路，与其他线路上的机车车辆发生冲突而设置的尽头式线路。

避难线是为了防止在陡长坡道上运行的列车发生颠覆或者冲突，必须设置的线路。

2. 铁路线路编号

根据《铁路技术管理规程》规定，站内线路应该统一进行编号，正线用罗马数字表示，站线用阿拉伯数字表示。

三、实训要求

1. 实训时间

实训课时为 1 课时。

2. 实训形式

按照实训内容，依据授课班级实际情况将学生分组。组内成员围绕该模块内容进行小组讨论学习，完成实训报告。

3. 安全注意事项

实训过程中按照规范进行操作，禁止蛮力操作。

实训过程中严禁嬉戏打闹，避免发生意外事故。

实训过程通过实物调车实训设备进行，禁止在车档间停留。

实训过程中禁止在移动车辆前进方向或者后退方向站立。

实训课程结束之后，注意要将实训场地恢复原位，将电源总开关关闭。

4. 工器具材料准备

实训工具：占线板。

实训场地：调车实训场或多媒体教室。

四、实训作业步骤

实训作业流程如图 13-1-1 所示。

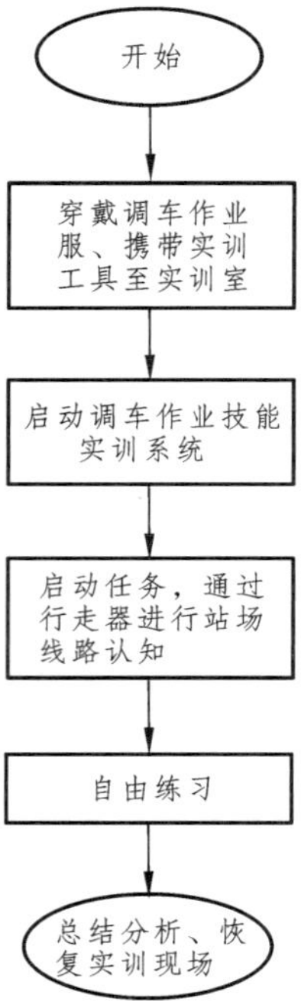

图 13-1-1　实训流程

步骤一：穿戴调车作业服，携带实训工具到达实训室。
步骤二：启动铁路调车作业技能实训系统。
步骤三：启动任务，通过占线板及调车场景进行线路认知。

五、实训考核标准

表 13-1-1　实训考核标准

类别	内容	评分标准	配分	得分
线路认知	占线板线路认知	通过大屏显示的占线板信息，分别找出对应的正线、站线、段管线、岔线及特别用途线，缺认或错认一条线路扣 10 分	50	
	场景线路认知	通过行走器，在场景中找出对应的正线、站线、段管线、岔线及特别用途线，分辨错误一条线路扣 10 分	50	

六、思考题

（1）为什么要设置安全线，如果不设置安全线，可能会出现什么问题？
（2）避难线一般被设计为有较大上升坡度的线路，这是为什么？
（3）图 13-1-2 的线路编号是否正确？

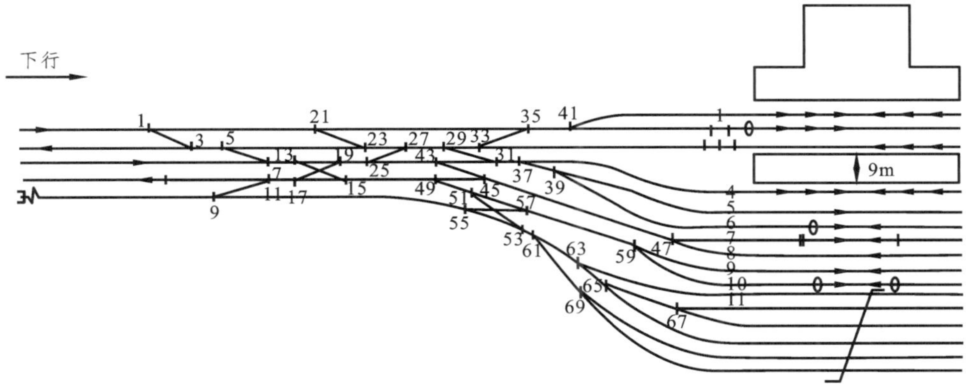

图 13-1-2　站场图

任务二　调车作业基本规定

一、实训目的

（1）了解调车作业性质，执行相应调车作业标准。
（2）培养调车作业人员安全生产的职业素养。

二、理论链接

参加铁路调车作业的人员，应该根据技术设备和作业性质，执行相应的调车作业标准。

1. 调车作业人员一般工作制度的基本规定

1）休息着装制

应保证班前充分休息，班中按规定着装。

2）点名预想制

按时参加班前点名，开展安全预想。

3）对号交接制

按作业分工实行对号交接。

4）交班总结制

实现规定的交班条件，做好班后工作总结。

2. 调车作业的基本规定

调车工作应按本标准和车站的技术作业过程及调车作业计划进行。参加调车作业的人员应做到：

（1）及时编组、解体列车、取送客货作业或检修的车辆等；

（2）充分运用调车机及一切技术装备，采用先进工作方法，用最少的时间完成调车作业；

（3）认真执行作业标准，保证调车有关人员的人身安全及行车安全；

（4）调车工作应固定作业区域、线路使用、调车机车、人员、班次、交接班时间、交接班地点、工具数量及其存放地点。

3. 准备调车进路的规定

（1）在扳动道岔、操纵信号时，应执行“一看、二扳（按、点击）、三确认、四显示（呼唤）”制度；

（2）扳道人员扳动道岔准备调车进路时，先确认道岔开通位置，再扳向所需位置；

（3）确认分管区域内调车进路上的道岔开通位置正确后还道；

（4）扳道人员在显示道岔开通信号时，应先显示股道号码信号（有股道号码表示器装置除外）；

（5）使用无线调车灯显设备时，准许以语音通话方式办理要还道。

作业中，扳道人员应按调车作业计划的作业钩序进行扳道；扳道员、信号员、驼峰值班员（作业员）在每钩调车作业计划完成后，应立即抹销。

三、实训要求

1. 实训时间

实训课时为 1 课时。

2. 实训形式

按照实训内容，依据授课班级实际情况将学生分组，组内成员对该模块内容进行小组讨论学习，完成实训报告。

3. 安全注意事项

（1）实训过程中按照规范进行，禁止蛮力操作。

（2）实训过程中严禁嬉戏打闹，避免发生意外事故。

四、实训考核标准

表 13-2-1　实训考核标准

序号	考核内容	评分标准	配分	得分
1	调车作业人员一班工作制度的四项基本规定	掌握四项基本规定，漏掉一项扣 5 分	20	
2	及时编组、( )、取送客货作业或( )的车辆等	错写或漏写一个空扣 4 分	32	
3	充分运用 ( ) 及一切技术装备，采用先进工作方法，用 ( ) 完成调车作业			
4	认真执行作业标准，保证调车有关人员的 ( ) 安全及 ( ) 安全			
5	调车工作应( )、线路使用、( )、人员、班次、交接班时间、交接班地点、工具数量及其存放地点			
6	在扳动道岔、操纵信号时，应执行“( )”制度	错写或漏写一个空扣 8 分	48	
7	扳道人员扳动道岔准备调车进路时，先确认 ( )，再扳向所需位置			
8	确认分管区域内 ( ) 上的道岔开通位置正确后还道			
9	扳道人员在显示道岔开通信号时，应先显示( )(有股道号码表示器装置除外)			
10	使用无线调车灯显设备时，准许以( )方式办理要还道			
11	作业中，扳道人员应按调车作业计划的 ( ) 进行扳道；扳道员、信号员、驼峰值班员（作业员）在每钩调车作业计划完成后，应立即抹销			

五、思考题

（1）调车作业为什么要执行“九固定”？

（2）段管线取送车辆要遵守哪些规定?

（3）电气化区段或人力制动机闸链损坏时，应该怎样进行防溜?

项目十四　调车信号

任务一　手信号的显示

一、实训目的

（1）熟悉并掌握手信号显示技能要求。

（2）能够根据要求规范标准做出相应手信号动作。

二、理论链接

1. 试题来源

手信号是铁路运输工作中广泛采用的一种视觉信号。根据行车工作的要求，可以机动地指挥列车运行和调车作业，也可以作为联系和传达行车有关事项的旗（灯）语。

手信号显示实训试题覆盖了《铁路调车作业》（TB/T 30002—2020）、《铁路技术管理规程》（TG/01—2014）及《铁路技术管理规程》（TG/01A—2017）中所有调车手信号、联系用手信号和其他信号。

2. 手信号显示规定

（1）调车手信号。

仅在调车工作中指挥调车机车运行时使用。调车指挥人通过调车手信号的不同显示，控制调车机车的运行方向、启动、加速、减速及停车等。为了保证调车作业的安全，调车指挥人显示信号时，要做到位置适当，正确及时，横平竖直，灯正圈圆，角度准确，段落清晰；调车机车也应正确及时地执行手信号的要求，做到密切配合、协同动作。

（2）显示手信号时，凡昼间持有手信号旗的人员，应将信号旗拢起，左手持红旗，右手持绿旗（扳道员右手持黄旗），不持信号旗的人员徒手按照规定方式显示信号。

（3）调车指挥人登乘机车车辆，一手抓把手，一手显示展开的绿色信号旗时，应将拢起的红色信号旗置于绿色信号旗对向司机的前面，以便于随时能够展开红色信号旗。

（4）中转信号。

根据调车作业单一指挥的原则，调车机车只凭调车指挥人的信号运行，因此规定中转信号人员昼间用单臂、夜间用白色灯光显示和中转信号。

（5）昼间天气不良。

在昼间偶遇降雾、暴风雨雪及其他情况，导致调车手信号显示距离不足 200 m 时，应使用夜间手信号。

3. 手信号显示基本要求

位置适当、正确及时、横平竖直、灯正圈圆、角度准确、段落清晰。

4. 手信号认知

表 14-1-1　手信号认知

序号	项目	内容	备注
1	手信号的显示	停车信号（昼间、夜间）	
		减速信号（昼间、夜间）	
		指挥机车向显示人方向来的信号（昼间、夜间）	
		指挥机车向显示人方向稍行移动的信号（昼间、夜间）	
		指挥机车向显示人反方向去的信号（昼间、夜间）	
		指挥机车向显示人反方向稍行移动的信号（昼间、夜间）	
		道岔开通信号（昼间、夜间）	
		股道号码信号（一道至十九道）（昼间、夜间）	
		连结信号（昼间、夜间）	
		溜放信号（昼间、夜间）	
		停留车位置信号（夜间）	
		十、五、三车距离信号（昼间、夜间）	
		取消信号（昼间、夜间）	
		要求再度显示信号（昼间、夜间）	
		告知显示错误的信号（昼间、夜间）	
		联络信号（昼间、夜间）	
		试闸良好（钩已提开）信号（昼间、夜间）	
		指示司机鸣笛信号（昼间、夜间）	
		好了信号（昼间、夜间）	
		试拉信号（昼间、夜间）	
		推进信号（昼间、夜间）	
		指示司机加速信号（昼间、夜间）	

5. 实训设备使用说明

1）练习模式

练习模式下，屏幕左侧显示标准的手信号动作视频，右侧显示学员自己的练习动作，学员可以边学边练，如图 14-1-1 所示。

图 14-1-1　练习模式

“1”表示为：个人编号或团队编号；

“2”表示为：人员识别提示，人员站立在识别范围内“小人”亮起，人员超出识别范围“小人”为灰色；

“3”表示为：本题考试题目；

“4”表示为：双显示框，左框为标准动作演示，右框为本人动作识别显示。

2）考试模式

考试模式下，屏幕左侧不再显示标准动作，在规定时间内，学员需要在倒计时结束之前做出相应动作，如图 14-1-2 所示。

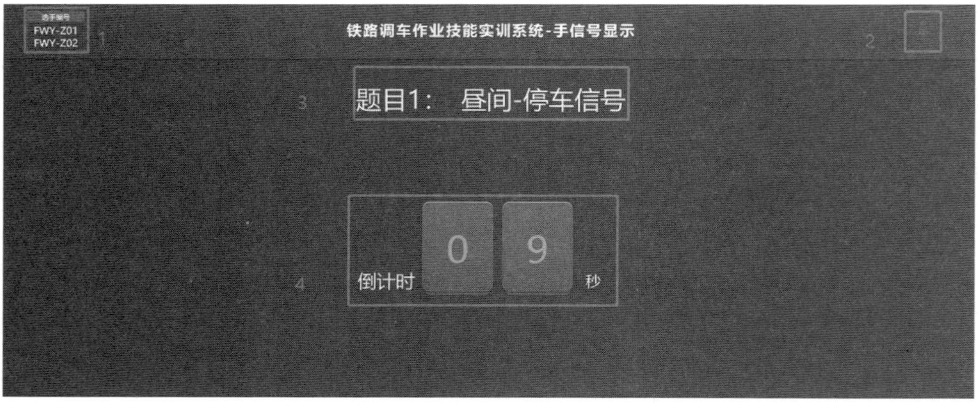

图 14-1-2　考试模式

“1”表示为：个人编号或团队编号；

“2”表示为：人员识别提示，人员站立在识别范围内“小人”亮起，人员在识别范围外“小人”为灰色；

“3”表示为：本题考试题目；

“4”表示为：从提示框改为考试倒计时，每题倒计时为 20 s。

三、实训要求

1. 实训时间

实训课时为 4 课时。

2. 实训形式

按照实训内容，依据授课班级实际情况将学生分组，组内成员围绕该模块内容进行小组讨论学习，在相互监督下进行手信号显示实训，并完成实训报告。

3. 安全注意事项

（1）实训过程中按照规范进行，禁止蛮力操作。

（2）实训过程中严禁嬉戏打闹，避免发生意外事故。

（3）实训过程中其余人员尽量站在识别区域外，以防影响动作识别。

（4）实训过程中，实训人员在昼间手信号操作结束后需要进行夜间手信号识别时，应该将信号旗放置在规定位置，禁止随意丢放。

（5）实训结束后，工具应归还原处。

4. 工器具材料准备

（1）实训工具：信号旗、信号灯。

（2）实训场地：适合手信号实训和测试的实训场所。

四、实训作业步骤

实训作业流程如图 14-1-3 所示。

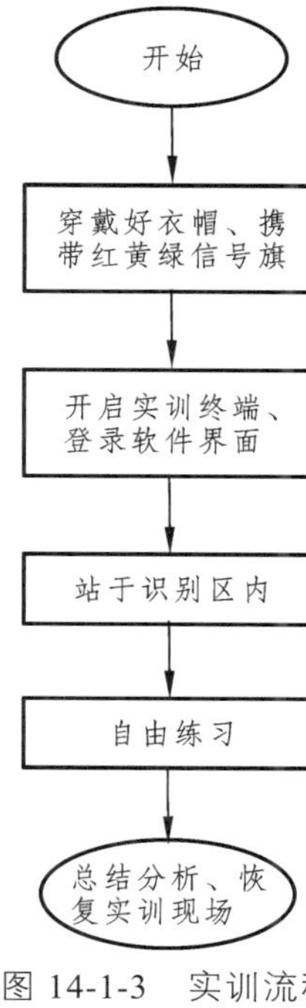

图 14-1-3　实训流程

步骤一：穿戴调车作业服。

步骤二：开启实训终端。

1）启动教师机

（1）点击桌面“手信号教师端”图标，打开手信号实训系统文件夹，如图 14-1-4 所示。

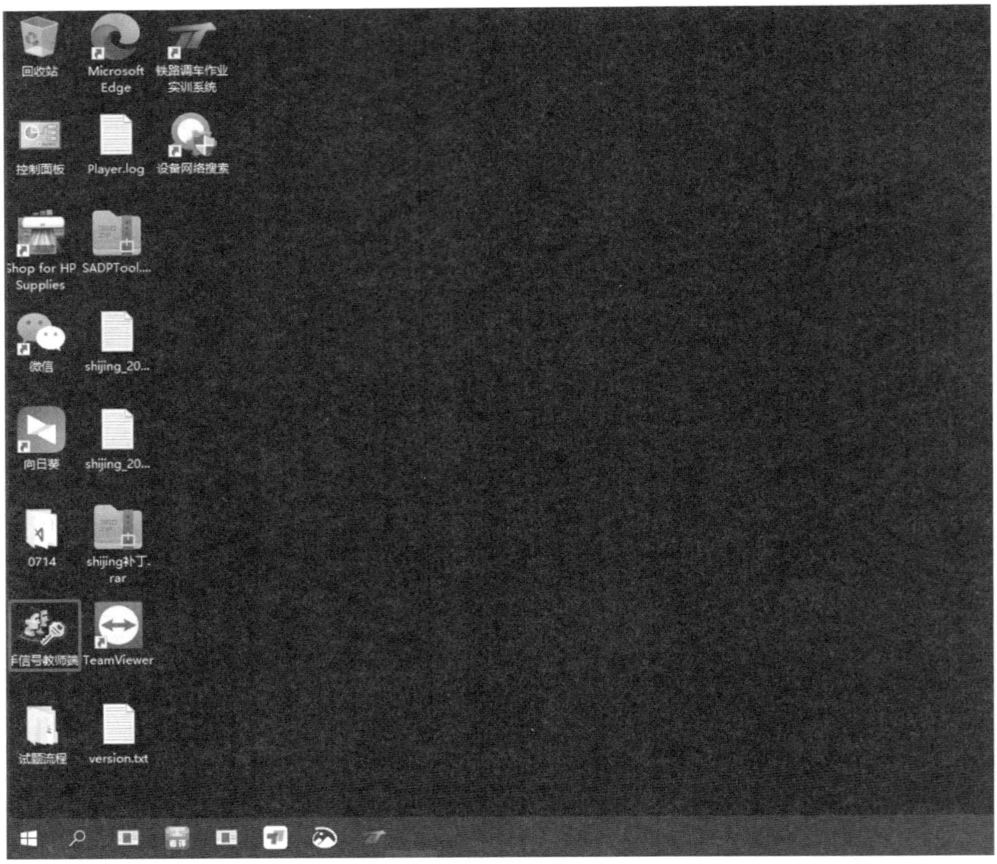

图 14-1-4　教师端桌面

（2）双击启动 Arbiter。

双击教员端文件夹内 Arbiter 图标，启动 Arbiter，如图 14-1-5 所示。

图 14-1-5　桌面图标

（3）启动后的界面，如图 14-1-6 所示。

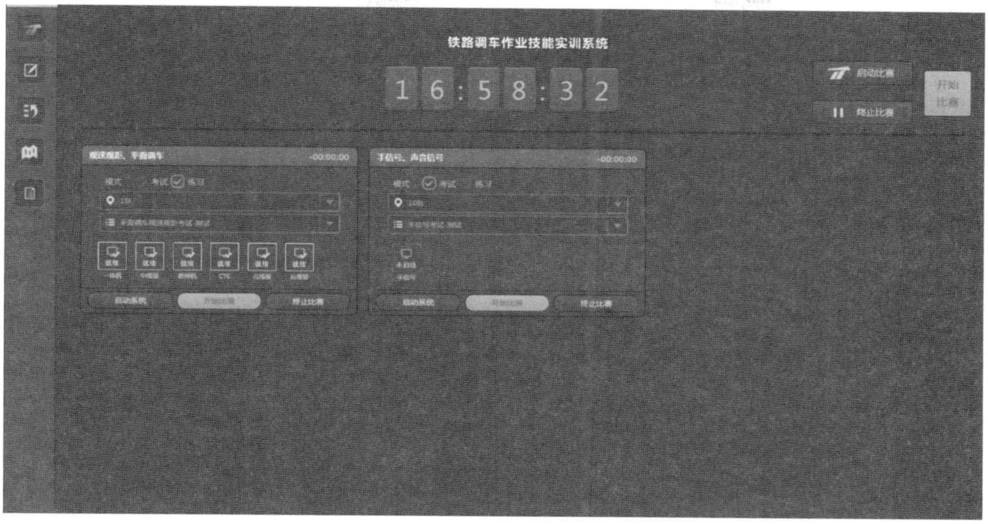

图 14-1-6　教员管理系统

2）任务发布

（1）任务管理。

任务管理包含手信号的显示及听觉信号的鸣示实训任务管理框，选择相应任务在对应管理框进行操作即可。下面以手信号的显示及听觉信号的鸣示实训任务管理为例：

① 首先确认各设备状态是否就绪，就绪状态各设备方框为蓝色，未就绪状态方框为灰色；

② 设备全部就绪，可选择考试模式、练习模式；

③ 选择队伍（见图 14-1-7）；

④ 选择不同作业任务（见图 14-1-8）；

⑤ 选择“启动系统”下发对应的作业任务，此时对应的作业任务会被启动，可点击“开始比赛”进行作业任务（也可按下拍打器开始作业任务），作业过程中可点击“终止比赛”结束该作业任务。

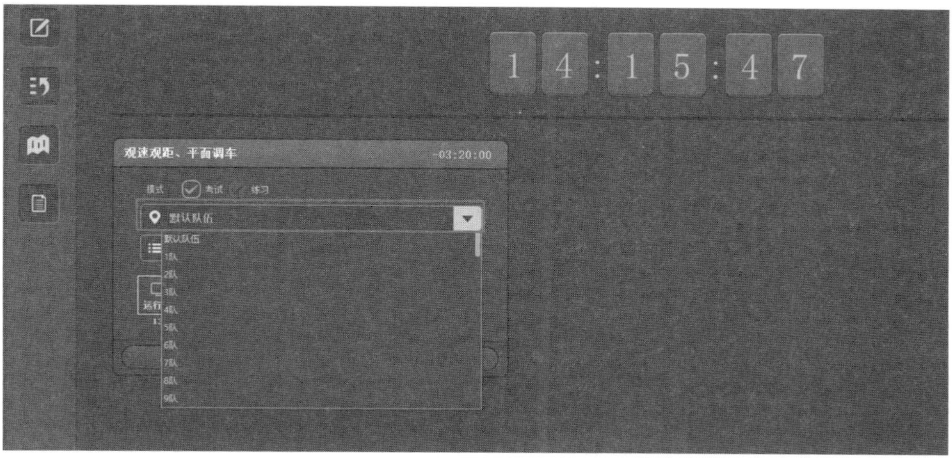

图 14-1-7　选择队伍

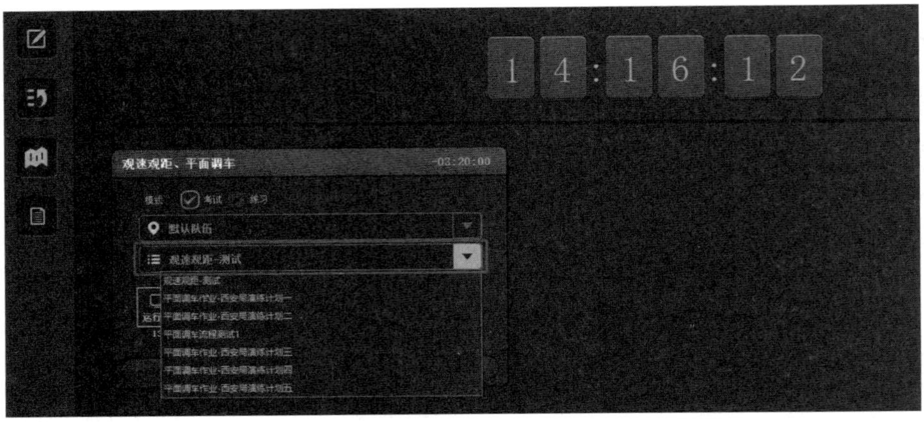

图 14-1-8　选择试卷

（2）时间显示。

发布任务界面实时显示当前的时间。

3）开始练习

实训课程之前，老师可以从题库中抽取手信号试题进行考核，也可根据本节实训课程的教学安排，自己组建试卷来进行考核。开始考核时，受训学生分为四组，老师在教师端下发试卷后，学员依次在手信号、听觉信号实训设备前根据实训题目做出相应的手信号动作。动作完毕之后，实训设备会进行自动评判，得出学生的最终成绩。

五、实训考核标准

手信号显示实训课程以计算机评分为主（见表 14-1-2），人工评分为辅（见表 14-1-3）。手信号实训试卷共有 10 套考试题，每套题目包含 10 个手信号动作，每个信号配分 10 分，总分 100 分，扣完为止，不出现负分。老师也可根据自己课程教学安排，自由组建试卷，进行考核。

表 14-1-2　手信号计算机评分表

<table>
<tr><th>序号</th><th>执行内容</th><th>评分标准</th><th>评分方式</th><th>配分</th><th>得分</th></tr>
<tr><td rowspan="2">1</td><td rowspan="2">手信号（昼间）</td><td>（1）未显示或显示错误，该信号扣 10 分</td><td>计算机评分</td><td rowspan="2">50</td><td rowspan="2"></td></tr>
<tr><td>（1）计时 3 s 内未开始显示，该信号扣 1 分。
（2）手信号显示不规范（未做到横平竖直，灯正圈圆、角度准确，段落清晰），每次扣 1 分。
（3）每个信号最多扣 10 分</td><td>人工评分</td></tr>
<tr><td rowspan="2">2</td><td rowspan="2">手信号（夜间）</td><td>（1）未显示或显示错误，该信号扣 10 分</td><td>计算机评分</td><td rowspan="2">50</td><td rowspan="2"></td></tr>
<tr><td>（1）计时 3 s 内未开始显示，该信号扣 1 分。
（2）手信号显示不规范（未做到横平竖直，灯正圈圆、角度准确，段落清晰），每次扣 1 分。
（3）每个信号最多扣 10 分</td><td>人工评分</td></tr>
</table>

表 14-1-3 手信号人工评分表

序号	昼间/夜间	手信号名称	配分	得分
1	昼间	停车信号	10	
2		指挥机车向显示人方向稍行移动的信号	10	
3		十车	10	
4		减速信号	10	
5		四道	10	
6	夜间	指挥机车向显示人反方向稍行移动的信号	10	
7		停车信号	10	
8		三车	10	
9		减速信号	10	
10		指挥机车向显示人方向来的信号	10	

六、思考题

（1）在调车作业中，什么情况下应更改为手信号指挥作业？

（2）手信号动作可分为几类？分别是什么？

（3）手信号显示的要求是什么？

（4）调车手信号指挥机车向显示人方向稍行移动的信号昼间是（　　）。

A. 拢起的红色信号旗直立平举，再用展开的绿色信号旗上下小动

B. 拢起的红色信号旗直立平举，再用展开的绿色信号旗左右小动

C. 拢起的红色信号旗高举，再用展开的绿色信号旗左右小动

D. 拢起的红色信号旗高举，再用展开的绿色信号旗上下小动

任务二 听觉信号的鸣示

一、实训目的

（1）熟悉并掌握听觉信号鸣示技能要求。

（2）能够根据要求和规范标准做出相应听觉信号鸣示动作。

二、理论链接

1. 听觉信号的种类和作用

1）机车、自轮运转特种设备鸣笛听觉信号

机车、轨道车鸣笛听觉信号，是机车、轨道车乘务员值乘当中，与其他有关行车人员联系工作、发出警报、提醒路内外人员注意或通知有关事项时发出的信号。

2）调车扳道人员使用口笛、号角的鸣示方式

口笛、号角听觉信号，是在调车作业中，调车组人员之间、调车指挥人与司机之间，调车组人员与扳道员之间联系时使用的信号。

3）响墩信号

响墩信号是经机车碾压而爆炸发出巨大音响的特殊装置的听觉信号。一旦出现响墩的爆炸声，要求列车紧急停车。

2. 听觉信号的鸣示标准

听觉信号是以号角、口笛、机车及重型轨道车的鸣笛，发出长短不同、组合方式不同的声响，以表示不同含义的听觉信号。由于铁路行车工作是由多工种联合作业，互相配合完成的，工种间有许多工作需要进行联系，在天气不良，视觉信号不能使用以及通信设备不能使用等情况下，都需要使用听觉信号。

听觉信号实训作业根据《铁路调车作业》（TB/T 30002—2020）为依据，覆盖了所有扳道人员使用口笛、号角的鸣示方式。在调车作业中使用听觉信号时，鸣示音响长声为 3 s、短声为 1 s，音响间隔为 1 s；重复鸣示时，应间隔在 5 s 以上。

3. 口笛、号角鸣示听觉信号的认知

口笛、号角鸣示听觉信号认知如表 14-2-1 所示。

表 14-2-1　口笛、号角鸣示听觉信号认知

鸣示方式	用途及时机
一长声　—	指示机车向显示人反方向移动
一短一长声　·—	指示机车向显示人方向移动
一短声　·	试验制动机减压
二短声　··	试验制动机缓解
一短一长二短声　·—··	试验制动机完了及安全信号
一短声　·	一道
二短声　··	二道
三短声　···	三道
四短声　····	四道
五短声　·····	五道
一长一短声　—·	六道
一长二短声　—··	七道
一长三短声　—···	八道
一长四短声　—····	九道
二长声　——	十道
二短二长声　··——	二十道
三短声　···	十车距离信号
二短声　··	五车距离信号
一短声　·	三车距离信号
一长一短一长声　—·—	连结及停留车位置
连续短声　······	停车
二长三短声　——···	要求司机鸣笛

续表

鸣示方式	用途及时机
一短声　·	试拉
连续二短声　··　··	减速
三长声　———	溜放
二长一短声　——·	取消
二长二短声　——··	再显示
二长声　——	上行列车接近通报信号
一长声　—	下行列车接近通报信号

4. 听觉信号实训系统使用说明

1）练习模式

练习模式下，屏幕中央会显示正确鸣示方式的提示信息以及学员鸣示的声波曲线，横轴代表时间，纵轴代表声波的大小，如图 14-2-1 所示。

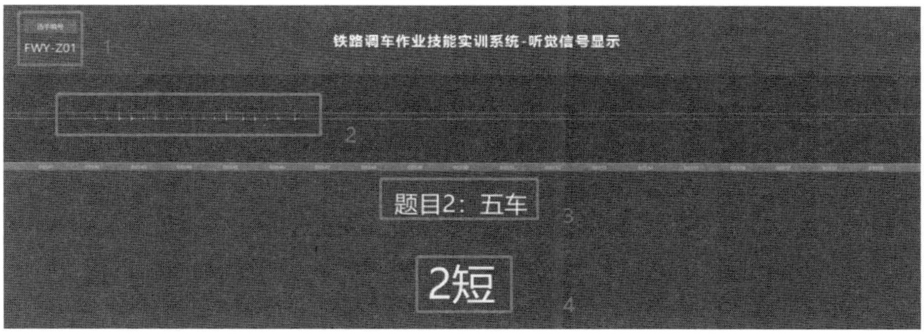

图 14-2-1　练习模式

“1”表示个人编号或团队编号；

“2”表示声波曲线显示，横轴代表时间，纵轴代表声波的大小；

“3”表示本题考试题目；

“4”表示提示本题目的正确操作方法。

2）考试模式

考试模式下，屏幕中央不再显示提示信息及声波曲线，只显示题目信息和倒计时信息。规定时间内，学员需要在倒计时结束之前做出相应动作，如图 14-2-2 所示。

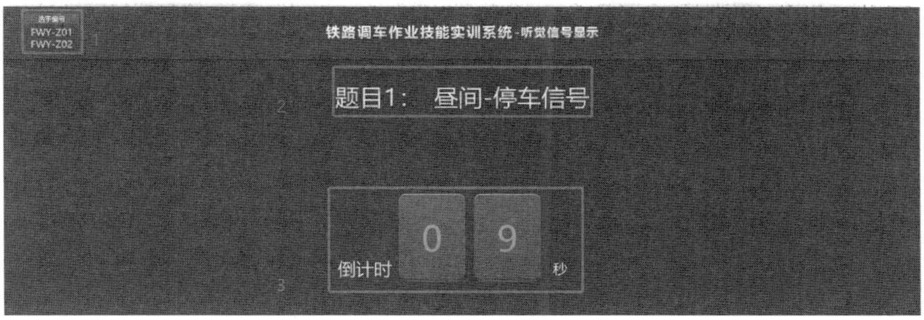

图 14-2-2　考试模式

“1” 表示个人编号或团队编号；

“2” 表示考试题目；

“3” 表示考试倒计时。

三、实训要求

1. 实训时间

实训课时为 2 课时。

2. 实训形式

按照实训内容，依据授课班级实际情况将学生分组，组内成员围绕该模块内容进行小组讨论学习，相互监督下进行听觉信号显示实训，并完成实训报告。

3. 安全注意事项

（1）实训过程中按照规范进行，禁止蛮力操作。

（2）实训过程中严禁嬉戏打闹，避免发生意外事故。

（3）实训过程中其余人员尽量站在识别区域外，以防影响动作识别。

（4）实训过程中，实训人员尽量避免发出声响，以免影响听觉信号的识别。

（5）实训结束后，实训工具应归还原处。

5. 工器具材料准备

（1）实训工具：口笛，哨子。

（2）实训场地：适合听觉信号训练和测试的实训场所。

四、实训作业步骤

实训作业流程如图 14-2-3 所示。

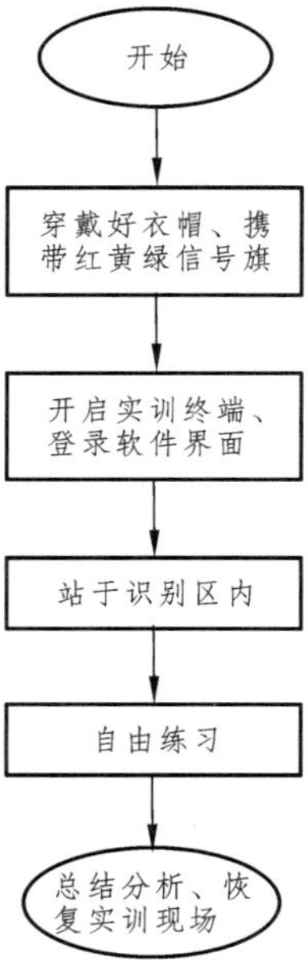

图 14-2-3　实训流程

步骤一：穿戴调车作业服，领取口笛或哨子。

步骤二：开启实训终端。

手信号的显示与听觉信号的鸣示共用一套实训平台，因此启动系统，下发试卷等操作与手信号一致，详细步骤可参考相关章节（任务一，实训作业步骤）。

实训课程之前，老师可以从题库中抽取声音信号试题进行考核，也可根据本节实训课程的教学安排，自己组建试卷来进行考核。开始考核时，受训学生分为四组，老师在教师端下发试卷后，学员依次在手信号、听觉信号实训设备前根据实训题目做出相应的听觉信号动作。动作完毕之后，实训设备会进行自动评判。

五、实训考核标准

听觉信号的鸣示实训课程以计算机评分（见表 14-2-2）为主，人工评分（见表 14-2-3）为辅。听觉信号实训试卷共有 5 套考试题，每套题目包含 10 个听觉信号鸣示动作，每个听觉信号配分 10 分，总分 100 分，扣完为止，不出现负分。老师也可根据自己课堂教学安排，自由组建试卷，进行考核。

表 14-2-2　听觉信号计算机评分表

序号	执行内容	评分标准	评分方式	配分	得分
1	听觉信号	（1）未鸣示或鸣示错误，扣 10 分	计算机评分	100	
		（1）计时 3 s 内未开始鸣示，该信号扣 1 分； （2）音响声长、间隔时间不准确每次扣 1 分； （3）每个信号最多扣 10 分			

表 14-2-3　听觉信号人工评分表

序号	类型	听觉信号名称	配分	得分
1	机车、自轮运转鸣笛鸣示	起动注意信号	10	
2		缓解及溜放信号	10	
3		紧急停车信号	10	
4	口笛、号角鸣示	指示机车向显示人反方向移动	10	
5		一道	10	
6		十车距离信号	10	
7		停车	10	
8		减速	10	
9		指示机车向显示人方向移动	10	
10		连结及停留车位置	10	

六、思考题

（1）听觉信号的音响时间及时间间隔有何具体规定？

（2）在什么情况下要求使用听觉信号？

任务三　无线调车灯显试验

一、实训目的

（1）熟悉并掌握无线调车灯显试验操作技能。

（2）熟悉并掌握调车作业指令和用语。

二、理论链接

1. 无线调车系统组成

整套系统由三大部分组成：机车设备、移动设备、固定设备。这些设备之间的联系主要依赖于手台。

1）机车设备

机车设备以机车控制器为核心，完成调车指令的识别、显示。外围设备包括司机话盒、显示器和外接扬声器。

2）移动设备

移动设备主要包括调车长及连结员专用手台。手台主要用于调车人员向机车发送指令，从而指挥机车行动，还可以实现调车组人员与司机之间的通话。

3）固定设备

固定设备以调车区长控制器为核心，解决调车区长与调车组之间的联系问题。

2. 使用无线调车灯显设备的规定

（1）在无线灯显调车设备正常时停用手信号，对灯显以外的作业指令采用通话方式。调车人员应该正确及时发出信号指令和用语，做到用语标准、吐字清晰。

（2）使用无线调车灯显设备指挥调车作业时，应执行单一指挥的原则，指挥机车的调车指令和用语只能由调车长发出。

（3）调车长于接班前后（作业前）应该认真组织调车组、司机等有关人员对无线调车灯显设备信令、通话等功能进行试验。

3. 无线调车灯显设备的使用

实训作业前，应该旋转电源开关打开手台，按压手台左侧的 PTT 按钮可以进行通话，按下红、黄、绿组合按键发送指令。

1）调车长电台

功能：

（1）具有发起和接收调车组成员通话功能。

（2）具有发起呼叫区长功能。

（3）具有在空闲、通话状态下向机控器发送调车信令并接收回示功能。

（4）具有在空闲、通话状态下向机控器发送测机信号功能。

（5）具有低电压报警功能。

使用方法：

（1）标签上标有调车长标识，开机后，在电台开机提示音结束后，手持台会语音报读“X 调 调车长”。

（2）停车信令。一般情况下按一下红键即可发出。除停车情况下，在操作过程中任何时候按住红键 1.5 s 也可发出停车信令。

（3）按键错误提示音。与指令表不符的按键操作都是错误指令，当出现错误指令时，电台会发出“嘟…嘟…嘟”的错误提示音，其作用为：提示按键错误；清除错误按键记忆。

（4）需要按住按键保持一定时间的信令。如起动：绿（2 s），需按住按键，直到听到信令发射提示音后再松开按键，这样才能发出相应的正确指令，否则会出现按键错误提示音或发出不符信令。

（5）组合键信令。须按两次或两次以上按键的信令为组合按键信令。发组合按键信令时，每次按键时间及两次按键之间的间隔时间都不得超过 2 s，否则会出现按键错误提示音或发出不符信令。

（6）测机信号。调车长电台发出机车行进指令后（推进、连结、溜放、十车、五车、三车、减速），每隔 5 s，会自动发出一个测机信号，这是电台保持与机车联络的信号。如果机控器 15 s 内（3 次测机信号时间）收不到测机信号，则信号灯熄灭，同时提示“注意×号”，调车长听到后应马上补发相应的信令；机控器 20 s 内（4 次测机信号时间）收不到测机信号，则红 1 灯闪亮，同时提示“×号 故障停车”。造成故障停车的原因主要有：

① 调车手持台或信令板损坏；

② 调车手持台与信令板之间连结器松动；

③ 手持台电池电量用尽；

④ 调车手持台与机控器距离太远或测机信号被干扰及屏蔽；

⑤ 人员频繁通话与测机信号冲突。

（7）距离信号。十车、五车、三车、一车（若设置有一车）为距离信号，只能按十、五、三、一顺序发送，也可不经过十车信号而直接发送五车或三车信号，或不经过十车、五车而直接发送三车信号，但不能逆序发送或重复发送，只有发送停车、推进、连结、溜放这些信号后才可重新发送。

（8）机车行进期间，若制动员发送紧急停车指令后，调车长的信号将被封锁，但这时调车长应按一下红键，以停发测机信号，节省电池电量并保证调车组人员通话畅通。

2）连结员电台

功能：

（1）具有发起和接收调车组成员通话功能。

（2）具有接收机控器回示功能。

（3）具有在调车长手持台发送测机信号的情况下，在推进领车时向机控器发送测机信号功能。

（4）具有在任何工作状态下发送紧急停车调车信令功能。

（5）具有解锁自身发送的紧急停车信令功能。

（6）具有低电压报警功能。

使用方法：

（1）标签上标有制动员标识，开机后，在电台开机提示音结束后，手持台会语音报读“×调×号”。

（2）连结员电台不能发送行车指令，它只有两个键起作用，只能发送紧急停车和解锁指令。

（3）紧急停车指令。按住红键约 0.5 s，即可发紧急停车指令，机控器接收后，红 1 灯、红 2 灯同时点亮，语音提示两遍“紧急停车 × 号 × 号”。接收到紧急停车指令后，机控器将封锁调车长的一切指令，即调车长再发送的指令无效。

（4）按住解锁键 1 s，将发送解锁指令。语音回示两遍“X 号解锁”。

（5）每个班次中的连结员人员编号不得相同。

（6）谁发的紧急停车指令，必须由谁来解锁，不同编号的连结员电台无法互相解锁。若不同编号的连结员都发过紧急停车指令，必须都解锁，机控器的红 2 灯信号灯才熄灭。这时，调车长的指令才会起作用。

（7）编号查询。司机若要查询未解锁连结员人员编号，只需连续按两下司机话盒通话键，机控器即可报出。

（8）连结员发送完紧急停车指令后，每隔 10 s 手持台会发出“嘟…嘟”的提示音，表示此连结员还没有发送解锁指令。

4. 无线调车灯显指令表

调车长、连结员使用专用手台需按照表 14-3-1 的操作发送相应指令，司机收到指令后对车组进行控速。

表 14-3-1　无线调车灯显调车指令

内容操作员	按钮指令	辅助语音	信令显示	注释
调车长	红	停车	一个红灯	操作过程中，任何时候按下红键 1.5 s 或听到提示音后马上松开按键都能发停车信号
	绿（2 s）	起动	绿灯闪数次后熄灭	牵出，单机起动信号
	绿绿	推进	一个绿灯	行进信号
	黄黄	减速	黄灯闪后绿灯长亮	减速信号
	黄（1.5 s）	十车	黄灯长亮	十、五、三车可以在任何时候发出
	黄（1.0 s）	五车	黄灯长亮	直接发五车时用“黄绿”
	黄（0.5 s）	三车	黄灯长亮	直接发三车时用“黄红”
	绿红	连结	绿、红交替后绿灯长亮	
	绿黄	溜放	绿、黄灯交替后绿灯长亮	
	黄（1.5 s）	546 Hz 音频呼叫区长		只能在五测试机信号时发送
连结员	红键	紧急停车	二个红灯	二个红灯亮后封锁调车员的一切指令
	黄键	紧急解锁	先二个红灯后熄灭一个红灯	谁发的紧急停车，只能由同一人解锁，其他人不能解锁
注：其他调车信号及联系均通过对讲联系，通话标准由各使用单位制定				

5. 调车作业技能实训系统无线调车灯显设备组成

平面调车无线灯显设备由机车台 1 部、调车长台 1 部、连结员台 1 部组成。其中核心设备是机车台，又称机车控制器（见图 14-3-1），它由机控器主机及一些外围部件显示器、话盒等构成。

无线调车灯显试验在实物调车实训设备上进行，其中配备了机车控制器 1 台和调车长、连结员调车专用手台各 1 台。其中机车控制器放置于网络机柜内（真实作业现场放置于司机操作台上），可识别、显示调车指令。调车长、连结员调车专用手台（见图 14-3-2）用于调车人员向机车发送指令，以指挥机车行动，还可与司机通话以及与调车组人员之间进行通话。

图 14-3-1　机车控制器

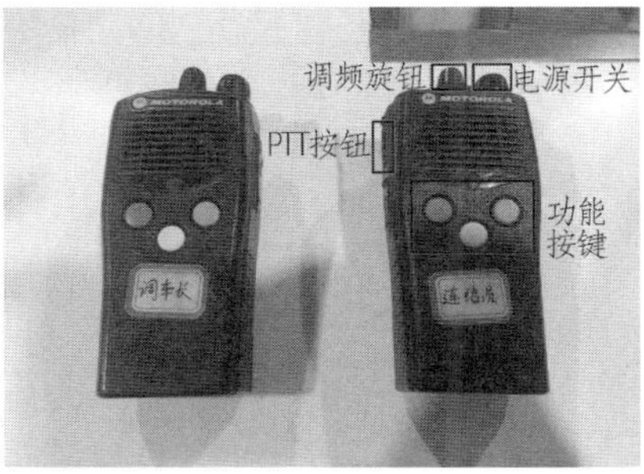

图 14-3-2　调车专用手台

三、实训要求

1. 实训时间

实训课时为 1 课时。

2. 实训形式

按照实训内容，依据授课班级实际情况将学生分组，组内成员围绕该模块内容进行小组讨论学习，相互监督下进行无线调车灯显设备操作实训，并完成实训报告。

3. 安全注意事项

（1）实训过程中按照规范进行，禁止蛮力操作。

（2）实训过程中严禁嬉戏打闹，避免发生意外事故。

（3）实训过程中要严格按照调车实训作业流程进行实训。

（4）实训过程中拍下教师桌上的急停按钮，防止在无线调车灯显试验中出现意外情况。

（5）实训结束后，实训工具应该关闭电源，放回指定位置。

5. 工器具材料准备

（1）实训工具：无线调车灯显设备，机车控制器。

（2）实训场地：适合无线调车灯显设备试验实训的场所。

四、实训作业步骤

实训作业流程如图 14-3-3 所示。

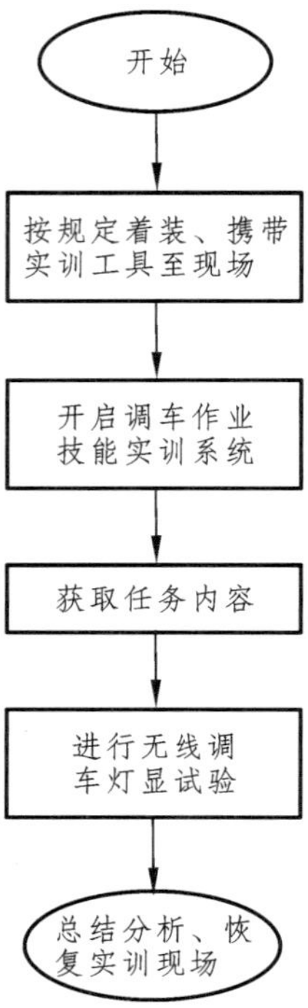

图 14-3-3　实训流程

步骤一：穿戴防护用品，携带工具备品到达现场。

步骤二：开启调车作业技能实训系统。

步骤三：获取任务内容，进行无线调车灯显试验（见表 14-3-2）。

表 14-3-2　无线调车灯显试验

修程	工作步骤	工作内容	使用工具
无线调车灯显试验	调车长试机	停车指令	调车长手台
		起动指令	

续表

修程	工作步骤	工作内容	使用工具
无线调车灯显试验	调车长试机	推进指令	调车长手台
		十车指令	
		五车指令	
		三车指令	
		减速指令	
		溜放指令	
		连结指令	
	连结员试机	紧急停车指令	连结员手台
		解锁指令	

步骤五：自由练习，总结试机过程中出现的问题，恢复实训现场。

五、实训考核标准

无线调车灯显试验实训考核以计算机评分为主，人工评分为辅。应按照课堂分组要求，依次进行调车指令发送技能考核。

表 14-3-3 无线调车灯显试验评分表

序号	执行内容	评分标准	评分方式	配分	得分
1	停车指令	（1）计时 2 s 内未开始鸣示，该信号扣 5 分。 （2）指令发送错误扣 10 分。 （3）每个信号最多扣 10 分	计算机评分	10	
2	起动指令			10	
3	推进指令			10	
4	减速指令			10	
5	十车			10	
6	五车			10	
7	三车			10	
8	连结指令			10	
9	溜放指令			10	
10	紧急停车指令			10	
11	紧急解锁指令			10	

六、思考题

（1）为什么要在调车作业之前针对无线调车灯显设备信令、通话等功能进行试验？

（2）使用无线调车灯显设备调车过程中，若遇到无线调车灯显设备故障应该如何处理？

（3）《行规》对于无线调车灯显设备使用中的“六严禁”是怎样规定的？

项目十五　铁路调车准备工作

任务一　调车计划的编制、传达

一、实训目的

（1）熟悉并了解调车作业计划的编制。
（2）熟悉并掌握调车作业计划的内容。
（3）熟悉并掌握调车作业计划的传达流程。

二、理论链接

1. 调车作业计划的编制

调车领导人根据车站技术作业过程所规定的各项技术作业时间标准、班计划和阶段计划的任务要求，结合站场设备情况、现在车分布情况和列车到达确报资料，按始发列车的编组要求、到达列车的编组内容、货物作业车和检修车取送、接发列车与调车作业进度情况等，正确及时地编制、布置调车作业计划，即调车作业通知单。调车领导人编制的调车作业计划应以书面形式下达。调车作业通知单使用各企业规定的格式符号并按要求填写。

2. 调车计划的布置与传达

1）调车作业计划的布置

调车领导人在布置调车作业计划时，应该使用调车作业通知单。使用无线调车灯显设备的车站，调车作业计划布置方法由铁路局规定。当一批作业（指一张调车作业通知单）不超过三钩时，允许以口头方式发布。

2）调车作业计划的交接

为保证在调车作业中正确执行作业计划，使调车指挥人能彻底了解计划的要求，调车领导人与调车指挥人必须亲自交接计划，布置作业要求和注意事项。

3）调车作业计划的传达

在调车指挥人接受调车作业计划之后，要根据调车作业计划通知单制定具体作业方法。向司机传达计划时，应连同注意事项一起传达。调车作业指挥人要在确认有关人员都已经了解调车作业计划之后，才能开始作业。

3. 调车作业计划的变更

调车作业计划应该做到及时、准确，调车领导人尽量不变更计划，但是由于调车作业涉及路线、人员配合等较多的不确定因素，所以难免会产生计划变更。因此调车领导人要正确及时了解情况，在编制调车作业计划时就应该充分考虑到必要与可能的各种因素，并且留有一定的余地。在进行作业计划变更时应该以书面形式重新按规定程序下达。当一批作业（一张调车作业通知单）不超过 3 钩或者变更计划不超过 3 钩时，可以使用口头方式布置。但在变更股道时，必须停车转达。

中间站利用本务机车进行调车时，无论变更钩数多少，都应该重新填写附有示意图的调车作业通知单。在岔线、段管线、货物线内调车时，如果遇到作业计划与实际情况不符的情况，准许调车指挥人根据实际情况自行指定计划，并传达清楚。但是在作业完了之后，必须及时向调车领导人汇报计划变更和车辆停留情况。

三、实训要求

1. 实训时间

实训课时为 2 课时。

2. 实训形式

按照实训内容，依据授课班级实际情况将学生分组，组内成员围绕该模块内容进行小组讨论学习，进行调车作用计划认读与实训编制，并完成实训报告。

3. 安全注意事项

（1）实训过程中按照规范进行操作，禁止蛮力操作。

（2）实训过程中严禁嬉戏打闹，避免发生意外事故。

（3）实训过程通过调车实训设备进行，禁止在车档间停留。

（4）实训过程中，实训人员领取调车作业计划之后按照调车作业流程传达计划，接受人员必须进行复诵。

（5）实训课程结束之后，注意要将实训场地恢复原位，将电源总开关关闭。

4. 工器具材料准备

（1）实训工具：笔、纸。

（2）实训场地：适合进行调车作业计划编制实训的场所。

四、实训作业步骤

实训作业流程如图 15-1-1 所示。

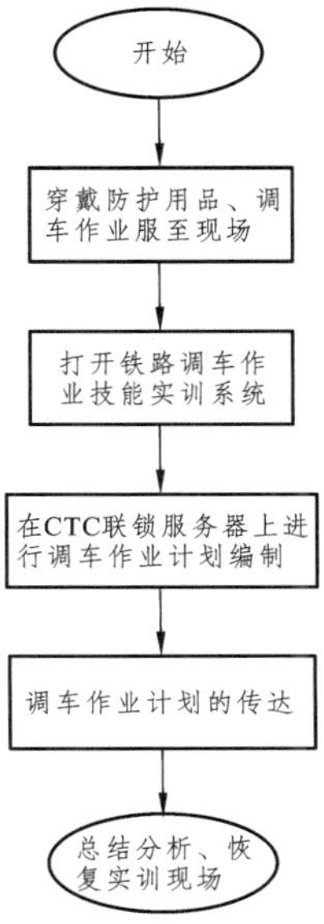

图 15-1-1　实训流程

步骤一：穿戴防护用具、调车作业服到达实训场地。

步骤二：打开铁路调车作业技能实训系统（实物调车设备）。

步骤三：编制调车作业计划（见图 15-1-2）。

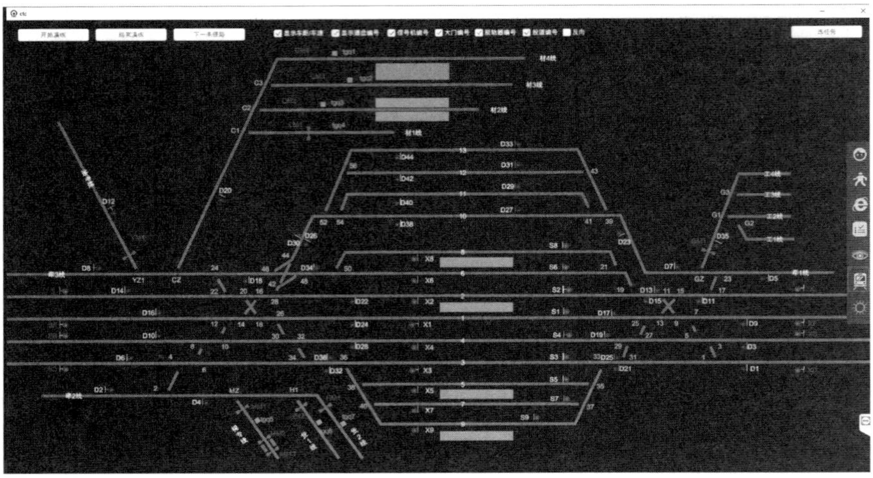

图 15-1-2　调车任务编制系统

1）车库编辑器

点击右侧菜单栏中“”图标，打开车库编辑器（见图 15-1-3）。

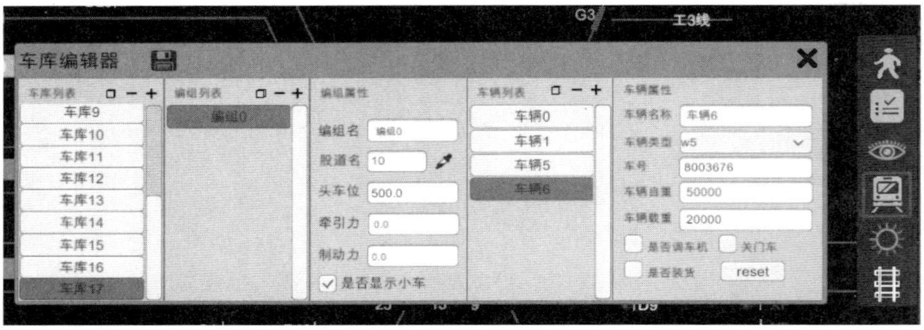

图 15-1-3　车库编辑器

车库编辑器包含车库列表、编组列表、编组属性、车辆列表、车辆属性等 5 项功能。

（1）车库列表：可新建“+”、删除“－”或选中已有车库通过点击复制已有车库并重命名，双击车库名就可进行重命名操作，车库列表中不允许车库名重名。车库列表中的车库与作业任务对应，调车作业任务或观速观距作业任务都需要选择对应车库，即设置车辆初始状态。

（2）编组列表：每一车库可添加多个编组，可点击“+”添加编组，单击“－”删除编组，或选中已有编组通过点击“”进行复制。

（3）编组属性：编组属性内可设置车组名称、所在股道、车头位置（头车位置代表当前编组第一辆车与线路起点间的距离）等。

（4）车辆列表：车辆列表中设置车组中车辆的数量。

（5）车辆属性：车辆属性中设置车辆名称、车辆类型、车号、是否调车机或关门车等信息。目前其中的车辆类型包含了：DF12、DF7、DF8、DF5、DF10、DF11、C64K、

C70、N17AK、JSQ6（凹底双层运输汽车专用车）、D32A（长大货物车）、GQ70（轻油罐车）、P70、X4K（集装箱专用平车）、NX70、G11（酸碱）、G6（动车组）、25t_xl_01、25t_yz_01、25t_yz_02、W5 等车型，选择车辆类型后车号会根据车号类型随机生成，也可手动输入正确的车号。

完成以上设置后单击（保存按钮）可保存数据。

2）进路编辑器

（1）单击打开进路编辑器（见图 15-1-4）。

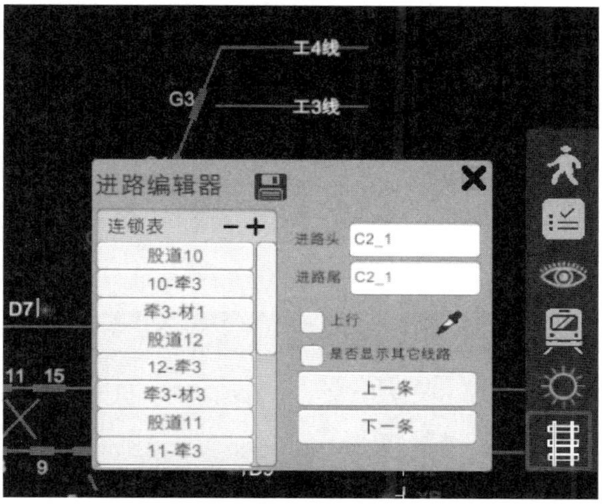

图 15-1-4　进路编辑器

（2）点击 连锁表 －＋ 中的“+”“－”可添加或删除进路（图 15-1-5）。

（3）点击（拾取）进入拾取线路状态，单击 CTC 进路首尾两条线路，即可选定一条进路，勾选“上行”复选框即选择上行（从左向右运行），取消勾选即为选择下行（从右往左运行）。单击“下一条”和“上一条”可切换查看所有进路，如图 15-1-5 所示。

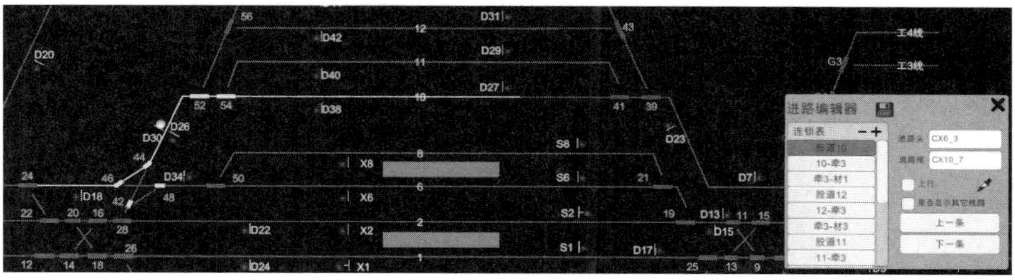

图 15-1-5　进路查看

（4）点击（保存按钮）可保存进路数据。

3）调车任务编制

① 调车任务编制系统如图 15-1-6 所示，单击图标弹出“钩计划编辑器”对话框（见图 15-1-7）。

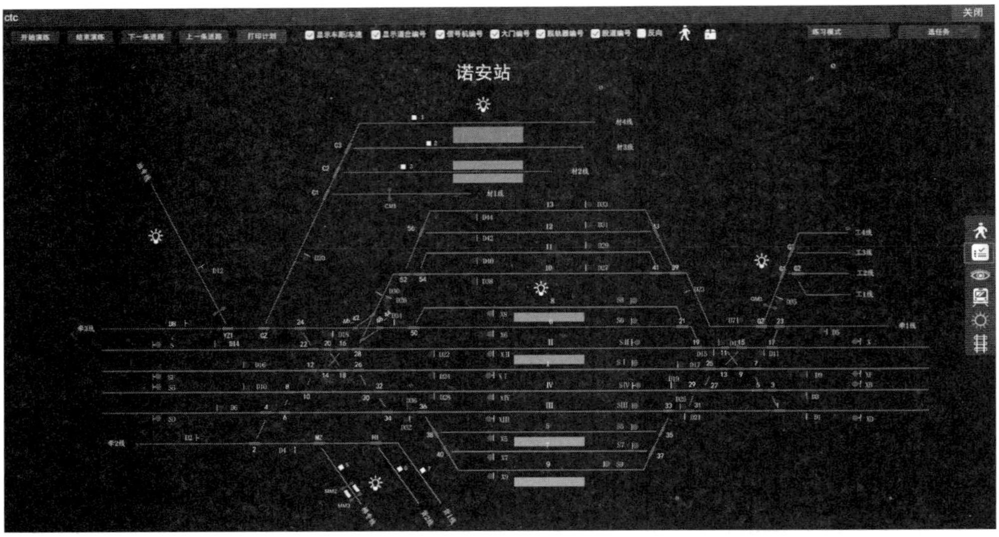

图 15-1-6　调车任务编制系统

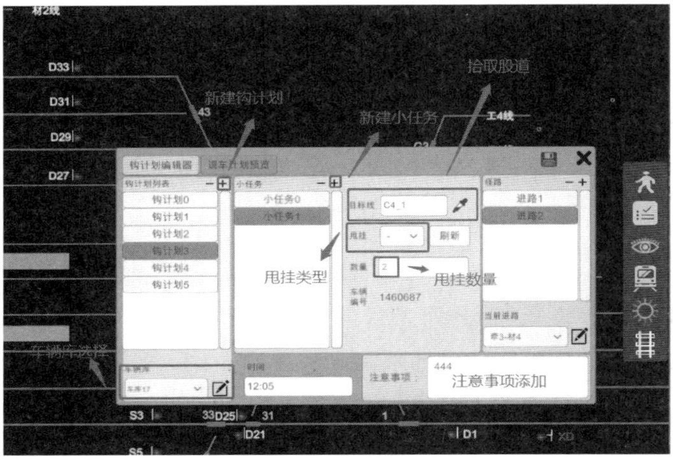

图 15-1-7　钩计划编辑器

② 单击“钩计划列表”右侧的“+”添加钩计划，单击“－”可删除选中的钩计划，可双击钩计划名称修改计划名称，选中某一钩计划后，车辆库会显示该计划对应的车辆库名称，点击可直接打开车辆库修改对应车库。

③ 单击“小任务”右侧的“+”添加小任务，单击“－”删除小任务，一个“小任务”即一钩作业任务，小任务属性面板中可编辑小任务的属性，如目标线（点击吸管拾取线路数据）、甩挂类型设置、刷挂数量设置，设置好之后，单击“刷新”即可自动计算好车辆编号。

④ 单击“进路”右侧的“+”添加进路，单击“－”删除进路，新建进路后点击选择当前已编辑好的进路。

⑤ 单击保存按钮，保存任务数据。

通过以上步骤即可实现调车作业计划的编制。

步骤四：调车作业计划的传达。

在调车程序启动之后，我们点击打印终端界面的领取调车作业通知单（见图 15-1-8），系统会自动打印调车作业通知单，调车长领取调车作业通知单之后按照规范流程向调车组人员及司机传达计划（见图 15-1-9）。

图 15-1-8　领取调车作业通知单

图 15-1-9　调车指挥人向调车组传达计划

调车领导人布置调车作业计划，应该使用调车作业通知单。当一批作业不超过三钩时，允许以口头方式布置（中间站利用本务机车调车除外）。由于口头布置没有书面依据，为确保作业人员之间协调一致，确保作业安全，有关人员必须复诵。

为了能够正确及时地完成调车作业计划规定的任务和要求，调车指挥人每次接受调车作业计划后，应该根据调车作业计划制定具体作业方法，连同注意事项，亲自向司机交递和传达（见图 15-1-10）。对于其他人员，调车指挥人亦应亲自传达。

图 15-1-10　向司机传达计划

五、实训考核标准

表 15-1-1　调车作业计划传达评分表

序号	作业程序	操作标准	评分标准	评分方式	配分	得分
1	领取调车作业通知单	点击"领取调车作业通知单"按钮	—	—	—	—
2	调车组布置计划	调车长向连结员传达计划："4 号，传达计划第 1 号，10 道挂 2 辆东出，车号××××××，11 道摘 2 辆，车号××××××，传达完毕，是否明白"，连结员确认无误后复诵："4 号，传达计划第 1 号，10 道挂 2 辆东出，车号××××××，11 道摘 2 辆，车号××××××，4 号明白"	未联控或联控不正确，每次扣 0.5 分	计算机评分	20	
3	作业分工、布置注意事项	调车长向连结员作业分工："4 号，检查 10 道、11 道线路，负责领车及防溜措施；作业中加强进路确认、正确及时显示指令，是否明白"	未联控或联控不正确，每次扣 0.5 分	计算机评分	20	
		连结员确认无误后复诵："检查 10 道、11 道线路，负责领车及防溜措施；作业中加强进路确认、正确及时显示指令，4 号明白"	未联控或联控不正确，每次扣 0.5 分	计算机评分	20	
4	向调车司机传达计划	调车长向司机（机器人）传达计划："3 号，传达计划第 1 号，10 道挂 2 辆东出，车号××××××，11 道摘 2 辆，车号××××××，传达完毕，是否明白"，司机（机器人）自动回复："传达计划第 1 号，10 道挂 2 辆东出，车号××××××，11 道摘 2 辆，车号××××××，传达完毕，3 号明白"	未联控或联控不正确，扣 0.5 分	计算机评分	20	
5	布置注意事项	调车长向司机（机器人）布置注意事项："3 号，作业中加强信令及进路确认、规范操纵机车，确保运行安全，是否明白"。司机（机器人）自动回复："3 号明白"	未联控或联控不正确，每次扣 0.5 分	计算机评分	20	

六、思考题

（1）调车作业计划的布置有何规定？

（2）变更调车作业计划有何规定？

（3）完成下面的判断题：

调车指挥人员要按照调车作业计划，将剧毒品车辆的作业方法、注意事项直接向司机和调车组人员传达清楚，严格按照要求进行调车作业。（　　）

项目十六　单项作业

任务一　观速观距

一、实训目的

（1）掌握观速观距的方法。
（2）能够正确进行观速观距。

二、理论链接

1. 观速观距

在调车作业中，为了保持车组间的安全间隔或安全连挂，以及有效地进行目的制动，观测车辆走行速度及车组距停留车距离的方法。正确地进行观速观距是准确进行调速和目的制动的先决条件，是保证调车作业和行车安全的关键环节。

其中观速观距又分为动观和静观：

① 动观：调车组人员在机车车辆运行中所观察的速度或前方目标的距离。

② 静观：调车组人员在固定地点观察机车车辆运行时的速度或者是远处目标的距离。

2. 观速方法

1）车上观速

调车组人员在车上低头看枕木头或者石砟来判明车辆的走行速度。

如调车场每节钢轨的长度为 12.5 m，下铺 18 根枕木时：

（1）能较慢地数清轨枕根数时，车辆走行速度约 4 km/h。
（2）能较快地数清轨枕根数时，车辆走行速度约 7 km/h。
（3）能看清但数不清楚时，车辆走行速度约 10 km/h。
（4）接近看不清轨枕根数时，车辆走行速度约 15 km/h。
（5）看石砟时，能看清楚石砟形状，车速约为 7 km/h。
（6）看不清楚石砟形状，车速约为 13 ~ 17 km/h。
（7）看石砟呈一条线时，车速约为 25 km/h 以上。

2）步行测速

根据车辆溜行和人走的相对速度，来测定车辆速度，一般在连挂车辆和采用铁鞋制动时运用。

（1）慢步行走能够跟上车组时约 3 km/h。

（2）正常行走能够跟上时约 5 km/h。

（3）快步行走能够跟上时约 8 km/h。

（4）慢跑能够跟上时约 10 km/h。

（5）快跑能够跟上时约 15 km/h。

（6）快跑也跟不上车组时约 20 km/h 以上。

3）数数计速

数数计速法就是调车人员用数数来计算速度。每数一下（或两下）为 1 s，而后根据车辆走完一节钢轨（12.5 m 或者 25 m）所需要走行时间（s）来计算确定走行速度。

速度计算公式为：

$$速度（km/h）=距离（m）/时间（s）\times 3.6$$

公式中的 3.6 是把 m/s 换算为 km/h 的单位换算系数。

3. 观距方法

观距是观测推送车列的前端或溜放车组与停留车之间，溜放车组之间，行进中的机车车辆与某种固定设备之间的距离，以便于掌握或调节速度。

观察距离主要采用对比方法。如对比邻线的存车数，对比电杆的距离（电杆间一般为 50 m，30 m），对比钢轨的长度（调车场钢轨长度一般为 12.5 m、10 m），对比鞋标、鞋墩（一般按照 20 m 或者 15 m 设置）。此外，站场中的灯桥、房舍、信号机等固定设备之间的距离都是判断的依据。

三、实训要求

1. 实训时间

实训课时为 4 课时。

2. 实训形式

按照实训内容，依据授课班级实际情况将学生分组，组内成员对该模块内容进行小组讨论学习，进行调车观速观距实训，并完成实训报告。

3. 安全注意事项

（1）实训过程中按照规范进行操作，禁止蛮力操作。

（2）实训过程中严禁嬉戏打闹，避免发生意外事故。

（3）实训过程中应该站在指定位置进行观速观距技能训练，同时按下紧急停车按钮，防止出现意外事故。

（4）实训过程中必须按规定穿着防护服装，使用防护用具。

（5）实训过程中必须按照作业标准执行。

4. 工器具材料准备

（1）防护用具：调车作业服，防护手套。

（2）场地：可以进行观速观距实训的场地。

四、实训作业步骤

实训作业流程如图 16-1-1 所示。

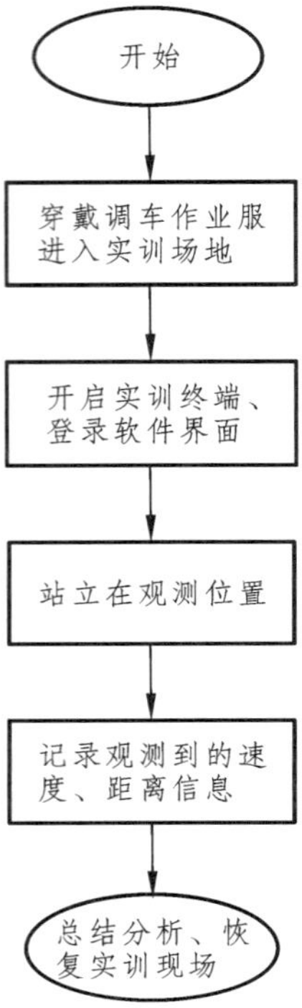

图 16-1-1　实训流程

步骤一：开启铁路调车作业技能实训终端。

步骤二：开启实训终端，启动观速观距实训任务。

步骤三：观测并记录目标距离、速度信息。

1. 观速观距实训设备

观速观距实训包括静观速、动观速、静观距、动观距四项实训内容，其中前三项的静观速、动观速、静观距操作模式一致，动观距通过拍打移动车辆上的按钮进行提交。

2. 观　速

观速一般运用“目测”和“音测”两种方法，一般白天以目测，尤其应当以近目测为主，夜间或大雾天气以远听音、近观速两者结合使用为主。下边介绍几种利用较短时间判明速度或近似计算调车速度的方法。

1）静观速

作业人员站在移动车辆 1 位端 1 位侧观察大屏幕中机车车辆经过红绿彩旗时的速度并用笔在纸上记录结果（见图 16-1-2），本项目共 3 个场景 3 个题目，每题倒计时 20 s。四项作业完毕将观测结果填写在调车计划打印终端屏幕弹出的答题卡上并拍打按钮提交。

图 16-1-2　静观速

2）动观速

作业人员站在移动车辆 1 位端 1 位侧观察人员随车列经过红绿彩旗时的速度并用笔在纸上记录结果（见图 16-1-3），本项目共 3 个场景 3 个题目，每题倒计时 20 s。四项作业完毕将观测结果填写在调车计划打印终端屏幕弹出的答题卡上并拍打按钮提交。

图 16-1-3　动观速

3. 观　距

观测距离是要判断推送车列或溜放车组与停留车之间，溜放车组之间，行进中的机车车辆与某种固定设备之间的距离，以便掌握或调节速度。

1）静观距

作业人员站在移动车辆 1 位端 1 位侧观察距离前方停留车的距离并用笔在纸上记录结果（见图 16-1-4），本项目共 3 个场景 3 个题目，每题倒计时 20 s。四项作业完毕将观测结果填写在调车计划打印终端屏幕弹出的答题卡上并拍打按钮提交。

图 16-1-4　静观距

2）动观距

作业人员站在移动车辆 1 位端 1 位侧观察距离前方停留车的距离，距离停留车十车、五车、三车时拍打移动车辆上的拍打按钮自动提交观测结果（见图 16-1-5）。

大屏幕上展示的场景是按照 1∶1 的比例制作而成的，作业人员也可将临线停留车辆、货场集装箱等作为参考物估算距离，并用读秒的方式计算出相应速度。

图 16-1-5　动观距

4. 提交答题卡

在所有观速观距题目结束之后，在一体机终端就会弹出观速观距答题卡，选手将自己所记录下来的答案誊写在单项考核项目答题卡上（见图 16-1-6）。点击提交按钮之后，会将答题卡提交至服务器，自动评判成绩。

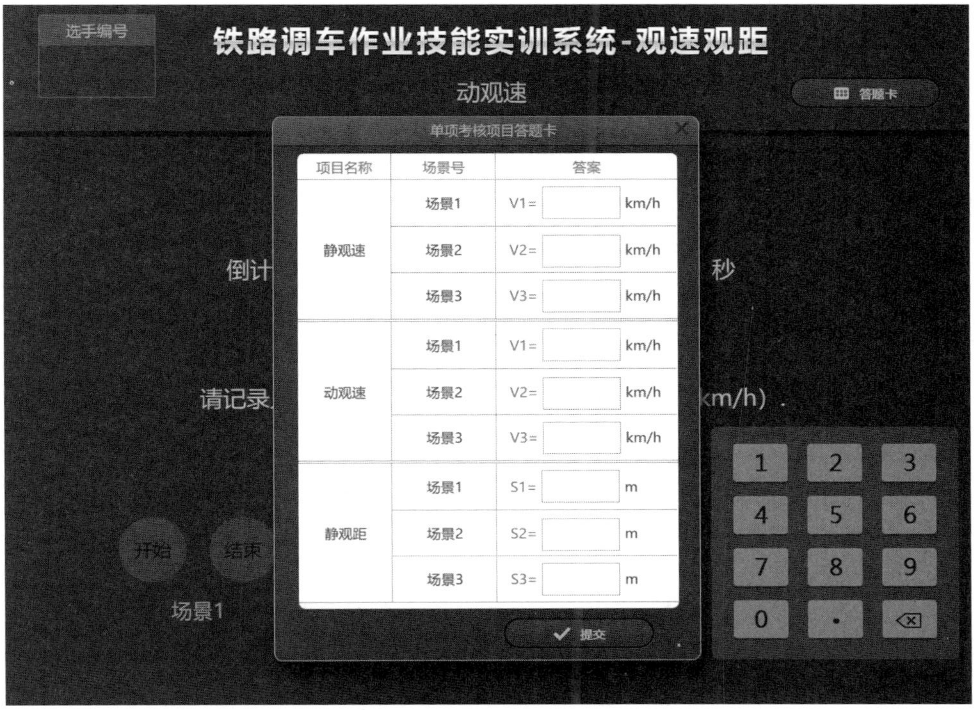

图 16-1-6　单项考核项目答题卡

5. 参考标准

大屏幕上展示的场景是按照 1∶1 的比例制作而成的，站场设备相关距离信息可参考图 16-1-7 的站场设备位置示意图，另外作业人员也可将临线停留车辆、货场集装箱等作为参考物估算距离，并用读秒的方式计算出相应速度。

（1）接触网立柱间距：50 m。

（2）站台仓库大门之间的距离：15 m。

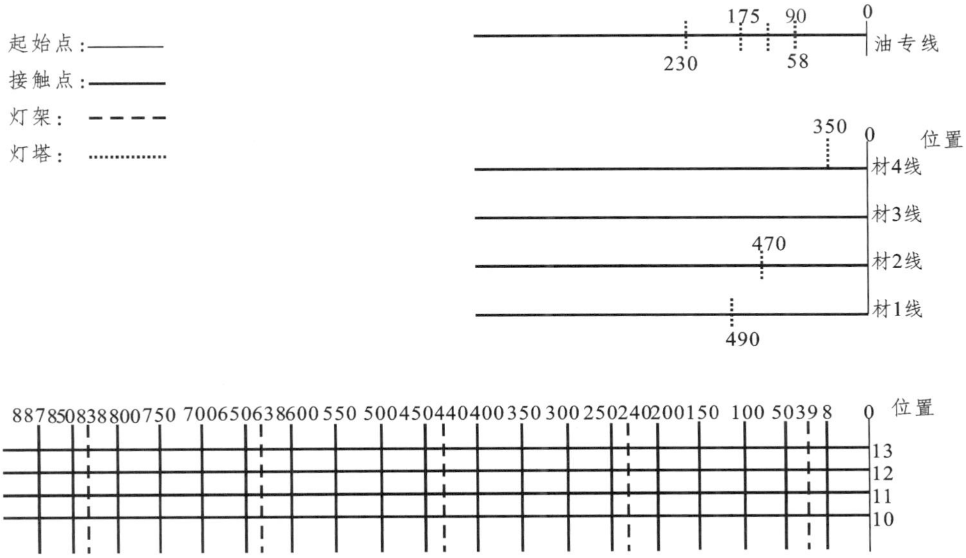

图 16-1-7　站场设备位置示意图

五、实训考核标准

实训考核标准针对观速观距进行考核；观速观距包括静观速、动观速、静观距、动观距 4 项内容，每项内容配分 25 分。静观速、动观速、静观距每个项目打分 3 次，按照每次 8 分、8 分、9 分的分值配分；动观距根据十车、五车、三车距离分别打分，按照每次 8 分、8 分、9 分的分值配分。

表 16-1-1　观速、观距人工评分表

序号	执行内容	场景	评分标准	配分	得分
1	静观速	场景一	选手录入答案与标准值进行对比，误差≤5%不扣分，5%<误差≤10%扣 1 分，10%<误差≤15%扣 1.5 分，15%<误差≤20%扣 2 分，误差>20%不得分，不出现负分	8	
		场景二		8	
		场景三		9	
2	动观速	场景一		8	
		场景二		8	
		场景三		9	
3	静观距	场景一		8	
		场景二		8	
		场景三		9	
4	动观距	十车		8	
		五车		8	
		三车		9	
5	总分			100	

六、思考题

（1）调车作业过程中观速观距的目的是什么？

（2）观速观距的具体方法是什么？

任务二　安全带使用技能

一、实训目的

（1）了解并掌握安全带的使用方法。

（2）能够正确使用安全带进行作业。

二、实训要求

1. 实训时间

实训课时为 1 课时。

2. 实训形式

按照实训内容，依据授课班级实际情况将学生分组，组内成员对该模块内容进行小组讨论学习，进行安全带使用实训，并完成实训报告。

3. 安全注意事项

（1）实训过程中按照规范进行操作，禁止蛮力操作。

（2）实训过程中严禁嬉戏打闹，避免发生意外事故。

（3）实训过程在实物调车实训设备上进行，使用安全带进行攀登时，一定要注意安全，小心踏空。

（4）实训过程中严格按照标准流程进行操作。

（5）使用安全带之前需先检查安全带是否完整，无断裂风险。

（6）安全带使用完毕之后放置在指定位置。

4. 工器具材料准备

（1）实训工具：安全带。

（2）实训场地：调车实训场。

三、实训作业步骤

（1）安全带使用方法。

在调车作业前，调车组进行调车作业前要进行工具备品检查（见图 16-2-1），其中就包括安全带的检查及使用，在使用安全带时，要先进行外观检查，不合格的安全带应禁止使用。

图 16-2-1　安全带及着装检查

（2）在进行攀登移动车辆顶部操作人力制动机时，需要先将安全带系在把手上，然后再进行人力制动机的操作（见图 16-2-2）。在操作完毕准备下车时，要先将安全带松开，再下车。

图 16-2-2　拧紧或松开车顶人力制动机

四、实训考核标准

表 16-2-1　安全带使用技能评分表

序号	考核内容	评分标准	配分	得分
1	工具备品检查	需要有外观检查的动作，如使用了破损的安全带扣 50 分	50	
2	攀登移动车操作人力制动机	顺序不能错，先将安全带系在把手上再进行操作。顺序错误扣 25 分	25	
3	操作完毕准备下车	顺序不能错，先将安全带松开再下车，顺序错误扣 25 分	25	

五、思考题

（1）在调车作业中，使用安全带时应检查哪些内容？

（2）在铁路调车作业过程中对于安全带的使用有何规定？

任务三　上下车技能

一、实训目的

（1）掌握上下车动作要领。

（2）了解并掌握上下车技能。

二、理论链接

1. 上下车安全知识

1）上下车注意事项

（1）上车前必须面向车辆前进方向，绝对不能迎面上车。

（2）不能冒险超速上下车。

（3）不能在犹豫不决时上下车。

（4）接班后，应该检查调车机车的脚踏板是否牢固。对于车辆来说，在上车前应该看准脚蹬有无损坏和扭曲及确认扶手的牢固状态，尤其对于杂型车辆更需特别注意。

（5）在道岔区、信号机、导管、导线、煤台和堆放松散货物等处所，不宜上下车。

（6）当车辆运行速度较高，下车后自己奔跑速度跟不上车辆速度时，容易摔倒从而发生危险。

（7）在站台处，尤其是 1.1 m 的高站台处不宜下车，因为站台离脚蹬太近，下车时两腿无活动缓冲的机会，脚一着地，易于跌倒。

（8）地面不平，有积水、积冰、积雪处不宜上下车，应在规定的跳车平台处或经常上下的平坦地点上下车。有冰雪时，应及时清除掉，撒上砂子或炉灰防滑。

（9）下车前应检查一下身体，查看自己的衣服等物是否被车上的配件挂住，以免向下跳车时发生危险。

2）上下车的错误姿势

（1）上车时手脚一起伸。这样的上车方法，只要手脚有一处失误，就有坠车危险。

（2）先跨脚后抓车。这样上车，会因为手没有及时跟上，造成身体后仰，以至坠车，万一手抓空就更加危险了。

（3）下车后不向前跑。个别人下车后，不借助奔跑的方式来减少冲力，而是向外作转身动作或站立不动，这样下车，车速稍微偏高时，轻则容易摔跤，重则可能与邻线来往机车车辆相撞，造成不可想象的后果时。

3）攀附车列位置的选择

（1）调车长在作业中，为了便于联系，原则上应选择既便于瞭望前方进路，又便于司机确认所显示信号的车辆攀附，其他人员（连结员），要选择一方面便于前后联系工作、中转信号，另一方面又便于为下一步工作打好基础的车辆。最好每两个人之间保持一个平均间隔，不要密集一处。使用无线电台调车时，前方领车人员至少保持两人，以保证一人电台故障时，另一人仍能保持正常作业。

（2）在往专用线或岔线取送车途中运行时间较长时，可以在车列配备两个人，分别位于车辆的两边，以加强进路的瞭望。如果单机或机车牵引运行时，禁止站在机车脚踏板前端，以避免一旦发生紧急情况时无法下车的危险。

三、实训要求

1. 实训时间

实训课时为 1 课时。

2. 实训形式

按照实训内容，依据授课班级实际情况将学生分组，组内成员围绕该模块内容进行小组讨论学习，进行上下车技能实训，并完成实训报告。

3. 安全注意事项

（1）实训过程中按照规范进行操作，禁止蛮力操作。

（2）实训过程中严禁嬉戏打闹，避免发生意外事故。

（3）实训过程中要在移动车辆上进行作业，一定要遵守相关规章制度，以免发生意外事故。

（4）实训结束后，关闭程序，关闭电源。

4. 工器具材料准备

（1）防护用具：防护手套、安全带。

（2）场地：调车实训场。

四、实训作业步骤

实训作业流程如图 16-3-1 所示。

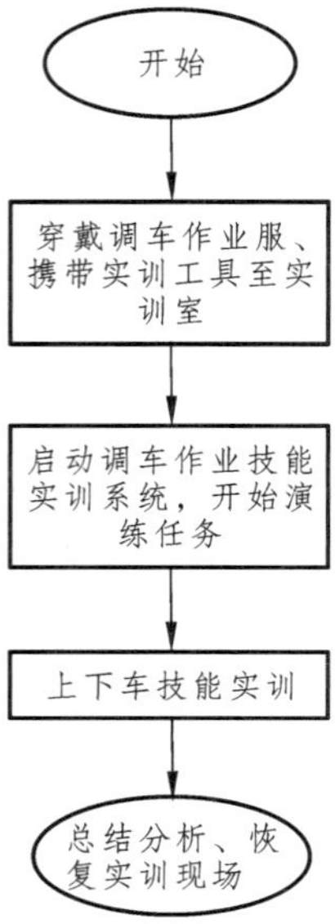

图 16-3-1　实训流程

步骤一：穿戴调车作业服，携带实训工具到达调车实训室。

步骤二：启动调车作业技能实训系统，开始演练任务。

步骤三：上下车技能实训（见表 16-3-1）。

表 16-3-1　上下车技能实训

修程	工作步骤	工作内容	使用工具
上车技能实训	抓车	面向前方（机车前进方向）寻找好适当的上车地点，当所攀扶的车辆即将到来前的一刹那，上身稍微靠近车辆一方，两脚仍应保持向前，眼睛盯好扶手的位置，然后再伸手抓车	
	助跑	当车列速度较低时，抓住扶手后就可以抬腿上车；当行车速度接近 10 km/h 时，就需要先跟车跑几步，经过助跑抓住车辆扶手后，就需要尽力快跑，当跑的速度和车辆运行速度大致一样时，再纵身起跳	
	起跳	起跳的同时，眼要转向搭附的脚蹬，以保证登乘到适宜部位，起跳高度比脚蹬高度稍高即可	
	落脚	先跳起的一脚先着脚蹬，当这一脚踏站稳后，随即再将另一脚落下，两脚都用脚掌落于脚蹬，避免用脚跟着蹬，尤其在冬季，由于脚蹬有冰雪，容易向内方滑动	

续表

修程	工作步骤	工作内容	使用工具
下车技能实训	转身	将上身向外转动，面向前方，注视地面有无冰雪、障碍物	
	下蹲	在将要运行到所需下车的地点前，两手应该抓住与自己胸高度相当的扶手，然后身体再向外转动与车辆成 90°角，在转身的同时，外腿即可离开脚蹬尽量下垂，同时另一腿相应地向下弯曲，随外腿做下蹲动作，外手也应该离开扶手随身下垂	
	跳车	当车辆运行到需要下车的地点时，垂下的外腿需要向前伸，这是为了跳下后身体能保持平衡而作准备，在下车的外腿由前向外转动后，身体自然下落，同时里脚稍微用力脚蹬踏板作跳下动作	
	着地	当跳下车将要着地时，必须作臂部下坐，上身后仰的动作。下车时速度越大，上身向后倾斜与地面所成角度应越小。在保持这样的姿势下，两腿着地后，随机沿双脚跳下的方向用力后蹬，作减速的跑步，减少向前冲跑的距离，以便保持身体的平衡	

步骤四：总结分析上下车技能实训中的问题，并恢复实训现场。

五、实训考核标准

表 16-3-2　上下车技能实训评分表

序号	执行内容	评分标准	评分方式	配分	得分
1	上车	（1）上车前未检查脚蹬扣 10 分。 （2）上车前未检查车梯扣 10 分。 （3）上车前未检查扶手扣 10 分。 （4）迎面上车扣 10 分。 （5）上车后单腿站立扣 10 分	人工评分	50	
2	下车	（1）在站台处下车扣 10 分。 （2）在道岔区下车扣 10 分。 （3）在信号机处下车扣 10 分	人工评分	50	
3	扒乘	（1）双脚进入线间及脚踏钢轨面一次扣 5 分。 （2）作业碰伤、摔倒一次扣 5 分。 （3）每处作业最多扣 5 分，不出现负分	人工评分		
4	总分		—	100	

六、思考题

（1）在进行扒乘机车车辆前，必须先确认车辆的哪些部位状态？

（2）扒乘车辆上车后必须要做哪些事？

（3）扒乘平车时有哪些要求？

任务四　防溜施撤

一、实训目的

（1）了解并掌握防溜器具的使用及管理规定。

（2）能够按照调车作业程序进行防溜施撤。

二、理论链接

1. 防溜设备和器具

相关单位必须制定防溜设备及器具的使用管理方法，明确防溜器具的使用地点、种类、数量、存放位置及交接方法等。

铁鞋、止轮器和人力制动机紧固器应该存放在专用铁架上，并按照编号固定位置，摆放整齐。防溜枕木应存放在有人值守地点，在防溜枕木使用地点较远或频繁使用时，可存放在距钢轨头部外侧 1.5 m 的固定地点，并加锁固定。

2. 防溜检查

（1）每 4 h（专用线、专用铁路、工程线、段管线除外）时间段内，至少检查 1 次停留车辆的防溜情况。使用智能铁鞋的股道，存放防溜检查频率为每 12 h 检查 1 次。

（2）防溜检查后，检查人应在《防溜登记簿》中填记检查情况。

（3）防溜检查责任人、防溜检查情况填记人员、检查时段划分，由各单位根据实际情况自行规定，车务段的防溜检查规定纳入《站细》。

（4）各单位管理人员每天不少于 2 次抽查防溜检查制度执行情况，并在《防溜登记簿》上登记。

（5）中间站到发线使用铁鞋防溜时，须加挂防溜检查牌。

（6）自轮运转特种设备无动力在站内停留时，使用单位应派人负责看守。

（7）专用线、段管线、工程线上停留车辆的防溜检查及抽查频次由管理单位确定。

3. 防溜报告

对停留车进行防溜后，在一批作业结束时报告调车长。揭示防溜措施时，应用下列符号标明停留车的防溜措施。

人力制动机——⊗。

铁鞋（止轮器）——◺或◿。

防溜紧固器——$。

放置防溜枕木——|。

三、实训要求

1. 实训时间

实训课时为 1 课时。

2. 实训形式

按照实训内容，依据授课班级实际情况将学生分组，组内成员围绕该模块内容进行小组讨论学习，进行调车作业防溜施撤实训，并完成实训报告。

3. 安全注意事项

（1）实训过程中按照规范进行操作，禁止蛮力操作。

（2）实训过程中严禁嬉戏打闹，避免发生意外事故。

（3）实训过程在实物调车实训设备上进行，进行防溜作业时，注意进行安全防护，确认在执行紧急停车指令之后再进入车档间进行作业。

（4）实训过程中严格按照标准流程进行操作。

4. 工器具材料准备

（1）实训工具：安全带、铁鞋、无线调车灯显设备。

（2）实训场地：调车实训场。

四、实训作业步骤

实训作业流程如图 16-4-1 所示。

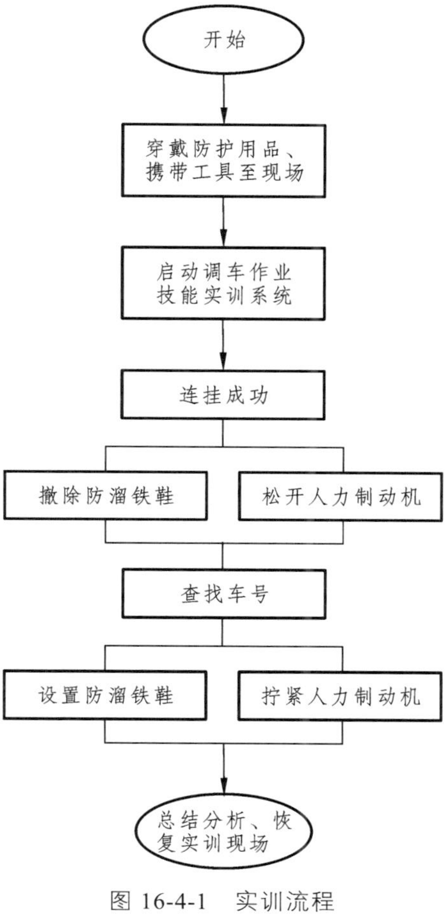

图 16-4-1　实训流程

步骤一：实训人员穿戴调车作业服，携带无线调车手台开始进行演练。

步骤二：启动调车作业技能实训系统。

步骤三：防溜施撤作业（见表 16-4-1）。

表 16-4-1 防溜施撤操作流程

序号	工作步骤	工作内容	使用工具
1	连挂车辆	（1）调车长发送连结指令，按下绿、红按键	调车长手台
		（2）车辆连挂妥当后，2号连结员向调车长报告："停车"	—
		（3）调车长发送停车指令，长按红色按钮	调车长手台
2	撤设防溜	（1）2号连结员向调车长报告："2号线路内作业，防护"，调车长回复："防护好"	—
		（2）2号连结员显示紧急停车指令：按下红色按键	连结员手台
		（3）撤除铁鞋：2号连结员将铁鞋从轨道上取下	铁鞋
		（4）2号连结员连结制动软管	制动软管
		（5）打开后（车辆端）折角塞门	折角塞门
		（6）打开前（机车端）折角塞门	
		（7）2号连结员松开人力制动机	人力制动机
		（8）2号连结员在行走采集设备上行走，到达机车处	行走器
		（9）设置铁鞋：2号连结员将铁鞋放置钢轨与停留车轮对处	铁鞋
		（10）关闭前（机车端）折角塞门	折角塞门
		（11）关闭后（车辆端）折角塞门	
		（12）摘开制动软管	制动软管
		（13）2号连结员拧紧人力制动机	人力制动机
		（14）2号连结员向调车长汇报："2号作业完毕"	—
		（15）调车长回复："明白"	
		（16）2号连结员按压黄色按钮，发送解锁指令	连结员手台

步骤四：总结防溜施撤作业中的问题并进行讨论分析，并恢复实训现场。

五、实训考核标准

表 16-4-2 防溜施撤作业评分表

作业阶段	实训流程	评分标准	配分	得分
连挂车辆	（1）调车长发送连结指令，按下绿、红按键	未发送指令或发送错误，扣5分	5	
	（2）车辆连挂妥当后，2号连结员向调车长报告："停车"	未联控或联控不正确，扣5分	5	
	（3）调车长发送停车指令，长按红色按钮	未发送指令或发送错误，扣5分	5	
撤设防溜	（1）2号连结员向调车长报告："2号线路内作业，防护"，调车长回复："防护好"	未联控或联控不正确，扣5分	5	
	（2）2号连结员显示紧急停车指令：按下红色按键	未发送指令或发送错误，扣5分	5	

续表

作业阶段	实训流程	评分标准	配分	得分
撤设防溜	（3）撤除铁鞋：2号连结员将铁鞋从轨道上取下	未执行或动作执行不到位，扣5分	5	
	（4）2号连结员连结制动软管	未连结软管，扣5分	5	
	（5）打开后（车辆端）折角塞门	未打开折角塞门，每处扣5分	5	
	（6）打开前（机车端）折角塞门		5	
	（7）2号连结员松开人力制动机	未执行或动作执行不到位，扣5分	5	
	（8）2号连结员在行走采集设备上行走，到达机车处	—	—	
	（9）设置铁鞋：2号连结员将铁鞋放置钢轨与停留车轮对处	未执行或动作执行不到位，扣5分	5	
	（10）关闭前（机车端）折角塞门	未关闭折角塞门，每处扣5分	5	
	（11）关闭后（车辆端）折角塞门		5	
	（12）摘开制动软管	未摘开软管，扣5分	5	
	（13）2号连结员拧紧人力制动机	未执行或动作执行不到位，扣5分	5	
	（14）2号连结员向调车长汇报："2号作业完毕"	未联控或联控不正确，扣1分	1	
	（15）调车长回复："明白"		1	
	（16）2号连结员按压黄色按钮，发送解锁指令	未发送指令或发送错误，扣1分	5	

六、思考题

（1）使用铁鞋制动的注意事项有哪些？

（2）对于车辆防溜有何规定？

任务五　排风作业

一、实训目的

（1）掌握排风的作业方法。

（2）培养规范作业、按章作业的意识。

二、理论链接

1. 排　风

排风的目的是使待缓解车辆彻底松闸缓解，以便于实行平面溜放或进行驼峰分解。排风包括放风和拉风。放风是在待解列车进行到达技术检查后车辆解体前，开放车列一端的折角塞门，将全车列由于机车总风缸的充风作用而在各车列制动主管内存储的压缩空气放出一定的风压后关闭（一般约留 100 kPa 的余风）。

拉风就是通过拉风杆拉动车辆副风缸上的缓解阀，排尽副风缸中的余风。当副风缸中的余风压力小于列车主管的风压时，列车主管的风压就推动三通阀的鞲鞴，同时带动滑阀向右移动，使制动缸里的风从有三通阀的排风口排出进而使车辆的制动机得到缓解。

（1）在扳动折角塞门时，不能一次扳动过猛，会因放风过猛使整个列车紧急制动。这样既会使车辆制动机的零件受到损坏，又会造成缓解不良的后果。

（2）不要将主管内的风全部放净，应使主管内的风压保持在 100 kPa 左右。操作方法是徐徐打开折角塞门，待主管放出一部分风压之后，关闭折角塞门，这样连续几次即可。

2. 常见拉风不缓解的主要原因

（1）主管内的风全部放完时，会使三通阀失去外力动作或三通阀作用不灵敏，不能形成制动缸的排风通路，此时拉风不能放出制动缸的余风，因此制动缸不缓解。遇到这种情况，应将缓解阀的拉杆拉开后，卡上石子，然后关闭该车一端的折角塞门，在另一端向软管吹气，促使三通阀活塞运动，形成缓解位置，使制动缸内余风排出，制动缸活塞缩回而缓解。

（2）拉风不排风，车辆不缓解，也可能是缓解阀排风口堵塞所致。遇到这种情况，可用铁丝等物穿通缓解阀排风口。

（3）排风不缓解，可能是人力制动机未松开，制动链（拉杆）紧绷，造成制动缸活塞不能缩回所致，应设法松开人力制动机。

（4）对装有 2 个副风缸的车辆，拉风时，必须分别拉动 2 个副风缸上的缓解阀，方能使车辆彻底缓解。如果两个副风缸中只有一个副风缸上装有缓解阀时，可将空重车调整装置扳至空车位，拉动缓解阀，车辆即可缓解。

三、实训要求

1. 实训时间

实训课时为 2 课时。

2. 实训形式

按照实训内容，依据授课班级实际情况将学生分组，组内成员对该模块内容进行小组讨论学习，进行排风作业实训，并完成实训报告。

3. 安全注意事项

（1）实训过程中按照规范进行操作，禁止蛮力操作。

（2）实训过程中严禁嬉戏打闹，避免发生意外事故。

（3）实训过程中有真实风压，在进行作业时，一定要按照规定进行操作，以免发生意外。

（4）实训过程中严禁在仿真车档停留，避免发生意外事故。

（5）实训过程中，注意不要先通气再进行连管操作。

（6）工具使用完毕之后要放回原处。

4. 工器具材料准备

（1）实训工具：防护手套。

（2）实训场地：调车作业实训场。

四、实训作业步骤（图 16-5-1）

实训作业流程如图 16-5-1 所示。

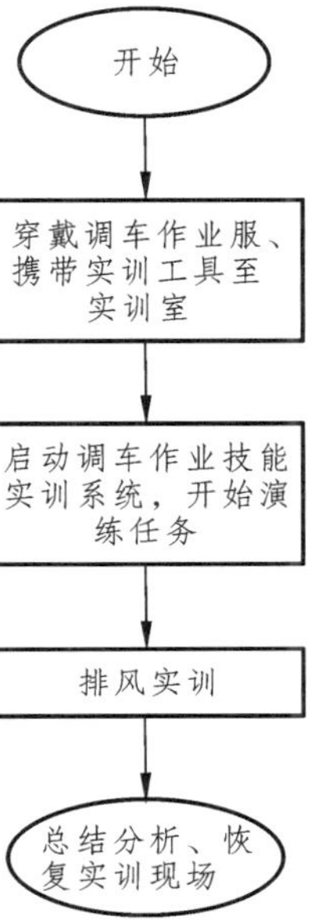

图 16-5-1　实训流程

步骤一：穿戴调车作业服，携带实训工具到达调车实训室。

步骤二：启动调车作业技能实训系统，开始演练任务。

步骤三：排风实训（见表 16-5-1）。

表 16-5-1　排风作业工作表

修程	工作步骤	工作内容	使用工具
排风作业	放风	一手拿制动软管，一手缓缓扳动折角塞门，连续开关几次	防护手套
	拉风	拉动拉风杆，听到副风缸余风开始排出时，用石子卡住排风杆	石子
		检查车辆缓解状态，确认制动缸活塞全部退回，只露出白色部分	—
		确认制动缸活塞退回，车辆处于缓解状态后，逐车取下排风杆石子	防护手套

安全注意事项：在放风时，禁止一次将车辆折角塞门全部打开，防止放风过猛损坏车辆零件，造成缓解不良，并且避免制动软管在风的反作用力下快速摆动从而打伤作业人员。

步骤四：总结分析实训过程中出现的问题，恢复实训现场。

五、实训考核标准

表 16-5-2　排风摘管评分表

序号	执行内容	评分标准	学员	配分	得分
1	排风	（1）未进行防护扣 5 分。 （2）未做到风排尽、不漏排、不抱闸扣 5 分。 （3）每处作业最多扣 5 分	学员 1	20	
			学员 2	20	
			学员 3	20	
			学员 4	20	
			学员 5	20	
2	总分			100	

六、思考题

（1）排风作业的要求是什么？为什么要进行排风操作？

（2）排风不缓解的处置方法是什么？

任务六　摘结软管技能

一、实训目的

（1）熟悉并掌握摘结软管的作业方法。

（2）能够规范进行摘结制动软管作业。

二、理论链接

制动软管是连结车辆制动主管的软管，其端部装有连结器。摘结制动软管就是将两车辆间制动软管的连结器摘开或结上。

（一）摘　管

1. 摘管方法

1）正手摘管

先关闭两软管折角塞门，使其手把同制动软管垂直，而后将右腿伸入两轨中间并稍加屈膝，紧紧靠住两制动软管接头，右手用力向上提拉靠近自身一侧的制动软管接头，使制动软管头部扭转即可摘开。

2）反手摘管

开始时与正手摘管一样，就是用左手握住靠近身体一边的制动软管，右手反握住另一制动软管头部向上稍微托起，制动软管的余风随即漏出，待余风漏出之后再用力向上托，即可摘开制动软管。

2. 摘管时应注意的问题

（1）要重视摘管工作，严格按照调车作业的要求进行摘管。

（2）摘管中，为防止挤伤手或打伤腿的现象发生，必须按照摘管的要领进行操作。

（3）摘解带风的制动软管，应在两制动软管头刚刚错开时略微停顿一下，待制动软管的余风排除一些后再继续往上提，以防制动软管端部的连结器在风压的冲力下打伤腿。

（二）结　管

1. 结管方法

左腿迈入道心，右腿在轨外微蹲，用左手握紧左方制动软管接头接近肩部，同时用右手将右方制动软管接头拿稳，同左手拿的制动软管接头套合，二者先呈垂直状态，然后再用两手紧紧向下推压，并用制动软管本身的弹力，使两根制动软管头部密结，然后打开两制动软管上方的折角塞门。

2. 结管时应注意的问题

（1）结管之前，要确认软管内胶皮圈是否完好。

（2）结管时，两只脚不能同时迈进道心。

（3）结管后，打开折角塞门试验刚结好的制动软管是否漏风，如果漏风，必须关闭折角塞门后再重新连结。

三、实训要求

1. 实训时间

实训课时为 2 课时。

2. 实训形式

按照实训内容，依据授课班级实际情况将学生分组，组内成员围绕该模块内容进行小组讨论学习，进行摘结软管实训，并完成实训报告。

3. 安全注意事项

（1）实训过程中按照规范进行操作，禁止蛮力操作。

（2）实训过程中严禁嬉戏打闹，避免发生意外事故。

（3）实训过程中应该严格遵循摘结软管技术要求，必须严格按照“一关前、二关后、三摘管、四提钩”的顺序进行训练。

（4）实训设备可连结真实风压，摘结软管注意安全。

（5）工具使用后，应归还原处。

4. 工器具材料准备

（1）防护用具：防护手套。

（2）实训设备：适合进行摘结软管实训和测试的实训场所。

四、实训作业步骤（图 16-6-1）

实训作业分为连结软管与摘除软管两部分，其中每个仿真车档进行连结软管 2 次，摘除软管 2 次。

实训作业流程如图 16-6-1 所示。

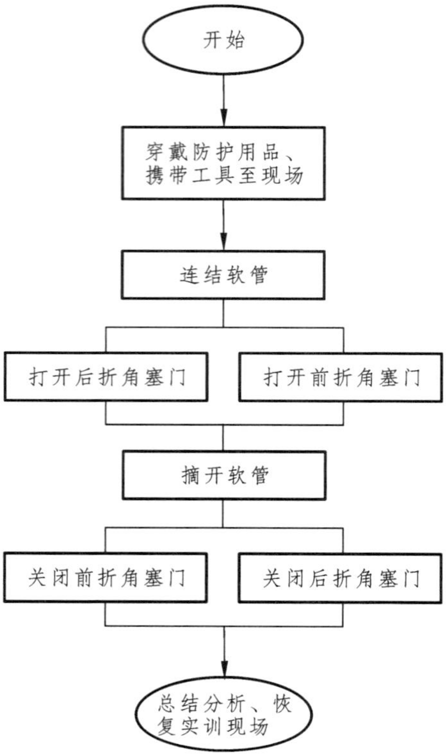

图 16-6-1　实训流程

步骤一：学员穿戴防护用具，到达摘结软管实训区。

步骤二：摘结软管实训（见表 16-6-1）。

表 16-6-1　摘结软管实训流程

序号	作业程序	工作内容及质量标准	使用工具
1	连结软管	（1）左腿迈入道心，右腿在轨外微蹲。 （2）用左手握紧左方制动软管接头接近肩部，同时用右手将右方制动软管接头拿稳，左手拿的制动软管接头套合，二者先成垂直状态，然后再用两手紧紧向下推压，用制动软管本身的弹力，使两根制动软管头部密结	—
2		（1）打开远离机车方向的折角塞门。 （2）打开靠近机车方向的折角塞门	—
3	摘除软管	（1）“一关前”：关闭靠近机车方向的折角塞门	—
4		（2）“二关后”：关闭另一端折角塞门	—
5		（3）“三摘软管”：摘开制动软管	—
6		（4）“四提钩”：提开车钩	提钩杆

安全注意事项：

（1）摘管时，禁止双脚进入道心。

（2）禁止手握两软管接头处，以免软管接头夹伤手指。

（3）摘管时不要用力过猛，否则容易被软管弹伤。

步骤三：实训结束，总结分析摘结软管中遇见的问题，并恢复实训设备。

五、实训考核标准

实训考核标准针对连结软管与摘开软管分为两部分进行考核；考核之前软管初始状态处于摘开位置，学员按照规定动作先连结 5 组软管，再摘开 5 组软管。

表 16-6-2　摘结软管评分表

序号	执行内容	评分标准	实训内容	配分	得分
1	连结软管	（1）漏接软管扣 2 分。 （2）未打开或打开折角塞门不到位，每处扣 2 分。 （3）先开折角塞门再连结软管或打开折角塞门顺序不对，扣 4 分。 （4）双脚进入线间及脚踏钢轨面，一次扣 2 分。 （5）每处作业不出现负分	连结软管 1	10	
			连结软管 2	10	
			连结软管 3	10	
			连结软管 4	10	
			连结软管 5	10	
2	摘开软管	（1）漏摘软管每处扣 2 分。 （2）未关闭或关闭折角塞门不到位每处扣 2 分。 （3）违反“一关前、二关后、三摘管”作业程序，扣 4 分。 （4）双脚进入线间及脚踏钢轨面一次扣 2 分	摘开软管 1	10	
			摘开软管 2	10	
			摘开软管 3	10	
			摘开软管 4	10	
			摘开软管 5	10	
3	总分			100	

六、思考题

（1）摘管时为什么要严格按照“一关前、二关后、三摘软管，四提钩”的操作顺序？如果不按照这个顺序进行操作可能会出现什么情况？

（2）列车中软管的连结由谁负责？

（3）连结制动软管之后出现漏风的原因有哪些？

项目十七 调车实训作业

任务一　取送车辆作业

一、实训目的

（1）了解取送车辆作业业务。

（2）掌握取送车辆作业流程实训。

二、理论链接

取送车辆作业包含取车和送车两部分，取车是指将本站货场上的车辆取回，送车是指将车辆送到货场。

1. 取送车辆作业流程（图 17-1-1）

取送车辆作业流程如图 17-1-1 所示。

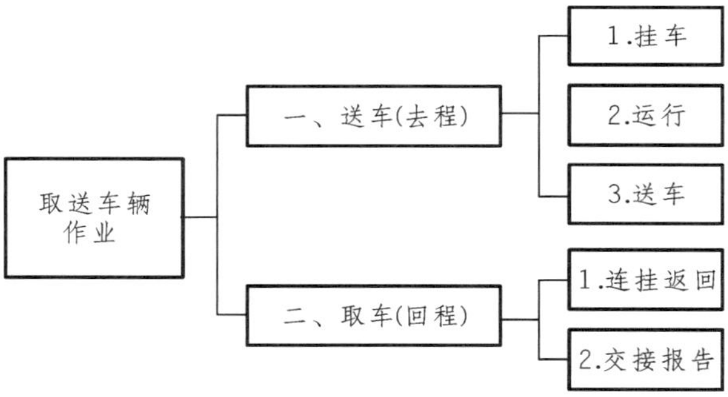

图 17-1-1　取送车辆作业流程

2. 取送车作业的规定

（1）编制作业计划时，由调车领导人应该全面了解有关情况，并广泛征求货运调度员、装卸派班员、调车长的意见，在保证安全的前提下，提高作业效率。

（2）取送作业开始前，调车领导人应该提前通知有关货运人员做好准备，认真核对计划、现车无误后可开始作业。

（3）进入货场线岔线、段管线前，应做好准备，并派人检查线路、道岔、大门、停留车辆、货物堆放距离，确认装载货物牢固、车门关好、装卸作业已停止、防护信号及装卸机具已经撤除，车下无障碍，方可进行作业。

（4）按照《站细》规定，在作业开始前连结规定数量的软管，使用简易紧急制动阀时，在车列启动前须进行通风试验。

（5）进入道岔、段管线大门前，应一度停车确认大门开放，门钩挂好，进路正确后方可进行作业。如果事先已派人检查，根据检查人员的信号或汇报，可不停车。

（6）走行线上不兼顾货物装卸时，可不预先派人检查，但应该加强瞭望，瞭望条件困难时应该控制速度。走行线兼办货物装卸时，必须在货区两端设置货区牌，取送车时，必须停车检查。

（7）走行线上无扳道人员，加锁、钉固的道岔，设有股道表示器的道岔位置正确，可不停车检查。

（8）由岔线、段管线返回车站时，可根据调车信号或扳道人员手信号进入站内，要求在站外一度停车的，须在一度停车牌前停车，根据扳道人员的股道号码及开通信号或开放的调车信号机进入站内。

三、实训要求

1. 实训时间

实训课时为 4 课时。

2. 实训形式

按照实训内容，依据授课班级实际情况将学生分组，组内成员对该模块内容进行小组讨论学习，进行取送调车作业实训，并完成实训报告。

3. 安全注意事项

（1）实训过程中按照规范进行，禁止蛮力操作。

（2）实训过程中严禁在钢轨中间嬉戏打闹，避免发生意外事故。

（3）实训过程中按规定在移动车辆上进行作业，遵守相关规章制度。

（4）实训结束后，按照顺序，先关闭程序，后关闭电源。

4. 工器具材料准备

（1）防护用具：防护手套、安全带。

（2）携带装备：无线调车灯显设备、语音识别设备。

（3）场地：调车实训场。

四、实训作业步骤

取送车辆作业流程包括：准备作业、作业计划传达、无线灯显试验、联控、要道还道、牵出、推进、现场检查、扒乘作业、过轨作业、十五三车确认、一度停车、对位摘挂车、摘结软管、防溜施撤，应严格按照《站细》《铁路调车作业》《铁路车站行车作业人身安全规定》《铁路调车作业》规定执行。

1. 取送车辆作业程序

表 17-1-1　取送车辆作业程序

作业程序			岗位作业		事项要求
程序	项目	内容	作业人员	技术要求	
1. 送车（去程）	（1）挂车	① 挑选车组	调车人员	a. 按作业计划要求，挑选车组	—
		② 连挂车辆	调车长 连结员 制动员	b. 显示连结信号，指示挂车；挂妥后，撤除防溜措施；对遗留车辆应先采取防溜措施，再摘开车钩； c. 向调车长显示试拉信号，确认尾部最后一辆车起动后，向调车长显示“好了”信号	

续表

<table>
<tr><th colspan="3">作业程序</th><th colspan="2">岗位作业</th><th rowspan="2">事项要求</th></tr>
<tr><th>程序</th><th>项目</th><th>内容</th><th>作业人员</th><th>技术要求</th></tr>
<tr><td rowspan="10">1. 送车（去程）</td><td>（1）挂车</td><td>③ 接管通风</td><td>调车长
连结员
制动员</td><td>d. 按规定连结制动软管，确认通风良好；使用简易紧急制动阀时，还应确认简易紧急制动阀作用良好</td><td>连结制动软管数量由企业规定</td></tr>
<tr><td rowspan="7">（2）运行</td><td rowspan="2">① 要道动车</td><td>连结员
制动员</td><td>a. 应按规定执行要道还道制度。推进运行时，车列前部瞭望人员得到扳道员道岔开通信号或确认调车信号开放正确后，向调车长显示起动信号（或通知调车长显示起动信号）</td><td rowspan="7">—</td></tr>
<tr><td>调车长</td><td>b. 确认连结员（制动员）显示起动信号后，向司机显示起动信号</td></tr>
<tr><td rowspan="4">② 起车运行</td><td>连结员
制动员</td><td>c. 牵引运行时，确认车列起动无误，向调车长显示“好了”信号</td></tr>
<tr><td>调车长</td><td>d. 牵引运行时，确认连结员（制动员）的“好了”信号，注意调车人员上车及安全等情况，向司机显示“好了”信号；
e. 使用手信号作业时，应位于易于瞭望前方，又能使司机看见所显示信号的位置</td></tr>
<tr><td>连结员
制动员</td><td>f. 使用手信号作业时，中转信号人员位置适当，正确、及时、一致地中转信号</td></tr>
<tr><td>调车长
连结员
制动员</td><td>g. 车列运行中，进行瞭望，及时显示信号；推进运行经过无人看守道口前，应显示指示司机鸣笛的信号，适当控制速度
h. 走行线上由调车人员扳动的道岔，开通走行线并加锁时，可不停车检查，运行中应加强瞭望</td></tr>
<tr style="display:none"></tr>
<tr><td rowspan="2">（3）送车</td><td>① 检查确认</td><td>调车长
连结员
制动员</td><td>a. 进入货物线、岔线、段管线前，应派人检查线路及停留车，确认道岔（由调车人员扳动的道岔）开通位置正确，装卸停止，防护信号及装卸机具已撤除</td><td rowspan="2">企业间有协议的按协议执行</td></tr>
<tr><td>② 摘车防溜</td><td>调车长
连结员
制动员</td><td>b. 按调车计划及送车地点工作人员的要求，对好位置，按规定采取防溜措施</td></tr>
<tr><td>2. 取车（回程）</td><td>（1）连挂返回</td><td>① 连挂</td><td>调车人员</td><td>a. 按“程序一项目1挂车和项目2运行”的岗位作业标准执行；
b. 挂车前，应确认装卸停止、防护信号及装卸机具已撤除，车下无障碍</td><td>停车后起动困难时，不停车进入站内的办法，由企业规定</td></tr>
</table>

续表

作业程序			岗位作业		事项要求
程序	项目	内容	作业人员	技术要求	
2. 取车（回程）	（1）连挂返回	② 要道	调车人员	c. 由货物线、岔线、段管线返回时，应确认扳道人员的道岔开通信号或调车信号开放正确后，进入指定的股道	
	（2）交接报告	① 交接	调车人员	a. 规定由调车人员交递货运票据时，应负责交清货运票据	—
		② 报告	调车长 连结员 制动员	b. 每次作业完毕，应将停留车位置及防溜措施、计划变更的情况等，一并向调车领导人报告清楚	

五、实训考核标准

实训考核标准主要以计算机评分为主，人工评分为辅，考核标准如表 17-1-2 所示。

表 17-1-2　取送车辆作业评分表

序号	作业程序	操作标准	评分标准	评分方式	配分	得分
1	开始考核	扫码登录系统，拍下计时器按钮，进入作业准备阶段	—	—	—	—
2	汇报车站存车情况	（1）调车长汇报："调车线 10 道，调机 1 台，存车 1 组，共 5 辆，11 道，存车 1 组，共 3 辆，两端防溜按规定落实，与揭示一致" （2）连结员汇报："调车线 10 道，调机 1 台，存车 1 组，共 5 辆，11 道，存车 1 组，共 3 辆，两端防溜按规定落实，与揭示一致"	未口呼或口呼不正确，每次扣 0.5 分	计算机评分	1	
3	服装工具备品检查	（1）调车长口呼："帽子、衣服、安全带、口笛、鞋子穿戴完好，工具备品齐全，使用正常" （2）连结员口呼："帽子、衣服、安全带、口笛、鞋子穿戴完好，工具备品齐全，使用正常"	未口呼或口呼不正确，每次扣 0.5 分	计算机评分	1	
4	灯显试验	（1）试机通话： ① 调车长呼叫："调车组试机"，并依次呼叫："1 号"、"3 号"、"4 号"； ② 车站值班员（机器人）答："试机，1 号明白"； ③ 司机（机器人）答："试机，3 号明白"； ④ 连结员答："试机，4 号明白"。 （2）信令试验： 调车长手持台：	未联控或联控不正确，每次扣 0.5 分	计算机评分 计算机评分	2.5 12	

续表

序号	作业程序	操作标准	评分标准	评分方式	配分	得分
4	灯显试验	① 停车：按下红色按钮； ② 连结：先后按下绿、红按钮； ③ 十车：长按黄色按钮 1.5 s； ④ 五车：再按下黄色按钮 0.5 s，或直接发黄绿； ⑤ 三车：依次再按下黄色按钮 0.5 s，或直接发黄红； ⑥ 减速：2 次按下黄色按钮； ⑦ 起动：按下绿色按钮 2 s； ⑧ 推进：2 次按下绿色按键； ⑨ 停车：按下红色按钮； ⑩ 连结员呼“4 号好”； ⑪ 司机（机器人）答：“信号显示好”； 连结员手持台： ⑫ 紧急停车：按下红色按钮； ⑬ 解锁：长按黄色按钮； ⑭ 司机（机器人）答：“信号显示好”； ⑮ 调车长呼：“试机完毕”	未进行灯显试验，不得分；漏一项扣 1 分；未口呼或口呼不正确，每次扣 0.5 分	计算机评分	12	
5	领取调车作业通知单	点击“领取调车作业通知单”按钮	—	—	—	—
6	调车组布置计划	调车长向连结员传达计划：“4 号，传达计划第 1 号，10 道挂 2 辆车出，车号××××××，11 道摘 2 辆，车号××××××，传达完毕，是否明白”，连结员确认无误后复诵：“4 号，传达计划第 1 号，10 道挂 2 辆东出，车号××××××，11 道摘 2 辆，车号××××××，4 号明白”	未联控或联控不正确，每次扣 0.5 分	计算机评分	1	
7	作业分工、布置注意事项	调车长向连结员作业分工：“4 号，检查 10 道、11 道线路，负责领车及防溜措施；作业中加强进路确认、正确及时显示指令，是否明白”	未联控或联控不正确，每次扣 0.5 分	计算机评分	0.5	
		连结员确认无误后复诵：“检查 10 道、11 道线路，负责领车及防溜措施；作业中加强进路确认、正确及时显示指令，4 号明白”	未联控或联控不正确，每次扣 0.5 分	计算机评分	0.5	
8	向调车司机传达计划	调车长向司机（机器人）传达计划：“3 号，传达计划第 1 号，10 道挂 2 辆东出，车号××××××，11 道摘 2 辆，车号××××××，传达完毕，是否明白”，司机（机器人）自动回复：“传达计划第 1 号，10 道挂 2 辆车出，车号××××××，11 道摘 2 辆，车号××××××，传达完毕，3 号明白”	未联控或联控不正确，扣 0.5 分	计算机评分	0.5	

续表

序号	作业程序	操作标准	评分标准	评分方式	配分	得分
9	布置注意事项	调车长向司机（机器人）布置注意事项：“3号，作业中加强信令及进路确认、规范操纵机车，确保运行安全，是否明白”。司机（机器人）自动回复：“3号明白”	未联控或联控不正确，每次扣0.5分	计算机评分	0.5	
10	进入现场作业阶段	向司机传达计划完毕后，再次拍下计时器按钮，作业准备阶段结束，现场作业阶段开始	—	—	—	—
11	连挂车辆	（1）连结指令		计算机评分	1.5	
		① 连结员对线路车辆进行作业前检查后，向调车长报告：“10道、11道线路检查好了”	未联控或联控不正确，每次扣0.5分			
		② 调车长确认具备连挂条件后，发送连结指令：按下绿、红按键	未发送指令或发送错误，扣1分			
12		（2）减速指令		计算机评分	1	
		调车长发送减速指令：2次按压黄色按键	未发送指令或发送错误，扣1分			
13		（3）停车指令		计算机评分	2.5	
		① 调车长确认机车与停留车连挂，发送停车指令：长按红色按键	未发送指令或发送错误，扣1分			
		② 调车长确认连挂状态良好，口呼：“钩销落槽，连挂状态完好”	未口呼或口呼不正确，扣0.5分			
		③ 调车长呼：“4号，连挂好了”。连结员复诵“4号明白”	未联控或联控不正确，每次扣0.5分			
14		（4）连结制动软管		计算机评分	6.5	
		① 确认胶皮圈状态：调车长用手检查胶皮圈状态并口呼：“胶皮圈状态完好”	未口呼扣0.5分			
		② 调车长连结制动软管：一脚在钢轨内侧，一脚在钢轨外侧，连结制动软管接头	未连结软管扣2分；违反先连结软管后打开折角塞门原则，扣6分			
		③ 打开后（车辆端）折角塞门：调车长将后折角塞门由关闭位置转至打开位置	未打开折角塞门每处扣2分，打开折角塞门顺序不正确扣4分			
		④ 打开前（机车端）折角塞门：调车长将前折角塞门由关闭位置转至打开位置				

续表

序号	作业程序	操作标准	评分标准	评分方式	配分	得分
15	连挂车辆	（5）撤除铁鞋 撤除铁鞋：调车长将铁鞋从轨道上取下	未执行或动作执行不到位，扣2分，后续步骤不得分	计算机评分	2	
16		（6）松开人力制动机 调车长松开人力制动机	未执行或动作执行不到位，扣2分，后续步骤不得分	计算机评分	2	
17		（7）确认车号 连结员在行走采集设备上行走，到达取车地点，核对取车末端车号，确认车号口呼："车号××××××，确认正确"	未联控或联控不正确，扣0.5分 取车不正确，后续步骤不得分	计算机评分	0.5	
18		（8）进入车档间防护 ①连结员向调车长报告："2号，请求进入车档间作业"，调车长回复："2号同意" ②连结员显示紧急停车指令：按下红色按键	未联控或联控不正确，每次扣0.5分 未发送指令或发送错误，扣1分	计算机评分	2	
19		（9）设置铁鞋 设置铁鞋：将铁鞋放置钢轨与停留车轮对处	未执行或动作执行不到位，扣2分，若铁鞋和人力制动机均未执行防溜，判为失格项，后续步骤不得分	计算机评分	2	
20		（10）设置人力制动机 将人力制动机拧紧	未执行或动作执行不到位，扣2分，若铁鞋和人力制动机均未执行防溜，判为失格项，后续步骤不得分	计算机评分	2	

续表

序号	作业程序	操作标准	评分标准	评分方式	配分	得分
21	连挂车辆	（11）摘管作业		计算机评分	6	
		① 关闭前（机车端）折角塞门：连结员将前折角塞门由打开位置转至关闭位置	未关闭折角塞门，每处扣2分			
		② 关闭后（车辆端）折角塞门：连结员将后折角塞门由打开位置转至关闭位置				
		③ 摘开制动软管：一脚在钢轨内侧，一脚在钢轨外侧，将制动软管结头摘开	（1）违反“一关前，二关后，三摘软管”扣6分。（2）未摘开软管，扣2分，后续步骤不得分			
22		（12）提钩：连结员用提钩杆将车钩摘开	未提钩扣2分，后续步骤不得分	计算机评分	2	
23		（13）解锁		计算机评分	2	
		① 作业完毕连结员向调车长报告：“2号，车档间作业完毕”，调车长回复：“2号明白”	未联控或联控不正确，每次扣0.5分			
		② 解锁指令：连结员按下黄色按钮	未发送指令或发送错误，扣1分			
24	要道动车	1.指挥动车：		计算机评分	4	
		① 连结员呼叫：“10道牵出”，调车长回复：“2号明白”	未联控或联控不正确，每次扣0.5分			
		② 调车长呼叫值班员：“1号，10道出开通进路”，值班员排列10道至牵3线调车进路，呼叫：“2号、3号，10道出调车信号开放好了”				
		③ 调车长回复：“10道出调车信号开放好了，2号明白”。司机（机器人）回复：“10道出调车信号开放好了，3号明白”				
		④ 连结员上车梯，连结员呼叫：“2号，牵出”，调车长回复：“2号明白”				
		⑤ 调车长上车梯，确认连结员显示起动信号后，发送起动指令：按下绿色按键2 s	未发送指令或发送错误，扣1分			

续表

序号	作业程序	操作标准	评分标准	评分方式	配分	得分
25	起车运行	起车牵出：		计算机评分	3	
		① 确认起动，调车车列起动后，连结员向调车长报告："起动好了"	未联控或联控不正确，每次扣0.5分；停车位置未在D30折返信号内方200 m内，扣1分			
		② 调车长确认连结员的"起动好了"信号并确认连结员上车及安全等情况，向司机呼叫："起动好了"				
		③ 到达停车位置连结员向调车长报告："2号，停车"，调车长回复："停车，2号明白				
		④ 发送停车指令：调车长按下红色按钮，列车停车	未发送指令或发送错误，扣1分			
26	连挂车辆	（1）确认进路（集中联锁区进路）		计算机评分	3	
		① 连结员确认车列具备要道条件后呼叫："1号，请开通11道进路"，值班员排列集中联锁区进路，值班员（机器人）自动回复："2号、4号，进11道调车信号开放好了"	未联控或联控不正确，每次扣0.5分			
		② 连结员听到值班员呼叫后，确认信号开放后回复："进11道调车信号开放好了，4号明白"；调车长回复："进11道调车信号开放好了，2号明白"				
		③ 连结员呼："连结"				
		④ 向司机发送推进指令：2次按下绿色按钮，发出"推进"信令，列车运行	未发送指令或发送错误，扣1分			
27		（2）确认十、五、三车距离		计算机评分	4.5	
		① 连结员根据场景中位置，到达十车距离时，向调车长报告："十车"	未联控或联控时机不正确扣0.5分；未发送指令或发送错误或发送，每次扣1分			
		② 调车长发送十车指令：按下黄色按键				
		③ 连结员根据场景中位置，到达五车距离时，向调车长报告："五车"				
		④ 调车长发送五车指令：按下黄色按键				
		⑤ 连结员根据场景中的位置，到达三车距离时，向调车长报告："三车"				
		⑥ 调车长发送三车指令：按下黄色按键				

续表

序号	作业程序	操作标准	评分标准	评分方式	配分	得分
28	连挂车辆	（3）减速指令		计算机评分	1.5	
		① 连结员向调车长报告："减速"	未联控或联控不正确，扣 0.5 分			
		② 调车长发送减速指令：2 次按下黄色按键	未发送指令或发送错误，扣 1 分			
29		（4）停车指令		计算机评分	1.5	
		① 连结员向调车长报告："停车"	未联控或联控不正确，扣 0.5 分			
		② 调车长发送停车指令：按下红色按键	未发送指令或发送错误，扣 1 分			
30	接管通风	（1）连挂状态检查确认		计算机评分	0.5	
		连结员口呼："钩销落槽，连挂状态完好"。	未口呼或口呼不正确，扣 0.5 分			
31		（2）进入车档间防护		计算机评分	2	
		① 连结员向调车长报告："2 号，请求进入车档间作业"，调车长回复："2 号同意"	未联控或联控不正确，每次扣 0.5 分			
		② 连结员显示紧急停车指令：按下红色按键	未发送指令或发送错误，扣 1 分			
32		（3）连结制动软管	未口呼或口呼不正确，扣 0.5 分；未连结软管扣 2 分；未遵循先连结软管后打开折角塞门原则，扣 6 分；未打开折角塞门，每处扣 2 分；打开折角塞门顺序不正确，扣 4 分	计算机评分	6.5	
		① 确认胶皮圈状态：连结员用手检查胶皮圈状态并口呼："胶皮圈状态完好"				
		② 连结制动软管：一脚在钢轨内侧，一脚在钢轨外侧，连结制动软管接头。				
		③ 打开后端（车辆端）折角塞门：连结员将折角塞门由关闭位置转至打开位置				
		④ 打开前端（机车端）折角塞门：连结员将折角塞门由关闭位置转至打开位置				

续表

序号	作业程序	操作标准	评分标准	评分方式	配分	得分
33	接管通风	（4）撤除铁鞋 撤除铁鞋：连结员将铁鞋从轨道上取下	未执行或动作执行不到位，扣2分，后续步骤不得分	计算机评分	2	
34		（5）松开人力制动机 连结员松开人力制动机	未执行或动作执行不到位，扣2分，后续步骤不得分	计算机评分	2	
35		（6）解锁 ① 作业完毕连结员向调车长报告：“2号，车档间作业完毕”。调车长回复：“2号明白” ② 解锁指令：连结员按下黄色按键。	未联控或联控不正确，每次扣0.5分 未发送指令或发送错误，扣1分	计算机评分	2	
36		（7）摘车作业 调车长在行走采集设备上行走，到达机车位置，核对机车后部第一位车辆车号，确认车号，口呼：“车号×××××××，确认正确”。	未口呼或口呼不正确，扣0.5分 取车不正确，后续步骤不得分	计算机评分	0.5	
37		（8）设置铁鞋 设置铁鞋：调车长将铁鞋放在车轮下轨道上	未执行或动作执行不到位，扣2分，若铁鞋和人力制动机均未执行防溜，判为失格项，后续步骤不得分	计算机评分	2	
38		（9）设置人力制动机 调车长将人力制动机拧紧	未执行或动作执行不到位，扣2分，若铁鞋和人力制动机均未执行防溜，判为失格项，后续步骤不得分	计算机评分	2	

续表

序号	作业程序	操作标准	评分标准	评分方式	配分	得分
39	接管通风	（10）摘管作业		计算机评分	6	
		① 关闭前端（机车端）折角塞门：将折角塞门由打开位置转至关闭位置	未关闭折角塞门，每处扣 2 分			
		② 关闭后端（车辆端）折角塞门：将折角塞门由打开位置转至关闭位置				
		③ 摘开制动软管：一脚在钢轨内侧，一脚在钢轨外侧，将制动软管摘开	（1）违反“一关前，二关后，三摘软管”原则，扣 6 分。（2）未摘开软管，扣 2 分，后续步骤不得分			
40		（11）提钩：调车长用提钩杆将车钩打开	未提钩扣 2 分，后续步骤不得分	计算机评分	2	
41	要道返回	单机运行：		计算机评分	2.5	
		① 调车长确认具备要道条件后呼：“1 号，11 道出开通进路”，值班员排列集中联锁区进路，值班员（机器人）自动回复：“2 号、3 号，11 道出调车信号开放好了”	未联控或联控不正确，每次扣 0.5 分			
		② 调车长听到值班员呼叫后，确认信号开放后呼：“11 道出调车信号开放好了，2 号明白”；司机（机器人）自动回复：“11 道出调车信号开放好了，3 号明白”				
		③ 调车长向司机发送起动信令：按下手持电台绿色按钮，列车运行	未发送指令或发送错误，扣 1 分			
		④ 调车长确认机车与车辆车钩分离及安全等情况，向司机呼叫：“起动好了”	未联控或联控不正确，每次扣 0.5 分			
		⑤ 到达停车位置（D30），列车自动停止运行。				
42	防溜报告、揭示	（1）防溜报告		计算机评分	0.5	
		① 调车长向车站值班员汇报：“1 号，调车线 10 道东端铁鞋 1 号、人力制动机，西端 2 号、人力制动机，11 道东端铁鞋 3 号、人力制动机，西端 4 号、人力制动机，防溜按规定落实”	未联控或联控不正确，每次扣 0.5 分			

续表

序号	作业程序	操作标准	评分标准	评分方式	配分	得分
42	防溜报告、揭示	② 车站值班员回复："调车线 10 道东端铁鞋 1 号、人力制动机，西端 2 号、人力制动机，11 道东端铁鞋 3 号、人力制动机，西端 4 号、人力制动机，防溜按规定落实，1 号明白"				
43		（2）防溜揭示		计算机评分	0.5	
		连结员口呼："调车线 10 道东端铁鞋 1 号、人力制动机，西端 2 号、人力制动机，11 道东端铁鞋 3 号、人力制动机，西端 4 号、人力制动机，防溜按规定落实，与揭示一致"	未口呼或口呼不正确，每次扣 0.5 分			

六、思考题

（1）取送车辆作业的原则有哪些？

（2）取送车辆作业的组成因素有哪些？根据实际作业内容的不同，可分为哪些取送车辆作业？

任务二　平面牵出线作业

一、实训目的

（1）了解平面牵出线作业业务类型。

（2）掌握平面牵出线作业流程实训。

（3）掌握平面牵出线作业溜放方法、摘挂方法等。

二、理论链接

1. 平面牵出作业流程图

平面牵出作业流程如图 17-2-1 所示。

2. 牵出线调车

牵出线调车按操作技术可分为推送调车法和溜放调车法两种。

1）推送调车法

使用机车将车辆送至指定地点停妥后摘车，再提开车钩，将车辆停在指定地点，称推送调车法。推送调车法的基本作业过程为挂车、牵出、推进和摘车。采用推送调车法分解车辆时，调车司机按照调车长的信号，将车列牵出至分歧道岔外方，然后变更运行方向，推送至指定地点停车，由调车人员摘下第一个车组；调车司机按照调车长的信号指示，变更机车运行方向，牵引车列返回牵出线或分歧道岔外方，并用同样的方法，依次分解以后的车组。采用推送法调车时，车辆在移动过程中始终和机车连挂在一起，直到车列停妥后再摘车，技术简单，作业安全。

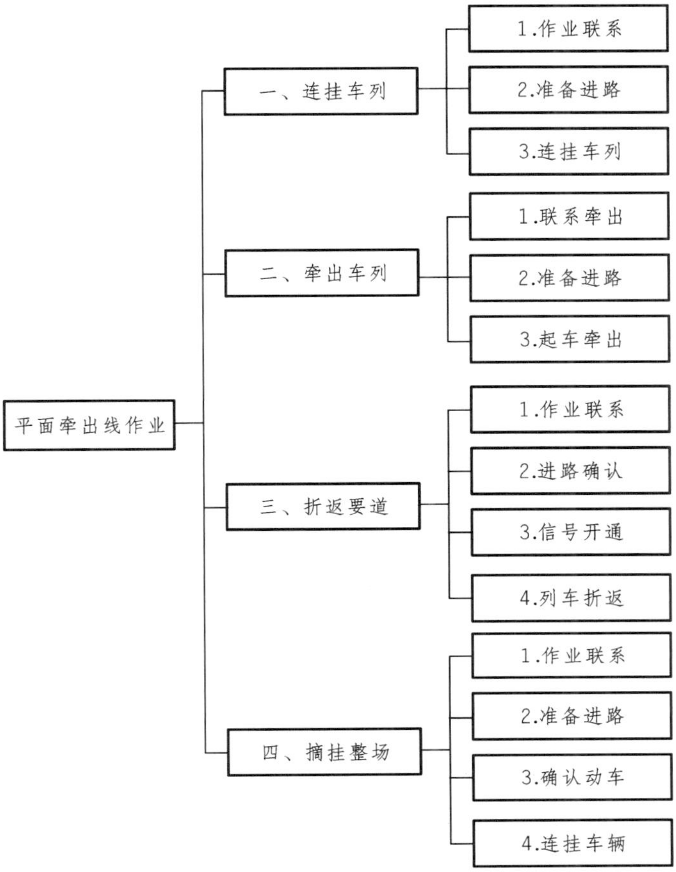

图 17-2-1 平面牵出线作业程序

2）溜放调车法

溜放调车法为使用机车推送车列达到一定的速度，在行进中提钩，使摘离的车组利用获得的动能，溜向指定地点的调车方法。

三、实训要求

1. 实训时间

实训课时为 2 课时。

2. 实训形式

按照实训内容，依据授课班级实际情况将学生分组，组内成员对该模块内容进行小组讨论学习，进行平面牵出线调车作业实训，并完成实训报告。

3. 安全注意事项

（1）实训过程中按照规范进行操作，禁止蛮力操作。

（2）实训过程中严禁在钢轨中间嬉戏打闹，避免发生意外事故。

（3）实训过程中按规定在移动车辆上进行作业，遵守相关规章制度。

（4）实训结束后，按照顺序，先关闭程序，后关闭电源。

4. 工器具材料准备

（1）防护用具：防护手套、安全带、安全钩、防护服装。

（2）携带装备：无线调车灯显设备、语音识别设备。

（3）场地：调车实训场。

四、实训作业步骤

1. 平面牵出作业程序

表 17-2-1 平面牵出线作业程序

作业程序			岗位作业		事项要求
程序	项目	内容	作业人员	技术要求	
1. 连挂车列	（1）作业联系	① 布置联系	调车长	a. 根据计划要求，了解作业准备情况，通知司机开始作业	—
		② 指挥动车	调车长	b. 显示起动信号，指挥司机动车，司机按信号显示运行	
	（2）准备进路	① 请求挂车	信号员 扳道员	a. 根据计划，提出挂车请求，在正线、到发线上调车时，应经过车站值班员的准许	—
		② 准备进路	信号员 扳道员	b. 根据计划或要道信号，按规定准备进路，确认进路开通正确	
		③ 立岗还道	扳道员	c. 显示股道号码和道岔开通信号，立岗监视机车车辆走行	
	（3）连挂车列	指挥挂车	调车长	a. 接近车列，确认具备挂车条件； b. 显示连结信号，指挥机车连挂	—
2. 牵出车列	（1）联系牵出	① 信号联系	制动员	a. 提前到达取车地点，按规定摘管提钩，核对取车末端车号，确认调车长的联络信号，向调车长回示	—
		② 指挥动车	调车长	b. 向车列开口处或末端制动员显示联络信号，确认制动员回示后，向司机显示起动信号。	
	（2）准备进路	① 请求作业	信号员 扳道员	a. 与车站值班员联系，请求牵出	—
		② 准备进路	信号员 扳道员	b. 根据计划或要道信号，按规定准备进路，确认进路开通正确	
		③ 立岗还道	扳道员	c. 显示股道号码和道岔开通信号，立岗监视机车车辆走行	
	（3）起车牵出	① 确认牵出	制动员	a. 确认车列起动无误后，向调车长回示	—
			调车长	b. 确认开口处或末端制动员的回示，注意调车人员上车及安全等情况，向司机回示“好了”信号	
		② 核对确认	连结员	c. 车列牵出，按计划查车数，核对提钩处制动软管摘开、无抱闸车及牵出车列最后一辆车号正确	遇特殊情况，连结员不能确认牵出车列最后一辆车号时，由制动员负责确认

续表

<table>
<tr><th colspan="3">作业程序</th><th colspan="2">岗位作业</th><th rowspan="2">事项要求</th></tr>
<tr><th>程序</th><th>项目</th><th>内容</th><th>作业人员</th><th>技术要求</th></tr>
<tr><td>2. 牵出车列</td><td>(3) 起车牵出</td><td>③ 指挥停车</td><td>调车长</td><td>d. 根据作业计划，确认车列停车所需位置，指示司机停车</td><td>—</td></tr>
<tr><td rowspan="12">3. 溜放车辆</td><td rowspan="3">(1) 作业联系</td><td>① 联系溜放</td><td>调车长</td><td>a. 通知各作业点解体车次、股道、防溜措施及重点注意事项，听取制动员准备好了的报告</td><td rowspan="3">—</td></tr>
<tr><td rowspan="2">② 汇报上岗</td><td>制动员</td><td>b. 向调车长报告准备好了；
c. 人力制动机制动，试闸良好后，向调车长或连结员报告试闸良好</td></tr>
<tr><td>连结员</td><td>d. 检查核对车组无误，确认制动员试闸“好了”信号（或试闸良好的报告），向调车长报告</td></tr>
<tr><td rowspan="3">(2) 进路确认</td><td rowspan="2">① 准备进路</td><td>信号员</td><td>a. 按规定准备进路，确认进路开通正确</td><td rowspan="3">—</td></tr>
<tr><td>扳道员</td><td>b. 连续溜放第一钩执行要道还道制度（集中联锁设备除外）</td></tr>
<tr><td>② 对道确认</td><td>调车长</td><td>c. 非集中区第一钩确认扳道员道岔开通信号，集中区确认调车信号开放，指示开始作业</td></tr>
<tr><td rowspan="3">(3) 溜放车辆</td><td>① 掌握溜放</td><td>调车长</td><td>a. 开放（或显示溜放）信号。根据停留车位置、气候条件、车组大小、空重、车辆走行状态、难易行线等情况，掌握溜放速度，保证溜放车组速度均匀，间隔适当；
b. 发现异常情况，果断处理</td><td>溜放车组间隔距离由企业规定</td></tr>
<tr><td>② 提钩作业</td><td>连结员</td><td>c. 按计划核对车数、车号，随时确认调车长信号或调车信号机显示状态，根据车组大小、车辆走行性能、气候条件、难易行线、间隔距离、禁溜车等情况，正确提钩，发现异常情况，及时报告或采取停车措施</td><td rowspan="2">溜放车组间隔距离由企业规定</td></tr>
<tr><td>③ 扳道作业</td><td>信号员
扳道员</td><td>d. 按计划准备进路，监视溜放车组走行；
e. 扳道员做到溜放车组间隔不足规定距离不扳，未过联动道岔不扳，有压标车或有侧面冲突的可能时不扳；
f. 发现异常情况，果断采取措施处理</td></tr>
<tr><td>(4) 制动作业</td><td>① 人力制动机制动</td><td>制动员</td><td>a. 人力制动机制动时，抓牢站稳，按规定使用安全带，进行试闸；
b. 试好闸后，向调车长或连结员显示（报告）试闸良好；
c. 正确观速观距，观前顾后，均衡调速，稳妥连挂；
d. 多人制动一车组，以第一位制动员为主，其他制动员听从第一位制动员指挥；
e. 制动完了，松开人力制动机（按规定防溜时除外）</td><td>—</td></tr>
</table>

续表

作业程序			岗位作业		事项要求
程序	项目	内容	作业人员	技术要求	
3. 溜放车辆	（4）制动作业	② 脱鞋调速	制动员	f. 根据计划，掌握重点车组、重点股道、人员技术、停留车位置、气候条件、安全注意事项，监视各股道车组走行，认真观速观距，正确调速。 g. 发生危及行车安全的情况时，及时采取措施或向制动人员报警； h. 一批作业完了，及时将铁鞋归位、摆齐	—
		③ 铁鞋制动	制动员	i. 根据计划钩序、辆数、空重、难易行线、停留车位置、车辆走行、气候条件等，采用相应的下鞋方法；但单个车辆应“一车三鞋单轨双基本”，小组车应下基本鞋； j. 选择适宜地点，准备足够数量且符合标准的铁鞋，遇天气不良或钢轨有油渍、盐、碱、冰、雪、霜等情况时，撒好沙子，正确观速观距，准确安放铁鞋，做到安全连挂或车组间天窗不大于 4 m； k. 一批作业完了，及时撤除铁鞋，归位、摆齐	
			调车长	压鞋时的处理方法，由企业规定。根据作业进度或在一批作业完了，及时安排取出	
4. 摘挂整场	（1）作业联系	作业联系	调车长	a. 根据计划要求，通知有关人员做好摘挂车整场准备； b. 需越区作业时，同时按规定办理越区作业手续	—
	（2）准备进路	① 准备进路	信号员 扳道员	a. 根据计划或要道信号，按规定准备进路，确认进路开通正确	—
		② 立岗还道	扳道员	b. 显示股道号码和道岔开通信号，立岗监视机车车辆走行	
	（3）确认动车	确认动车	调车长	a. 推进运行时，确认扳道员股道号码和道岔开通信号，集中区确认调车信号，瞭望进路，指挥运行； b. 单机或牵引运行时，向司机显示起动信号，指示动车	—
	（4）连挂车辆	① 检查线路	制动员	a. 检查线路、停留车辆，调整好钩位	—
		② 推送车辆	调车长 制动员	b. 推送车辆应先试拉，车列前部应有人进行瞭望，及时显示信号。当调车长确认停留车位置困难时，应派人显示停留车位置信号。末端车辆距信号机（警冲标）不足 30 m 时，应采取安全措施	

续表

作业程序			岗位作业		事项要求
程序	项目	内容	作业人员	技术要求	
4. 摘挂整场	(4)连挂车辆	② 推送车辆	调车长	c. 使用手信号作业时，应位于易于瞭望前方，又能使司机看见所显示信号的位置	
			连结员 制动员	d. 使用手信号作业时，中转信号人员位置适当，正确及时一致地中转信号	
		③ 连挂车辆	调车长 连结员 制动员	e. 推进挂车时，车列前部应有人瞭望，正确及时显示十、五、三车距离信号； f. 连续连挂时，可不停车连挂，应确认连挂状态，车组间隔超过 10 车时，应顿钩或试拉；末端车辆距信号机（警冲标）不足 30 m 时，应采取安全措施； g. 推送或牵出车辆前，按规定确认车列挂妥	

五、实训考核标准

实训考核标准主要以计算机评分为主，人工评分为辅，考核标准如表 17-2-2 所示。

表 17-2-2　平面牵出线作业评分表

序号	作业程序	分项内容	分项配分	评分方式	评分标准	得分
1	线路检查情况汇报(根据占线板显示内容汇报)	（1）调车长汇报：“调车线 11 道，调机 1 台，停留在 D40 信号机内方，存车 1 组，共 8 辆，两端防溜按规定落实，与揭示一致，才 2 线，存车 1 组，共 2 辆，两端防溜按规定落实，与揭示一致”。 （2）连结员汇报：“调车线 11 道，调机 1 台，停留在 D40 信号机内方，存车 1 组，共 8 辆，两端防溜按规定落实，与揭示一致，才 2 线，存车 1 组，共 2 辆，两端防溜按规定落实，与揭示一致”	0.5	计算机评分	未执行口呼或错误，每次扣 0.25 分	
2	领取调车计划	点击“领取调车作业通知单”按钮打印调车作业通知单并领取	—	—	—	
3	调车长对连结员布置及传达计划	调车长向连结员传达计划：“4 号，传达计划第 1 号，11 道挂 2 辆，车号××××××，才 2 线摘 2 辆，车号××××××，传达完毕，是否明白”，连结员确认无误后复诵：“4 号，传达计划第 1 号，11 道挂 2 辆，车号××××××，才 2 线摘 2 辆，车号××××××，4 号明白”	1	计算机	未执行联控或错误，每次扣 0.5 分	

续表

序号	作业程序	分项内容	分项配分	评分方式	评分标准	得分
4	领取电台设备	调车长、连结员在裁判端领取手持台	—	—	—	
5	服装工具检查	（1）安全带应扎于衣服的外面，安全挂钩在不使用时，须装入钩套内有无裂纹、安全挂钩是否灵活、安全带有无折断现象。 （2）调车无线电台：无线电台2个，使用正常。 （3）手信号旗各1套，手信号旗插在安全带内。 （4）哨子绳索挂在脖子上。 （5）调车长口呼："帽子、衣服、安全带、鞋子穿戴完好，工具备品齐全，正常使用"。 （6）连结员口呼："帽子、衣服、安全带、鞋子穿戴完好，工具备品齐全，正常使用"	1	计算机/人工	未执行联控或错误，每次扣0.5分	
6	调车长对司机布置及传达计划	调车长向司机（机器人）传达计划："3号，传达计划第1号，11道挂2辆，车号××××××，才2线摘2辆，车号××××××，传达完毕，是否明白"，司机（机器人）自动回复	0.5	计算机	未执行联控或错误扣0.5分	
7	调车灯显试验	（1）试机通话 ①调车长呼叫车站值班员（机器人）："1号，2号试机"，司机（机器人）回复："2号试机，1号明白"；	0.5	计算机	未联控或联控错误，扣0.5分	
			1	计算机	未联控或联控错误，每人次扣0.5分	
		②连结员呼叫调车长："2号，4号试机"，调车长回复："4号试机，2号明白"； ③调车长呼叫司机（机器人）："3号，2号试机"，司机（机器人）回复："2号试机，3号明白"	0.5	计算机	未联控或联控错误，每次扣0.5分	
		（2）信令试验。 调车长手持台： ①停车：按下红色按钮； ②连结：先后按下绿、红按钮； ③十车：长按黄色按钮1.5 s； ④五车：再按下黄色按钮0.5 s，或直接发黄绿；	10	计算机	（1）未进行信令试验本项不得分 （2）漏1项扣1分	

续表

序号	作业程序	分项内容	分项配分	评分方式	评分标准	得分
7	调车灯显试验	⑤ 三车：依次再按下黄色按钮 0.5 s，或直接发黄红； ⑥ 减速：按下黄色按钮； ⑦ 溜放：先后按下绿、黄按钮； ⑧ 启动：按下绿色按钮 2 s； 连结员手持台： ⑨ 紧急停车：按下红色按钮； ⑩ 解锁：长按黄色按钮				
8	连挂车辆	（1）连结指令。 ① 连结员向调车长报告："连结"； ② 调车长发送连结指令：按下绿、红按键	0.5	计算机/人工	未执行联控或错误扣 0.5 分	
			1	计算机	发送指令正确，得 1 分，未发送或发送错误，无法进行	
		（2）减速指令。 ① 连结员向调车长报告："减速"； ② 调车长发送减速指令：按压两次黄色按键	0.5	计算机	未执行联控或错误扣 0.5 分	
			1	计算机	未发送或发送错误，扣 1 分	
		（3）停车指令。 ① 距离停留车 10 m 处连结员向调车长报告："一度停车"； ② 调车长发送停车指令：长按红色按键	0.5	计算机	未发送或发送错误，扣 1 分	
			1	计算机	未执行联控或错误扣 0.5 分	
		（4）连结员检查待连挂车辆和所在车辆钩位：确认钩位良好，适合连挂，有检查的动作，提钩、钩舌活动。 连结员口呼："钩位正常，可以连挂"	0.5	计算机	未执行联控或错误扣 0.5 分	
		（1）连结指令。 ① 连结员向调车长报告："连结"； ② 调车长发送连结指令：按下绿、红按键	0.5	计算机/人工	未执行联控或错误扣 0.5 分	
			1	计算机	发送指令正确，得 1 分，未发送或发送错误，无法进行	
		（2）减速指令。 ① 连结员向调车长报告："减速"； ② 调车长发送减速指令：按下两次黄色按键	0.5	计算机	未执行联控或错误扣 0.5 分	
			1	计算机	未发送或发送错误，扣 1 分	
		（3）停车指令。 ① 距离停留车 10 m 前连结员向调车长报告："一度停车"； ② 调车长发送停车指令：长按红色按键	0.5	计算机	未执行联控或错误扣 0.5 分	
			1	计算机	未发送或发送错误，扣 1 分	

续表

<table>
<tr><th>序号</th><th>作业程序</th><th>分项内容</th><th>分项配分</th><th>评分方式</th><th>评分标准</th><th>得分</th></tr>
<tr><td rowspan="11">9</td><td rowspan="11">连结制动软管</td><td rowspan="2">（1）进入车档防护：
① 连结员向调车长报告：“2号，请求进入车档间作业”，调车长回复：“2号明白”；
② 连结员显示紧急停车信令：按下红色按键</td><td>1</td><td>计算机</td><td>未执行联控或错误，每次扣0.5分</td><td></td></tr>
<tr><td>1</td><td>计算机</td><td>未发送或发送错误，扣1分</td><td></td></tr>
<tr><td>（2）连挂状态检查确认。
口呼：“钩销落槽，制动软管胶皮圈完好”</td><td>0.5</td><td>计算机</td><td>口呼错误，每次扣0.5分</td><td></td></tr>
<tr><td rowspan="3">（3）连结制动软管：
① 连结制动软管：一脚在钢轨内侧，一脚在钢轨外侧，连结制动软管接头；
② 打开前折角塞门：将前折角塞门由关闭位置转至打开位置；
③ 打开后折角塞门：将后折角塞门由关闭位置转至打开位置</td><td>1</td><td>计算机</td><td>未连结或不到位，扣1分</td><td></td></tr>
<tr><td>1</td><td>计算机</td><td>未打开折角塞门或打开不到位，扣1分，顺序错误扣1分</td><td></td></tr>
<tr><td>1</td><td>计算机</td><td>未打开折角塞门或打开不到位，扣1分，顺序错误扣1分</td><td></td></tr>
<tr><td rowspan="2">（4）撤除防溜：
① 撤除铁鞋：连结员将智能铁鞋从轨道上取下；
② 撤除人力制动机紧固器：用摇把将人力制动机紧固器松开取下</td><td>1</td><td>计算机</td><td>未撤除铁鞋，失格</td><td></td></tr>
<tr><td>1</td><td>计算机</td><td>未松开人力制动机，失格</td><td></td></tr>
<tr><td rowspan="2">（5）解锁。
① 作业完毕连结员向调车长报告：“2号，车档间防溜已撤除”，调车长回复：“2号明白”；
② 解锁信令：连结员按下黄色按钮</td><td>0.5</td><td>计算机</td><td>未联控或联控错误，每次扣0.5分</td><td></td></tr>
<tr><td>1</td><td>计算机</td><td>未发送指令或错误，扣1分</td><td></td></tr>
<tr></tr>
<tr><td rowspan="3">10</td><td rowspan="3">牵出车列</td><td>（1）联系牵出：
连结员在行走采集设备上行走，到达取车地点，核对取车末端车号，确认车号口呼：“车号×××，确认正确”</td><td>0.5</td><td>计算机</td><td>（1）口呼错误扣1分
（2）取错车，失格
（3）未取车或取的车不包括下一钩送车的车号，失格</td><td></td></tr>
<tr><td rowspan="2">（2）进入车档间防护：
① 连结员向调车长报告：“2号，请求进入车档间作业”，调车长回复：“2号明白”；
② 连结员显示紧急停车信令：按下红色按键</td><td>1</td><td>计算机</td><td>未执行联控或错误，每次扣0.5分</td><td></td></tr>
<tr><td>1</td><td>计算机</td><td>未发送或发送错误，扣0.5分</td><td></td></tr>
</table>

续表

序号	作业程序	分项内容	分项配分	评分方式	评分标准	得分
10	牵出车列	（3）设置防溜措施： ① 设置铁鞋：将铁鞋放置钢轨与停留车轮对处；	1	计算机	未放置铁鞋，扣 1 分	
		② 设置人力制动机紧固器：将人力制动机紧固器拧紧	1	计算机	未拧紧人力制动机，扣 1 分	
		（4）摘管作业： ① 关闭前折角塞门：将前折角塞门由打开位置转至关闭位置；	1	计算机	未执行或顺序错误，扣 1 分	
		② 关闭后折角塞门：将后折角塞门由打开位置转至关闭位置；	1	计算机	未执行或顺序错误，扣 1 分	
		③ 摘开制动软管：一脚在钢轨内侧，一脚在钢轨外侧，将制动软管结头摘开	1	计算机	未执行或顺序错误，扣 1 分	
		（5）提钩：连结员用提钩器将车钩摘开	0.5	计算机	未提钩或提钩不到位，失格	
		（6）解锁： ① 作业完毕连结员向调车长报告："2 号，车档间防溜已做好"，调车长回复："2 号明白"；	1	计算机	未联控或联控错误，每次扣 0.5 分	
		② 解锁信令：连结员按下黄色按钮	1	计算机	未发送指令或错误，扣 0.5 分	
		（7）指挥动车： ① 连结员呼叫："11 道牵出"，调车长回复："2 号明白"；	1	计算机	未报告具体位置和未回复，每次扣 0.5 分	
		② 调车长呼叫值班员："1 号，11 道出开通进路"，值班员排列 11 道至牵 3 调车进路，呼叫："2 号、3 号，11 道出调车信号开放好了"；	0.5	计算机	未联控或联控错误扣 0.5 分	
			0.5	计算机	未联控或联控错误，扣 0.5 分	
		③ 调车长回复："11 道出调车信号开放好了，2 号明白"，司机（机器人）回复："11 道出调车信号开放好了，3 号明白"；	1	计算机	未联控或联控错误，每次扣 0.5 分	
		④ 连结员上车梯，连结员呼叫："4 号已上车，牵出"，调车长回复："2 号明白"； ⑤ 发送启动信令：调车长上车梯，按下绿色按键 2 s	1	计算机	未发送启动指令或错误，扣 1 分	
		（8）起车牵出： ① 确认牵出：列车起动后，连结员向调车长报告："尾部好"，调车长回复："2 号明白"；	1	计算机	未联控或联控错误，每次扣 0.5 分	
		② 到达停车位置连结员调车长报告："2 号，已越过折返信号，停车"，调车长回复："停车，2 号明白"；	1	计算机	未联控或联控错误，每次扣 0.5 分	
		③ 发送停车指令：调车长按下红色按钮 ，列车停车	1	计算机	未发送指令或错误，扣 1 分	

续表

<table>
<tr><th>序号</th><th>作业程序</th><th>分项内容</th><th>分项配分</th><th>评分方式</th><th>评分标准</th><th>得分</th></tr>
<tr><td rowspan="14">11</td><td rowspan="14">推进连挂</td><td rowspan="3">（1）确认进路（集中联锁区进路）。
①连结员确认车列具备要道条件后呼：“1号，请开通才2线进路”，值班员排列集中联锁区进路，值班员（机器人）自动回复：“2号、4号，进才2线调车信号开放好了”；
②连结员听到值班员呼叫后，确认信号开放后呼：“进才2线调车信号开放好了，4号明白”，调车长回复：“进才2线调车信号开放好了，2号明白”；
③向司机发送连结信令：2次按下手持电台绿色按钮，列车运行</td><td>0.5</td><td>计算机</td><td>未联控或联控错误，扣0.5分</td><td></td></tr>
<tr><td>1</td><td>计算机</td><td>未联控或联控错误，每次扣0.5分</td><td></td></tr>
<tr><td>1</td><td>计算机</td><td>未发送指令或错误，无效，考核无法进行</td><td></td></tr>
<tr><td rowspan="4">（2）道岔前一度停车。
①场景中靠近非集中联锁道岔时连结员向调车长报告：“减速”；
②调车长发送减速信号：使用无线电台按压黄色按钮；
③车辆接近道岔（距离10 m左右）连结员向调车长报告：“停车”；
④调车长发送停车信号：使用无线电台按压红色按钮</td><td>0.5</td><td>计算机</td><td>未联控或联控错误，扣0.5分</td><td></td></tr>
<tr><td>1</td><td>计算机</td><td>未发送指令或错误，扣1分</td><td></td></tr>
<tr><td>0.5</td><td>计算机</td><td>未联控或联控错误，扣0.5分</td><td></td></tr>
<tr><td>1</td><td>计算机</td><td>未发送指令或错误，扣1分</td><td></td></tr>
<tr><td rowspan="3">（3）确认非集中联锁区道岔位置。
连结员下车，行走采集器行走靠近待扳动的道岔，确认道岔位置是否正确：
①连结员口呼：“前方进路空闲，道岔开通位置正确”；
②连结员上车，呼叫调车长：“连结”；
③调车长发送连结指令：按下绿、红按键，列车启动</td><td>0.5</td><td>计算机</td><td>未联控或联控错误，扣0.5分</td><td></td></tr>
<tr><td>0.5</td><td>计算机</td><td>道岔位置未扳动，失格</td><td></td></tr>
<tr><td>1</td><td>计算机</td><td>未联控或联控错误扣0.5分</td><td></td></tr>
<tr><td rowspan="4">（4）道岔前一度停车。
①场景中靠近非集中联锁道岔时连结员向调车长报告：“减速”；
②调车长发送减速信号：使用无线电台按压黄色按钮；
③车辆接近道岔（距离10 m左右）连结员向调车长报告：“停车”；
④调车长发送停车信号：使用无线电台按压红色按钮</td><td>0.5</td><td>计算机</td><td>未联控或联控错误，扣0.5分</td><td></td></tr>
<tr><td>1</td><td>计算机</td><td>未发送指令或错误，扣1分</td><td></td></tr>
<tr><td>0.5</td><td>计算机</td><td>未联控或联控错误，扣0.5分</td><td></td></tr>
<tr><td>1</td><td>计算机</td><td>未发送指令或错误，扣1分</td><td></td></tr>
</table>

续表

序号	作业程序	分项内容	分项配分	评分方式	评分标准	得分
11	推进连挂	（5）扳道作业。 连结员下车，行走采集器行走靠近待扳动的道岔，连结员扳动道岔，扳道岔时遵循“一看，二扳，三确认，四显示”原则。 ① 连结员口呼：“前方进路空闲，道岔开通位置不正确”； ② 连结员扳动道岔：手动扳动道岔，将闭止块放入槽内； ③ 连结员确认口呼：“闭止块落槽，尖轨与基本轨密贴，进路开通位置正确”； ④ 显示开通信号。 连结员呼叫：“1调进才2线，进路好了”，调车长回复：“1调进才2线，进路好了，2号明白”，连结员上车。 ⑤ 启动列车。 调车长上车并发送连结信令：2次按下手持电台绿色按钮，列车运行	0.5	计算机	未联控或联控错误，扣0.5分	
			1	计算机	道岔位置未扳动，失格	
			0.5	计算机	未联控或联控错误扣0.5分	
			1	计算机	未联控或联控错误，每次扣0.5分	
			1	计算机	未发送指令或错误，扣1分	
		（6）高站台前一度停车。 ① 场景中靠近高站台时连结员向调车长报告：“减速”； ② 调车长发送减速信号：使用无线电台按压黄色按钮； ③ 车辆接近高站台（距离10 m左右）连结员向调车长报告：“停车”； ④ 调车长发送停车信号：使用无线电台按压红色按钮，列车停车，调车下车	0.5	计算机	未联控或联控错误，扣0.5分	
			1	计算机	未发送指令或错误，扣1分	
			0.5	计算机	未联控或联控错误，扣0.5分	
			1	计算机	未发送指令或错误，扣1分	
		（7）高站台徒步领车 ① 连结员下车，呼叫：“才2线脱轨器已撤除，可以推进，高站台徒步领车”，调车长回复：“2号明白”； ② 连结员在行走器上行走，呼叫：“连结”； ③ 调车长发送连结指令：按下绿、红按键，列车启动运行，速度不超过5 km/h	1	计算机	未联控或联控错误，每次扣0.5分	
			0.5	计算机	未联控或联控错误，扣0.5分	
			1	计算机	未发送指令或错误，扣1分	

续表

序号	作业程序	分项内容	分项配分	评分方式	评分标准	得分
11	推进连挂	（8）确认十、五、三车距离。 ① 到达十车距离时，向调车长报告："十车";	0.5	计算机	未联控或联控错误，扣 0.5 分	
		② 调车长发送十车信令：按下 1 次黄色按键；	1	计算机	未发送指令或错误，扣 1 分	
		③ 连结员根据场景中的位置，到达五车距离时，向调车长报告："五车";	0.5	计算机	未联控或联控错误，扣 0.5 分	
		④ 调车长发送五车信令：再次按下 1 次黄色按键，或是按下黄、绿按键；	1	计算机	未发送指令或错误，扣 1 分	
		⑤ 连结员根据场景中的位置，到达三车距离时，向调车长报告："三车";	0.5	计算机	未联控或联控错误，扣 0.5 分	
		⑥ 调车长发送三车信令：再次按下 1 次黄色按键，或是按下黄、红按键	1	计算机	未发送指令或错误，扣 1 分	
		（9）一度停车。 ① 距离停留车 10 m 距离时连结员呼叫："一度停车";	0.5	计算机	未执行联控或错误扣 0.5 分	
		② 调车长发送停车指令：按下红色按键	1	计算机	未发送或发送错误，扣 1 分	
		（10）连结员检查钩位：确认钩位良好，适合连挂，有检查的动作，提钩、钩舌活动。 连结员口呼："钩位正常，可以连挂"	0.5	计算机/人工	未执行联控或错误扣 0.5 分	
		（11）连结指令。 ① 连结员向调车长报告："连结";	0.5	计算机	未执行联控或错误扣 0.5 分	
		② 调车长发送连结指令：按下绿红按键	1	计算机	未发送或发送错误，扣 1 分	
		（12）减速指令。 ① 连结员向调车长报告："减速";	0.5	计算机	未执行联控或错误扣 0.5 分	
		② 调车长发送减速指令：两次按下黄色按键	1	计算机	未发送或发送错误，扣 1 分	
		（13）停车指令。 ① 连结员向调车长报告："停车";	0.5	计算机	未执行联控或错误扣 0.5 分	
		② 调车长发送停车指令：按下 1 次红色按键	1	计算机	未发送或发送错误，扣 1 分	
		（14）进入车档间防护。 ① 连结员向调车长报告："2 号，请求进入车档间作业"，调车长回复："2 号明白";	1	计算机	未执行联控或错误，每次扣 0.5 分	
		② 连结员显示紧急停车信令：按下红色按键	1	计算机	未发送或发送错误，扣 1 分	

续表

序号	作业程序	分项内容	分项配分	评分方式	评分标准	得分
11	推进连挂	（15）连挂状态检查确认。 连结员口呼："钩销落槽，制动软管胶皮圈完好"	0.5	计算机	口呼错误，扣 0.5 分	
		（16）连结制动软管。 ① 连结制动软管：一脚在钢轨内侧，一脚在钢轨外侧，连结制动软管接头； ② 打开前折角塞门：将前折角塞门由关闭位置转至打开位置； ③ 打开后折角塞门：将前折角塞门由关闭位置转至打开位置	1	计算机	未连结或不到位，扣 1 分	
			1	计算机	未打开折角塞门或打开不到位，扣 1 分	
			1	计算机	未打开折角塞门或打开不到位，扣 1 分	
		（17）撤除防溜： ① 撤除铁鞋：连结员将智能铁鞋从轨道上取下； ② 撤除人力制动机紧固器：用手摇把撤除人力制动机紧固器	1	计算机	未撤除铁鞋，失格	
			1	计算机	未松开人力制动机，失格	
		（18）解锁。 ① 作业完毕连结员向调车长报告："2 号，车档间防溜已撤除"。调车长回复："2 号明白"； ② 解锁信令：连结员按下黄色按钮	1	计算机	未联控或联控错误，每次扣 0.5 分	
			1	计算机	未发送指令或错误，扣 1 分	
12	摘车牵出	（1）联系牵出： 连结员在行走采集设备上行走，到达取车地点，核对取车末端车号，确认车号。口呼："车号×××，确认正确"	0.5	计算机	1. 口呼错误扣 1 分 2. 取错车，失格	
		（2）进入两车间作业防护： ① 连结员向调车长报告："2 号，请求进入车档间作业"，调车长回复："2 号明白"； ② 连结员显示紧急停车信令：按下红色按键	1	计算机	未执行联控或错误，每次扣 0.5 分	
			1	计算机	未发送或发送错误，扣 0.5 分	
		（3）设置防溜措施。 ① 设置铁鞋：连结员将智能铁鞋放在车轮下轨道上； ② 设置人力制动机紧固器：拧紧人力制动机或使用人力制动机紧固器防溜	1	计算机	未放置铁鞋，扣 1 分	
			1	计算机	未拧紧人力制动机，扣 1 分	
		（4）摘管作业。 ① 关闭前折角塞门：将前折角塞门由打开位置转至关闭位置； ② 关闭后折角塞门：将前折角塞门由打开位置转至关闭位置； ③ 摘开制动软管：一脚在钢轨内侧，一脚在钢轨外侧，将制动软管摘开	1	计算机	未执行或顺序错误，扣 1 分	
			1	计算机	未执行或顺序错误，扣 1 分	
			1	计算机	未执行或顺序错误，扣 1 分	

续表

<table>
<tr><th>序号</th><th>作业程序</th><th>分项内容</th><th>分项配分</th><th>评分方式</th><th>评分标准</th><th>得分</th></tr>
<tr><td rowspan="7">12</td><td rowspan="7">摘车牵出</td><td>（5）提钩：连结员用提钩器将车钩打开。</td><td>0.5</td><td>计算机</td><td>未提钩或提钩不到位，失格</td><td></td></tr>
<tr><td rowspan="2">（6）解锁。
① 作业完毕连结员向调车长报告：“2 号，车档间防溜已做好”，调车长回复：“2 号明白”；
② 解锁信令：连结员按下黄色按钮</td><td>1</td><td>计算机</td><td>未联控或联控错误，每次扣 0.5 分</td><td></td></tr>
<tr><td>1</td><td>计算机</td><td>未发送指令或错误，扣 1 分</td><td></td></tr>
<tr><td rowspan="2">（7）指挥动车。
① 连结员呼叫：“4 号已上车，才 2 线牵出”，连结员站在高站台车梯上，调车长回复：“2 号明白”，调车长上车，站在高站台车梯上；
② 发送启动信令：调车长按下绿色按键 2 s，列车启动</td><td>1</td><td>计算机</td><td>未报告具体位置和未回复，每次扣 0.5 分</td><td></td></tr>
<tr><td>1</td><td>计算机</td><td>未发送指令或错误，扣 1 分</td><td></td></tr>
<tr><td>（8）启车牵出。
① 确认牵出：列车启动后，连结员向调车长报告：“尾部好”，调车长回复：“2 号明白”；
② 到达停车位置（D20），列车自动停止运行，竞赛结束</td><td>1</td><td>计算机</td><td>未联控或联控错误，每次扣 0.5 分</td><td></td></tr>
</table>

六、思考题

（1）平面牵出线作业调车方法分为几种？各有什么特色和优点？

（2）平面牵出线在作业的过程中需要注意哪些事项？

任务三　停留车作业

一、实训目的

（1）了解停留车作业程序。

（2）掌握停留车作业基本技能。

二、理论链接

1. 车辆停留位置

车辆停留位置必须位于警冲标内方。在调车作业过程中，车辆临时停留在警冲标外方时，当一批作业完毕之后，应该立即送入警冲标内方。如果在特殊情况下需在警冲标外方进行装卸作业时，须经过车站值班员、调车区长准许，在不影响列车到发及调车作业的情况下才能够进行，装卸完成之后，应该立即送入警冲标内方。

在安全线及避难线上，禁止停留机车车辆。

在牵出线、渡线、道岔联动区及轨道衡上不允许停留车辆，必须停留时，要在《站细》内规定。

2. 符号规定

防溜器具揭示符号规定如下：

人力制动机 ——⊗；

铁鞋（止轮器）—— 或 ；

防溜紧固器 —— $；

放置防溜枕木 —— ‖。

注：符号中数字根据实际使用的器具编号填记。

3. 防溜措施

1）方　法

编组、区段站在到发线、调车线以外的线路上停留车辆，不进行调车作业时，应该连挂在一起，并拧紧两端车辆的人力制动机，或以铁鞋（止轮器、防溜枕木等）牢靠固定。因装卸车对货位等情况，不能连挂在一起时，应该分组做好防溜措施。

中间站停留车辆时，无论停留的线路是否有坡道，均应该连挂在一起，拧紧两端车辆的人力制动机，并以铁鞋（止轮器、防溜枕木等）牢靠固定。因装卸车对货位等情况，不能连挂在一起的车辆，应做好分组防溜措施。一批调车作业中停留的车辆，须拧紧两端车辆的人力制动机或铁鞋以止轮。

电气化区段或人力制动机闸链损坏时，可用人力制动机紧固器进行防溜。

编组站和区间段到发线，调车线是否防溜以及作业量较大的中间站执行上述规定有困难时，具体情况由铁路局规定。

2）检查确认

（1）接班检查。

对于站内停留车辆的防溜措施，接班时应该检查确认，并实行对口交接。

（2）防溜报告

对停留车进行防溜之后，在一批作业结束时报告调车长（编组场，编发场除外）。

3）手推调车

（1）防溜监督

由胜任的制动人员负责制动，并且要提前试好人力制动机。

（2）移动限制

移动速度不得超过 3 km/h。

（3）报告制度

手推调车完了之后，应及时将车辆停留位置，防溜措施等情况报告调车领导人。

三、实训要求

1. 实训时间

实训课时为 2 课时。

2. 实训形式

按照实训内容，依据授课班级实际情况将学生分组，组内成员对该模块内容进行小组讨论学习，进行停留车作业实训，并完成实训报告。

3. 安全注意事项

（1）实训过程中按照规范进行操作，禁止蛮力操作。

（2）实训过程中严禁嬉戏打闹，避免发生意外事故。

（3）实训在实物调车设备上进行，在进行调车作业程序时，要注意规范操作，防止意外情况的发生。

（4）实训过程中注意做好防溜。

4. 工器具材料准备

（1）实训工具：无线调车灯显设备、安全带。

（2）实训场地：调车实训场。

四、实训作业步骤

1. 作业程序及技术要求

铁路调车停留车车辆作业程序要求如图 17-3-1 所示。

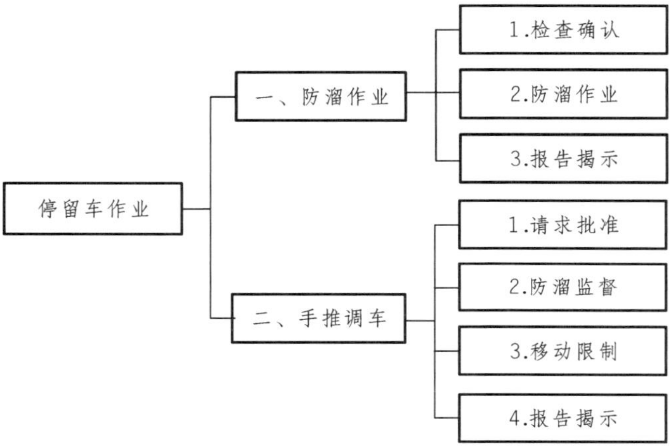

图 17-3-1　铁路调车停留车作业程序图

2. 铁路停留车作业

铁路停留车作业程序如表 17-3-1 所示。

表 17-3-1　铁路调车停留车作业表

作业程序			岗位作业		事项要求
程序	项目	内容	作业人员	技术要求	
1. 防溜作业	（1）检查确认	交接班检查	有关人员	交接班时，对防溜措施和防溜器具实行对号交接；需现场检查时，按企业规定执行	拧紧人力制动机的数量由企业规定，使用停车器防溜时，完全越出停车器的车辆仍需按规定采取防溜措施
	（2）防溜作业	防溜措施设置与撤除	有关人员	调车作业中对停留车辆按规定设置、撤除防溜措施	
	（3）报告揭示	① 防溜报告	有关人员	a. 对停留车进行防溜后，及时报告	
		② 揭示防溜	有关人员	b. 按规定揭示防溜措施时，用规定符号标明停留车的防溜措施	

续表

作业程序			岗位作业		事项要求
程序	项目	内容	作业人员	技术要求	
2. 手推调车	（1）请求批准	① 办理手续	有关人员	a. 手推调车应办理请求手续，得到调车领导人的准许后，按规定进行手推调车	高速铁路车站不应手推调车
		② 计划下达	车站值班员（调车领导人）	b. 将手推调车作业计划（时间、经路和辆数）传达给有关人员； c. 必要时通知扳道员防护	
	（2）防溜监督	① 制动防溜	制动人员	a. 由胜任的制动人员负责制动，并提前试好人力制动机	货物线内能胜任人力制动机制动的人员由车站指定，并经车站考核公布
		② 监督检查	调车长 货运人员	b. 手推调车时，由调车长（未设调车长的车站为助理值班员或车站值班员）负责监督或进行人力制动机制动； c. 在装卸线内移动车辆时，由货运人员监督、检查	
	（3）移动限制	① 辆数限制	车站值班员（货运人员）	a. 每批移动不准许超过一辆重车或两辆空车	—
		② 速度限制	推车人员	b. 移动速度不准许超过 3 km/h	
		③ 特殊限制	车站值班员（货运人员）	c. 手推调车，人力制动机作用应良好； d. 手推调车的其他限制条件由企业自定	
	（4）报告揭示	① 汇报制度	有关人员	a. 手推调车完了后，应及时将车辆停留位置、防溜措施等情况报告调车领导人	—
		② 揭示防溜	车站值班员 调车长	b. 揭示防溜措施时，用规定符号标明停留车的防溜措施	

五、实训考核标准

表 17-3-2　停留车作业评分表

序号	作业流程	执行标准	评分标准	评分方式	配分	得分
1	开始考核	扫码登录系统，拍下计时器按钮，进入作业准备阶段	—	—	—	—
2	汇报车站存车情况	（1）连结员汇报："牵 3 线，调机 1 台，存车 1 组共 5 辆，材 2 线，存车 1 组，共 5 辆，两端防溜好"	未口呼或口呼不正确，每次扣 1 分未发送指令或发送错误，扣 1 分	计算机评分 计算机评分	1	
		（2）调车长复诵："牵 3 线，调机 1 台，存车 1 组共 5 辆，材 2 线，存车 1 组，共 5 辆，两端防溜好"				

续表

序号	作业流程	执行标准	评分标准	评分方式	配分	得分
3	服装工具备品检查	（1）调车长口呼："备品检查，帽子、口笛、安全带，备品齐全" （2）连结员口呼："帽子、口笛、安全带，备品齐全"	未口呼或口呼不正确，每次扣1分	计算机评分/人工评分	1	
4	领取调车作业通知单	点击"领取调车作业通知单"按钮	—	—	—	—
5	调车组布置计划	调车长向连结员传达计划："4号，二号计划，材2线减5，材专线等工，传达完毕，是否明白"，连结员确认无误后复诵："二号计划，材2线减5，材专线等工，4号明白"	未联控或联控不正确，每次扣1分	计算机评分	2	
6	布置注意事项	调车长向连结员布置注意事项："注意材2线高站台，确认进路，防溜情况，人身安全"。 连结员复诵："注意材2线高站台，确认进路，防溜情况，人身安全，4号明白"	未联控或联控不正确，扣1分	计算机评分	2	
7	向调车司机传达计划	调车长向司机（机器人）传达计划："3号，二号计划，材2线减5，材专线等工，传达完毕，是否明白"，司机（机器人）自动回复："二号计划，材2线减5，材专线等工，3号明白"	未联控或联控不正确，扣1分	计算机评分	1	
8	灯显试验	（1）试机通话 ① 调车长呼叫："调车组试机，1号，3号，4号。"，值班员（机器人）、司机（机器人）、连结员依次回复："1号有、3号有、4号有" ② 调车长呼叫司机（机器人）："3号试机"，司机（机器人）回复："3号明白"	未联控或联控不正确，每次扣1分	计算机评分	2	
9		（2）信令试验 调车长手持台： ① 停车：按下红色按钮 ② 起动：按下绿色按钮2 s ③ 连结：先后按下绿、红按钮 ④ 十车：长按黄色按钮1.5 s ⑤ 五车：再按下黄色按钮1 s，或直接发黄绿	未进行灯显试验，不得分；漏一项扣1分	计算机评分	14	

续表

序号	作业流程	执行标准	评分标准	评分方式	配分	得分
9	灯显试验	⑥ 三车：依次再按下黄色按钮 1 s，或直接发黄红				
		⑦ 减速：按下黄色按钮				
		⑧ 溜放：先后按下绿、黄按钮				
		⑨ 推进：2 次按下绿色按键				
		连结员手持台：				
		⑩ 领车：2 次按下黄色按键				
		⑪ 紧急停车：按下红色按钮				
		⑫ 解锁：长按黄色按钮				
		连结员向调车长汇报："2 号，试机完毕。"				
		调车长手持台				
		⑬ 停车：按下红色按钮				
		调车长呼叫："3 号，试机完毕"，司机回复："信号显示好"	未联控或联控不正确，每次扣 1 分			
10	进入现场作业阶段	灯显试验完毕后，再次拍下计时器按钮，作业准备阶段结束，现场作业阶段开始	—	—	—	—
11	推进连挂	（1）确认进路（集中联锁区进路）	未联控或联控不正确，每次扣 1 分；未发送指令或发送错误，扣 1 分	计算机评分	5	
		① 连结员确认车列具备要道条件后呼："1 号，我是 4 号，请开通材专线"，值班员排列集中联锁区进路，值班员（机器人）自动回复："4 号，材专线进路好"				
		② 连结员听到值班员呼叫后，确认信号开放后呼："材专线进路好，4 号明白"				
		③ 连结员向调车长汇报："2 号，材专线进路好，推进"，调车长回复："2 号明白"				
		④ 向司机发送推进信令：2 次按下手持电台绿色按钮，列车运行				
		⑤ 连结员发送领车指令：2 次按下手持电台黄色按钮				

续表

序号	作业流程	执行标准	评分标准	评分方式	配分	得分
12	推进连挂	（2）材1线确认道岔位置		计算机评分	4	
		① 场景中靠近非集中联锁道岔时连结员向调车长报告：“减速”	未联控或联控不正确，每次扣1分			
		② 调车长发送减速信号：使用无线电台按压黄色按钮	未发送指令或发送错误，扣1分			
		③ 车辆接近道岔表示器前连结员向调车长报告：“停车”	未联控或联控不正确，每次扣1分			
		④ 调车长发送停车信号：使用无线电台按压红色按钮	未发送指令或发送错误，扣1分			
13		（3）非集中联锁区要道		人工评分	—	
		① 调车长向连结员用手信号要道：手信号显示二道	未用手信号显示扣2.5分			
		② 连结员：用手信号显示二道				
14		（4）确认道岔开通位置		计算机评分	1	
		① 行走采集器行走靠近材1线处道岔				
		② 连结员检查道岔位置，口呼：“道岔位置正确，尖轨密贴，手柄落槽，加锁良好”	未联控或联控不正确，每次扣1分			
15		（5）非集中联锁区还道		人工评分	—	
		① 连结员向调车长用手信号还道：手信号显示二道	未用手信号显示扣2.5分			
		② 连结员显示：道岔开通信号				
		③ 调车长用手信号显示：二道				
		④ 调车长显示：道岔开通信号				
16		（6）确认非集中联锁区进路正确		计算机评分	2	
		① 连结员向调车长汇报：“材2线推进”	未联控或联控不正确，每次扣1分			
		② 调车长上车并发送推进信令：2次按下手持电台绿色按钮，列车运行	未发送指令或发送错误，扣1分			
		③ 连结员发送领车指令：2次按下手持电台黄色按钮				
17		（7）停车准备扳道（材2线道岔）	未联控或联控不正确，每次扣1分	计算机评分	4	
		① 场景中靠近非集中联锁道岔时连结员向调车长报告：“减速”				
		② 调车长发送减速信号：使用无线电台按压黄色按钮				
		③ 车辆接近道岔表示器前连结员向调车长报告：“停车”				
		④ 调车长发送停车信号：使用无线电台按压红色按钮				

续表

序号	作业流程	执行标准	评分标准	评分方式	配分	得分
18	推进连挂	（8）非集中联锁区要道	未用手信号显示扣 2.5 分	人工评分	—	
		① 调车长向连结员用手信号要道：手信号显示二道				
		② 连结员：用手信号显示二道。				
19		（9）扳道作业		计算机评分	3	
		① 行走采集器行走靠近待扳动的道岔，连结员扳动道岔，扳道岔时遵循一看，二扳，三确认，四显示原则				
		② 连结员检查道岔状态，口呼：“道岔状态良好”	未联控或联控不正确，每次扣 1 分			
		③ 连结员扳动道岔：手动扳动道岔，将闭止块放入槽内并挂锁	未扳动道岔扣 1 分			
		④ 连结员口呼：“道岔位置正确，尖轨密贴，手柄落槽，加锁良好”	未联控或联控不正确，每次扣 1 分			
20		（10）非集中联锁区还道	未用手信号显示扣 2.5 分	人工评分	—	
		① 连结员向调车长用手信号还道：手信号显示二道				
		② 连结员显示：道岔开通信号				
		③ 调车长用手信号显示：二道				
		④ 调车长显示：道岔开通信号				
21		（11）确认非集中联锁区进路正确		计算机评分	2	
		① 连结员向调车长汇报：“材 2 线推进”	未联控或联控不正确，每次扣 1 分			
		② 调车长上车并发送推进信令：2 次按下手持电台绿色按钮，列车运行	未发送指令或发送错误，扣 1 分			
		③ 连结员发送领车指令：2 次按下手持电台黄色按钮				
22		（12）脱轨器前一度停车		计算机评分	2	
		① 距离脱轨器 30 m 外连结员呼叫：2 号，脱轨器前一度停车	未联控或联控不正确，每次扣 1 分			
		② 调车长发送停车指令：按下红色按键	未发送指令或发送错误，扣 1 分			
		（13）检查线路			7	
		① 连结员进行材 2 线线路预检。预检完毕向调车长汇报：“2 号，材 2 线无脱轨器，线路检查完毕，可以作业”	未联控或联控不正确，每次扣 1 分			

续表

序号	作业流程	执行标准	评分标准	评分方式	配分	得分
22	推进连挂	② 调车长回复："2号明白"				
		③ 连结员口呼："2号，请求高站台徒步领车"，调车长回复："2号明白"				
		④ 连结员向调车长汇报："推进"				
		⑤ 调车长发送推进指令：按下两次绿色按键	未发送指令或发送错误或发送，每次扣1分			
		⑥ 连结员发送领车指令：2次按下手持电台黄色按钮				
23		（14）确认十、五、三车距离		计算机评分	6	
		① 连结员根据场景中的位置，到达十车距离时，向调车长报告："十车"	未联控或联控时机不正确，每次扣1分； 未发送指令或发送错误或发送，每次扣1分			
		② 调车长发送十车信令：按下1次黄色按键				
		③ 连结员根据场景中的位置，到达五车距离时，向调车长报告："五车"				
		④ 调车长发送五车信令：再次按下1次黄色按键，或是按下黄、绿按键				
		⑤ 连结员根据场景中的位置，到达三车距离时，向调车长报告："三车"				
		⑥ 调车长发送三车信令：再次按下1次黄色按键，或是按下黄、红按键				
24		（15）一度停车		计算机评分	6	
		① 接近一车时，连结员向调车长报告："停车"	未联控或联控不正确，扣1分			
		② 调车长发送停车指令：按下1次红色按键	未发送指令或发送错误，扣1分			
25		（16）连挂车辆				
		① 连结员向调车长报告："连挂一车"	未联控或联控不正确，扣1分			
		② 调车长发送连结指令：按下1次绿、红按键	未发送指令或发送错误，扣1分			
		③ 调车长发送减速指令：按下两次黄色按键				
		④ 连结员向调车长报告："停车"	未联控或联控不正确，扣1分			
		⑤ 调车长发送停车指令按下1次红色按键。	未发送指令或发送错误，扣1分			

续表

序号	作业流程	执行标准	评分标准	评分方式	配分	得分
26	推进连挂	（17）连挂状态检查确认		计算机评分	1	
		连结员口呼：“连挂良好”	未联控或联控不正确，每次扣1分			
27		（18）进入车档间防护		计算机评分	3	
		① 连结员向调车长报告：“2号，4号进线作业，注意防护”，调车长回复：“防护4号，2号明白”	未联控或联控不正确，每次扣1分			
		② 连结员显示紧急停车信令：按下红色按键	未发送指令或发送错误，扣1分			
28		（19）撤除防溜：	未执行或动作执行不到位，每次扣2分	计算机评分	2	
		撤除铁鞋：连结员将铁鞋从轨道上取下				
29		（20）连结制动软管	未连结软管或顺序不正确扣2分，未打开折角塞门扣2分	计算机评分	8	
		① 连结制动软管：一脚在钢轨内侧，一脚在钢轨外侧，连结制动软管接头				
		② 打开后折角塞门：将后折角塞门由关闭位置转至打开位置				
		③ 打开前折角塞门：将前折角塞门由关闭位置转至打开位置				
		④ 松开人力制动机：连结员松开人力制动机				
30		⑤ 连结员向车站值班员汇报：“材2线东端防溜撤除完毕，铁鞋1号，人力制动机1端位，车号XXX”。车站值班员回复：“1号明白”	未联控或联控不正确，每次扣1分	计算机评分	1	
31		（21）解锁		计算机评分	4	
		① 作业完毕连结员向调车长报告：“2号，车档作业完毕”，调车长回复：“2号明白”	未联控或联控不正确，每次扣1分			
		② 解锁信令：连结员按下黄色按钮	未发送指令或发送错误，扣2分			
32	摘车牵出	（1）核对车数		—	—	
		调车长在行走采集设备上行走，到达取车地点，核对取车末端车号	所在车号位置不正确为失格项			
33		（2）设置防溜措施	未执行或动作执行不到位，每次扣4分	计算机评分	4	
		① 设置铁鞋：调车长将铁鞋放在车轮下轨道上				

续表

序号	作业流程	执行标准	评分标准	评分方式	配分	得分
34	摘车牵出	（3）摘管作业		计算机评分	6	
		① 关闭前折角塞门：调车长将前折角塞门由打开位置转至关闭位置	折角塞门关闭顺序不正确，扣2分			
		② 关闭后折角塞门：调车长将前折角塞门由打开位置转至关闭位置				
		③ 摘开制动软管：一脚在钢轨内侧，一脚在钢轨外侧，将制动软管摘开	未执行或动作执行不到位，每次扣2分			
		④ 拧紧人力制动机：调车长拧紧人力制动机				
35		⑤ 调车长向车站值班员汇报：“材2线东端防溜设置完毕，铁鞋2号，人力制动机1端位，车号×××”。车站值班员回复：“1号明白”	未联控或联控不正确，每次扣1分	计算机评分	1	
36		（4）防溜签认		计算机评分	1	
		调车长汇报：“防溜签认”	未联控或联控不正确，每次扣1分			
37		（5）提钩：调车长用提钩杆将车钩打开	未提钩或提钩时机不正确，扣1分	计算机评分	1	
38		（6）指挥动车		计算机评分	3	
		① 发送启动信令：调车长按下绿色按键2 s，列车启动	未发送指令或发送错误，扣1.5分			
		② 发送停车信令：调车长按下红色按键2 s，列车停止	未发送指令或发送错误，扣1.5分			
		③ 到达停车位置（材专线），试题结束				

六、思考题

（1）在编组站、到发线、调车线以外的线路上停留车辆时，应该注意什么？

（2）厂内停留车辆时，应该做怎样的防溜措施？

（3）在进行手推调车作业时，对于车辆移动速度有什么限制？

（4）在什么情况下不允许进行手推调车作业？

项目十八 铁路调车作业 3D 仿真实训系统

任务一 客户端使用及功能介绍

一、实训目的

（1）掌握铁路调车作业 3D 仿真实训系统的基本操作。
（2）了解并掌握铁路调车作业 3D 仿真实训系统功能。
（3）熟练使用铁路调车作业 3D 仿真实训系统进行调车作业计划演练。

二、实训要求

1. 实训时间

实训课时为 2 课时。

2. 实训形式

按照实训内容，依据授课班级实际情况将学生分组，组内成员围绕该模块内容进行小组讨论学习，熟悉系统功能及使用，并完成实训报告。

3. 安全注意事项

（1）实训过程中按照规范进行操作，禁止蛮力操作。
（2）实训过程中严禁嬉戏打闹，避免发生意外事故。
（3）未经教师或管理员允许不得擅自操作。
（4）设备上电时，需要严格按照要求进行上电操作。

4. 工器具材料准备

（1）防护用品：调车作业服。
（2）实训设备：铁路调车 3D 仿真考评实训系统。
（3）实训场地：调车实训场。

三、实训作业步骤

实训作业流程如图 18-1-1 所示。

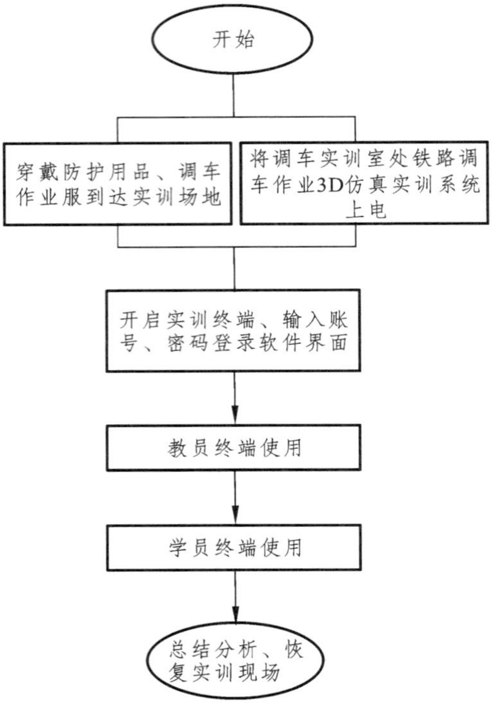

图 18-1-1　实训流程图

步骤一：实训人员穿戴防护用具，调车作业服到达实训场地。

步骤二：将调车实训区域铁路调车作业 3D 仿真实训系统上电。

步骤三：具体内容如下：

（1）开启实训终端（见表 18-1-1）。

表 18-1-1　实训终端开启流程

序号	步骤	操作流程	操作图片
1	教员系统登陆	双击桌面教员系统图标，在登陆界面输入用户名和密码（用户名：admin，密码：admin）	
		在终端监控中选择模式类型	
		选择要发布的试卷	
		点击【发布】，即可发布试卷	

（2）学员登陆（见图 18-1-2）。

① 启动程序后，输入用户名和密码（用户名：01、02、03、04、05、06、07、08、09 等，密码：123456）进行登录。单人任务选择其中任意一个用户名登录，双人任务选择其中剩余未选的用户名中任意两个用户名登录，三人任务选择其中剩余未选的用户名中任意三个用户名登录。

图 18-1-2　学员端登陆

② 在首页（见图 18-1-3）选择单人/组队模式。

图 18-1-3　首页

③ 选择单人模式（见图 18-1-4），选择任务或接收教员发布的试卷，开始演练进入三维终端。

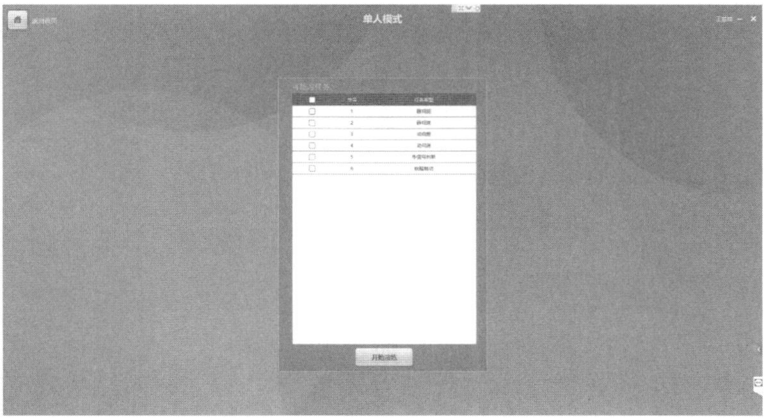

图 18-1-4　单人模式

④ 选择组队模式（见图 18-1-5）。

自由练习时，创建组/加入组、选择任务、选择角色，开始演练进入三维终端。

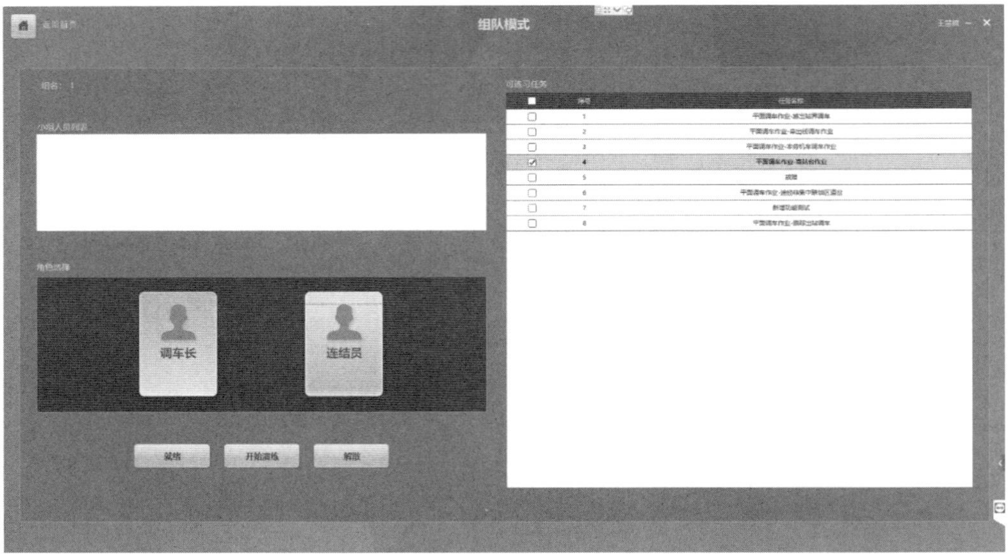

图 18-1-5　组队模式自由练习

教员发布试卷（见图 18-1-6）时，接收试卷、创建组、选择角色，开始演练进入三维终端。

图 18-1-6　组队模式发布练习

（5）进入三维终端（见图 18-1-7）后，选择任务后，开始任务。

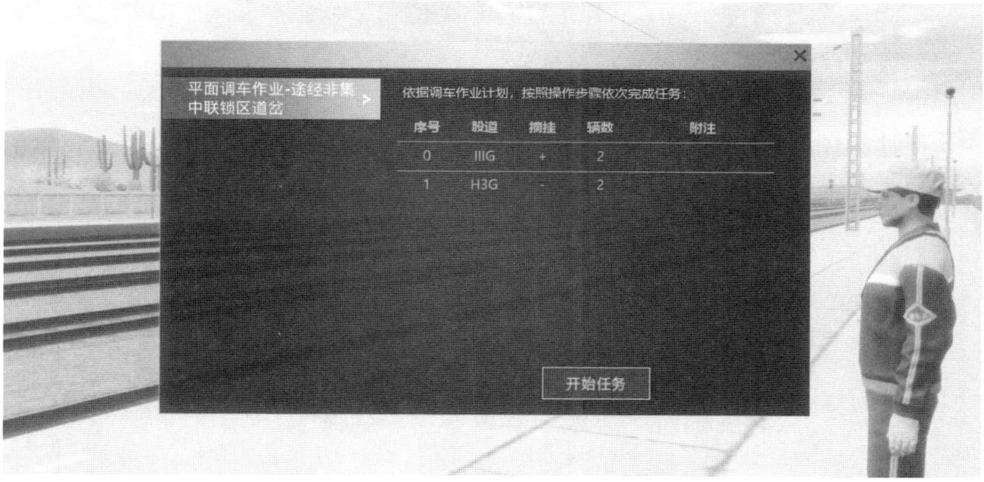

图 18-1-7　三维终端任务中

步骤四：教员终端使用。

（1）教员终端功能。

教员端主要功能包括发布试卷、终端监控、试卷管理、成绩查看等四种功能。

① 发布试卷。

练习模式：学员端三维场景中在执行任务时，有专家帮助提示信息。

考核模式：学员端三维场景中在执行任务时，无专家帮助提示信息。

点击【发布】，即可发布所选择的试卷。

② 终端监控（见图 18-1-8）。

a. 监控各学员的状态（作业中、已登录、未登录）及各状态的人数。

b. 监控学员的组队情况。

c. 监控学员正在演练的任务，多人任务时可以看到对应角色。

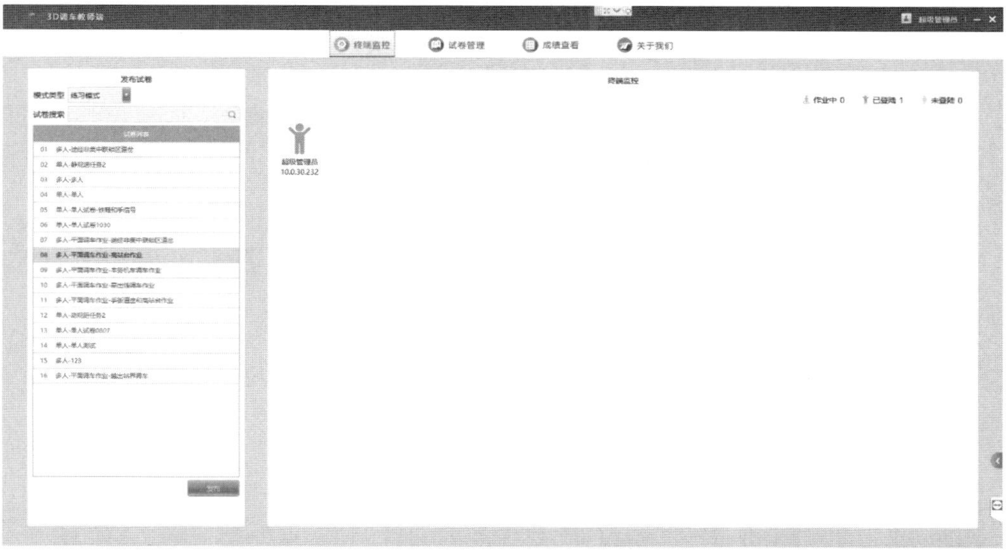

图 18-1-8　终端监控

③ 试卷管理（见图 18-1-9）。

包括查询试卷、新建试卷、编辑试卷、删除试卷。

a. 查询。

可以按照任务类型（全部/单人/多人）、试卷名称、创建时间进行筛选。

图 18-1-9　试卷管理

b. 新建试卷（见图 18-1-10）。

点击【新建试卷】，输入时长，选择任务类型、业务类型，将任务库中的任务导入试卷中。单人试卷可选择多个任务类型、多条任务，试卷名称需要自主编辑。多人试卷只能选择一条任务，试卷名称会根据所选任务自动生成，也可以自主编辑，点击【确定】，则新建试卷。

图 18-1-10　新建试卷

c. 编辑试卷（见图 18-1-11）。

可以修改试卷名称、时长、增加或移出任务。

图 18-1-11　编辑试卷

d. 删除（见图 18-1-12）

可以删除一条记录，也可以选中多条进行批量删除（见图 18-1-13）。

图 18-1-12　删除试卷

图 18-1-13　批量删除试卷

③ 成绩查看（见图 18-1-14）。

从开始演练进入场景到结束演练退出场景，记为一次成绩记录。可以查看所有学员的成绩，单人任务显示个人成绩，多人任务显示小组成绩。

a. 查看总成绩。

默认显示最新的 20 条记录。

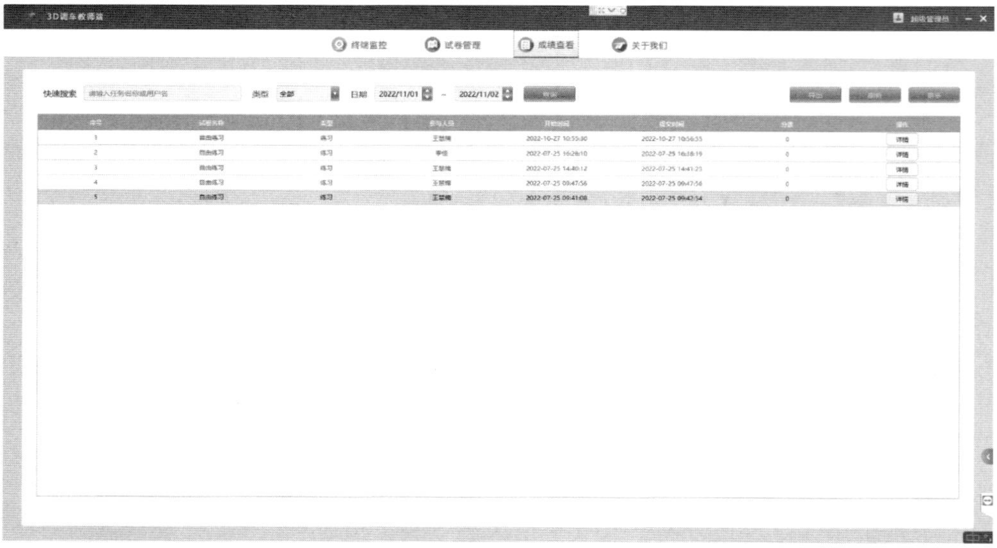

图 18-1-14　成绩查看

快速搜索：按照试卷名、用户名搜索。

查询：根据类型（全部/练习/考核）、日期进行筛选后显示。

导出：导出成绩 Excel 到本地。

刷新：显示最新 20 条记录。

更多：点击一次增加显示 20 条记录。

b. 查看成绩详情（见图 18-1-15、图 18-1-16）。

点击【详情】，查看该试卷中所有的任务，以及每条任务的每个步骤的执行情况。在成绩详情界面，点击【导出】可以导出成绩详情的 Excel 文件到本地。

图 18-1-15　单人任务成绩详情

图 18-1-16　多人任务成绩详情

步骤五：使用学员终端（见图 18-1-17）。

学员端主要功能包括单人模式、组队模式、成绩查看。单人模式、组队模式均可以自由练习，也可以接收教员端发布的试卷进行练习或考核。

图 18-1-17　学员终端主界面

（1）单人模式（见图 18-1-18）。

① 自由练习。

选择单人模式，显示所有可练习任务，学员可以选择单个、多个、全部任务，点击【开始演练】进入三维终端。

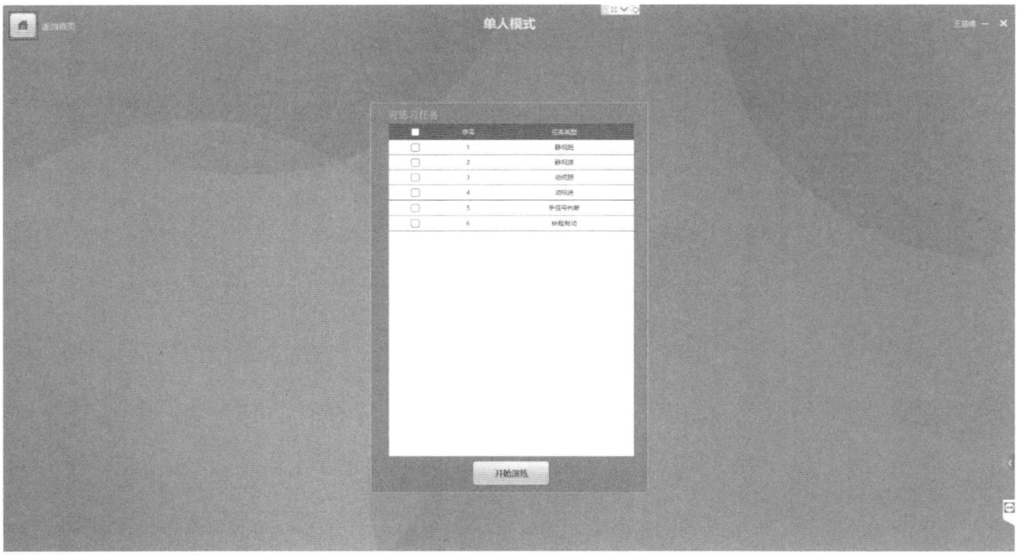

图 18-1-18　单人模式

② 发布练习/考核。

选择单人模式，接收教员端发布的单人试卷（见图 18-1-19）后，显示该试卷名以及该试卷所包含的任务类型（见图 18-1-20），点击【开始演练】进入三维终端。

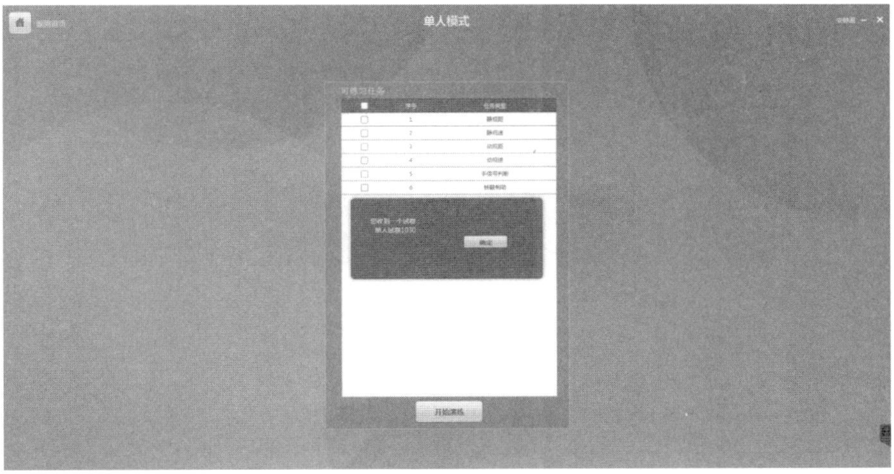

图 18-1-19　接收试卷

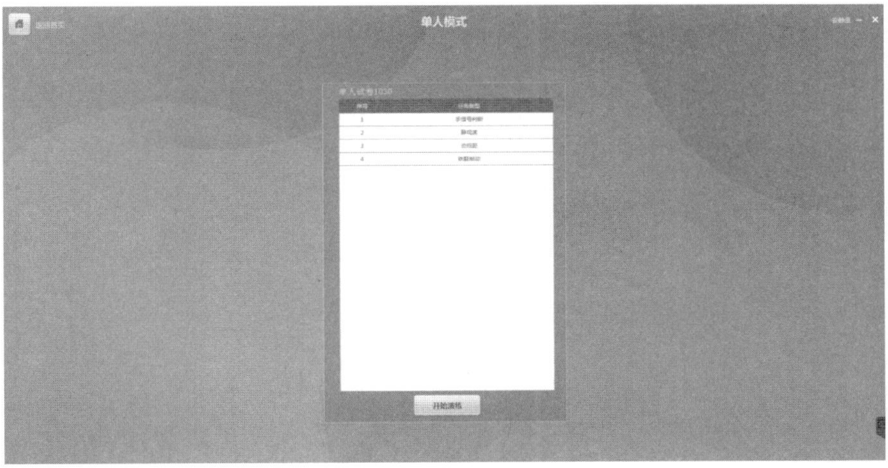

图 18-1-20　试卷中任务类型

（2）组队模式（见图 18-1-21）。

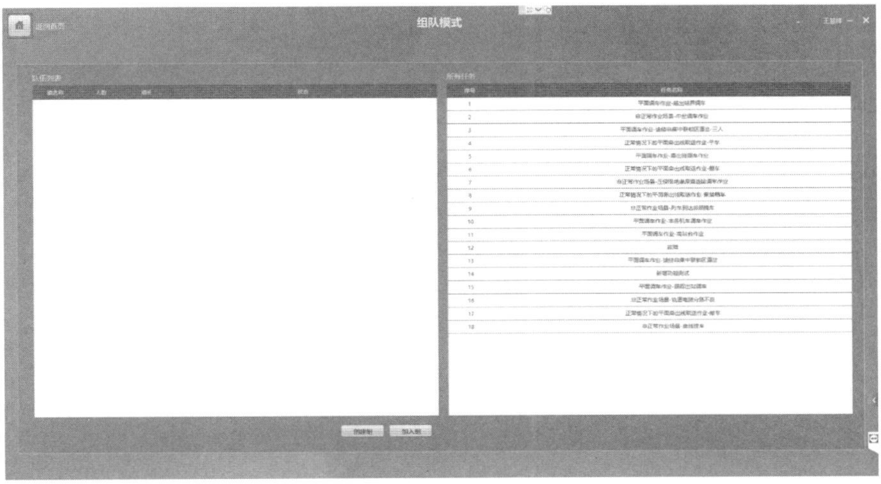

图 18-1-21　组队模式

① 自由练习。

选择组队模式，显示所有可练习任务，学员可以创建组（见图 18-1-22）或加入组，组队后选择任务、选择角色（见图 18-1-23、图 18-1-24），点击【开始演练】进入三维终端。组长可以选择任务，组员不能选择任务。

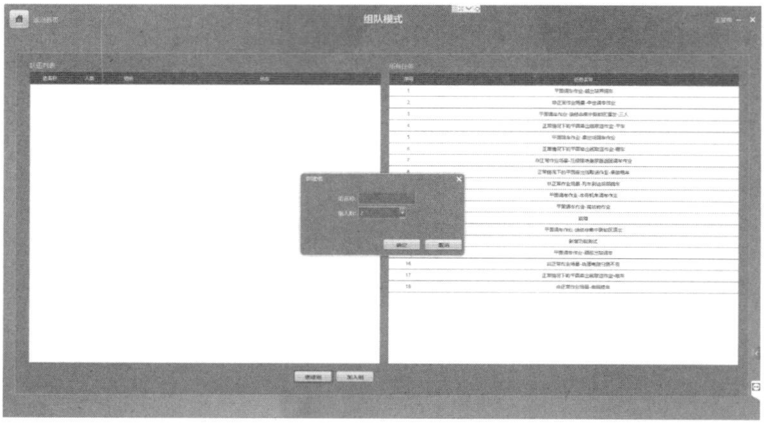

图 18-1-22　创建组

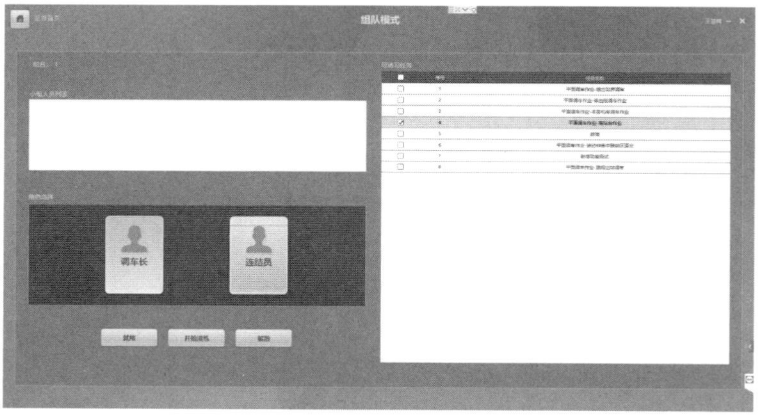

图 18-1-23　组长选择任务和角色

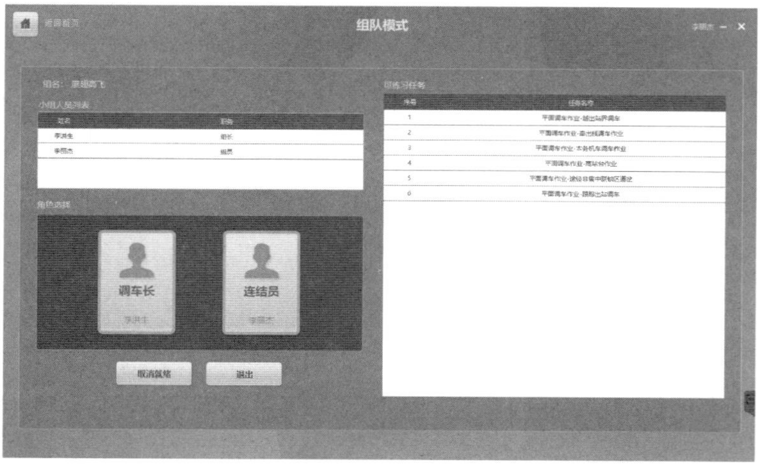

图 18-1-24　组员选择角色

② 发布练习/考核。

选择组队模式，接收教员端发布的多人试卷（见图 18-1-25）后，显示该试卷名以及该试卷所包含的任务，学员创建组（见图 18-1-26）或加入组，组队成功后，选择角色（见图 18-1-27、图 18-1-28），点击【开始演练】进入三维终端。

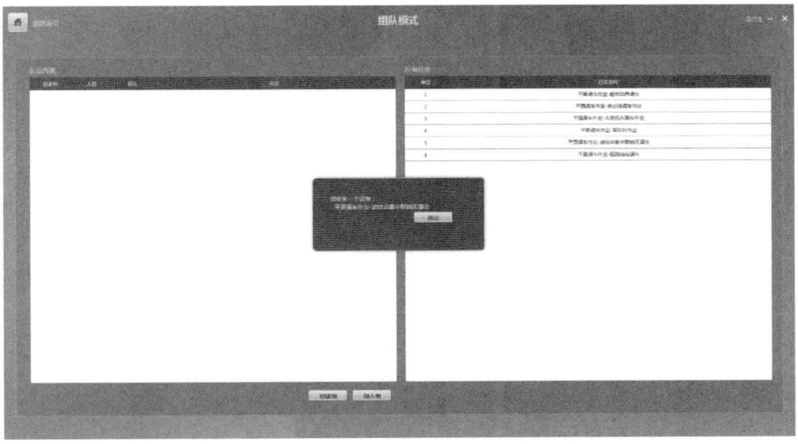

图 18-1-25　接收试卷

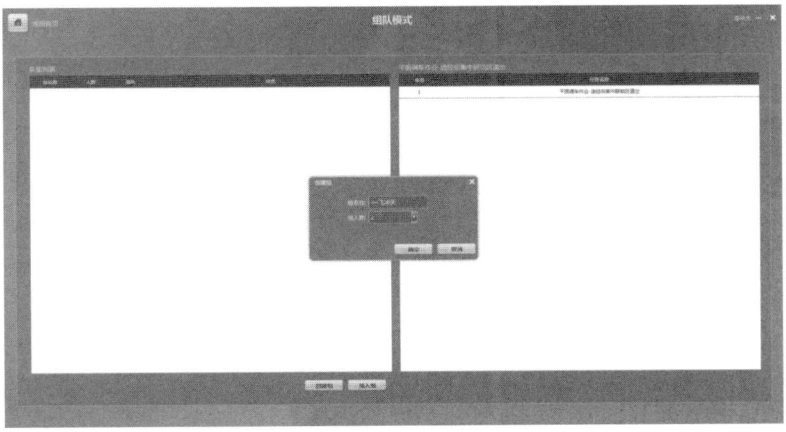

图 18-1-26　创建组

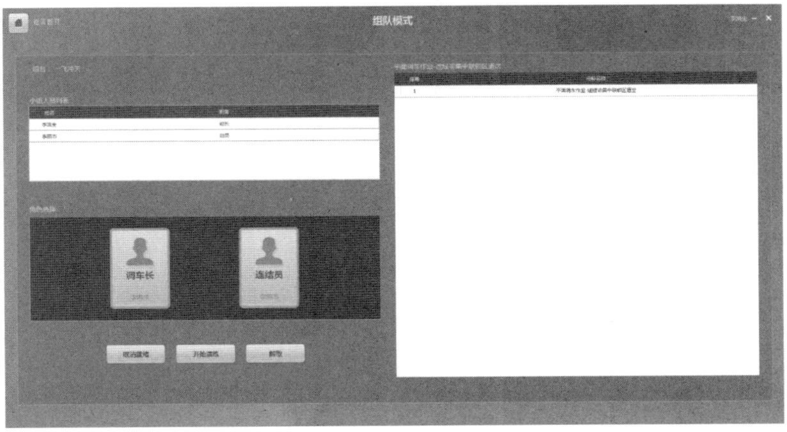

图 18-1-27　组长选择角色

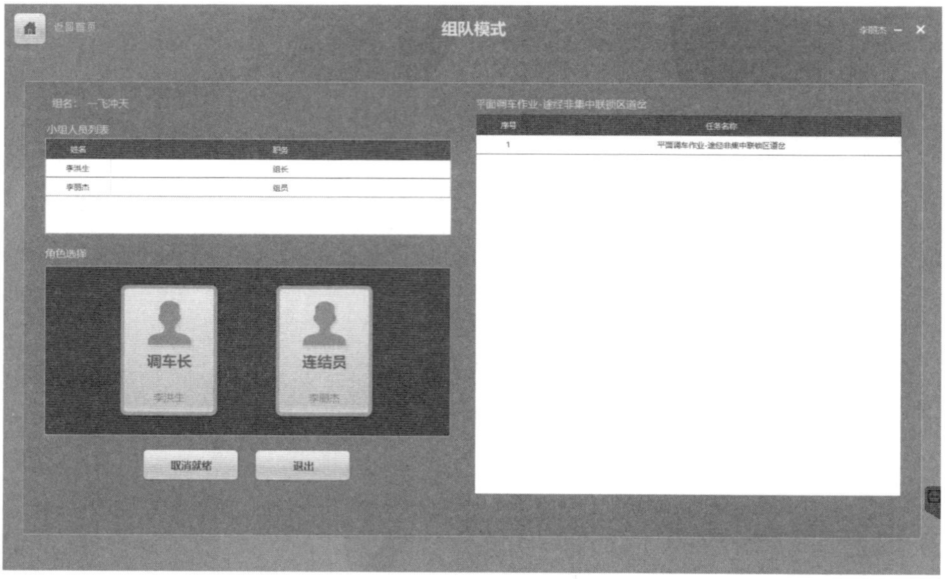

图 18-1-28　组员选择角色

（3）成绩查询（见图 18-1-29）。

从开始演练进入场景到结束演练退出场景，记为一次成绩记录。可以查看该学员的成绩，其中，单人任务显示个人成绩，多人任务显示小组成绩。

图 18-1-29　成绩查询

① 查看总成绩。

默认显示最新的 20 条记录。

快速搜索：按照试卷名、用户名搜索。

查询：根据类型（全部/练习/考核）、日期进行筛选后显示。

导出：导出成绩 Excel 到本地。

刷新：显示最新 20 条记录。

更多：点击一次增加显示 20 条记录。

② 查看成绩详情（见图 18-1-30）。

点击【详情】，查看该试卷中所有的任务，以及每条任务的每个步骤的执行情况。在成绩详情界面，点击【导出】可以导出成绩详情 Excel 到本地。

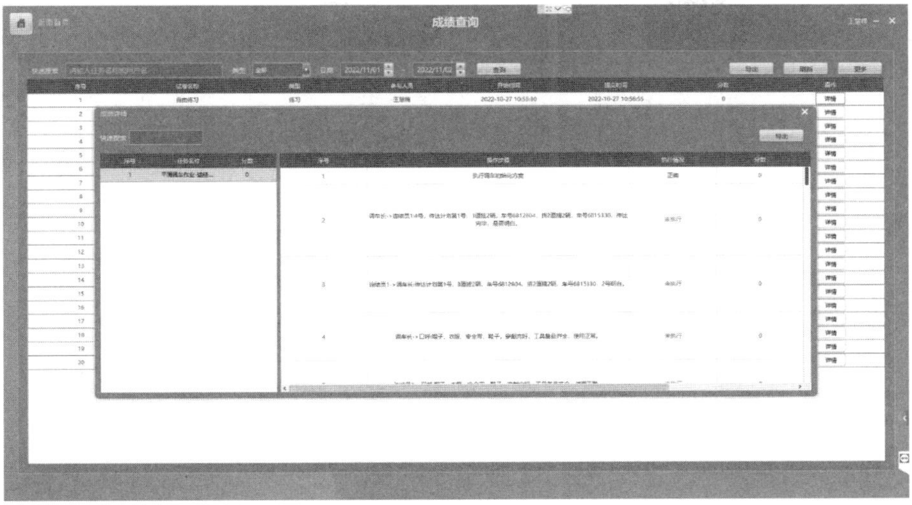

图 18-1-30　成绩详情

四、实训考核标准

表 18-1-2　铁路调车停留车作业评分表

序号	考核内容	评分标准	配分	得分
1	登录系统	用户名和密码禁止重复登录，如登陆已登录的用户名扣 20 分	20	
2	单人任务	正确选择需要进行的任务，成功进入三维终端进行演练，因操作导致开始任务错误的扣 40 分	40	
3	组队任务	组长创建组需要选择指定的任务，之后与组员选择各自的角色进入三维终端进行演练，因操作导致开始任务错误的扣 40 分	40	

五、思考题

（1）如何编辑一个可以任意添加进行的任务的试卷呢？

（2）当想要知道自己的某一步操作是否正确时该怎么办呢？

（3）应该如何和其他同学一起组队进行调车作业呢？

任务二　单人模式实训

一、实训目的

（1）掌握铁路调车作业 3D 仿真实训系统的基本操作。

（2）熟练使用铁路调车作业 3D 仿真实训系统进行单人模式演练。

二、实训要求

1. 实训时间

实训课时为 2 课时。

2. 实训形式

按照实训内容，依据授课班级实际情况将学生分组，组内成员对该模块内容进行小组讨论学习，进行作业实训，并完成实训报告。

3. 安全注意事项

（1）实训过程中按照规范进行操作，禁止蛮力操作。

（2）实训过程中严禁嬉戏打闹，避免发生意外事故。

（3）未经教师或管理员允许不得擅自操作。

（4）设备上电时，需要严格按照要求进行上电操作。

4. 工器具材料准备

（1）防护用品：调车作业服。

（2）实训工具：铁路调车 3D 仿真考评实训系统。

三、实训作业步骤

实训作业流程如图 18-2-1 所示。

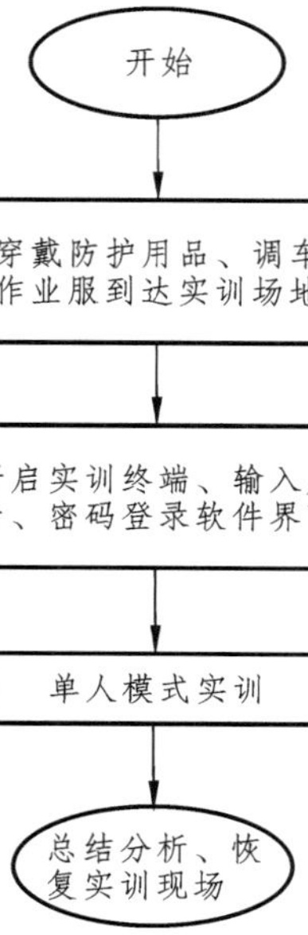

图 18-2-1　实训流程图

步骤一：实训人员穿戴防护用具，调车作业服到达实训场地。

步骤二：开启实训终端，输入账号、密码到达登陆软件（详细登陆方式及过程已经在任务一中进行了详细介绍）。

步骤三：单人模式实训。

（1）单人模式实训流程。

① 任务。

可以选择任务类型、已有任务条目后，开始任务；也可以自定义任务：手动输入速度或距离数值，或者选择【随机】生成一个数值，然后以该数值为基础，随机一个场景开始任务，任务列表如图 18-2-2 所示。

② 提交。

任务中，可以点击【提交】直接结束任务。

③ 帮助。

查看操作帮助。

④ 系统（见图 18-2-6）。

设置（见图 18-2-7）：设置角色控制旋转速度、角色控制移动速度。

退出：退出三维程序。

以动观速任务（见图 18-2-3）为例：

任务开始后，人站在车上通过匀速移动来判断列车运行速度。经过观测点后弹出答题界面（见图 18-2-4），输入速度值，提交后系统给出评判结果（见图 18-2-5）。可以选择该任务再来一遍、下一题或者重新选择任务。

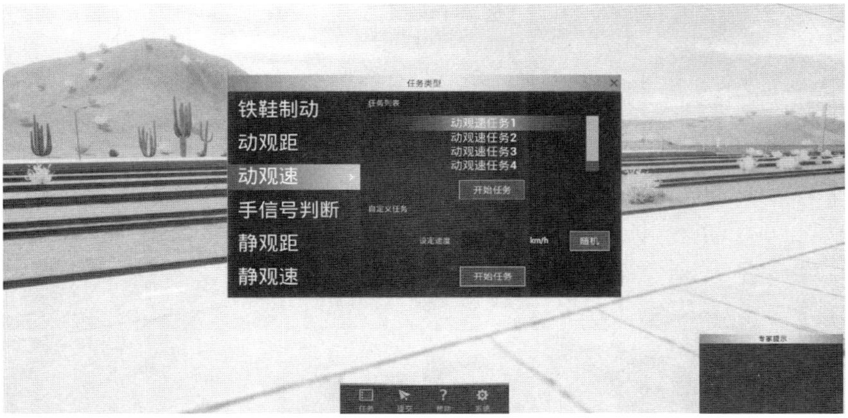

图 18-2-2　任务列表

图 18-2-3　动观速任务中

图 18-2-4　动观速答题

图 18-2-5　动观速结果评判

图 18-2-6　系统

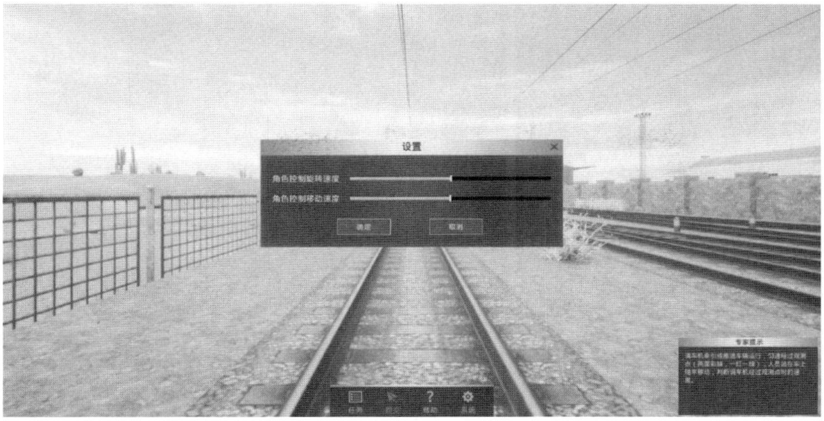

图 18-2-7　设置

（2）单人模式实训条目。

表 18-2-1　单人模式实训条目

序号	任务条目	操作方法
1	静观速	人站在观测点旁（两面旗帜：一红一绿），车匀速前进，判断列车经过观测点时的速度（列车经过观测点后自动弹出答题卡）。 方法： （1）键盘输入数值。 （2）点击【确定】按钮，提交答案，自动显示观测判断结果
2	动观速	人站在车上，随车一起匀速前进，判断列车经过观测点时的速度（列车经过观测点后自动弹出答题卡）。 方法： （1）键盘输入数值。 （2）点击【确定】按钮，提交答案，自动显示观测判断结果
3	静观距	人站在股道旁，判断与前方车的距离（5 s 后自动弹出答题卡） 方法： （1）键盘输入数值。 （2）点击【确定】按钮，提交答案，自动显示观测判断结果
4	动观距	人站在车上，随车一起匀速前进，判断距离前车距离。 方法： （1）判断距离前车 110 m 时，点击【110 m】按钮。 （2）判断距离前车 55 m 时，点击【55 m】按钮。 （3）判断距离前车 33 m 时，点击【33 m】按钮
5	手信号判断	人站在股道旁，前方播放手信号动画，判断手信号的含义（动画播放完，自动弹出答题卡）。 方法： 鼠标选择某个选项，点击【确定】按钮提交答案，自动显示观测判断结果
6	铁鞋制动	人站在股道旁，旁边摆放有铁鞋和铁鞋叉子，车从前方驶来，列车经过时用叉子放置铁鞋进行制动。 方法： （1）鼠标点击地上的铁鞋，鼠标样式变成铁鞋。 （2）在列车经过的合适时机，鼠标移动到钢轨上，点击钢轨，铁鞋被放置到钢轨上。 （3）按要求放置全部铁鞋。 （4）列车制动后自动弹出判断结果

（3）观速观距参考标准。

钢轨长度（红、黄旗之间的间距）：12.5 m。

接触网立柱间距：100 m。

四、实训考核标准。

表 18-2-2　单人模式实训评分表

序号	考核内容	评分标准	配分	得分
1	静观速	通过判断相应的场景中列车的速度或距离，选择相应的选项或填写答案，与标准值进行比对，误差在10%以外扣10分	10	
2	动观速		10	
3	静观距		10	
4	动观距		10	
5	手信号判断	在播放完手信号动画后，在答题卡中选择正确的选项，选择错误扣10分	30	
6	铁鞋制动	通过在场景中选择合适的时机将铁鞋全部放置于钢轨上，放置错误或漏放扣10分	30	

五、思考题

（1）动观距与手台的哪些指令相关呢?

（2）在进行铁鞋制动作业时，应在什么时机放置铁鞋最佳?

（3）手信号在什么情况下会使用? 昼/夜间手信号有什么区别?

任务三　组队模式实训

一、实训目的

（1）掌握铁路调车作业3D仿真实训系统的基本操作。

（2）熟练使用铁路调车作业3D仿真实训系统进行单人模式演练。

二、实训要求

1. 实训时间

实训课时为2课时。

2. 实训形式

按照实训内容，依据授课班级实际情况将学生分组，组内成员对该模块内容进行小组讨论学习，进行作业实训，并完成实训报告。

3. 安全注意事项

（1）实训过程中按照规范进行操作，禁止蛮力操作。

（2）实训过程中严禁嬉戏打闹，避免发生意外事故。

（3）未经教师或管理员允许不得擅自操作。

（4）设备上电时，需要严格按照要求进行上电操作。

4. 工器具材料准备

（1）防护用品：调车作业服。

（2）实训工具：铁路调车 3D 仿真考评实训系统。

三、实训作业步骤

实训作业流程如图 18-3-1 所示。

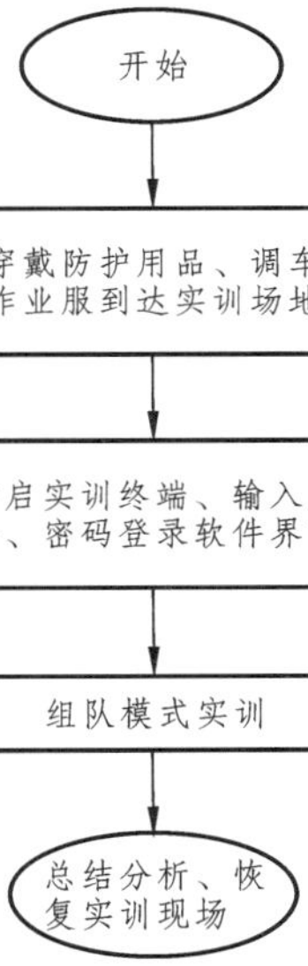

图 18-3-1　实训流程

步骤一：实训人员穿戴防护用具，调车作业服到达实训场地。

步骤二：开启实训终端，输入账号、密码登陆软件（详细登陆方式及过程已经在任务一中进行了详细介绍）。

步骤三：组队模式实训。

（1）组队模式实训流程。

铁路调车作业 3D 仿真实训系统通过键盘输入，控制角色移动、视角切换，通过鼠标点击进行作业设备和列车部件的操作，学员每一步操作均有专家提示。实训流程包括选择作业流程（见图 18-3-2）、查看调车作业计划（见图 18-3-3）、作业工具选择（见图 18-3-4）、选择位置跳转（见图 18-3-5）、手持台操作（见图 18-3-6）及操作列车部件（见图 18-3-7）。

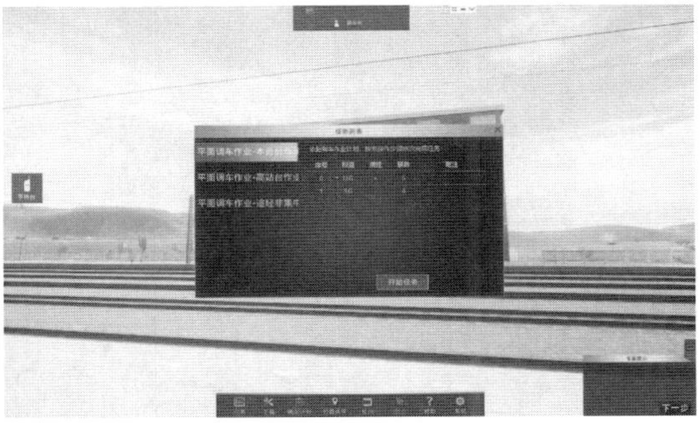

图 18-3-2　选择作业流程

图 18-3-3　查看调车作业计划

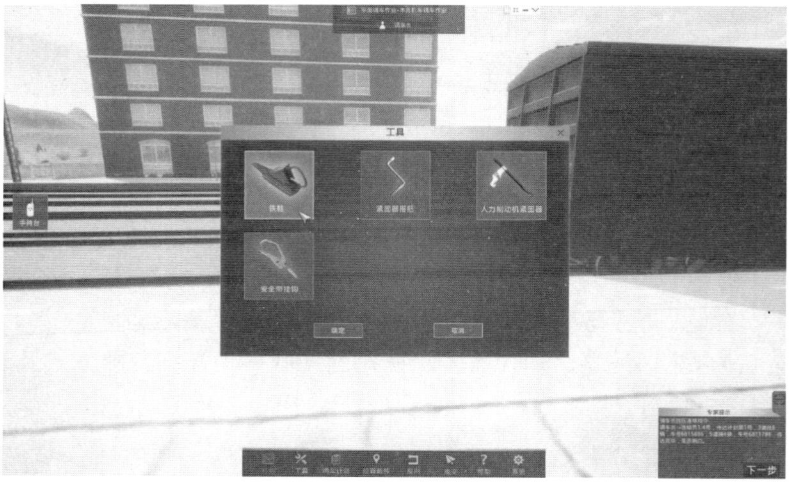

图 18-3-4　作业工具选择

图 18-3-5　位置跳转

图 18-3-6　手持台操作

图 18-3-7　操作列车部件

四、实训考核标准

表 18-3-1　组队模式实训评分表

序号	作业程序	执行标准	评分标准	评分方式	配分	得分
1	开始任务	方法：鼠标选择任务、点击确定，显示调车计划，选中【开始任务】点击确定	—	—	—	—
2	汇报车站存车情况摘车牵出	1. 调车长通知连结员："4 号，传达计划第 1 号，3 道挂 2 辆，车号 6812804，货 2 道摘 2 辆，车号 6815330，传达完毕，是否明白" 2. 连结员回复调车长："传达计划第 1 号，3 道挂 2 辆，车号 6812804，货 2 道摘 2 辆，车号 6815330，4 号明白" 3. 连结员回复调车长："传达计划第 1 号，3 道挂 2 辆，车号 6812804，货 2 道摘 2 辆，车号 6815330，5 号明白"	未口呼或口呼不正确，每次扣 0.3 分	计算机评分	2.1	

续表

序号	作业程序	执行标准	评分标准	评分方式	配分	得分
3	服装工具备品检查	1. 调车长口呼："帽子、衣服、安全带、鞋子，穿戴完好，工具备品齐全，使用正常" 2. 连结员口呼："帽子、衣服、安全带、鞋子，穿戴完好，工具备品齐全，使用正常" 3. 连结员口呼："帽子、衣服、安全带、鞋子，穿戴完好，工具备品齐全，使用正常"	未口呼或口呼不正确，每次扣0.3分	计算机评分	0.5	
4	领取调车作业通知单	点击"领取调车作业通知单"按钮	—	—	—	—
5	向调车司机传达计划	调车长通知司机："3号，传达计划第1号，3道挂2辆，车号6812804，货2道摘2辆，车号6815330，传达完毕，是否明白。" 司机（机器人）自动回复："传达计划第1号，3道挂2辆，车号6812804，货2道摘2辆，车号6815330，3号明白。"	未联控或联控不正确，扣0.3分	计算机评分	0.3	
6	灯显试验	1. 试机通话 （1）调车长通知司机："3号，2号试机" （2）司机回复调车长："2号试机，3号明白" （3）调车长通知值班员："1号，2号试机" （4）值班员回复调车长："2号试机，1号明白" （5）连结员通知调车长："2号，4号试机" （6）调车长回复连结员："4号试机，2号明白" （7）连结员通知调车长："2号，5号试机" （8）调车长回复连结员："5号试机，2号明白"	未联控或联控不正确，每次扣0.3分	计算机评分	0.9	
		2. 信令试验 调车长手持台： （1）停车：按下红色按钮 （2）起动：按下绿色按钮2 s （3）连结：先后按下绿、红按钮 （4）十车：长按黄色按钮1.5 s	未进行灯显试验，不得分；漏一项扣0.5分	计算机评分	6.6	

续表

序号	作业程序	执行标准	评分标准	评分方式	配分	得分
6	灯显试验	（5）五车：再按下黄色按钮 1 s，或直接发黄绿	未进行灯显试验，不得分；漏一项扣 0.5 分	计算机评分	6.6	
		（6）三车：依次再按下黄色按钮 1 s，或直接发黄红				
		（7）减速：按下黄色按钮				
		（8）溜放：先后按下绿、黄按钮				
		（9）推进：2 次按下绿色按键				
		连结员手持台：				
		（10）领车：2 次按下黄色按键				
		（11）紧急停车：按下红色按钮				
		（12）解锁：长按黄色按钮				
		连结员手持台：				
		（13）领车：2 次按下黄色按键				
		（14）紧急停车：按下红色按钮				
		（15）解锁：长按黄色按钮				
7	进入现场作业阶段	（1）连结员对调车长：“连结”	未联控或联控不正确，每次扣 0.3 分；未发送指令或发送错误，扣 0.5 分	计算机评分	6.6	
		（2）调车长发送连结指令：按下绿、红按键				
		（3）连结员对调车长：“减速”				
		（4）调车长发送减速指令：按压两次黄色按键				
		（5）连结员对调车长：“一度停车”				
		（6）调车长发送停车指令：长按红色按键				
		（7）连结员检查钩位口呼：“钩位正常，可以连挂”				
		（8）连结员对调车长：“连结”				
		（9）调车长发送连结指令：按下绿、红按键				
		（10）连结员对调车长：“减速”				
		（11）调车长发送减速指令：按压两次黄色按键				
		（12）连结员对调车长：“停车”				
		（13）调车长发送停车指令：长按红色按键				

续表

序号	作业程序	执行标准	评分标准	评分方式	配分	得分
8	连结制动软管	1. 进入车档间作业防护 （1）连结员向调车长报告："2 号，请求进入车挡间作业"，调车长回复："2 号明白" （2）连结员显示紧急停车信令：按下红色按键	未联控或联控不正确，每次扣 0.3 分；未发送指令或发送错误，扣 0.5 分	计算机评分	1.1	
9		2. 撤除防溜 （1）撤除 6816394 铁鞋	未执行或动作执行不到位，每次扣 0.5 分	计算机评分	0.5	
10		3. 连结制动软管： （1）连结 1586908-6816394 软管 （2）打开 6816394 前折角塞门 （3）打开 1586908 后折角塞门	未连结软管或顺序不正确扣 0.5 分，未打开折角塞门扣 0.5 分	计算机评分/人工评分	2	
11	牵出车列	1. 进入车档间作业防护 （1）连结员向调车长报告："2 号，请求进入车档间作业"，调车长回复："2 号明白" （2）连结员显示紧急停车信令：按下红色按键	口呼时所在车号位置不正确，扣 0.3 分	计算机评分	0.3	
12		2. 设置防溜措施 （1）设置铁鞋：在 6815330 放置铁鞋	未执行或动作执行不到位，每次扣 0.5 分	计算机评分	0.5	
13		3. 摘管作业 （1）关闭 6815330 前折角塞门 （2）关闭 6812294 后折角塞门 （3）摘开 6815886-6815376 软管 （4）设置人力制动机：将 6815376 人力制动机拧紧	未执行或动作执行不到位，每次扣 0.5 分；折角塞门关闭顺序不正确，扣 0.5 分	计算机评分/人工评分	2	
14		4. 解锁 （1）作业完毕连结员向调车长报告："2 号，车档间防溜已做好。"，调车长回复："2 号明白" （2）解锁信令：连结员按下黄色按钮	未联控或联控不正确，每次扣 0.3 分；未发送指令或发送错误，扣 0.5 分	计算机评分	1.1	

续表

序号	作业程序	执行标准	评分标准	评分方式	配分	得分
15	牵出车列	5. 提钩：右手柄触碰提钩杆、扣动扳机	未提钩，扣0.5分	计算机评分	0.5	
16		6. 指挥动车 （1）连结员对调车长：“3道牵出”，调车长回复：“2号明白” （2）调车长呼叫值班员：“1号，3道出开通进路。”，值班员对调车长：“2号、3号，3道出调车信号开放好了” （3）调车长回复：“3道出调车信号开放好了，2号明白” （4）连结员上车6812294	未联控或联控不正确，每次扣0.3分；未发送指令或发送错误，扣0.5分	计算机评分	1.7	
17		7. 启车牵出 （1）连结员对调车长：“4号已上车，牵出。” 调车长回复：“2号明白” （2）调车长上车梯，发送起动信令：按下绿色按键2 s （3）连结员对调车长：“尾部好”，调车长回复：“2号明白” （4）列车越过折返信号时，连结员对调车长：“2号，已越过折返信号，停车。”调车长对连结员：“停车，2号明白” （5）调车长发送停车指令按下1次红色按键	未联控或联控不正确，每次扣0.3分；未发送指令或发送错误，扣0.5分	计算机评分	2.2	
18	推进连挂	1. 确认进路 （1）连结员对值班员：“1号，请开通货2道进路。”，值班员（机器人）自动回复：“2号、4号，进货2道调车信号开放好了” （2）调车长对值班员：“1调进货2道进路好了，2号明白” （3）连结员对值班员：“进货2道调车信号开放好了，4号明白” （4）连结员对值班员：“进货2道调车信号开放好了，2号明白” （5）调车长发送推进指令：按下两次绿色按键	未联控或联控不正确，每次扣0.3分；未发送指令或发送错误，扣0.5分	计算机评分	2.2	
19		2. 一度停车 （1）连结员向调车长：“减速” （2）调车长发送减速指令：按压两次黄色按键 （3）连结员向调车长：“一度停车”	未联控或联控不正确，每次扣0.3分	计算机评分	2.1	

续表

序号	作业程序	执行标准	评分标准	评分方式	配分	得分
19	推进连挂	（4）调车长距离大门 5～50 m，发送停车指令	未发送指令或发送错误，扣 0.5 分	计算机评分	2.1	
		（5）连结员打开大门	未打开大门，扣 0.5 分			
20		3．检查线路		计算机评分	1.1	
		（1）连结员口呼：“前方进路空闲，进路开通位置不正确”	未联控或联控不正确，每次扣 0.3 分 未发送指令或发送错误或发送，每次扣 0.5 分			
		（2）连结员 H1 道岔扳到反位				
		（3）连结员口呼：“闭止块落槽，尖轨与基本轨密贴，进路开通位置正确”				
		（4）连结员口呼：“进货 2 道非集中联锁区进路好了”				
		（5）调车长对连结员：“2 号明白”				
21		4．确认十、五、三车距离		计算机评分	2.4	
		（1）连结员对调车长：“连结”				
		（2）距离前车 110 m 时，连结员对调车长：“十车”	未联控或联控时机不正确（十、五、三车指令时机分别与相应距离偏离超过 20%），每次扣 0.3 分； 未发送指令或发送错误或发送，每次扣 0.5 分			
		（3）调车长发送十车信令：按下 1 次黄色按键				
		（4）距离前车 55 m 时，连结员对调车长：“五车”				
		（5）调车长发送五车信令：再次按下 1 次黄色按键，或是按下黄、绿按键				
		（6）距离前车 33 m 时，连结员对调车长：“三车”				
		（7）调车长发送三车信令：再次按下 1 次黄色按键，或是按下黄、红按键				
22		5．一度停车		计算机评分	0.8	
		（1）连结员对调车长：“减速”	未联控或联控不正确，扣 0.3 分			
		（2）调车长发送减速指令：按压两次黄色按键	未发送指令或发送错误，扣 0.5 分			
		（3）连结员对调车长：“一度停车”	未联控或联控不正确，扣 0.3 分			
		（4）距离停留车不近于 10 m，调车长发送停车指令：长按红色按键	未发送指令或发送错误，扣 0.5 分			

续表

序号	作业程序	执行标准	评分标准	评分方式	配分	得分
23		6. 连挂车辆		计算机评分	2.1	
		（1）连结员下车				
		（2）连结员检查钩位，口呼："钩位正常，可以连挂"	未联控或联控不正确，扣 0.3 分			
		（3）连结员对调车长："连结"				
		（4）调车长发送连结指令：按下绿、红按键	未发送指令或发送错误，扣 0.5 分			
		（5）连结员对调车长："减速"				
		（6）调车长发送减速指令：按压两次黄色按键				
		（7）连结员对调车长："停车"	未联控或联控不正确，扣 0.3 分			
		（8）调车长发送停车指令：长按红色按键	未发送指令或发送错误，扣 0.5 分			
24	推进连挂	7. 车辆检查确认		计算机评分	0.3	
		（1）连结员口呼："车号 6812294，确认正确"，调车长对连结员："2 号明白"	未联控或联控不正确，每次扣 0.3 分			
25		8. 进入车档间防护		计算机评分	1.1	
		（1）连结员向调车长报告："2 号，请求进入车档间作业"，调车长回复："2 号明白"	未联控或联控不正确，每次扣 0.3 分			
		（2）连结员显示紧急停车信令：按下红色按键	未发送指令或发送错误，扣 0.5 分			
26		9. 撤除防溜	未执行或动作执行不到位，每次扣 0.5 分	计算机评分	0.5	
		（1）撤除 6815370 铁鞋				
27		10. 连结制动软管	未连结软管或顺序不正确扣 0.5 分，未打开折角塞门扣 0.5 分	计算机评分/人工评分	2	
		（1）连结 6812294-6815370 制动软管				
		（2）打开 6815370 前端折角塞门				
		（3）打开 6815370 后端折角塞门				
		（4）松开 6815370 人力制动机				
28	摘车牵出	1. 解锁		计算机评分	0.3	
		（1）连结员对调车长："2 号，车档间防溜已做好"，调车长回复："2 号明白"	所在车号位置不正确为失格项			
		（2）解锁信令：连结员按下黄色按钮				

续表

序号	作业程序	执行标准	评分标准	评分方式	配分	得分
29	摘车牵出	2. 进入车档间作业防护	未执行或动作执行不到位，每次扣2分	计算机评分	0.5	
		（1）连结员向调车长报告：“2号，请求进入车档间作业”，调车长回复：“2号明白”				
		（2）连结员显示紧急停车信令：按下红色按键				
		（3）连结员在6816394放置铁鞋				
30		3. 摘管作业		计算机评分/人工评分	2	
		（1）关闭6816394前折角塞门	折角塞门关闭顺序不正确，扣0.5分			
		（2）关闭6816394后折角塞门				
		（3）摘开机车软管	未执行或动作执行不到位，每次扣0.5分			
31		4. 解锁				
		（1）连结员对调车长：“2号，车档间防溜已做好”，调车长回复：“2号明白”		计算机评分	0.3	
		（2）解锁信令：连结员按下黄色按钮	未发送指令或发送错误，扣0.5分			
32		5. 提钩：连结员提钩1586908后端	未执行或动作执行不到位，每次扣0.5分	计算机评分	0.5	
		6. 连结员、调车长上车				
33		7. 指挥动车		计算机评分	3.3	
		（1）连结员对调车长：“4号已上车，牵出”，调车长回复：“2号明白”	未联控或联控不正确，每次扣0.3分			
		（2）调车长，发送起动信令：按下绿色按键2 s	未发送指令或发送错误，扣0.5分			
		（3）连结员向调车长报告：“尾部好”，调车长回复：“2号明白”	未联控或联控不正确，每次扣0.3分			

五、思考题

（1）在进行组队模式调车作业时，需要几个角色共同配合？可以选择是哪些？

（2）连结员在进行车档作业时该如何保护自己？

（3）调车长在开始作业前为什么要测试手台？

任务四　设备操作

一、实训目的

（1）掌握铁路调车作业 3D 仿真实训系统的基本操作。
（2）熟练使用铁路调车作业 3D 仿真实训系统进行单人模式演练。

二、实训要求

1. 实训时间

实训课时为 2 课时。

2. 实训形式

按照实训内容，依据授课班级实际情况将学生分组，组内成员对该模块任务内容进行讨论，明确实训要求，进行上机实训。

3. 安全注意事项

（1）实训过程中按照规范进行操作，禁止蛮力操作。
（2）实训过程中严禁嬉戏打闹，避免发生意外事故。
（3）未经教师或管理员允许不得擅自操作。
（4）设备上电时，需要严格按照要求进行上电操作。

4. 工器具材料准备

（1）防护用品：调车作业服。
（2）实训工具：铁路调车 3D 仿真考评实训系统。

三、实训作业步骤（图 18-4-1）

实训作业流程如图 18-4-1 所示。

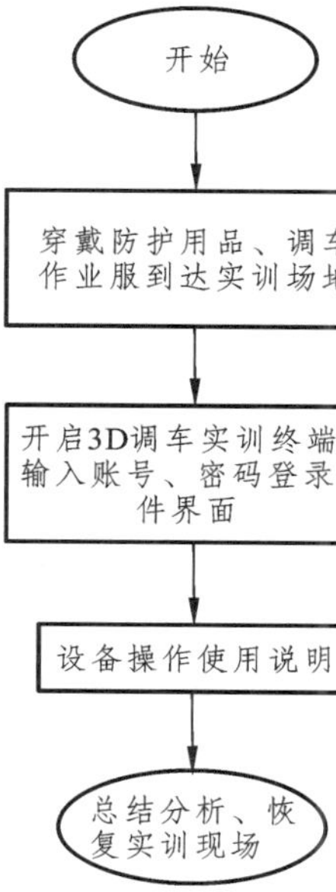

图 18-4-1　实训流程

步骤一：实训人员穿戴防护用具，调车作业服到达实训场地。

步骤二：开启实训终端，输入账号、密码登陆软件（详细登陆方式及过程已经在任务一中进行了详细介绍）。

步骤三：设备操作说明。

（1）连结软管/摘开软管（见图 18-4-2）：鼠标依次点击需要连结（摘开）的制动软管，制动软管自动连结（摘开）。

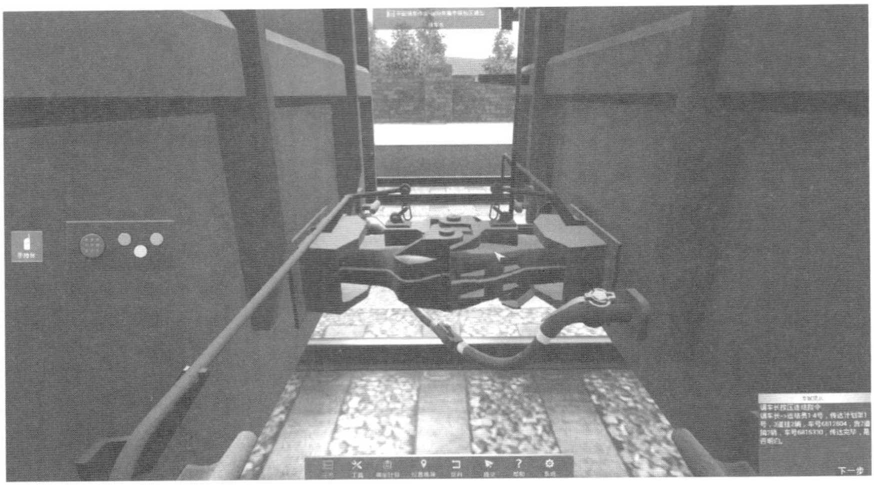

图 18-4-2　制动软管

（2）打开/关闭折角塞门：鼠标依次点击需要打开/关闭的折角塞门，折角塞门自动打开/关闭。

（3）提钩（见图 18-4-3）。

点击提钩杆，即可提开车钩。

图 18-4-3　车钩

（4）人力制动机操作。

第一步：点击闸台，人员站立在闸台（见图 18-4-4）上。

图 18-4-4　人力制动机闸台

第二步：制动时，将棘子锤（见图 18-4-5）压在棘子的外端，使棘子的内端棘舌卡在棘轮上，以放置手制动轴逆转。然后顺时针方向转动手轮，手制动轴随着转动，手制动轴链条便卷在手制动轴上，拉动手制动拉杆，从而带动基础制动装置移动，使闸瓦压紧车轮产生制动作用。

缓解时，将棘子锤从棘子上去除，然后点击转动手轮，完成人力制动机的缓解。

图 18-4-5　棘子锤

（5）扒乘车梯（见图 18-4-6）。

点击需要扒乘的车辆扶梯，即可进行上车扒乘和下车。

图 18-4-6　扒乘车梯

（6）简易紧急制动阀（见图 18-4-7）的使用。

第一步：双击工具栏选择简易紧急制动阀。

第二步：点击软管即可进行使用。

图 18-4-7　简易紧急制动阀

四、实训考核标准

表 18-4-1　单人模式实训评分表

序号	考核内容	评分标准	配分	得分
1	连结软管/摘开软管	在进行摘接软管操作时，需要注意先后顺序。漏做或顺序错误扣 20 分	20	
2	打开/关闭折角塞门	开关折角塞门时，需要注意打开或关闭顺序。漏做或顺序错误扣 20 分	20	
3	提钩	在进行提钩操作时需要注意先后顺序。漏做或顺序错误扣 20 分	20	
4	人力制动机操作	在进行人力制动机操作时，需要注意人员站立位置，棘子锤的状态及手轮转动方向。操作错误扣 20 分	20	
5	扒乘车梯	车辆移动时，需要扒乘车梯。漏做扣 10 分	10	
6	简易紧急制动阀的使用	需要使用紧急制动阀时，漏做扣 10 分	10	

五、思考题

（1）在进行车档间防溜操作时，为什么需要有顺序？

（2）关折角塞门的顺序是什么？

（3）在扒乘车梯时，需要注意哪些行为？

项目十九　驼峰仿真教学系统

任务一　TBZK Ⅱ 型驼峰仿真教学系统

一、实训目的

（1）掌握 TBZK Ⅱ 型驼峰仿真教学系统的系统组成和功能。
（2）掌握 TBZK Ⅱ 型驼峰仿真教学系统驼峰作业内容。

二、实训要求

1. 实训时间

实训课时为 2 课时。

2. 实训形式

按照实训内容，依据授课班级实际情况将学生分组，组内成员围绕该模块内容进行小组讨论学习，进行作业实训，并完成实训报告。

3. 安全注意事项

（1）实训过程中按照规范进行操作，禁止蛮力操作。
（2）实训过程中严禁嬉戏打闹，避免发生意外事故。
（3）实训过程中严格按照标准流程进行操作。
（4）未经教师或管理员允许不得擅自操作。
（5）设备上电时，需要严格按照要求进行上电操作。

4. 工器具材料准备

（1）防护用品：防护手套。
（2）实训设备：驼峰调车仿真实训设备。

三、实训作业步骤

1. 系统组成与功能

TBZK Ⅱ 型驼峰仿真系统按功能分为驼峰机车控制、驼峰进路控制和驼峰速度控制三大部分。各部分由计算机独立的模块来完成。

系统满足功能如下：
（1）满足 7021 继电电路的相关功能。
（2）满足双推双溜、双推单溜、单推单溜的驼峰作业要求。
（3）模拟实现场间联系。

（4）办理峰上，峰下各种调车进路，实现调车进路的联锁。

（5）驼峰主体信号控制及联锁。

（6）人工新建或变更作业计划以及对作业计划进行人工修改。

（7）按作业计划自动完成溜放作业过程。

（8）自动模式下，自动控制间隔制动位减速器，合理调整前后车组溜放间隔并保障目的制动位的入口速度要求。

（9）自动控制目的制动位减速器，合理调整车组的走行速度，与股道内的停留车辆安全联挂。

（10）模拟实现驼峰信号楼、峰尾信号楼及模拟出发场集中控制和显示。

2. 显　示

1）信号机显示

表 19-1-1　信号机种类

序号	信号机类别	信号机简介	信号机表示
1	主体信号机	主体信号机为高柱信号机，有绿、绿闪、红、红闪、白、白闪、黄闪七种显示，分别对应定速、加速、停止、后退、调车、禁溜线作业、减速	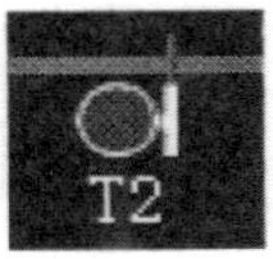 主体信号机
2	调车信号机	调车信号有蓝、白两种显示，分别表示关闭和开放	 调车信号机
3	线路表示器	信号中心带有一条水平横线表示其为线路表示器，线路表示器只有白色一种显示，表示其开放状态	 线路表示器

2）道岔显示

道岔由三条线段交汇组成，一般情况下，水平方向代表定位，斜向代表范围。

道岔位置由道岔定位或范围线段密合表示，定位缺口时表示道岔无定位表示，反位缺口时表示无反位表示，定反位都有缺口（或闪白光）时代表道岔正在转换或者道岔失去表示。

道岔命令：道岔号颜色的意义

白色：表示道岔无转换命令。

绿色：表示道岔有定位转换的命令到达。

黄色：表示道岔有反位转换的命令到达。

道岔封闭：道岔封闭之后，道岔号背景色变为红色，表示此道岔被封锁，计算机发出的转换指令或手扳道岔都不能使其转动。

表 19-1-2　道岔显示

序号	道岔位置	图示
1	道岔处于定位	 道岔处于定位
2	道岔处于反位	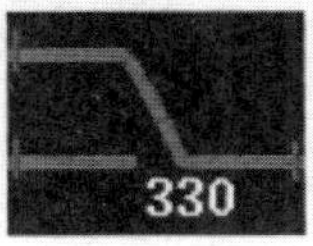 道岔处于反位
3	道岔失去表示	 道岔失去表示
4	道岔封闭	

3）轨道电路显示

轨道电路包括道岔区段轨道电路、减速器区段轨道电路、各种无岔区段的轨道电路。

表 19-1-3　轨道电路显示

序号	颜色状态	表示含义	图示
1	灰色	轨道电路未占用	 灰色空闲
2	红色	轨道电路占用	 黄色锁闭
3	黄色	轨道电路锁闭	 红色占用

4）减速器显示

减速器（见图 19-1-1）用两个并排的矩形表示，分别表示前台与后台减速器。

图 19-1-1　减速器

表 19-1-4　减速器显示

序号	制动器状态	颜色	图示
1	制动	粉红色	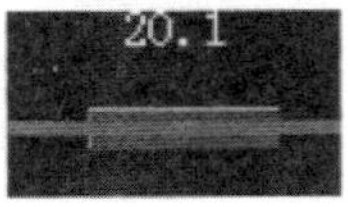 黑色
2	缓解	浅灰色	 浅灰
3	空闲	黑色	 前台制动粉红色

减速器上方的数字：上部或者左侧白色文字为出口速度，下部或者右侧文字为定速数值；定速数值的颜色：绿色代表计算机定速，黄色代表人工定速（见图 19-1-2）。

图 19-1-2　人工减速

手动标是指减速器处于非自动控制状态，减速器右上方出现红色圆形标志，此时值班员必须注意检查减速器状态并对其进行及时控制。

减速器区段白光带及减速器白色边框表示自动锁闭；减速器红色边框表示人工锁闭。收到作业命令时，减速器旁边会显示钩计划（见图 19-1-3）的命令信息，其格式为：股道-辆数，重量等级。

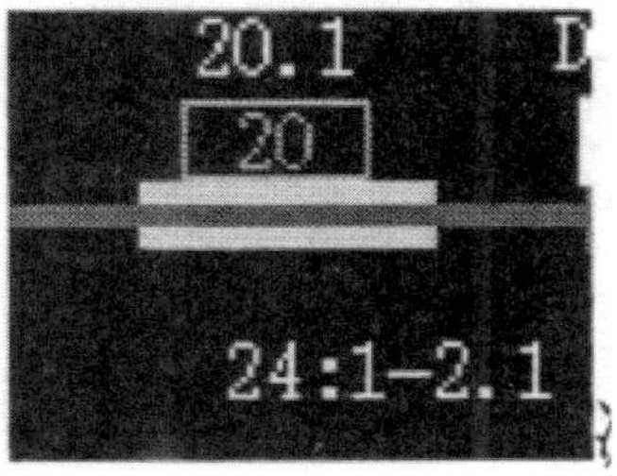

图 19-1-3　钩计划显示

5）编发线显示

编发线股道号橙色表示允许锁闭。

编发线股道号绿色表示允许发车。

6）测长显示

测长在站场图形窗口上可以选择动长，静长两种长度显示（黄色数字为动长，蓝色数字为静长）。

动长是指跟随当前车辆最后轮对在股道上动态走行而产生的位置改变的长度测量值，静长指在股道上当前已停住车辆最后轮对所处位置的测量长度值。

测长主要用于测定股道占车后的空余长度，此空余长度只是驼峰溜放调速控制的参数之一，并非用于容留车数的判定。

7）其他按钮操作

包括允许推送按钮、预先推送按钮（见图 19-1-4）、脱钩按钮及道岔恢复按钮（见图 19-1-5）。

图 19-1-4　允许推送和预先推送按钮

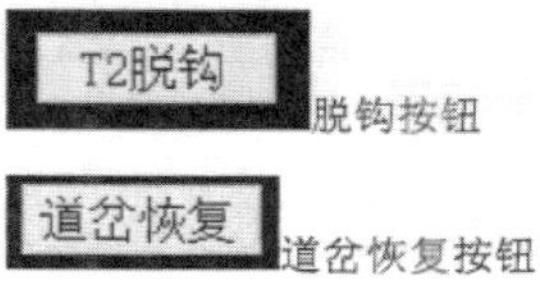

图 19-1-5　脱钩按钮和道岔恢复按钮

8）状态栏显示

所有关于站场操作的提示信息都在界面下方的状态栏中一并显示。

4. 操　作

操作人员对站场各部件的操作有信号机操作和道岔操作两种方式，具体步骤如下：

① 利用鼠标左键直接点击需要操作的部位；

② 利用鼠标右键点击相应部位，在弹出的右键菜单中用鼠标左键选择相应的命令；

③ 操作时，先将鼠标移动到相应部件上，当鼠标光标变成小手形状时，再进行左键或者右键的操作，否则无效。

1）信号机操作

鼠标左键直接点击信号机本身，相当于按压该信号机的进路选择按钮，第一次点击的信号机为进路的始端，第二次点击的信号机为进路的终端。信号机因故关闭，在进路未解锁的情况下，鼠标左键点击信号机可使信号自动重复开放。

当办理调车进路时，如果只点击始端和终端，那么只能选出基本进路。如果要选择变更进路，需要依次点击始端信号按钮，变更按钮和终端信号按钮。

如果要对信号机进行单独操作，那么应先点击鼠标右键，再在弹出的菜单（见图 19-1-6）中选择命令。

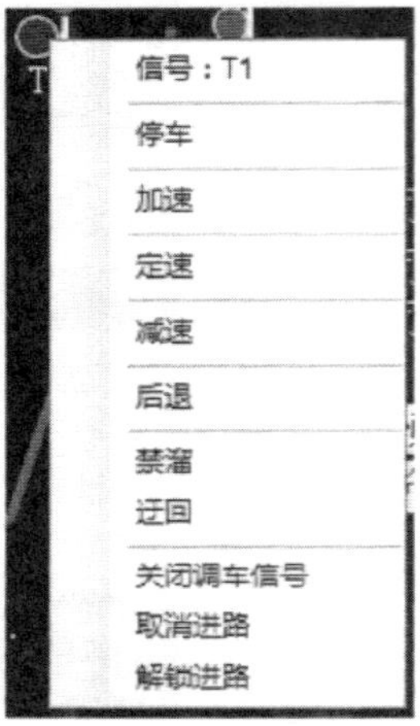

主体信号机右键菜单

调车信号机（线路表示器）右键菜单

图 19-1-6　右键菜单

关闭信号：关闭信号机。

取消进路：在接近区间段无车占用时取消以改信号机为始端的进路。

解锁进路：在接近区间段有车占用时取消以该信号机为始端的进路。

主体信号机开放和关闭信号机的操作，既可以通过选择右键菜单命令的方式来完成，也可以通过在驼信窗口（见图 19-1-7）中用左键点击相应按钮的方式来完成。

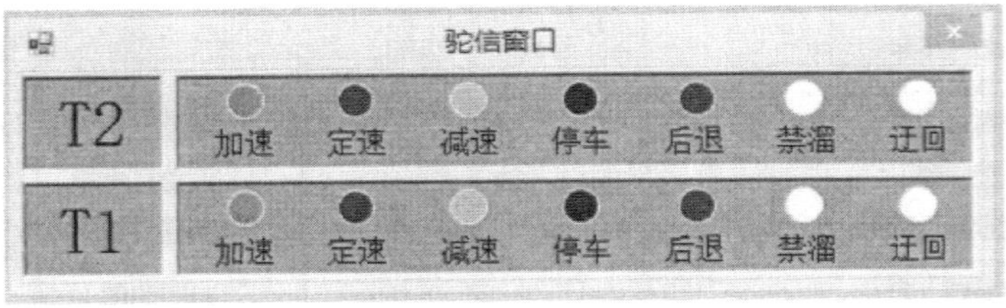

图 19-1-7　驼信窗口

2）道岔操作（见图 19-1-8）

用鼠标右键点击道岔或者道岔号码，弹出的命令菜单中包括以下命令：

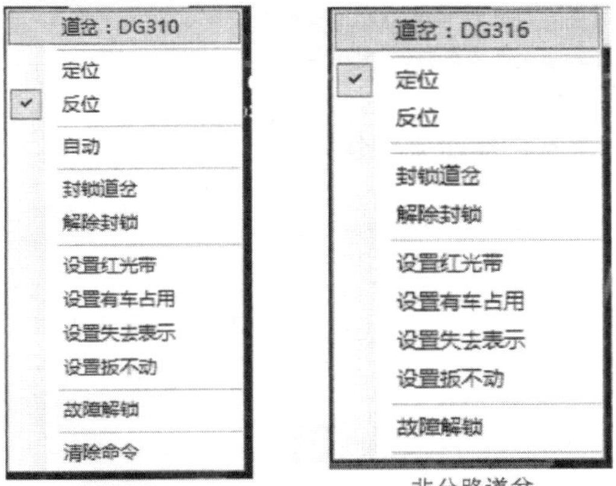

分路道岔　　非分路道岔

图 19-1-8　分路道岔与非分路道岔

定位：将道岔扳动到定位。

反位：将道岔扳动到反位。

封锁道岔：封锁该道岔至当前位置。

解除封锁：解除该道岔的封锁状态。

设置红光带：在该道岔所属的轨道区段设置轨道电路故障。

设置有车占用：在该道岔所属的轨道区段设置红光带占用。

设置失去表示：对该道岔设置失去表示故障。

设置扳不动：对该道岔设置扳不动故障。

故障解锁：强制解除该道岔的锁闭。

清除指令：清除该道岔的控制命令，仅对峰下分路道岔有效。

3）无岔区段操作

利用鼠标右键点击减速器，弹出的命令菜单（见图 19-1-9）包括以下命令：

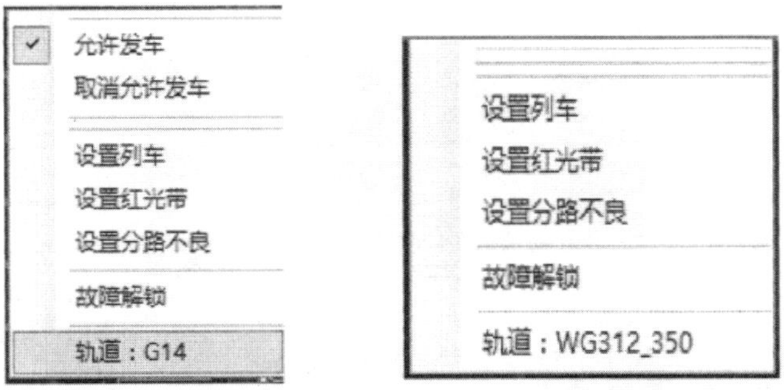

股道右键菜单　　无岔区段右键菜单

图 19-1-9　股道右键菜单与无岔区段右键菜单

设置红光带：在该道岔所属的轨道区段设置轨道电路故障。

设置有车占用：在该道岔所属的轨道区段设置红光带占用。

故障失去表示：对该道岔设置失去表示故障。

故障解锁：允许从该编发线发出列车。

取消允许发车：不允许从该编发线发出列车。

4）减速器操作

利用鼠标右键点击减速器，弹出的命令菜单（见图 19-1-10）包括以下命令：

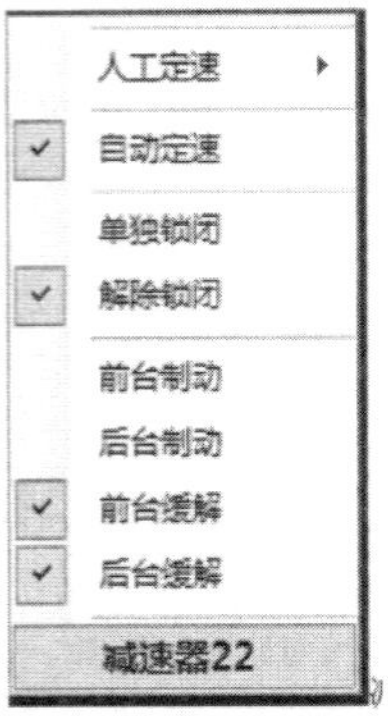

图 19-1-10　减速器右键菜单

人工定速：设置减速器的半自动定速值。

自动定速：设置减速器为自动控制方式。

单独闭锁：单独闭锁减速器。锁闭时，减速器手动操作仍优先操作。

解除闭锁：解除减速器单独闭锁，只在减速器无车时有效。

前台/后台制动：制动减速器。

前台/后台缓解：缓解减速器。

5. 作业单窗口

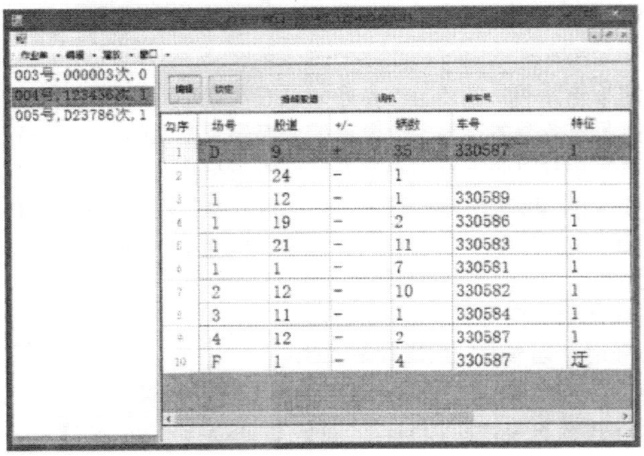

图 19-1-11　作业单窗口

作业单窗口包括主菜单、作业单列表及作业单子窗口（见图 19-1-11）。操作人员可以在此窗口进行驼峰解体作业计划。

1）作业单窗口主菜单（见图 19-1-12）

图 19-1-12　作业单窗口主菜单

（1）作业单子菜单（见图 19-1-13）。

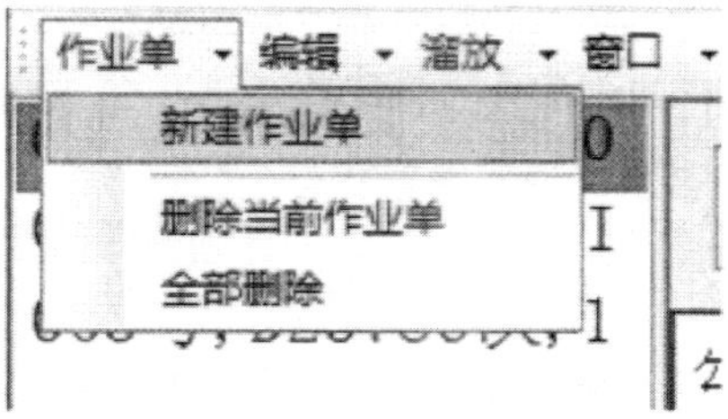

图 19-1-13　作业单窗口子菜单

新建作业单：手工新建一个空白作业计划。
删除当前作业单：删除当前选中的作业计划。
全部删除：删除作业单列表的全部作业计划。
（2）编辑子菜单（见图 19-1-14）。

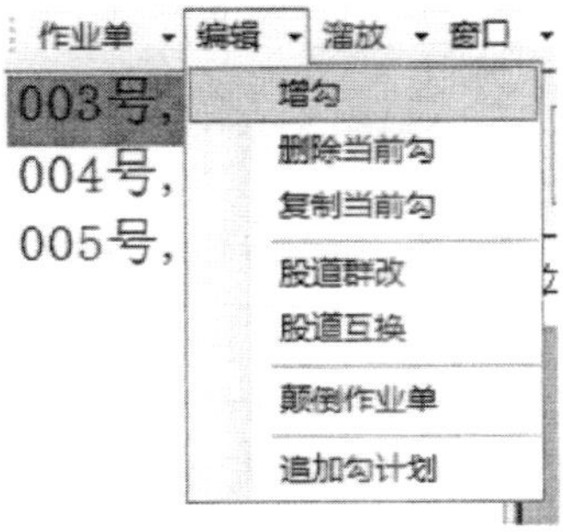

图 19-1-14　编辑子菜单

增钩：在当前选中作业单的当前钩计划之前增加一钩计划。
删除当前钩：删除当前选中的钩计划。
复制当前钩：复制当前选中的钩计划。
股道群改：将当前计划的某一股道全部变为另一股道。
股道互换：将当前计划中的某一股道计划与另一股道计划互换。
颠倒作业单：将当前选中的作业计划按相反次序排列（第一钩未下峰时有效）。
追加钩计划：在当前计划中尾部继续输入钩计划。
（3）溜放子菜单（见图 19-1-15）。

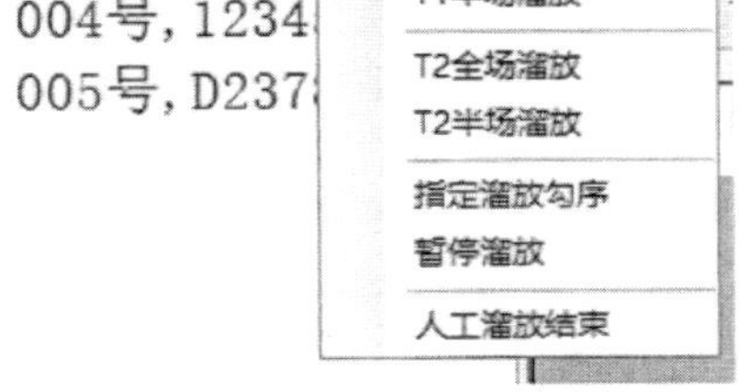

图 19-1-15　溜放子菜单

全场溜放/半场溜放：将当前作业计划发往控制机柜执行（对于两个峰的驼峰场，每个峰对应不同的溜放命令并区分全场和半场），执行溜放命令会自动退出编辑状态。

指定溜放钩序：指定当前待溜计划的钩序，执行改命令后，系统会从该钩计划开始执行之后的钩，之前的钩不执行。

暂停溜放：暂停当前作业计划的执行。对于此后的下峰车辆，系统将不再控制相应的道岔转换，执行开始溜放指令可以取消暂停溜放状态。

人工溜放结束：强制结束一个尚未溜放完毕的作业计划。执行该命令等同于清除所有道岔上的命令，故执行前必须人工确认全场无车。

（4）窗口子菜单（见图 19-1-16）。

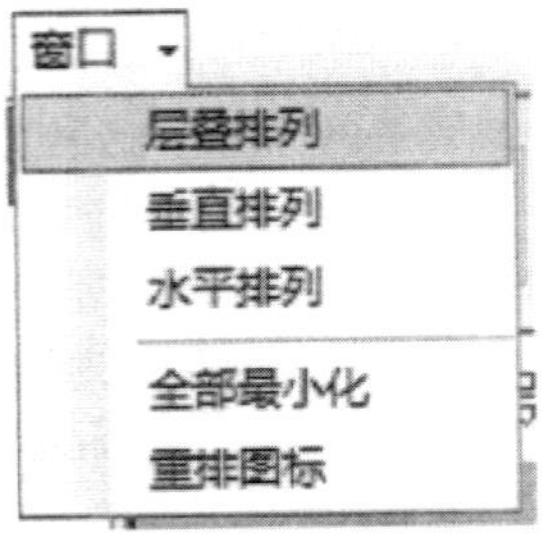

图 19-1-16　窗口子菜单

层叠排列：层叠排列全部非最小化状态的作业单子窗口。

垂直排列：垂直排列全部非最小化状态的作业单子窗口。

水平排列：水平排列全部非最小化状态的作业单子窗口。

全部最小化：将全部作业单子窗口最小化。

重排图标：重新排列最小化的作业单子窗口。

2）作业单列表

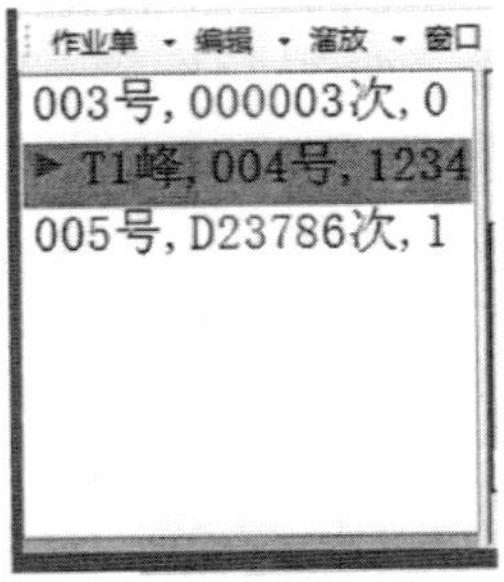

图 19-1-17　作业单列表

作业单窗口的左侧为作业单列表区（见图 19-1-17），由操作人员输入或接收的作业单计划的车次、序号及溜放状态将在这个区域显示。

作业单列表中存在多个作业单计划时，以蓝色背景显示的作业计划代表当前选中的作业及溜放状态将在这个区域显示。

处于溜放状态的作业单计划，其序号左侧有一个绿色三角形（开始溜放符号）。

对于溜放结束的作业单，将在其中间划一条红线，对该计划不能再次执行溜放、编辑等操作。

3）作业单子窗口区和作业单子窗口（见图 19-1-18）

作业单窗口的右侧为作业单子窗口区。作业子窗口区中的每一个独立的子窗口代表一个作业计划，显示该计划的详细内容。

通过主菜单窗口菜单项的各项命令可以对多个子窗口进行各种排列操作，详细子菜单窗口说明。

利用鼠标拖动作业子窗口和作业单列表区之间的分割条可以调整子窗口区和列表区的大小。

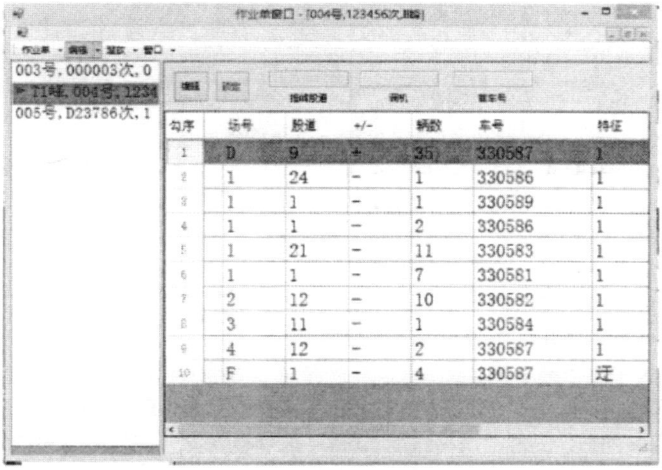

图 19-1-18　作业单子窗口区和作业单子窗口

每一个子窗口都包括如下内容：

（1）车次、钩序。

显示在子窗口标题栏中，深色背景标题栏代表当前选中的作业单，灰色代表非选中作业单。

（2）推峰股道、调机、首车号。

显示在子窗口上部，若无相应信息则为空。

（3）编辑按钮。

按下编辑按钮表示该计划不允许进入编辑状态，此时可以手工输入或修改该计划。抬起编辑按钮表示该计划退出编辑状态并保存对作业单所做出的修改。

（4）锁定按钮。

按下锁定按钮表示该计划不允许被自动覆盖，否则当接收到一个具有相同车次和序号的作业计划时，系统将自动覆盖。

*注：人工输入的作业计划其锁定按钮永远处于锁定状态。

（5）钩计划。

钩计划包括钩序、股道、辆数、车号、特征、场号、注释栏等信息。

6. *溜放窗口*（见图 19-1-19）

当执行了某一作业计划的开始溜放指令后，溜放窗口将显示当前要执行的 3 钩溜放进路控制指令。

随着车辆的下峰，溜放窗口中显示的内容也会自动更新。

溜放窗口总在前端显示，即溜放窗口总在其他窗口的顶层，其他窗口不会覆盖溜放窗口的显示。

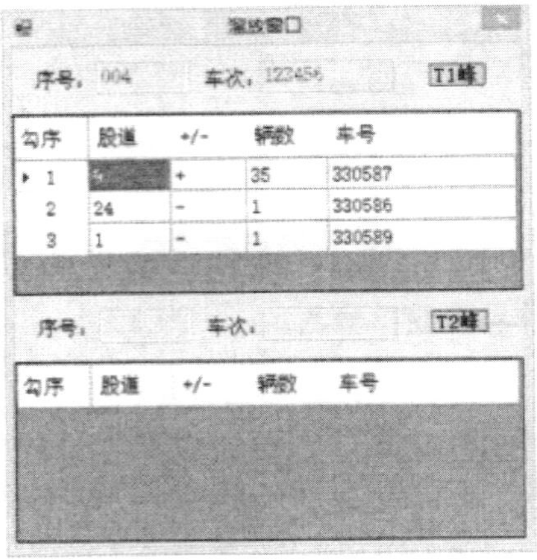

图 19-1-19 溜放窗口

7. 驼信窗口

驼信窗口对应主体信号机右键菜单中对信号的开放部分的指令，是快捷方式（见图 19-1-20）。

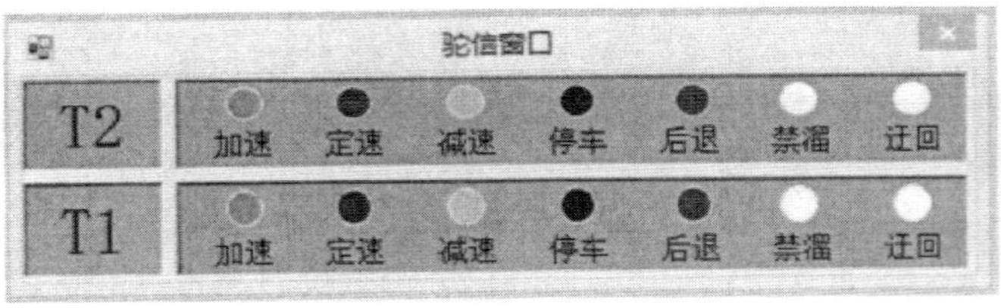

图 19-1-20 驼信窗口

8. 信息窗口

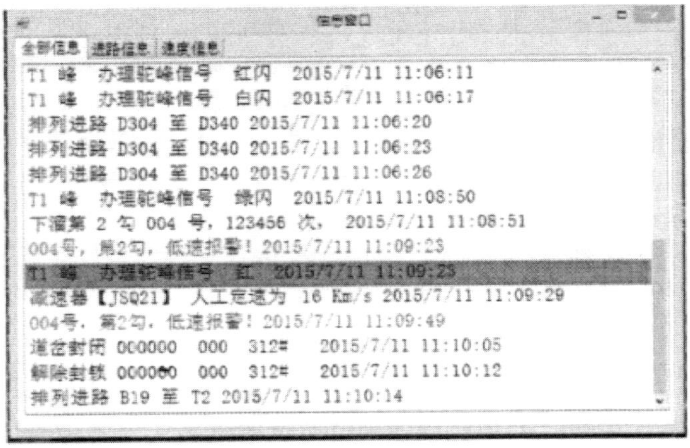

图 19-1-21 信息窗口

信息窗口用于显示作业过程中出现的各种信息，包括各种提示信息、故障信息以及报警信息等（见图 19-1-21）。

信息窗口按类别分为进路信息、速度信息、三页显示。其中进路信息显示与进路控制有关的各种信息；速度信息显示与速度控制有关的信息；全部信息显示进路和速度信息按时间排列。

各种不同的信息用不同的颜色显示：通常信息用黑色显示，故障及报警信息用红色显示，提示性信息用蓝色显示。

四、实训考核标准

表 19-1-5　驼峰调车系统实训评分表

类别	内容	评分标准	配分	得分
信号机显示	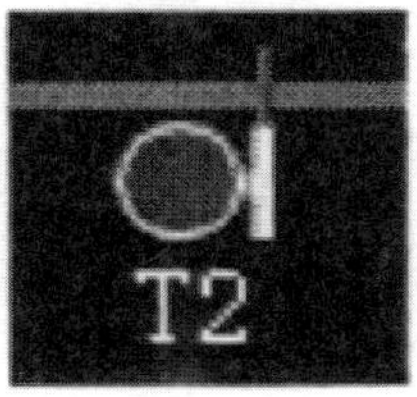	（1）信号机类别描述错误的，该信号机扣10分 （2）信号机类别描述正确，但其显示种类及代表含义错误或不全的，该信号机扣5分	30	
	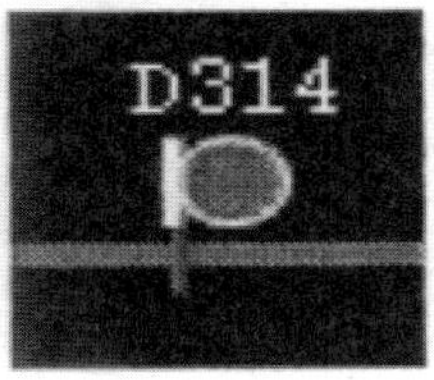			

道岔显示		道岔位置描述错误的，每个道岔扣7分	28	
	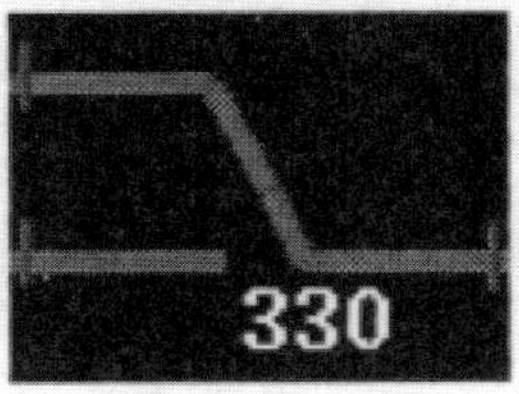			

续表

类别	内容	评分标准	配分	得分
道岔显示				
轨道电路显示	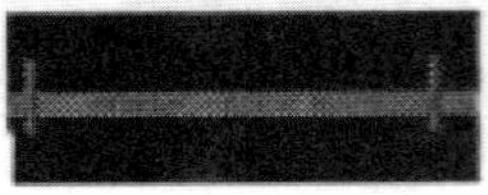	（1）轨道电路颜色状态表示判断错误的，每个轨道电路扣 3 分 （2）轨道电路表示含义描述错误的，每个轨道电路扣 4 分	21	

	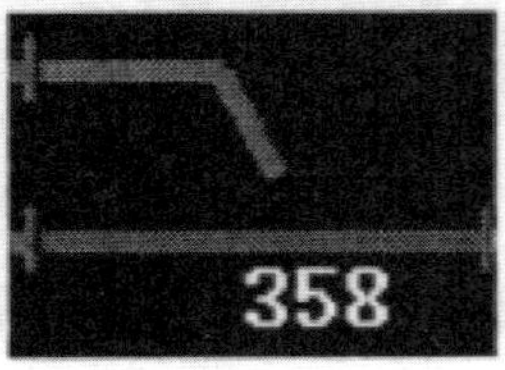			
减速器显示	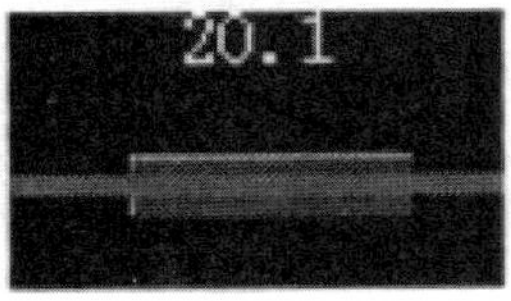	（1）减速器颜色状态表示判断错误的，每个轨道电路扣 3 分 （2）减速器颜色代表状态描述错误的，每个轨道电路扣 4 分	21	
	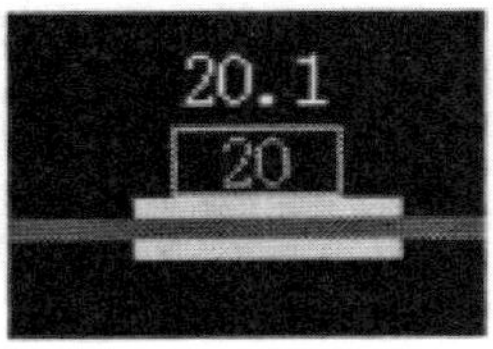			
	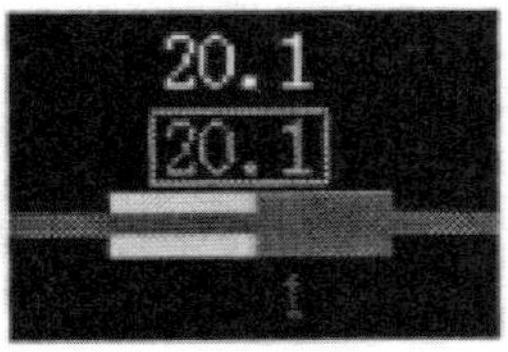			

五、思考题

（1）每一个作业单子窗口应该包含哪些内容？

（2）如何进行减速器操作？

任务二 TBZK Ⅱ型驼峰作业

一、实训目的

（1）掌握 TBZK Ⅱ型驼峰仿真教学系统溜放作业内容。

（2）掌握 TBZK Ⅱ型驼峰仿真教学系统驼峰作业内容。

二、实训要求

1. 实训时间

实训课时为 2 课时。

2. 实训形式

按照实训内容，依据授课班级实际情况将学生分组，组内成员围绕该模块内容进行小组讨论学习，进行作业实训，并完成实训报告。

3. 安全注意事项

（1）实训过程中按照规范进行操作，禁止蛮力操作。

（2）实训过程中严禁嬉戏打闹，避免发生意外事故。

（3）实训过程中严格按照标准流程进行操作。

（4）未经教师或管理员允许不得擅自操作。

（5）设备上电时，需要严格按照要求进行上电操作。

4. 工器具材料准备

（1）防护用品：防护手套。

（2）实训场地：驼峰调车仿真实训设备。

三、实训作业步骤

1. 办理作业计划

作业计划由操作人员直接在作业单窗口输入。

1）人工输入作业计划

系统可允许储存 20+列作业计划，每列计划最大 120+钩。每钩作为一个记录单元，包含钩序、股道、辆数及其他辅助内容。

（1）新建作业单（见图 19-2-1）。

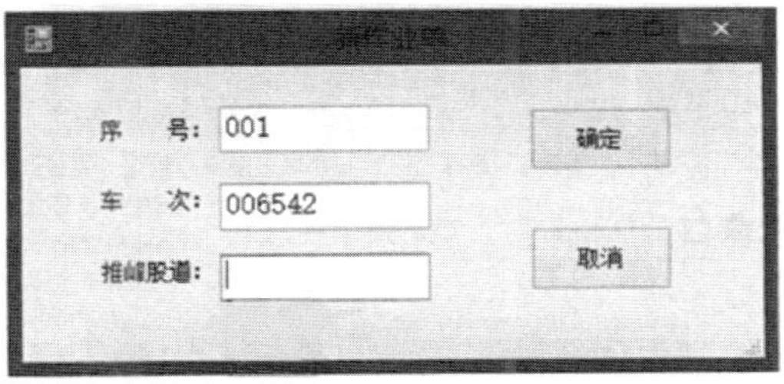

图 19-2-1 新建作业单

在作业单窗口主菜单中执行【新建作业单】命令，然后再在弹出的对话框中输入作业单的车次、序号、推峰股道信息。其中序号为三位，第一位可以为数字或字母，后两位必须为数字；车次为 6 位数字，不足 6 位的在前面补 0；推峰股道信息可以为空。点击确定按钮，作业单子窗口会出现一个空白的作业子窗口等待输入钩计划。

（2）输入钩计划。

股道、+/－、辆数、车号、注释栏中的内容可以键盘输入，其中股道、+/－、辆数为必须输入内容不能为空。

【股道】栏中必须填写 1 和 99 之间的整数。

【+/－】栏中必须填写特定的字符：+、－、*、/、^，或者留空让系统默认为^。

【辆数】你必须填写 1 和 99 之间的整数。

【特征】栏中的内容不能利用，键盘直接输入，需要利用鼠标右键点击特征栏（图 19-2-2），在弹出的菜单中选择相应的特征。

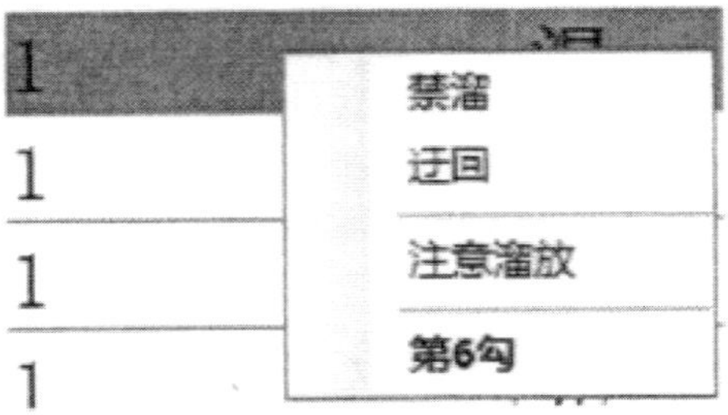

图 19-2-2　特征栏

【场号】栏中的内容不能人工输入，为系统自动填写。

（3）结束钩计划输入。

作业计划输入编辑完成后，点击作业单子窗口上方的编辑按钮退出编辑状态，如果成功退出编辑，那么对作业单的修改将保存到数据库中。

若计划中含有不可缺省的未输入项或者不符合条件的输入项，则无法退出编辑状态并提示如何修改。

2）作业计划的修改

开始溜放前或者溜放中，可对未溜放的作业计划进行修改操作，比如：增钩、删除当前钩、复制当前钩、追加钩计划等操作。

需要修改作业计划时，在作业单列表中选择需要修改的作业计划，点击要修改计划的编辑按钮进入编辑状态，点击需要修改的钩计划，利用键盘直接修改或在菜单中选择对应的比肩命令进行修改。

修改完毕后退出编辑状态，以下为需要注意的事项：

（1）对于未开始的溜放作业计划的修改没有任何限制。

（2）已经开始溜放的作业计划，其已经下峰的部分不能进行修改。

（3）修改已开始溜放的作业计划，修改结束后，只有在退出编辑状态后，新计划才会自动发往控制机执行。

（4）修改后的作业计划若内容不符合检查条件，那么自动恢复到修改前的状态。

（5）若车辆已下峰，该钩修改的结果无效。

2. 溜放进路作业

1）溜放作业状态

溜放作业的状态分为 2 种：

（1）溜放状态。

办理“开始溜放”作业命令后，进入溜放状态，溜放命令随着溜放车组的走行在分路道岔上逐级传递，并实施控制。系统自动控制各分类道岔的转换，保证车组进入预定股道。

（2）非溜放状态。

在办理“开始溜放”作业命令之前，系统处于非溜放状态，在该状态下，分路道岔不传递命令，分路道岔的转换将由人工操纵。

2）开始溜放

作业人员确认作业计划正确后，可以发出开始溜放指令，系统根据作业计划对指定峰的溜放车组进行控制，需注意确认“溜放窗口（图 19-2-3）”所显示的将要执行的 3 钩计划。

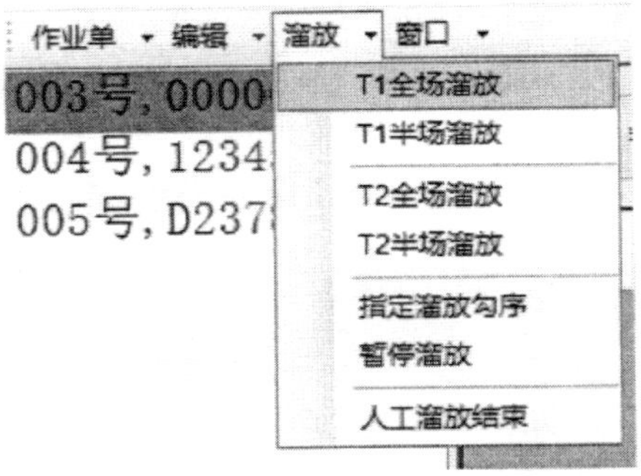

图 19-2-3　溜放窗口

开始溜放流程为：点击要执行的作业单→溜放菜单→选择【全场/半场溜放】。

3）溜放结束

（1）正常溜放结束。

当作业计划的最后一个溜放车组出清最后分路道岔后，系统将自动判定该作业计划已全部溜放完毕，并发出该作业计划溜放完毕的指示。

（2）人工溜放结束。

操作人员可利用该命令强制停止一个正在执行或者未执行的作业计划，如果该计划正在执行，那么各分路道岔上的遗留命令自动清除，系统不再控制后续道岔的转换，车组将按道岔的既有位置或人工抢扳的位置溜往其他股道。

4）车辆跟踪与命令传递

在溜放过程中，系统对下溜车组全程跟踪，根据作业计划及车组的走行位置逐级传递命令，控制道岔转换，使车组进入预定股道，命令的传递及命令的类别在站场图形显示器上均有相应的表示。

5）分路道岔控制

（1）手动控制。

在分路道岔的右键快捷菜单中设有自动/手动控制切换菜单，手动控制的优先级高于自动控制。当处于手动控制时，系统将清除道岔上的当前溜放指令，等下一钩溜放指令到达时，道岔转为自动模式。

（2）计算机自动控制。

自动溜放时，分路道岔无锁闭无封锁时，系统默认所有的分路道岔处于计算机的自动控制之中，可由计算机发出转换指令，道岔根据接收到的指令自动转换。

（3）道岔单操。

可以对指定的道岔进行单独操纵。

（4）道岔封锁。

可将指定道岔封锁在现在位置，该道岔在解除封锁前，不能转动（包括手动）。

（5）道岔恢复。

道岔因故不能转换到底，系统自动回转道岔并对该道岔进行保护，不接受新的转换命令，直到人工确认正常后才能自动接收新的转换命令。

5）与结束调车信号联锁。

当办理线束信号机的调车进路时，进路中有关的分路道岔将被锁闭，直至信号关闭，进路解锁。

6）套溜

在前一作业计划执行过程中，可暂停该峰作业，转至另一峰溜放另一作业计划。操作时，先办理暂停溜放，而后读取另一作业计划，从另一峰开始溜放。

7）作业命令的合法性检查

检查作业命令是否需要转换已封锁、封闭或者手动状态的道岔并报警。

（1）在作业计划开始执行时，检查全部作业命令。

（2）在溜放过程中，不间断检查预置在第一分路道岔的命令。

（3）在作业计划开始执行前，如若计划中溜向某条股道的总车数大于该股道的可容车辆数时，系统将会发车提示性报警信息，作业员应密切监视。

8）溜放过程记录

记录溜放车组在各分路道岔的控制过程，包括：

接受命令时间、车组进入时间、车组出清时间、道岔转换时间，进入道岔时有关采集信息、计轴数、进入速度及出清速度。

9）提钩作业

系统设置手动提钩按钮（见图 19-2-4），模拟现场人工提钩操作。

图 19-2-4　T2 脱钩

3. 调车进路作业

1）办理调车进路

系统采取始端+终端的方式办理调车进路，允许办理长调车进路和交通进路，交通按钮可选用反向单置调车信号、并置或差置的同向调车信号。

2）进路的建立和锁闭

排列进路后，自动完成进路处理，控制有关道岔转到规定位置，在有关联锁条件满足的情况下（如进路空闲，道岔位置正确，未建立敌对进路，敌对信号未开放等），实现进路锁闭。

3）调车信号控制

（1）信号开放。

① 调车信号只有在操作人员的操作下才能开放，如办理调车进路及重复开放信号。

② 开放时必须要检查有关进路的空闲状态（侵限绝缘），未建立敌对进路，有关道岔位置正确（包括防护道岔）且确实锁在规定位置。

③ 信号开放过程中，针对上述联锁条件不断进行检查。

④ 信号蓝灯断丝时，允许开放白灯。

（2）信号关闭。

信号在下列情况下将及时关闭：

① 车列全部进入信号机内方：当信号机外方有停留车辆或信号机外方无接近区段时，车列出清信号机内方第一轨道区段。

② 进路中某一区段办理区段故障解锁。

③ 办理取消进路或者人工解锁进路。.

④ 办理关闭信号。

⑤ 因故障使联锁关系发生改变。

⑥ 信号因故关闭，未办理重复开放信号操作，不能自动重复开放。

4）线束调车信号控制

线束调车信号开放条件同峰上调车信号，但不检查进路空闲，而与有关信号发生联锁，线束调车信号在下列情况下将及时关闭：

（1）车列出清全部进路：车列完全进入信号机内方，线束调车信号机自动关闭，待车列完全促请整条进路时，有关进路一次解锁。

（2）办理人工关闭信号：线束调车信号关闭，有关进路不解锁。

（3）关闭并解锁：线束调车信号关闭，且有关进路解锁。

5）进路解锁

（1）取消进路解锁。

信号开放后，车列尚未进入接近区段可办理取消进路。为保证安全，在满足信号已关闭，接近区段无车，进路处于空闲状态的条件下进路一次性解锁。

操作流程为：鼠标右键点击信号机→选择【取消进路】指令。

（2）正常解锁。

以驼峰主体信号内方第一架上峰信号机为分界点，峰上调车进路实行三点式检查，即防护信号自动关闭后，随着车列的走行，各区段分段自动解锁。峰下调车进路在车列出清进路后，防护信号关闭，一次性解锁。

（3）人工解锁进路。

信号开放后，车列已进入接近区段（或无接近区段），尚未越过信号机，可办理人工解锁进路，为保证安全，进路不能立即解锁，而是先关闭信号，再延时 30 s 解锁。

操作流程为：鼠标右键点击信号机→选择【解锁进路】/【关闭并解锁】指令。

（4）区段故障解锁。

当出现以下情况时，可办理区段故障解锁：

① 当车列通过区段后，因轨道电路故障造成该区段无法正常解锁。

② 因瞬间停电造成的锁闭。

③ 因维修造成的错误锁闭。

注：进路上有车占用时，区段故障解锁无效，以保证安全。

操作流程为：鼠标右键点击轨道电路（或道岔名）→选择【故障解锁】指令。

6）推送进路

在系统执行开始溜放指令后，自动建立推送进路，并把相关道岔自动转到规定位置，完成推送锁闭。

7）驼峰主体信号控制

（1）驼峰主体信号的联锁。

驼峰主体信号机的开放需要人工控制。

驼峰主体信号机与其外方的推送进路，有关敌对进路，防护道岔和峰下背向道岔发生联锁（见图 19-2-5）。

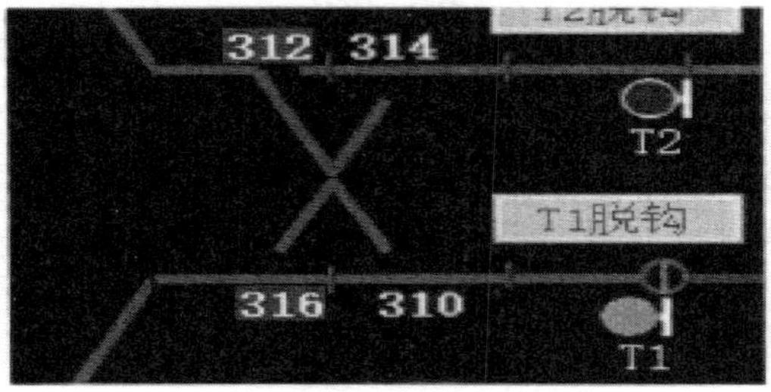

图 19-2-5 背向道岔 312#转动到反位并锁闭，316#扳动到定位并锁闭

（2）驼峰主体信号的切断。

当发生挤岔，灯丝断丝，侵限绝缘，人工切断信号及溜放出现异常（如追钩、途停、道岔无表示等）时，驼峰主体信号即将关闭。信号关闭后，需由人工重新办理开放。头岔的背向道岔要在锁死之后，才能开放主体信号。

（3）驼峰主体信号的重新开放。

驼峰主体信号因故关闭后，不办理红灯不能重复开放。

（4）驼峰主体信号的变换显示（见图 19-2-6）。

推送进路上有关的调车信号随驼峰主体信号的相应显示而自动开放或关闭。

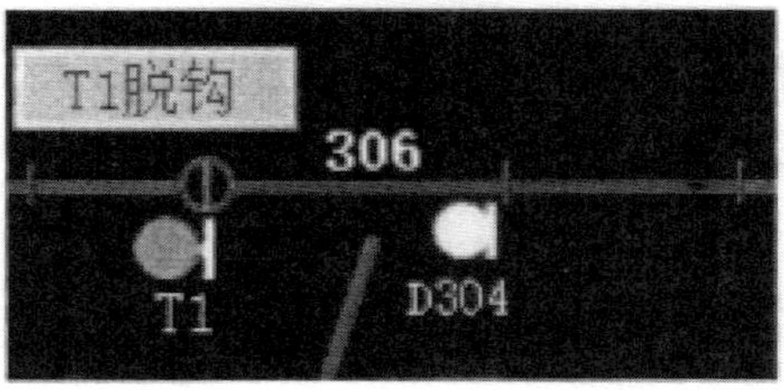

图 19-2-6 推送进路上的调车信号

8）上下峰进路的控制

上下峰进路采用始终端方式办理。股道的线路表示器可作为对应的始端或者终端使用。允许办理长调车进路可以同时包含峰上进路和峰下进路。

进路上的有关道岔将顺序转换并锁闭，有关信号由远及近顺序开放。

9）编发线控制

当已编成的列车，由峰位的编发线触发时，为了防止溜放车辆追尾列车发生事故，应办理编发线操作：

（1）驼峰操作人员应将有关分路道岔对向其他股道，然后办理允许发车，将相关道岔锁闭，与峰尾建立联锁，允许编尾开放编发线上的调车信号。

（2）只有当编发线上的调车信号关闭后，才能办理取消允许发车的操作，然后相关道岔人工解锁。

9. 调速作业

调速作业具有自动，半自动和手动三种作业方式，并以自动控制为主，半自动控制为辅，手动为备用手段。手动优先级高于半自动，半自动优先级高于自动。

一二部位为非重力式减速器，三部位为重力式减速器。

一部位间隔调速的定速范围为 16 ~ 23 km/h，二部位间隔调速的定速范围为 5 ~ 21 km/h，目的调速的定速范围为 4 ~ 16 km/h。

不管选择何种速度控制模式，只针对当前钩有效，等下一钩溜放时，自动转为定速模式。

1）自动调速作业

对于间隔调速，系统能够综合凯里夏季减速器的允许入口速度，前后车组速度与间隔情况，给出每一溜车组进入第一、二部位减速器的出口速度，在车组进入一、二部位减速器时，系统将按此速度控制减速器。

对于目的调速，系统能够根据计划中的车组重量以及调车线停留车空闲长度自动给出每一溜放车组的减速器出口速度，并用绿色数字显示在图形窗上。在溜放车组进入减速器时，系统将按此速度控制减速器，也称为自动定速。

2）半自动调速作业

由操作员根据计划及目测进入股道的溜放车组的走行性能，线路空闲长度等客观因素，人工确认减速器的出口速度值，并通过速度控制机，对进入减速器区段的车辆进行速度控制，称为人工定速。

操作方法如下：

当操作员需要定速时，在图形窗对应的减速器上用鼠标右键分层操作选出定速子菜单，确认速度值，自动速度控制系统即按该速度值进行速度调整。

3）人工调速作业

操作员直接按下制动和缓解按钮来实现对列车的控制。

4）放头拦尾

对于由三辆及以上车数组成的车组，在安全条件满足的情况下，系统根据计划辆数或车辆轴数，判定当车组的相当一部分走过减速器之后才开始进入制动状态，以减少车组在减速器的通过时间，提高工作效率。

四、实训考核标准

表 19-2-1 驼峰作业评分表

项目	步骤	内容	评分标准	配分	评分
办理作业计划	人工输入作业计划	在新建作业单中，需要输入( ),( ),( )等信息	输入内容错误或未输入扣5分	30	
		在输入钩计划中,( ),( ),( )为必须输入内容			
	作业计划的修改	对未溜放的作业计划进行修改包括增钩，删除当前钩,( ),追加钩计划等操作	输入内容错误或未输入扣5分	10	
		已开始溜放的作业计划，其( )的部分不能进行修改			
溜放进路作业	开始溜放	在开始溜放时，点击要执行的作业单→( )→选择【全场/半场溜放】	输入内容错误或未输入扣5分	15	
	溜放结束	当作业计划的最后一个( )出清最后分路道岔后，系统将自动判定该作业计划已全部溜放完毕			
		操作人员可利用溜放结束命令强制停止一个( )或者未执行的作业计划			
调车进路作业	办理调车进路	系统采取( )+( )的方式办理调车进路	输入内容错误或未输入扣5分	25	
	进路解锁	信号开放后，车列尚未进入( )可办理取消进路			
		当人工解锁进路时，进路不能立即解锁，而是先( ),再延时30 s解锁			
	推送进路	在系统执行( )指令后，自动建立推送进路，并把相关道岔将自动转到规定位置，完成推送锁闭			
调速作业	自动调速作业	在目的调速中，溜放车组进入减速器时，系统将按此速度控制减速器，也称为( )	输入内容错误或未输入扣5分	20	
	半自动调速作业	人工确认减速器的出口速度值，并通过( ),对进入减速器区段的车辆进行速度控制，称为( )			
	人工调速作业	操作员直接按下( )按钮来实现对列车的控制			

五、思考题

（1）在人工输入作业计划时，能够允许系统存储多少列作业计划？每列计划最大是多少钩？

（2）进行溜放作业时，开始溜放的流程包含哪些？

（3）在哪些情况下应该将信号及时关闭？

轨道交通实训课新理念新形态活页式教材

轨道交通运营管理实训指导

（四）铁路接发车作业

主　编/邵　维　李　曼
张艳林　吴　婷

西南交通大学出版社
·成　都·

图书在版编目（CIP）数据

轨道交通运营管理实训指导. 四，铁路接发车作业 / 邵维等主编. —成都：西南交通大学出版社，2023.6
ISBN 978-7-5643-9338-0

Ⅰ. ①轨… Ⅱ. ①邵… Ⅲ. ①城市铁路－轨道交通－运营管理－高等职业教育－教材②城市铁路－接发车作业－高等职业教育－教材 Ⅳ. ①U239.5

中国国家版本馆 CIP 数据核字（2023）第104770号

目录
CONTENTS

项目二十 6502 继电联锁设备认知与操作

任务一 控制台盘面设备认知

一、实训目的

（1）认识控制台盘面的基本形态。
（2）掌握控制台盘面的组成与构造。
（3）掌握控制台盘面各部分的功能。

二、理论链接

1. 6502 继电联锁设备简介

6502 电气集中设备在我国铁路行业应用达数十年，曾是我国应用范围最广的电气集中控制设备，性能安全可靠，其设计思路、联锁系统逻辑为后来计算机联锁设备的发展奠定了技术基础。

6502 继电联锁设备可通过控制台操纵现场道岔、信号机与轨道电路的动作，以控制台上的站场模型与各种表示灯来表现车站现场设备的运行状态与列车运行情况。使用 6502 继电联锁设备前，首先需要熟悉控制台的组成结构及其各部分的功能。

控制台盘面的实物图如图 20-1-1 所示。

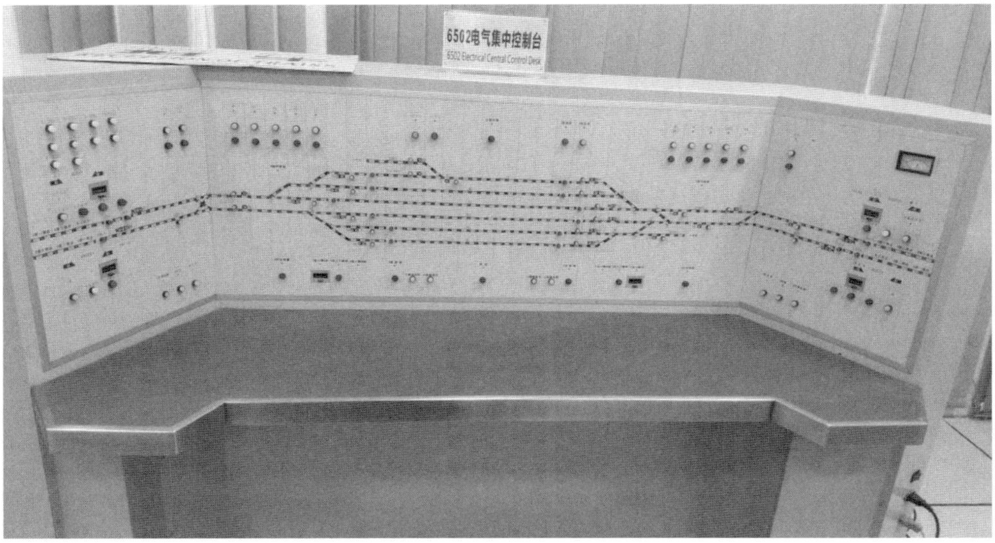

图 20-1-1 控制台盘面

2. 控制台盘面的组成与功能

控制台盘面主要由按钮和表示灯组成。

1）控制台按钮

控制台按钮如图 20-1-2 所示。

图 20-1-2　控制台按钮

控制台盘面上的按钮的用途大致可分为以下六个。

（1）办理进路和单独操纵道岔。

进路办理按钮如图 20-1-3 所示。

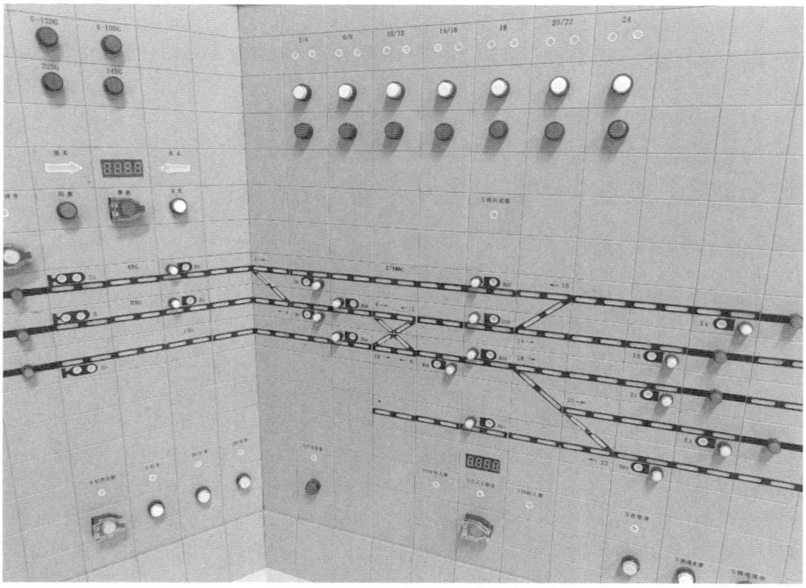

图 20-1-3　进路办理按钮

（2）办理各种解锁。

解锁按钮如图 20-1-4 所示。

图 20-1-4　解锁按钮

（3）办理引导接车。

引导按钮如图 20-1-5 所示。

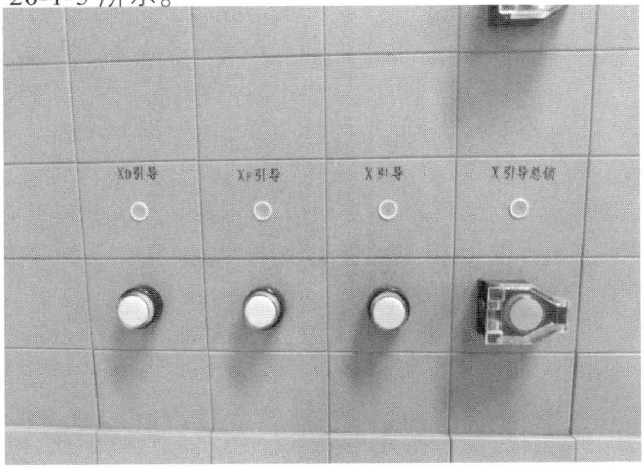

图 20-1-5　引导按钮

（4）接通表示灯。

接通按钮如图 20-1-6 所示。

图 20-1-6　接通按钮

（5）切断报警。

（6）电源切换及调压。

电源切换按钮如图 20-1-7 所示。

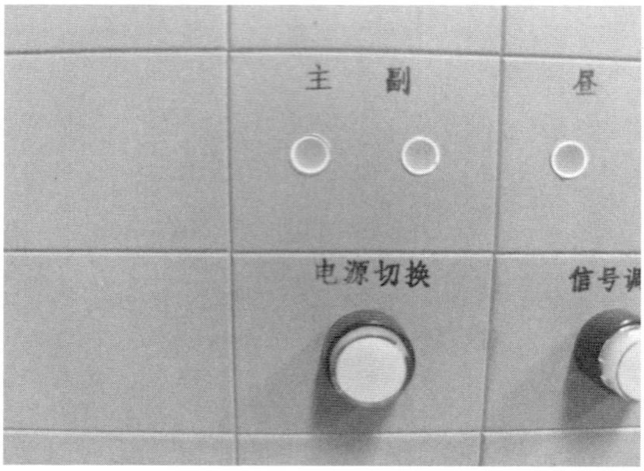

图 20-1-7　电源切换按钮

2）控制台表示灯

控制台盘面上的按钮的用途大致可分为以下四个方面。

（1）反映进路、道岔、信号机的状况。

道岔表示灯如图 20-1-8 所示，信号表示灯如图 20-1-9 所示。

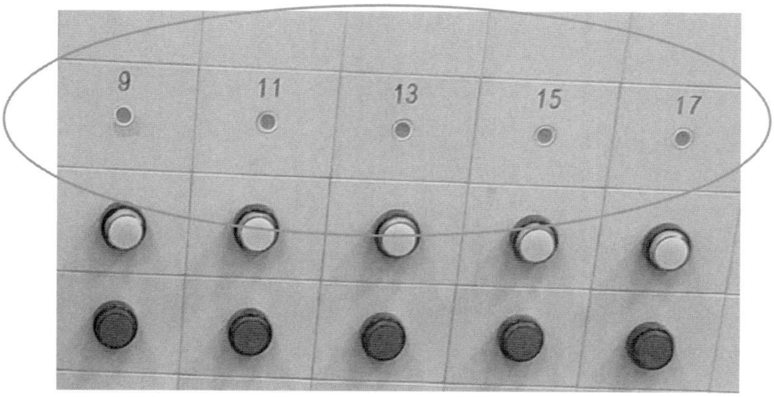

图 20-1-8　道岔表示灯

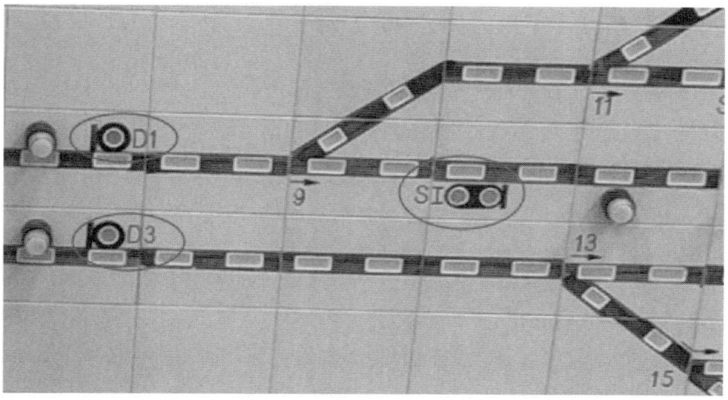

图 20-1-9　信号表示灯

状态表示灯如图 20-1-10 所示。

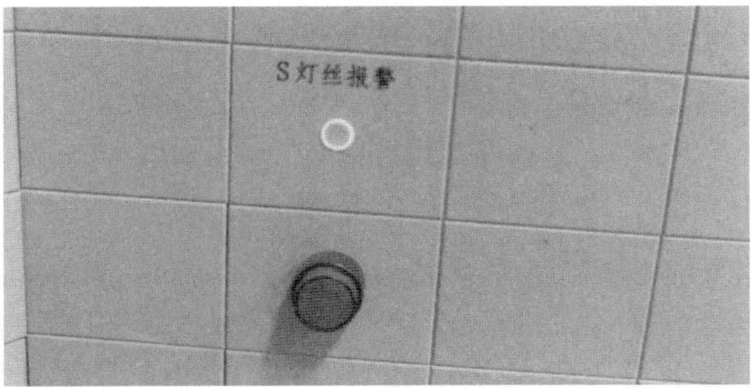

图 20-1-10　状态表示灯

进路光带表示灯如图 20-1-11 所示。

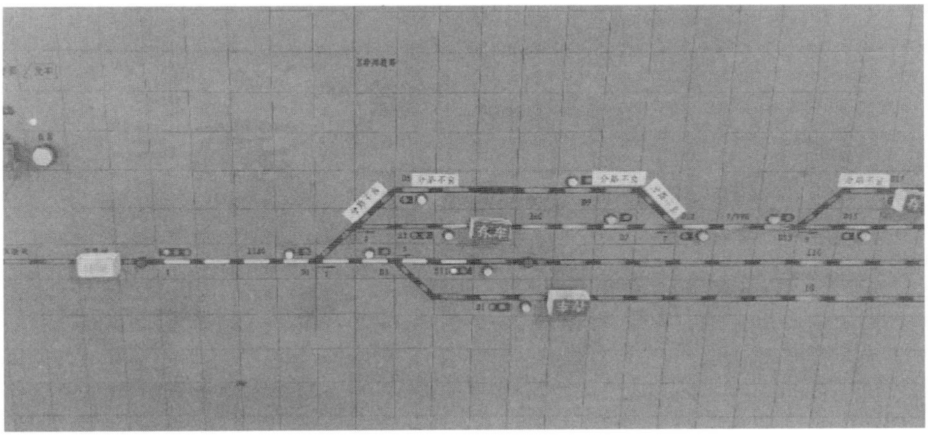

图 20-1-11　进路光带表示灯

（2）表示操作手续是否完成。

（3）表示电路环节完成的情况，以便在发生故障时能够及时分析处理。

（4）进路光带表示灯点亮。

三、实训要求

1. 实训时间

实训课时为 3 课时。

2. 实训形式

学生每 5 人组成一个工作小组，教师讲述控制台盘面的相关知识，演示按钮和表示灯的基本状态。学员记录重点知识与现象。

3. 安全注意事项

（1）未经教师或管理员允许不得擅自操作。

（2）需严格按照上电顺序进行上电。

4. 工器具材料准备

个人用品：笔、笔记本等。

四、实训作业步骤

步骤一：教员、学员就位，控制台上电。

步骤二：教员讲述控制台盘面相关理论知识，概述盘面的组成结构及其各部分的功能。学员需要理解、记忆课程重点内容。

步骤三：结合实际设备，教员对每个模块设备进行操作，学员分类记录相关现象。

步骤四：留一段时间让学员记忆相关知识、操作实训设备，以增强理解与记忆。

步骤五：组织理论考试，对所讲授的知识进行考核，了解学员的掌握情况。

五、思考题

根据课上观察到的现象，总结道岔按钮和表示灯工作的内在逻辑。

任务二　按钮和表示灯的认知与操作

一、实训目的

（1）掌握控制台按钮和表示灯的类型。

（2）掌握控制台按钮和表示灯的功能和基本操作。

（3）掌握控制台盘面按钮和表示灯状态对应的实际设备情况。

二、理论链接

1. 进路按钮和进路复示器

对应于每架信号机处设进路按钮和信号复示器，进路按钮均为二位自复式带灯按钮，列车进路按钮表示灯为绿色，调车进路按钮表示灯为白色。

2. 道岔按钮和表示灯

每一咽喉各设一组道岔总定位与总反位按钮，为自复式，有按下及抬起两种状态。总定位按钮上方有一绿色表示灯，按钮按下时亮绿色；总反位按钮上方有一黄色表示灯，按钮按下时亮黄色。

3. 控制台电流表

控制台电流表用于了解道岔的转换状态，道岔在通过进路操纵或单独操纵时，电流表指针均有偏转。

4. 解锁按钮和表示灯

每一咽喉设一个总取消按钮，二位自复式带灯按钮，用于取消进路；每一咽喉设一个总人工解锁按钮，二位自复式带灯带铅封按钮，上方设三个红色表示灯，中间是总人工解锁表示灯，两侧分别为 3 min 人工解锁表示灯和 30 s 人工解锁表示灯。分别在 3 min 和 30 s 延时时间内点亮。

5. 引导与引导总锁按钮和表示灯

每架进站信号机（或接车进路信号机）对应设置一个引导接车按钮，引导按钮为自复式，带铅封，上方有一白色表示灯，按下时白灯点亮。每一咽喉设一个引导总锁闭按钮，二位非自复式带铅封按钮，上方有一白色表示灯，按下时白灯点亮。

6. 接通光带按钮

每一咽喉设一个接通光带按钮，二位自复式，按下它可使咽喉区内的光带按照道岔开通位置点亮。

7. 接通道岔表示按钮

每一咽喉设一个接通道岔按钮，二位非自复式，按下它可使各道岔按钮上方的道岔定反位表示灯按其对应位置点亮。

8. 灯丝断丝按钮和表示灯

信号机副灯丝的寿命是主灯丝的 1/5，为了不影响接发列车作业，灯泡主灯丝断丝报警后，应立即更换灯泡。

三、实训要求

1. 实训时间

实训课时为 5 课时。

2. 实训形式

学生每 5 人组成一个工作小组，教师讲述控制台按钮和表示灯的相关知识，演示按钮和表示灯的基本操作。学员记录重点知识与现象。

3. 安全注意事项

（1）未经教师或管理员允许不得擅自操作。

（2）需严格按照上电顺序进行上电。

4. 工器具材料准备

个人用品：笔、笔记本等。

四、实训作业步骤

步骤一：教员、学员就位，控制台上电。

步骤二：教员讲述控制台按钮和表示灯相关理论知识，概述盘面的组成结构及其各部分的功能。学员需要理解记忆课程重点内容。

步骤三：结合实际设备，教员对涉及的按钮进行操作，对其不同状态进行演示，学员分类记录相关现象。

步骤四：留一段时间让学员记忆相关知识、操作实训设备，以增强理解与记忆。

步骤五：组织理论和实操考试，理论实操按一定的比例进行分配。对所讲授的知识进行考核，了解学员的掌握情况。

五、思考题

请解释为什么有的按钮采用自复式，有的按钮采用非自复式？

任务三　道岔单操的方法

一、实训目的

（1）掌握道岔按钮和表示灯的作用。
（2）熟悉控制台进行道岔单操的方法。
（3）掌握道岔进行单操的方法。

二、理论链接

1. 道岔总定位、总反位按钮和表示灯的认识

每一咽喉各设一组道岔总定位与总反位按钮，为自复式，有按下及抬起两种状态，总定位按钮上方有一绿色表示灯，按钮按下时亮绿色；总反位按钮上方有一黄色表示灯，按钮按下时亮黄色。

2. 道岔总定位与总反位

当操作某组道岔从反位转换至定位时，需要同时按下该道岔按钮和本咽喉总定位按钮，道岔启动后，其反位表示灯熄灭，转换完成后，道岔定位表示灯点亮；同理，某组道岔从定位转换至反位时，需要同时按下该道岔按钮和本咽喉总反位按钮，道岔启动后，其定位表示灯熄灭，转换完成后，道岔反位表示灯点亮。

三、实训要求

1. 实训时间

实训课时为 5 课时。

2. 实训形式

（1）实操作业与理论相结合。
（2）每 5 人为一工作小组，分组讨论、练习。
（3）具体情况根据现场实际形势调整。

3. 安全注意事项

（1）未经教师或管理员允许不得擅自操作。
（2）需严格按照上电顺序进行上电。

4. 工器具材料准备

个人用品：笔、笔记本等。

四、实训作业步骤

步骤一：教员、学员就位，控制台上电。
步骤二：教员讲述控制台道岔相关的按钮及表示灯的显示及作用，概述道岔转换的内在原理。学员需要理解记忆课程重点内容。

步骤三：结合实际设备，教员对涉及的按钮进行操作，演示道岔转换的操作流程，强调注意事项，学员分类记录相关现象。

步骤四：留一段时间让学员记忆相关知识、操作实训设备，以增强理解与记忆。

步骤五：组织理论和实操考试，理论实操按一定的比例分配。对所讲授的知识进行考核，了解学员的掌握情况。

五、思考题

电动转辙机正常，挤岔电铃没有鸣响，但道岔表示灯突然灭灯，请分析可能的原因。

任务四　办理进路的方法

一、实训目的

（1）掌握进路的类型及其表现形式。

（2）掌握不同情况下办理进路的方法。

（3）掌握变通进路的含义及其排列方法。

二、理论链接

1. 进路排列规范

（1）为了避免误按按钮造成的设备错误动作，6502 电气集中采用双按钮操纵方式。办理进路要按压进路始端按钮和终端按钮。

（2）在同一咽喉区同时只能办理一条进路，排列进路表示灯熄灭后才能办理第二条进路。

（3）当进路上有车占用、轨道电路故障、正在施行人工解锁或敌对进路已建立时，无法办理进路。

（4）防护进路的信号机只有在其防护的进路空闲且满足进路建立的其他条件时才可以开放。

2. 接车进路的办理

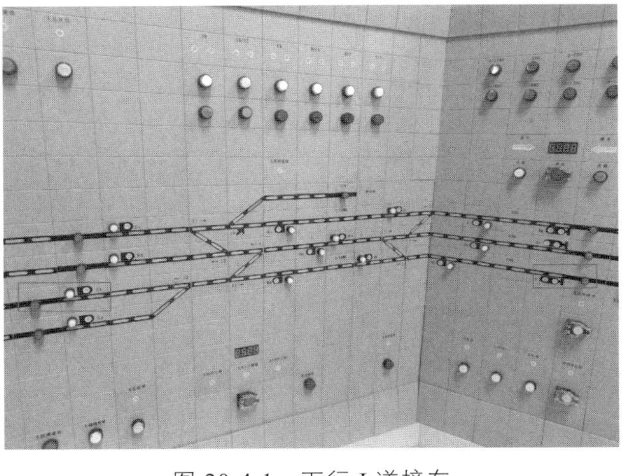

图 20-4-1　下行 I 道接车

（1）下面以办理下行 I 道接车为例：先按下 X 进站信号机的进路按钮，此时，按钮表示灯闪绿灯，本咽喉排列进路表示灯点亮。

（2）后按下 X 出站信号机的列车按钮，按钮表示灯也闪绿灯，表示正在选路（不是建立进路，而是确定道岔转换的位置，选路成功的标志为始终端绿闪表示灯熄灭，始端点稳定绿灯）。

（3）当进路上的所有道岔转换到要求位置时，随即被进路锁闭，进路点亮白光带。然后 X 进站信号机复示器点绿灯，说明 X 信号机已经开放，为显示一个黄灯。此时，始端进路按钮表示灯熄灭，接车进路建立（注：办理接车进路时，若正确按压进路的始端按钮，误按终端的调车进路按钮，此时进路依然可以建立，信号也能开放，这是 6502 电器集中电路的一个缺陷，但一般不影响使用）。

3. 发车进路的办理

1）半自动闭塞区段发车进路的建立

① 在办理了闭塞手续后，先按压出站信号机的列车进路按钮，然后按压进站信号机的列车进路按钮，进路选出后，始端按钮表示灯改点稳定绿灯，进路点亮白光带。出站信号机复示器点绿灯，出站信号机开放，显示绿灯。

② 未办理闭塞手续办理发车进路时，进路可以建立，但出站信号机不能开放。

2）自动闭塞区段发车进路的建立

在办理了预告手续后，先按压出站信号机的列车进路按钮，然后按压进站信号机的列车进路按钮，进路选出后，始端按钮表示灯改点稳定绿灯，进路点亮白光带。

自动闭塞区段办理发车进路，出站信号机的开放情况，取决于前行列车的驶离情况：

（1）在三显示自动闭塞区段，当前方有两个闭塞分区空闲（第一离去、第二离去表示灯熄灭），办理发车进路时出站信号机开放绿灯；当前方有一个闭塞分区空闲（第一离去表示灯熄灭），办理发车进路时出站信号机开放黄灯；当前方没有闭塞分区空闲（第一离去表示灯亮灯），办理发车进路时出站信号机不能开放。

（2）在四显示自动闭塞区段，当前方有三个闭塞分区空闲（第一离去、第二离去、第三离去表示灯熄灭），办理发车进路时出站信号机开放绿灯；当前方有两个闭塞分区空闲（第一离去、第二离去表示灯熄灭），办理发车进路时出站信号机开放黄绿灯；其他情况同三显示自动闭塞区段。

4. 通过进路的办理

（1）通过进路由正线接车进路和同方向的正线发车进路构成。凡有通过进路的车站，应增设通过按钮。

（2）以办理站场下行通过进路为例，当前方离去区段空闲时，先按下行通过按钮，再按上行列车进路按钮。选路之后进路点亮白光带，信号开放。

5. 调车进路的办理

1）以尽头线调车信号机为终端的调车进路办理

尽头线调车信号机的进路按钮，既可作始端按钮用，又可作终端按钮用。先按下时作始端按钮，后按下时作终端按钮。

2）以并置或差置调车信号机为终端的调车进路办理

（1）并置和差置调车信号机的进路按钮可兼作始端按钮和终端按钮，先按下时作始端按钮，后按下时作终端按钮。

（2）在排列以并置或差置调车信号机为终端的调车进路时，应将与进路始端方向相反的信号机的进路按钮作为终端按钮。

3）以单置调车信号机为终端的调车进路办理

（1）单置信号机的进路按钮亦可兼作始端按钮和终端按钮，先按下时作始端按钮，后按下时作终端按钮。

（2）以单置调车信号机为终端的调车进路办理与以上两种情况的区别在于，单置信号机不能作为信号机背向进路的终端。

4）长调车进路的办理

（1）长调车进路可分段办理，亦可一次办理。

（2）分段办理时，为了保证安全和提高作业效率，需要一段一段地由远及近依次办理。

（3）对长调车进路也可以采用一次办理的方式，以减少车站值班员办理长调车进路的操作手续。按下长调车进路的始端按钮，再按下其终端按钮，长调车进路即可自动建立。信号由远及近开放，若远处的信号机无法开放，则近处的信号机也不能开放，确保不发生事故。

6. 变通进路

1）列车变通进路

办理列车变通进路，需要顺序按下始端列车进路按钮、变通进路按钮、终端列车按钮。变通进路按钮可以是变通进路专用的按钮，也可以是进路上决定变通进路走向的兼作变通按钮的调车按钮。

2）调车变通进路

办理调车变通进路，应按基本调车进路由远及近一段一段地办理。只有一种情况，即单置调车信号机的进路按钮可以兼作反方调车进路的变通按钮用。

三、实训要求

1. 实训时间

实训课时为 5 课时。

2. 实训形式

学生每 5 人组成一个工作小组，教师讲述控制台办理进路的方法，演示各种进路的办理流程。学员记录重点知识与现象。

3. 安全注意事项

（1）未经教师或管理员允许不得擅自操作。

（2）需严格按照上电顺序进行上电。

4. 工器具材料准备

个人用品：笔、笔记本等。

四、实训作业步骤

步骤一：教员、学员就位，控制台上电。

步骤二：教员结合站场图讲述各种进路办理的方法。讲解进路办理的规则和不同进路的表现形式。学员需要理解记忆课程重点内容。

步骤三：结合实际设备，教员在控制台上选择典型进路，将各种类型进路办理演示一次，学员分类记录相关现象。

步骤四：留一段时间让学员记忆相关知识、操作实训设备，以增强理解与记忆。

步骤五：组织实操和理论考试，分组进行，对所讲授的知识进行考核，了解学员的掌握情况。

五、思考题

为什么调车变更进路一般不用调车进路按钮做变更按钮一次排好？

任务五　办理引导接车的方法

一、实训目的

（1）熟悉办理引导接车的按钮和表示灯。

（2）掌握办理引导进路的适用情况。

（3）掌握不同情况下办理引导接车的方法。

二、理论链接

1. 引导按钮的认知

每架进站信号机（或接车进路信号机）对应地设置一个引导接车按钮，引导按钮为自复式，带铅封，上方有一白色表示灯，按下时白灯点亮。

2. 引导接车的适用情况

引导方式接车适用于进站信号机（或接车进路信号机）故障、轨道电路故障等不能正常办理接车进路的情况或进路中道岔失去表示、向非固定接车用进路接车等情况。对应的引导接车方式有两种：

（1）引导进路锁闭方式。

（2）引导总锁闭方式。

3. 引导进路锁闭方式的引导接车

1）进站信号机故障时的引导接车

进站信号机因故障无法开放，先破铅封按下对应信号机的引导按钮，再按下接车进路的始终端按钮，此时进路白光带点亮，接车进路被锁闭，引导信号开放。控制台上进路复示器红白灯同时点亮。

2）轨道电路故障时的引导接车

轨道区段故障时引导接车，故障区段内的道岔应在正确的位置无需转换，单独锁闭故障区段内道岔，破铅封按下引导按钮，此时进路锁闭，引导信号开放。控制台上除故障区段显示红光带外，其余部分点亮白光带。

4. 引导总锁闭方式的引导接车

1）进路中道岔失表示的引导接车

进路中道岔失表示时，故障道岔需用手摇把摇至所需位置，其他道岔单独操纵至所需位置。车站值班员确认进路正确后，破铅封按下本咽喉引导总锁闭按钮，该咽喉联锁道岔全部锁闭，然后按下防护该接车进路的信号机的引导按钮。此时引导信号开放，但进路不点亮白光带。

2）指向非固定接车用线路或无联锁线路的引导接车

对非固定的接车用线路接车，可单独操纵进路中的道岔至所需位置，对单方向运行的正线股道的非正常接车进路，也可用按下始终端列车进路按钮的方式选出进路。其他操作同道岔失表示时的引导接车。需要注意的是，向无联锁区域线路接车时，引导总锁闭无法锁闭集中区以外的非联锁道岔，需要人为确认并锁闭在相应位置。

三、实训要求

1. 实训时间

实训课时为 5 课时。

2. 实训形式

（1）学生每 5 人组成一个工作小组，分组讨论、练习。

（2）实操作业与理论相结合。

（3）组织考核，了解学员的掌握情况。

3. 安全注意事项

（1）未经教师或管理员允许不得擅自操作。

（2）需严格按照上电顺序进行上电。

4. 工器具材料准备

个人用品：笔、笔记本等。

四、实训作业步骤

步骤一：教员、学员就位，控制台上电。

步骤二：教员讲述 6502 电气集中引导接车的相关理论知识，概述不同情况下进行引导接车的方法。学员需要理解记忆课程重点内容。

步骤三：结合实际设备，教员在控制台上分别设置进站信号机允许信号不能开放、进路区段故障（故障区段道岔不需转换）、进路包含道岔失去表示、向非固定线路接车故障，对其不同状态进行引导接车，结合理论知识，讲述相关原理，学员分类记录相关现象。

步骤四：留一段时间让学员记忆相关知识、操作实训设备，以增强理解与记忆。

步骤五：组织理论和实操考试，理论实操按一定的比例分配。对所讲授的知识进行考核，了解学员的掌握情况。

五、思考题

某进路轨道电路故障，包含的道岔需要从定位扳动到反位才能开通进路，若开放引导进路，应该用什么方式？简述其办理过程。

任务六　进路的正常解锁

一、实训目的

（1）掌握进路正常解锁的原理。
（2）掌握列车进路正常解锁的流程。
（3）掌握调车进路正常解锁的流程。

二、理论链接

1. 进路正常解锁的意义

进路的正常解锁是指在不做任何操作的情况下，进路随着列车或调车车列的运行，自动地逐段解锁。

2. 列车进路正常解锁

列车进路，列车驶入后信号机自动关闭，随着列车的运行依次接近、占用、出清进路上各轨道区段，各区段经三点检查后自动自始端到终端逐段解锁。

3. 调车进路正常解锁

1）短调车进路正常解锁

短调车进路的正常解锁同列车进路的正常解锁，但是关闭信号机的时机不同，调车信号机在调车车列全部进入其内方后才自动关闭。

2）长调车进路正常解锁

长调车进路的正常解锁按照每条短调车进路进行解锁。

三、实训要求

1. 实训时间

实训课时为 5 课时。

2. 实训形式

（1）学生每 5 人组成一个工作小组，分组讨论、练习。
（2）实操作业与理论相结合。
（3）组织考核，了解学员的掌握情况。

3. 安全注意事项

（1）未经教师或管理员允许不得擅自操作。
（2）需严格按照上电顺序进行上电。

4. 工器具材料准备

个人用品：笔、笔记本等。

四、实训作业步骤

步骤一：教员、学员就位，控制台上电。

步骤二：教员讲述进路正常解锁的含义，概述不同进路的正常解锁过程。学员需要理解记忆课程重点内容。

步骤三：结合实际设备，教员根据不同的时机。分别排列一条接车进路、通过进路、短调车进路和长调车进路，演示列车驶过之后进路的解锁情况，学员分类记录相关现象。

步骤四：留一段时间让学员记忆相关知识、操作实训设备，以增强理解与记忆。

步骤五：组织理论和实操考试，理论实操按一定的比例分配。对所讲授的知识进行考核，了解学员的掌握情况。

五、思考题

调车中途返回时应自动解锁的区段未能解锁，试分析其原因。

任务七　进路的取消和人工解锁

一、实训目的

（1）掌握进路的取消和人工解锁的条件。

（2）掌握各种进路取消的方法。

（3）掌握不同进路人工解锁的方法。

二、理论链接

1. 进路的取消

1）进路取消的条件

取消进路的先决条件是已锁闭的进路接近区段无车占用（进路光带表示灯显示正常）。

2）进路取消的方法

办理取消进路，需要同时按下要取消的进路的始端按钮和本咽喉的总取消按钮。进路解锁从终端到始端，由于过程极快，看上去像是同时取消的。

3）通过进路的取消

通过进路的取消不能通过按压通过按钮和本咽喉总取消按钮一次取消，必须分别办理接车进路和发车进路的取消。

4）长调车进路的取消

长调车进路不能一次取消，必须分段进行，依次取消每一段基本的短调车进路。

2. 进路人工解锁

1）进路人工解锁的适用情况

当列车或调车车列驶入进路接近区段时，不能通过总取消来解锁进路，需要办理进路人工解锁或接近区段未设轨道电路的调车进路，进路一锁闭即构成接近锁闭，解锁进路需要办理进路人工解锁。

2）进路人工解锁的方法

办理进路人工解锁需要同时按下要解锁的进路的始端按钮和本咽喉的总人工解锁按钮。其中正线接、发车进路延时 3 min，侧线发车进路和调车进路延时 30 s。

3）通过进路和长调车进路的人工解锁

通过进路接近区段有车占用时，接车进路按总人工解锁的方式进行解锁，发车进路由于接近区段无车占用，可以用总取消的方式解锁；长调车进路，第一单元调车进路由于接近区段有车占用，需要用总人工解锁的方式进行解锁，其他单元调车进路接近区段无车，可以采用总取消的方式解锁。

三、实训要求

1. 实训时间

实训课时为 5 课时。

2. 实训形式

（1）学生每 5 人组成一个工作小组，分组讨论、练习。

（2）实操作业与理论相结合。

（3）组织考核，了解学员的掌握情况。

3. 安全注意事项

（1）未经教师或管理员允许不得擅自操作。

（2）需严格按照上电顺序进行上电。

4. 工器具材料准备

个人用品：笔、笔记本等。

四、实训作业步骤

步骤一：教员、学员就位，控制台上电。

步骤二：教员讲述进路取消和人工解锁的使用情况，讲述不同进路取消或解锁的方法。讲述其原理，学员需要理解记忆课程重点内容。

步骤三：结合实际设备，教员在不同时机下，分别排列一条接车进路、通过进路、短调车进路、长调车进路和引导接车进路，分接近区段有车和无车两种情况，对其进行总取消或总人工解锁，学员分类记录相关现象。

步骤四：留一段时间让学员记忆相关知识、操作实训设备，以增强理解与记忆。

步骤五：组织理论和实操考试，理论实操按一定的比例分配。对所讲授的知识进行考核，了解学员的掌握情况。

五、思考题

在三显示自动闭塞区段，若列车占用第一接近区段，对应的接车进路是否构成接近锁闭？第二接近区段又如何呢？

任务八　引导总锁与解锁

一、实训目的

（1）认知引导总锁闭按钮及表示灯的显示及作用。

（2）掌握引导总锁闭的办理及其适用情况。

（3）掌握引导总锁闭的解锁操作。

二、理论链接

1. 引导总锁闭按钮及表示灯

每一咽喉设一个引导总锁闭按钮，二位非自复式带铅封按钮，上方有一白色表示灯，按下时白灯点亮。

2. 引导总锁闭的办理

引导总锁闭办理需要破铅封按下本咽喉的引导总锁闭按钮，其上方白色灯点亮，操作完成后，该咽喉的联锁道岔全部锁闭。当进路中道岔失去表示或向非固定接车用线路接车时，需要对本咽喉实行引导总锁闭。

3. 引导总锁闭的解锁

列车按引导信号进入进站信号机内方，引导信号关闭。列车逐段驶过并出清各轨道区段，车站值班员确认列车全部进入股道或非固定接车用线路后，弹出本咽喉的引导总锁闭按钮，其上方白色表示灯熄灭，使全咽喉的道岔解锁。

三、实训要求

1. 实训时间

实训课时为 5 课时。

2. 实训形式

（1）学生每 5 人组成一个工作小组，分组讨论、练习。

（2）实操作业与理论相结合。

（3）组织考核，了解学员的掌握情况。

3. 安全注意事项

（1）未经教师或管理员允许不得擅自操作。

（2）需严格按照上电顺序进行上电。

4. 工器具材料准备

个人用品：笔、笔记本等。

四、实训作业步骤

步骤一：教员、学员就位，控制台上电。

步骤二：教员讲述引导总锁闭的含义及使用本咽喉引导总锁闭的情况，概述引导总锁闭的操作流程。学员需要理解记忆课程重点内容。

步骤三：结合实际设备，教员演示向调车线接车及进路中道岔失去表示的接车，学员分类记录相关现象。

步骤四：留一段时间让学员记忆相关知识、操作实训设备，以增强理解与记忆。

步骤五：组织理论和实操考试，理论实操按一定的比例分配。对所讲授的知识进行考核，了解学员的掌握情况。

五、思考题

办理引导总锁接车时，本咽喉是否可以进行调车作业？另一咽喉是否可以办理非敌对进路？

任务九　闭塞设备认知与操作

一、实训目的

（1）掌握控制台闭塞设备的作用与功能。
（2）掌握闭塞设备与半自动闭塞设备的联合使用。
（3）掌握闭塞设备与自动闭塞设备的联合使用。

二、理论链接

1. 区间闭塞设备的意义

车站接发列车和区间行车相互关联，密不可分。只有将车站联锁设备和区间行车设备结合起来，才能更好地指挥列车运行，保证行车安全。目前我国铁路单线多采用继电半自动闭塞、双线多采用自动闭塞。

2. 半自动闭塞设备

1）半自动闭塞有关设备

控制台上每个半自动闭塞区间的接发车方向设一套按钮和两组表示灯，按钮为二位自复式，其中闭塞按钮，在办理请求发车和同意接车时按下；复原按钮，在办理到达复原或取消复原时按下；事故按钮，带铅封，事故复原时按下。

表示灯分接车表示灯和发车表示灯，均由黄、绿、红三个表示灯组成，表示灯常态熄灭，对发车表示灯，黄灯点亮表示本站请求发车，绿灯点亮表示对方站同意发车，红灯点亮表示发车闭塞办理完成。对接车表示灯，黄灯点亮表示对方站请求接车，绿灯点亮表示本站同意接车，红灯点亮表示接车闭塞办理完成。当接发车表示灯同时亮红灯时，表示列车已经越过接车站的进站信号机。

控制台中装有闭塞电铃，当对方站办理请求发车、同意接车等手续时，本站电铃鸣响。有的控制台上还装有计数器，用于记录办理事故复原的次数。

2）单线半自动闭塞的办理方式

单线半自动闭塞要求两站车站值班员共同办理的手续分别为正常办理、取消复原和事故复原三种。

正常办理是指两站间的正常运行及闭塞机处于正常状态时的办理方式，设甲站为发车站，乙站为接车站，则单线半自动闭塞正常办理可分为以下五个步骤：① 甲站请求发车；② 乙站同意发车；③ 列车从甲站出发；④ 列车到达乙站；⑤ 到达复原。

取消复原是在办理闭塞手续后，列车因故不能发车时而采取的取消闭塞的方法。

事故复原是闭塞机不能正常复原时而采取的一种复原方法。其不检查任何条件，行车完全依靠人为保证。

3. 自动闭塞设备

1）自动闭塞有关设备

自动闭塞区间每个接发车方向设置一套按钮和表示灯，按钮为二位自复式，总辅助、接车辅助、发车辅助按钮，用于故障情况下改变运行方向。

表示灯包括发车方向表示灯（绿色）、接车方向表示灯（黄色）、监督区间占用表示灯（红色）、辅助办理表示灯（白色）。表示灯亮时其表示的含义分别为该站为发车站、该站为接车站、对方站发车进路已建立或列车正在区间运行、正在辅助办理改变运行方向。

2）双线自动闭塞的办理方式

接车进路依据列车的接近情况区分预先锁闭和接近锁闭，在三显示自动闭塞区段，进站信号机前方第二个和第一个区段为接车进路的第一接近和第二接近区段。当列车驶入第二接近区段时，接车进路实现接近锁闭。在双线双向自动闭塞区段，反方向一般按站间闭塞运行，此时离去表示灯兼作接近表示灯，对三显示自动闭塞，一离去表示灯兼作二接近表示灯，二离去表示灯兼作一接近表示灯。

在控制台设离去表示灯表示列车的离去情况，在三显示自动闭塞区段，设一离去表示灯和二离去表示灯；在四显示自动闭塞区段，设一离去表示灯、二离去表示灯和三离去表示灯。列车占用某区段时，该区段的离去表示灯点亮，出清该区段时，该区段的离去表示灯熄灭。

列车反方向运行需要通过改变运行方向的电路来确定运行方向，并确定接车站与发车站。

下述两种情况不能正常办理改变运行方向，需要辅助办理改变运行方向：

（1）监督电路发生故障，方向电路正常时。

（2）因故出现“双接”，即两站均为接车状态时。

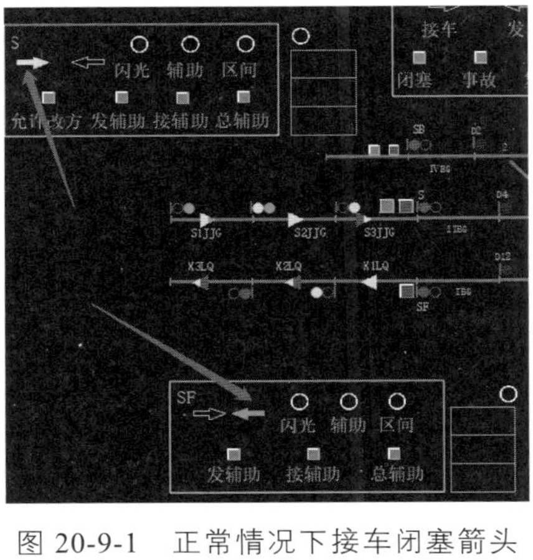

图 20-9-1　正常情况下接车闭塞箭头

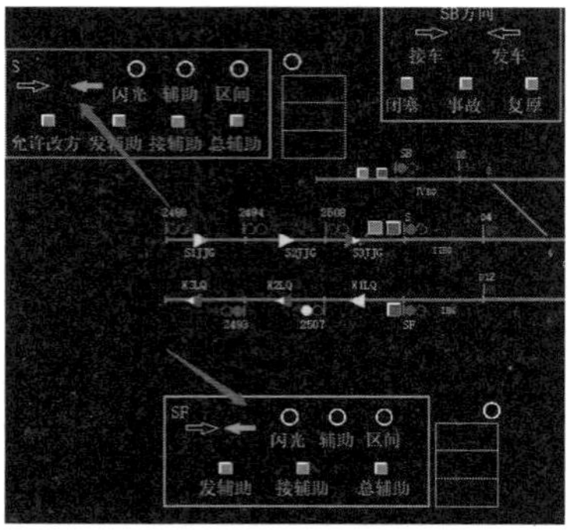

图 20-9-2　因故办理允许改方后闭塞箭头

三、实训要求

1. 实训时间

实训课时为 5 课时。

2. 实训形式

（1）实操作业与理论相结合。

（2）小组讨论。

（3）具体情况根据现场实际形式调整。

3. 安全注意事项

（1）未经教师或管理员允许不得擅自操作。

（2）需严格按照上电顺序进行上电。

4. 工器具材料准备

个人用品：笔、笔记本等。

四、实训作业步骤

步骤一：教员、学员就位，控制台上电。

步骤二：教员讲述闭塞设备相关理论知识，分类讲述站间闭塞的办理过程，使学员掌握闭塞相关的按钮和表示灯的使用方法。学员需要理解记忆课程重点内容。

步骤三：结合实际设备，教员对涉及的按钮进行操作，对其不同状态进行演示，学员分类记录相关现象。

（1）对半自动闭塞，分各种情况，进行区间闭塞、复原以及事故复原等操作，并解释相关原理。

（2）对自动闭塞，分各种情况讲述接近以及离去区段的表示，演示正常改方及辅助改方的操作情景。

步骤四：留一段时间让学员记忆相关知识、操作实训设备，以增强理解与记忆。

步骤五：组织理论和实操考试，理论实操按一定的比例分配。对所讲授的知识进行考核，了解学员的掌握情况。

五、思考题

请简述“双接故障”的含义。当出现双接故障时，是否可以正常改方反方向运行？

任务十　常见故障认知与处理

一、实训目的

（1）掌握常见故障产生的原因。

（2）了解遇到故障时的处理原则。

（3）掌握常见故障的处理方法。

二、理论链接

1. 故障处理原则

（1）遇到一般故障尚未影响设备使用时，信号维修人员在联系登记后，与车站值班员一起试验，判明情况，查找故障及时修复。

（2）如果发现设备有严重故障，危及行车安全，而一时无法排除，应同意停用该设备并登记。

（3）发生影响行车的信号设备故障时，应督促信号维修人员登记接发列车进路排列情况、调车作业情况、控制台显示状态、列车运行时分、故障处理情况等，作为原始记录。

2. 常见故障及原因

（1）进路排列过程中的故障。

分类	常见故障	事故成因
进路排列过程中的故障	进路按钮表示灯不闪光	道岔未转换到规定位置、电路故障
	排列进路表示灯不点亮	表示灯灯泡断丝、电路故障
	未办理进路排列进路表示灯就点亮	表示灯灯泡故障、方向电路故障
	进路选不出	进路中有部分排在其他进路中、部分轨道电路故障或处于单独锁闭状态或处于人工解锁状态、电路故障
	进路不出现白光带	道岔未转换到规定位置、电路故障
	按下引导按钮其表示灯不亮	按钮表示灯电路故障、引导电路故障
	信号复示器没有开放表示	电路故障、信号机未开放或信号复示器灯丝断丝

（2）道岔转换过程的故障。

分类	常见故障	事故成因
道岔转换过程的故障	电动转辙机无法启动	道岔启动电路故障、室外电缆断线、插接器接触不良、转辙机内接点接触不良、转辙机内电路故障等
	电动转辙机向一方向转换正常，向另一方向不转换	道岔启动电路故障
	单独操纵正常，进路操纵不能转换	进路操纵部分有故障
	道岔表示灯突然灭灯	道岔电路故障、表示灯灯丝断丝

（3）信号及有关故障。

分类	常见故障	事故成因
信号及有关故障	列车信号自动关闭	人为原因诸如：信号开放后调整电动转辙机、拨动有关继电器、人工短路轨道电路等；设备原因诸如：信号机主灯丝断丝后未及时更换、电缆混线断线、各种继电器特性变化
	允许信号不能开放	信号控制电路故障、信号点灯回路断线、灯泡灯座松动
	进站信号机引导白灯无法开放	引导信号电路故障

（4）轨道电路有关的故障。

分类	常见故障	事故成因
轨道电路有关的故障	轨道区段红光带	道床排水不畅、轨道电路室内室外各部位故障、两相邻区段的两组钢轨绝缘同时破损或道岔区段的一组道岔绝缘破损等
	轨道区段闪烁性点亮红光带	轨道电路室内室外各部位故障、光带点灯电路故障
	轨道区段不亮红光带	轨道电路分路不良、轨道继电器及有关电路故障
	轨道区段红光带不正常	电路故障

（5）进路解锁过程中的故障。

分类	常见故障	事故成因
进路解锁过程中的故障	列车或调车车列驶过进路不能正常解锁	解锁电路故障
	进路取消不了	误操作、取消电路故障、信号复示器电路部分混电
	办理总人工解锁时进路不经延时或延时不足	电路故障
	调车中途返回时应自动解锁的区段未能解锁	电路故障
	引导进路不能解锁	引导解锁电路故障

三、实训要求

1. 实训时间

实训课时为 5 课时。

2. 实训形式

（1）学生每 5 人组成一个工作小组，分组讨论、练习。
（2）实操作业与理论相结合。
（3）组织考核，了解学员的掌握情况。

3. 安全注意事项

（1）未经教师或管理员允许不得擅自操作。

（2）需严格按照上电顺序进行上电。

4. 工器具材料准备

个人用品：笔、笔记本等。

四、实训作业步骤

步骤一：教员、学员就位，控制台上电。

步骤二：教员分类讲述常见的故障，简述其成因，并讲述事故的排查方法。

步骤三：结合实际设备，教员在控制台上模拟相关故障，对其不同状态进行演示，针对不同的现象讲述其故障排查方法。学员分类记录相关现象。

步骤四：留一段时间让学员记忆相关知识、操作实训设备，以增强理解与记忆。

步骤五：组织理论和实操考试，理论实操按一定的比例分配。对所讲授的知识进行考核，了解学员的掌握情况。

五、思考题

简述常见故障的认知对于行车作业的意义。

项目二十一　计算机联锁设备认知与操作

任务一　控制台盘面设备认知

一、实训目的

（1）认识计算机联锁终端各区域的功能作用。
（2）认识计算机联锁与6502继电联锁的相同和不同之处。

二、理论链接

计算机联锁是以6502电气集中为基础，以计算机控制技术为核心的新型联锁控制系统，国内的计算机联锁系统大多由6502电气集中控制系统改造而成，是计算机控制加上继电器执行的系统。

计算机联锁终端是计算机联锁系统中为操作人员提供的控制、显示设备的总称，一般包括显示器、鼠标、键盘等。计算机联锁终端与6502电气集中联锁控制台作用相似，可用于操作站场上的道岔、信号机等设备，同时通过上位机界面显示设备状态与运用情况。

三、实训要求

1. 实训时间

实训课时为1课时。

2. 实训形式

（1）实操作业与理论相结合。
（2）小组讨论。
（3）具体情况需要根据现场实际进行调整。

3. 实训注意事项

（1）未经教师或管理员允许不得擅自操作。
（2）需要严格按照教师讲述进行操作。

4. 工具材料

（1）鼠标、键盘。
（2）计算机联锁终端系统。

四、实训作业步骤

（1）教员打开计算机联锁终端系统。

（2）教员对计算机联锁终端系统的界面进行介绍，例如左侧报警框的作用是为了显示设备非正常状态，比如主灯丝断丝或者道岔挤岔。计算机联锁系统的下部为计算机联锁的功能按钮区域，对应实物手动盘的按钮功能，但权限要小于手动盘的按钮，在站场图上，亮蓝色灯的为调车信号机，亮红色灯的为进站或出站信号机等。

（3）学生观察计算机联锁终端系统，并讨论计算机联锁终端系统的特点。

五、思考题

为什么计算机联锁系统的权限小于手动盘按钮的权限?

任务二　按钮和表示灯认知与操作

一、实训目的

（1）认识计算机联锁的按钮和表示灯。

（2）分辨不同的表示灯表示的含义，学会操作计算机连锁的不同功能按钮。

（3）学习常见故障现象和故障处理方法。

二、理论链接

自复式按钮与非自复式按钮操作如下：

（1）自复式按钮：用鼠标点击按钮后，按钮会自动抬起。

（2）非自复式按钮：用鼠标点击按钮后，按钮会被按下。再次点击，按钮则会抬起。

继电式电气集中技术条件规定，有些控制台操作必须用双手同时保持按下两个按钮才能完成规定的操作。使用鼠标操作时不可能同时按下两个按钮。为满足继电式电气集中技术条件的要求，在采用鼠标时，采用如下两套方案来处理。

方案一：用鼠标左键点击功能按钮，按钮立即抬起，但保持一定时间内（N 秒）有效。在按钮有效期间内，点击其他相关按钮，完成相关的操作。

方案二：用鼠标右键点击功能按钮，按钮保持按下状态（即有效状态），按钮下方会出现一个小手型的图标。然后点击其他相关按钮，完成相关的操作。再次点击该功能按钮，按钮会被抬起，下方小手图标也会消失。

三、实训要求

1. 实训时间

实训课时为 2 课时。

2. 实训形式

教师讲述信号操作和按钮操作。每个人都需要学习并进行对应的信号操作和按钮操作。教师演示常见的故障，并讲解故障现象。教师指导学生学习，检查实训作业进度和质量，制定改进措施，完成项目任务。

3. 安全注意事项

（1）未经教师或管理员允许不得擅自操作。

（2）需要严格按照教师讲述进行操作。

4. 工具材料准备

（1）个人用品：笔、笔记本。

（2）鼠标、键盘。

（3）计算机联锁终端系统。

四、实训作业步骤

步骤一：教员、实训人员就位，对设备进行上电。

步骤二：教员讲述信号、按钮操作，概述相关的理论知识，例如与信号机相关的每种信号灯颜色表示的含义及其各个功能按钮的功能作用。学员需要理解记忆课程重点内容。

步骤三：结合实际设备，让每个学员学习、练习信号、按钮操作。

步骤四：教员了解学员掌握情况，对学员问题进行解答。

步骤五：故障实训（见图 21-2-1）。

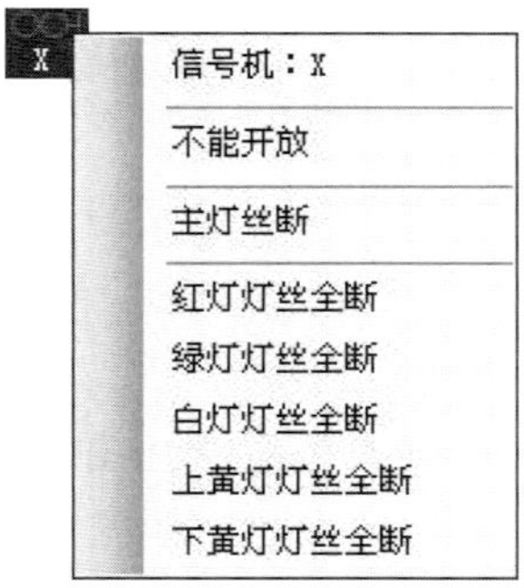

图 21-2-1　故障实训

【说明】

（1）第一个菜单项，用来显示当前操作对象的类型和名称。如本例中，操作的对象是信号机 X。

（2）菜单项前面的勾选状态表示当前操作对象的状态。如本例中，信号机 X 无任何故障。

（3）点击菜单项，可以执行相关命令，改变对象的状态。

① 点击信号机故障菜单栏→点击不能开放→观察信号机状态变化。

② 主灯丝断丝→开放信号→观察信号机状态。

③ 红灯丝全断→开放信号→观察信号机状态。

④ 绿灯丝全断→开放信号→观察信号机状态。

⑤ 白灯丝全断→开放信号→观察信号机状态。

⑥ 上黄灯灯丝全断→开放信号→观察信号机状态。

⑦ 下黄灯灯丝全断→开放信号→观察信号机状态。

步骤六：学习信号机人工处理操作。

前部压标：点击菜单“人工处理→前部压标”。

凭票证发车：点击菜单“人工处理→凭票证发车→某证某号”。

手信号引导接车：点击菜单“人工处理→手信号接车”。

步骤七：讨论、总结信号机故障现象，恢复实训现场。

五、思考题

（1）根据上课观察到的现象，总结按钮操作和信号机操作的内在逻辑。

（2）对自复式功能按钮和非自复式功能按钮进行分类总结并记忆。

任务三　道岔单操的方法

一、实训目的

（1）认识不同的道岔类型，例如单动道岔、双动道岔等。

（2）学习并掌握计算机联锁中的道岔单操方法。

（3）分析常见的道岔故障并掌握故障处理方法。

二、理论链接

计算机联锁控制台通常以道岔岔芯颜色、道岔名称颜色来区分道岔状态。

（1）当道岔处在定位状态时，道岔号与道岔岔芯显示绿色；当道岔处在反位状态时，道岔号显示黄色与道岔岔芯。当操纵道岔（单独操纵或进路操纵）时，在操纵过程中，道岔号闪烁，道岔出现失表故障时，通常表现为道岔岔芯与道岔号闪烁。

（2）道岔的定位位置应与信号平面图上的开向一致，当道岔定反位转换后，开向应作相应改变。

（3）道岔在四开位置时，道岔名和岔尖红闪，并发出语音报警；道岔修复后，道岔显示正常开向，道岔号码变为绿色或黄色，该道岔恢复使用。

（4）当道岔单锁时，该道岔号显示红色，道岔不能进行位置转换操作，当道岔解锁时，该道岔号恢复原来显示，道岔可以转换位置。

（5）当办理咽喉引导总锁时，全咽喉道岔锁闭，其道岔号显示红色；办理咽喉引导总锁恢复时，全咽喉道岔解锁，其道岔号恢复原来显示。

（6）办理道岔封锁后，可进行道岔定位与反位的转换操作，但不可排列经过该道岔的进路。

三、实训要求

1. 实训时间

实训课时为 2 课时。

2. 实训形式

采用上机实训的形式。教师讲述道岔的单操作。每个人都需要学习并对不同的道岔进行单操作。教师演示常见的故障，并讲解故障现象。教师指导学生学习，检查实训作业进度和质量，制定改进措施，完成项目任务。

3. 安全注意事项

（1）未经教师或管理员允许不得擅自操作。

（2）需严格按照上电顺序进行上电。

（3）需要严格按照教师讲述进行操作。

4. 工具材料准备

个人用品：笔、笔记本等。

四、实训作业步骤

步骤一：教员，实训人员就位，对设备进行上电。

步骤二：教员讲述道岔相关理论知识以及道岔单操的方法。

步骤三：结合实际设备，让每个学员学习、练习道岔的单操作。

步骤四：教员了解学员掌握情况，对学员问题进行解答。

步骤五：故障实训（见图 21-3-1）。

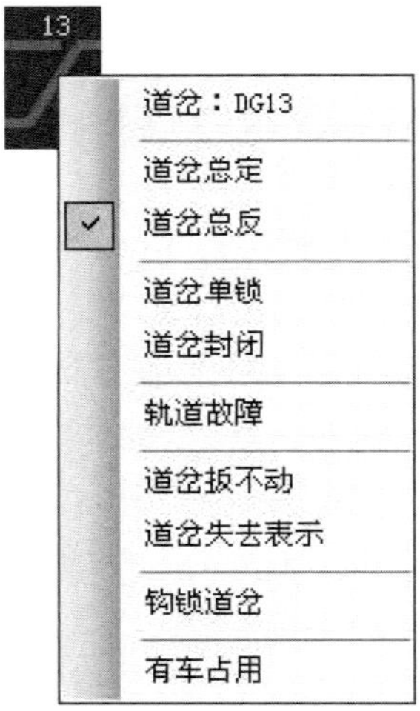

图 21-3-1　故障实训

【说明】

（1）第一个菜单项，用来显示当前操作对象的类型和名称。如本例中，操作的对象是 13 号道岔。

（2）菜单项前面的勾选状态表示当前操作对象的状态。如本例中，13 号道岔位置为反位。

（3）点击菜单项，可以执行相关命令，改变对象的状态。

与道岔相关的组合操作如下表所示。

类型	组合操作（按顺序操作）	
总定位 / 总反位	按钮“总定位” / “总反位”	“道岔单操”按钮
道岔单锁 / 道岔单解	按钮“道岔单锁” / “道岔单解”	“道岔单操”按钮
道岔封闭 / 道岔解封	按钮“道岔封闭” / “道岔解封”	“道岔单操”按钮
轨道故障	菜单“设置故障　轨道故障”	“道岔”组件
扳不动故障	菜单“设置故障　道岔扳不动”	“道岔单操”按钮 / “道岔号”
失去表示故障	菜单“设置故障　道岔失去表示”	“道岔单操”按钮 / “道岔号”
手摇定位 / 手摇反位	菜单“人工处理　手摇定位 / 手摇反位”	“道岔号”
钩锁道岔	菜单“人工处理　钩锁道岔”	“道岔号”

步骤六：讨论总结道岔故障现象，恢复实训现场。

五、思考题

道岔单锁和道岔封锁有什么区别?

任务四　建立和取消进路的方法

一、实训目的

（1）学习并掌握办理列车进路、调车进路和取消列车进路、调车进路的操作方法。
（2）掌握解进路的操作方法。

二、理论链接

1. 微机联锁使用说明

计算机联锁系统是保证接发列车作业安全，提高接发车能力的一种信号设备。利用计算机对信号员的操作命令及现场设备状态表示的信息进行逻辑运算，从而实现对信号机及道岔、进路等进行集中控制，使其相互制约，以保证行车安全的联锁设备。

2. 总人解

若进站信号机内方第一区段轨道电路良好，当列车压入信号机内方第一区段时，引导信号自动关闭。若进站信号机内方第一区段轨道电路故障，则在列车进入信号机内方第一区段之前，必须每隔 30 s 办理一次引导操作以使引导信号保持开放（如同 6502 控制台值班员要一直按下引导按钮，在确认列车进入信号机内方后才可松开引导按钮）。在值班员确认列车完全进入股道后，可用人工解锁的方法解锁引导进路。

取消进路时，可使用【总取消】，也可使用【总人解】。当需取消已处于接近锁闭状态的进路时，使用【总人解】；在办理取消引导接车进路时，使用【总人解】；在办理取消未处于接近锁闭状态的进路时，使用【总取消】。

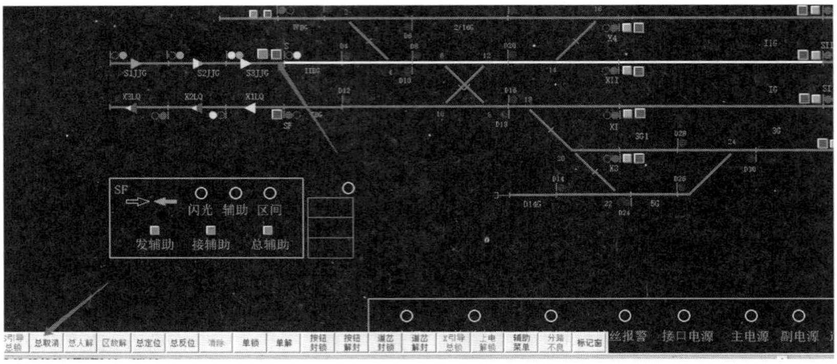

图 21-4-1　总取消

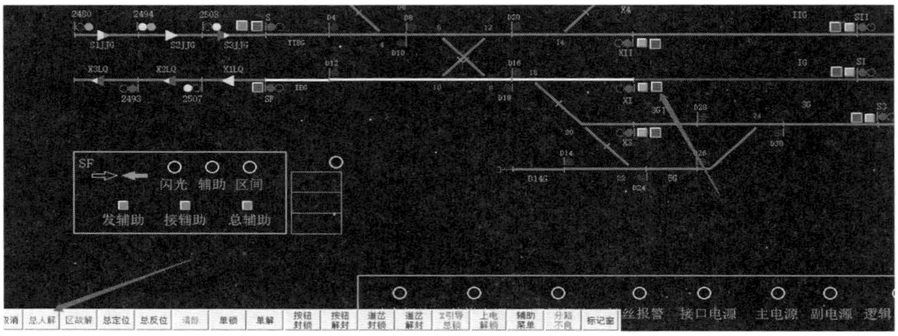

图 21-4-2　总人解

办理的方法是：用鼠标单击按下【总人解】按钮，弹出密码窗口，输入办理总人解手续密码，确认密码正确后，此时【总人解】图标显示灰色。用鼠标左键单击接近锁闭进路的始端按钮，如操作有效，则发出一声声响，同时【总人解】图标恢复原色。在办理取消引导接车进路时，利用同样的办理方式使【总人解】图标显示灰色，再用鼠标左键单击引导进路的始端按钮，使引导进路解锁。

三、实训要求

1. 实训时间

实训课时为 3 课时。

2. 实训形式

（1）理论知识和实践操作相结合。

（2）小组讨论。

（3）具体情况根据现场实际形式调整。

3. 实训注意事项

（1）防护的进路空闲（包括超限绝缘检查），有关道岔位置正确（未单锁在相反位置），进路锁闭，未施行人工解锁，敌对进路未建立以及照查联锁条件正确时，信号开放，进路才能建立。

（2）在取消列车进路时，首选是使用取消进路的方式，为保证安全性，特殊情况下（如接近锁闭、引导进路等），取消进路仅能关闭信号，不能解锁进路，这时需要总人解来解锁进路，操作时需确认操作后的安全性。

4. 工具材料准备

（1）鼠标、键盘。

（2）计算机联锁终端系统。

四、实训作业步骤

1. 建立一条接车进路

左键分别点击进站信号机 X，终端信号机。

2. 道岔被单锁时，手动排列进路

（1）将道岔锁定在定位，排列一条 X 信号机到终端信号机的进路（通过该道岔定位），观察进路是否排列成功。

（2）将道岔锁定在反位，排列一条 X 信号机到终端信号机的进路（通过该道岔反位），观察进路是否排列成功。

（3）将第二步骤做的道岔单解，再排一条 X 信号机到终端信号机的进路（通过该道岔定位），观察进路是否排列成功。

3. 道岔被封锁时手动排列进路

将该道岔封锁操作，排列一条 X 信号机到终端信号机的进路（通过该道岔），观察进路是否排列成功。

4. 通过总取消、总人解的方式取消该进路

（1）总取消方式取消进路：点击【总取消】，然后选中进路的始端信号机。

（2）总人解方式取消进路：进路已处于接近锁闭状态，需要取消进路，点击【总人解】，输入密码，点击确认，选择进路信号机的始端。

五、思考题

（1）人工进路办理成功后，进路锁闭的区段有什么显示？

（2）列车接近，需要如何操作来取消进路？

任务五　办理引导接车的方法

一、实训目的

（1）掌握引导接车进路办理的方法。

（2）掌握引导接车进路取消的方法。

二、理论链接

1. 开放引导信号

（1）作用：接车进路的区段轨道电路故障并且道岔表示正常时，不能排列接车进路，需要办理引导接车。

（2）操作方法：当接车进路的区段轨道电路故障并且道岔表示正常时，不能排列接

车进路，需要办理引导接车时，先将进路中所有道岔单操到要求位置，然后用鼠标单击引导按钮，经过确认口令后引导信号开放。当引导进路使用完毕，人工确认列车完全进入股道后，在接车信号的始端按钮位置办理总人解，即可人工解锁引导进路。

2. 办理引导总锁

（1）作用：当接车进路中的道岔失去表示，不能排列接车进路与引导进路时，需要办理引导总锁进行接车作业。

（2）操作方法：用鼠标点击对应上行或下行引导总锁，经过确认口令后，将所有道岔锁闭，再办理引导进路。

三、实训要求

1. 实训时间

实训课时为 2 课时。

2. 实训形式

（1）实操作业与理论相结合。

（2）小组讨论。

（3）具体情况根据现场实际形式调整。

3. 实训注意事项

注意相应故障由教员预先设置。

4. 工具材料

（1）鼠标、键盘。

（2）计算机联锁终端系统。

四、实训作业步骤

（1）引导进路办理的操作。

接车进路信号机内方第一段轨道区段故障，单操道岔到需要位置，点击【引导】按钮，经过口令确认，开放引导信号。

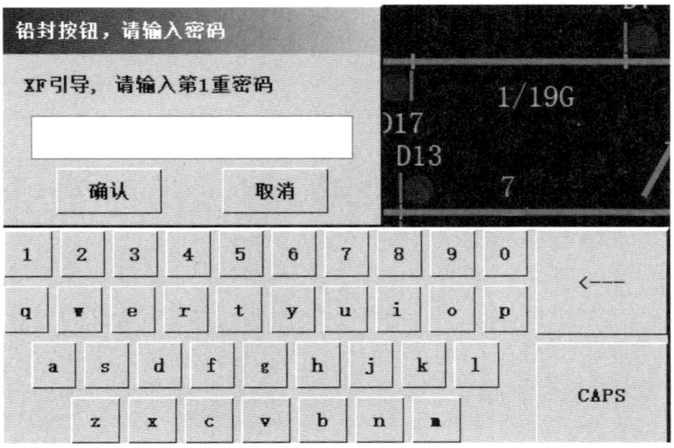

图 21-5-1　口令认证

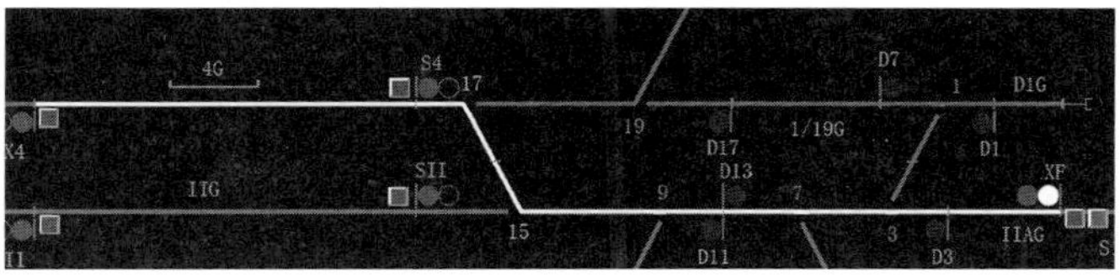

图 21-5-2　开放引导信号

（2）取消引导进路办理的操作。

鼠标点击【总人解】后，选择始端信号按钮，并输入口令确认。

（3）总结讨论引导进路接车的操作，对问题进行解决。

五、思考题

引导进路办理的条件。

任务六　进路的正常解锁

一、实训目的

（1）学习并掌握列车进路的分类。

（2）了解进路的两种状态。

（3）学习并理解计算机联锁终端的进路正常解锁。

二、理论链接

1. 进　路

进路是车站里从始端到终端的那一段行程。给列车排的进路称为列车进路，给调车排的进路称为调车进路。列车进路又可以分为接车进路、发车进路和通过进路：接车进路指列车从进站信号机到股道的全部行程；发车进路指列车从股道到该方向进站信号机的全部行程；通过进路指列车经过该车站正线而不途停的进路。进路建立后即为锁闭状态，进路未建立即为解锁状态。

2. 正常解锁

正常解锁是指列车经过已建立的进路后，防护该进路的信号机自动关闭且按照列车行进顺序自动出清已建立的进路区段。进路的正常解锁必须在信号机关闭后进行，必须符合以下三个条件：

（1）列车或调车驶入进路，进路信号机自动关闭。

（2）三点检查法验证通过。

（3）出清进路上各道岔区段。

三、实训要求

1. 实训时间

实训课时为 2 课时。

2. 实训形式

（1）实操作业与理论相结合。

（2）小组讨论。

（3）具体情况需要根据现场实际进行调整。

3. 实训注意事项

（1）未经教师或管理员允许不得擅自操作。

（2）需要严格按照教师讲述进行操作。

4. 工具材料

（1）鼠标、键盘。

（2）计算机联锁终端系统。

四、实训作业步骤

（1）建立一条接车进路并开放信号（侧线接车进路开放双黄灯）。

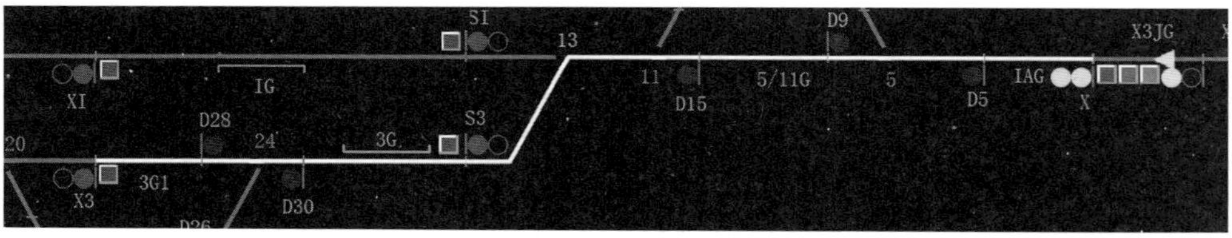

图 21-6-1　侧线接车进路

（2）接车进站后观察进路状态变化。

（3）观察现象，并对提出的问题进行讨论解决。

五、思考题

（1）什么是“三点检查法”？

（2）类比总结短调车进路、长调车进路应如何解锁。

任务七　进路的取消和人工解锁

一、实训目的

（1）学习并掌握进路取消的操作方法。

（2）学习并掌握进路人工解锁的操作和方法。

二、理论链接

1. 进路取消办理

取消进路的先决条件是已锁闭的进路的接近区段无车占用，可通过观察该进路的接近区段的光带表示灯来证实。在联锁终端，进路取消办理的手续是按下本咽喉的总取消按钮，然后按下本条进路的始端信号机按钮。

2. 进路人工解锁

在接近区段有红光带占用时，不能办理进路取消，这时候需要办理进路人工解锁。在联锁终端，进路人工解锁的办理手续是按下本咽喉的总人解按钮，然后输入口令认证，再点击本条进路的始端信号机按钮。

发车进路和调车进路的人工解锁过程同接车进路。正线发车进路延时 180 s，和接车进路一样。侧线发车进路和调车进路的延时为 30 s。

三、实训要求

1. 实训时间

实训课时为 2 课时。

2. 实训形式

（1）实操作业和理论相结合。

（2）小组讨论。

（3）具体情况需要根据现场实际进行调整。

3. 实训注意事项

在演示教学办理人工解锁时，使用轨道电路故障红光带或者列车占用等，均需要教员提前设置，然后才能进行办理人工解锁的操作。

4. 工具材料

（1）鼠标、键盘。

（2）计算机联锁终端系统。

四、实训作业步骤

（1）建立 II 道接车进路。

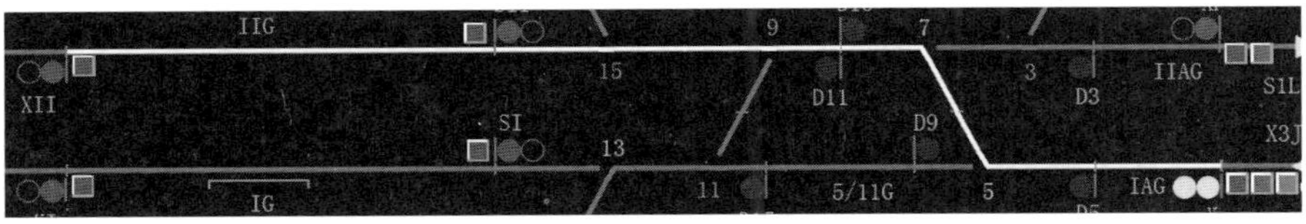

图 21-7-1　II 道接车进路

（2）在列车还没有进入第二接近区段时，点击总取消按钮，然后点击 X 进站信号机按钮，观察进路状态，主要观察进路解锁顺序。

（3）建立 3 道接车进路。

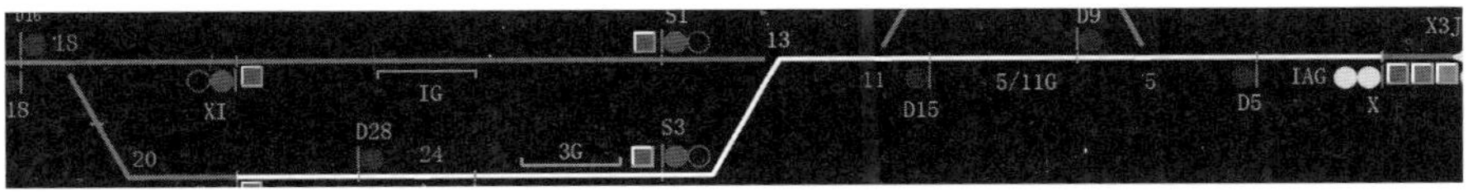

图 21-7-2　3 道接车进路

（4）在列车已经进入到第二接近区段后，如果需要解锁该进路，则需手动办理人工解锁。

（5）按下总人解破封按钮，输入验证口令，再点击 X 进站信号机的进路按钮。通过观察可看到，信号关闭，在经过 30 s 延时后，再观察进路解锁现象，可看到进路从终端向始端逐段进行解锁。至此完成进路的取消办理操作和办理人工解锁操作。

（6）根据观察到的现象，总结回顾进路的取消办理操作和人工解锁办理操作，并讨论为什么人工解锁操作要设置进路解锁延时。

五、思考题

同一咽喉能同时办理两条进路的人工解锁吗?

任务八　引导总锁与解锁

一、实训目的

（1）了解引导总锁按钮的使用场景。

（2）学习并掌握计算机联锁终端，引导总锁办理的操作。

（3）学习并掌握计算机连锁终端，引导解锁办理的操作。

二、理论链接

1. 引导总锁闭按钮

当发生道岔故障失去表示等情况时，应办理引导总锁的操作。可对全咽喉的所有道岔进行锁闭，再办理该进站信号机的引导按钮，以引导信号的方式接车。

三、实训要求

1. 实训时间

实训课时为 2 课时。

2. 实训形式

（1）实操作业和理论相结合。

（2）小组讨论。

（3）具体情况需要根据现场实际进行调整。

3. 实训注意事项

在进行办理引导总锁操作时，需要教员提前设置道岔失去表示、向非固定接发列车用线路接车等故障，才可进行引导总锁操作。

4. 工具材料

（1）鼠标、键盘。

（2）计算机联锁终端系统。

四、实训作业步骤

（1）发现道岔失去表示、向非固定接发列车用线路接车等故障时，开始办理该咽喉的引导总锁操作。

（2）点击本咽喉引导总锁按钮，然后输入口令，验证通过后即可完成引导总锁闭的办理。

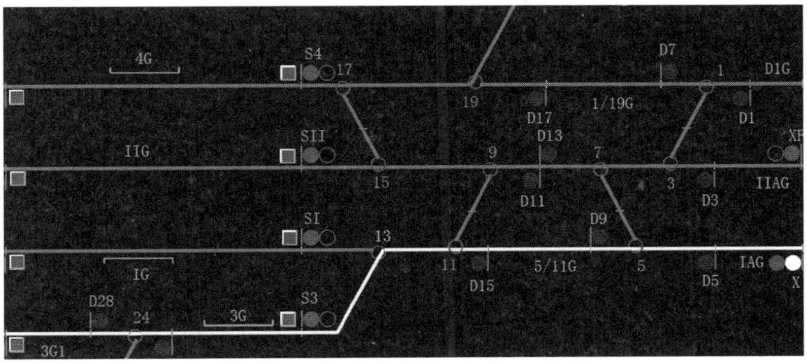

图 21-8-1　引导总锁的办理

（3）点击引导按钮，然后输入口令，验证通过后，点击相应的引导按钮，即可完成引导进路的办理。

（4）观察引导总锁闭办理完成后的现象。

（5）在接车作业完成后，再次点击本咽喉的引导总锁按钮，然后输入口令验证，通过后即可完成引导解锁。再次观察进路状态变化的现象。

（6）讨论引导总锁办理后，应如何保证行车安全。

（7）恢复实训场地。

五、思考题

讨论应如何保障用引导总锁方式开放引导信号接车时的行车安全？

任务九　常见故障认知与处理

一、实训目的

（1）了解常见的故障，并学会分析不同的故障产生的原因。

（2）学会处理常见的故障现象。

（3）学会区分设备故障和系统故障。

（4）规范故障处理的作业流程。

二、理论链接

1. 遇到未影响设备使用的常见故障时

应允许信号维修人员在联系、登记后，车站值班员一起进行试验，共同快速判断故障发生原因，查找故障并及时进行修复。

2. 发现设备严重故障影响正常使用时

如果试验过程中发现严重故障，并且一时无法进行修复的情况，应及时同意停用该设备进行登记。

常见的故障:

（1）进路选不出来。

（2）进路不出现白光带。

（3）进路不能取消。

（4）办理总人解进路不解锁。

（5）办理故障解锁故障区段不能解锁。

（6）信号不开放。

（7）列车信号自动关闭。

（8）无车占用，轨道电路红光带。

（9）道岔单操正常，但进路操作时不能转换。

（10）双动道岔，第一动正常，第二动未转换。

（11）道岔失去表示等。

这些常见的故障均需要车站值班员根据自身工作中的经验，联系现场的实际情况，迅速做出判断，及时分辨出故障类型，判断是否影响列车运行，然后做出反应。

三、实训要求

1. 实训时间

实训课时为 2 课时。

2. 实训形式

（1）实操作业和理论相结合。

（2）小组讨论。

（3）具体情况需要根据现场实际进行调整。

3. 实训注意事项

在演示教学常见的故障处理操作时，需要教员提前设置演示的故障，然后再进行故障对应的处理流程。

4. 工具材料

（1）鼠标、键盘。

（2）计算机联锁终端系统。

四、实训作业步骤

可以轨道电路故障时办理接车作业为例进行实训作业。

（1）预设某道岔区段轨道电路故障而道岔位置处于所需的接车位置时。

（2）在检查线路空闲，确认该区段是轨道电路故障而不是有车占用后，办理道岔单独锁闭。

（3）按引导进路方式开放引导信号进行接车。

五、思考题

对常见的故障类型进行汇总分类后，讨论如何保证在非正常情况下安全接车作业。

项目二十二　铁路接发列车实训

任务一　正常情况下接发列车作业

一、实训目的

（1）掌握接发车作业常用联控用语的使用。
（2）掌握行车日志的填写时机。
（3）掌握正常情况下接发车作业流程。

二、理论链接

1. 特殊用语

办理接发列车作业时应使用普通话，遇“0”“1”“2”“7”应使用“dong（洞）”“yao（幺）”“liang（两）”“guai（拐）”音，当车次号首位为“0”或首位及第二位均为“0”时，应使用“ling（零）”音。旅客列车车次中“C”“D”“G”“K”“Z”“T”“L”“Y”“F”应分别读作“城”“动”“高”“快”“直”“特”“临”“游”“返”。“X”“DJ”应分别读作“行（xing）”“动检”。

2. 操作确认

准备进路时需严格执行“眼看，手指，口呼”制度，在办理进路的过程中进行确认，每点击或按下一个按钮，都要进行确认与口呼，确保进路正确办理，否则容易造成事故。

三、实训要求

1. 实训时间

实训课时为 2 课时。

2. 实训形式

（1）实操作业与理论相结合。
（2）小组讨论。
（3）具体情况根据现场实际进行调整。

3. 实训注意事项

（1）注意根据列车运行时刻填记行车日志。
（2）注意联控语句的使用与复诵。

4. 工器具材料

（1）鼠标、键盘。

（2）计算机联锁仿真系统。

（3）鹅颈话筒。

四、实训作业步骤

1. 单线半自动闭塞接发列车作业

表 22-1-1　正常情况下单线半自动闭塞接车作业标准

序号	评分要素	评分标准	标准分		减分标准	扣分
1	接受发车站预告	（1）A 站值班员发车闭塞：B 站，客车××次闭塞。 B 站手指确认区间空闲口呼：“根据闭塞表示灯、行车日志，各种行车表示牌确认区间空闲，按列车运行计划核对车次、时刻、命令、指示”。 接受发车站预告并复诵：“B 站同意客车××（次）闭塞”	2	11	（1）报车次号错误扣 2 分。 （2）报出发时间错误扣 2 分。 （3）未复诵或复诵错误每次扣 2 分。 （4）未填写行车日志或填写行车日志错误扣 6 分（扣完为止）。 （5）列车未出发扣 2 分。 （6）未确认表示灯状态口呼扣 5 分	
		（2）B 站值班员命令信号员办理闭塞：“办理客车××次闭塞”。 信号员复诵：“办理客车××次闭塞”。信号员确认接车表示灯亮黄灯后，按下 X（S）行闭塞按钮，并口呼：“闭塞”。 信号员确认接车表示灯变成绿灯后，手指口呼：“客车××次闭塞好”。 值班员手指接车表示灯口呼：“客车××次闭塞好”，并填写行车日志	5			
		（3）B 站值班员联系列车调度员：“B 站，客车××次闭塞”。 列车调度员：“按计划办理”。 值班员复诵：“按计划办理”				
		此时列车出发： （4）A 站值班员报点：客车××次××分开。 B 站值班员复诵报点时间：客车××次××分开。 填写行车日志	2			
		（5）值班员确认接车线：“客车××次计划接×道”	2			
2	开放信号	（1）B 站值班员下达指令：信号员，客车××次开过来了，×道停车	2	27	（1）值班员指令下达错误扣 2 分。 （2）信号员、助理值班员未复诵或复诵错误每次扣 2 分（扣完为止）	
		信号员复诵：“客车××次开过来了，×道停车，信号员明白”，并填写占线板				
		值班员下达指令：“助理值班员，客车××次开过来了，×道停车”				

续表

序号	评分要素	评分标准	标准分	减分标准	扣分
2	开放信号	助理值班员复诵:“客车××次开过来了，×道停车，助理值班员明白”，并填写占线板			
		值班员通知客运:“客运，客车××次邻站开，进×道放客”。 客运回复：“好”			
		(2)值班员手指×道口呼:“×道空闲”,并命令信号员停止影响进路的调车作业:“信号员，停止影响进路的调车作业”	10	(1)值班员指令下达错误扣2分。 (2)信号员、值班员、调车组未复诵或复诵错误每次扣2分。 (3)信号员未执行眼看手指口呼制度扣5分。 (4)未停止影响进路的调车作业扣10分。 (5)显示屏未显示B站站型图扣2分(扣完为止)	
		信号员复诵:“停止影响进路的调车作业”			
		复诵完成后指着6502实施眼看手指口呼制度			
		眼看：眼睛看着电脑显示屏			
		手指：右手食指中指并拢指着显示屏B站站型图			
		利用对讲机呼叫调车组：“调车组，停止影响×道接车进路的调车作业”			
		调车组接受指令:“停止影响×道接车进路的调车作业”。 报告信号员:“影响×道接车进路的调车作业已停止”			
		信号员听取并回答：“好”			
		信号员手指控制台，口呼:“通过控制台确认影响×道接车进路的调车作业已停止”			
		口呼：“影响进路的调车作业已停止”			
		值班员听取并复诵：“好”			
		(3)值班员命令信号员排列接车进路:“信号员，客车××次×道停车，开放信号”	15	(1)值班员指令下达错误扣2分。 (2)信号员未复诵或复诵错误每次扣2分。 (3)值班员未说“执行”扣1分。 (4)信号员在值班员未说“执行”前排列进路或者信号员排列进路错误，扣15分。 (5)信号员排列进路未执行眼看手指口呼制度扣10分。 (6)未口呼每次扣2分(扣完为止)	
		信号员听取并复诵:“客车××次×道停车，开放信号”			
		值班员同意排列进路：“执行”			
		此时：信号员执行眼看手指口呼制度			
		眼看、手指进路始端按钮，口呼：“进站”，按下按钮；眼看、手指进路终端按钮，口呼:“×道”，按下按钮。确认光带、信号显示正确，口呼:“信号好(了)”			
		值班员确认信号开放正确后口呼：好			
		信号员监视接车进路情况口呼:“通过控制台监视信号及进路表示”			

续表

序号	评分要素	评分标准	标准分	减分标准	扣分
3	接车作业	司机即将到达B站："B站，客车××次接近"	10	（1）司机未传递指令扣2分。 （2）值班员、助理值班员、司机未复诵或者复诵错误每次扣2分。 （3）助理值班员未站在指定地点接车扣5分。 （4）助理值班员手拿信号旗方式错误扣5分。 （5）助理值班员未确认列车整理到达而口呼整列到达扣5分。 （6）列车未进站扣5分（扣完为止）。 （7）助理值班员动作指令错误每次扣5分	
		值班员听取下达指令："客车××次××站×道停车"			
		司机听取并复诵："客车××次××站×道停车，司机明白"			
		值班员命令助理值班员准备接车："客车××次接近，×道接车"			
		助理值班员听取并复诵："客车××次接近，×道接车"			
		助理值班员手拿信号旗出列站在指定的地点进行接车作业，左手拿红旗，右手拿绿旗，呈拢起状态紧贴裤缝，并口呼："按《站细》规定线路行走，经地道到达《站细》指定地点"			
		助理值班员确认旅客候车状态，右手绿旗指并口呼："3道空闲，确认旅客站在安全白线内侧"（立岗位置两边均需确认）			
		（此时列车进站） 信号员确认列车进站口呼："通过控制台监视信号、进路及列车进站"			
		助理值班员面向来车方向监视列车运行，口呼："面向来车方向监视列车运行"			
		助理值班员确认列车整列到达停稳后利用对讲机报告值班员："客车××次整列到达"			
		值班员听取并复诵："客车××次整列到达"			
		助理值班员按照原线路返回，口呼："按原线路返回"			
		值班员下达指令："开通C站区间"。 信号员复诵："开通C站区间"。点击闭塞复原按钮，口呼："复原"。确认表示灯熄灭后，手指口呼："C站区间开通"。 值班员："好"	3		
4	报点	（1）B站值班员给发车站报点："客车××次××分到"。 A站值班员复诵报点时间："客车××次××分到"。 填写行车日志。 信号员，助理值班员划掉占线板	2	（1）未报点扣2分。 （2）报点错误扣2分。 （3）未填写行车日志或行车日志填写错误扣2分	
		（2）向列车调度员报点："B站报点，客车××次××分到"。 列车调度员回复："好"			

续表

序号	评分要素	评分标准	标准分	减分标准	扣分
4	报点	接车站（C站）听取并复诵："客车××次××分开"。 填写行车日志			
		（3）向列车调度员报点："B站报点，客车××次××分开"。 列调度员回复："好"			
		（4）信号员确认列车出站和发车表示灯熄灭后，手指口呼："确认发车表示灯熄灭"。 C站值班员确认列车到达后，打电话给B站值班员："客车××次×时×分到"。 B站值班员复诵："客车××次×时×分到"。 填写行车日志			

表22-1-2 正常情况下单线半自动闭塞发车作业标准

序号	评分要素	评分标准	标准分	减分标准	扣分
1	发车预告	B站手指确认区间空闲口呼："根据闭塞表示灯、行车日志、各种行车表示牌确认区间空闲"。 向接车站发出预告并听取复诵："客车××次闭塞"	5	（1）车次号错误扣2分。 （2）未复诵或复诵错误每次扣2分。 （3）办理闭塞错误扣5分。 （4）口呼错误每次扣2分	
		接车站（C站）同意接车预告："同意客车××次闭塞"			
		值班员下达指令："办理客车××次闭塞" 信号员复诵："办理客车××次闭塞" 信号员按下X（S）闭塞按钮，并口呼："闭塞"，确认发车表示灯由黄灯变成绿灯后，手指口呼："客车××次闭塞" 值班员确认后，手指口呼："客车××次闭塞"			
2	开放信号	（1）值班员命令信号员停止影响进路的调车作业："信号员，停止影响进路的调车作业"	10	（1）值班员指令下达错误扣2分。 （2）信号员、值班员、调车组未复诵或复诵错误每次扣2分。 （3）信号员未执行眼看手指口呼制度扣5分。 （4）未停止影响进路的调车作业扣10分。 （5）显示屏未显示B站站型图扣1分（扣完为止）	
		信号员复诵："停止影响进路的调车作业"			
		复诵完成后站起并指着6502实施眼看手指口呼制度			
		眼看：眼睛看着电脑显示屏			
		手指：右手食指中指并拢指着显示屏B站站型图			
		利用对讲机通知调车组："调车组，停止影响×道发车进路的调车作业"			
		调车组接受指令："停止影响×道发车进路的调车作业" 报告信号员："影响×道发车进路的调车作业已停止"			
		信号员听取并回答：好			

续表

序号	评分要素	评分标准	标准分	减分标准	扣分
2	开放信号	信号员手指控制台，口呼：通过控制台确认影响×道发车进路的调车作业已停止			
		信号员报告值班员：影响发车进路的调车作业已停止			
		值班员回复：好			
		（2）值班员命令信号员排列发车进路：“信号员，客车××次×道开车，开放信号”	15	（1）值班员指令下达错误扣2分。 （2）信号员未复诵或复诵错误每次扣2分。 （3）值班员未说“执行”扣1分。 （4）信号员在值班员未说“执行”前排列进路或者信号员排列进路错误，扣15分。 （5）信号员排列进路未执行眼看手指口呼制度扣10分。 （6）未口呼每次扣2分（扣完为止）	
		信号员听取并复诵：“客车××次×道开车，开放信号”			
		值班员同意排列进路：“执行”			
		此时信号员站起并执行眼看手指口呼制度			
		眼看、手指进路始端按钮，口呼：“×道”，按下按钮；眼看、手指进路终端按钮，口呼：“出站”，按下按钮。确认光带、信号显示正确，口呼：“信号好了”			
		值班员确认信号开放正确后手指出站信号并口呼：“×道发车信号好”			
3	发车作业	值班员命令助理值班员准备发车：“助理值班员，客车××次×道发车”	10	（1）信号员在未确认出站信号好了情况下通知司机信号好了扣15分。 （2）值班员、助理值班员、司机未复诵或者复诵错误每次扣2分。 （3）助理值班员未站在指定地点接车扣5分。 （4）助理值班员手拿信号旗方式错误扣5分。 （5）列车未出发扣5分（扣完为止）。 （6）助理值班员动作指令错误每次扣5分	
		助理值班员听取并复诵：“客车××次×道发车”			
		助理值班员做准备工作准备发车，信号员确认进路同时口呼：“通过控制台监视信号及进路表示”			
		助理值班员手拿信号旗出列站在指定的地点进行发车作业，左手拿红旗，右手拿绿旗，呈拢起状态紧贴裤缝，并口呼：“按《站细》规定线路行走，经地道到达《站细》指定地点”			
		助理值班员确认出站信号：“×道信号好”			
		助理值班员使用对讲机通知司机：“客车××次×道出站信号好”			
		司机听取并复诵：“客车××次×道信号好，司机明白”			
		助理值班员确认旅客乘降完毕状态，右手绿旗指并确认：“旅客乘降完毕，行包装卸完毕”（立岗位置两边均需确认）			
		助理值班员通知司机可以开车：“客车××次司机×道开车”			
		司机听取并复诵：“客车××次×道开车，司机明白”			
		助理值班员面对发车方向，显示发车手信号，列车出发			

续表

<table>
<tr><th>序号</th><th>评分要素</th><th>评分标准</th><th>标准分</th><th>减分标准</th><th>扣分</th></tr>
<tr><td rowspan="4">3</td><td rowspan="4">发车作业</td><td>同时，信号员确认列车出发，口呼：“通过控制台监视信号、进路及列车出站”</td><td rowspan="4"></td><td rowspan="4"></td><td rowspan="4"></td></tr>
<tr><td>助理值班员监视列车运行，口呼：“监视列车运行”</td></tr>
<tr><td>助理值班员确认列车出站，口呼：“列车尾部标志甚好，列车尾部驶出站台”</td></tr>
<tr><td>助理值班员按照原线路返回，口呼：“按原线路返回”</td></tr>
<tr><td rowspan="4">4</td><td rowspan="4">报点</td><td>（1）值班员确认列车出发后向接车站报点：“客车××次××分开”。
填写行车日志</td><td rowspan="4">5</td><td rowspan="4">（1）报车次号错误扣2分。
（2）报出发时间错误扣2分。
（3）未复诵或复诵错误每次扣2分。
（4）未填写行车日志或行车日志填写错误扣5分。
（5）未确认发车表示灯状态口呼扣5分</td><td rowspan="4"></td></tr>
<tr><td>接车站（C站）听取并复诵：“客车××次××分开”。
填写行车日志</td></tr>
<tr><td>（2）向列车调度员报点：“B站报点，客车××次××分开”。
列调度员回复：“好”</td></tr>
<tr><td>（3）信号员确认列车出站和发车表示灯熄灭后，手指口呼：“确认发车表示灯熄灭”。
C站值班员确认列车到达后，打电话给B站值班员：“客车××次×时×分到”。
B站值班员复诵：“客车××次×时×分到”。
填写行车日志</td></tr>
</table>

2. 双线自动闭塞接发列车作业

表 22-1-3　正常情况下双线自动闭塞接车作业标准

<table>
<tr><th>序号</th><th>评分要素</th><th>评分标准</th><th colspan="2">标准分</th><th>减分标准</th><th>扣分</th></tr>
<tr><td rowspan="3">1</td><td rowspan="3">接受发车站预告</td><td>（1）A站值班员发车预告：“B站，客车××次预告”。
B站手指确认区间空闲口呼：“根据行车日志，各种行车表示牌确认区间空闲，按列车运行计划核对车次、时刻、命令、指示”。
接受发车站预告并复诵：“B站同意客车××（次）预告”。
并填写行车日志</td><td>2</td><td rowspan="3">6</td><td rowspan="3">（1）报车次号错误扣2分。
（2）报出发时间错误扣2分。
（3）未复诵或复诵错误每次扣2分。
（5）未填写行车日志或填写行车日志错误扣6分（扣完为止）。
（6）列车未出发扣2分</td><td rowspan="3"></td></tr>
<tr><td>此时列车出发</td><td>2</td></tr>
<tr><td>（2）A站值班员报点：“客车××次××分开”。
B站值班员复诵报点时间：“客车××次××分开”。
填写行车日志</td><td>2</td></tr>
</table>

续表

序号	评分要素	评分标准	标准分		减分标准	扣分
2	开放信号	（1）B站值班员下达指令：“信号员，客车××次开过来了，×道停车”	2	32	（1）值班员指令下达错误扣2分。 （2）信号员、助理值班员未复诵或复诵错误每次扣2分（扣完为止）	
		信号员复诵：“客车××次开过来了，×道停车，信号员明白”，并填写占线板				
		值班员下达指令：“助理值班员，客车××次开过来了，×道停车”				
		助理值班员复诵：“客车××次开过来了，×道停车，助理值班员明白”，并填写占线板				
		（2）值班员手指×道口呼：“×道空闲”。 并命令信号员停止影响进路的调车作业：“信号员，停止影响进路的调车作业”	15		（1）值班员指令下达错误扣2分。 （2）信号员、值班员、调车组未复诵或复诵错误每次扣2分。 （3）信号员未执行眼看手指口呼制度扣5分。 （4）未停止影响进路的调车作业扣10分。 （5）显示屏未显示B站站型图扣2分（扣完为止）	
		信号员复诵：“停止影响进路的调车作业”				
		复诵完成后指着6502实施眼看手指口呼制度				
		眼看：眼睛看着电脑显示屏				
		手指：右手食指中指并拢指着显示屏B站站型图				
		利用对讲机呼叫调车组：“调车组，停止影响×道接车进路的调车作业”				
		调车组接受指令：“停止影响×道接车进路的调车作业”。 报告信号员：“影响×道接车进路的调车作业已停止”				
		信号员听取并回答：好				
		信号员手指控制台，口呼：通过控制台确认影响×道接车进路的调车作业已停止				
		口呼：影响进路的调车作业已停止				
		值班员听取并复诵：好				
		（3）值班员命令信号员排列接车进路：信号员，客车××次×道停车，开放信号	15		（1）值班员指令下达错误扣2分。 （2）信号员未复诵或复诵错误每次扣2分。 （3）值班员未说“执行”扣1分。 （4）信号员在值班员未说“执行”前排列进路或者信号员排列进路错误，扣15分。 （5）信号员排列进路未执行眼看手指口呼制度扣10分。 （6）未口呼每次扣2分（扣完为止）	
		信号员听取并复诵：客车××次×道停车，开放信号				
		值班员同意排列进路：“执行”				
		此时，信号员执行眼看手指口呼制度				
		眼看、手指进路始端按钮，口呼：“进站”，按下按钮；眼看、手指进路终端按钮，口呼：“×道”，按下按钮。确认光带、信号显示正确，口呼：“信号好（了）”				
		值班员确认信号开放正确后口呼：“好”				
		信号员监视接车进路情况口呼：“通过控制台监视信号及进路表示”				

续表

序号	评分要素	评分标准	标准分	减分标准	扣分
3	接车作业	司机即将到达B站："B站，客车××次接近"	10	（1）司机未传递指令扣2分。 （2）值班员、助理值班员、司机未复诵或者复诵错误每次扣2分。 （3）助理值班员未站在指定地点接车扣5分。 （4）助理值班员手拿信号旗方式错误扣5分。 （5）助理值班员未确认列车整理到达而口呼整列到达扣5分。 （6）列车未进站扣5分（扣完为止）。 （7）助理值班员动作指令错误每次扣5分	
		值班员听取下达指令："客车××次××站×道停车"			
		司机听取并复诵："客车××次××站×道停车，司机明白"			
		值班员命令助理值班员准备接车："客车××次接近，×道接车"			
		助理值班员听取并复诵："客车××次接近，×道接车"			
		助理值班员手拿信号旗出列站在指定的地点进行接车作业，左手拿红旗，右手拿绿旗，呈拢起状态紧贴裤缝，并口呼："按《站细》规定线路行走，经地道到达《站细》指定地点"			
		助理值班员确认旅客候车状态，右手绿旗指并口呼："3道空闲，确认旅客站在安全白线内侧"（立岗位置两边均需确认）			
		（此时列车进站） 信号员确认列车进站口呼："通过控制台监视信号、进路及列车进站"			
		助理值班员面向来车方向监视列车运行，口呼："面向来车方向监视列车运行"			
		助理值班员确认列车整列到达停稳后利用对讲机报告值班员："客车××次整列到达"			
		值班员听取并复诵："客车××次整列到达"			
		助理值班员按照原线路返回，口呼：按原线路返回			
4	报点	（1）B站值班员给发车站报点："客车××次××分到"。 A站值班员复诵报点时间："客车××次××分到"填写行车日志 信号员，助理值班员划掉占线板	5	（1）未报点扣5分。 （2）报点错误扣5分。 （3）未填写行车日志或行车日志填写错误扣5分	
		（2）向列车调度员报点："B报点，客车××次××分到"。 列车调度员回复："好"			

表22-1-4　正常情况下双线自动闭塞发车作业标准

序号	评分要素	评分标准	标准分		
1	发车预告	向接车站发出预告并听取复诵："客车××次预告"	2	（1）车次号错误扣2分。 （2）未复诵或复诵错误每次扣2分	
		接车站（C站）同意接车预告："同意客车××次预告"			

续表

<table>
<tr><th>序号</th><th>评分要素</th><th>评分标准</th><th colspan="2">标准分</th><th></th><th></th></tr>
<tr><td rowspan="17">2</td><td rowspan="17">开放信号</td><td>（1）值班员命令信号员停止影响进路的调车作业：“信号员，停止影响进路的调车作业”</td><td rowspan="11">15</td><td rowspan="17">30</td><td rowspan="11">（1）值班员指令下达错误扣2分。
（2）信号员、值班员、调车组未复诵或复诵错误每次扣2分。
（3）信号员未执行眼看手指口呼制度扣5分。
（4）未停止影响进路的调车作业扣10分。
（5）显示屏未显示B站站型图扣1分（扣完为止）</td><td rowspan="17"></td></tr>
<tr><td>信号员复诵：“停止影响进路的调车作业”</td></tr>
<tr><td>复诵完成后站起并指着6502实施眼看手指口呼制度</td></tr>
<tr><td>眼看：眼睛看着电脑显示屏</td></tr>
<tr><td>手指：右手食指中指并拢指着显示屏B站站型图</td></tr>
<tr><td>利用对讲机通知调车组：“调车组，停止影响×道发车进路的调车作业”</td></tr>
<tr><td>调车组接受指令：“停止影响×道发车进路的调车作业”。报告信号员：“影响×道发车进路的调车作业已停止”</td></tr>
<tr><td>信号员听取并回答：好</td></tr>
<tr><td>信号员手指控制台，口呼：“通过控制台确认影响×道发车进路的调车作业已停止”</td></tr>
<tr><td>信号员报告值班员：“影响发车进路的调车作业已停止”</td></tr>
<tr><td>值班员回复：好</td></tr>
<tr><td>（2）值班员命令信号员排列发车进路：“信号员，客车××次×道开车，开放信号”</td><td rowspan="6">15</td><td rowspan="6">（1）值班员指令下达错误扣2分。
（2）信号员未复诵或复诵错误每次扣2分。
（3）值班员未说“执行”扣1分。
（4）信号员在值班员未说“执行”前排列进路或者信号员排列进路错误，扣15分。
（5）信号员排列进路未执行眼看手指口呼制度扣10分。
（6）未口呼每次扣2分（扣完为止）</td></tr>
<tr><td>信号员听取并复诵：“客车××次×道开车，开放信号”</td></tr>
<tr><td>值班员同意排列进路：“执行”</td></tr>
<tr><td>此时信号员站起并执行眼看手指口呼制度</td></tr>
<tr><td>眼看、手指进路始端按钮，口呼：“×道”，按下按钮；眼看、手指进路终端按钮，口呼：“出站”，按下按钮。确认光带、信号显示正确，口呼：“信号好了”</td></tr>
<tr><td>值班员确认信号开放正确后手指出站信号并口呼：×道发车信号好</td></tr>
<tr><td rowspan="3">3</td><td rowspan="3">发车作业</td><td>值班员命令助理值班员准备发车：“助理值班员，客车××次×道发车”</td><td colspan="2" rowspan="3">10</td><td rowspan="3">（1）信号员在未确认出站信号好了情况下通知司机信号好了扣15分。</td><td rowspan="3"></td></tr>
<tr><td>助理值班员听取并复诵：“客车××次×道发车”</td></tr>
<tr><td>助理值班员做准备工作准备发车，信号员确认进路同时口呼：“通过控制台监视信号及进路表示”</td></tr>
</table>

续表

序号	评分要素	评分标准	标准分		
3	发车作业	助理值班员手拿信号旗出列站在指定的地点进行发车作业，左手拿红旗，右手拿绿旗，呈拢起状态紧贴裤缝，并口呼：“按《站细》规定线路行走，经地道到达《站细》指定地点”	10	（2）值班员、助理值班员、司机未复诵或者复诵错误每次扣2分。（3）助理值班员未站在指定地点接车扣5分。（4）助理值班员手拿信号旗方式错误扣5分。（5）列车未出发扣5分（扣完为止）。（6）助理值班员动作指令错误每次扣5分	
		助理值班员确认出站信号：“×道信号好”			
		助理值班员使用对讲机通知司机：“客车××次×道出站信号好”			
		司机听取并复诵：“客车××次×道信号好，司机明白”			
		助理值班员确认旅客乘降完毕状态，右手指绿旗并确认：“旅客乘降完毕，行包装卸完毕”（立岗位置两边均需确认）			
		助理值班员通知司机可以开车：“客车××次司机×道开车”			
		司机听取并复诵：“客车××次×道开车，司机明白”			
		助理值班员面对发车方向，显示发车手信号，列车出发			
		同时，信号员确认列车出发，口呼：“通过控制台监视信号、进路及列车出站”			
		助理值班员监视列车运行，口呼：“监视列车运行”			
		助理值班员确认列车出站，口呼：“列车尾部标志甚好，列车尾部驶出站台”			
		助理值班员按照原线路返回，口呼：“按原线路返回”			
4	报点	（1）值班员确认列车出发后向接车站报点：“客车××次××分开”填写行车日志	5	（1）报车次号错误扣2分。（2）报出发时间错误扣2分。（3）未复诵或复诵错误每次扣2分。（4）未填写行车日志或行车日志填写错误扣5分	
		接车站（C站）听取并复诵：“客车××次××分开”。填写行车日志			
		（2）向列车调度员报点：“B站报点，客车××次××分开”。列调度员回复：“好”			

五、思考题

在一条正常接车流程中需要用到几次行车日志？分别起到什么作用？

任务二 非正常情况下接发车作业

一、实训目的

（1）掌握各类常见故障在设备上的表示。

（2）掌握各类行车凭证填写时机与填写规范。
（3）掌握场景故障及非正常场景的处置流程。

二、理论链接

1. 行车基本闭塞法

行车基本闭塞法分为如下三种：
（1）自动闭塞。
（2）自动站间闭塞。
（3）半自动闭塞。

2. 停基改电

不能使用基本闭塞法时采用电话闭塞法。遇下列情况，应停止使用基本闭塞法，改用电话闭塞法行车：

（1）基本闭塞设备发生故障导致基本闭塞法不能使用、自动闭塞区间内两架及以上通过信号机故障或灯光熄灭时。

（2）无双向闭塞设备的双线区间反方向发车或改按单线行车时。

（3）发出由区间返回的列车，或发出挂有由区间返回后部补机的列车时。

（4）自动站间闭塞、半自动闭塞区间，由未设出站信号机的线路上发车，或超长列车头部越过出站信号机并压上出站方面轨道电路发车时。

（5）在夜间或遇降雾、暴风雨雪，为消除线路故障或执行特殊任务，开行轻型车辆时。

自动站间闭塞设备故障，半自动闭塞设备良好时，可根据调度命令改按半自动闭塞法行车。

三、实训要求

1. 实训时间

实训课时为 2 课时。

2. 实训形式

（1）实操作业与理论相结合。
（2）小组讨论。
（3）具体情况根据现场实际形式调整。

3. 实训注意事项

（1）注意根据列车运行时刻填记行车日志。
（2）注意联控语句的使用与复诵。

4. 工器具材料

（1）鼠标、键盘。
（2）计算机联锁仿真系统。
（3）鹅颈话筒。

四、实训考核标准

1. 引导信号接车

表 22-2-1　道岔定反位失表时接车处置流程

标题	(14号道岔定反位失去表示，不需要手板道岔，引导总锁闭)邯郸方向23002次列车4道接车（开放后）									初始化条件	无										
作业程序							岗位作业技术要求												说明事项	考点分值	得分
							作业内容														
阶段序号	阶段名称	项目序号	项目名称	作业序号	作业名称	步骤	车站值班员	助理值班员	发车站值班员	接车站值班员	列车调度员	值班干部	工务	电务	供电	司机	胜任人员	系统设置			
1	接受预告	1	接受发车预告	1	同意预告	1	听取发车站预告，按列车运行计划核对车次、时刻、命令、指示（必要时与列车调度员联系），同意发车站预告：“同意23002次预告”		“23002次预告”											4	
1	接受预告	1	接受发车预告	2	TDCS同意预告	1	填写《行车日志》													1	
1	接受预告	1	接受发车预告	2	TDCS同意预告	2	确定接车线												不考核	0	
2	邻站发车	1	邻站发车	1	复诵邻站发车	1	复诵发车站开车通知：“23002次××点××分开”		“23002次××点××分开”											4	
3	开放信号	1	通知助理列车开来	1	通知助理列车开来	1	通知助理值班员：“×次开过来了，×道停车”，并听取复诵	复诵：“×次开过来了，×道停车”											非必做项	3	
3	开放信号	1	通知助理列车开来	1	通知助理列车开来	2	确认接车线路空闲												不考核	0	
3	开放信号	1	通知助理列车开来	1	通知助理列车开来	3	停止影响进路的调车作业。确认停止后，口呼：“影响进路的调车作业已停止”												不考核	1	
3	开放信号	2	开放信号	1	开放信号	1	开放进站信号，口呼：“进站”，点击始端按钮，口呼：“×道”，点击终端按钮：确认光带、信号显示正确，口呼：“信号好（了）”													8	
4	故障设置	1	设置故障	1	设置故障	1												KCGZ设置故障（14号道岔定反位失去表示）；添加列车于SIJG启动至S3JG处停		1	

续表

5	车机联控	1	车机联控	1	列车机外停车	1	与司机车机联控：“23002次标准站机外停车”									复诵+明白				5	
6	故障处理	1	确认故障	1	解锁接车进路	1	破封使用区故解												非必做项	2	
						2	解锁接车进路，按下区故解按钮(IIBG，4/6WG，6-13，)													2	
				2	扳动试验	1	扳动试验(定反位往返三次)													4	
						2	确认14/16号道岔定反位失表												不考核	1	
		2	故障报告	1	报告调度	1	报告调度员：“14/16道岔定反位无表示，影响23002次接车”				复诵+明白									1	
				2	报告站长	1	报告站长“14/16道岔定反位无表示，请上岗”					复诵+明白								1	
		3	故障登记	1	登记运统-46	1	登记《行车设备检查登记簿》(故障)													3	
		4	故障通知	1	通知工务电务	1	通知工务：“14/16号道岔定反位无表示，请到岗检查”						复诵+明白							2	
						2	通知电务：“14/16号道岔定反位无表示，请到岗检查”							复诵+明白						2	
		5	故障签认	1	签认工务电务结果	1	登记电话通知（电务工务）													2	
						2	电务工务登记结果签认：“14/16号道岔定反位无表示，请签认处理结果”						设备正常	14/16道岔开通曲股，转辙机故障，暂不能修复，不影响机车车辆通行	设备正常					2	
				2	故障结果报告调度	1	汇报列车调度员设备单位签认结果				“明白”									3	

续表

7	请求引导信号接车	1	请求引导信号接车	1	请求引导信号接车	1	请求23002次使用引导信号接车				同意									5	
8	准备进路	1	准备进路	1	准备进路	1	操作用语电话："再次确认列车运行计划"												非必做项	1	
						2	2/4 6/8 10/12													1	
						3	通知胜任人员："23002次4道接车，准备进路，14/16号道岔反位现场加锁，工务紧固"										复诵+明白			1	
						4	"执行"													1	
						5	听取汇报："明白"										××道接车进路好			1	
						6	加钩锁器													1	
		2	破封使用	1	登记破封S引总锁	1	登记《行车设备检查登记簿》(加封)												非必做项	1	
				2	破封使用S引总锁	1	破封使用S引总锁按钮													1	
				3	使用S引总锁	2	操作用语电话："使用S引导总锁闭按钮，锁闭S咽喉道岔"													1	
						3	操作用语电话："S咽喉道岔锁闭好"													1	
		3	确认进路	1	确认进路	1	确认进路正确，口呼："4道接车进路好"												不考核	1	
9	通知司机	1	通知司机	1	通知司机	1	确认语音记录装置良好："语音记录装置良好"												不考核	2	
						2	××次××站因设备故障，使用引导信号接车									明白				3	
10	开放引导信号	1	登记破封	1	登记破封SYA	1	登记《行车设备检查登记簿》(加封)												非必做项	3	
		2	开放引导信号	1	开放引导信号	1	破封使用SYA													2	
						2	确认进路信号好了："4道引导信号好"												不考核	1	

续表

11	车机联控	1	车机联控	1	车机联控	1	与司机车机联控：“23002次标准站引导接车，4道停车，注意引导信号”									司机复诵，明白		KCGZ启动列车		5	
12	接车	1	接送列车	1	通知助理接车	1	通知助理值班员：“23002次接近，4道接车”，并听取复诵	复诵：“23002次接近，4道接车”											非必做项	5	
13	列车到达	1	报点	1	填写《行车日志》	1	确认列车整列到达												不考核	1	
						2	填记《行车日志》操作												非必做项	1	
14	进路解锁	1	解锁	1	点击S引总锁	1	点击S引总锁按钮												非必做项	2	
				2	胜任人员解锁进路	1	通知胜任人员：“解锁进路”										复诵+明白			3	
				3	听取汇报	1	“明白”										“进路解锁好，工务紧固器已拆除”			1	
					摘牌	2	摘钩锁器													1	
		2	按钮补封	1	通知电务补封	1	对破封使用的按钮进行补封，补封好后，进行登记《行车设备检查登记簿》（加封）												非必做项	2	

表 22-2-2　轨道电路区段红光带时接车处置流程

评分要素			评分标准	分值	减分标准	扣分
引导信号接车作业——轨道电路区段出现红光带，接车进路道岔不在所需位置	1	接受发车站预告	（1）A站值班员发车预告：B站，客车××次预告	10	（1）报车次号错误扣5分。 （2）报出发时间错误扣5分。 （3）未复诵或复诵错误每次扣2分。 （4）未填写行车日志或填写行车日志错误扣10分(扣完为止)。 （5）列车未出发扣2分	
			B站手指确认区间空闲口呼："根据行车日志，各种行车表示牌确认区间空闲，按列车运行计划核对车次、时刻、命令、指示"			
			接受发车站预告并复诵："B站同意客车××（次）预告"			
			并填写行车日志			
			此时列车出发			
			（2）A站值班员报点：客车××次××分开			
			B站值班员复诵报点时间：客车××次××分开			
			填写行车日志			
	2	轨道电路出现红光带	（1）B站值班员下达指令：信号员，客车××次开过来了，×道停车	25	（1）值班员指令下达错误扣2分。; （2）信号员、助理值班员未复诵或复诵错误每次扣2分（扣完为止	
			信号员复诵："客车××次开过来了，×道停车，信号员明白"，并填写占线板			
			值班员下达指令："助理值班员，客车××次开过来了，×道停车"			
			助理值班员复诵："客车××次开过来了，×道停车，助理值班员明白"，并填写占线板			
			（2）信号员发现轨道区段出现红光带，口呼："×号道岔区段出现红光带"。 值班员确认红光带，口呼："×号道岔区段出现红光带，我知道了"		（1）值班员指令下达错误扣2分。; （2）信号员、助理值班、维修部门员未复诵或复诵错误每次扣2分（扣完为止）。	
			通知司机："客车××次××站司机机外停车"。 司机回复："客车××次××站司机机外停车，司机明白"			

续表

评分要素			评分标准	分值	减分标准	扣分
引导信号接车作业——轨道电路区段出现红光带，接车进路道岔不在所需位置	2	轨道电路出现红光带	值班员报告列车调度员："B站，×号道岔区段出现红光带，客车××次准备机外停车"。 列车调度员回复："抓紧按规定处理"。 值班员回复："抓紧按规定处理，B站明白"		（3）通知人员到岗少一个扣10分。 （4）《登记簿》填写错误扣10分。 （5）助理值班员动作错误扣10分。 （6）《调度命令登记簿》填写错误扣7分、调度命令填写错误扣10分	
			值班员报告站长："站长，×号道岔区段出现红光带，请你抓紧时间到信号楼把关"。 站长回复："收到"			
			值班员通知助理值班员："助理值班员，×号道岔区段出现红光带，请现场检查"。 助理值班员回复："×号道岔区段出现红光带，现场检查明白"			
			信号员监控列车运行，口呼："客车××次接近"。 值班员复诵："客车××次接近"			
			通知工务："工务，×号道岔区段出现红光带，请到岗检查"。 工务回复："×号道岔区段出现红光带，工务明白"			
			通知电务："电务，×号道岔区段出现红光带，请到岗检查"。 电务回复："×号道岔区段出现红光带，电务明白"。 值班员运统-46《行车设备检查登记簿》登记			
			同时，助理值班员手持信号旗，左手红旗，右手黄旗，口呼："现场作业，严格执行《人身安全标准》"，并到达道岔区段处。 认真检查×号道岔区段后，口呼："×号道岔区段无机车车辆占用，无障碍物。"然后返回			
			司机通知值班员："客车××次已机外停妥"。 值班员回复:"客车××次已机外停妥,现×号道岔区段出现红光带"。 司机回复："×号道岔区段出现红光带，司机明白"			
			助理值班员报告值班员检查结果："×号道岔区段无机车车辆占用，无障碍物"。 值班员回复："×号道岔区段无机车车辆占用，无障碍物。助理值班员，到信号楼来取手摇把，转辙机箱钥匙，取出钩锁器，做好非正常接发列车准备"。 助理值班员回复："助理值班员明白"			

续表

评分要素			评分标准	分值	减分标准	扣分
引导信号接车作业——轨道电路区段出现红光带，接车进路道岔不在所需位置	2	轨道电路出现红光带	（3）助理值班员到达信号楼，值班员口呼："登记使用手摇把，开箱破封使用手摇把"，将手摇把交给助理值班员，助理值班员口呼："签字确认"。助理值班员取钩锁器			
			工务结果签认，回复值班员："工务签认，×号道岔区段，工务设备正常"。 值班员回复："收到"。 电务结果签认，回复值班员："电务签认，×号道岔区段，故障原因不明，暂时无法排除，停用禁用×号道岔区段的列车信号和调车信号，不含引导信号"。 值班员回复："收到"			
			（4）值班员报告列车调度员："B站，现工务签认，×号道岔区段工务设备正常，电务签认，×号道岔区段，故障原因不明，暂时无法排除，停用禁用×号道岔区段的列车信号和调车信号，不含引导信号，把关领导已经到岗，客车××次需采用引导总锁闭方式接车，请求发布按引导方法接车的调令"。 列车调度员回复："好"。 列车调度员填写《调度命令登记簿》，并填写调度命令下发车站和司机			
	3	准备引导信号接车	（1）值班员收到调度命令，口呼："收到调度命令，按引导方法接车的调度命令要求执行"。 手指×道口呼："×道空闲，×号道岔（如2/4号）现场准备，客车××次×道停车，准备进路"。 信号员回复："×号道岔（如2/4号）现场准备，客车××次×道停车，准备进路"。 值班员回复："执行"	30	（1）下达错误每次扣2分。 （2）口呼错误每次扣2分。 （3）在值班员未说"执行"前扳动道岔扣10分	
			（2）信号员单扳进路上的联锁道岔，并口呼："×号道岔定位（反位），单操×号道岔，开通定位（反位）"。完成后，值班员走到信号员身旁，确认道岔正确，口呼："×号道岔定位，×号道岔反位，道岔开通位置正确"。 信号员回复："×道接车进路好"。 值班员回复："好"			

续表

评分要素			评分标准	分值	减分标准	扣分
引导信号接车作业——轨道电路区段出现红光带，接车进路道岔不在所需位置	3	准备引导信号接车	助理值班员左手红旗，右手黄旗，口呼："现场作业，严格执行《人身安全标准》"，并到达道岔区段处。 手指×号道岔。口呼："×号道岔开通曲股，打开盖孔板，插入手摇把，手摇道岔，听到"咔嚓"声，开通直股，尖轨密贴，加锁"（联动道岔要2遍）		（4）助理值班员动作错误扣10分。 （5）未按下总锁闭按钮扣20分。 （6）引导信号未开放扣10分。 （7）未执行眼看手指口呼制度扣10分	
			助理值班员通知值班员："×号道岔直股加锁，×号防护道岔直股加锁，×道停车，×号道岔进路好"。 值班员回复："好，确认×号道岔进路"。 助理值班员复诵："确认×号道岔进路"，值班员回复："执行"			
			（3）助理值班员确认道岔进路，口呼："×号道岔，开通直股，尖轨密贴，加锁"（联动道岔要2遍）。 报告值班员："×号道岔进路好"。值班员回复："好"			
			值班员口呼："已向司机传递按引导信号接车的调度命令，无敌对进路、无平行进路作业，上行（下行）引导总锁闭按钮使用登记。客车××次×道停车，开放总锁闭引导信号"。 信号员复诵："客车××次×道停车，开放总锁闭引导信号" 值班员回复："执行"			
			信号员口呼："S（X）行总锁"，按下S（X）行总锁闭按钮，"S（X）行引导"，按下S（X）行引导按钮，确认引导信号开放后，口呼："信号好"			
			（4）值班员确认引导信号开放后，手指引导信号，口呼："×道总锁闭引导信号好，注意保持引导信号"。 信号员复诵："注意保持引导信号，×号道岔区段红光带消失。通过控制台监视信号及进路表示"			
			值班员呼叫司机："客车××次××站引导接车，×道停车，注意引导信号"。 司机复诵："客车××次××站引导接车，×道停车，注意引导信号，司机明白"			

续表

评分要素			评分标准	分值	减分标准	扣分
引导信号接车作业——轨道电路区段出现红光带，接车进路道岔不在所需位置	3	准备引导信号接车	值班员呼叫助理值班员："客车××次接近，×道接车"。 助理值班员听取并复诵："客车××次接近，×道接车"			
			助理值班员手拿信号旗出列站在指定的地点进行接车作业，左手拿红旗，右手拿绿旗，呈拢起状态紧贴裤缝，并口呼："按《站细》规定线路行走，到达《站细》指定地点"			
			助理值班员确认旅客候车状态，右手绿旗指并口呼："3道空闲，确认旅客站在安全白线内道"（立岗位置两边均需确认）			
			（此时列车进站）			
			信号员确认列车进站口呼："通过控制台监视信号、进路及列车进站"			
			助理值班员面向来车方向监视列车运行，口呼："面向来车方向监视列车运行"			
			（5）值班员呼叫司机："客车××次头部是否越过引导信号"。 司机回复："客车××次头部已越过引导信号"。 值班员回复："好"			
			（6）助理值班员确认列车整列到达后利用对讲机报告值班员："客车××次整列到达"			
			值班员听取并复诵："客车××次整列到达"			
			助理值班员按照原线路返回，口呼：按原线路返回			
	4	报点	（1）B站值班员给发车站报点："客车××次××分到"	10	（1）未报点扣2分。 （2）报点错误扣2分。 （3）未填写行车日志或行车日志填写错误扣5分	
			A站值班员复诵报点时间："客车××次××分到"			
			填写行车日志			
			（2）向列车调度员报点："B报点，客车××次××分到"			
			列车调度员回复："好"			

续表

评分要素			评分标准	分值	减分标准	扣分
引导信号接车作业——轨道电路区段出现红光带，接车进路道岔不在所需位置	5	解锁引导进路	（1）值班员口呼：“解锁引导进路”。 信号员复诵：“解锁引导进路”。 值班员回复：“执行” 信号员按下取消S（X）行总锁按钮，口呼：“取消S（X）行总锁”，确认进路解锁后口呼：“×道解锁好” 电务消息：“电务确认，故障排除”。 值班员回复：“收到” （2）值班员通知助理值班员：“解锁×号道岔”。 助理值班员回复：“解锁×号道岔，明白”。 值班员回复：“执行” 助理值班员左手红旗，右手黄旗，口呼：“现场作业，严格执行《人身安全标准》”，并到达道岔区段处。 手指×号道岔。口呼：“撤除×号道岔钩锁器”（联动道岔要2遍）。 作业完成后回到信号楼，报告值班员：“×号道岔解锁好”。 值班员回复：“好，归还手摇把，转辙机箱钥匙”。 助理值班员：“明白” （3）值班员命令信号员调试×号道岔：“信号员，调试×号道岔”。 信号员：“调试×号道岔”。 信号员按下总反位按钮和×号道岔按钮，口呼：“×号道岔反位”，值班员确认后口呼：“反位正常”。 按下总定位按钮和×号道岔按钮，口呼：“×号道岔定位”，值班员确认后口呼：“定位正常”。 信号员手指控制台，口呼：“×号道岔调试好” 车站值班员登记《行车设备检查登记簿》 （4）助理值班员到信号楼归还手摇把，口呼：“归还手摇把一把，转辙机箱钥匙一把”。 值班员核对无误后，口呼：“核对无误，通知电务加封”。 值班员口呼：“手摇把签字确认” （5）值班员报告列车调度员：“××站，×号道岔故障已排除，恢复正常使用”。 列车调度员回复：“好”	25	（1）下达错误每次扣2分。 （2）口呼错误每次扣2分。 （3）进路解锁错误扣10分。 （4）道岔解锁错误扣10分。 （5）助理值班员动作错误扣10分。 （6）未调试道岔或者调试道岔错误扣10分。 （7）未归还设备扣5分	

表 22-2-3　进站信号机不能开放信号时接车处置流程

评分要素			评分标准	分值	减分标准	扣分
引导信号接车作业——进站信号机不能开放	1	接受发车站预告	（1）A 站值班员发车预告：B 站，客车××次预告	10	（1）报车次号错误扣 5 分	
			B 站手指确认区间空闲口呼："根据行车日志，各种行车表示牌确认区间空闲，按列车运行计划核对车次、时刻、命令、指示"		（2）报出发时间错误扣 5 分	
			接受发车站预告并复诵："B 站同意客车××（次）预告"		（3）未复诵或复诵错误每次扣 2 分	
			并填写行车日志		（4）未填写行车日志或填写行车日志错误扣 10 分（扣完为止）	
			此时列车出发			
			（2）A 站值班员报点：客车××次××分开			
			B 站值班员复诵报点时间：客车××次××分开			
			填写行车日志		（5）列车未出发扣 2 分	
	2	开放信号	（1）B 站值班员下达指令：信号员，客车××次开过来了，×道停车	15	（1）值班员指令下达错误扣 2 分；（2）信号员、助理值班员未复诵或复诵错误每次扣 2 分（扣完为止）	
			信号员复诵："客车××次开过来了，×道停车，信号员明白"，并填写占线板			
			值班员下达指令："助理值班员，客车××次开过来了，×道停车"			
			助理值班员复诵："客车××次开过来了，×道停车，助理值班员明白"，并填写占线板			

续表

评分要素			评分标准	分值	减分标准	扣分
引导信号接车作业——进站信号机不能开放	2	开放信号	（2）值班员手指×道口呼：“×道空闲”	15	（1）值班员指令下达错误扣2分； （2）信号员、值班员、调车组未复诵或复诵错误每次扣2分； （3）信号员未执行眼看手指口呼制度扣10分； （4）未停止影响进路的调车作业扣10分； （5）显示屏未显示B站站型图扣2分（扣完为止）	
			并命令信号员停止影响进路的调车作业：“信号员，停止影响进路的调车作业”			
			信号员复诵：“停止影响进路的调车作业”			
			复诵完成后指着6502实施眼看手指口呼制度：			
			眼看：眼睛看着电脑显示屏			
			手指：右手食指中指并拢指着显示屏B站站型图			
			利用对讲机呼叫调车组：“调车组，停止影响×道接车进路的调车作业”			
			调车组接受指令：“停止影响×道接车进路的调车作业”			
			报告信号员：“影响×道接车进路的调车作业已停止”			
			信号员听取并回答：好			
			信号员手指控制台，口呼：通过控制台确认影响×道接车进路的调车作业已停止			
			口呼：影响进路的调车作业已停止			
			值班员听取并复诵：好			

续表

<table>
<tr><th colspan="3">评分要素</th><th>评分标准</th><th>分值</th><th>减分标准</th><th>扣分</th></tr>
<tr><td rowspan="11">引导信号接车作业——进站信号机不能开放</td><td rowspan="11">3</td><td rowspan="11">信号机故障</td><td>值班员命令信号员排列接车进路：信号员，客车××次×道停车，开放信号</td><td rowspan="11">25</td><td rowspan="11">（1）值班员指令下达错误扣2分；
（2）信号员未复诵或复诵错误每次扣2分；
（3）值班员未说“执行”扣1分；
（4）信号员在值班员未说“执行”前排列进路或者信号员排列进路错误，扣20分；
（5）信号员排列进路未执行眼看手指口呼制度扣10分；
（6）未让列车机外停车扣20分；
（7）未通知相关部门到岗扣10分；</td><td rowspan="11"></td></tr>
<tr><td>信号员听取并复诵：客车××次×道停车，开放信号</td></tr>
<tr><td>值班员同意排列进路：“执行”</td></tr>
<tr><td>此时：信号员执行眼看手指口呼制度</td></tr>
<tr><td>眼看、手指进路始端按钮，口呼：“进站”，按下按钮；眼看、手指进路终端按钮，口呼：“×道”，按下按钮。确认进站信号状态，发现进站信号机不能开放，复示器显示红灯，进路有白光带，口呼：“X（S）信号机不能开放进行信号，影响客车××次接车”。</td></tr>
<tr><td>值班员确认信号未开放后口呼：X（S）信号机不能开放进行信号，影响客车××次接车，我知道了</td></tr>
<tr><td>通知司机准备机外停车：“客车××次××站机外停车”</td></tr>
<tr><td>司机回复：“客车××次××站机外停车，司机明白”</td></tr>
<tr><td>值班员报告列车调度员：“B站，X（S）信号机不能开放进行信号，客车××次准备机外停车”
列车调度员回复：“抓紧按规定处理”
值班员回复：“抓紧按规定处理，B站明白”</td></tr>
<tr><td>报告站长：“站长，X（S）信号机不能开放进行信号，请你抓紧时间到信号楼把关”
站长回复：“收到”</td></tr>
<tr><td>车站值班员登记《行车设备检查登记簿》</td></tr>
<tr><td></td><td></td><td></td><td>信号员监控列车运行，口呼：“客车××次接近”
值班员复诵：“客车××次接近”</td><td></td><td></td><td></td></tr>
</table>

续表

评分要素			评分标准	分值	减分标准	扣分
引导信号接车作业——进站信号机不能开放	3	信号机故障	通知电务：“电务，X（S）信号机不能开放进行信号，请到岗检查” 电务回复：“X（S）信号机不能开放进行信号，电务明白”	25	（8）《行车设备检查登记簿》填写错误扣10分； （9）《调度命令登记簿》填写错误扣10分； （10）调度命令填写错误扣10分	
			电务确认故障为X（S）信号机允许信号灯丝断丝（引导信号除外），电话通知值班员登记结果：“电务签认：X（S）信号机不能开放进行信号，故障为X（S）信号机允许信号灯丝断丝（引导信号除外），请签认处理结果” 值班员回复：“收到”			
			汇报列车调度员设备单位签认结果并请求列车调度员使用引导信号接车：“B站，现场电务签认：X（S）信号机不能开放进行信号，故障为X（S）信号机允许信号灯丝断丝（引导信号除外），把关领导已经到岗，请求客车××次使用引导信号接车” 列车调度员回复：“同意客车××次使用引导信号接车” 列车调度员填写《调度命令登记簿》，并填写调度命令下发车站和司机			
	4	引导信号接车	值班员收到调度命令，口呼：“收到调度命令，按引导方法接车的调度命令要求执行” 手指×道口呼：“×道空闲，客车××次×道停车，准备进路。” 信号员回复：“客车××次×道停车，准备进路” 值班员回复：“执行”	20	（1）司机未传递指令扣2分； （2）值班员、助理值班员、司机未复诵或者复诵错误每次扣2分； （3）助理值班员未站在指定地点接车扣5分；	
			信号员手指显示屏，确认进路道岔位置正确，并口呼。[例如：1/3道岔处于定（反）位，5/7道岔处于定（反）位，位置正确] 值班员回复：“好”			
			信号员确认进路正确，口呼：“×道接车进路好” 信号员确认语音记录装置良好，口呼：“语音记录装置良好” 值班员回复：“好”			

续表

<table>
<tr><th colspan="3">评分要素</th><th>评分标准</th><th>分值</th><th>减分标准</th><th>扣分</th></tr>
<tr><td rowspan="7">引导信号接车作业——进站信号机不能开放</td><td rowspan="7">4</td><td rowspan="7">引导信号接车</td><td>值班员通知司机：“客车××次××站因设备故障，使用引导信号接车”
司机回复：“客车××次××站因设备故障，使用引导信号接车，司机明白”</td><td rowspan="7">20</td><td rowspan="7">（4）助理值班员手拿信号旗方式错误扣5分；
（5）助理值班员未确认列车整理到达而口呼整列到达扣5分；
（6）列车未进站扣5分（扣完为止）；
（7）助理值班员动作指令错误扣5分/次；
（8）未确认进路道岔位置正确扣5分；
（9）《行车设备检查登记簿》填写错误扣10分；</td><td rowspan="7"></td></tr>
<tr><td>车站值班员登记《行车设备检查登记簿》
信号员破封使用X（S）行引导按钮，按下X（S）行引导按钮，并口呼：“X（S）行引导按钮”</td></tr>
<tr><td>信号员确认引导信号开放后，口呼：“×道引导信号好了”
值班员回复：“好”</td></tr>
<tr><td>信号员监视接车进路情况口呼：“通过控制台监视信号及进路表示”</td></tr>
<tr><td>值班员通知司机：“客车××次××站引导信号，×道停车，注意引导信号”
司机回复：“客车××次××站引导信号，×道停车，注意引导信号，司机明白”</td></tr>
<tr><td>值班员通知助理值班员接车：“客车××次接近，×道接车”
助理值班员听取并复诵：“客车××次接近，×道接车”</td></tr>
<tr><td>助理值班员手拿信号旗出列站在指定的地点进行接车作业，左手拿红旗，右手拿绿旗，呈拢起状态紧贴裤缝，并口呼：“按《站细》规定线路行走，经地道到达《站细》指定地点”</td></tr>
</table>

续表

评分要素			评分标准	分值	减分标准	扣分
引导信号接车作业——进站信号机不能开放	4	引导信号接车	助理值班员确认旅客候车状态，右手绿旗指并口呼：“×道空闲，确认旅客站在安全白线内道。”（车子两边均需确认）	20	（10）未执行眼看手指口呼制度扣 10 分； （11）未正确使用引导按钮扣 20 分； （12）汇报调度员签认结果错误扣 10 分； （13）调度命令未下达或调度命令下达错误扣10分	
			（此时列车进站）信号员确认列车进站口呼：“通过控制台监视信号、进路及列车进站。” 助理值班员面向来车方向监视列车运行，口呼：“面向来车方向监视列车运行”			
			助理值班员确认列车整理到达后利用对讲机报告值班员：“客车××次整列到达”			
			值班员听取并复诵：“客车××次整列到达”			
			助理值班员按照原线路返回，口呼：按原线路返回			
	5	报点	（1）B 站值班员给发车站报点：“客车××次××分到” A 站值班员复诵报点时间：“客车××次××分到” 填写行车日志，信号员、助理值班员划掉占线板	5	（1）未报点扣 2 分； （2）报点错误扣 2 分； （3）未填写行车日志或行车日志填写错误扣 5 分	
			（2）向列车调度员报点：“B 报点，客车××次××分到” 列车调度员回复：“好”			

续表

评分要素			评分标准	分值	减分标准	扣分
引导信号接车作业——进站信号机不能开放	6	进路解锁	命令值班员解锁相关进路："解锁×道接车进路" 信号员回复："解锁×道接车进路" 值班员回复："执行"	20	（1）值班员或信号员未口呼或口呼错误扣2分/次； （2）《行车设备检查登记簿》填写错误扣10分； （3）解锁进路错误扣20分	
			信号员解锁相关按钮。按压"X（S）行总人解+始端"；"区故解+相关区段进路解锁"，口呼："X（S）行总人解" 信号员确认接车进路解锁后，手指显示屏，口呼："×道接车进路已解锁" 值班员回复："好" 车站值班员登记《行车设备检查登记簿》			
			电务通知值班员："电务汇报：X（S）行进站信号机故障已修复" 值班员回复："X（S）行进站信号机故障已修复，收到" 值班员报告调度员："电务汇报：X（S）行进站信号机故障已修复" 调度员回复："收到" 值班员填写《行车设备检查登记簿》	5	（1）未口呼或口呼错误扣2分/次； （2）登记簿填写错误扣5分	

2. 电话闭塞法

表 22-2-4　半自动闭塞出站信号机故障时发车处置流程

标题	(SⅡ出站信号机故障)张庄方向23002次列车Ⅱ道发车（开放前）								初始化条件	无											
作业程序							岗位作业技术要求												说明事项	考点分值	得分
							作业内容														
阶段序号	阶段名称	项目序号	项目名称	作业序号	作业名称	步骤	车站值班员	助理值班员	发车站值班员	接车站值班员	列车调度员	值班干部	工务	电务	供电	司机	胜任人员	系统设置			
1	办理闭塞	1	办理闭塞	1	办理闭塞	1	根据闭塞表示灯、《行车日志》及各种行车表示牌，确认区间空闲。根据列车运行计划，向接车站发出：“23002（次）闭塞”，并听取同意的通知			同意23002（次）闭塞”										4	
				2	TDCS预告	1	填写《行车日志》													3	
				3	闭塞操作	1	一按闭塞按钮、二听铃响													1	
						2	闭塞操作（闭塞按钮）			确认黄灯，点击“闭塞”按钮								邻站闭塞操作		5	
						3	三看黄灯变绿，口呼：“23002（次）闭塞好（了）”	应答：“23002（次）闭塞好（了）”											口呼不考核	1	

续表

2	故障设置	1	设置故障	1	设置故障	1												系统设置故障（设置SII出站信号机灯丝断丝）		0	
3	故障处理	1	故障报告	1	报告调度	1	报告调度员：“出站SII信号机红灯闪烁，影响23002次发车”			复诵+明白										2	
				2	报告站长	1	报告站长：“出站SII信号机红灯闪烁，请上岗”					复诵+明白								2	
		2	故障登记	1	登记运统-46	1	登记《行车设备检查登记簿》													3	
		3	故障通知	1	通知电务	1	通知电务：“出站SII信号机红灯闪烁，请到岗检查”							复诵+明白						2	
						2	登记电话通知（电务）													0	
		4	签认结果	1	签认电务结果	1	签认电务登记结果：“出站SII信号机红灯闪烁，请签认处理结果”											SII出站信号机故障停用		3	
				2	故障结果报告调度	1	汇报列车调度员设备单位签认结果				明白									2	

续表

4	请求调度命令	1	取消闭塞	1	电话取消闭塞	1	与邻站取消闭塞：“取消23002次闭塞”			“取消23002次闭塞”									非必做项	2	
						2	TDCS取消闭塞												非必做项	3	
				2	闭塞机复原	1	取消闭塞操作，复原按钮使用												非必做项	3	
		2	请求调度命令	1	请求调度命令	1	根据闭塞表示灯、《行车日志》及各种行车表示牌，确认区间空闲，向列车调度员请求停止基本闭塞法改按电话闭塞法行车的调度命令											下发调度命令		4	
						2	签收调度命令												不考核	0	
				2	核对调度命令	1	与助理值班员核对调度命令	“核对正确”											非必做项	2	
		3	明示	1	揭挂表示牌1	1	根据调度命令揭挂“闭塞机停止使用”表示牌												非必做项	2	
				2	揭挂表示牌2	1	揭挂“区间空闲”表示牌												非必做项	2	
5	重新办理闭塞	1	办理闭塞	1	办理电话闭塞	1	根据闭塞表示灯、《行车日志》及各种行车表示牌，确认区间空闲。根据列车运行计划，向接车站发出：“23002（次）闭塞”，并听取同意的通知			发出电话记录号码：“1号，××点××分同意23002次闭塞”										4	

续表

5	重新办理闭塞	1	办理闭塞	2	复诵电话记录号码	1	复诵发车站：“1号，××点××分同意23002次闭塞”												非必做项	4	
				3	摘牌	1	摘下“区间空闲”表示牌												非必做项	2	
				4	挂牌	1	揭挂“区间占用”表示牌												非必做项	2	
						2	通知助理值班员：“23002次闭塞好了”	“23002次闭塞好了”											不考核	1	
6	准备进路	1	准备进路	1	准备进路	1	操作用语电话：“再次确认列车运行计划”												非必做项	1	
						2	15/17 9/11 5/7 (1/3)并单锁或者可单锁9/11，15/17道岔，并排调车进路													4	
		2	办理凭证	1	填写行车凭证	1	核对车次、区间，电话记录号码，填写路票、打印调度命令													4	
				2	与助理核对行车凭证	1	与助理值班员核对调度命令	“核对正确”											非必做项	2	
						2	与助理值班员核对路票	“核对正确”											非必做项	2	
				3	凭证加盖站名印	1	核对无误后，并加盖站名印													2	

续表

7	发车	1	发车	1	指示助理发车	1	将路票、调度命令交助理值班员													2	
						2	指示助理值班员：“×次×道发车”，并听取复诵	复诵：“×次×道发车”											非必做项	1	
				2	听取凭证交付	1	听取汇报：“明白”	回呼：“凭证已交付司机，发车条件已具备”												1	
8	车机联控	1	车机联控	1	车机联控	1	收到助理值班员凭证交付的汇报后，与司机车机联控：“××次××道发车进路好了”	—								复诵+明白				4	
						2	“×次×道发车”	—								复诵+明白				2	
9	列车出发	1	监视列车	1	向邻站报点	1	列车起动，通知接车站：“×次×点×分开”，并听取复诵			“×次×点×分开”									非必做项	1	
						2	向接车站报点操作												不考核	1	
						3	通过信号操作终端确认列车整列出站	—											不考核	1	
		2	解锁进路	1	解锁进路	1	单解道岔15/17 9/11 5/7 (1/3)或者可单解9/11，15/17道岔	—											非必做项	4	
						2	口呼：“进路解锁好（了）”												不考核	1	

续表

10	列车到达	1	列车到达	1	听取电话记录	1	复诵接车站列车到达电话记录			发出电话记录号码："2号，23002次×点×分到"									非必做项	4	
				2	填写《行车日志》	1	填写《行车日志》												不考核	0	
				3	摘下区间占用表示牌	1	摘下"区间占用"表示牌												非必做项	2	
				4	揭挂区间空闲表示牌	1	揭挂"区间空闲"标示牌												非必做项	2	

表 22-2-5　超长列车发车处置流程

标题	超长列车23001次4道发赵村（头部越过出站信号机）								初始化条件	超长23001次4道待发，16道岔定位、并有轨道电路红光带											
作业程序							岗位作业技术要求												说明事项	考点分值	得分
							作业内容														
阶段序号	阶段名称	项目序号	项目名称	作业序号	作业名称	步骤	车站值班员	助理值班员	发车站值班员	接车站值班员	列车调度员	值班干部	工务	电务	供电	司机	胜任人员	系统设置			
1	汇报故障	1	确认列车头部位置	1	确认列车头部位置	1	复诵										向车站值班员汇报："超长23001次头部越过出站信号"			2	

续表

1	汇报故障	2	汇报故障	1	向列调汇报故障	1	报告调度员：“超长23001次列车超长，头部越过出站信号机”				复诵+明白									2	
				2	向站长汇报故障	1	报告站长：“超长23001次列车超长，头部越过出站信号机，请上岗”					复诵+明白								2	
2	请求调度命令	1	请求调度命令	1	请求调度命令1	1	向列车调度员请求“货物列车超长”的调度命令											下发调度命令		5	
						2	根据闭塞表示灯、《行车日志》及各种行车表示牌，确认区间空闲，向列车调度员请求停止基本闭塞法改按电话闭塞法行车的调度命令											下发调度命令		6	
		2	核对调度命令	1	核对调度命令	1	签收调度命令												不考核	0	
						2	与助理值班员核对货物列车超长调度命令	“核对正确”											非必做项	2	
						3	与助理值班员核对停基改电调度命令	“核对正确”											非必做项	2	
		3	明示	1	闭塞机停用牌	1	根据调度命令揭挂“闭塞机停止使用”表示牌												非必做项	2	
				2	区间空闲牌	1	揭挂“区间空闲”表示牌												非必做项	2	

续表

3	重新办理闭塞	1	办理闭塞	1	办理闭塞	1	根据闭塞表示灯、《行车日志》及各种行车表示牌，确认区间空闲。根据列车运行计划，向接车站发出：“超长23001（次）闭塞”，并听取同意的通知			发出电话记录号码：“1号，××点××分同意超长23001次闭塞”										5	
				2	复诵电话记录号	1	复诵接车站：“1号，××点××分同意超长23001次闭塞”													4	
						2	填写《行车日志》												不考核	1	
				3	摘区间空闲	1	摘下“区间空闲”表示牌												非必做项	2	
				4	挂区间占用	1	揭挂“区间占用”表示牌												非必做项	2	
4	准备进路	1	准备进路	1	准备进路	1	操作用语：“再次确认列车运行计划”													1	
						2	通过联锁表示，单锁道岔或排调车进路													7	
		2	办理凭证	1	核对凭证	1	核对车次、区间，电话记录号码，填写路票、打印调度命令													0	

续表

4	准备进路	2	办理凭证	1	核对凭证	2	与助理值班员核对路票	“核对正确”											非必做项	1	
						3	与助理值班员核对货物列车超长调度命令	“核对正确”											非必做项	1	
						4	与助理值班员核对停基改电调度命令	“核对正确”											非必做项	1	
				2	凭证校验	1	核对无误后，并加盖站名印													9	
5	发车	1	准备发车	1	凭证下发	1	将路票、调度命令交助理值班员													2	
				2	准备发车	1	指示助理值班员：“超长23001次4道发车”，并听取复诵	“超长23001次4道发车”											非必做项	3	
		2	确认发车条件	1	确认发车条件	1	听取汇报：“明白”	回呼：“凭证已交付司机，发车条件已具备”												1	
		3	车机联控	1	车机联控	1	与司机车机联控：“超长23001次4道发车进路好了”	—								复诵+明白				5	
						2	“超长23001次4道发车”	—								复诵+明白				4	
6	列车出发	1	监视列车	1	监视列车	1	列车起动，通知接车站：“超长23001次××点××分开”，并听取复诵			复诵：“超长23001次××点××分开”									非必做项	4	
						2	通过信号操作终端确认列车整列出站	—											不考核	1	

续表

6	列车出发	2	解锁进路	1	解锁进路	1	14/16解锁(当单锁道岔时，2/4，14/16解锁)												非必做项	5	
						2	口呼："进路解锁好(了)"												不考核	0	
7	列车到达	1	列车到达	1	列车到达	1	复诵接车站列车到达电话记录			发出电话记录号码："2号，超长23001次×点×分到"									非必做项	1	
						2	摘区间占用表示牌挂区间空闲表示牌													1	
		2	恢复闭塞法	1	请求调度命令2	1	请求"恢复原行车闭塞法"的调度命令											下发调度命令		8	
						2	签收调度命令												不考核	0	
				2	核对命令	1	与助理值班员核对调度命令	"核对正确"											非必做项	2	
				3	摘区间占用	1	摘下"区间空闲"表示牌												非必做项	2	
				4	摘闭塞机停止使用	1	摘下"闭塞机停止使用"表示牌												非必做项	2	

表 22-2-6　双线闭塞区间两架通过信号机故障

评分要素			评分标准	分值	减分标准	扣分
电话闭塞法（双线闭塞区间两架通过信号机故障）	1	发车站预告	（1）B站车站班员发车预告："C站，客车××次预告"	10	（1）口呼错误，每次扣2分。 （2）报车次号错误扣5分	
			C站值班员手指确认区间空闲口呼："根据行车日志，各种行车表示牌确认区间空闲，按列车运行计划核对车次、时刻、命令、指示"			
			接受发车站预告并复诵："C站同意客车××（次）预告"			
			并填写行车日志			
	2	（双线闭塞区间两架通过信号机故障）	（1）B站信号员汇报故障："下行第二第三离去出现红光带"	15	（1）故障汇报错误扣10分。 （2）口呼错误每次扣2分。 （3）未通知相关部门每次扣5分。 （4）登记簿填写错误扣10分。 （5）未申请调度命令扣15分	
			B站值班员复诵："下行第二第三离去出现红光带，我知道了"			
			（2）B站值班员通知列调："B站，下行第二第三离去出现红光带"。 列调回复："抓紧按规定处理"。 B站值班员复诵："抓紧按规定处理"			
			（3）B站值班员报告站长："站长，下行第二第三离去出现红光带，请你抓紧时间到信号楼把关"。 站长回复："我知道了"。 值班员运统-46《行车设备检查登记簿》登记			
			（4）B站值班员通知工务："工务，我B站信号楼"。 工务："请讲"值班员"下行第二第三离去出现红光带，请你们抓紧时间派人处理"。 工务回复："下行第二第三离去出现红光带，我知道了"			
			（5）B站值班员通知电务："电务，我B站信号楼"。 电务："请讲"。 B站值班员："下行第二第三离去出现红光带，请你们抓紧时间派人处理"。 电务回复："下行第二第三离去出现红光带，我知道了"			
			工务签认："下行第二第三离去出现红光带，工务设备正常"			
			电务签认："下行第二第三离去出现红光带，故障原因未明，暂时无法排除，停用经由下行第二第三离去的列车信号"			

续表

评分要素			评分标准	分值	减分标准	扣分
电话闭塞法（双线闭塞区间两架通过信号机故障）	2	（双线闭塞区间两架通过信号机故障）	（6）B站取消发车预告： B站值班员：“C站，B站下行第二第三离去出现红光带，客车××次预告取消”。 C站值班员：“下行第二第三离去出现红光带，客车××次预告取消，我知道了”			
			（7）值班员把设备故障情况报告列车调度员：“B站，现工务签认，下行第二第三离去工务设备正常，电务签认，下行第二第三离去，故障原因不明，暂时无法排除，停用禁用下行第二第三离去的列车信号，把关领导已经到岗，客车××次需采用电话闭塞法接车，B站与C站站间下行线已空闲，请求发布按电话闭塞法行车的调度命令”。 列车调度员回复：“好”。 列车调度员填写《调度命令登记簿》，并填写调度命令下发车站和司机			
			B站值班员收到调度命令，通知C站：“××号调度命令，B站至C站间下行线，停用基本闭塞法，改用电话闭塞法行车的调度命令是否收到”。 C站值班员：“××号调度命令已收到”。 B站值班员：“好，现区间空闲，马上改用电话闭塞法行车”。 C站值班员：“我知道了”			
	3	请求闭塞—准备进路	（1）B站值班员请求闭塞：“客车××次闭塞”。	20	（1）口呼错误每次扣2分。 （2）排列进路错误扣20分。 （3）未确认信号正确扣5分	
			C站回复：“电话记录号码1号，×点×分，同意客车××次闭塞”。			
			B站值班员复诵：“电话记录号码1号，×点×分，同意客车××次闭塞”。			
			（2）B站值班员通知信号员：“客车××次闭塞好”			
			信号员复诵：“客车××次闭塞好”			
			值班员命令信号员停止影响进路的调车作业：“信号员，停止影响进路的调车作业”			
			信号员复诵：“停止影响进路的调车作业”			
			复诵完成后指着6502实施眼看手指口呼制度			
			眼看：眼睛看着计算机显示屏			

续表

评分要素			评分标准	分值	减分标准	扣分
电话闭塞法（双线闭塞区间两架通过信号机故障）	3	请求闭塞—准备进路	手指：右手食指中指并拢指着显示屏B站站型图			
			利用对讲机呼叫调车组：“调车组，停止影响×道发车进路的调车作业”			
			调车组接受指令复诵：“停止影响×道发车进路的调车作业”			
			报告信号员：“影响×道发车进路的调车作业已停止”			
			信号员听取并回答：“好”			
			信号员手指控制台，口呼：“通过控制台确认影响×道发车进路的调车作业已停止”			
			信号员确认以后汇报值班员：“影响进路的调车作业已停止”			
			值班员听取并复诵：“好”			
			（3）值班员命令信号员排列发车进路：“客车××次×道发车，准备进路”			
			信号员听取并复诵：“客车××次×道发车，准备进路”			
			值班员同意排列进路：“执行”			
			此时，信号员执行眼看手指口呼制度：“用调车进路锁闭道岔”			
			眼看、手指进路始端按钮，口呼：“x4（下行信号机编号）”，按下按钮；眼看、手指进路终端按钮，口呼：“调2（调车信号机编号）”，确认光带、信号显示正确，口呼：“x4信号好了”			
			值班员走到信号员身边，一起确认信号。 信号员：“××/××号道岔定位/反位，调车信号锁闭”。 值班员复诵：“××/××号道岔定位/反位，调车信号锁闭”。 信号员：“××/××号道岔定位/反位，调车信号锁闭”。 值班员复诵：“××/××号道岔定位/反位，调车信号锁闭”。 信号员：“××道发车进路好”。 值班员：“好，确认××道进路”。 信号员：“确认××道进路”。 值班员：“执行”。 信号员确认完毕后执行手指口呼：“××/××号道岔定位/反位，调车信号锁闭，××/××号道岔定位/反位，调车信号锁闭，××道进路确认好”。 值班员回复：“好”			

续表

评分要素			评分标准	分值	减分标准	扣分
电话闭塞法（双线闭塞区间两架通过信号机故障）	4	准备发车（办理凭证-交付凭证）	（1）B站通知列调。 B站值班员：“B站客车××次×道发车进路好”。 列调复诵：“客车××次×道发车进路好，我知道了”	30	（1）口呼错误每次扣2分。 （2）路票填写错误扣20分。 （3）未核对凭证每次扣20分。 （4）手拿信号旗扣20分	
			B站值班员手指确认区间空闲口呼：“核对区间、车次、电话记录号码，填写路票”			
			（2）B站值班员填写路票			
			（3）通知司机：客车××次司机，B站呼叫。 司机：“客车××次司机有”。 值班员：“B至C站间下行线停用基本闭塞法，改用电话闭塞法行车”。 司机：“B至C站间下行线停用基本闭塞法，改用电话闭塞法行车”。 值班员：“客车××次×道发车进路好”。 司机：“客车××次×道发车进路好，司机明白”			
			（4）B站值班员安排助理值班员核对： 值班员：“助理值班员，核对凭证”。 助理：“核对凭证”。 助理值班员手持信号旗，左手红旗，右手绿旗，与值班员核对。 值班员：“客车××次×道发车进路好”。 助理值班员：“客车××次×道发车进路好”。 值班员：“现核对凭证”。 助理值班员：“核对凭证”。 值班员与助理值班员一起核对路票。 值班员：“调度命令，第××号，××年××月×日某时某分，受令处所，客车××次司机，调度员姓名××，内容，因B站下行第二第三离去出现红光带，自接令时起，B站至C站间下行线，停用基本闭塞法，改用电话闭塞法行车，受令车站B站；车站值班员××”。 助理值班员：“正确”。 值班员：“路票，电话记录第×号，车次××，B站至C站，B站站印有，路票编号×××”。 助理值班员：“正确”。 值班员把路票交付给助理值班员			

续表

评分要素			评分标准	分值	减分标准	扣分
电话闭塞法（双线闭塞区间两架通过信号机故障）	4	准备发车（办理凭证-交付凭证）	（5）值班员把路票交接给助理值班员。 值班员对助理值班员："把关领导已确认，客车××次×道发车"。 助理值班员："客车××次×道发车"。 值班员："注意交接凭证"。 助理值班员："注意交接凭证"			
			助理值班员到信号员处确认："客车××次×道发车进路好（手指口呼）"			
			信号员口呼："通过控制台监视信号及进路表示"			
			助理值班员手拿信号旗出列站在指定的地点进行接车作业，左手拿红旗，右手拿绿旗，呈拢起状态紧贴裤缝，并口呼："按《站细》规定线路行走，经地道到达《站细》指定地点"			
			（6）助理值班员与司机交接凭证。 助理值班员："客车××次司机，现采用电话闭塞法行车，客车××次×道发车进路好"。 司机："现采用电话闭塞法行车，客车××次×道发车进路好，司机明白"。 助理值班员："请核对凭证"。 助理值班员与司机一起核对凭证。 助理值班员："调度命令，第××号，××年××月×日某时某分，受令处所，客车××次司机，调度员姓名××，内容，因B站下行第二第三离去出现红光带，自接令时起，B站至C站站间下行线，停用基本闭塞法，改用电话闭塞法行车，受令车站 B站；车站值班员××"。 司机："正确"。 助理值班员："路票，电话记录第×号，车次××，B站至C站，B站站印有，路票编号×××"。 司机："正确"。 助理值班员把路票交付给司机			

续表

评分要素			评分标准	分值	减分标准	扣分
电话闭塞法（双线闭塞区间两架通过信号机故障）	5	故障恢复	（1）确认发车条件及发车： 助理值班员确认旅客候车状态，右手绿旗指并口呼：“旅客乘降完毕”“行包装卸完毕”（车子两边均需确认）“防护信号撤除、发车条件具备”。 助理值班员向司机显示发车手信号。 （此时列车出站） 信号员确认列车出站执行手指口呼：“通过控制台监视信号、进路及列车出站”。 助理值班员面向发车方向监视列车运行，口呼：“监视列车运行”。 B站值班员值班员报点：“客车××次××分开”	25	（1）未确认发车条件扣20分。 （2）口呼错误每次扣2分。 （3）未申请调度命令扣20分	
			C站值班员复诵报点时间：“客车××次××分开”			
			填写行车日志			
			助理值班员：“列车尾部越过指定地点”。 助理值班员：“列车尾部标志正常”。 列车完全驶出后： 助理值班员：“列车尾部驶出站台”。 助理值班员按照原线路返回，“口呼：按原线路返回”			
			信号员通过显示屏确认：“客车××次出站”。 值班员：“好”。 汇报列调：“B站客车××次××分开，现我站故障未排除”。 列调：“我知道了”			
			信号员：“下行第二第三离去红光带消失”。 值班员：“下行第二第三离去红光带消失，我知道了”			
			列车到达： C站：“电话记录号码2号，客车××次××分到”。 B站：“电话记录号码2号，客车××次××分到”。 值班员：“电话记录号码2号，开通C站区间”。 信号员复诵：“电话记录号码2号，开通C站区间”。 信号员手指口呼：“C站区间开通”。 值班员回复：“好”			

续表

评分要素			评分标准	分值	减分标准	扣分
电话闭塞法（双线闭塞区间两架通过信号机故障）	5	故障恢复	电务："电务消息，故障排除"。 值班员："签字确认"。 值班员通知列调："B站，下行第二第三离去区间故障排除，区间下行线空闲，请求发布恢复基本闭塞法行车的调度命令"。 列调："好"。 值班员："已抄送××调度命令，B站至C站下行线恢复基本闭塞法的行车调度命令"。 B站值班员通知C站："××号调度命令，B站至C站恢复基本闭塞法的行车调度命令是否收到"。 C站值班员回复："××号命令已收到"。 B站值班员："好"			

3. 使用绿色许可证发车

表 22-2-7　区间第一离去轨道电路故障时发车处置流程

标题	（监督器不能确认第一闭塞分区空闲，X1LQ区间轨道红光带）邯郸方向23001次Ⅰ道发车						初始化条件	前次列车邯郸方向4481次已发出，23001次在Ⅰ道													
作业程序							岗位作业技术要求												说明事项	考点分值	得分
							作业内容														
阶段序号	阶段名称	项目序号	项目名称	作业序号	作业名称	步骤	车站值班员	助理值班员	发车站值班员	接车站值班员	列车调度员	值班干部	工务	电务	供电	司机	胜任人员	系统设置			
1	发车预告	1	发车预告	1	向邻站发车预告	1	根据列车运行计划，向邯郸站发出："23001次预告"，并听取同意的通知			"同意23001次预告"										6	
				2	TDCS请求预告	1	填记《行车日志》操作													3	

续表

2	设置故障	1	设置故障	1	设置故障	1												X1LQ红光带		0	
3	故障处理	1	故障处理	1	故障报告列调	1	报告调度："X1LQ轨道电路红光带，影响23001次发车"				复诵+明白									3	
				2	故障报告站长	1	报告值班干部："X1LQ轨道电路红光带，请上岗"					复诵+明白								3	
		2	故障登记	1	故障登记	1	登记《行车设备检查登记簿》													5	
		3	故障通知	1	故障通知工务	1	通知工务："X1LQ轨道电路红光带，请到岗检查"						复诵+明白							3	
				2	故障通知电务	1	通知电务："X1LQ轨道电路红光带，请到岗检查"							复诵+明白						3	
				3	故障通知供电	1	通知供电："X1LQ轨道电路红光带，请到岗检查"								复诵+明白					3	
						2	登记电话通知（电务、工务、供电）												不考核	0	

续表

3	故障处理	4	故障签认	1	签认工务结果	1	通知工务签认登记结果："X1LQ轨道电路红光带，请签认处理结果"						复诵+明白							3	
				2	签认电务结果	1	通知电务签认登记结果："X1LQ轨道电路红光带，请签认处理结果"							复诵+明白						3	
				3	签认供电结果	1	通知供电签认登记结果："X1LQ轨道电路红光带，请签认处理结果"								复诵+明白					3	
				4	向列调汇报	1	向列调汇报各设备单位检查结果				"明白"		设备正常	X1LQ轨道电路故障，暂不能修复，不影响机车车辆通行	设备正常					1	
						2	向列调请求使用绿色许可证发车："请求23001次使用绿色许可证发车"				"同意××次使用绿色许可证发车"									2	

续表

4	办理进路	1	办理进路	1	办理进路	1	操作用语电话：“再次确认列车运行计划”												非必做项	1	
						2	18　6/8　10/12单锁或者正排列调车进路、反排列调车进路													5	
		2	办理凭证	1	确认前车到达	1	不能确认第一闭塞分区空闲，确认TDCS前次列车已到达（初始化操作完成前次列车到达），操作用语：“不能确认第一闭塞分区空闲，前次列车已发出不少于10 min时间”											做1或2即可		4	
						2	询问邯郸站值班员前次列车到达时间：“4481次列车是否已到达”			“4481次××点××分到”										2	
				2	填写凭证	1	填写绿色许可证，书面通知													10	
				3	与助理核对	1	与助理值班员核对绿色许可证和书面通知	“核对正确”											非必做项	2	
				4	凭证校验	1	核对无误后签名加盖站名印													10	

续表

5	发车	1	准备发车	1	下发凭证	1	将绿色许可证，书面通知交助理值班员													1	
				2	准备发车	1	指示助理值班员："23001（次）Ⅰ道发车"，并听取复诵	"23001（次）Ⅰ道发车"											非必做项	3	
				3	听取回呼	1	听取汇报："明白"	"凭证已交付司机，发车条件已具备"												1	
6	车机联控	1	车机联控	1	车机联控	1	收到助理值班员凭证交付的汇报后，与司机车机联控："23001次Ⅰ道发车进路好了"									复诵+明白				5	
						2	"23001次Ⅰ道发车"									复诵+明白				5	
7	列车出发	1	监视列车	1	向邻站报点	1	列车起动，通知邯郸站："23001次××点××分开"，并听取复诵			复诵									非必做项	3	
				2	报点TDCS操作	1	TDCS向邯郸站报点操作												非必做项	2	
		2	解锁进路	1	解锁进路	1	通过信号操作终端确认列车整列出站	—											不考核	0	
						2	18　6/8　10/12并解锁											调车进路不用解锁	非必做项	5	
总分																					

表 22-2-8　列车头部越过出站信号机时发车处置流程

<table>
<tr><td>标题</td><td colspan="6">超长列车23001次Ⅰ道发邯郸（头部越过出站信号机）</td><td>初始化条件</td><td colspan="13">18道岔定位，18道岔区段轨道电路红光带，超长23001次Ⅰ道发邯郸</td></tr>
<tr><td colspan="7">作业程序</td><td colspan="11">岗位作业技术要求</td><td rowspan="3">说明事项</td><td rowspan="3">考点分值</td><td rowspan="3">得分</td></tr>
<tr><td rowspan="2">阶段序号</td><td rowspan="2">阶段名称</td><td rowspan="2">项目序号</td><td rowspan="2">项目名称</td><td rowspan="2">作业序号</td><td rowspan="2">作业名称</td><td rowspan="2">步骤</td><td colspan="11">作业内容</td></tr>
<tr><td>车站值班员</td><td>助理值班员</td><td>发车站值班员</td><td>接车站值班员</td><td>列车调度员</td><td>值班干部</td><td>工务</td><td>电务</td><td>供电</td><td>司机</td><td>胜任人员</td><td>系统设置</td></tr>
<tr><td rowspan="3">1</td><td rowspan="3">汇报故障</td><td rowspan="2">1</td><td rowspan="2">确认列车头部位置</td><td>1</td><td>确认列车头部位置</td><td>1</td><td>通知助理值班员：“现场确认超长23001次头部位置”或者通知胜任人员：“确认××道岔区段空闲”</td><td>复诵+明白</td><td></td><td></td><td></td><td></td><td></td><td></td><td></td><td></td><td>复诵+明白</td><td></td><td></td><td>5</td><td></td></tr>
<tr><td>2</td><td>向值班员报告</td><td>1</td><td>听取助理值班员或者胜任人员汇报</td><td>向值班员汇报“超长23001次头部越过出站信号机”</td><td></td><td></td><td></td><td></td><td></td><td></td><td></td><td></td><td>向值班员汇报“18道：岔区段轨道电路列车占用机”</td><td></td><td></td><td>2</td><td></td></tr>
<tr><td>2</td><td>汇报故障</td><td>1</td><td>向列调汇报故障</td><td>1</td><td>报告调度员：“超长23001次列车超长，头部越过出站信号机”</td><td></td><td></td><td></td><td>复诵+明白</td><td></td><td></td><td></td><td></td><td></td><td></td><td></td><td></td><td>6</td><td></td></tr>
</table>

续表

1	汇报故障	2	汇报故障	2	向站长汇报故障	1	报告站长“超长23001次列车超长，头部越过出站信号机，请上岗”					复诵+明白								6	
2	请求调度命令	1	请求调度命令	1	请求调度命令	1	根据闭塞表示灯、《行车日志》及各种行车表示牌，确认区间空闲，向列车调度员请求：“货物列车超长”的调度命令											下发调度命令		8	
						2	签收调度命令												不考核	0	
				2	申请绿证发车	1	向列调“请求超长23001次使用绿色许可证发车				“同意超长23001次使用绿色许可证发车”									6	
				3	核对命令	1	与助理值班员核对调度命令	“核对正确”											非必做项	3	

续表

3	发车预告	1	发车预告	1	向邻站发车预告	1	根据列车运行计划，向接车站发出：“超长23001次预告”，并听取同意的通知			“同意超长23001次预告”										5	
				2	TDCS操作	1	填记《行车日志》													3	
4	准备进路	1	准备进路	1	准备进路	1	操作用语：“再次确认列车运行计划”													2	
						2	通过联锁表示，确认进路准备好(单锁或者排调车进路)													8	
5	办理凭证	1	办理凭证	1	核对凭证	1	通过监督器表示状态，确认第一闭塞分区空闲												不考核	1	
						2	操作用语“确认第一闭塞分区空闲”												非必做项	1	
						3	填写绿色许可证、调度命令													4	
						3	与助理值班员核对绿色许可证和货物列车超长的调度命令	“核对正确”											非必做项	1	
				2	凭证校验	1	核对无误后，签名并加盖站名印													11	

续表

6	准备出发	1	准备发车	1	下发凭证	1	将绿色许可证，调度命令交助理值班员													1	
				2	准备发车	1	指示助理值班员：“超长23001次Ⅰ道发车”，并听取复诵	“超长23001次Ⅰ道发车”											非必做项	1	
				3	听取回呼	1	听取回呼：“明白”	回呼：“凭证已交付司机，发车条件已具备”												3	
		2	车机联控	1	车机联控	1	与司机车机联控：“超长23001次Ⅰ道发车进路好了”									复诵+明白				3	
						2	“超长23001次Ⅰ道发车”									复诵+明白				4	
7	列车出发	1	监视列车	1	监视列车	1	列车起动，通知接车站：“超长23001次××点××分开”，并听取复诵			复诵：“超长23001次××点××分开”									非必做项	4	

续表

7	列车出发	1	监视列车	2	行车日志报点	1	填写《行车日志》												非必做项	3	
						2	通过信号操作终端确认列车整列出站												不考核	0	
		2	解锁进路	1	解锁进路	1	18解锁（单锁道岔时6/8，10/12，18解锁）												非必做项	8	
						2	口呼：“进路解锁好（了）”												不考核	1	

表 22-2-9　自动闭塞区段站内停电时发车处置流程

标题	23001次列车Ⅰ道邯郸方向发车									前行列车23003次已发出											
作业程序							岗位作业技术要求												说明事项	考点分值	得分
							作业内容														
阶段序号	阶段名称	项目序号	项目名称	作业序号	作业名称	步骤	车站值班员	助理值班员	发车站值班员	接车站值班员	列车调度员	值班干部	工务	电务	供电	司机	胜任人员	系统设置			
1	发车预告	1	发车预告	1	发车预告	1	根据列车运行计划，向邯郸站发出：“23001（次）预告”，并听取同意的通知			同意23001（次）预告										5	
				2	TDCS预告操作	1	填记《行车日志》操作													3	

续表

2	设置故障	1	设置故障	1	设置故障	1												站内停电，信号操作终端无表示		0	
3	故障处理	1	故障处理	1	故障处理	1	报告调度：“信号操作终端无表示，影响23001次发车”				复诵+明白									2	
						2	报告值班干部：“信号操作终端无表示，请上岗”					复诵+明白								2	
		2	故障登记	1	故障登记	1	登记《行车设备检查登记簿》													3	
		3	故障通知	1	故障通知	1	通知工务：“信号操作终端无表示，请到岗检查”						复诵+明白							2	
						2	通知电务：“信号操作终端无表示，请到岗检查”							复诵+明白						2	

续表

3	故障处理	3	故障通知	1	故障通知	3	通知供电“信号操作终端无表示，请到岗检查”								复诵+明白					2	
						4	工务、电务、供电上岗													0	
		4	故障签认	1	故障签认	1	通知工务签认登记结果						复诵+明白					设备正常		2	
						2	通知电务签认登记结果							复诵+明白				电力停电		2	
						3	通知供电签认登记结果								复诵+明白			站内停电，区间设备正常		2	
				2	向列调汇报	1	向列调汇报检查结果				明白		设备正常	信号操作终端无表示，电内停电	信号操作终端无表示，站内停电					1	
						2	联系列调：“请求××次使用绿色许可证发车”				“同意××次使用绿色许可证”									2	

续表

4	准备进路	1	破封登记	1	破封登记	1	破封登记手摇把												非必做项	2	
		2	办理进路	1	办理进路	1	操作用语："再次确认列车运行计划"													1	
						2	通知胜任人员："领取手摇把，23001次Ⅰ道发车，准备进路"										复诵+明白			4	
						3	通知胜任人员："执行"													2	
						4	通知工务："道岔现场紧固"						复诵+明白							2	
						5	听取胜任人员报告，应答："明白"										向车站值班员报告："Ⅰ道发车进路好"		非必做项	1	
		3	确认办理凭证条件	1	确认办理凭证条件	1	接到前次列车到达邻站的通知或前次列车发出后不少于10 min的时间。操作用语："不能确认第一闭塞分区空闲，前次列车已发出不少于10 min时间"												不考核	1	

续表

4	准备进路	3	确认办理凭证条件	1	确认办理凭证条件	2	询问邯郸站值班员前次列车到达时间："23003次列车是否已到达"			23003次××点××分到										4	
				2	填写凭证	1	填写绿色许可证和书面通知													10	
		4	核对及盖站名印	1	办理凭证	1	与助理值班员核对绿色许可证和书面通知	核对正确											非必做项	5	
				2	凭证校验	1	核对无误后，加盖站名印并交付													15	
5	发车	1	准备发车	1	准备发车	1	将绿色许可证，书面通知，交助理值班员													1	
						2	指示助理值班员："23001（次）Ⅰ道发车"，并听取复诵	"23001（次）Ⅰ道发车"											非必做项	2	
				2	听取凭证交付回呼	1	听取助理值班员汇报："明白"	助理值班员回呼"凭证已交付司机，发车条件已具备"												2	

续表

6	车机联控	1	车机联控	1	车机联控	1	收到助理值班员凭证交付的汇报后，与司机车机联控：“23001次Ⅰ道发车进路好了”									复诵+明白				4	
						2	“23001次Ⅰ道发车”									复诵+明白				3	
7	列车出发	1	监视列车	1	列车启动	1	明白	向车站值班员报告：“23001（次）启动”											非必做项	1	
				2	监视列车	1	列车起动，通知邯郸站：“23001次××点××分开”，并听取复诵			23001次××点××分开									非必做项	2	
				3	TDCS报点	1	TDCS报点操作												非必做项	2	
		2	解锁进路	1	解锁进路	1	听取，应答：“明白”	—									向车站值班员报告：“23001（次）出站”		非必做项	2	

续表

7	列车出发	2	解锁进路	1	解锁进路	2	通知胜任人员："解锁进路，交回手摇把"										复诵，并解锁进路			2	
						3	听取胜任人员汇报，回复："明白"										"进路解锁好，工务紧固器已撤除"		非必做项	2	

4. 一切电话中断

表 22-2-10　一切电话中断时（闭塞设备故障）发车作业

一切电话中断时（闭塞设备故障）发车作业							
作业程序		岗位作业技术要求			事项要求	考点分值	得分
程序	项目	车站值班员	助理值班员（内勤）	助理值班员（外勤）			
故障现象：车站行车室内一切行车电话中断，同时闭塞设备故障。							
一、信息处置	1. 确认故障现象	（1）根据列车运行计划，向接车站预告时，发现并确认行车室内一切行车电话中断且闭塞设备故障	（1）确认行车室内一切行车电话中断且闭塞设备故障	—	—	3	
	2. 信息处置	（2）派人或利用手机等通信工具报告列车调度员、盯控人员、通信部门、信号部门、站段安全生产调度指挥中心、相关邻站	—	—	未使用GSM-R手持终端或GSM-R手持终端故障的车站，行车室内一切电话中断后，车站能使	3	

续表

一、信息处置	2. 信息处置				用手机（移动电话）与邻站值班员、列车调度员等进行通话联系时，车站值班员可使用手机（移动电话）与邻站值班员进行确认列车到达、区间空闲、优先发车等事项联系，但行车办法及行车凭证仍须按一切电话中断的规定办理		
		（3）通知助理值班员（内勤）：“破封按压故障通知按钮”	（2）复诵：“破封按压故障通知按钮”，并按压故障通知按钮	—	无故障通知按钮的，此项作业省略	4	
		（4）按规定在“行车设备故障登销记系统”或《行车设备检查登记簿》内登记	—	—	—	3	
		（5）确认通信、信号部门签认，根据信号部门登记的行车限制条件组织行车	—	—	—	4	
		（6）向列车调度员报告设备情况	—	—	—	4	
		（7）确认盯控人员到岗	—	—	—	3	

续表

二、确认列车放行条件及行车方式	3. 确认列车放行条件	（8）确认无《技规》《行规》明确禁止发出的列车	—	—	—	5	
	4. 确认行车方式	（9）采用时间间隔法行车	—	—	连续发出同一方向的列车时，两列车的间隔时间，应按区间规定的运行时间另加3 min，但不得少于13 min	4	
三、准备进路	5. 准备进路	（10）通知助理值班员（内勤）停止影响进路的调车作业并听取报告	（3）停止影响进路的调车作业。确认停止后报告	—	停止调车作业时机和通知、应答、报告用语，由企业规定。无影响进路的调车作业时，此项作业省略	3	
		（11）确认列车运行计划后，通知助理值班员（内勤）：“×（次）、×道发车，准备进路”。听取复诵无误后，命令：“执行”	（4）复诵：“×（次）、×道发车，准备进路”	—	车站值班员认为需办理变通进路时，一并通知	3	
		（12）确认进路正确，应答：“×道发车进路好（了）”	（5）按规定准备、确认、锁闭进路后。 口呼：“×道发车进路好（了）”	—	—	5	

续表

四、准备发车	6. 办理凭证	（13）按规定填写红色许可证	—	—	—	15	
		（14）与助理值班员（外勤）核对红色许可证，核对无误后加盖站名印	—	（1）与车站值班员核对红色许可证	—	5	
	7. 交付凭证	（15）通知助理值班员（外勤）：“发×道×（次）”，并听取复诵	—	（2）通过信号操作终端确认发车进路正确后复诵：“发×道×（次）”	助理值班员（外勤）在室外作业时，可提前告知发车计划。使用列车无线调度通信设备通知时，应在用语前增加姓名或代号。动车组列车无此项作业	5	
		—	—	（3）与司机核对红色许可证，核对无误后交付司机	—	3	
五、发车	8. 确认发车条件	—	（6）通过信号操作终端监视信号及进路表示	—	—	3	
		—	—	（4）确认旅客上下、行包装卸和列检作业等完了（或得到通知）	动车组列车无此项作业	5	

续表

五、发车	9. 发车	（16）通知司机："×（次）×（站）使用红色许可证，注意确认"	—	—	车机联控前应告知司机车站一切电话中断且闭塞设备故障	4	
		（17）通知司机："××（次）×道发车进路好（了）"	—	（5）按规定站在适当地点，显示发车信号或使用列车无线调度通信设备(发车表示器）发车	一端有两个及以上运行方向的车站（车场、线路所），应在联控用语后增加"去××方向"。 由车站值班员使用列车无线调度通信设备发车时，应确认发车条件具备（或得到报告）。 动车组列车无此项作业	4	
六、列车出发	10. 监视列车	（18）填记或确认电子行车日志	—	—	不能使用电子行车日志时，填写纸质行车日志	3	
		（19）应答："好（了）"	（7）通过信号操作终端确认列车整列出站，口呼："×（次）出站"	（6）监视列车，于列车尾部越过发车地点，确认列车尾部标志后返回	—	4	

续表

六、列车出发	10. 监视列车	—	（8）擦（划）掉占线板（簿）记载	（7）擦（划）掉占线板（簿）记载	—	2	
	11. 报点	（20）计算机报点系统自动向列车调度员报点	—	—	不能自动报点时，向列车调度员报点：“×（站）报点，×（次）、（×点）×（分）开”	3	

表 22-2-11　一切电话中断时（闭塞设备正常）发车作业

一切电话中断时（闭塞设备正常）发车作业							
作业程序		岗位作业技术要求			事项要求	考点分值	得分
程序	项目	车站值班员	助理值班员（内勤）	助理值班员（外勤）			
故障现象：车站行车室内一切行车电话中断。							
一、信息处置	1. 确认故障现象	（1）根据列车运行计划，向接车站预告时，发现并确认行车室内一切行车电话中断	（1）确认行车室内一切行车电话中断	—	—	4	
	2. 信息处置	（2）派人或利用手机等通信工具报告列车调度员、盯控人员、通信部门、站段安全生产调度指挥中心、相关邻站	—	—	未使用GSM-R手持终端或GSM-R手持终端故障的车站，行车室内一切电话中断后，车站能使用手机（移动电话）与邻站值班员、列车调度员等进行通话联系	15	

续表

一、信息处置	2. 信息处置				时，车站值班员可使用手机（移动电话）与邻站值班员进行确认列车到达、区间空闲、优先发车等事项联系，但行车办法及行车凭证仍须按一切电话中断的规定办理		
		（3）按规定在“行车设备故障登销记系统”或《行车设备检查登记簿》内登记	—	—	—	5	
		（4）确认盯控人员到岗	—	—	—	2	
二、确认列车放行条件	3. 确认列车放行条件	（5）确认无《技规》《行规》明确禁止发出的列车	—	—	—	4	
		（6）确认区间闭塞设备作用良好	—	—	—	5	
三、开放信号	4. 开放信号	（7）通知助理值班员（内勤）停止影响进路的调车作业并听取报告	（2）停止影响进路的调车作业。确认停止后报告	—	停止调车作业时机和通知、应答、报告用语，由企业规定。无影响进路的调车作业时，此项作业省略	5	
		（8）确认列车运行计划后，通知助理值班员（内勤）：“×（次）、×道发车，开放信号”。听取复诵无误后，命令：“执行”	（3）复诵：“×（次）、×道发车，开放信号”	—	车站值班员认为需办理变通进路时，一并通知	5	

续表

三、开放信号	4. 开放信号	（9）确认信号正确，应答：“×道出站信号好（了）”	（4）开放出站信号，口呼：“×道”，点击（按下）始端按钮；需办理变通进路时，口呼：“变通××”，点击（按下）相应变通按钮；口呼：“出站”，点击（按下）终端按钮。确认光带、信号显示正确，口呼：“信号好（了）”	—	“变通××”中的“××”为按钮名称	5	
四、准备发车	5. 办理通知书	（10）按规定填写红色许可证通知书	—	—	—	12	
		（11）与助理值班员（外勤）核对红色许可证通知书，核对无误后加盖站名印	—	（1）与车站值班员核对红色许可证通知书	—	8	
	6. 交付通知书	（12）通知助理值班员（外勤）：“发×道×（次）”，并听取复诵	—	（2）通过信号操作终端确认发车进路正确后复诵：“发×道×（次）”	助理值班员（外勤）在室外作业时，可提前告知发车计划。 使用列车无线调度通信设备通知时，应在用语前增加姓名或代号	5	
		—	—	（3）与司机核对红色许可证通知书，核对无误后交付司机	—	2	

续表

五、发车	7. 确认发车条件	—	（5）通过信号操作终端监视信号及进路表示	—	—	2	
		—	—	（4）确认旅客上下、行包装卸和列检作业等完了（或得到通知）	动车组列车无此项作业	2	
	8. 发车	（13）通知司机：“××（次）×道出站信号好（了）”	—	（5）按规定站在适当地点，显示发车信号或使用列车无线调度通信设备（发车表示器）发车	车机联控前应告知司机车站一切电话中断但闭塞设备正常。 一端有两个及以上运行方向的车站（车场、线路所），应在联控用语后增加“去××方向”。 由车站值班员使用列车无线调度通信设备发车时，应确认发车条件具备（或得到报告）。 动车组列车无此项作业	5	
六、列车出发	9. 监视列车	（14）填记或确认电子行车日志	—	—	不能使用电子行车日志时，填写纸质行车日志	5	
		（15）应答：“好（了）”	（6）通过信号操作终端确认列车整列出站，口呼：“×（次）出站”	（6）监视列车，于列车尾部越过发车地点，确认列车尾部标志后返回	—	2	

续表

六、列车出发	9. 监视列车	—	（7）擦（划）掉占线板（簿）记载	（7）擦（划）掉占线板（簿）记载	—	2	
	10. 报点	（16）计算机报点系统自动向列车调度员报点	—	—	不能自动报点时，向列车调度员报点：“×（站）报点，×（次）、（×点）×（分）开”	5	

5. 行车应急处置

表 22-2-12　非到发线接车处置流程

标题	接入邯郸方向上行列车23002次列车进5道(引导总锁闭)										初始化条件	无									
作业程序							岗位作业技术要求												说明事项	考点分值	得分
							作业内容														
阶段序号	阶段名称	项目序号	项目名称	作业序号	作业名称	步骤	车站值班员	助理值班员	发车站值班员	接车站值班员	列车调度员	值班干部	工务	电务	供电	司机	胜任人员	系统设置			
1	请求调度命令	1	请求命令	1	请求命令	1	请求在非到发线上接车调度命令											下发调度命令		0	
						2	签收调度命令												不考核	0	
				2	请求引导信号接车	1	请求23002次使用引导信号接车				同意									7	

续表

1	请求调度命令	1	请求命令	3	通知值班干部上岗	1	通知值班干部：“23002次非到发线接车，请上岗”					复诵+明白								5	
				4	核对命令	1	与助理值班员核对调度命令（非到发线接车）	“核对正确”											非必做项	3	
2	接受预告	1	接受发车预告	1	接受发车预告	1	听取发车站预告，按列车运行计划核对车次、时刻、命令、指示（必要时与列车调度员联系），同意发车站预告：“同意23002次预告”		“23002次预告”											5	
				2	TDCS操作	1	填写《行车日志》													3	
3	邻站发车	1	邻站发车	1	邻站发车	1	复诵发车站开车通知：“23002次××点××分开”		“23002次××点××分开”											5	
4	准备进路	1	确认接车线	1	通知助理列车开来	1	通知助理值班员：“23002次开过来（了），5道停车”，并听取复诵	复诵：“23002次开过来（了），5道停车”，并填写占线板（簿）											非必做项	3	

续表

4	准备进路	1	确认接车线	1	通知助理列车开来	2	确认接车线路空闲													不考核	0	
						3	停止影响进路的调车作业。确认停止后，口呼："影响进路的调车作业已停止"													不考核	2	
		2	准备进路	1	准备进路	1	操作用语："再次确认列车运行计划"														2	
						2	2/4 6/8 (18) (20) (22)														6	
				2	喊停司机	1	通知司机："23002次标准站机外停车"										复诵+明白			非必做项	5	
5	交付命令	1	交付命令	1	交付命令	1	确认语音记录装置良好：" 语音记录装置良好 "													不考核	1	
						2	交付调度命令："23002次司机，向你转达××调度命令"(非到发线接车)										调度命令××号已签收，司机张三				5	
				2	通知司机	1	××次××站因设备故障，使用引导信号接车										明白				5	
6	开放引导信号	1	登记破封	1	登记破封	1	登记《行车设备检查登记簿》(加封S引总锁)													非必做项	3	
						2	登记《行车设备检查登记簿》(加封SYA)													非必做项	3	

续表

6	开放引导信号	2	开放引导信号	1	开放引导信号	1	使用S引总锁													4	
						2	使用SYA													4	
				2	确认信号	1	确认进路信号好了“5道引导信号好”	“5道引导信号好”											不考核	1	
7	车机联控	1	车机联控	1	车机联控	1	与司机车机联控：“23002次标准站引导接车，5道停车，注意引导信号”									复诵+明白				6	
8	接车	1	接送列车	1	接送列车	1	通知助理值班员：“23002次接近，5道接车”，并听取复诵	通过信号操作终端再次确认信号正确，复诵：“23002次接近，5道接车”											非必做项	5	
9	列车到达	1	报点	1	填写日志	1	确认列车整列到达												不考核	1	
						2	填记《行车日志》操作												非必做项	3	
10	进路解锁	1	解锁进路	1	解锁进路	1	点击S引总锁按钮													8	
		2	按钮补封	1	按钮补封	1	对破封使用的按钮进行补封，补封好后，登记《行车设备检查登记簿》												非必做项	5	

表 22-2-13　站内停电时接车处置流程

标题	仅站内停电时，接邯郸方向23002次列车进Ⅱ道(无须改变道岔位置)						初始化条件		系统默认												
作业程序							岗位作业技术要求												说明事项	考点分值	得分
							作业内容														
阶段序号	阶段名称	项目序号	项目名称	作业序号	作业名称	步骤	车站值班员	助理值班员	发车站值班员	接车站值班员	列车调度员	值班干部	工务	电务	供电	司机	胜任人员	系统设置			
1	接受预告	1	接受发车预告	1	接受发车预告	1	听取发车站预告，按列车运行计划核对车次、时刻、命令、指示(必要时与列车调度员联系)，同意发车站预告："同意23002次预告"		"23002次预告"											4	
				2	TDCS操作	1	填写《行车日志》操作													2	
						2	确定接车线												不考核	1	

续表

2	邻站发车	1	邻站发车	1	邻站发车	1	复诵发车站开车通知："23002次××点××分开"		23002次××点××分开										非必做项	1	
				2	通知助理列车开来	1	通知助理值班员："23002次开过来了，Ⅱ道停车"，并听取复诵	复诵"23002次开过来了，Ⅱ道停车"并填写占线板（簿）											非必做项	4	
3	故障设置	1	设置故障	1	设置故障	1												控制台无表示		0	
4	呼叫停车	1	车机联控	1	车机联控	1	与司机车机联控："23002次标准站机外停车"									复诵+明白				5	
5	故障处理	1	故障处理	1	故障处理	1	报告调度："信号操作终端无表示，影响23002次接车"				复诵+明白									2	

续表

5	故障处理	1	故障处理	1	故障处理	2	报告值班干部："信号操作终端无表示，请上岗"					复诵+明白								2	
		2	故障登记	1	故障登记	1	登记《行车设备检查登记簿》													3	
		3	故障通知	1	故障通知	1	通知工务"信号操作终端无表示，请到岗检查"						复诵+明白							1	
						2	通知电务"信号操作终端无表示，请到岗检查"							复诵+明白						1	
						3	通知供电"信号操作终端无表示，请到岗检查"								复诵+明白					1	
						4	工务、电务、供电上岗													0	

续表

5	故障处理	4	故障签认	1	故障签认	1	通知工务签认登记结果“信号操作终端无表示，请签认处理结果”						复诵+明白							2	
						2	通知电务签认登记结果“信号操作终端无表示，请签认处理结果”							复诵+明白						2	
						3	通知供电签认登记结果“信号操作终端无表示，请签认处理结果”								复诵+明白					2	
				2	向列调汇报结果	1	向列调汇报检查结果				明白		设备正常	信号操作终端无表示，电力停电	信号操作终端无表示，站内停电					3	

续表

6	调度命令	1	请求调度命令	1	请求调度命令	1	请求引导手信号接车的调度命令				同意									8	
						2	签收调度命令											下发调度命令	不考核	1	
		2	核对命令	1	核对命令	1	与助理值班员核对调度命令	“核对正确”											非必做项	2	
7	准备进路	1	确认接车线	1	助理检查线路空闲	1	确定接车线路空闲，通知助理“检查Ⅱ道空闲”	复诵+明白												5	
				2	胜任人员检查线路空闲	1	确定接车线路空闲，通知胜任人员“确认Ⅱ道空闲”										复诵+明白			2	
						2	听取汇报	确定接车线路空闲后，回复：“Ⅱ道空闲”												1	
						3	听取汇报										确定接车线路空闲后，回复：“Ⅱ道空闲”			1	

续表

7	准备进路	1	确认接车线	2	胜任人员检查线路空闲	4	停止影响进路的调车作业。确认停止后，口呼："影响进路的调车作业已停止"												不考核	1	
		2	准备进路	1	破封手摇把	1	破封登记手摇把												非必做项	3	
				2	准备进路	1	操作用语："再次确认列车运行计划"													1	
						2	通知胜任人员："领取手摇把，23002次Ⅱ道接车，准备进路"										复诵+明白			3	
						3	通知胜任人员："执行"													1	
						4	通知工务："道岔现场紧固"						复诵+明白							3	
						5	听取胜任人员报告，应答："明白"										向车站值班员报告："Ⅱ道接车进路好"		非必做项	1	

续表

8	交付命令	1	交付命令	1	交付命令	1	确认语音记录装置良好："语音记录装置良好"												不考核	2	
						2	交付调度命令："23002次司机，向你转达××号调度命令"									调度命令××号已签收，司机张三				4	
9	引导接车	1	引导接车	1	引导接车	1	通知胜任人员："××次××点××分开过来了，引导接车"										复诵+明白			3	
						2	执行													1	
						3	听取胜任人员报告，应答："明白"										"引导手信号显示好"		非必做项	2	
10	车机联控	1	车机联控	1	车机联控	1	与司机车机联控："23002次标准站引导接车，Ⅱ道停车，注意引导手信号"									司机复诵，明白				5	

续表

11	接车	1	接送列车	1	胜任人员接车	1	复诵：“23002次接近，Ⅱ道接车”										通知值班员：“23002次接近”			3	
				2	助理接车	1	通知助理值班员：“23002次接近，Ⅱ道接车”，并听取复诵	复诵：“23002次接近，Ⅱ道接车”											非必做项	3	
				3	列车到达	1	复诵										列车整列到达，汇报：“23001次到达”		非必做项	2	
						2	填记《行车日志》操作（F3）												非必做项	2	
12	进路解锁	1	解锁	1	解锁	1	通知胜任人员：“解锁进路，交回手摇把”										复诵：解锁进路			2	
						2	听取报告后应答“明白”										“进路解锁好，工务紧固器已撤除”		非必做项	2	

表 22-2-14 货物列车抱闸时处置流程

标题	赵村方向23001次Ⅰ道发车								初始化条件	23001次Ⅰ道待发											
作业程序							岗位作业技术要求												说明事项	考点分值	得分
							作业内容														
阶段序号	阶段名称	项目序号	项目名称	作业序号	作业名称	步骤	车站值班员	助理值班员	发车站值班员	接车站值班员	列车调度员	值班干部	工务	电务	供电	司机	胜任人员	系统设置			
1	办理闭塞	1	办理闭塞	1	办理闭塞	1	根据闭塞表示灯、《行车日志》及各种行车表示牌，确认区间空闲。根据列车运行计划，向接车站发出："23001次闭塞"，并听取同意的通知			"同意23001次闭塞"										5	
				2	办理闭塞灯	1	一按闭塞按钮、二听铃响													1	
						2	闭塞操作			确认黄灯，点击"闭塞"按钮								邻站闭塞操作		1	
						3	三看黄灯变绿，口呼："×次闭塞好（了）"	应答："×次闭塞好（了）"											口呼不考核	1	
				3	TDCS预告	1	填记《行车日志》													2	

续表

2	开放信号	1	开放信号	1	开放信号	1	确认道岔18定位、(6/8)、(2/4)，XI显示绿灯													2	
3	车机联控	1	车机联控	1	车机联控	1	与司机车机联控：“23001次 I 道出站信号好了”									复诵+明白				2	
4	准备发车	1	准备发车	1	准备发车	1	指示助理值班员：“23001次 I 道发车”，并听取复诵	复诵											非必做项	3	
						2	“明白”	“发车条件已具备”												2	
				2	通知发车	1	通知司机：“23001次 I 道发车”									复诵+明白				2	
5	列车出发	1	列车出发	1	列车出发	1	通知接车站：“23001次××点××开”，并听取复诵			“23001次××点××开”									非必做项	1	
				2	填写日志	1	填记《行车日志》												非必做项	2	
6	确认故障	1	故障确认	1	故障确认	1	接到助理值班员汇报，复诵	“23001次机后10位运行左侧冒火”												1	
7	通知司机停车	1	呼叫司机停车	1	呼叫司机停车	1	通知司机“23001次机后10位运行左侧冒火，就近合适地点停车”									复诵+明白				55	

续表

8	故障处理	1	故障通知	1	通知列调	1	通知列车调度员：“23001次机后10位运行左侧冒火，已喊停列车”				复诵+明白									5	
				2	听取司机汇报	1	接到司机汇报已停好车，复诵									“23001次已停车”		停于6/8道岔区段	非必做项	1	
				3	通知干部	1	通知值班干部：“23001次机后10位运行左侧冒火，已停车”					复诵+明白								5	
		2	故障签认	1	故障签认	1	通知助理值班员去检查：“会同司机检查确认”	“会同司机检查确认，明白”												5	
		3	故障处理	1	故障处理	1	复诵+“明白”	助理值班员汇报：“23001次故障处理完毕，可以正常运行”												1	
		4	报告列车调度员	1	将司机汇报内容报告列车调度员		汇报列车调度员：“23001次故障处理完毕，可以正常运行”				明白									1	
		5	通知司机	1	通知司机		与司机车机联控：“23001次可以正常运行”									复诵+明白				2	

表 22-2-15　向封锁区间开行救援列车处置流程

标题	(向封锁区间发出救援列车，正方向)邯郸方向51001次3道待发，前行车23001次已发出									初始化条件	前行23001次位于X3LQ处，51001次位于3道											
作业程序							岗位作业技术要求													说明事项	考点分值	得分
							作业内容															
阶段序号	阶段名称	项目序号	项目名称	作业序号	作业名称	步骤	车站值班员	助理值班员	发车站值班员	接车站值班员	列车调度员	值班干部	工务	电务	供电	司机	胜任人员	系统设置				
1	汇报故障	1	汇报故障	1	汇报故障	1	复诵+明白									向车站值班员汇报“23001次因机车故障被迫停于下行线20 km 100 m，不能继续运行，请求救援”					2	

续表

1	汇报故障	1	汇报故障	1	汇报故障	2	“收取速报”									司机汇报“机车型号韶山4型、所属局段北京铁路局邯郸机务段、司机姓名李刚、牵引辆数55辆、换长70.0，总重4 000 t				1	
		2	报告故障	1	向邻站报告故障	1	向邻站报告：“23001次因机车故障被迫停于下行线20 km 100 m，不能继续运行，请求救援”			复诵+明白										3	
				2	向列调报告故障	1	向列车调度员报告：“23001次因机车故障被迫停于下行线20 km 100 m，不能继续运行，请求救援”				“51001次列车停运，加开58101次进行救援”									2	

续表

1	汇报故障	2	报告故障	2	向列调报告故障	2	向调度汇报："司机汇报'机车型号韶山4型、所属局段北京铁路局邯郸机务段、司机姓名李刚、牵引辆数55辆、换长70.0，总重4 000 t'"				复诵+明白									2	
				3	向值班干部报告故障	1	向值班干部报告："23001次因机车故障被迫停于下行线20 km 100 m，不能继续运行，请求救援，请上岗"					复诵+明白						值班干部上岗		3	
2	请求调度命令	1	请求调度命令	1	请求调度命令	1	向列车调度员请求："封锁区间开行救援单机（返回）"调度命令											下发调度命令		5	
				2	签收调度命令	1	签收调度命令												不考核	0	
				3	核对命令	1	与助理值班员核对调度命令	"核对正确"											非必做项	2	
3	加开救援列车	1	救援计划	1	救援计划	1												生成58101次和58102次阶段计划	不考核	0	
						2	签收阶段计划												不考核	0	
						3	修改车次窗内容												不考核	0	

续表

4	挂牌	1	挂牌	1	挂牌	1	操纵台挂“封锁区间”表示牌封锁区间													非必做项	3	
5	发车进路	1	发车进路	1	发车进路	1	操作用语电话：“再次确认列车运行计划”													非必做项	1	
						2	通过联锁表示，确认进路准备好（X3调车信号灯白色，D18信号灯白色，6/8，10/12，(18)(或单锁)或者排调车信号														9	
6	办理凭证	1	办理凭证	1	填写凭证	1	填写调度命令														2	
				2	核对凭证	1	与助理值班员核对调度命令	“核对正确”												非必做项	2	
				3	凭证校验	1	核对无误后，签名并加盖站名印														8	
7	救援列车出发	1	准备发车	1	凭证下发	1	将调度命令交助理值班员													不考核	0	
				2	准备发车	1	指示助理值班员：“×次×道发车”，并听取复诵	“×次×道发车”												非必做项	4	
				3	听取凭证交付回呼	1	听取回呼：“明白”	回呼“凭证已交付司机，发车条件已具备”													2	
		2	车机联控	1	车机联控	1	与司机车机联控：“58101次3道发车进路好了”	—									复诵+明白				2	
						2	“58101次3道发车”	—									复诵+明白				2	

续表

7	救援列车出发	2	车机联控	2	行车日志	1	填写《行车日志》	—											非必做项	6	
		3	列车出发	1	列车出发	1												控车故障启动单机58101次	不考核	0	
				2	通知邻站	1	通知邻站值班员“救援列车58101次××点××分开”			复诵										2	
8	确认救援结果	1	与司机确认救援结果	1	与司机确认救援结果	1	复诵										司机呼叫：“58101次救援完成，具备返回条件，××点××分开”		非必做项	0	
						2	通知助理：“反方向58101次3道停车”	复诵												2	
9	接车进路	1	接车进路	1	接车进路	1	通过联锁表示，确认进路准备好(SF信号灯双黄色，10/12，6/8，(18)，(20)，(24)													10	
10	救援列车返回	1	列车接近	1	列车接近	1												修改车次窗内容	不考核	0	

续表

10	救援列车返回	2	车机联控	1	车机联控	1	通知司机："58102次标准站3道停车"										58102次司机呼叫："58102次接近"			5	
11	接车	1	接送列车	1	接送列车	1	通知助理值班员："反方向××次接近，3道接车"，并听取复诵	"反方向××次接近，3道接车"											非必做项	2	
12	列车到达	1	报点	1	向邻站报点	1	通知邻站："反方向58102次××点××分到"			"反方向58102次××点××分到"										5	
				2	确认列车到达	1	通过信号操作终端确认列车整列进入接车线												不考核	0	
				3	行车日志报点	1	填记《行车日志》												非必做项	2	
13	开通区间	1	请求调度命令	1	请求调度命令1	1	通知列调"请求开通封锁区间调度命令"											下发调度命令		7	
				2	签收调度命令1	1	签收调度命令												不考核	0	
				2	核对命令1	1	与助理值班员核对调度命令	"核对正确"											非必做项	2	
14	摘牌	1	摘牌	1	摘牌	1	操纵台摘下"封锁区间"表示牌												非必做项	2	

表 22-2-16　客车抱闸时处置流程

标题	赵村方向客车4481次Ⅰ道发车								初始化条件	客车4481次Ⅰ道待发											
作业程序							岗位作业技术要求												说明事项	考点分值	得分
							作业内容														
阶段序号	阶段名称	项目序号	项目名称	作业序号	作业名称	步骤	车站值班员	助理值班员	发车站值班员	接车站值班员	列车调度员	值班干部	工务	电务	供电	司机	胜任人员	系统设置			
1	办理闭塞	1	办理闭塞	1	办理闭塞	1	根据闭塞表示灯、《行车日志》及各种行车表示牌，确认区间空闲。 根据列车运行计划，向接车站发出：“客车4481次闭塞”，并听取同意的通知			“同意客车4481次闭塞”										5	
				2	办理闭塞灯	1	一按闭塞按钮、二听铃响													1	
						2	闭塞操作			确认黄灯，点击“闭塞”按钮								邻站闭塞操作		1	
						3	三看黄灯变绿，口呼：“×次闭塞好（了）”	应答：“×次闭塞好（了）”											口呼不考核	1	
				3	TDCS预告	1	填记《行车日志》													2	
2	开放信号	1	开放信号	1	开放信号	1	确认道岔18定位、（6/8）、（2/4），XI显示绿灯													2	
				2	戴帽	1	加戴客车安全帽												非必做项	2	

续表

3	车机联控	1	车机联控	1	车机联控	1	与司机车机联控："客车4481次Ⅰ道出站信号好了"									复诵+明白				5	
				2	助理发车	1	指示助理值班员："客车4481次Ⅰ道发车"，并听取复诵	复诵												5	
4	列车出发	1	列车出发	1	列车出发	1	通知接车站："客车4481次××点××开"，并听取复诵			"客车4481次××点××开"									非必做项	1	
				2	填写日志	1	填记《行车日志》												非必做项	0	
5	故障确认	1	故障确认	1	故障确认	1	接到助理值班员汇报，复诵	"客车4481次机后10位运行左侧冒火"												1	
6	通知司机停车	1	呼叫司机停车	1	呼叫司机停车	1	通知司机"客车4481次机后10位运行左侧冒火，就近合适地点停车"									复诵+明白				55	
7	故障通知	1	故障通知	1	通知列调	1	通知列车调度员："客车4481次机后10位运行左侧冒火，已喊停列车"				复诵+明白									5	
				2	听取司机汇报	1	接到司机汇报已停好车，复诵									"客车4481次已停车"		停于6/8道岔区段	非必做项	1	
				3	通知干部	1	通知值班干部："客车4481次机后10位运行左侧冒火，已停车"					复诵+明白								5	

续表

8	故障处理	1	听取司机汇报	1	听取司机汇报	1	复诵+明白									司机汇报："客车4481次故障处理完毕，可以正常运行"				1	
		2	汇报列车调度员	1	报告列车调度员	1	汇报列车调度员："客车4481次故障处理完毕，可以正常运行"				明白									1	
		3	通知司机	1	通知司机	1	与司机车机联控："客车4481次可以正常运行"									复诵+明白				2	
		4	摘客车帽	1	摘帽		摘下客车帽												非必做项	2	

表 22-2-17　汛期防洪时发车处置流程

标题	邯郸方向23003次Ⅰ道待发，前行车23001次已发出								初始化条件			23001次已从标准站发出，23003次与邯郸站办理预告后，工务汇报因降雨达到封锁警戒值，标准站至邯郸站间上（下）行请求封锁									
作业程序							岗位作业技术要求														
							作业内容														
阶段序号	阶段名称	项目序号	项目名称	作业序号	作业名称	步骤	车站值班员	助理值班员	发车站值班员	接车站值班员	列车调度员	值班干部	工务	电务	供电	司机	胜任人员	系统设置	说明事项	考点分值	得分
1	办理预告	1	办理预告	1	办理预告	1	车站值班员："23003次预告"			"同意23003次预告"										2	

续表

1	办理预告	1	办理预告	2	TDCS预告操作	1	填记《行车日志》													2	
2	故障设置	1	故障设置	1	故障设置	1	回复“明白”						工务汇报:“因降雨达到封锁警戒值，标准站至邯郸站间上（下）行请求封锁”							1	
3	故障处理	1	通知司机	1	通知司机	1	通知区间23001次司机:“23001次司机，因降雨达到封锁警戒值，以遇到阻碍随时停车的速度运行至前方站”									“因降雨达到封锁警戒值，以遇到阻碍随时停车的速度运行至前方站，23001次司机明白”				39	
		2	故障通知邻站	1	通知邻站	1	通知邯郸站值班员:“因降雨达到封锁警戒值，标准站至邯郸站间上(下)行请求封锁”			复诵									可并行	10	

续表

3	故障处理	2	故障通知邻站	1	取消预告	1	通知邯郸站值班员：“取消23003次预告”			复诵										2	
				2	TDCS取消预告		TDCS取消预告													0	
		3	汇报故障	1	汇报列调	1	通知列调：“因降雨达到封锁警戒值，标准站至邯郸站间上（下）行请求封锁，已通知区间运行列车23001次以遇到阻碍随时停车的速度运行至前方站”				复诵+明白									10	
				2	汇报站长	1	通知值班干部：“因降雨达到封锁警戒值，标准站至邯郸站间上（下）行请求封锁，已通知区间运行列车23001次以遇到阻碍随时停车的速度运行至前方站”					复诵+明白								5	
4	请求调度命令	1	列车到达邻站	1	列车到达邻站	1	“23001次××点××分到”			“23001次××点××分到”										2	
			请求调度命令	1	请求调度命令	1	请求因暴雨封锁区间调度命令				同意							下发调度命令		15	
						2	签收调度命令												不考核	0	

续表

4	请求调度命令	2	与助理核对命令	1	与助理核对命令	1	与助理值班员核对调度命令	“核对正确”											非必做项	5	
		3	与邯郸核对命令	1	与邯郸核对命令	1	与邯郸值班员核对调度命令			“核对正确”										5	
		4	揭挂表示牌	1	揭挂表示牌	1	揭挂封锁区间表示牌													2	

6. 高速铁路非正常接发列车

表 22-2-18　1701 车次号丢失+道岔无表示

标题	C6406 次本站 10 道到开						初始化条件	（1）C6406 次为 CRH380 列车，装备 LKJ。 （2）本区段为装备 CTCS-3 级列控列车运行控制系统区段，信号机常态灭灯。 （3）出站信号机装备引导信号。 （4）本站为中心控制模式，两邻站为非常站控模式														
作业程序							岗位作业技术要求													说明事项	考点分值	得分
							作业内容															
阶段序号	阶段名称	项目序号	项目名称	作业序号	作业名称	步骤	车站值班员	发车站值班员	接车站值班员	列车调度员	值班干部	客运	值班室	工务	电务	供电	司机	胜任人员	系统设置			
1	接受预告	1	接受发车预告	1	承认预告	1	接受发车站预告，并复诵：“C6406 次预告”	“C6406 次预告”											下发阶段计划，C6406		2	
				2	TDCS 同意预告	1	填写《行车日志》														2	

续表

1	接受预告	1	接受发车预告	3	邻站发车	1	复诵："C6406次×点×分开"	"C6406次×点×分开"												非必做	2	
				4	办理预告	1	向接车站预告"C6406次预告"		"C6406次预告"												2	
				5	TDCS预告	1	填写《行车日志》														2	
2	开放信号	1	开放接车信号	1	核对进路序列	1	操作用语："核对C6406次接车进路序列，C6406、10道、复盛郑渝场方向来、×点×分、S按钮X10按钮，自动触发"(内容根据题目固定)													非必做	3	
				2	触发进路	1	操作用语：在C6406次接车进路序列上选择"自动触发"口呼："自触完成"														2	
				3	确认进路触发正确	1	操作用语："复盛郑渝场方向，10道，进站信号好了"													非必做	3	
3	设置故障	1	设置故障	1	设置故障	1													系统设置故障（C6406次运行至10道后车次号丢失）		0	
4	车次号丢失	1	汇报故障	1	通知列车调度员	1	通知列车调度员："C6406次在10道车次号丢失"			明白										并行	4	

续表

4	车次号丢失	1	汇报故障	2	确认丢失车次位置	1	询问C6406司机："C6406次10道是否停妥"										C6406次10道已停妥				3	
				3	核对确认车次	1	汇报列车调度员："C6406次10道已停妥"			复诵+明白											2	
				4	修正车次	1	在CTC车务终端上重新输入正确的车次号														2	
				5	CTC报点	1	CTC自动填写C6406到达时间														0	
5	道岔失表	1	汇报故障	1	通知司机	1	通知司机："209号道岔反位无表示，不得动车"										复诵+明白				4	
				2	报告列调	1	通知列车调度员："209号道岔反位无表示，影响C6406次10道发车"			复诵+明白										并行(值班室和客运可不做，分数得不到)	3	
				3	报告值班干部	1	通知值班干部："209号道岔反位无表示，影响C6406次10道发车"				复诵+明白										3	
				4	报告值班室	1	通知值班室："209号道岔反位无表示，影响C6406次10道发车"														3	

续表

5	道岔失表	1	汇报故障	5	故障登记	1	登记《行车设备检查登记簿》														3	
				6	通知工务上道检查	1	通知工务上道检查："209 号道岔反位无表示，影响 C6406 次 10 道发车，立即到岗"							复诵 + 明白							2	
				7	通知电务上道检查	1	通知电务上道检查："209 号道岔反位无表示，影响 C6406 次 10 道发车，立即到岗"								复诵 + 明白						2	
				8	通知客运	1	通知客运，209 号道岔反位无表示，影响 C6406 次 10 道发车									复诵 + 明白					2	
6	处理故障	1	处理故障	1	取消自触	1	在 CTC 上取消自触 C6406 次 10 道发车进路序列												取消发车进路自触勾		2	
				2	工务电务申请上道处理	1	"明白"							工务请求上道处理故障							2	
							"明白"								电务请求上道处理故障						2	

续表

6	处理故障	1	处理故障	3	报告调度员	1	因郑州东站设备故障，危及行车安全，请求准许上道处理故障			明白									下发封锁道岔上道抢修调度命令、下发邻线限速调度命令		3	
				4	签收调度命令	1	操作用语：“核对无误，签收命令”													非必做1分	2	
				5	确认限速	1	操作用语：“确认站内列控限速设置成功”												CTC设置站内下行正线列控限速160 km，K688-000，K690-000		3	
				6	封锁道岔	1	对209号道岔进行封锁														2	
				7	上道处理故障	1	“工务可以上道处理故障”							可以上道处理故障，工务明白							2	
							“电务可以上道处理故障”								可以上道处理故障，电务明白						2	
7	故障修复	1	故障修复	1	故障修复	1	明白							工务设备良好，请求开通封锁区间					工务、电务签认处理结果		2	

续表

7	故障修复	1	故障修复	1	故障修复	1	明白								电务故障处理完毕，试验良好，请求开通封锁区间						2	
				2	通知调度	1	“工务汇报：工务设备良好，请求开通封锁区间”			明白									下发开通站内道岔、取消邻线限速调度命令		2	
							“电务汇报：电务故障处理完毕，试验良好，请求开通封锁区间”			明白											1	
				3	签收调度命令	1	操作用语：“核对无误，签收命令”														2	
				4	确认限速取消	1	操作用语：“确认列控限速已取消”												取消 CTC 列控限速	非必做	2	
				5	解封道岔	1	解封 209 号道岔														2	

续表

8	发车	1	发车进路	1	确认进路信息	1	操作用语："核对C6406次发车进路序列，C6406、10道、去新乡东方向、×点×分、S4按钮XF按钮，自动触发"														3	
				2	触发发车进路	1	操作用语：在C6406次发车进路序列上选择"自动触发"口呼："自触完成"														2	
				3	确认进路正确	1	操作用语："新乡东方向，10道，出站信号好了"														3	
				4	通知司机	1	"C6406次恢复正常行车"										"恢复正常行车，C6406次明白"		列车启动		4	
				5	报点	1	"C6406次×点×分开"		复诵"C6406次×点×分开"												2	
				6	列车出发	1	CTC自动填写C6406出发时间														0	
				7	复诵到点	1	复诵"C6406次×点×分到"		"C6406次×点×分到"												2	

表 22-2-19　列控车载设备故障+人员坠入股道

标题	C6405 次本站 9 道到开	初始化条件	（1）C6405 次为 CRH380 列车，装备 LKJ。 （2）本区段为装备 CTCS-3 级列控列车运行控制系统区段，信号机常态灭灯。 （3）出站信号机装备引导信号。 （4）本站为分散自律车站控制模式，两邻站为非常站控模式

作业程序							岗位作业技术要求														说明事项	考点分值	得分
							作业内容																
阶段序号	阶段名称	项目序号	项目名称	作业序号	作业名称	步骤	车站值班员	发车站值班员	接车站值班员	列车调度员	值班干部	客运	值班室	工务	电务	供电	公安	司机	胜任人员	系统设置			
1	接受预告	1	接受发车预告	1	承认预告	1	接受发车站预告，并复诵：“C6405 次预告”	“C6405 次预告”												下发阶段计划		2	
				2	TDCS 操作	1	填写《行车日志》													邻站预告		2	
				3	列车邻站出发	1	“C6405 次××点××分开”	“C6405 次××点××分开”												邻站填写行车日志，添加列车在 X1JG		1	
				4	办理预告	1	“C6405 次预告”		“C6405 次预告”													2	
				5	TDCS 预告	1	填写《行车日志》													邻站同意预告		2	

续表

2	开放信号	1	开放接车信号	1	核对进路序列	1	操作用语：“核对C6405次接车进路序列，C6405、9道、长寿湖方向来、×点×分、×按钮S9按钮，自动触发”(内容根据题目固定，不选择)														非必做	3	
				2	触发进路	1	操作用语：在C6405次接车进路序列上选择“自动触发”口呼：“自触完成”															2	
				3	确认进路触发正确	1	操作用语：“长寿湖方向，9道，进站信号好了”														非必做	3	
3	故障处理1	1	处理故障1	1	听取汇报	1	回复司机：“C6405次列车因列控车载设备故障，在长寿湖至长寿北郑渝场间下行线683 km 500 m处停车，长寿北郑渝场站明白”											司机汇报：“长寿北郑渝场站，C6405次列车因列控车载设备故障，在长寿湖至长寿北郑渝场间下行线683 km 500 m处停车”				4	

续表

3	故障处理1	1	处理故障1	2	询问司机	1	“C6405次列车，列控车载设备重启后是否恢复正常，是否装载LKJ”											司机回复：“C6405次列控车载设备重启后无法恢复正常，装备LKJ”				4	
				3	通知调度员	1	“C6405次因列控车载设备故障，已停于683 km 500 m处，重启仍未恢复，装载LKJ”			复诵+明白												2	
				4	通知值班室	1	“C6405次因列控车载设备故障，停于683 km 500 m处，重启仍未恢复，装载LKJ”						复诵+明白									2	
				5	通知值班干部	1	“C6405次因列控车载设备故障，停于683 km 500 m处，重启仍未恢复，装载LKJ”				复诵+明白											2	
				6	通知客运	1	“C6405次因列控车载设备故障，9道暂不接车”					复诵+明白										2	

续表

4	请求调令	1	请求调令	1	签收调度命令	1	操作用语：“核对无误，签收命令”													下发“准许动车组列车改按LKJ方式运行的调度命令”		2	
				2	通知司机	1	“C6405 次司机，长寿北郑渝场站需解锁C6405 次 9 道接车进路”											长寿北郑渝场站需解锁C6405次9道接车进路，司机明白				2	
				3	解锁进路	1	CTC 操作，取消或者解锁进路													CTC操作，取消或者解锁进路		2	
				4	取消自动触发	1	取消自动触发C6405 次 9 道接车进路序列													取消自动触发C6405次9道接车进路序列		0	

续表

4	请求调令	1	请求调令	5	点灯操作	1	将X、S9信号机点灯													将X、S9信号机点灯		0	
				6	核对进路序列	1	操作用语："核对C6405次接车进路序列，C6405、9道、长寿湖方向来、×点×分、×按钮S9按钮，自动触发"(内容根据题目固定，不选择)															3	
				7	触发进路	1	操作用语：在C6405次接车进路序列上选择"自动触发"口呼："自触完成"													自动触发C6405次9道接车进路序列		2	
				8	确认进路触发正确	1	操作用语："长寿湖方向，9道，进站信号好了"															3	
				9	询问司机	1	询问司机"C6405次，调度命令36001号是否收到"											"C6405次已收到调度命令36001号"				3	

续表

4	请求调令	1	请求调令	10	车机联控	1	车机联控“C6405次，长寿北郑渝场站9道停车”											“C6405次，长寿北郑渝场站9道停车，明白”				2	
				11	客运接车	1	“C6405次开过来了，9道接车”					“C6405次开过来了，9道接车，明白”										2	
5	故障处理2	1	故障处理2	1	听取汇报2	1	“明白”					“有人员坠入9道”									C6405次尚未进站，在信号机外	2	
				2	通知司机2	1	“C6405次立即停车”											“C6405次立即停车，司机明白”		C6405次停车		4	
				3	通知调度员3	1	“有人员坠落9道”			明白，请按规定办理												2	
				4	通知值班干部	1	“有人员坠落9道”				复诵+明白											2	

续表

5	故障处理2	1	故障处理2	5	通知值班室	1	“有人员坠落9道”						复诵+明白									2	
				6	听取汇报	1	“C6405次已机外停车，长寿北郑渝场站明白”											司机汇报“C6405次已机外停车”				2	
				7	通知客运	1	“C6405次已机外停车，可以下道处理坠落人员”					明白										2	
				8	听取汇报2	1	“明白”					客运汇报“9道坠落人员已处理完毕”										1	
				9	通知调度员4	1	“坠落人员已处理完毕”			复诵+明白												2	
				10	通知司机3	1	“C6405次，恢复正常行车”											C6405次恢复正常行车，司机明白				2	
6	故障修复	1	故障修复	1	列车到达	1	“C6405次××点××分到”	“C6405次××点××分到”													非必做	1	
				2	报到点	1	填写《行车日志》															2	

续表

6	故障修复	1	故障修复	3	听取汇报	1	“明白”											C6405次列控车载设备已修复				1	
				4	通知调度	1	“C6405 次列控车载设备已修复”			复诵+明白										下发转为列控车载设备控车的调度命令		2	
				5	签收调度命令	1	操作用语：“核对无误，签收命令”															2	
				6	询问司机	1	“C6405 次，调度命令 36002 号是否收到”											调度命令 36002 号已收到，已转回列控车载设备控车				2	
				7	灭灯操作	1	将 X、S9 信号机灭灯														将X、S9信号机灭灯灯	0	

续表

7	发车	1	发车进路	1	确认进路信息	1	操作用语："核对C6405次发车进路序列，C6405、9道、去复盛郑渝场方向去、×点×分、XIII按钮SF按钮，自动触发"（内容根据题目固定，不选择）														非必做	3	
				2	触发发车进路	1	操作用语：在C6405次发车进路序列上选择"自动触发"口呼："自触完成"															2	
				3	确认进路正确	1	操作用语："去复盛郑渝场方向，9道，出站站信号好了"														非必做	3	
				4	发车	1	"C6405次具备开车条件后可以开车"											复诵+明白				2	
				5	报点	1	"C6405次×点×分开"		复诵"C6405次×点×分开"													2	
				6	TDCS报点	1	填写行车日志															2	
				7	复诵到点	1	复诵"C6405次×点×分到"		"C6405次×点×分到"													1	

表 22-2-20　接触网挂异物+司机未收到进路信息

标题	C6406 次本站 10 道到开						初始化条件			（1）C6406 次为 CRH380 列车，装备 LKJ。 （2）本区段为装备 CTCS-3 级列控列车运行控制系统区段，信号机常态灭灯。 （3）出站信号机装备引导信号。 （4）本站为车站控制模式，两邻站为非常站控模式												
作业程序							岗位作业技术要求													说明事项	考点分值	得分
							作业内容															
阶段序号	阶段名称	项目序号	项目名称	作业序号	作业名称	步骤	车站值班员	发车站值班员	接车站值班员	列车调度员	值班干部	客运	值班室	工务	电务	供电	司机	胜任人员	系统设置			
1	接受预告	1	接受发车预告	1	承认预告	1	接受发车站预告，并复诵：“同意 C6406 次预告”	“C6406 次预告”											下发阶段计划		2	
				2	TDCS 操作	1	填写《行车日志》												添加 C6406 次列车 S1JG，列车启动		2	
				3	邻站发车	1	复诵：“C6406 次×点×分开”	“C6406 次×点×分开”													1	
				4	办理预告	1	向接车站预告“C6406 次预告”		“C6406 次预告”												2	
				5	TDCS 预告	1	填写《行车日志》														2	

续表

2	接车进路	1	开放信号	1	核对进路序列	1	操作用语："核对C6406次接车进路序列，C6406次、10道、复盛郑渝场方向来、×点×分、S按钮X10按钮，自动触发"(内容根据题目固定)														3	
				2	触发进路	1	操作用语：在C6406次接车进路序列上选择"自动触发"口呼："自触完成"														2	
				3	确认进路触发正确	1	操作用语："复盛郑渝场方向，10道，进站信号好了"														3	
3	故障汇报	1	故障汇报	1	司机汇报故障	1	"因复盛郑渝场站至长寿北郑渝场站间上行线700 km 100 m处接触网挂有异物，C6406次已停车，长寿北郑渝场明白"										司机汇报：因复盛郑渝场站至长寿北郑渝场站间上行线700 km 100 m处接触网挂有异物，C6406次已停车"		C6406次停车		2	

续表

3	故障汇报	1	故障汇报	2	询问司机	1	“C6406次，司机姓名，异物是否影响邻线行车，是否可以降弓通过”										“C6406次司机张三，不影响邻线行车，不能降弓通过”				3	
				3	通知邻站	1	“因复盛郑渝场站至长寿北郑渝场站间上行线700 km 100 m处接触网挂有异物，C6406次已停车，暂不往区间放行列车”	复诵+明白													3	
				4	通知调度员	1	“C6406次司机汇报，复盛郑渝场站至长寿北郑渝场站间上行线700 km 100 m处接触网挂有异物，C6406次已停车，异物不影响邻线行车”			复诵+明白											3	

续表

3	故障汇报	1	故障汇报	5	通知值班干部	1	“C6406次司机汇报，复盛郑渝场站至长寿北郑渝场站间上行线700 km 100 m处接触网挂有异物，C6406次已停车，异物不影响邻线行车”				复诵+明白										3	
				6	通知值班室	1	C6406次司机汇报，复盛郑渝场站至长寿北郑渝场站间上行线700 km 100 m处接触网挂有异物，C6406次已停车，异物不影响邻线行车						复诵+明白								3	
				7	故障登记	1	登记《行车设备检查登记簿》														3	
				8	通知供电检查	1	通知供电：“C6406次在区间700 km 100 m处发现本线接触网挂有异物，列车不能降弓通过，立即到岗”									复诵+明白					4	

续表

3	故障汇报	1	故障汇报	9	通知客运	1	“C6406次因接触网挂有异物已停于区间，暂不接车”					复诵+明白									3	
4	故障处理	1	故障处理	1	解锁进路	1	“C6406次司机，长寿北郑渝场站需解锁10道接车进路”										复诵+明白				3	
				2	取消自动触发	1	取消C6406次接车进路自动触发													取消C6406次接车自动触发进路	2	
				3	供电请求上道	1	“明白”									“供电请求停电、上道处理故障”					3	
				4	报告调度员	1	“通知2号供电臂下的所有列车停车并降弓，供电请求上道处理故障”			复诵+明白										下发调度命令	2	

续表

4	故障处理	1	故障处理	5	签收命令确认限速	1	“核对无误，签收命令”														1	
							确认 CTC 设置限速成功														1	
				6	上道处理	1	调度命令 36001 号已下发，可以上道处理故障									复诵+明白					3	
				7	询问邻站	1	“调度命令 36001 号是否收到”	“调度命令 36001 号已收到”													4	
5	开通区间	1	开通区间	1	处理完毕	1	“供电故障处理完毕，请求恢复供电、开通封锁区间”									“供电故障处理完毕，请求恢复供电、开通封锁区间”					2	
				2	请求调令	1	“供电故障处理完毕，请求恢复供电、开通封锁区间”			复诵+明白										下发调度命令	1	

续表

5	开通区间	1	开通区间	3	签收命令	1	“核对无误，签收命令”														1	
							确认 CTC 限速取消														1	
				4	询问邻站	1	“调度命令 36002 号是否收到，可以恢复正常行车”	“调度命令 36002 号已收到，可以恢复正常行车”													3	
				5	通知司机	1	“C6406 次，供电故障处理完毕，可以恢复正常行车”										复诵 + 明白				4	
				6	核对进路序列	1	操作用语：“核对C6406 次接车进路序列，C6406 次、10 道、复盛郑渝场方向来、×点×分、S 按钮 X10 按钮，自动触发”(内容根据题目固定)														3	

续表

5	开通区间	1	开通区间	7	触发进路	1	操作用语：在C6406次接车进路序列上选择“自动触发”口呼：“自触完成”														2	
				8	确认进路触发正确	1	操作用语：“复盛郑渝场方向，10道，进站信号好了”														3	
				9	司机汇报	1	回复司机："C6406次长寿北郑渝场站10道到开"										司机汇报：“C6406次未收到长寿北郑渝场站进路信息”				2	
6	列车到达	1	列车到达	1	报点	1	“C6406次×点×分到”		复诵“C6406次×点×分到”												2	
				2	TDCS报点	1	填写行车日志（CTC自动报点）														0	
7	发车	1	发车进路	1	确认进路信息	1	操作用语：“核对C6406次发车进路序列，C6406次、10道、去长寿湖方向、×点×分、S10按钮XF按钮，自动触发”														3	

续表

7	发车	1	发车进路	2	触发发车进路	1	操作用语：在 C6406 次发车进路序列上选择“自动触发”口呼：“自触完成”														2	
				3	确认进路正确	1	操作用语：“长寿湖方向，10 道，出站信号好了”														3	
				4	通知司机	1	“C6406 次具备条件后可以开车”										复诵+明白		列车启动	非必做	2	
				5	报点	1	“C6406 次×点×分开”		复诵“C6406 次×点×分开”												2	
				6	TDCS 报点	1	填写行车日志（CTC 自动报点）														0	
				7	复诵到点	1	复诵“C6406 次×点×分到”		“C6406 次×点×分到”												1	

表 22-2-21　红光带

标题	C6406 次本站 10 道到开	初始化条件	（1）C6406 次为 CRH380 列车，装备 LKJ。 （2）本区段为装备 CTCS-3 级列控列车运行控制系统区段，信号机常态灭灯。 （3）出站信号机装备引导信号。 （4）本站为中心控制模式，两邻站为非常站控模式无

作业程序							岗位作业技术要求													说明事项	考点分值	得分
							作业内容															
阶段序号	阶段名称	项目序号	项目名称	作业序号	作业名称	步骤	车站值班员	发车站值班员	接车站值班员	列车调度员	值班干部	客运	值班室	工务	电务	供电	司机	胜任人员	系统设置			
1	接受预告	1	接受发车预告	1	承认预告	1	接受发车站预告，并复诵：“C6406 次预告”	“C6406 次预告”											下发阶段计划，C6406		5	
				2	TDCS 同意预告	1	填写《行车日志》														2	
				3	邻站发车	1	复诵：“C6406 次×点×分开”		“C6406 次×点×分开”											非必做	2	
				4	办理预告	1	向接车站预告“C6406 次预告”		“C6406 次预告”												5	
				5	TDCS 预告	1	填写《行车日志》														2	
2	开放信号	1	开放接车信号	1	核对进路序列	1	操作用语：“核对 C6406 次接车进路序列，C6406、10 道、复盛郑渝场方向来、×点×分、S 按钮 X10 按钮，自动触发”（内容根据题目固定）													非必做	2	

续表

2	开放信号	1	开放接车信号	2	触发进路	1	操作用语：在C6406次接车进路序列上选择“自动触发”口呼：“自触完成”														5	
				3	确认进路触发正确	1	操作用语：“复盛郑渝场方向，10道，进站信号好了”													非必做	2	
3	设置故障	1	设置故障	1	设置故障	1													系统设置故障（C6406次运行至3接近时进站信号机内方第一轨道区段红光带、信号机自动恢复）		0	
4	汇报故障	1	汇报故障	1	通知司机	1	通知司机：“C6406次长寿北郑渝场站机外停车”										复诵+明白				2	
				2	询问司机	1	“C6406次，请汇报列车编组信息”										C6406次列车，长编CRH380AL—1234，换长36.6，车重924 t，郑局郑段，司机姓名张三			在出现轨道电路红光带后就可以询问	1	

续表

4	汇报故障	1	汇报故障	3	报告列调	1	通知列车调度员:“202号道岔区段红光带,已通知C6406次机外停车”			复诵+明白										并行(值班室和客运可不做,无分数)	2	
				4	报告值班干部	1	通知值班干部:“202号道岔区段红光带,已通知C6406机外停车”				复诵+明白										2	
				5	报告值班室	1	通知值班室:“202号道岔区段红光带,已通知C6406机外停车”						复诵+明白								2	
				6	故障登记	1	登记《行车设备检查登记簿》														2	
				7	通知工务上道检查	1	通知工务上道检查:“202号道岔区段红光带,影响C6406次10道接车,立即到岗”							复诵+明白							2	
				8	通知电务上道检查	1	通知电务上道检查:“202号道岔区段红光带,影响C6406次10道接车,立即到岗”								复诵+明白						2	
				9	通知复盛郑渝场	1	202号道岔区段红光带,暂不往区间放行列车	复诵+明白													2	
				10	通知客运	1	C6406次因202号道岔区段红光带,暂不接车					复诵+明白									2	

续表

5	故障处理	1	故障处理	1	设备部门上岗	1	“明白”							工务请求上道处理故障							1	
						2	“明白”								电务请求上道处理故障						1	
				2	报告调度员	1	因长寿北郑渝场站设备故障，危及行车安全，请求准许上道处理故障			明白									下发封锁道岔上道抢修调度命令、下发邻线限速调度命令（自接令时起，封锁长寿北郑渝场站202，同时站内下行线K690+594至K687+367处限速160 km/h，准许工务、电务上道抢修）		4	
				3	签收调度命令36001	1	操作用语：“核对无误，签收命令”												CTC设置站内下行正线列控限速160 km，K688-000，K690-000	非必做1分	2	
				4	确认限速	1	操作用语：“确认站内列控限速设置成功”														2	

续表

5	故障处理	1	故障处理	5	上道处理	1	“工务可以上道处理故障”							复诵+明白							1	
						2	“电务可以上道处理故障”								复诵+明白						1	
				6	电务解锁进路	1	破封登记总人解，“长寿北郑渝场站需解锁C6406次10道接车进路”								复诵+明白						2	
				7	解锁进路	1	车站值班员解锁C6406次接车进路（分段解锁）														2	
6	故障修复	1	故障修复	1	故障修复	1	工务设备良好，请求开通封锁区间							工务设备良好，请求开通封锁区间							1	
						2	电务故障暂时无法修复，请求开通封锁区间								电务故障暂时无法修复，请求开通封锁区间				工务、电务签认处理结果		1	
				2	通知调度	1	“工务汇报：工务设备良好，请求开通封锁区间”			明白											1	
						2	“电务汇报：电务故障暂时无法修复，请求开通封锁区间”			明白											1	

续表

6	故障修复	1	故障修复	3	签收调度命令36002	1	操作用语："核对无误，签收命令"												下发开通站内道岔、取消邻线限速调度命令（自接令时起，开通长寿北郑渝场站202，同时取消站内下行线K690+594至K687+367处160 km/h限速）		2	
				4	确认限速取消	1	操作用语："确认列控限速已取消"												取消CTC列控限速	非必做	2	
				5	询问调度	1	车站值班员询问列调："长寿北郑渝场站是否可以按非正常办法组织行车，引导接车"			"长寿北郑渝场站可以按非正常办法组织行车，引导接车"										车站值班员询问列调或接到调度命令1 min后，列调通知值班员	2	
						2	明白			"长寿北郑渝场站可以按非正常办法组织行车，引导接车"											3	

续表

7	引导接车	1	引导接车	1	通知司机	1	C6406次司机，长寿北郑渝场站准备引导接车，注意引导信号										复诵+明白				2	
				2	准备进路	1	确认道岔在正确位置，并将进路上相关道岔单锁														2	
				3	开放信号	1	登记《行车设备检查登记簿（计数器）》														1	
						2	开放S信号机引导信号														1	
				4	确认信号	1	操作用语："复盛郑渝场方向，10道，进站信号好了"													非必做项	1	
				5	车机联控	1	C6406次长寿北郑渝场站引导接车，10道停车，注意引导信号										复诵+明白				2	
				6	通知客运	1	G80次开过来了，10道接车					复诵+明白								非必做项	1	
				7	报点	1	"C6406次××点××分到"	复诵+明白													1	
						2	CTC自动填写C6406到达点														1	
				8	解锁进路	1	登记《行车设备检查登记簿（计数器）》													在C6406次到达后解锁进路	1	
						2	解锁C6406次引导接车白光带														1	

续表

8	发车	1	发车进路	1	确认进路信息	1	操作用语：“核对 C6406 次发车进路序列，C6406、10 道、去长寿湖方向、×点×分、S10 按钮 XF 按钮，自动触发”														2	
				2	触发发车进路	1	操作用语：在 C6406 次发车进路序列上选择“自动触发”口呼：“自触完成”														5	
				3	确认进路正确	1	操作用语：“长寿湖方向，10 道，出站信号好了”														2	
				4	通知司机	1	“C6406 次恢复正常行车”										复诵+明白		列车启动		1	
				5	列车出发	1	“C6406 次××点××分开”		复诵“C6406 次×点×分开”												1	
						2	CTC 自动填写 C6406 出发时间														1	
				6	复诵到点	1	复诵“G562 次×点×分到”		“G562 次×点×分到”												1	

表 22-2-22　退行+反方向

标题	C6406次本站10道到开	初始化条件	（1）C6406次为CRH380列车，装备LKJ。 （2）本区段为装备CTCS-3级列控列车运行控制系统区段，信号机常态灭灯。 （3）出站信号机装备引导信号。 （4）本站为中心控制模式，两邻站为非常站控模式无

作业程序							岗位作业技术要求															
							作业内容													说明事项	考点分值	得分
阶段序号	阶段名称	项目序号	项目名称	作业序号	作业名称	步骤	车站值班员	发车站值班员	接车站值班员	列车调度员	值班干部	客运	值班室	工务	电务	供电	司机	胜任人员	系统设置			
1	接受预告	1	接受发车预告	1	承认预告	1	接受发车站预告，并复诵：“C6406次预告”	“C6406次预告”											下发阶段计划，C6406		5	
				2	TDCS同意预告	1	填写《行车日志》														2	
				3	邻站发车	1	复诵：“C6406次×点×分开”		“C6406次×点×分开”											非必做	1	
				4	办理预告	1	向接车站预告“C6406次预告”		“C6406次预告”												5	
				5	TDCS预告	1	填写《行车日志》														2	
2	开放信号	1	开放接车信号	1	核对进路序列	1	操作用语：“核对C6406次接车进路序列，C6406、10道、复盛郑渝场方向来、×点×分、S按钮X10按钮，自动触发”（内容根据题目固定）													非必做	1	

续表

2	开放信号	1	开放接车信号	2	触发进路	1	操作用语：在C6406次接车进路序列上选择“自动触发”口呼：“自触完成”														5		
				3	确认进路触发正确	1	操作用语：“复盛郑渝场方向，10道，进站信号好了”													非必做	1		
				4	到达报点	1	“C6406次××点××分到”	复诵+明白													1		
						2	CTC自动填写C6406到达点														0		
3	发车	1	发车进路	1	确认进路信息	1	操作用语：“核对C6406次发车进路序列，C6406、10道、去长寿湖方向、×点×分、S10按钮XN按钮，自动触发”														1		
				2	触发发车进路	1	操作用语：在C6406次发车进路序列上选择“自动触发”口呼：“自触完成”														5		
				3	确认进路正确	1	操作用语：“长寿湖方向，10道，出站信号好了”														1		
				4	发车报点	1	“C6406次××点××分开”		复诵“C6406次×点×分开”												1		
						2	CTC自动填写C6406出发时间														0		

续表

4	故障汇报	1	故障汇报	1	故障汇报	1	“明白”							“长寿北郑渝场至长寿湖间上行线K680+000处断轨，暂时无法修复”					CTC上S3LQ出现红光带，标记列车停车地点S2LQ		1		
				2	通知工务	1	工务汇报姓名，立即到岗							工务赵六，立即到岗，明白							1		
				3	通知司机	1	C6406次立即停车										复诵+明白				2		
				4	通知调度	1	“工务汇报，长寿北郑渝场至长寿湖间上行线K680+000处断轨，暂时无法修复”			复诵+明白											1		
				5	通知值班室	1	“工务汇报，长寿北郑渝场至长寿湖间上行线K680+000处断轨，暂时无法修复”						复诵+明白								1		
				6	通知值班干部	1	“工务汇报，长寿北郑渝场至长寿湖间上行线K680+000处断轨，暂时无法修复”				复诵+明白										1		

续表

4	故障汇报	1	故障汇报	7	通知邻站	1	“工务汇报，长寿北郑渝场至长寿湖间上行线K680+000处断轨，暂时无法修复”		复诵+明白												1		
				8	故障登记	1	登记《行车设备检查登记簿（设备故障）》														1		
5	列车退行	1	请求退行	1	确认空闲	1	“确认C6406次至长寿北郑渝场站9道进路空闲”														5		
				2	请求退行	1	“C6406次至长寿北郑渝场站9道间进路空闲，请求准许C6406次退回长寿北郑渝场站9道”			准许C6406次退回长寿北郑渝场站9道									调度命令36003：调度命令（自接令时起，准许C6406次退行至长寿北郑渝场站，并将列控车载设备转入隔离模式，区间限速15 km/h）		3		
				3	签收调度命令	1	操作用语：“核对无误，签收命令”														1		
				4	通知司机	1	C6406司机，准备退回长寿北郑渝场站9道，请做好退行准备										复诵+明白				1		
				5	询问邻站	1	“调度命令36003是否收到”		调度命令36003已收到												1		

续表

5	列车退行	1	请求退行	6	要新的计划	1	“请下达C6406次退回长寿北郑渝场站9道的进路序列”												下发新的进路序列		3		
				7	核对序列	1	操作用语：“核对C6406次接车进路序列，C6406、9道、长寿湖方向来、×点×分、XN按钮S9按钮，人工触发”														1		
				8	触发发车进路	1	操作用语：在C6406次接车进路序列上选择“人工触发”口呼：“人触完成”														5		
				9	确认进路正确	1	操作用语：“长寿湖方向，9道，进站信号好了”														1		
				10	确认命令	1	C6406次，调度命令36003是否收到										调度命令36003已收到				1		
				11	车机联控	1	C6406次长寿北郑渝场站9道停车										复诵+明白				1		
				12	客运接车	1	“C6406次需退回9道，注意接车”					复诵+明白									1		
				13	到达	1	“C6406次×点×分到”		“C6406次×点×分到”												1		

续表

6	反方向发车	1	反方向发车	1	调度命令36004	1	“C6406次已到达长寿北郑渝场站，请求退出隔离模式”			明白									调度命令36004（自接令时起，C6406次退出隔离模式，转回列控车载设备方式行车）		5		
				2	核对正确	1	操作用语：“核对无误，签收命令”														1		
				3	确认命令	1	C6406次，调度命令36004是否收到										调度命令36004已收到，已转回列控车载设备控车				1		
				4	确认区间空闲	1	“确认长寿北郑渝场至长寿湖间下行线空闲”														5		
				5	请求反方向	1	“长寿北郑渝场至长寿湖间下行线空闲，请求准许C6406次反方向运行至长寿湖站”			明白									调度命令36005（自接令时起，准许C6406次列车利用长寿北郑渝场至长寿湖间下行线反方向运行）		3		

续表

6	反方向发车	1	反方向发车	6	核对正确	1	操作用语:“核对无误，签收命令”														1		
				7	与邻站核对命令	1	“调度命令36005是否收到”		调度命令36005已收到												1		
7	触发进路	1	触发进路	1	反方向预告	1	“反方向C6406次预告”		“反方向C6406次预告”												2		
						2	TDCS预告														3		
				2	登记允许反向	1	登记《行车设备检查登记簿(计数器)》×允许反向														1		
				3	确认进路信息	1	操作用语:“核对C6406次发车进路序列，C6406、9道、去长寿湖方向、×点×分、S9按钮×按钮，人工触发”														1		
				4	触发发车进路	1	操作用语:在C6406次接车进路序列上选择“人工触发”口呼:“人触完成”														5		
				5	确认进路正确	1	操作用语:“长寿湖方向，10道，出站信号好了”														1		
8	列车出发	1	列车出发	1	确认命令	1	C6406次，调度命令36005是否收到										调度命令36005已收到				1		

续表

8	列车出发	1	列车出发	2	车机联控	1	C6406次长寿北郑渝场站9道出站信号好了，去长寿湖方向，反方向运行										复诵+明白				2		
				3	报点	1	“反方向C6406次×点×分开”		“反方向C6406次×点×分开”												1		
				4	复诵到点	1	复诵“反方向C6406次×点×分到”		“反方向C6406次×点×分到”												1		
总分																							

表 22-2-23　列车晃车

标题	C6406次本站10道到开，C6408次长寿北郑渝场站Ⅷ道通过							初始化条件			（1）C6406、C6408次为CRH380列车，装备LKJ。 （2）本区段为装备CTCS-3级列控列车运行控制系统区段，信号机常态灭灯。 （3）出站信号机装备引导信号。 （4）本站为车站控制模式，两邻站为非常站控模式											
作业程序							岗位作业技术要求													说明事项	考点分值	得分
							作业内容															
阶段序号	阶段名称	项目序号	项目名称	作业序号	作业名称	步骤	车站值班员	发车站值班员	接车站值班员	列车调度员	值班干部	客运	值班室	工务	电务	供电	司机	胜任人员	系统设置			
							“持证上岗，备品齐全，设备良好，接班签任”															

续表

1	办理预告	1	办理预告	1	承认预告	1	接受发车站预告，并复诵："C6406次预告"	"C6406次预告"											下发阶段计划，C6406次		3	
						2	填写《行车日志》（同意）														2	
				2	邻站发车	1	复诵："C6406次×点×分开"	"C6406次×点×分开"											15 s之后添加C6406次列车S1JG，列车启动		2	
						2	CTC自动填写填写《行车日志》													非必做	0	
				3	承认预告	1	接受发车站预告，并复诵："C6408次预告"	"C6408次预告"													2	
						2	填写《行车日志》（同意）														3	
				4	办理预告	1	向接车站预告"C6406次预告"		"C6406次预告"												3	
						2	填写《行车日志》（预告）														2	
2	接车	1	开放接车信号	1	核对进路序列	1	操作用语："核对C6406次接车进路序列，C6406、10道、复盛郑渝场方向来、×点×分、S按钮X10按钮，自动触发"（内容根据题目固定）													非必做	1	

续表

2	接车	1	开放接车信号	2	触发进路	1	操作用语：在C6406次接车进路序列上选择“自动触发”口呼：“自触完成”														4	
				3	确认进路触发正确	1	操作用语：“复盛郑渝场方向，10道，进站信号好了”													非必做	1	
				4	报点	1	“C6406次×点×分到”	复诵“C6406次×点×分到”												C6406次到达后可做	1	
						2	CTC自动填写《行车日志》（本站到达）														1	
3	汇报故障	1	汇报故障	1	故障汇报	1	复诵+明白										C6406司机汇报：“长寿北郑渝场站，C6406在复盛郑渝场至长寿北郑渝场间上行线K600+200处晃车，时速200km/h”				1	

续表

3	汇报故障	1	汇报故障	2	询问司机	1	“C6406次，请汇报列车编组信息”										“C6406次，380AL1234，换长36.6，总重924，成局成段，司机姓名张三”				2	
				3	报告列调	1	通知列车调度员：“C6406司机汇报，在复盛郑渝场至长寿北郑渝场间上行线K600+200处晃车，时速200 km/h”			“知道了，按规定办理”										并行(值班室和客运可不做，分数得不到)	2	
				4	通知邻站	1	通知值复盛郑渝场：“C6406司机汇报，在复盛郑渝场至长寿北郑渝场间上行线K600+200处晃车，时速200 km/h”	复诵+明白													2	
				5	报告值班干部	1	通知值班干部：“C6406司机汇报，在复盛郑渝场至长寿北郑渝场间上行线K600+200处晃车，时速200 km/h”				复诵+明白									2	

续表

3	汇报故障	1	汇报故障	6	报告值班室	1	通知值班室：“C6406 司机汇报，在复盛郑渝场至长寿北郑渝场间上行线 K600+200 处晃车，时速 200 km/h”						复诵+明白								2	
				7	通知客运	1	通知客运：“C6406 司机汇报，在复盛郑渝场至长寿北郑渝场间上行线 K600+200 处晃车，时速 200 km/h”					复诵+明白									2	
4	故障处理	1	故障处理	1	下发调度命令	1				下发调度命令									发布调度命令 36001 号：“自接令时起，C6408 次列车运行至复盛郑渝场至长寿北郑渝场站间上行线 K599+200 至 K601+200 处限速 120 km/h”		1	

续表

4	故障处理	1	故障处理	1	下发调度命令	2	签收调度命令36001："核对无误，签收命令"														0	
				2	与邻站核对调度命令	1	询问复盛郑渝场："调度命令36001是否收到"	"调度命令36001已收到"													2	
				3	报点	1	复诵："C6408次×点×分开"	"C6408次×点×分开"													1	
						2	CTC自动填写《行车日志》（出发）														1	
				4	与司机核对调度命令	1	询问C6408司机："调度命令36001是否收到"										调度命令36001已收到				2	
5	发车	1	发车	1	核对进路序列	1	操作用语："核对C6406次发车进路序列，C6406、10道、去长寿湖方向、×点×分、S10按钮XN按钮，自动触发"														1	
				2	触发进路	1	操作用语：在C6406次发车进路序列上选择"自动触发"口呼："自触完成"														4	

续表

5	发车	1	发车	3	确认进路触发正确	1	操作用语：“长寿湖方向，10道，出站信号好了”														1	
				4	报点	1	“C6406次×点×分开”		复诵“C6406次×点×分开”												1	
						2	CTC自动填写《行车日志》（出发）														1	
				5	报点	1	复诵“C6406次×点×分到”		“C6406次×点×分到”											邻站到达后报点	1	
						2	CTC自动填写《行车日志》（到达）														1	
				6	办理预告	1	“C6408次预告”		复诵“C6408次预告”												2	
						2	填写《行车日志》（预告）														3	
6	办理接车	1	办理接车	1	核对进路序列	1	操作用语：“核对C6408次接车进路序列，C6408、Ⅷ道、复盛郑渝场方向来、×点×分、S按钮XⅧ按钮，自动触发”（内容根据题目固定）														1	

续表

6	办理接车	1	办理接车	2	触发进路	1	操作用语：在C6408次接车进路序列上选择“自动触发”口呼：“自触完成”														4	
6	办理接车	1	办理接车	3	确认进路触发正确	1	操作用语：“复盛郑渝场方向来，Ⅷ道，进站信号好了”														1	
6	办理接车	1	办理接车	4	询问司机	1	“C6408司机，通过限速区段是否晃车”										“通过限速区段不晃车”			这两步是重点，容易忘记，分数占比较高	10	
6	办理接车	1	办理接车	5	报告调度	1	报告调度，“C6408通过限速区段不晃车”			“知道了，按规定办理”										这两步是重点，容易忘记，分数占比较高	10	
6	办理接车	1	办理接车	6	报点	1	“C6408次×点×分到”	复诵“C6408次×点×分到”													1	
6	办理接车	1	办理接车	6	报点	2	CTC自动填写《行车日志》（本站到达）														1	
7	办理发车	1	办理发车	1	核对进路序列	1	操作用语：“核对C6408次发车进路序列，C6408、Ⅷ道、去长寿湖方向、×点×分、SVIII按钮XN按钮，自动触发”														1	

续表

7	办理发车	1	办理发车	2	触发进路	1	操作用语：在C6408次发车进路序列上选择“自动触发”口呼：“自触完成”														4	
				3	确认进路触发正确	1	操作用语：“长寿湖方向，Ⅷ道，出站信号好了”														1	
				4	报点	1	“C6408次×点×分通过”		复诵“C6408次×点×分通过”												1	
						2	CTC自动填写《行车日志》C6408出发时间														1	
				5	报点	1	复诵“C6408次×点×分到”		“C6408次×点×分到”												1	
						2			CTC自动填写《行车日志》C6408到达时间												0	
				6	信息速报	1	“填写信息速报，上传车站值班室”						“已收到信息速报”								3	

轨道交通实训课新理念新形态活页式教材

轨道交通运营管理实训指导

（五）行车组织及应急处置

主　编／邵　维　李　曼
张艳林　吴　婷

西南交通大学出版社
·成　都·

图书在版编目（CIP）数据

轨道交通运营管理实训指导. 五，行车组织及应急处理 / 邵维等主编. —成都：西南交通大学出版社，2023.6

ISBN 978-7-5643-9338-0

Ⅰ. ①轨… Ⅱ. ①邵… Ⅲ. ①城市铁路－轨道交通－运营管理－高等职业教育－教材②城市铁路－行车组织－高等职业教育－教材 Ⅳ. ①U239.5

中国国家版本馆 CIP 数据核字（2023）第104488号

目录
CONTENTS

项目二十三 车站设备运用

任务一 联锁站操作

一、实训目的

（1）掌握自排全关和自排全开的操作方法。
（2）掌握追踪全关和追踪全开的操作方法。
（3）掌握交出控制和接收控制的操作方法。
（4）掌握关区信号的操作方法。

二、理论链接

表 23-1-1 理论链接表

按键标签	操作描述	操作类型
自排全开	将本联锁区全部信号机设置为自动排列进路状态（根据目的地码自动排列进路）	RC（常规命令）
自排全关	为所有信号机关闭进路自动排列	RC（常规命令）
追踪全开	将本联锁区全部信号机设置为联锁自动追踪进路状态（根据接近区段自动排列固定方向的进路）	RC（常规命令）
追踪全关	关闭进路自动追踪	RC（常规命令）
交出控制	交出控制权：只有在 LOW 上执行了“交出控制”操作，控制中心（ATS）才可以执行“接收控制”，从而取得控制权，并可以对联锁进行一些常规命令的操作。但在 LOW 故障的情况下，不需要在 LOW 执行“交出控制”操作，LOW 的控制权可以自动切换到控制中心（ATS）操作	PMC（打印强制命令）
接收控制	控制中心（ATS）已交出控制权。功能：接收控制权。只有在接收控制权以后，在 LOW 上的操作才有效。当中央 ATS 故障时，车站不需要操作“接收控制”命令即可自动完成控制权的交换	PMC（打印强制命令）
强行站控	车站强行取得控制权，即在控制中心（ATS）没有下放控制权的情况下，都可以通过该操作来取得对 LOW 的控制权，对联锁进行相关的操作	CC（安全命令）
关区信号	关闭并封锁联锁区全部信号机	PMC（打印强制命令）
重启令解	SICAS 系统重新启动后（并非指 LOW 计算机重启，而是指 SICAS 计算机），解除全部命令的锁闭	CC（安全命令）

三、实训要求

1. 实训时间

实训课时为 2 课时。

2. 实训形式

（1）实操作业与理论相结合。

（2）独自完成实训操作，结合理论链接以及实操完成实训考核。

3. 实训注意事项

在执行“自排全关”命令时，将所有信号机处于无自动进路和自动追踪进路状态。

4. 工器具材料准备

（1）鼠标、键盘。

（2）联锁系统。

四、实训作业步骤

表 23-1-2　实训作业步骤

序号	实训内容	详细信息	注意事项	图片
1	自排全开和自排全关的操作	（1）执行自排全关的命令： 左键选择基本窗口的“×站名”； 左键选中“自排全关”并“执行”。 （2）执行自排全开的命令： 左键选择基本窗口的“×站名”； 左键选中“自排全开”并“执行”	（1）系统正常情况下默认所有信号机处于自排状态，当执行取消进路，关闭信号等操作后，进路的始端信号机将退出。 自排状态，需要对始端信号机执行该命令，将始端信号机恢复到自排状态（针对本联锁区所有信号机）。 （2）在信号机从自排状态切换到追踪状态时需要执行当前命令关闭信号机的自排状态（针对本联锁区所有信号机）	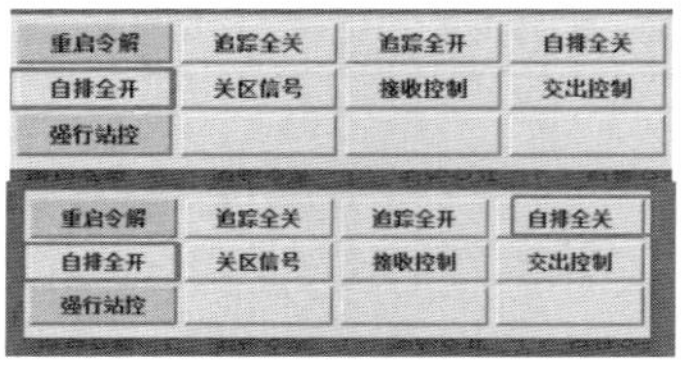
2	追踪全关和追踪全开的操作	（1）执行追踪全开的命令： 左键选择基本窗口的“×站名”； 左键选中“追踪全开”并“执行”。 （2）执行追踪全关的命令： 左键选择基本窗口的“×站名”； 左键选中“追踪全关”并“执行”	（1）ATS 系统的自排功能故障时，从目的码自动进路（自排）切换到联锁自动进路（针对本联锁区所有信号机）。 （2）在信号机从追踪状态切换到自排状态时，需要执行当前命令关闭信号机的追踪状态（针对本联锁区所有信号机）	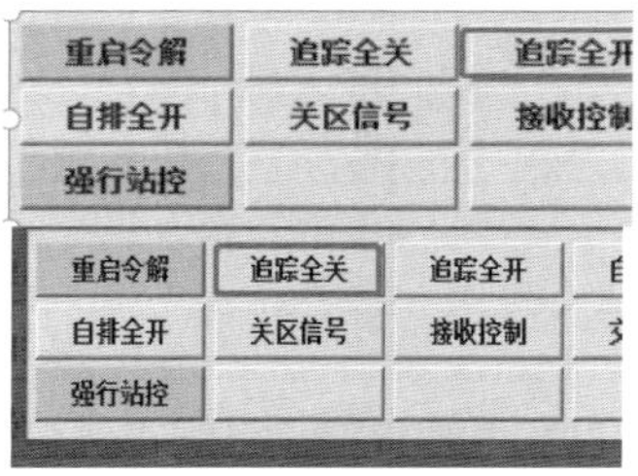

续表

序号	实训内容	详细信息	注意事项	图片
3	交出控制和接收控制的操作	（1）执行交出控制的命令： 左键选择基本窗口的“×站名”； 左键选中“交出控制”并“执行”。 （2）执行接收控制的命令： 左键选择基本窗口的“×站名”； 左键选中“接收控制”并“执行”	中心与车站进行正常的权限交接时，中心或者车站接收控制权时进行的操作	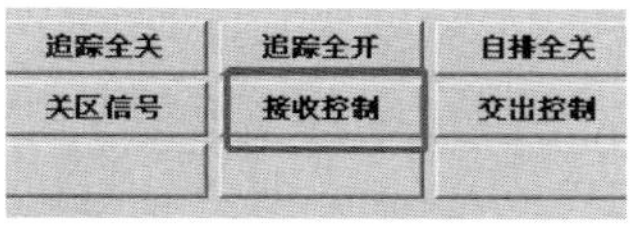
4	关区信号的操作	执行关区信号的命令： 左键选择车站“×站名”； 左键选中“关区信号”并执行	当本联锁出现意外情况，不再允许列车进入本联锁区时使用。流程为中心收到通知后直接执行关区操作，目的是禁止列车进入关闭的联锁区	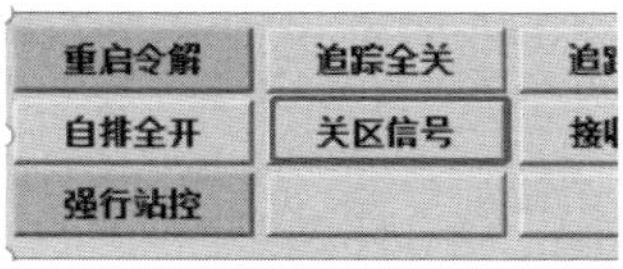

五、实训考核标准

表 23-1-3　实训考核标准

序号	作业内容		配分	评分标准	得分
1	执行自排全关的命令，并写出信号机状态变化	（1）执行自排全关： 左键选择基本窗口的“×站名”。 左键选中“自排全关”并“执行”。 （2）信号状态没有变化	20	（1）未正确执行自排全关，扣 10 分。 （2）没有正确填写信号状态变化，扣 10 分	
2	执行追踪全关的命令，并写出信号机状态变化	（1）执行追踪全关： 左键选择基本窗口的“××站名”。 左键选中“追踪全开”并“执行”。 （2）信号状态没有变化	40	（1）未正确执行自排全关，扣 20 分。 （2）没有正确填写信号状态变化，扣 20 分	
3	执行接收控制权的操作	（1）选择“车站”交出控制权限： 左键选择基本窗口的“×站名”。 左键选中“交出控制”并“执行”。 （2）执行接收控制的操作： 左键选择基本窗口的“×站名”。 左键选中“接收控制”并“执行”	40	（1）未正确执行交出控制权，扣 20 分。 （2）未正确执行接收控制权，扣 20 分	
	总分		100		

六、思考题

（1）执行权限移交过程中车站的状态变化是什么？

（2）执行自排全关和追踪全关后，信号机的状态变化是什么样的？

（3）什么时候需要执行“强行站控”命令？

任务二　信号机的操作

一、实训目的

（1）掌握关闭信号和开放信号的操作。
（2）掌握追踪单开和追踪单关的操作。
（3）掌握封锁信号和解封信号的操作。
（4）掌握开放引导的操作。

二、理论链接

表 23-2-1　理论链接表

相关命令。

按键标签	操作描述	操作类型
开放引导	条件：列车占用接近区段等，参照“开放引导信号的条件”。功能：命令执行后，开放引导信号（黄灯+红灯）	CC（安全命令）
关闭信号	条件：信号机已开放。功能：命令执行后把信号机设置为关闭状态	RC（常规命令）
封锁信号	功能：把关闭状态下的信号机封锁（如果信号机为开放状态，执行“封锁信号”命令后，信号机将会被关闭并封锁）。信号机被封锁后，将不能开放主信号，但可以开放引导信号，且在人工解封后。（即使在信号没有开放过的情况下）信号都不会自动开放，只可以人工再次开放信号	PMC（打印强制命令）
开放信号	条件：信号达到主信号层，信号没有被封锁，且信号机正常。功能：把信号机设置为开放状态	PMC（打印强制命令）
解封信号	取消在关闭状态下的信号机的封锁	CC（安全命令）
自排单开	条件：信号机具备自排功能且追踪全开功能没有打开。功能：命令执行后，可以把单架信号机设置为自动排列进路状态（根据目的地码排列进路）	RC（常规命令）
自排单关	关闭进路自动排列，把单个信号机设置为人工排列状态	RC（常规命令）
追踪单开	条件：信号机具备追踪功能且自排全开功能没有打开（追踪功能信号机除外）。功能：把单个信号机设置为联锁自动排列进路状态（由联锁调用唯一的进路）	RC（常规命令）
追踪单关	把单个信号机取消由联锁自动排列进路状态	RC（常规命令）

三、实训要求

1. 实训时间

实训课时为 2 课时。

2. 实训形式

（1）实操作业与理论相结合。

（2）独自完成实训操作，结合理论链接以及实操完成实训考核。

3. 实训注意事项

（1）在执行“自排全关”命令时，将所有信号机处于无自动进路和自动追踪进路状态。

（2）开放引导信号时，教员终端设置好开放引导的条件，首先排列一条进路，设置该进路的终端信号机红灯故障，始端信号机只能达到引导层。

4. 工器具材料准备

（1）鼠标、键盘。

（2）联锁系统。

四、实训作业步骤

表 23-2-2 实训作业步骤

序号	实训内容	详细信息	注意事项	图片
1	关闭信号和开放信号的操作	（1）关闭信号操作： 选择信号机，点击“关闭信号”并“执行”。 （2）开放信号操作： 选择信号机，点击“开放信号”并“执行”	（1）已经建立的进路不允许列车进入时，手动关闭信号的方法。 （2）进路再次满足信号开放条件时，且信号层为移动闭塞层或主信号层	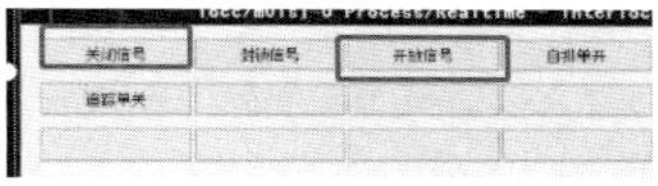
2	追踪单关和追踪单开的操作	（1）执行追踪全开的命令： 左键选择基本窗口的“×站名”； 左键选中“追踪全开”并“执行”。 （2）执行追踪全关的命令： 左键选择基本窗口的“×站名”； 左键选中“追踪全关”并“执行”	ATS 系统的自排功能故障时，从目的码自动进路（自排）切换到联锁自动进路（针对单个信号机）。 在信号机从追踪状态切换到自排状态时，需要执行当前命令关闭信号机的追踪状态（针对单个信号机）	
3	封锁信号和解封信号的操作	（1）封锁信号： 选择信号机，点击“封锁信号”并“执行”。 （2）解封信号： 选择信号机 X，点击“解封信号”，点击 CR1 和 CR2 并“执行”	信号机前方区间有人意外进入或者进行施工作业等情况，不允许列车进入前方区间时使用。 信号机前方区间恢复正常运行且经行调同意后执行	

续表

序号	实训内容	详细信息	注意事项	图片
3	封锁信号和解封信号的操作	排列进路，并封锁、解封信号操作。 排列一条进路，选择始端信号机，点击“封锁信号”并“执行”。 选择信号机 X，点击“解封信号”，点击 CR1 和 CR2 并“执行”		
4	开放引导的操作	选择信号机 X，点击“开放引导”，点击 CR1 和 CR2 并“执行”	当进路完整，进路的始端信号机不能正常开放、红黄灯正常，信号层到达引导层时，可以开放引导信号	

六、实训考核标准

表 23-2-3 实训考核标准

序号	作业内容		配分	评分标准	得分
1	排列一条 X 信号机到 X 信号机的进路，并将始端信号机 X 进行关闭信号操作	（1）选择信号机，点击“关闭信号”并“执行”。 （2）信号状态发生变化： ① 灯座颜色：仍是绿色。 ② 灯柱颜色：绿色变为蓝色。 ③ 灯头颜色：绿色变为红色。 ④ 编号颜色：仍是绿色。 ⑤ 是否灭灯：仍是灭灯状态	20	（1）未正确排列进路，扣 10 分。 （2）未正确执行关闭信号，扣 10 分。 （3）配分10分，扣完为止。 （4）没有正确填写信号状态变化，扣10分	
2	排列一条信号机 X 到信号机 X 的进路，并将始端信号机 X 进行封锁信号操作	（1）排列一条进路，选择始端信号机，点击“封锁信号”并“执行”。 （2）信号状态发生变化： ① 灯座颜色：仍是绿色。 ② 灯柱颜色：绿色变为蓝色。 ③ 灯头颜色：绿色变为蓝色。 ④ 编号颜色：仍是绿色。 ⑤ 是否灭灯：仍是灭灯状态	20	（1）未正确排列进路，扣 10 分。 （2）未将信号机进行封锁，扣 10 分。 （3）配分10分，扣完为止。 （4）没有正确填写信号状态变化，扣10分	

续表

序号	作业内容		配分	评分标准	得分
3	将信号机X进行自排单开操作。写出信号机相关的变化状态	（1）选择信号机，点击“自排单开”并“执行”。 （2）信号状态发生变化： ① 灯座颜色：仍是红色。 ② 灯柱颜色：仍是红色。 ③ 灯头颜色：仍是红色。 ④ 编号颜色：红色变为绿色。 ⑤ 是否灭灯：仍是灭灯状态	20	（1）未正确执行自排单开操作，扣10分。 （2）没有正确填写信号状态变化，扣10分	
4	将信号机X进行追踪单开操作。写出信号机相关的变化状态	（1）选择信号机，点击“自排单开”并“执行”。 （2）信号状态发生变化： ① 灯座颜色：仍是红色。 ② 灯柱颜色：仍是红色。 ③ 灯头颜色：仍是红色。 ④ 编号颜色：红色变为绿色。 ⑤ 是否灭灯：仍是灭灯状态	20	（1）未正确执行追踪单开操作，扣10分。 （2）没有正确填写信号状态变化，扣10分	
5	将信号机X进行开放引导操作（首先排列一条进路，该进路的终端信号机红灯故障）	（1）选择信号机，点击“开放引导”，点击CR1和CR2并“执行”。 （2）信号状态发生变化： ① 灯座颜色：仍是红色。 ② 灯柱颜色：蓝色变为黄色。 ③ 灯头颜色：仍是红色。 ④ 编号颜色：仍是绿色。 ⑤ 是否灭灯：灭灯变为亮灯。 ⑥ 列车状态：由停在信号机前方变为以RM或URM模式通过本次进路	20	（1）未正确执行开放引导操作，扣10分。 （2）没有正确填写信号状态变化，扣10分	
	总分		100		

六、思考题

（1）执行权限移交过程中车站的状态变化是什么？
（2）执行追踪单开和自排单开后，信号机的状态变化是什么样的？
（3）什么时候需要执行“强行站控”命令？

任务三　道岔操作

一、实训目的

（1）掌握道岔的基本操作方法：转换道岔、单独锁定、强行转岔、封锁道岔、解封道岔、挤岔恢复、道岔区设限、消限、强行消限。

（2）了解道岔的相关操作命令。

二、理论链接

对道岔进行操作，必须用鼠标的左键点击 LOW 主窗口上的道岔元件，此时所选元件边框高亮显示，然后在对话窗口中的命令显示栏（在 LOW 的左下角）用鼠标的左键点击所需的命令，最后用鼠标的左键点击对话窗口中的“执行”按钮即可。

表 23-3-1　理论链接表

按键标签	操作描述	操作类型
单独锁定	锁定该道岔（电子锁定），阻止该道岔通过电操作转换	PMC（打印强制命令）
取消锁定	取消对该道岔的（电子）锁定，道岔可通过执行转换道岔命令自由转动	CC（安全命令）
转换道岔	道岔没有被锁闭（没有被进路、保护区段、侧防征用）；道岔没有挤岔；道岔没有（单独）锁定。功能：命令执行后，可以把该道岔从一个位置转换到另一个位置	RC（常规命令）
强行转岔	道岔没有挤岔；道岔没有（单独）锁定；道岔没有被锁闭（没有被进路、保护区段、侧防征用）。功能：命令执行后，可以强行转换道岔到另一个位置	CC（安全命令）
封锁道岔	禁止通过该道岔排列进路，但道岔可通过转换道岔命令进行位置转换	PMC（打印强制命令）
解封道岔	取消对该道岔区段的封锁，允许通过该道岔区段排列进路	CC（安全命令）
强解道岔	解锁进路中的轨道区段，如果接近区段及进路无车，区段立即解锁，有车将会延时解锁（30 s）	CC（安全命令）
计轴预复位	使轨道区段设置为预复位，即将一段计轴区间的状态设置为“零轴”。执行该命令后，计轴器仍会为这个区间提供一个占用指示	CC（安全命令）
挤岔恢复	道岔没有锁闭（没有被进路、保护区段、侧防征用）；道岔挤岔（挤岔显示）；道岔没有（单独）锁定。功能：命令执行后，可以取消挤岔逻辑标记，并且道岔转换一个位置	CC（安全命令）

三、实训要求

1. 实训时间

实训课时为 2 课时。

2. 实训形式

（1）实操作业与理论相结合。

（2）独自完成实训操作，结合理论链接以及实操完成实训考核。

3. 实训注意事项

（1）在挤岔恢复时，由教员设置道岔挤岔故障，再由教员修复 X 道岔挤岔故障，模拟现场确实无列车挤岔。

（2）强行转岔时，道岔没有被锁闭（没有被进路、保护区段、侧防征用），没有挤岔，没有（单独）锁定。

4. 工器具材料准备

（1）鼠标、键盘。

（2）联锁系统。

四、实训作业步骤

表 23-3-2　实训作业步骤

序号	实训内容	详细信息	注意事项	图片
1	转换道岔的操作	（1）选择统计出的右位道岔，点击“转换道岔”并“执行”。 选择统计出的左位道岔，点击“转换道岔”并“执行”。 （2）道岔转换过程的状态变化。 转换过程中，道岔左、右位短闪	在进行运营前检查，需要测试道岔是否能够转换到位时使用	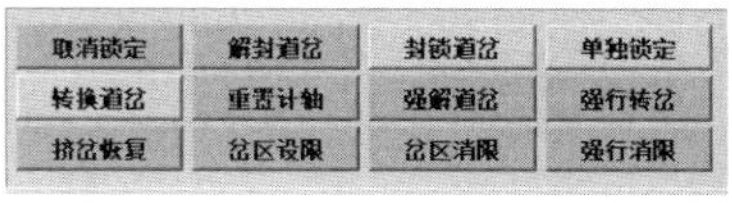
2	强行转岔的操作	（1）选择处于单独锁定的道岔，点击“强行转岔”，分别点击“CR1、CR2”，然后点击“执行”。 （2）强行转岔前后状态变化。 转换过程中，状态变化：左、右位短闪	ATS 界面上道岔显示故障占用或者封锁状态（未单锁），实际现场道岔区段无人，没有列车占用，但是需要转换道岔位置时使用	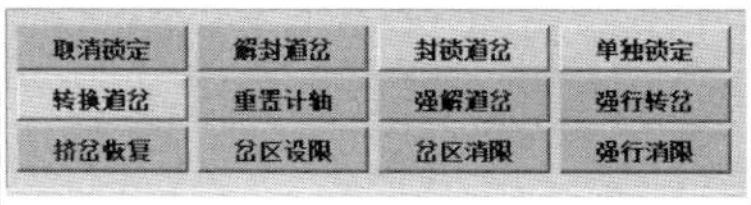
3	道岔单独锁定和取消锁定的操作	（1）选择道岔，点击“单独锁定”并“执行”。 （2）选择处于单独锁定的道岔，点击“取消锁定”，分别点击“CR1、CR2”，然后点击“执行”	在正线正常运营时，为防止道岔移动，可以对非折返道岔设置单独锁定。 道岔被单锁，需要转换道岔位置时使用	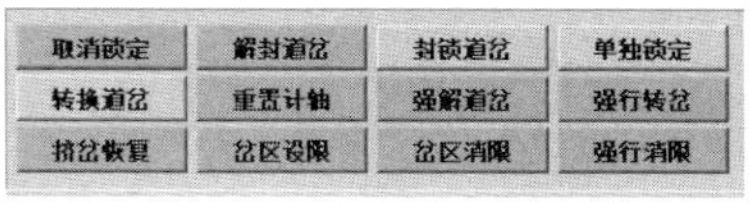
4	道岔封锁和解封的操作	选择道岔，点击“封锁道岔”，并“执行”。 选择处于封锁的道岔，点击“解封道岔”，分别点击“CR1、CR2”，然后点击“执行	当线路有人意外进入或进行施工作业时使用。 道岔区段恢复正常运行且经行调同意后执行	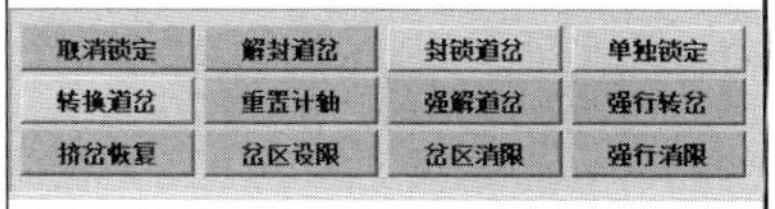
5	强解道岔的操作	选择道岔，点击“强解道岔”，再点击“CR1、CR2”并“执行”	当列车通过后，线路中遗留绿光带；或者解锁不完整进路时使用	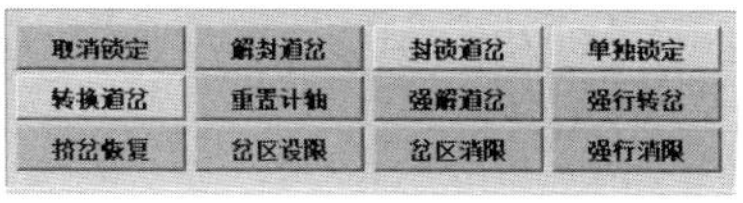

续表

序号	实训内容	详细信息	注意事项	图片
6	挤岔恢复	选择道岔，点击“强解道岔”，再点击“CR1、CR2”并“执行”	当发生挤岔故障的道岔修复之后（现场人员报告），对故障道岔执行挤岔恢复命令，取消挤岔逻辑标记	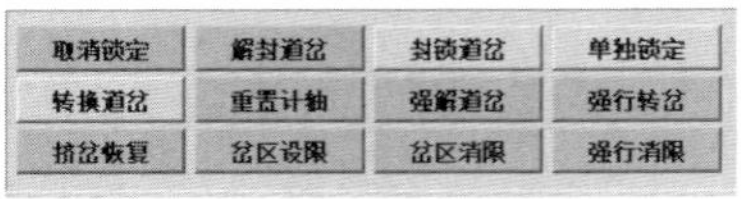
7	道岔区设限、消限、强行消限的操作	（1）选择道岔，点击“岔区设限”，再点击“CR1、CR2”并“执行”。 （2）选择道岔，点击“岔区消限”，再点击“CR1、CR2”并“执行”。 （3）选择道岔，点击“强行消限”，再点击“CR1、CR2”并“执行”	施工、维修作业引起的计划性限速；自然灾害、恶劣天气、设备故障引起的突发性限速。 现场施工完毕、故障已修复、环境恢复正常后，需要取消限速。 设置限速后，轨旁ATP故障，如果需要取消限速，应通过强行消限执行	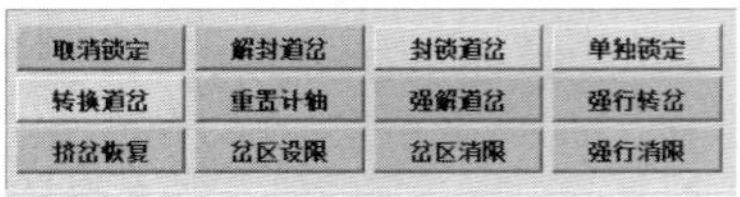

五、实训考核标准

表 23-3-3　实训考核标准

序号	作业内容		配分	评分标准	得分
1	将处在右位的道岔转换到左位，将之前处在左位的道岔转换到右位	（1）选择统计出的右位道岔，点击“转换道岔”并“执行”。 （2）选择统计出的左位道岔，点击“转换道岔”并“执行”。 （3）道岔转换过程的状态变化 转换过程中，道岔左、右位短闪	10	（1）未正确选择左、右位道岔，扣4分。 （2）未正确执行转换道岔信号，扣4分。 （3）配分8分，扣完为止。 （4）没有正确填写道岔转换过程状态变化扣2分	
2	将道岔进行强行转岔操作	（1）选择处于单独锁定的道岔，点击“强行转岔”，分别点击“CR1、CR2”，然后点击“执行”。 （2）强行转岔前后状态变化。 转换过程中，状态变化为左、右位短闪	15	（1）未正确选择锁定道岔，扣5分。 （2）未将信号机进行封锁，扣5分。 （3）配分10分，扣完为止。 （4）没有正确填写道岔状态变化扣5分	
3	将道岔进行单独锁定和取消锁定操作	（1）选择道岔，点击“单独锁定”并“执行”。 （2）选择处于单独锁定的道岔，点击“取消锁定”，分别点击“CR1、CR2”，然后点击“执行”。 （3）状态变化。 单独锁定： ① 道岔颜色：黄色没变。 ② 编号颜色：白色变红色。 ③ 有无编号框：无边框。 ④ 有无限速：无限速。 取消锁定： ① 道岔颜色：黄色没变。 ② 编号颜色：红色变白色。 ③ 有无编号框：无边框。 ④ 有无限速：无限速	10	（1）未正确执行单独锁定操作，扣4分。 （2）未正确执行取消锁定操作，扣4分。 （3）没有正确填写道岔状态变化扣2分	

续表

序号	作业内容		配分	评分标准	得分
4	把道岔进行封锁和解封（针对处于空闲状态的道岔）	（1）选择道岔，点击“封锁道岔”，并“执行”。 （2）选择处于封锁的道岔，点击“解封道岔”，分别点击“CR1、CR2”，然后点击“执行”。 （3）道岔状态变化。 封锁状态： ① 道岔中部颜色：黄色变蓝色。 ② 道岔延伸部颜色：黄色不变。 ③ 道岔编号颜色：白色不变。 ④ 有无编号框：无编号框不变。 解封状态： ① 道岔中部颜色：蓝色变黄色。 ② 道岔延伸部颜色：黄色不变。 ③ 道岔编号颜色：白色不变。 ④ 有无编号框：无编号框不变	20	（1）未正确执行封锁道岔操作，扣 6 分。 （2）未正确执行解封道岔操作，扣 6 分。 （3）没有正确填写道岔状态变化扣8分。每个扣1分，扣完为止	
5	排列一条X信号机到X信号机的进路，并把进路中的道岔进行强解	（1）选择道岔，点击“强解道岔”，点击“CR1、CR2”并“执行”。 （2）道岔和信号机状态变化： ① 道岔颜色：绿色变黄色。 ② 道岔编号颜色：白色不变。 ③ 有无编号框：有编号框变为无编号框。 始端信号机： ① 灯座颜色：绿色变红色。 ② 灯柱颜色：绿色变蓝色。 ③ 灯头颜色：绿色变红色。 ④ 编号颜色：绿色不变。 终端信号机： ① 灯座颜色：红色不变。 ② 灯柱颜色：红色不变。 ③ 灯头颜色：红色不变。 ④ 编号颜色：绿色不变。	15	（1）未正确执行强解道岔操作，扣 4 分。 （2）没有正确填写道岔状态变化扣 11 分。每个扣 1 分，扣完为止	
6	在站场图中，把X道岔进行挤岔恢复操作（针对空闲状态的道岔）	（1）选择道岔，点击“挤岔恢复”，点击“CR1、CR2”并“执行”。 （2）挤岔状态变化： ① 道岔编号颜色：白色不变。 ② 有无道岔编号框：无编号框不变。 ③ 道岔颜色：黄色不变。 ④ 道岔状态：左、右长闪变为停止长闪。 始端信号机： ① 灯座颜色：红色不变。 ② 灯柱颜色：红色不变。 ③ 灯头颜色：红色不变	15	（1）未正确执行挤岔恢复操作，扣 8 分。 （2）没有正确填写道岔和信号机状态变化扣 7 分。每个扣 1 分，扣完为止	

续表

序号	作业内容		配分	评分标准	得分
7	在站场图中，将 X 道岔进行岔区设限操作（针对空闲的道岔，限速值为 10）然后进行岔区消限、强行消限操作（针对已设限速的道岔）	（1）选择道岔，点击“岔区设限”，再点击“CR1、CR2”并“执行”。 （2）选择道岔，点击“岔区消限”，再点击“CR1、CR2”并“执行”。 （3）选择道岔，点击“强行消限”，再点击“CR1、CR2”并“执行”。 （4）道岔状态变化 岔区设限状态变化： ① 道岔颜色：黄色不变。 ② 道岔编号颜色：白色不变。 ③ 有无编号框：无编号框不变。 ④ 限速标记：无显示变为红色显示。 10 岔区消限状态变化： ① 道岔颜色：黄色不变。 ② 道岔编号颜色：白色不变。 ③ 有无编号框：无编号框不变。 ④ 限速标记：红色显示 10 变为无显示。 强行消限状态变化： ① 道岔颜色：黄色不变。 ② 道岔编号颜色：白色不变。 ③ 有无编号框：无编号框不变。 ④ 限速标记：红色显示 10 变为无显示	15	（1）未正确执行岔区设限、岔区消限、强行消限操作，每个操作扣 1 分，3 分扣完为止。 （2）没有正确填写道岔状态变化扣 12 分。每个扣 1 分，扣完为止	
	总分		100		

六、思考题

（1）转换道岔时，道岔为什么会短闪？

（2）单独锁定后的道岔，是否还能进行转换道岔操作？

（3）在什么情况下，要把单独锁定的道岔进行取消锁定道岔操作？

任务四　轨道操作

一、实训目的

（1）掌握轨道的基本操作方法：封锁区段、解封区段、轨区设限/消限/强行消限、重置计轴、强解区段。

（2）了解轨道的相关操作命令显示。

二、理论链接

表 23-4-1　理论链接表

相关命令。

按键标签	操作描述	操作类型
封锁区段	命令执行后，不能通过该轨道区段排列进路，如果该轨道区段已存在进路，只对下一条进路生效	PMC（打印强制命令）
解封区段	取消对该区段的封锁，允许通过该轨道区段排列进路	CC（安全命令）
强解区段	解锁进路中的轨道区段，如果接近区段及进路无车，区段立即解锁，有车将会延时解锁（30 s）	CC（安全命令）
计轴预复位	能使轨道区段设置为预复位，即将一段计轴区间的状态设置为“零轴”。执行该命令后，计轴器仍会为这个区间提供一个占用指示	CC（安全命令）

三、实训要求

1. 实训时间

实训课时为 2 课时。

2. 实训形式

（1）实操作业与理论相结合。

（2）独自完成实训操作，结合理论链接以及实操完成实训考核。

3. 实训注意事项

（1）解锁进路中的轨道区段，如果接近区段及进路无车，轨道区段立即解锁，有车将会延时解锁（30 s）。

（2）由教员设置 X 区段紫光带，基础实训仅训练 LOW 的基本操作，不训练故障处理的流程。

4. 工器具材料准备

（1）鼠标、键盘。

（2）联锁系统。

四、实训作业步骤

表 23-4-2　实训作业步骤

序号	实训内容	详细信息	注意事项	图片
1	封锁区段、解封的操作	选择 X 区段，点击“封锁区段”，并“执行”。选择处于封锁的区段，点击“解封区段”，分别点击“CR1、CR2”，然后点击“执行	当线路有人意外进入或进行施工作业时使用。区段恢复正常运行且经行调同意后执行	

续表

序号	实训内容	详细信息	注意事项	图片
2	强解区段的操作	选择区段，点击“强解区段”，然后点击“CR1、CR2”并“执行”	当列车通过后，线路中遗留绿光带；或者解锁不完整进路时使用	
3	重置计轴的操作	选择区段，点击“重置计轴”，点击 CR1 和 CR2 并“执行”	当区段出现紫光带（计轴故障），再确认故障区段无列车占用时使用	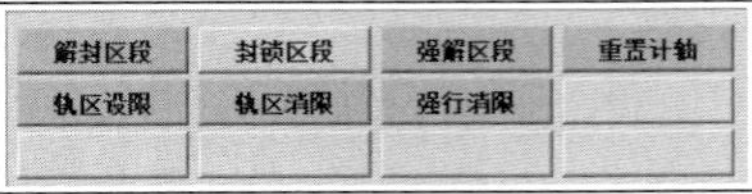
4	区设限、消限、强行消限的操作	（1）选择区段，点击“轨区设限”，点击 CR1 和 CR2 并“执行”。 （2）选择区段，点击“轨区消限”，点击 CR1 和 CR2 并“执行”。 （3）选择区段，点击“强行消限”，点击 CR1 和 CR2 并“执行”	施工、维修作业引起的计划性限速；自然灾害、恶劣天气、设备故障引起的突发性限速。 现场施工完毕、故障已修复、环境恢复正常后，需要取消限速。 设置限速后，轨旁 ATP 故障，如果需要取消限速，应通过强行消限执行	

五、实训考核标准

表 23-4-3　实训考核标准

序号	作业内容		配分	评分标准	得分
1	把 X 区段进行封锁（针对处于空闲状态的区段） 把 X 道岔进行解封（针对已封锁的道岔）	（1）选择 X 区段，点击“封锁区段”，并“执行”。 （2）选择处于封锁的区段，点击“解封区段”，分别点击“CR1、CR2”，然后点击“执行”。 （3）区段状态变化： 封锁区段状态变化： ① 区段颜色：中部由黄色变为蓝色，两端黄色不变。 ② 区段编号颜色：白色不变。 解封区段状态变化： ① 区段中部颜色：蓝色变黄色。 ② 区段两端颜色：黄色不变。 ③ 区段编号颜色：白色不变	20	（1）未正确执行封锁区段操作和解封区段操作，扣 10 分。 （2）配分 10 分，扣完为止。 （3）没有正确填写信号状态变化扣 10 分。每个扣 2 分，扣完为止	
2	排列一条 X 信号机到 X 信号机的进路，并把进路中的区段 X 进行强解	（1）选择区段，点击“强解区段”，点击 CR1 和 CR2 并“执行”。 （2）强解区段状态变化： ① 区段颜色：绿色变黄色。 ② 区段编号颜色：白色不变。 始端信号机： ① 灯座颜色：绿色变红色。 ② 灯柱颜色：绿色变蓝色。 ③ 灯头颜色：绿色变红色。 ④ 编号颜色：绿色不变。 终端信号机： ① 灯座颜色：红色不变。 ② 灯柱颜色：红色不变。 ③ 灯头颜色：红色不变。 ④ 编号颜色：绿色不变	30	（1）未正确执行强解区段操作，扣 10 分。 （2）配分 10 分，扣完为止。 （3）没有正确填写区段和信号机状态变化扣 20 分。每个扣 2 分，扣完为止	

续表

序号	作业内容		配分	评分标准	得分
3	在站场图中，把X区段进行重置计轴	（1）选择区段，点击“重置计轴”，点击CR1和CR2并“执行”。 （2）状态变化： ① 区段编号颜色：白色不变。 ② 区段颜色：紫色变粉色	20	（1）未正确执行重置计轴操作，扣10分。 （2）没有正确填写区段状态变化，扣10分。每个扣5分，扣完为止	
4	将X区段进行轨区设限操作（针对空闲的区段，限速值为10） 将X区段进行轨区消限操作（针对已设限速的区段） 将X区段进行强行消限操作（针对已设限速的区段）	（1）选择区段，点击“轨区设限”，点击CR1和CR2并“执行”。 （2）选择区段，点击“轨区消限”，点击CR1和CR2并“执行”。 （3）选择区段，点击“强行消限”，点击CR1和CR2并“执行”。 （4）区段状态变化： 轨区设限： ① 区段颜色：黄色不变。 ② 区段编号颜色：白色不变。 ③ 限速标记：无限速标记变为红色显示。 10轨区消限： ① 区段颜色：黄色不变。 ② 区段编号颜色：白色不变。 ③ 限速标记：红色显示10消失。 强行消限： ① 区段颜色：黄色不变。 ② 区段编号颜色：白色不变。 ③ 限速标记：红色显示10变为无显示	30	（1）未正确执行轨区设限、轨区消限、强行消限操作，每个扣7分，21分扣完为止。 （2）没有正确填写轨道区段状态变化，扣9分。每个扣1分，扣完为止	
	总分		100		

六、思考题

（1）封锁和解封区段的作用是什么?

（2）在封锁区段后，还能排列进路吗?

（3）重置计轴是属于安全命令还是属于常规命令?

任务五　车站操作

一、实训目的

（1）掌握关站信号的操作方法。

（2）了解车站的相关操作命令。

二、理论链接

表23-5-1　理论链接表

相关命令。

按键标签	操作描述	操作类型
关站信号	本站所有信号机被关闭并封锁	RC（常规命令）

三、实训要求

1. 实训时间

实训课时为 2 课时。

2. 实训形式

（1）实操作业与理论相结合。

（2）独自完成实训操作，结合理论链接以及实操完成实训考核。

3. 实训注意事项

针对关闭信号机和开放信号机，执行关站信号后的变化区别。

4. 工器具材料准备

（1）鼠标、键盘。

（2）联锁系统。

四、实训作业步骤

表 23-5-2　实训作业步骤

序号	实训内容	详细信息	注意事项	图片
1	关站信号的操作（针对关闭的信号机）	左键选择车站“××站名”左键选中“关站信号”并“执行”	当本车站出现意外情况，不再允许列车进入本车站时	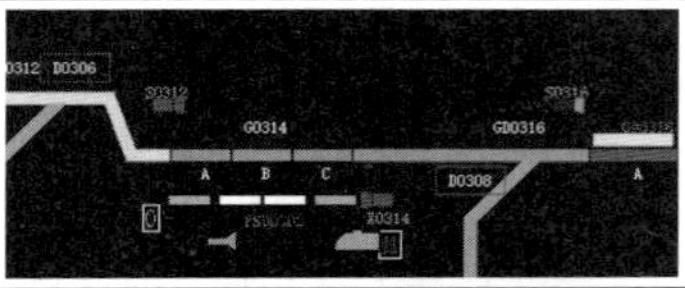
2	关站信号的操作（针对开放的信号机）	左键选择车站“××站名”左键选中“关站信号”并“执行”	当本车站出现意外情况，不再允许列车进入本车站时	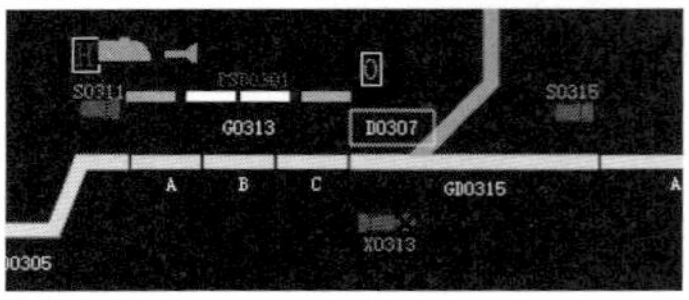

五、实训考核标准

表 23-5-3　实训考核标准

序号	作业内容		配分	评分标准	得分
1	在 X 站中，执行关站信号的命令（针对关闭的信号机和开放的信号机）	（1）左键选择车站“××站名”，左键选中“关站信号”并“执行”。 （2）状态变化： 针对关闭信号机： ① 灯座颜色：红色不变。 ② 灯柱颜色：红色不变。 ③ 灯头颜色：红色变蓝色。 ④ 编号颜色：绿色不变。 ⑤ 是否灭灯：灭灯不变。 针对开放信号机： ① 灯座颜色：绿色不变。 ② 灯柱颜色：绿色变蓝色。 ③ 灯头颜色：绿色变蓝色 ④ 编号颜色：绿色不变。 ⑤ 是否灭灯：灭灯不变	100	（1）未正确执行关站信号操作，扣 50 分。 （2）配分 50 分，扣完为止。 （3）没有正确填写信号状态，扣 50 分。每个扣 5 分，扣完为止	
	总分		100		

六、思考题

（1）关站信号执行后，还能正常排列进路吗?

（2）关站信号执行后，开放的信号机和关闭的信号机二者状态变化有啥区别?

任务六　进路操作

一、实训目的

（1）掌握进路的组成和定义。

（2）掌握手动排列进路的操作方法。

（3）掌握手动取消进路的操作方法。

二、理论链接

1. 常规命令

（1）排列进路，功能：排列相应的进路。

（2）取消进路，功能：取消相应的进路。

2. 进路的建立

1）进路元素的可行性检查

（1）进路中的道岔没有被锁闭或锁定在相反的位置。

（2）进路中的轨道区段（道岔区段）没有被封锁。

（3）进路中的轨道区段（道岔区段）没有被敌对进路征用。

（4）防淹门打开且未请求关闭，与车场的照查功能正常。

2）进路的监控及开放信号

进路的建立（达到主信号层）:

（1）主进路中的道岔位于正确位置且被锁闭。

（2）主进路中的所有轨道区段被进路征用。

（3）进路的侧防条件已满足。

（4）终端信号机的红灯信号能正常显示。

（5）保护区段被进路锁闭，并显示空闲。

（6）进路的所有区段（含道岔区段）显示空闲。

3. 进路的取消

条件：

（1）要取消的进路必须为一条已排列的完整的进路。

（2）进路的第一个轨道区段为空闲。

（3）车未占用接近区段，如果已占用，则延时解锁。

4. 排列基本进路

在 LOW 上，要排列一条基本进路，只要用鼠标的左键点击 LOW 主窗口上要排列进路的始端信号机，再用鼠标的右键点击要排列进路的终端信号机，此时所选始端信号机和终端信号机都会被打上灰色底色，然后在对话窗口中的命令显示栏用鼠标的左键点击“排列进路”的命令，最后用鼠标的左键点击对话窗口中的“执行”按钮即可。

此时，联锁计算机就会自动检查该进路的进路建立条件，如果满足进路的建立条件，相应的进路会自动建立，并进入相应的监控层。如果达到了主信号层，且始端信号机正常时，始端信号机就会自动开放。但如果只达到了引导层，始端信号机不会开放，只能在满足开放引导信号的条件下人工开放引导信号。

排列进路后，被进路征用的计轴区段的所有虚拟区段都变成绿色（征用），在列车进入该进路前可正常人工取消进路。但若强行解锁时，需逐个虚拟区段地去解锁。

5. 取消基本进路

在 LOW 上，要取消一条已排好的进路，只要用鼠标的左键点击 LOW 主窗口上该进路的始端信号机，再用鼠标的右键点击该进路的终端信号机，此时所选始端信号机和终端信号机都会被打上灰色底色，然后在对话窗口中的命令显示栏用鼠标的左键点击“取消进路”的命令，最后用鼠标的左键点击对话窗口中的“执行”按钮即可。

三、实训要求

1. 实训时间

实训课时为 2 课时。

2. 实训形式

（1）实操作业与理论相结合。

（2）独自完成实训操作，结合理论链接以及实操完成实训考核。

3. 实训注意事项

排列进路时要满足进路建立的条件。

4. 工器具材料准备

（1）鼠标、键盘。

（2）联锁系统。

四、实训作业步骤

表 23-6-1　实训作业步骤

序号	实训内容	详细信息	注意事项	图片
1	写出进路的组成	主进路、保护区段、侧面防护	注意进路的组成和定义的区分	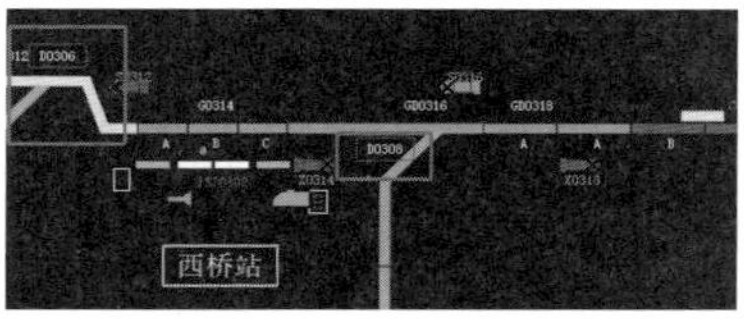
2	进路的包含元素	主进路：始、终端信号机、轨道区段、道岔区段。 保护区段：保护区段及其侧防元素。 侧面防护：道岔、信号机、区段的单个或多个元素	注意进路的侧防元素有哪些	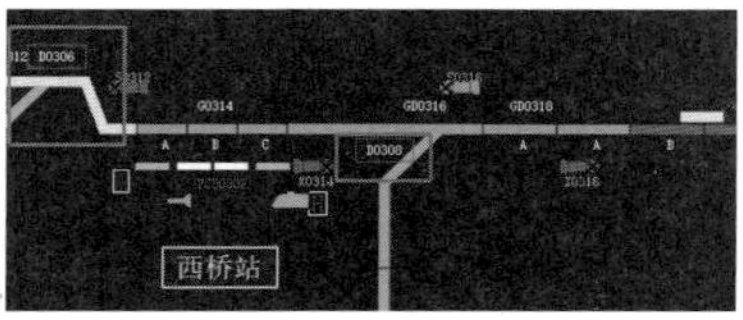

续表

序号	实训内容	详细信息	注意事项	图片
3	手动排列进路的操作	左键选择“始端信号机”，右键选择“终端信号机”，选中“排列进路”并“执行”	手动排列进路优先级高于自排和追踪、可以在变更列车折返或ATS自排功能故障时使用	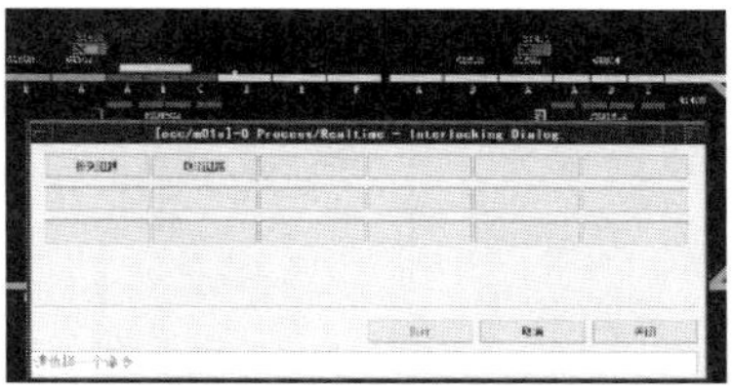
4	手动取消进路的操作	左键选择“始端信号机”，右键选择“终端信号机”，选中“取消进路”并“执行”	进路完整时列车未占用接近区段时，进路瞬时解锁	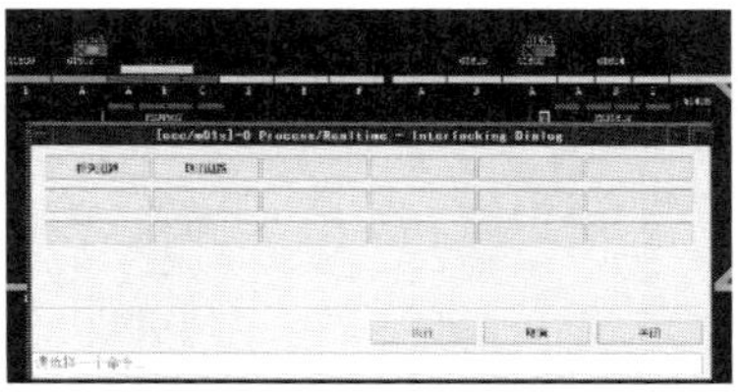

五、实训考核标准

表 23-6-2　实训考核标准

序号		作业内容	配分	评分标准	得分
1	写出进路的组成部分	主进路、保护区段、侧面防护	10	（1）未正确写出三个组成部分，扣10分。 （2）配分10分，扣完为止	
2	写出进路各组成部分所包含的元素	（1）主进路：始、终端信号机、轨道区段、道岔区段。 （2）保护区段：保护区段及其侧防元素。 （3）侧面防护：道岔、信号机、区段的单个或多个元素	30	（1）未正确写出三个组成部分的包含元素，各扣10分，共计30分。 （2）配分30分，扣完为止	
3	手动排列X信号机到X信号机的进路，并写出进路元素状态变化	（1）左键选择“始端信号机”，右键选择“终端信号机”，选中“排列进路”并“执行”。 （2）状态变化： X（始端）信号机： ① 灯座颜色：红色变绿色。 ② 灯柱颜色：红色变绿色。 ③ 灯头颜色：红色变绿色。 ④ 编号颜色：绿色不变。 ⑤ 是否灭灯：灭灯不变。 X（终端）信号机： ① 灯座颜色：红色不变。 ② 灯柱颜色：红色不变。 ③ 灯头颜色：红色不变。 ④ 编号颜色：绿色不变。 ⑤ 是否灭灯：灭灯不变。	30	（1）未正确执行排列进路操作，扣8分。 （2）没有正确填写信号状态变化，扣22分。每个扣1分	

续表

序号		作业内容	配分	评分标准	得分
4	手动排列X信号机到X信号机的进路，并写出进路元素状态变化	X（主进路）道岔： ① 道岔颜色：黄色变绿色。 ② 编号颜色：白色不变。 ③ 编号框：无边框变红色。 ④ 有无限速：无限速不变。 X（侧防）道岔： ① 道岔颜色：黄色不变。 ② 编号颜色：白色不变。 ③ 编号框：无边框变白色。 ④ 有无限速：无限速不变。 X（主进路）轨道区段： ① 区段颜色：黄色变绿色。 ② 编号颜色：白色不变。 X（保护区段）轨道区段： ① 区段颜色：黄色变浅绿色。 ② 编号颜色：白色不变			
5	取消X信号机到X信号机的进路，并写出进路元素状态变化	（1）左键选择“始端信号机”，右键选择“终端信号机”，选中“取消进路”并“执行”。 （2）状态变化： X（始端）信号机： ① 灯座颜色：绿色变红色。 ② 灯柱颜色：绿色变红色。 ③ 灯头颜色：绿色变红色。 ④ 编号颜色：绿色不变。 ⑤ 是否灭灯：灭灯不变。 X（终端）信号机： ① 灯座颜色：红色不变。 ② 灯柱颜色：红色不变。 ③ 灯头颜色：红色不变。 ④ 编号颜色：绿色不变。 ⑤ 是否灭灯：灭灯不变。 X（主进路）道岔： ① 道岔颜色：绿色变黄色。 ② 编号颜色：白色不变。 ③ 编号框：红色边框变无边框。 ④ 有无限速：无限速不变。 X（侧防）道岔： ① 道岔颜色：黄色不变。 ② 编号颜色：白色不变。 ③ 编号框：白色边框变无边框。 ④ 有无限速：无限速不变。 X（主进路）轨道区段： ① 区段颜色：绿色变黄色。 ② 编号颜色：白色不变。 X（保护区段）轨道区段： ① 区段颜色：浅绿色变黄色。 ② 编号颜色：白色不变	30	（1）未正确执行取消进路操作，扣8分。 （2）没有正确填写信号状态变化，扣22分。每个扣1分	
	总分		100		

六、思考题

（1）在什么条件下，排列进路执行不成功?

（2）在排列进路成功后，都有哪些进路元素被征用?

（3）当信号开放后，都满足了哪些开放条件?

项目二十四 行车调度员 HMI 界面操作（西门子）

任务一 联锁的操作

一、实训目的

（1）掌握总览对话框的组成和操作。
（2）掌握操作对话框的组成和操作。

二、理论链接

中心 ATS 系统介绍内容如下。

中心 ATS 系统是列车自动监控系统（ATS）的主要组成部分，操作员一般是控制中心的行车调度员。行车调度员通过中心 ATS 系统可以监控当前地铁线路中的列车的运行情况以及线路中相关信号设备的工作状态，指挥全线列车进行日常作业、并处理各种突发应急故障。

行车调度员可以通过中心 ATS 系统对信号机、道岔、区段等设备执行联锁操作指令、控制相关设备。例如：通过站控指令控制列车跳停、扣车，通过编辑修改车次的操作变更列车目的码。

中心 ATS 系统提供预设时刻表功能，在运行图界面显示计划运行线和列车实际运行线。系统拥有自排进路、追踪进路、列车自动调整、手动调整、手动排列进路等功能，并同时具备显示报警信息、操作记录查看、录像回放等功能。

三、实训要求

1. 实训时间

实训课时为 2 课时。

2. 实训形式

（1）实操作业与理论相结合。
（2）独自完成实训操作，结合理论链接以及实操完成实训考核。

3. 实训注意事项

所有的操作都是在 HMI 界面上进行的。

4. 工器具材料

（1）鼠标、键盘。
（2）联锁系统。

四、实训作业步骤

表 24-1-1　实训作业步骤

序号	实训内容	详细信息	注意事项	图片
1	基本信号显示窗口组成	总览对话框、操作对话框、功能对话框、信息对话框	基本信息窗口由4部分组成	
2	在总览对话框中，切换背投系统、轨道总览、系统总览、列车总览操作按钮	点击总览对话框中的“背投”按钮，系统切换到背投系统总览界面，显示整个轨道总览。 点击总览对话框中的“轨道”按钮，出现轨道总览。 点击总览对话框中的“系统”按钮，系统会切换到“系统概观”界面，系统概观显示当前计算机网络的配置状态。 点击总览对话框中的“列车”按钮，则列车总览出现。列车总览显示系统化形式的列车信息	注意轨道详览和总览的区别，以及和背投的区别	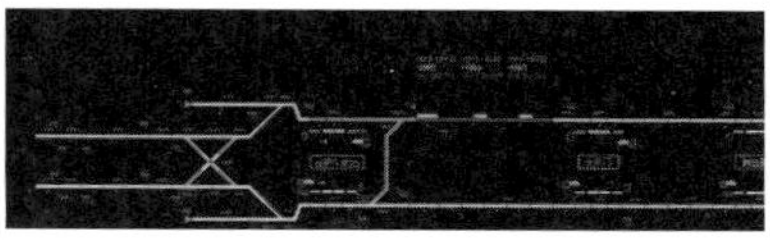
3	在联锁按钮下，显示信号机、道岔、轨道、进路、车站等操作命令对话框	点击总览对话框中的“轨道”按钮，然后点击相应车站的蓝色标志，出现轨道详览。 从轨道详览界面中选择一个轨道区段（或信号机、道岔），出现相应命令的操作对话框。 点击总览对话框中的“轨道”按钮，然后点击蓝色标志，出现轨道详览。 从轨道详览界面中选择进路的始端和终端信号机，则带有相应命令的操作对话框出现。 点击总览对话框中的“轨道”按钮，然后点击蓝色标志，出现轨道详览。 从轨道详览界面中选择进路的始端和终端信号机，则带有相应命令的操作对话框出现	注意轨道详览和总览的区别，以及和背投的区别	
4	显示 IBP 盘操作命令对话框	点击总览对话框中的“轨道”按钮，然后点击蓝色标志，出现轨道详览。 点击 IBP 盘标志，出现带车站轨道名称的 IBP 盘对话框		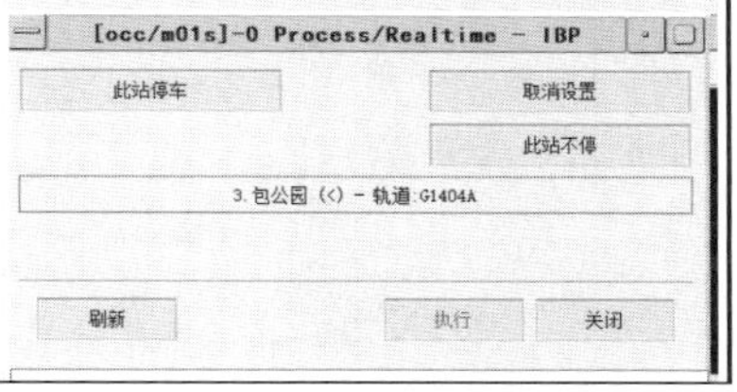

续表

序号	实训内容	详细信息	注意事项	图片
5	创建、删除、搜索、步进、编辑列车	（1）点击“轨道”按钮，然后点击蓝色标志。点击“车次号”按钮或列车车次窗，弹出车次号对话框。点击轨道区段，点击TMT中的“创建列车”按钮，出现创建列车对话框。输入列车号（八位）和车厢号（三位），“创建”按钮被激活，点击“创建”按钮。 （2）点击“轨道”按钮，点击列车号或列车所处的轨道区段，出现“删除列车”按钮被激活的TMT对话框。点击“删除列车”按钮，选择列车，点击“删除”按钮。 （3）点击“车次号”按钮，点击列车号，在输入区输入需要搜索的列车号，然后点击  按钮。 （4）点击“轨道”按钮，然后点击蓝色标志。点击“车次号”按钮或列车车次窗，弹出车次号对话框，点击“步进列车”按钮。 点击选择需要步进的列车，并在轨道详览中选择一个目标轨道区段。然后步进对话框中的“步进”按钮被激活。 点击步进对话框的“步进”按钮，被选中的列车号出现在所选轨道区段	注意列车车次窗前后发生的变化	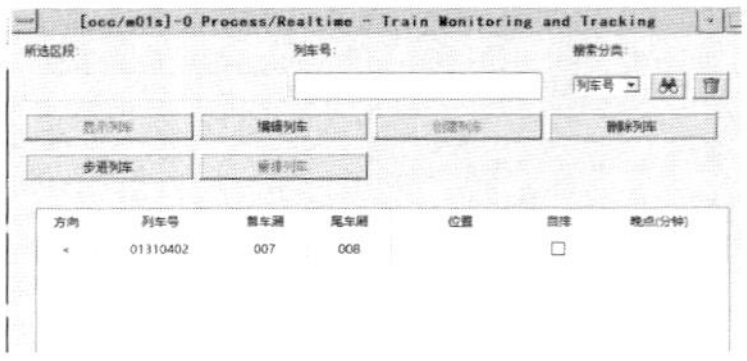
6	显示运行图、装表、调整、计划等显示框	点击操作对话框中的“运图”按钮，出现列车运行图显示对话框。 点击操作对话框中的“装表”按钮，则时刻表装载对话框出现。 点击操作对话框中的“调整”按钮，则调整装载对话框出现。 点击界面中的“计划”按钮，出现计划对话框	注意时刻表数据的调整以及运行图的显示	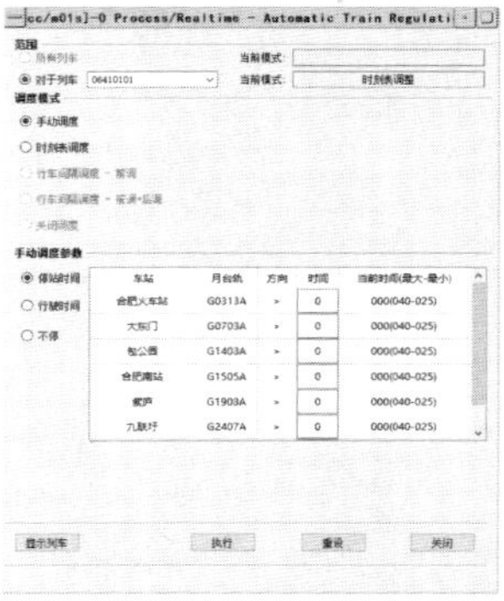

五、实训考核标准

表 24-1-2 实训考核标准

序号	作业内容		配分	评分标准	得分
1	基本信号显示窗口组成	总览对话框、操作对话框、功能对话框、信息对话框	20	（1）未正确写出组成内容的，扣 20 分。 （2）每个 5 分，配分 20 分，扣完为止	
2	在总览对话框中，切换背投系统、轨道总览、系统总览、列车总览操作按钮	（1）点击总览对话框中的“背投”按钮，系统切换到背投系统总览界面，显示整个轨道总览。 （2）点击总览对话框中的“轨道”按钮，出现轨道总览。 （3）点击总览对话框中的“系统”按钮，系统会切换到“系统概观”界面，系统概观显示当前计算机网络的配置状态。 （4）点击总览对话框中的“列车”按钮，则列车总览出现，列车总览显示系统化形式的列车信息	20	（1）未正确执行切换的操作，扣 20 分。 （2）每个 5 分，配分 20 分，扣完为止	
3	在联锁按钮下，显示信号机、道岔、轨道、进路、车站等操作命令对话框	（1）点击总览对话框中的“轨道”按钮，然后点击相应车站的蓝色标志，出现轨道详览。 （2)从轨道详览界面中选择一个轨道区段（或信号机、道岔），出现相应命令的操作对话框。 （3）点击总览对话框中的“轨道”按钮，然后点击蓝色标志，出现轨道详览。从轨道详览界面中选择进路的始端和终端信号机，则带有相应命令的操作对话框出现。 （4）点击总览对话框中的“轨道”按钮，然后点击蓝色标志，出现轨道详览。从轨道详览界面中选择进路的始端和终端信号机，则带有相应命令的操作对话框出现	20	未正确执行命令操作，扣 20 分。每个扣 5 分，扣完为止	
4	显示 IBP 盘操作命令对话框	点击总览对话框中的“轨道”按钮，然后点击蓝色标志，出现轨道详览。点击 IBP 盘标志，出现带车站轨道名称的 IBP 盘对话框	5	未正确执行操作命令，扣 5 分	
5	创建、删除、搜索、步进、编辑列车	（1）点击“轨道”按钮，然后点击蓝色标志。点击“车次号”按钮或列车车次窗，弹出车次号对话框。点击轨道区段。点击 TMT 中的“创建列车”按钮，出现创建列车对话框。输入列车号（八位）和车厢号（三位），“创建”按钮被激活。点击“创建”按钮	25	未正确执行操作命令，扣 25 分。每个扣 5 分，扣完为止	

续表

序号	作业内容		配分	评分标准	得分
5	创建、删除、搜索、步进、编辑列车	（2）点击“轨道”按钮，点击列车号或列车所处的轨道区段，出现“删除列车”按钮被激活的 TMT 对话框。点击“删除列车”按钮，选择列车，点击“删除”按钮。 （3）点击“车次号”按钮，点击列车号，在输入区输入需要搜索的列车号，然后点击按钮。 （4）点击“轨道”按钮，然后点击蓝色标志。点击“车次号”按钮或列车车次窗，弹出车次号对话框。点击“步进列车”按钮，点击选择需要步进的列车，并在轨道详览中选择一个目标轨道区段。然后步进对话框中的“步进”按钮被激活，点击步进对话框的“步进”按钮，被选中的列车号出现在所选轨道区段。 （5）点击界面中的“轨道”按钮，点击蓝色标志。点击车次号按钮或列车车次窗，点击“编辑列车”按钮。第二行里输入列车号和车组号，按钮“编辑”激活，点击按钮“编辑”			
6	显示运行图、装表、调整、计划等显示框	（1）点击操作对话框中的“运行图”按钮，出现列车运行图显示对话框。 （2）点击操作对话框中的“装表”按钮，则时刻表装载对话框出现。 （3）点击操作对话框中的“调整”按钮，则调整装载对话框出现。 （4）点击界面中的“计划”按钮，出现计划对话框	10	未正确操作显示出相应的对话框，扣 10 分。每个扣 2.5 分，扣完为止	
	总分		100		

六、思考题

（1）背投系统显示的内容是什么？

（2）系统总览中线条颜色的显示含义是什么？

任务二　运行图查看与识别

一、实训目的

（1）掌握查看运行图的操作方法。

（2）掌握新建、打开、保存、另存为运行图的操作方法。

二、理论链接

1. 运行图对话框

在“窗口”菜单中，以下在 TGI 窗口中可用：新显示、显示、配置、关闭。

2. 运行图的描述

它规定各车次列车占用区间的程序，列车在每个车站的到达和出发（或通过）时刻，列车在区间的运行时间，列车在车站的停站时间以及机车交路、列车重量和长度等。它是列车运行时刻表的图解，规定各次列车按一定的时刻在区间内运行及在车站到、发和通过。列车运行图是列车运行的时间与空间关系的图解，是用以表示列车在各区间运行及在各车站停车或通过状态的二维线条图。

三、实训要求

1. 实训时间

实训课时为 2 课时。

2. 实训形式

（1）实操作业与理论相结合。

（2）独自完成实训操作，结合理论链接以及实操完成实训考核。

3. 实训注意事项

ATS 程序中加载的运行图，不具备手动编制功能。

4. 工器具材料

（1）鼠标、键盘。

（2）联锁系统。

四、实训作业步骤

表 24-2-1　实训作业步骤

序号	实训内容	详细信息	图片
1	运行图的查看	左键点击“运图”	
2	运行图的识别	（1）横轴代表时间。 （2）纵轴代表站名。 （3）每条运行线上都会有一串数字代表车次号。 （4）计划运行线。 （5）实际运行线。 （6）当前时间线	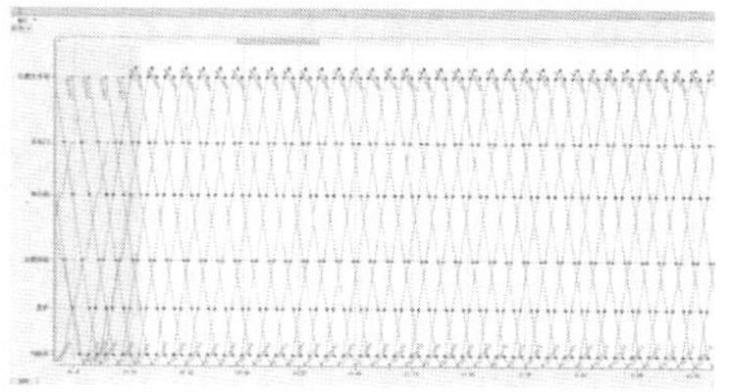
3	运行图的新建、打开、保存、另存为的操作	（1）选择“文件 新建运行图”菜单或工具条。 （2）选择“打开运行图”菜单或工具条。 （3）选择“保存运行图”菜单或工具条。 （4）选择“运行图另存为”菜单或工具条，把运行图保存到用户指定路径和文件名的文件中，并把当前文件改为用户新指定的文件	

五、实训考核标准

表 24-2-2　实训考核标准

序号	作业内容		配分	评分标准	得分
1	运行图的查看	左键点击“运图”	12	未正确打开运行图对话框操作，扣 12 分	
2	运行图的识别	（1）横轴代表时间。 （2）纵轴代表站名。 （3）每条运行线上都会有一串数字代表车次号。 （4）计划运行线。 （5）实际运行线。 （6）当前时间线	48	未正确识别出来的每项扣 8 分，扣完为止	
3	运行图的新建、打开、保存、另存为的操作	（1）选择“文件 新建运行图”菜单或工具条。 （2）选择“打开运行图”菜单或工具条。 （3）选择“保存运行图”菜单或工具条。 （4）选择“运行图另存为”菜单或工具条，把运行图保存到用户指定路径和文件名的文件中，并把当前文件改为用户新指定的文件	40	未正确操作的每项扣 10 分，扣完为止	
	总分		100		

六、思考题

单线运行图和双线运行图有什么区别?

任务三　扣车、跳停操作

一、实训目的

（1）掌握列车扣车的操作。

（2）掌握列车跳停的操作。

二、理论链接

1. 此站停车

所有列车必须在该站停车。

2. 此站不停

所有列车必须跳过该站。

3. 取消设置

取消此站停车设置。

4. IBP 站控

执行 IBP 站控操作步骤如下：

点击总览对话框中的“轨道”按钮，然后点击蓝色标志，出现轨道详览。

点击 IBP 盘标志，出现带车站轨道名称的 IBP 盘对话框（见图 24-3-1）。

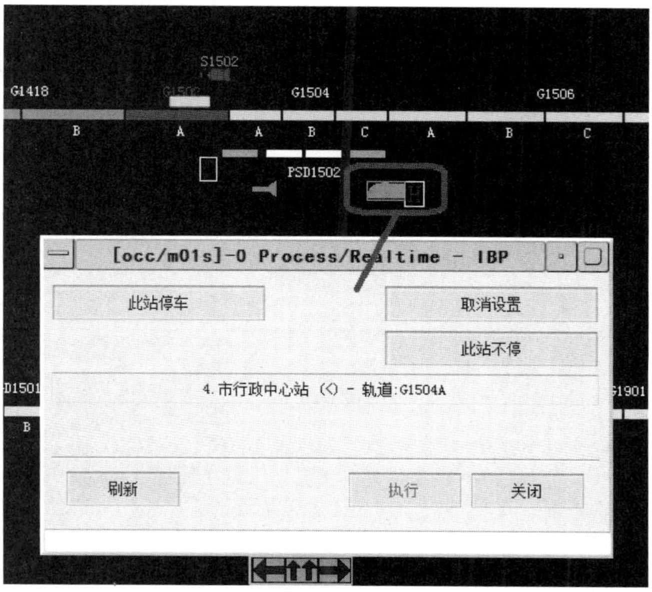

图 24-3-1　IBP 站控对话框

操作员可以执行的命令包括：此站不停（Skip）、此站停车（Hold）、取消设置（Continue）。

三、实训要求

1. 实训时间

实训课时为 2 课时。

2. 实训形式

（1）实操作业与理论相结合。

（2）独自完成实训操作，结合理论链接以及实操完成实训考核。

3. 实训注意事项

列车扣车、跳停命令的操作是在 IBP 站控对话框里进行的。

4. 工器具材料

（1）鼠标、键盘。

（2）联锁系统。

四、实训作业步骤

表 24-3-1　实训作业步骤

序号	实训内容	详细信息	图片
1	在X站，进行此站停车设置	（1）点击“X站IBP盘”。 （2）点击“此站停车”，点击“执行”。 （3）状态变化： 到站停车，倒计时完成后继续行驶变为一直停在本站，IBP盘：显示H	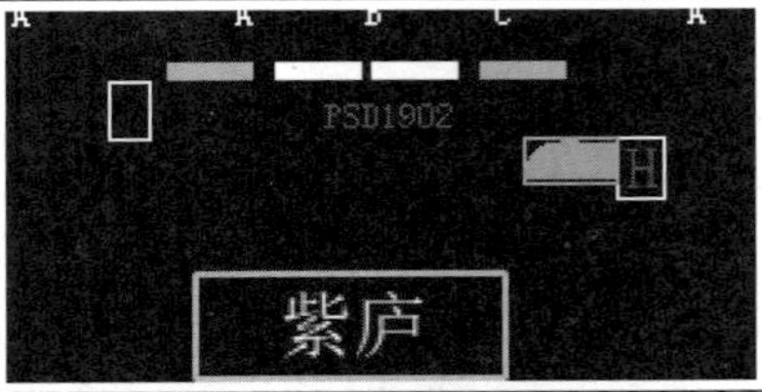
2	取消此站停车设置	（1）点击“取消设置”，点击“执行”。 （2）状态变化。 （3）一直停在本站，IBP盘：显示H变为到站停车，倒计时完成后继续行驶	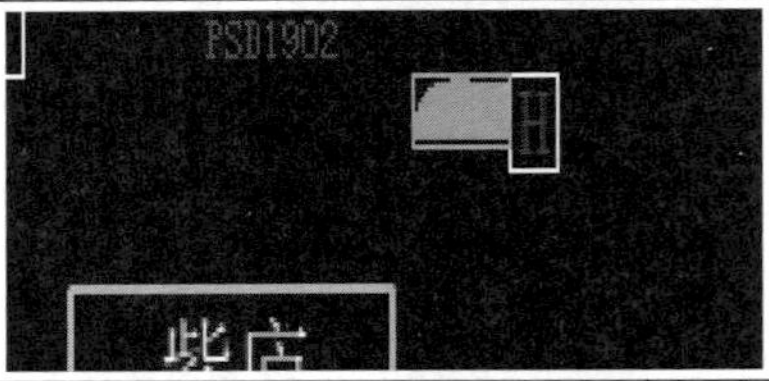
3	在X站，进行此站不停设置	（1）点击“X站IBP盘”。 （2）点击“此站不停”，点击“执行”。 （3）状态变化。 （4）列车经过此站到站停车，倒计时完成后继续行驶变为不在此站停车。 （5）IBP盘：显示S	
4	取消此站不停车设置	（1）点击“此站停车”。 （2）点击“取消设置”，点击“执行”。 （3）状态变化。 （4）列车经过此站状态：不在此站停车。 （5）IBP盘：显示S，变为到站停车，倒计时完成后继续行驶，IBP盘：S消失	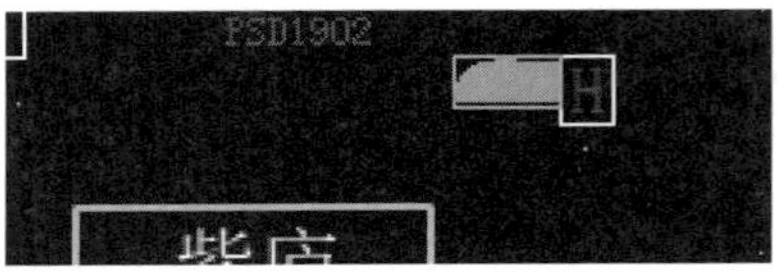

五、实训考核标准

表 24-3-2　实训考核标准

序号	作业内容		配分	评分标准	得分
1	在X站，进行此站停车设置	（1）点击“X站IBP盘”。 （2）点击“此站停车”，点击“执行”。 （3）状态变化： 到站停车，倒计时完成后继续行驶变为一直停在本站，IBP盘：显示H	30	（1）未正确完成扣车操作，扣30分。 （2）每项10分，配分30分，扣完为止	
2	取消此站停车设置	（1）点击“取消设置”，点击“执行”。 （2）状态变化： 一直停在本站，IBP盘：显示H变为到站停车，倒计时完成后继续行驶	20	（1）未正确完成取消扣车操作，扣10分。 （2）每项10分，配分20分，扣完为止	

续表

序号	作业内容		配分	评分标准	得分
3	在X站，进行此站不停设置	（1）点击“X站IBP盘”。 （2）点击“此站不停”，点击“执行”。 （3）状态变化： 列车经过此站到站停车，倒计时完成后继续行驶变为不在此站停车。 IBP盘：显示S	30	未正确完成此站不停操作，扣30分。每项扣10分	
4	取消此站不停车设置	（1）点击“此站停车”。 （2）点击“取消设置”，点击“执行”。 （3）状态变化： 列车经过此站状态：不在此站停车。 IBP盘：显示S，变为到站停车，倒计时完成后继续行驶，IBP盘：S消失	20	未正确完成此站不停操作，扣20分。每项扣10分	
	总分		100		

六、思考题

在执行此站不停命令后，该站的信号机有什么变化?

项目二十五　车辆段微机联锁操作

任务一　列车进路及相关操作

一、实训目的

（1）掌握列车进路办理的操作方法。

（2）掌握道岔被单锁、锁闭、封闭时，手动排列列车进路的操作方法。

（3）掌握列车进路手动取消的方式。

二、理论链接

1. 车辆段微机联锁使用说明

计算机联锁系统是保证车辆段内接发列车作业安全，提高接发车能力的一种信号设备。利用计算机对信号员的操作命令及现场设备状态表示的信息进行逻辑运算，从而实现对信号机及道岔、进路等进行集中控制，使其相互制约，以保证行车安全的联锁设备。

1）列车出段

举例说明：

（1）以下步骤是以加车方案“3 正线 3 车辆段”举例。

（2）车辆段内的出段进路为“D34A 到 D5”和“D4 到 JDII”，正线进路为“CD2 到 X0302”。

出站信号机如图 25-1-1 所示。

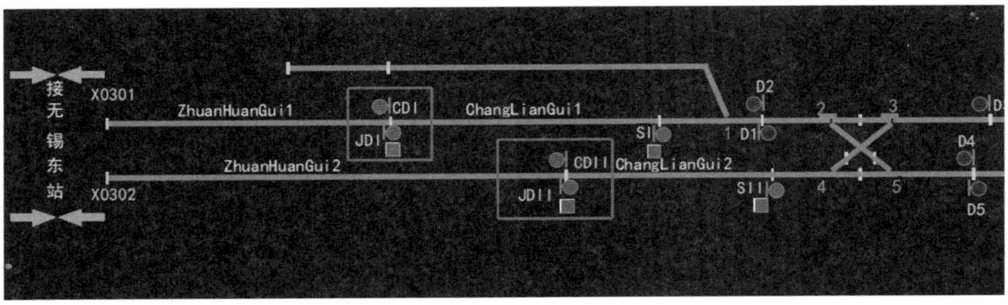

图 25-1-1　出站信号机

步骤 1：鼠标左键点击“始端信号机（D34A）”（见图 25-1-2），操作界面下方提示已选中信号机。

图 25-1-2　点击始端信号机

步骤 2：鼠标左键点击“终端信号机（D5）”（见图 25-1-3）排列列车进路，进路建立之后，进路内的信号机依次开放。

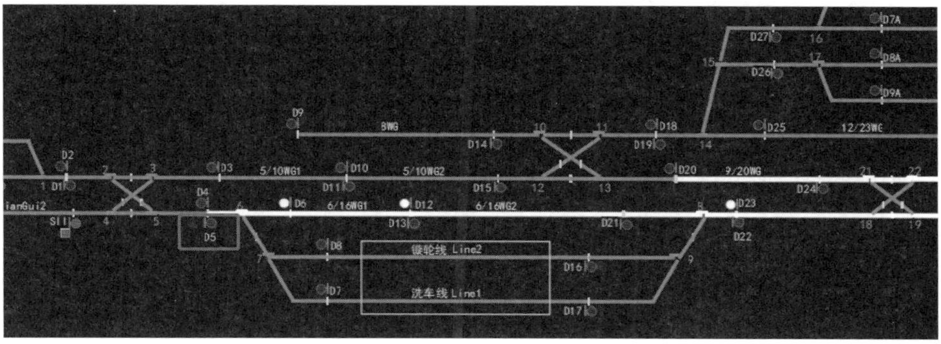

图 25-1-3　点击终端信号机

步骤 3：鼠标左键点击“始端信号机 D4”（见图 25-1-4），然后再左键点击“终端信号机 SII”，排列第二段出段进路。

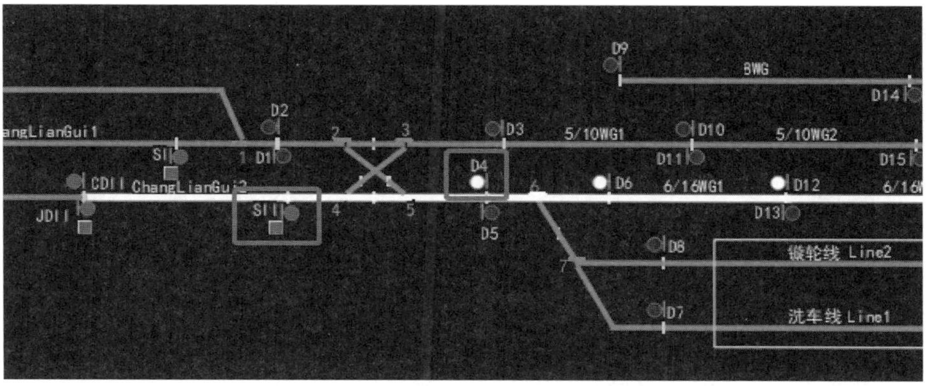

图 25-1-4　排列第二段出段进路

步骤 4：在中心 ATS 或者车站 ATS 终端，排列正线出段进路“CD2 到 X0302”（见图 25-1-5）。

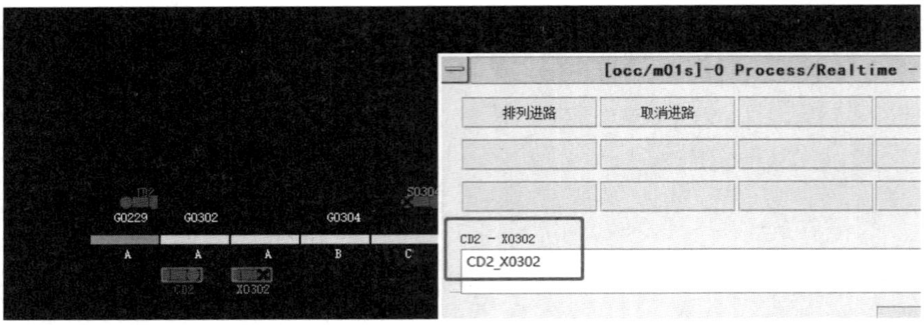

图 25-1-5 排列进路

正线进路排列完成之后，出场信号机 CDII 开放信号（见图 25-1-6）、出场照查灯点亮。

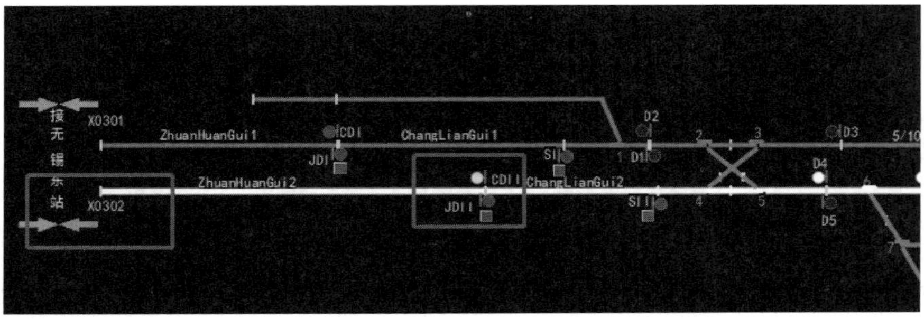

图 25-1-6 开放信号

2）列车入场

举例说明：

（1）以下步骤是以列车从转换轨 1 回段进行说明，加车方案为“正线 6 列车”。

（2）入段进路正线部分包括：“S0303 到 JD1”，车辆段部分包括：“SI 到 D33A”。

步骤 1：转换轨无车，入段信号机红灯正常，车辆段无出场请求，正线可排列入段进路至转换轨“S0303 到 JD1”（见图 25-1-7）也可以通过中心 ATS 修改列车目的码来变更列车进路）。

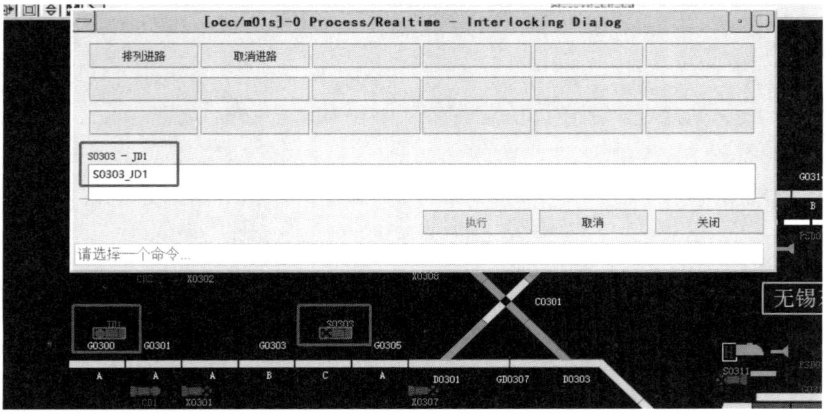

图 25-1-7 排列入段进路

步骤 2：在车辆段联锁界面，左键点击“始端信号机（SI）”+左键点击“终端信号机（D33A）”，排列列车接车进路（见图 25-1-8），满足条件后，始端信号机（SI）开放。

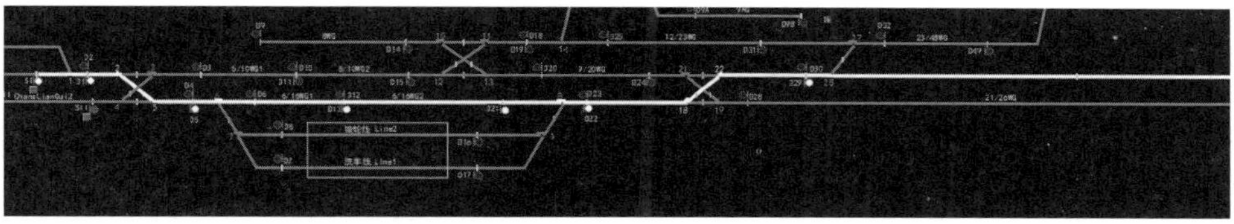

图 25-1-8　排列列车接车进路

步骤 3：点“JD1 到 SI”进路（见图 25-1-9），进路排列之后照查灯点亮。

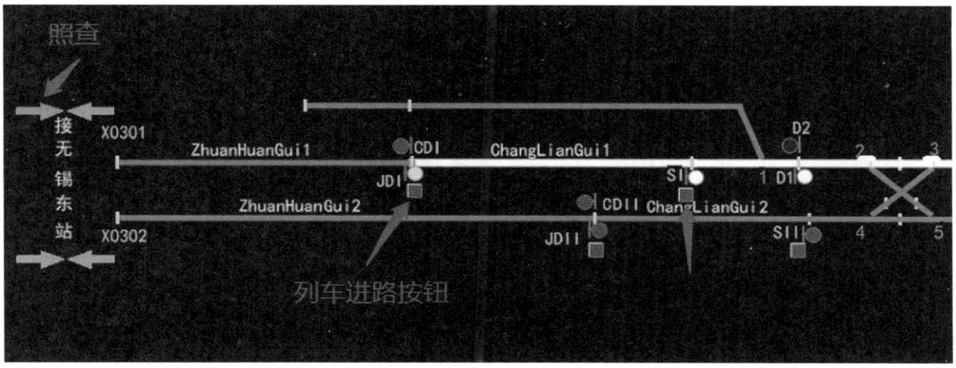

图 25-1-9　点“JD1 到 SI”进路

步骤 4：从正线接车后，列车越过入段 JDI 信号机，进路正常解锁。

三、实训要求

1. 实训时间

实训课时为 2 课时。

2. 实训形式

（1）实操作业与理论相结合。

（2）独自完成实训操作，结合理论链接以及实操完成实训考核。

3. 实训注意事项

防护的进路空闲（包括超限绝缘检查），有关道岔位置正确（未单锁在相反位置），进路锁闭，未施行人工解锁，敌对进路未建立以及照查联锁条件正确时，信号开放，进路才能建立。

4. 工器具材料

（1）鼠标、键盘。

（2）ATS 系统。

四、实训作业步骤

表 25-1-1　实训作业步骤

序号	实训内容	详细信息	图片
1	建立一条接车进路	（1）左键分别点击进站信号机 X 和终端信号机 X。 （2）状态变化： 始端信号机颜色：红色变黄色。 终端信号机颜色：红色不变。 进路区段颜色：蓝色变白色	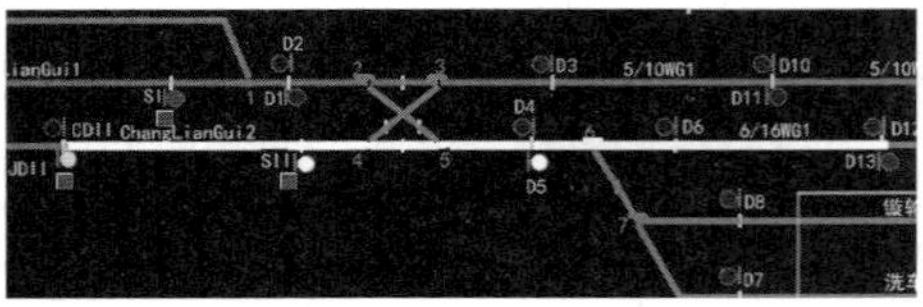
2	道岔被单锁时，手动排列进路	（1）将 X 道岔单锁在定位。 （2）排列一条 X 信号机到 X 信号机的进路（通过 X 道岔定位）。 （3）进路是否排列成功：是。 （4）取消 X 信号机到 X 信号机的进路。 （5）排列一条 X 信号机到 X 信号机的进路（通过 X 道岔反位）。 （6）进路是否排列成功：否。 （7）原因：道岔被单锁在定位，无法自动转换	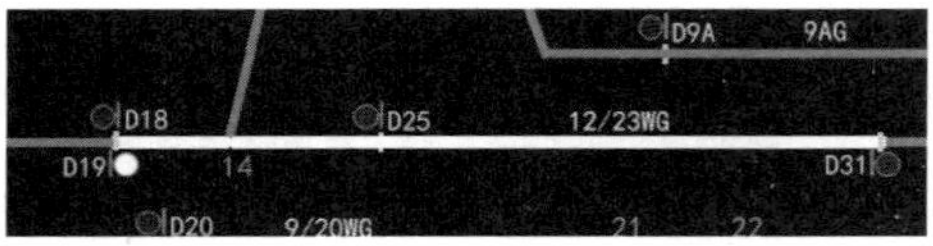
3	道岔被封锁时，手动排列进路	（1）将 X 道岔进行封闭操作。 （2）排列一条 X 信号机到 X 信号机的进路（通过 X 道岔）。 （3）进路是否排列成功：否。 （4）原因：道岔已被封闭，无法被进路征用	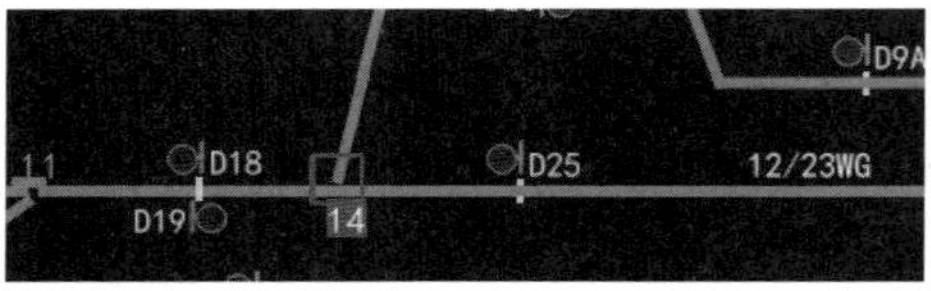
4	建立一条进路，通过总取消的方式取消该进路	（1）排列一条 X 信号机到 X 信号机的进路（方法同上）。 （2）选中进路的始端信号机，右键点击后选择总取消	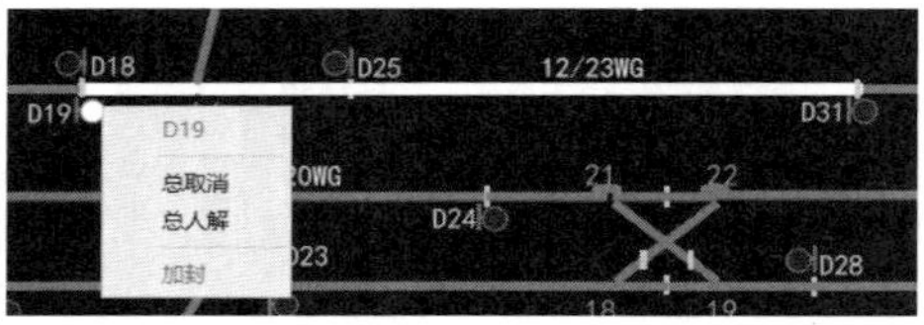
5	建立一条进路，此时车列占用接近区段，然后通过总人解的方式取消该进路	（1）排列一条 X 信号机到 X 信号机的进路（方法同上）。 （2）选中进路的始端信号机，右键点击总人解。 （3）输入密码，点击确认	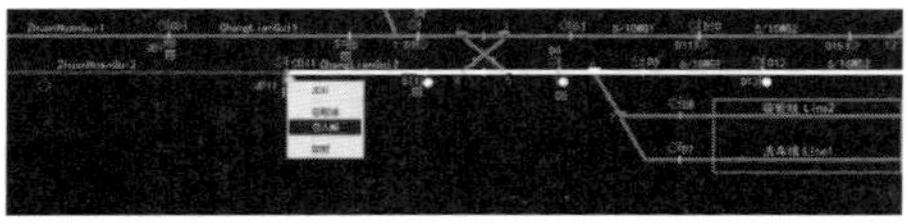

五、实训考核标准

表 25-1-2　实训考核标准

序号	作业内容		配分	评分标准	得分
1	建立一条接车进路	（1）左键分别点击进站信号机X，终端信号机X。 （2）状态变化： 始端信号机颜色：红色变黄色。 终端信号机颜色：红色不变。 进路区段颜色：蓝色变白色	20	未正确完成操作的按项扣分。每项5分，配分20分，扣完为止	
2	道岔被单锁时，手动排列进路	（1）将X道岔单锁在定位。 （2）排列一条X信号机到X信号机的进路（通过X道岔定位）。 （3）进路是否排列成功：是。 （4）取消X信号机到X信号机的进路。 （5）排列一条X信号机到X信号机的进路（通过X道岔反位）。 （6）进路是否排列成功：否。 （7）原因：道岔被单锁在定位，无法自动转换	35	未正确完成操作的按项扣分。每项5分，配分35分，扣完为止	
3	道岔被封锁时，手动排列进路	（1）将X道岔进行封闭操作。 （2）排列一条X信号机到X信号机的进路（通过X道岔）。 （3）进路是否排列成功：否。 （4）原因：道岔已被封闭，无法被进路征用	20	未正确完成操作的按项扣分。每项5分，配分20分，扣完为止	
4	建立一条进路，通过总取消的方式取消该进路	（1）排列一条X信号机到X信号机的进路（方法同上）。 （2）选中进路的始端信号机，右键点击后选择总取消	10	未正确完成操作的按项扣分。每项5分，配分10分，扣完为止	
5	建立一条进路，此时车列占用接近区段，然后通过总人解的方式取消该进路	（1）排列一条X信号机到X信号机的进路（方法同上）。 （2）选中进路的始端信号机，右键点击。 （3）输入密码，点击确认	15	未正确完成操作的按项扣分。每项5分，配分15分，扣完为止	
	总分		100		

六、思考题

当进路已处于接近锁闭状态时，如果需要取消进路，使用“总取消”命令可以取消进路吗？

任务二　调车进路及相关操作

一、实训目的

（1）掌握调车长进路办理的操作方法。
（2）掌握调车短进路办理的操作方法。
（3）掌握调车进路手动取消的方式。

二、理论链接

1. 一般操作

信号楼操作控制的主要工具是鼠标，鼠标的结构包括左键和右键。平时在电脑屏幕上以一个箭头出现，当鼠标从箭头形状变成小手形状时，按下相应的鼠标键（左键或右键）有效。

当鼠标箭头放在空白区域时，按下鼠标左键箭头变成小手形状，鼠标从箭头形状变成小手形状时，可通过“Ctrl+鼠标滚轮”对界面进行缩放。

鼠标右键点击车辆段名称，则会显示车辆段的一般操作菜单（见图 25-2-1）。

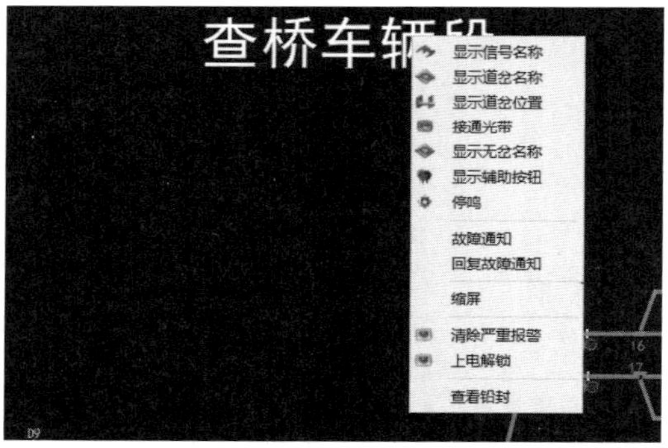

图 25-2-1　车辆段操作菜单

显示信号名称：点击显示信号机编号，再次点击隐藏信号机编号。

显示道岔名称：点击显示道岔编号，再次点击隐藏道岔编号。

显示道岔位置：点击显示道岔当前所处位置（绿色表示定位、黄色表示反位），再次点击隐藏道岔位置显示。

其他专业知识可参考项目三任务一。

三、实训要求

1. 实训时间

实训课时为 2 课时。

2. 实训形式

（1）实操作业与理论相结合。
（2）独自完成实训操作，结合理论链接以及实操完成实训考核。

3. 实训注意事项

注意短调车进路与长调车进路的区别。

4. 工器具材料

（1）鼠标、键盘。

（2）ATS 系统。

四、实训作业步骤

表 25-2-1　实训作业步骤

序号	实训内容	详细信息	图片
1	建立一条短调车进路	左键分别点击始端信号机 X 和终端信号机 X。 状态变化： 始端信号机颜色：红色变白色。 终端信号机颜色：红色不变。 进路区段颜色：蓝色变白色	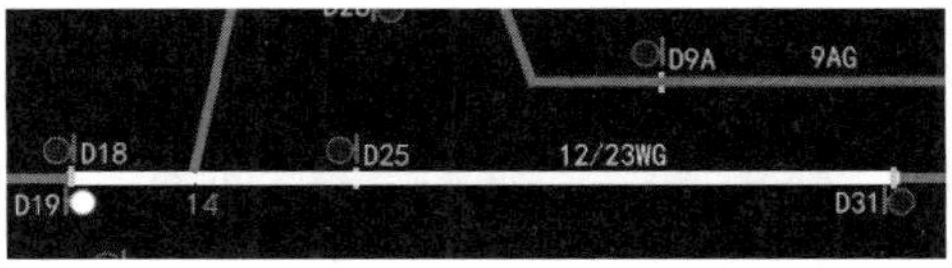
2	建立一条长调车进路	左键分别点击始端信号机 X 和终端信号机 X（中间至少间隔一个同方向信号机）。 始端信号机颜色：红色，始端信号机 1 和始端信号机 2 均变白色。 终端信号机颜色：红色不变。 进路区段颜色：蓝色变白色	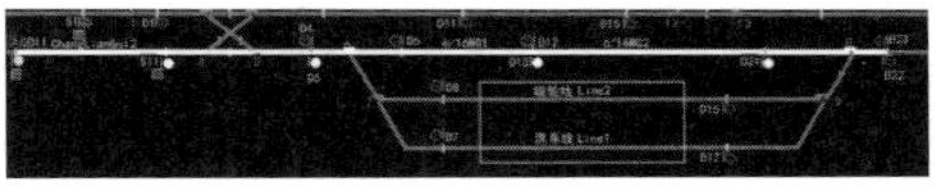

五、实训考核标准

表 25-2-2　实训考核标准

序号	作业内容		配分	评分标准	得分
1	建立一条短调车进路	左键分别点击始端信号机 X 和终端信号机 X。 状态变化： 始端信号机颜色：红色变白色。 终端信号机颜色：红色不变。 进路区段颜色：蓝色变白色	10	未正确完成操作的按项扣分。每项 2.5 分，配分 10 分，扣完为止	
2	建立一条长调车进路	左键分别点击始端信号机 X 和终端信号机 X（中间至少间隔一个同方向信号机）。 始端信号机颜色：红色，始端信号机 1 和始端信号机 2 均变白色。 终端信号机颜色：红色不变。 进路区段颜色：蓝色变白色	10	未正确完成操作的按项扣分。每项 2.5 分，配分 10 分，扣完为止	
	总分		20		

六、思考题

怎样取消长调车建立的进路和短调车建立的进路？

任务三　引导进路的办理与解锁

一、实训目的

（1）掌握引导接车进路办理的方法。

（2）掌握引导接车进路取消的方法。

二、理论链接

1. 开放引导信号

（1）作用：接车进路的区段轨道电路故障并且道岔表示正常时，不能排列接车进路，需要办理引导接车。

（2）操作方法：当接车进路的区段轨道电路故障并且道岔表示正常时，不能排列接车进路，需要办理引导接车时，先将进路中所有道岔单操到要求位置，然后用鼠标右键单击进站信号列车按钮，在弹出的菜单中选择“开放引导信号”，经过确认口令“234”后引导信号开放。若引导进路进站信号机内方第一区段轨道电路故障，需在 15 s 之内反复按压引导进路始端的进站信号按钮，方能保证引导信号的正常开放，否则引导信号将关闭，这种情况下有 15 s 倒计时的显示。当引导进路使用完毕，人工确认列车完全进入轨道后，在接车信号的列车始端和终端按钮位置先后办理总人解，即可人工解锁引导进路。

注：引导接车当列车进入信号机，信号关闭后，进路始端的绿色按钮会红色、白色交替闪光，表明目前的进路为引导进路。

引导口令如图 25-3-1 所示。

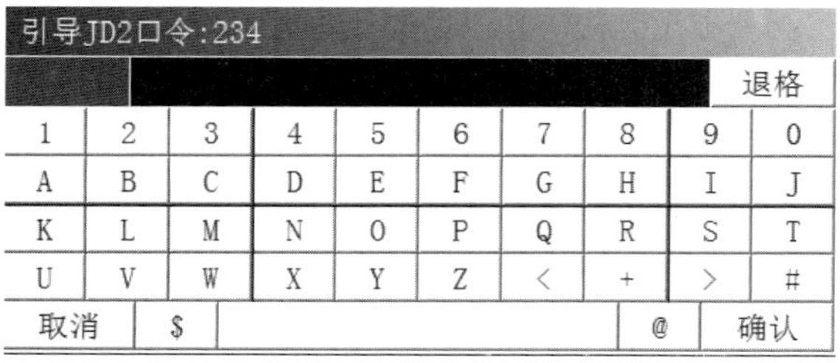

图 25-3-1　引导口令

2. 办理引导总锁

（1）作用：当接车进路中的道岔失去表示，不能排列接车进路与引导进路时，需要办理引导总锁进行接车作业。

（2）操作方法：将鼠标移动至相应咽喉的进站信号机列车按钮处，按压鼠标右键，在弹出的菜单中选择“办理引导总锁闭”命令，并输入相应口令“345”，本咽喉中所有道岔将被锁闭，再办理引导进路。当引导总锁使用完毕，人工确认列车完全进入轨道后，再次弹出此项菜单，原来位置会变为“取消引导总锁闭”，选择此命令，并输入相应口令，即可取消引导总锁闭状态。

引导总锁口令如图 25-3-2 所示。

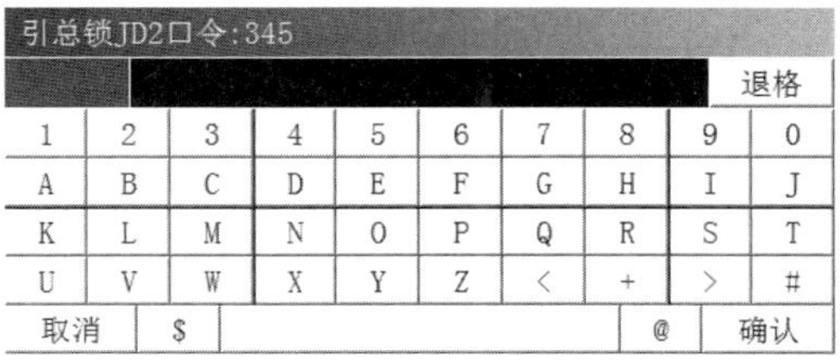

图 25-3-2　引导总锁口令

三、实训要求

1. 实训时间

实训课时为 2 课时。

2. 实训形式

（1）实操作业与理论相结合。

（2）独自完成实训操作，结合理论链接以及实操完成实训考核。

3. 实训注意事项

注意相应故障应由教师机预先设置。

4. 工器具材料

（1）鼠标、键盘。

（2）ATS 系统。

四、实训作业步骤

表 25-3-1　实训作业步骤

序号	实训内容	详细信息
1	当 X 区段（非接车进路信号机内方第一段轨道区段）轨道电路故障时，办理一条接车进路	（1）单操道岔至需要位置，左键点击“引导”“X 引”，并输入密码。 （2）状态变化： 始端信号机颜色：红色变为红、黄双色。 故障区段 X 颜色：红色不变。 其他区段颜色：蓝色变白色
2	当 X 区段（接车进路信号机内方第一段轨道区段）轨道电路故障时，办理一条接车进路	（1）单操道岔至需要位置，左键点击“引导”“JDI 或 JDII 引”，并输入密码，之后一直点击引导按钮，防止引导信号关闭。 （2）状态变化： 始端信号机颜色：红色变为红、黄双色。 故障区段 X 颜色：红色不变。 其他区段颜色：蓝色变白色
3	取消引导接车进路	（1）左键分别点击“引导”“总人解”后，选择始端信号按钮，并输入密码。 （2）状态变化： 始端信号机颜色：红、黄双色变红色。 故障区段 X 颜色：红色不变。 其他进路区段颜色：白色变蓝色

五、实训考核标准

表 25-3-2　实训考核标准

序号	作业内容		配分	评分标准	得分
1	当X区段（非接车进路信号机内方第一段轨道区段）轨道电路故障时，办理一条接车进路	（1）单操道岔至需要位置，左键点击"引导""X引"，并输入密码。 （2）状态变化： 始端信号机颜色：红色变为红、黄双色。 故障区段X颜色：红色不变。 其他区段颜色：蓝色变白色	30	未正确完成操作的按项扣分。每步骤及变化5分，配分30分，扣完为止	
2	当X区段（接车进路信号机内方第一段轨道区段）轨道电路故障时，办理一条接车进路	（1）单操道岔至需要位置，左键点击"引导""JDI或JDII引"，并输入密码，之后一直点击引导按钮，防止引导信号关闭。 （2）状态变化： 始端信号机颜色：红色变为红、黄双色。 故障区段X颜色：红色不变。 其他区段颜色：蓝色变白色	35	未正确完成操作的按项扣分。每项5分，配分35分，扣完为止	
3	取消引导接车进路	（1）左键分别点击"引导"、"总人解"后，选择始端信号按钮，并输入密码。 （2）状态变化： 始端信号机颜色：红、黄双色变红色。 故障区段X颜色：红色不变。 其他进路区段颜色：白色变蓝色	35	未正确完成操作的按项扣分。每项5分，配分35分，扣完为止	
	总分		100		

六、思考题

引导进路办理的条件。

任务四　道岔操作

一、实训目的

（1）掌握道岔定操、反操的操作方法。
（2）掌握道岔单锁、单解的操作方法。
（3）掌握道岔封闭的操作方法。

二、理论链接

1. 实训原理

（1）定操

作用：将道岔单独操作至定位。

（2）反操

作用：将道岔单独操作至反位。

（3）单锁

作用：对道岔进行单独锁闭到当前位置，防止道岔被误操作。此时道岔单操和进路操均无效，但可排列道岔单锁位置的进路。

（4）单解

作用：解除对道岔的单独锁闭。

（5）封闭

作用：封闭道岔。道岔封闭后，此时不能排列通过本道岔的任何进路，但可进行单操。对信号机进行封闭，不允许使用封闭的信号机排列列车进路。

（6）清封闭

作用：解除对道岔、信号机的封闭。

2. 区段故障解锁

当进路的始端已经解锁，并且确认车已经不在进路上时，可以对进路上的区段逐个办理“区段故障解锁”；当进路的始终端均已解锁，可以对无车占用的区段办理“区段故障解锁”。当进路完好信号开放时，区段故障解锁只能关闭信号，区段不解锁。对准区段，弹出菜单，选择“区段故障解锁”命令，输入口令，“区段故障解锁”命令执行。在信号开放的进路中的任何一个轨道区段进行区段故障解锁，信号都会关闭（包括引导信号），利用区段故障解锁也是紧急关闭信号的一种办法。

3. 左键“清按钮”

作用：清按已操作但未完成的按钮及提示。

三、实训要求

1. 实训时间

实训课时为 2 课时。

2. 实训形式

（1）实操作业与理论相结合。

（2）独自完成实训操作，结合理论链接以及实操完成实训考核。

3. 实训注意事项

对道岔进行封闭，此时不能排列通过本道岔的任何进路（包括列车进路、引导进路和调车进路），但可以进行单操。

4. 工器具材料

（1）鼠标、键盘。

（2）ATS 系统。

四、实训作业步骤

表 25-4-1 实训作业步骤

序号	实训内容	详细信息	图片
1	将处在定位的道岔反操到反位	（1）点击“反操”后，选择相应的道岔。 （2）状态变化： 道岔位置：定位变反位。 道岔颜色：绿色变黄色。 编号颜色：灰色不变	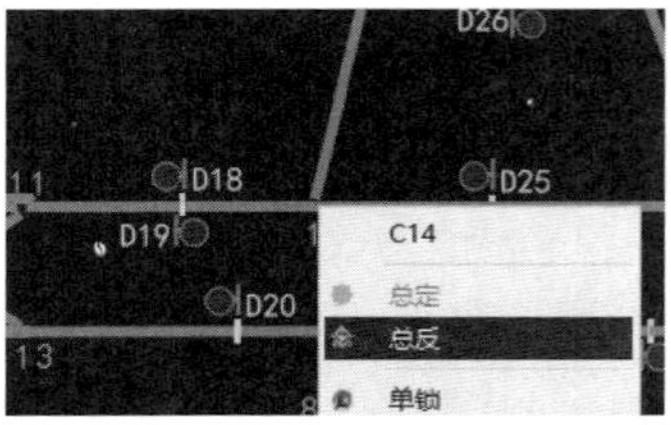
2	将处在反位的道岔定操到定位	（1）点击“定操”后，选择相应的道岔。 （2）状态变化： 道岔位置：反位变定位。 道岔颜色：黄色变绿色。 编号颜色：灰色不变	
3	在站场图中，对处在定/反位的道岔进行单锁操作	（1）点击“单锁”后，选择相应的道岔。 （2）状态变化： 道岔位置：定位不变。 道岔颜色：绿色不变。 编号颜色：灰色变红色	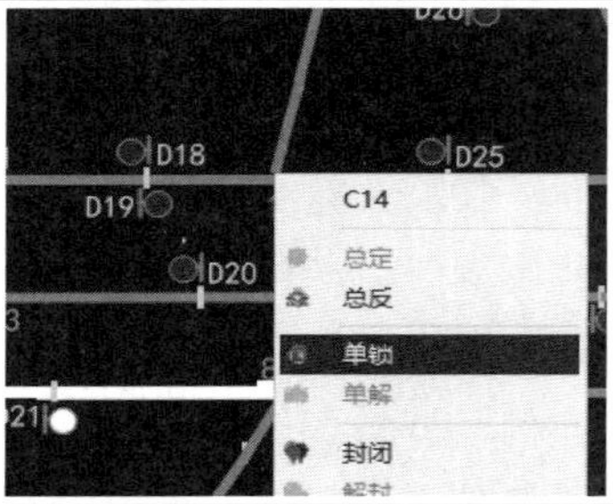
4	在站场图中，对处在定/反位的单独锁定的道岔进行单解操作	（1）点击“单解”后，选择相应的道岔。 （2）状态变化： 道岔位置：定位不变。 道岔颜色：绿色不变。 编号颜色：红色变灰色	
5	在站场图中，把 X 道岔进行封闭	（1）点击“封闭”后，选择相应的道岔。 （2）状态变化： 道岔颜色：绿色不变。 编号颜色：灰色不变	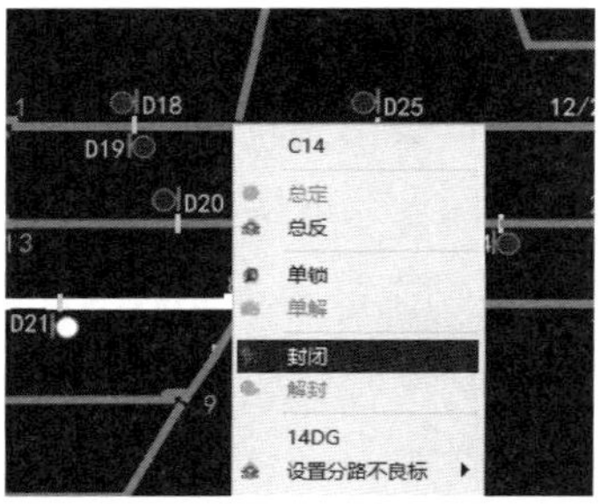

五、实训考核标准

表 25-4-2　实训考核标准

序号	作业内容		配分	评分标准	得分
1	将处在定位的道岔反操到反位	（1）点击“反操”后，选择相应的道岔。 （2）状态变化： 道岔位置：定位变反位。 道岔颜色：绿色变黄色。 编号颜色：灰色不变	20	未正确完成操作的按项扣分。每项5分，配分20分，扣完为止	
2	将处在反位的道岔定操到定位	（1）点击“定操”后，选择相应的道岔。 （2）状态变化： 道岔位置：反位变定位。 道岔颜色：黄色变绿色。 编号颜色：灰色不变	20	未正确完成操作的按项扣分。每项5分，配分20分，扣完为止	
3	在站场图中，将处在定/反位的道岔进行单锁操作	（1）点击“单锁”后，选择相应的道岔。 （2）状态变化： 道岔位置：定位不变。 道岔颜色：绿色不变。 编号颜色：灰色变红色	20	未正确完成操作的按项扣分。每项5分，配分20分，扣完为止	
4	在站场图中，将处在定/反位的单独锁定的道岔进行单解操作	（1）点击“单解”后，选择相应的道岔。 （2）状态变化： 道岔位置：定位不变。 道岔颜色：绿色不变。 编号颜色：红色变灰色	20	未正确完成操作的按项扣分。每项5分，配分20分，扣完为止	
5	在站场图中，把X道岔进行封闭（针对处于定/反位的空闲状态的道岔）	（1）点击“封闭”后，选择相应的道岔。 （2）状态变化： 道岔颜色：绿色不变。 编号颜色：灰色不变	10	未正确完成操作的按项扣分。每项5分，配分10分，扣完为止	
	总分		90		

六、思考题

（1）单锁后，道岔可以进行单操操作和排列道岔单锁位置的进路吗？

（2）道岔封闭的作用是什么？

项目二十六 ATS 操作（卡斯柯）

任务一 联锁站操作

一、实训目的

（1）掌握“请求中控”“请求站控”“紧急站控”“非请求站控”的操作方法。

（2）掌握设置/取消自动折返的操作方法。

（3）掌握取消全站封锁的操作方法。

二、理论链接

1. 站 控

车站 HMI 可以执行“请求中控”“请求站控”“紧急站控”“非请求站控”等操作。站中控状态标识符如图 26-1-1 所示。

图 26-1-1 站中控状态标识符

紧急站控——表示紧急情况下，车站可以直接切换成紧急站控状态，直接和联锁下位机通信。紧急站控转换密码为：123。

请求站控——表示请求/确认站控，使用中心/车站请求确认机制。

请求中控——表示请求/确认中控，使用中心/车站请求确认机制。

非请求站控——表示紧急情况下，车站可以在不需要中心确认的情况下直接将中控模式切换到站控模式。非请求站控转换密码为：123。

2. 设置/取消自动折返

（1）若列车在终端折返站采取比较固定或规律的折返方式，根据运营调度的需要，为提高折返效率，行调人员可以使用自动折返功能为折返列车办理折返进路。

（2）设置自动折返后，处于自动折返模式中的进路无法通过人工办理，而是由折返列车触发。

（3）执行成功后，自动折返按钮的状态会发生变化，列车折返时系统会按照设置的折返方式办理折返进路。

三、实训要求

1. 实训时间

实训课时为 2 课时。

2. 实训形式

（1）实操作业与理论相结合。

（2）独自完成操作并结合所学知识完成实训考核。

3. 实训注意事项

当个别车站有表示故障或信号设备故障（如计轴故障等），出问题的车站可以转为站控。

4. 工器具材料

（1）鼠标、键盘。

（2）ATS 系统。

四、实训作业步骤

表 26-1-1　实训作业步骤

序号	实训内容	详细信息	使用场景	图片
1	中控站控转换	选择点击界面上的“站中控按钮”，选中需要的模式，在弹出对话框中，点击“应用”	（1）在信号系统工作正常时，一般使用 ATS 系统的中控模式。 （2）当个别车站有表示故障或信号设备故障（如计轴故障等），出问题的车站可以转为站控	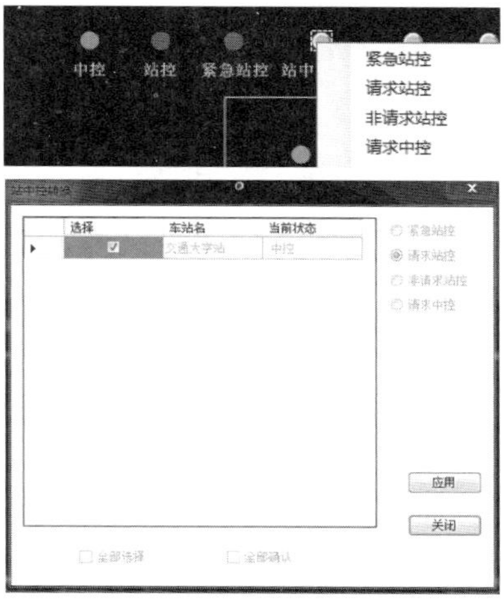
2	设置/取消自动折返操作	（1）用户在 HMI 界面的自动折返选择框中选择所需的自动折返进路。 （2）鼠标点击按钮（CY1/CY2/CY3）、选择“设置”，弹出对话框显示操作内容，点击对话框按钮确认。按钮同时显示设置状态	若列车在终端折返站采取比较固定或规律的折返方式，根据运营调度的需要，为提高折返效率，行调人员可以使用自动折返功能为折返列车办理折返进路	

续表

序号	实训内容	详细信息	使用场景	图片
3	取消全站封锁的操作	用户鼠标右键点击“全站解封”按钮，进行上电解锁操作。 在点击“确认”之后，系统再次确认是否需要执行该操作，该操作需要进行二次确认	“全站封锁”按钮灯常态不显示，当两台联锁机重启或不同步的状态下切换，“全站封锁”按钮出现并亮红灯。此时全站处于封锁状态，不能对室外的设备进行任何操作。系统处于初始启动状态，在正常使用之前须执行“取消全站封锁”操作	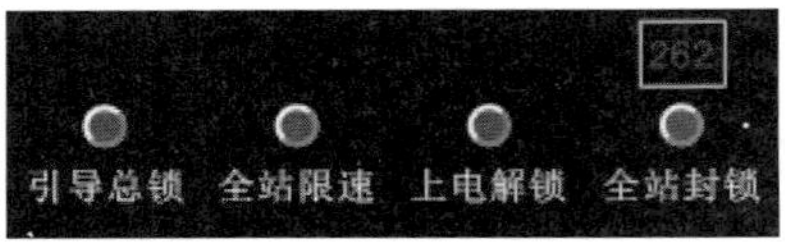

五、实训考核标准

表 26-1-2　实训考核标准

序号		作业内容	配分	评分标准	得分
1	核对运行计划	系统自动拨电话，值班员的电话铃声响： （1）接通电话：值班员拿起电话，接通电话。 （2）行调（机器人）布置（自动播放语音）：因中央 ATS 设备故障，自即时起，会展中心站控制权下放车站办理	19	—	
		（3）值班员复诵：因中央 ATS 设备故障，自即时起，会展中心站控制权下放车站办理		（3）未接通电话进行复诵或复诵错误，扣 8.5 分	
		（4）行调（机器人）布置（自动播放语音）：你站上行站台（即将进站）列车××次，下行站台（即将进站）列车××次		—	
		（5）值班员复诵：上行站台（本站即将进站）列车××次，下行站台（本站即将进站）列车××次		（5）未接通电话进行复诵或复诵错误，扣 8.5 分	
		（6）结束通话：挂断电话		（6）未挂断电话，扣 2 分	
2	完成接收控制权操作	确认进路未处于办理中。 （1）手指：本地 ATS 工作站	62	（1）未手指或手指位置错误，扣 2 分。 注：只需手指《本地 ATS 工作站》面板即可	
		（2）口呼：控制台进路未处于办理状态，信号、道岔状态良好		（2）未口呼或口呼错误，扣 8 分	
		值班员查看本地 ATS 工作站的站中控指示灯，确认中控灯显示。 （3）鼠标指：中控指示灯		（3）鼠标未指到“中控指示灯”扣 2 分	
		（4）口呼：ATS 中控		（4）未口呼或口呼错误，扣 2 分	

续表

序号		作业内容	配分	评分标准	得分
2	完成接收控制权操作	操作：右击“站中控按钮”，选择“非请求站控”。 （5）鼠标指：非请求站控		（5）鼠标未指到右键菜单中的“非请求站控”，扣2分	
		（6）口呼：选择“非请求站控”		（6）未口呼或口呼错误，扣2分	
		（7）操作：弹出“站中控转换”对话框，确认无误点击“应用”。 （在弹出框中，输入密码：123，再点击“确定”）		（7）未操作或操作错误扣40分	
		值班员查看：本地ATS工作站的站中控指示灯，确认站控灯显示，确认站控是否转换成功。 （8）鼠标指：站控显示灯		（8）鼠标未指到“站控显示灯”扣2分	
		（9）口呼：站控转换完毕		（9）扣分标准： ① 未口呼，扣2分； ② 口呼错误，扣2分； ③ 站控未转换成功前口呼，扣2分； ④ 以上三项总共最多扣2分	
3	信息汇报	（1）接通电话：值班员按下 “行调”按键，拿起电话，接通电话。 （2）值班员汇报行调：会展中心站已接权	19	（2）未接通电话进行汇报或汇报错误，扣17分。 注：选手可以先设置自动通过模式或自动折返，再向行调汇报	
		（3）行调（机器人）自动回复：收到		—	
		（4）结束通话：挂断电话		（4）未结束通话，扣2分	
合计			100	—	

表26-1-3 组织管辖车站范围内图定列车按计划运行表

序号	作业内容			配分	评分标准	得分
1	根据列车运行计划，排列进路组织列车运行	车站控制模式下的自动进路办理（无先后顺序）	（1）值班员办理X0303自动通过模式 操作： ① 右键点击X0303； ② 选择“设置自动通过进路”； ③ 点击“确定”	60	未操作或未操作成功，每个扣15分。 配分60分，扣完为止	
			（2）值班员办理X0402自动通过模式（操作同上）			
			（3）值班员办理S0309自动通过模式（操作同上）			
			（4）值班员办理S0401自动通过模式（操作同上）			

续表

<table>
<tr><th>序号</th><th colspan="3">作业内容</th><th>配分</th><th>评分标准</th><th>得分</th></tr>
<tr><td rowspan="15">1</td><td rowspan="15">根据列车运行计划，排列进路组织列车运行</td><td rowspan="5">进路办理鼠标指、口呼标准</td><td>（1）值班员鼠标指：相应进路始端信号机</td><td rowspan="15">40</td><td rowspan="15">执行标准：
作业过程动作及口呼要求：清晰、准确、连贯。
扣分标准：
出现以下情况，每次扣 2 分：
（1）需要鼠标指，未执行或者鼠标指位置不对的。
（2）需要口呼，未口呼或口呼内容错误的。
（3）配分 40 分，扣完为止</td><td rowspan="15"></td></tr>
<tr><td>（2）值班员口呼：办理××××-××××进路</td></tr>
<tr><td>进路排列成功后：
（3）值班员鼠标指：相应进路</td></tr>
<tr><td>（4）值班员口呼：相应进路已建立</td></tr>
<tr><td>举例：排列 X0326—S0320 进路。
（1）值班员鼠标指：X0326。
（2）值班员口呼：办理下 0326 至上 0320 进路。
进路排列成功后：
（3）值班员鼠标指：X0326—S0320 进路。
（4）值班员口呼：下 0326 至上 0320 进路已建立</td></tr>
<tr><td rowspan="5">取消进路鼠标指、口呼标准</td><td>（1）值班员鼠标指：相应进路始端信号机</td></tr>
<tr><td>（2）值班员口呼：取消××××-××××进路</td></tr>
<tr><td>进路取消成功后：
（3）值班员鼠标指：相应进路</td></tr>
<tr><td>（4）值班员口呼：相应进路已取消</td></tr>
<tr><td>举例：取消 X0326—S0320 进路。
（1）值班员鼠标指：X0326。
（2）值班员口呼：取消下 0326 至上 0320 进路。
进路取消成功后：
（3）值班员鼠标指：X0326—S0320 进路。
（4）值班员口呼：下 0326 至上 0320 进路已取消</td></tr>
<tr><td rowspan="5">自动进路办理鼠标指、口呼标准</td><td>（1）值班员鼠标指：相应信号机</td></tr>
<tr><td>（2）值班员口呼：设置××××信号机自动通过模式</td></tr>
<tr><td>自动进路办理成功后：
（3）值班员鼠标指：××××信号机自动通过图标（绿色箭头）</td></tr>
<tr><td>（4）值班员口呼：××××自动通过模式已建立</td></tr>
<tr><td>举例：办理 X0303 自动通过模式：
（1）值班员鼠标指：X0303。
（2）值班员口呼：设置下 0303 信号机自动通过模式。
自动进路办理成功后：
（3）值班员鼠标指：X0303 信号机自动通过图标（绿色箭头）。
（4）值班员口呼：下 0303 信号机自动通过模式已建立</td></tr>
</table>

续表

<table>
<tr><th>序号</th><th colspan="3">作业内容</th><th>配分</th><th>评分标准</th><th>得分</th></tr>
<tr><td rowspan="10">1</td><td rowspan="10">根据列车运行计划，排列进路组织列车运行</td><td rowspan="5">自动折返办理鼠标指、口呼标准</td><td>（1）值班员鼠标指：自动折返×××按钮</td><td rowspan="10"></td><td rowspan="10"></td><td rowspan="10"></td></tr>
<tr><td>（2）值班员口呼：设置自动折返（具体名称）</td></tr>
<tr><td>自动折返办理成功后：
（3）值班员鼠标指：相应自动折返按钮</td></tr>
<tr><td>（4）值班员口呼：相应自动折返模式已建立（具体名称）</td></tr>
<tr><td>举例：办理 CY1。
（1）值班员鼠标指：CY1 按钮。
（2）值班员口呼：设置自动折返 CY1。
自动折返办理成功后：
（3）值班员鼠标指：CY1 按钮。
（4）值班员口呼：CY1 自动折返模式已建立</td></tr>
<tr><td rowspan="5">取消自动折返鼠标指、口呼标准</td><td>（1）值班员鼠标指：自动折返×××按钮</td></tr>
<tr><td>（2）值班员口呼：取消自动折返（具体名称）</td></tr>
<tr><td>取消自动折返成功后：
（3）值班员鼠标指：相应自动折返按钮</td></tr>
<tr><td>（4）值班员口呼：相应自动折返模式已取消（具体名称）</td></tr>
<tr><td>举例：取消 CY1。
（1）值班员鼠标指：CY1 按钮。
（2）值班员口呼：取消自动折返 CY1。
取消自动折返成功后：
（3）值班员鼠标指：CY1 按钮。
（4）值班员口呼：CY1 自动折返模式已取消</td></tr>
<tr><td colspan="4">合计</td><td>100</td><td>—</td><td></td></tr>
</table>

六、思考题

当前控制模式为中控时，站场图有什么显示？为站控时又有什么显示？

任务二　信号机的操作

一、实训目的

（1）掌握信号机引导办理和取消的操作方法。

（2）掌握信号机封锁和取消封锁操作方法。

二、理论链接

1. 引导办理

（1）当进站信号机（或防护信号机）因故障（如计轴区段故障）不能正常开放时，可开放引导信号，列车以引导方式进站，需现场值班人员确保行车安全。

（2）在办理引导进路开放引导信号前，需要将道岔人工操纵到适当的位置（列车需转换至 RM 模式）。

（3）若信号机内方第一区段良好，当列车压入信号机内方第一区段时，引导信号自动关闭；若信号机内方第一区段故障，则在列车进入信号机内方第一区段前，需每隔 20 s 补办一次引导（引导按钮上有 20 s 倒计时显示），以使引导信号保持开放。

2. 引导取消

（1）在引导信号不再需要或列车已经完全到达指定位置时，可以执行引导信号取消操作。

（2）在执行取消引导信号时，现场值班人员必须人为确认列车已经完全到达指定位置（正线一般为站台轨、车辆段一般为股道），行车安全由现场值班人员保证。

（3）执行成功后，引导按钮不再显示黄色。

3. 封锁和取消封锁

1）封锁

（1）在执行调车或行车作业时，为保证行车安全或其他运营调度的需要，可以执行信号机封锁操作。

（2）值班人员必须人为确认列车已经完全到达指定位置，才能办理封锁操作。

（3）执行信号机封锁时，若此时信号机为开放状态，联锁会将其状态转为限制。若此信号机为关闭状态，则在解除封锁之前，任何手段都无法开放此信号机。

2）取消封锁

（1）执行成功后，信号机粉色闪光显示。

（2）在相应的调车或行车作业完成时，根据运营调度的需要，可以为信号机解除封锁。

（3）值班人员必须人为确认列车已经完全到达指定位置，才能办理解除封锁操作。

（4）执行成功后，信号机不再粉色闪光显示，变为关闭状态，这时恢复允许对信号机执行其他操作（如信号重开、办理进路等）。

三、实训要求

1. 实训时间

实训课时为 2 课时。

2. 实训形式

（1）实操作业与理论相结合。

（2）小组成员配合完成操作，并完成实训考核。

3. 实训注意事项

（1）在办理引导进路开放引导信号前，需要将道岔人工操纵到适当的位置（列车需转换至 RM 模式）。

（2）注意信号机取消封锁需要二次确认。

4. 工器具材料

（1）鼠标、键盘。

（2）ATS 系统。

四、实训作业步骤

表 26-2-1　实训作业步骤

序号	实训内容	详细信息	注意事项	图片
1	信号机引导办理的操作	用户鼠标右键点击站场图选择引导进路始端信号机并在出现的菜单中选择该操作项，操作员选择“执行”，该请求将发送给服务器处理	在办理引导进路开放引导信号前，需要将道岔人工操纵到适当的位置	
2	信号机引导取消的操作	用户鼠标右键点击站场图选择引导进路始端信号机并在出现的菜单中选择“人解进路”操作项	在执行取消引导信号时，现场值班人员须人为确认列车已经完全到达指定位置（正线一般为站台轨、车辆段一般为股道），行车安全由现场值班人员保证	
3	信号机封锁的操作	用户鼠标右键点击站场图信号机并在出现的菜单中选择该操作项，此时该信号机及所属车站的信息将自动输入到弹出的对话框中，操作员选择“执行”，该请求将发送给服务器处理	值班人员必须人为确认列车已经完全到达指定位置，才能办理封锁操作	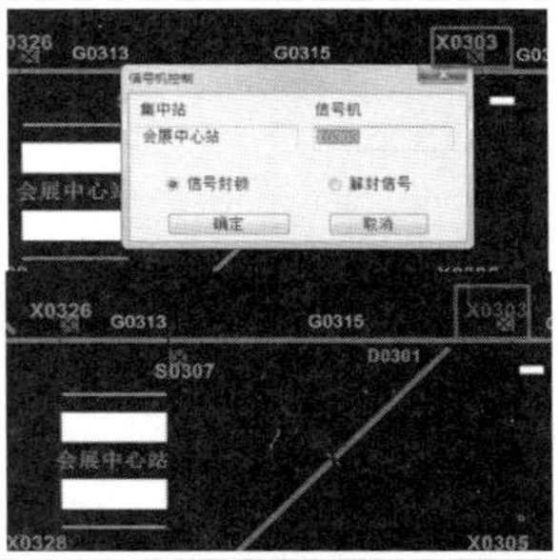
4	信号机取消封锁的操作	（1）用户鼠标点击目标信号机，在右键菜单中选择“取消信号封锁”。	值班人员必须人为确认列车已经完全到达指定位置，才能办理解除封锁操作	
		（2）操作员选择“确认”，弹出二次对话框	—	
		（3）第一步输入框内已显示操作内容，点击第一步输入框内的“确认”按钮后。在第二步输入框内的操作内容选择界面，操作选择同样的信号机，然后点击第二步输入框内的确认按钮	—	

五、实训考核标准

表 26-2-2　实训考核标准

序号	作业内容		配分	评分标准	得分
1	汇报调度	（1）值班员鼠标指：“G0308 轨道区段”	5	（1）未鼠标指或鼠标指位置错误，扣 0.5 分	
		（2）值班员口呼：“轨道 0308 显示紫光带”		（2）未口呼或口呼错误，扣 0.5 分	
		（3）接通电话：值班员点击 “行调”按键，接通电话。 （4）值班员汇报行调：列车已全列到达会展中心站上行折返线，轨道 0308 显示紫光带，申请计轴预复位		（3）未接通电话进行汇报或汇报错误，扣 3 分	
		（5）行调回复：可以预复位		（4）未回复或回复错误，扣 0.5 分	
		（6）结束通话：挂断电话		（5）未结束通话，扣 0.5 分	
2	计轴预复位操作	（1）值班员鼠标指：“G0308 轨道区段”	20	（1）未鼠标指或鼠标指位置错误，扣 0.5 分	
		（2）值班员口呼：“轨道 0308 空闲，对轨道 0308 进行计轴预复位”		（2）未口呼或口呼错误，扣 0.5 分	
		（3）值班员口呼：“点击计轴复位，选择‘设置’”		（3）未口呼或口呼错误，扣 0.5 分	
		（4）值班员计轴复位按钮操作：“值班员右键点击‘计轴复位’按钮，选择‘设置’”		（4）未操作或操作错误，扣 7.5 分	
		确认 ATS 信号控制台的计轴复位灯状态； （5）值班员鼠标指：计轴复位灯		（5）未鼠标指或鼠标指位置错误，扣 0.5 分	
		（6）值班员口呼：计轴复位灯红色		（6）未口呼或口呼错误，扣 0.5 分	
		（7）值班员操作： ① 右击轨道区段 G0308。 ② 区段菜单内选择“计轴预复位”。 ③ 确认执行“计轴预复位”命令：选择“确认”。 ④ 二次确认“区段设备”，在倒计时结束前确认并选择 G0308 区段并确认		（7）计轴预复位操作扣分标准： ① 未操作或操作未成功，扣 9 分。 ② 未在设置计轴复位 60 s 内完成预复位操作，扣 9 分。 ③ 以上两项总共最多扣 9 分	
		（8）值班员鼠标指：G0308 轨道区段		（8）未鼠标指或鼠标指位置错误，扣 0.5 分	
		（9）值班员口呼：轨道 0308 计轴预复位完成		（9）未口呼或口呼错误，扣 0.5 分	
3	强扳道岔	（1）值班员鼠标指：D0306 道岔	20	（1）未鼠标指或鼠标指位置错误，扣 0.5 分	
		（2）值班员口呼：6 号道岔反位，需强扳定位		（2）未口呼或口呼错误，每次扣 0.5 分	

续表

序号	作业内容		配分	评分标准	得分
3	强扳道岔	（3）值班员操作： ① 强扳道岔授权。 ② 右键点击 D0306 号道岔。 ③ 选择“设置道岔强扳授权”。 ④ 进行二次确认操作。 ⑤ 等待道岔进入授权有效（道岔显示白色圆圈）状态。 ⑥ 单操道岔至定位。 ⑦ 右键点击 D0306 号道岔。 ⑧ 选择“单操定位”。 ⑨ 点击“确认”		（3）强扳操作，出现以下任意一种情况，扣 19 分： ① 未强扳至定位。 ② 未在道岔强扳授权时间内完成单操定位。 ③ 有单锁执行强扳授权。 ④ 有引导总锁执行强扳授权。 ⑤ 有进路占用此道岔区段执行强扳授权。 ⑥ 有车占用此区段执行强扳授权。 ⑦ 强扳道岔操作。 该项最多扣 19 分	
4	办理引导进路操作	（1）值班员鼠标指：D0306、D0304、D0312 道岔	25	（1）未鼠标指或鼠标指位置错误，扣 0.5 分	
		（2）值班员口呼：6 号、4 号、12 号道岔处于定位		（2）未口呼或口呼错误，扣 0.5 分	
		（3）值班员鼠标指：G0308、G0312、G0314 区段		（3）未鼠标指或鼠标指位置错误，扣 0.5 分	
		（4）值班员口呼：轨道 0308、轨道 0312、轨道 0314 区段空闲		（4）未口呼或口呼错误，扣 0.5 分	
		（5）值班员鼠标指：S0320 信号机		（5）未鼠标指或鼠标指位置错误，扣 0.5 分	
		（6）值班员口呼：开放上 0320 信号机引导信号		（6）未口呼或口呼错误，扣 0.5 分	
		（7）值班员操作： ① 右键选择 S0320 信号机。 ② 选择“引导”。 ③ 点击“确认”		（7）引导操作扣分标准： ① 未办理引导进路或未办理成功，扣 22 分。 ② 因道岔错误导致办理引导进路错误，计轴受扰下的处置该试题直接失格	
5	解锁引导进路操作	列车到达上行站台后： （1）值班员鼠标指：G0314 区段	25	（1）未鼠标指或鼠标指位置错误，扣 0.5 分	
		（2）值班员口呼：列车已全列到达上行站台		（2）未口呼或口呼错误，每次扣 0.5 分	
		（3）值班员鼠标指：S0320 信号机		（3）未鼠标指或鼠标指位置错误，扣 0.5 分	
		（4）值班员口呼：解锁上 0320 信号机引导进路		（4）未口呼或口呼错误，每次扣 0.5 分	
		（5）值班员操作： ① 右键选择 S0320 信号机。 ② 选择“人解进路”。 ③ 点击“确认”。 ④ 注意事项：若遗留白光带，则进行解锁白光带。确认该进路内所有光带已解锁，G0308 计轴受扰故障恢复		（5）解锁引导进路操作扣分标准： ① 未成功解锁引导进路，扣 23 分。 ② 试题提交前遗留白光带，每个扣 5 分，遗留白光带最多扣 10 分。 ③ 以上两项总共最多扣 23 分。 ④ 列车未在站台停稳解锁引导进路，计轴受扰下的处置该试题直接失格	

续表

序号	作业内容		配分	评分标准	得分
6	信息汇报	（1）接通电话：值班员点击 “行调”按键，接通电话。 （2）值班员汇报行调：会展中心站轨道 0308 故障紫光带已恢复	5	（2）未接通电话进行汇报或汇报错误，扣 4 分	
		（3）行调回复：收到		（3）未回复或回复错误，扣 0.5 分	
		（4）结束通话：挂断电话		（4）未结束通话，扣 0.5 分	
	合计		100	—	

六、思考题

（1）开放引导信号的条件是什么？

（2）取消信号机封锁后，信号机有什么状态变化？

任务三　道岔操作

一、实训目的

（1）掌握道岔单独操作的方法。

（2）掌握道岔单操和单解的操作方法。

（3）掌握道岔强扳授权和取消授权的操作方法。

二、理论链接

1. 道岔单锁

1）作用

设置道岔处于单锁状态，使道岔无法被扳动。

2）条件

（1）在特殊情况下（如岔区有施工），根据运营调度的需要，为确保安全，可以执行道岔单锁操作，将道岔锁住，防止道岔扳动。

（2）执行成功后，道岔岔心处单锁圈显示。

2. 道岔单解

（1）当特殊情况已解除（如施工结束），根据运营调度的需要，可以为道岔执行解锁操作。

（2）在执行道岔解锁操作前，值班人员需确认施工或维护工作已经结束。

（3）执行成功后，道岔岔心处单锁圈隐藏。

（4）执行失败时对话框状态栏有文字提示。

3. 设置道岔强扳授权

1）执行条件

（1）道岔自身无故障、无失去表示情况。

（2）道岔所属区段因计轴区段故障占用而发生锁闭，即无车及其他侵限异物占用。

（3）道岔所属区段无进路锁闭（包含无保护区段锁闭）。

（4）道岔无单锁。

（5）道岔无引导总锁。

2）注意相关

（1）道岔强扳授权功能只能在处理岔区无车占用紫光带时使用，因此在使用前必须确认清楚列车位置，确保需要使用道岔强扳授权和操作的道岔位置实际无列车占用。

（2）操作道岔强扳授权前，要及时组织车站对紫光带区段进行计轴预复位。

（3）如果为联动道岔，两组道岔计轴区段均发生故障无法恢复而又需要转换道岔位置时，需要对两组道岔分别进行强扳授权，否则无法办理。

4. 取消道岔强扳授权

在成功设置道岔强扳授权后，如果不需要继续执行进路办理作业，执行“取消道岔强扳授权”即可。取消授权执行成功之后，授权倒计时和“授权有效”字样消失。

三、实训要求

1. 实训时间

实训课时为 4 课时。

2. 实训形式

（1）实操作业与理论相结合。

（2）完成实训步骤，并与小组成员配合完成实训考核。

3. 实训注意事项

（1）执行道岔单操前需确认道岔未锁闭、未占用。

（2）在执行道岔解锁操作前，值班人员需确认施工或维护工作已经结束。

4. 工器具材料

（1）鼠标、键盘。

（2）ATS 系统。

四、实训作业步骤

表 26-3-1　实训作业步骤

序号	实训内容	详细信息	注意事项	图片
1	道岔单操的操作	用户鼠标右键点击站场图道岔，选择“定操”或“反操”，被点击的道岔所属车站和名称将自动列入弹出的对话框中。选择“确定”将发出命令，选择“取消”放弃操作并关闭对话框	执行操作前需确认道岔未锁闭、未占用；执行成功后，道岔被扳到指定的位置（定位或反位）	

续表

序号	实训内容	详细信息	注意事项	图片
2	道岔单锁的操作	用户鼠标右键点击站场图道岔，在右键菜单中选择该操作命令，然后弹出对话框显示操作内容	（1）在特殊情况下（如岔区有施工），根据运营调度的需要，为确保安全，可以执行道岔单锁操作，将道岔锁住，防止道岔扳动。 （2）执行成功后，道岔岔心处单锁圈显示	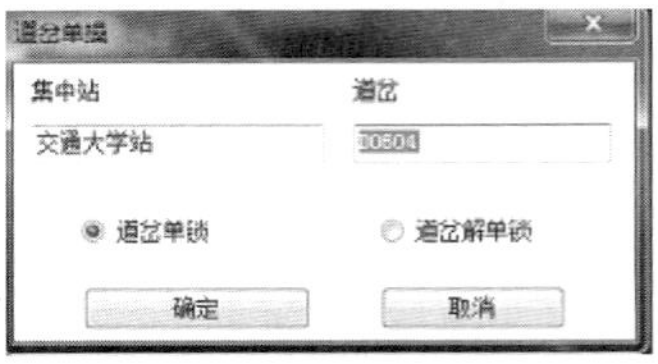
3	道岔单解的操作	（1）用户鼠标右键点击站场图道岔并选择该操作项，然后弹出对话框显示操作内容。 （2）在点击“确认”之后，系统再次确认是否需要执行该操作。 （3）弹出二次确认对话框，第一步输入框内已显示操作内容。 （4）点击第一步输入框内的确认按钮，使能第二步输入框内的操作内容选择界面。操作选择同样的道岔，然后点击第二步输入框内的确认按钮	（1）执行成功后，道岔岔心处单锁圈隐藏。 （2）执行失败的话对话框状态栏有文字提示	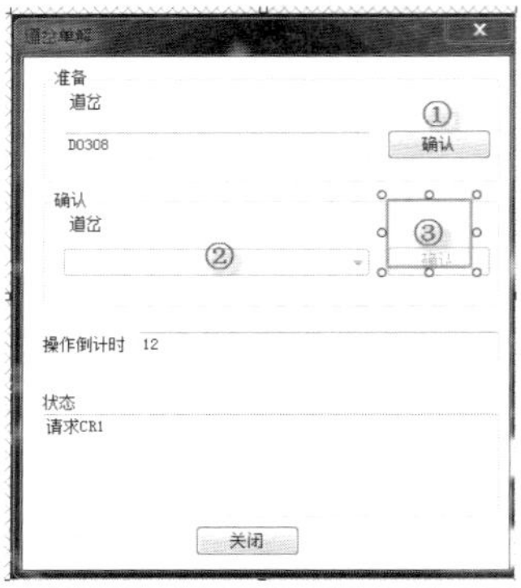
4	道岔强扳授权的操作	（1）用户鼠标右键点击目标道岔，在右键菜单中选择“设置道岔强扳授权”。该操作需要进行二次确认。 （2）道岔强扳授权设置成功后，HMI 界面会显示确认倒计时和“授权有效”字样，确认授权成功道岔显示（白圈）。 （3）在授权倒计时结束前，执行“单操定位”或者“单操反位”命令，完成道岔的位置转换	（1）道岔强扳授权功能只能在处理岔区无车占用紫光带时使用，因此在使用前必须确认清楚列车位置，确保需要使用道岔强扳授权和操作的道岔位置实际无列车占用。 （2）操作道岔强扳授权前，要及时组织车站对紫光带区段进行计轴预复位	

续表

序号	实训内容	详细信息	注意事项	图片
5	取消道岔强扳授权	用户鼠标点击已经设置强扳授权的道岔，在右键菜单中选择“取消道岔强扳授权”命令即可	“取消道岔强扳授权”操作需要进行二次确认后才能生效	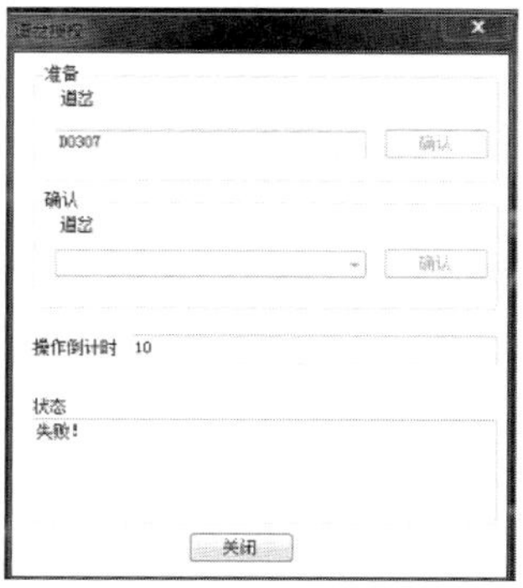

五、实训考核标准

以道岔单独操作为例，单锁和单解将在后面任务中讲到，道岔强扳授权在任务二信号机以及后续计轴故障处置中均有考核。

表 26-3-2　实训考核标准

序号	作业内容		配分	评分标准	得分
1	故障判断及汇报	（1）值班员鼠标指：“D0303 道岔”	20	（1）未鼠标指或鼠标指位置错误，扣5分	
		（2）值班员口呼：“3 号道岔挤岔报警”		（2）未口呼或口呼错误，扣 5 分	
		（3）接通电话：值班员点击“行调”按键，接通电话		（3）未接通电话进行汇报或汇报错误，扣 8 分	
		（4）值班员汇报：“3 号道岔挤岔报警，请求单扳试验”（至少单扳一个来回）			
		（5）行调回复：同意		（4）未回复或回复错误，扣 1 分	
		（6）结束通话：挂断电话		（5）未挂断电话，扣 1 分	
2	办理单扳道岔操作	（1）值班员鼠标指：D0303 道岔	70	（1）未鼠标指或鼠标指位置错误，扣5分	
		（2）值班员口呼：单扳 3 号道岔反位		（2）未口呼或口呼错误，扣 5 分	
3	办理单扳道岔操作	（3）值班员操作：右键点击 D0303 道岔，选择“反操”，点击“确认”。 注意事项：道岔单扳前需确认道岔未锁闭、未占用	70	（3）反操操作，出现以下任意一种情况，扣 20 分： ① 有单锁执行反操； ② 有进路锁闭此道岔执行反操； ③ 有车占用此道岔执行反操； ④ 有区段故障锁闭此道岔执行反操； ⑤ 有侧防锁闭此道岔执行反操； ⑥ 反操操作该项最多扣 20 分	
		（4）值班员鼠标指：D0303 道岔区段		（4）未鼠标指或鼠标指位置错误，扣5分	

续表

序号	作业内容		配分	评分标准	得分
3	办理单扳道岔操作	（5）值班员口呼：单扳3号道岔定位		（5）未口呼或口呼错误，扣5分	
		（6）值班员操作：右键点击D0303道岔，选择“定操”，点击“确认”。 注意事项：道岔单扳前需确认道岔未锁闭、未占用		（6）定操操作，出现以下任意一种情况，扣20分： ① 有单锁执行定操； ② 有进路锁闭此道岔执行定操； ③ 有车占用此道岔执行定操； ④ 有区段故障锁闭此道岔执行定操； ⑤ 有侧防锁闭此道岔执行定操； ⑥ 定操操作该项最多扣20分	
		（7）值班员鼠标指：D0303道岔区段		（7）未鼠标指或鼠标指不正确，扣5分	
		（8）值班员口呼：3号道岔定位显示正常		（8）未口呼或口呼不正确，扣5分	
4	信息汇报	（1）接通电话：值班员点击“行调”按键，接通电话	10	—	
		（2）值班员汇报行调：3号道岔定位显示正常		（2）未接通电话进行汇报或汇报错误，扣8分	
		（3）行调回复：收到		（3）未回复或回复错误，扣1分	
		（4）结束通话：挂断电话		（4）未结束通话，扣1分	
合计			100	—	

六、思考题

（1）简述道岔单锁的作用。

（2）道岔单锁执行成功后，道岔有什么显示变化？

任务四　轨道操作

一、实训目的

（1）掌握轨道区段故障解锁的操作方法。

（2）掌握轨道区段封锁、解除封锁的操作方法。

（3）掌握轨道区段切除和激活跟踪的操作方法。

（4）掌握轨道计轴预复位的操作。

二、理论链接

1. 区故解

1）作用

选择这一功能允许区段故障解锁。

2）注意相关

（1）当线路的某些区段因为故障情况处于故障锁闭状态时（如进路内区段未按顺序出清），白光带显示，可以使用“区故解”操作实现故障解锁。

（2）在办理区故解前，值班人员必须确认该故障区段无车占用；同时严禁解锁列车运行前方的故障区段（也称迎面解锁）。

（3）执行成功后，故障锁闭的白光带消失。

2. 计轴预复位

（1）在执行计轴预复位操作之前以及整个计轴预复位过程中，值班员、司机必须持续检查待预复位计轴区段无车占用，并且所有驶近该计轴区段的列车均在该计轴区段外方安全停稳。

（2）用户执行该操作时，需要先点击界面中的“计轴复位”，然后在使能倒计时结束之前对目标区段执行“计轴预复位”命令。

3. 封　锁

（1）在执行调车或行车作业时，为保证行车安全或其他运营调度的需要，可以执行封锁操作。

（2）值班人员必须人为确认列车已经完全到达指定位置，才能办理封锁操作。

① 执行信号机封锁时，若此时信号机为开放状态，联锁会将其状态转为限制，若此信号机为关闭状态，则在解除封锁之前，任何手段都无法开放此信号机。

② 执行成功后，信号机、轨道或道岔粉色闪烁显示。

4. 解除封锁

（1）在相应的调车或行车作业完成时，根据运营调度的需要，可以为信号机或轨道或道岔解除封锁。

（2）值班人员必须人为确认列车已经完全到达指定位置，才能办理解除封锁操作。

（3）执行成功后，信号机或轨道或道岔不再粉色闪光显示，变为关闭状态，这时恢复允许对信号机或轨道或道岔执行其他操作。

5. 区段切除跟踪

（1）选择此功能用于对某一计轴设置切除状态，ATS 不再使用该计轴的占用出清状态变化跟踪列车。

（2）由于区段故障或其他故障情形等，导致该区段不能正确反映设备的状态时，为避免故障设备影响列车的正常车次跟踪功能，可以使用此操作，这样系统将不再根据此区段的状态来跟踪列车车次，CBTC 列车不需要使用。

（3）执行成功后，列车运行到此区段后，系统将跳过该区段进行列车车次信息的跟踪。

（4）执行失败的话会有相应的报警提示。

6. 区段激活跟踪

（1）选择此功能用于取消某一计轴上被设置的切除状态，ATS 重新使用该计轴的占用出清状态变化跟踪列车。

（2）由于区段故障恢复或其他情形，该区段已可以正常反映设备的状态变化，这时可以激活该区段，使用该区段进行列车车次信息的跟踪。

（3）执行成功后，系统将使用该区段进行列车车次跟踪。

（4）执行失败的话会有相应的报警提示。

三、实训要求

1. 实训时间

实训课时为 2 课时。

2. 实训形式

（1）实操作业与理论相结合。

（2）独自完成实训步骤，以及实训考核。

3. 实训注意事项

执行区故解、计轴预复位、解除封锁操作需要二次确认。

4. 工器具材料

（1）鼠标、键盘。

（2）ATS 系统。

四、实训作业步骤

表 26-4-1 实训作业步骤

<table>
<tr><th>序号</th><th>实训内容</th><th>详细信息</th><th>注意事项</th><th>图片</th></tr>
<tr><td rowspan="2">1</td><td rowspan="2">轨道区段故障解锁的操作</td><td>用户鼠标点击目标区段后，在右键菜单中选择操作“区故解”。点击确认后，弹出二次确认框</td><td rowspan="2">当线路的某些区段因为故障情况处于故障锁闭状态时（如进路内区段未按顺序出清），白光带显示，可以使用“区故解”操作实现故障解锁</td><td>
</td></tr>
<tr><td>在二次确认框中，第一步输入框内已显示操作内容，点击第一步输入框内的确认按钮。第二步输入框内的操作内容选择界面，操作选择同样的区段，然后点击第二步输入框内的确认按钮</td><td>
</td></tr>
<tr><td>2</td><td>轨道区段计轴预复位的操作</td><td>操作人员首先点击 HMI 上的“计轴复位”按钮，右键选择“设置”，在倒计时 60 s 内，操作人员可以点击取消“计轴复位”</td><td>在执行计轴预复位操作之前以及整个计轴预复位过程中，值班员、司机必须持续检查待预复位计轴区段无车占用，并且所有驶近该计轴区段的列车均在该计轴区段外方安全停稳</td><td>
</td></tr>
</table>

续表

序号	实训内容	详细信息	注意事项	图片
2	轨道区段计轴预复位的操作	（1）点击“确认”后，弹出二次确认框。 （2）在二次确认框中，第一步输入框内已显示操作内容，点击第一步输入框内的确认按钮。使能第二步输入框内的操作内容选择界面，操作选择同样的区段，然后点击第二步输入框内的确认按钮	—	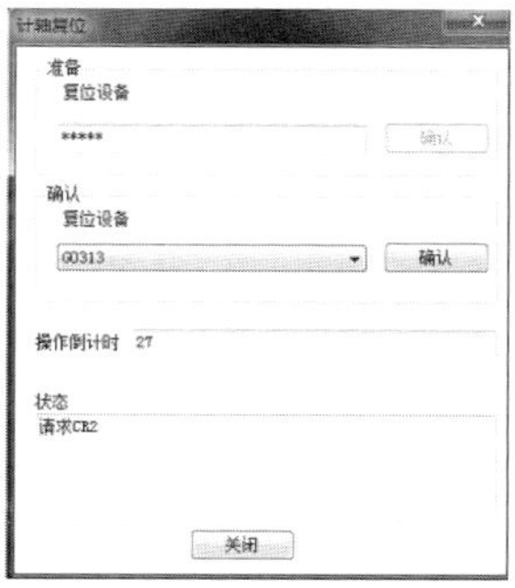
3	轨道区段封锁、解除封锁的操作	（1）封锁。 用户鼠标右键点击站场图信号机或轨道或道岔并在出现的菜单中选择该操作项，此时该信号机或轨道或道岔及所属车站的信息将自动输入到弹出的对话框中，操作员选择“执行”	—	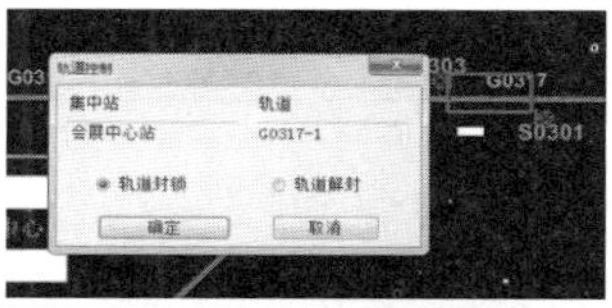 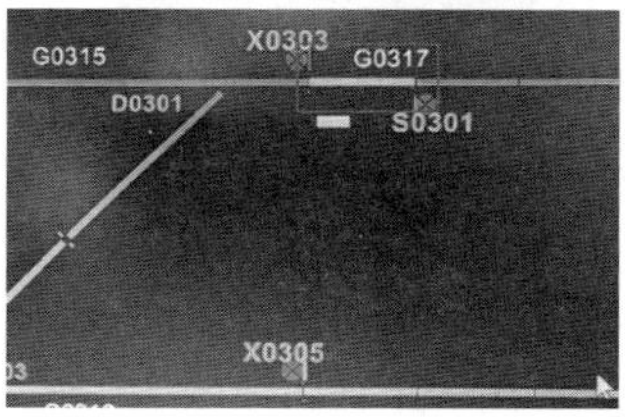
		（2）解除封锁。 用户鼠标右键点击站场图中已经被执行封锁的设备，在右键菜单中选择“解锁”命令进行设备解除封锁操作，该操作需要进行二次确认	值班人员必须人为确认列车已经完全到达指定位置，才能办理解除封锁操作	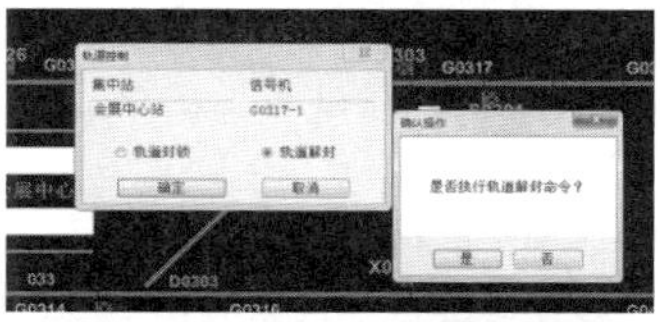 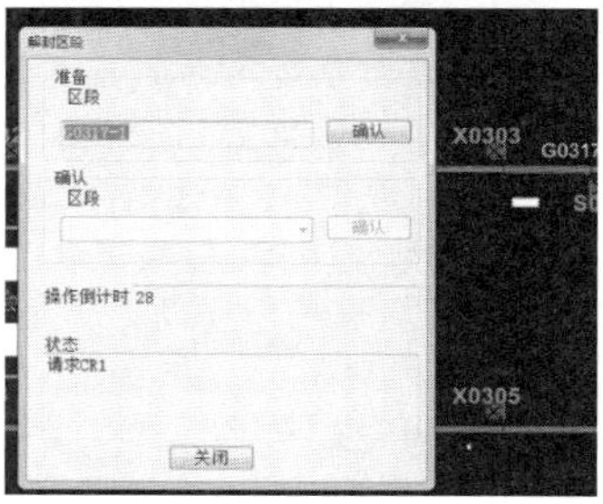
4	轨道区段切除跟踪的操作	（1）用户鼠标点击站场图上的轨道或道岔线段图标并在出现的菜单中选择该操作项，被点击的计轴所属车站和名称将自动列入弹出的对话框中。 （2）自动选定为“切除”。 （3）选择“确认”将发出命令，选择“取消”放弃操作并关闭对话框	由于区段故障或其他故障情形等，导致该区段不能正确反映设备的状态时，为避免故障设备影响列车的正常车次跟踪功能，可以使用此操作，这样系统将不再根据此区段的状态来跟踪列车车次，CBTC列车不需要使用	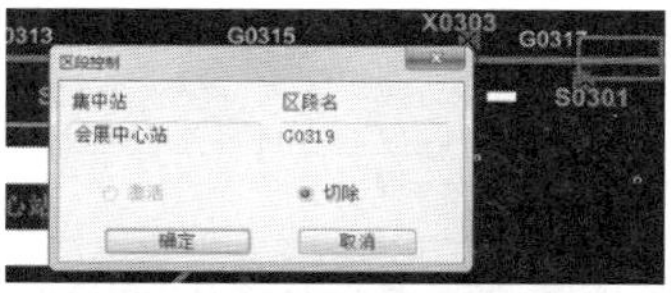 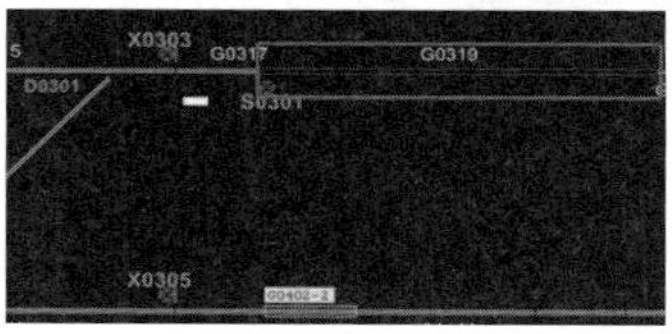

续表

序号	实训内容	详细信息	注意事项	图片
5	轨道区段激活跟踪的操作	（1）用户鼠标点击站场图上的轨道或道岔线段图标并在出现的菜单中选择该操作项，被点击的计轴所属车站和名称将自动列入弹出的对话框中。 （2）自动选定为“激活”。 （3）选择“确定”将发出命令，选择“取消”放弃操作并关闭对话框	点击 G0319 区段任何一段都可以	

五、实训考核标准

表 26-4-2　实训考核标准

内容	作业内容	配分	评分标准	得分
故障判断及汇报	（1）鼠标指：G0308 区段（或 G0308、G0306 区段）。	20	（1）未鼠标指或鼠标指位置错误，扣 5 分。 注：在“区故解”（白光带）时，鼠标应指在故障光带上且出现虚线框为准，否则评判为“鼠标指”错误	
	（2）口呼：轨道 0308（或轨道 0308、轨道 0306）白光带		（2）未口呼或口呼错误，扣 5 分	
	（3）接通电话：值班员按下“行调”按键，拿起电话，接通电话。 （4）值班员汇报行调：列车已全列到达会展中心站上行折返线，轨道 0308（或轨道 0308、轨道 0306）出现白光带		（3）未接通电话进行汇报或汇报错误，扣 8 分。 注：列车停稳后（注：现象是列车车次框无箭头）才能汇报行调	
	（5）行调（机器人）自动回复：收到		—	
	（6）结束通话：挂断电话		（4）未接通或挂断电话，扣 2 分	
办理区故解操作	（1）鼠标指：G0308 区段	70	（1）未鼠标指或鼠标指位置错误，扣 10 分	
	（2）口呼：轨道 0308 区故解		（2）未口呼或口呼错误，扣 10 分	
	（3）操作：		（3）未正确解锁 G0308 故障区段，扣 50 分	
	① 右键点击 G0308 区段			
	② 选择“区故解”			
	③ 点击“确认”		—	
	④ 二次确认“区故解设备”，在倒计时结束前确认并选择 G0308 区段并确认			

续表

内容	作业内容	配分	评分标准	得分
信息汇报	（1）接通电话：值班员按下“行调”按键，拿起电话，接通电话。 （2）值班员汇报行调：会展中心站轨道0308（或轨道0308、轨道0306）区段白光带已解锁	10	（1）未接通电话进行汇报或汇报错误，扣8分	
	（3）行调（机器人）自动回复：收到		—	
	（4）结束通话：挂断电话		（4）未结束通话，扣2分	
合计		100	—	

表 26-4-3　实训考核标准

内容	作业内容	配分	评分标准	得分
轨道区段封锁的操作	用户鼠标右键点击站场图信号机或轨道或道岔并在出现的菜单中选择该操作项，此时该信号机或轨道或道岔及所属车站的信息将自动输入到弹出的对话框中，操作员选择“执行”	25	未正确完成操作的扣25分，扣完为止	
轨道区段解除封锁的操作	用户鼠标右键点击站场图中已经被执行封锁的设备，在右键菜单中选择“解锁”命令进行设备解除封锁操作。该操作需要进行二次确认	25	未正确完成操作的扣25分，扣完为止	
办理轨道区段切除跟踪作业	（1）鼠标点击站场图上的轨道或道岔线段图标并在出现的菜单中选择该操作项，被点击的计轴所属车站和名称将自动列入弹出的对话框中。 （2）自动选定为“切除”。 （3）选择“确认”将发出命令，选择“取消”放弃操作并关闭对话框	25	未正确完成操作的扣25分，扣完为止	
办理轨道区段激活跟踪作业	（1）鼠标点击站场图上的轨道或道岔线段图标并在出现的菜单中选择该操作项，被点击的计轴所属车站和名称将自动列入弹出的对话框中。 （2）自动选定为“激活”。 （3）选择“确定”将发出命令，选择“取消”放弃操作并关闭对话框	25	未正确完成操作的扣25分，扣完为止	
合计		100	—	

六、思考题

（1）区故解的作用是什么？

（2）区段封锁后，信号机或轨道有什么显示变化？

任务五　车站操作

一、实训目的

（1）掌握扣车和取消扣车的操作方法。
（2）掌握跳停和取消跳停的操作方法。

二、理论链接

1. 设置扣车

（1）扣车命令一般在处理故障或行调人工调整列车运行时使用。

（2）在后备模式下，执行扣车成功后联锁会关闭出站信号机，在发车计时器 DTI 上有相应的扣车指示，并会在站台旁显示“H”。

（3）在 CBTC 模式下，执行扣车成功后车次号上方会有“H”表示，并会在站台旁显示“H”，发车计时器 DTI 上也会有相应的扣车指示。

（4）执行失败的话会有相应的提示（命令冲突或命令超时等）。

2. 取消扣车

（1） 在处理故障或行调人工调整时，根据运营需要可以放行列车时执行此操作。

（2）此操作执行成功后，出站信号机开放，站台旁的“H”消失，并会有命令发给列车。

（3）执行失败的话会有相应的提示（命令冲突或命令超时等）。

3. 设置跳停

（1）本站台上行/下行跳停：每列上行/下行车都将跳过被跳停站台，直到取消原来的跳停命令。

（2）指定列车上行/下行跳停：需指定欲跳停上行/下行列车的车组号，当该车成功跳过被跳停站台后，根据项目配置，跳停命令一直有效或被自动取消。

（3）在已经设置本站台上行/下行跳停的站台，将不允许再设置对应方向指定列车跳停命令。

（4）在已经设置指定列车上行/下行跳停的站台，如果再设置对应方向本站台跳停，将自动删除指定列车跳停设置。

4. 取消跳停

（1）如果选择取消本站台上行/下行跳停，而该站台对应方向设置的是指定列车跳停，则所有对应方向的指定列车跳停命令将被取消。

（2）如果选择取消指定列车上行/下行跳停，则指定的对应方向列车跳停命令将被取消，但其他列车在该站台跳停的命令不受影响。

（3）如果选择取消指定列车上行/下行跳停，而站台设置的是对应方向的本站台跳停命令，则执行失败。

三、实训要求

1. 实训时间

实训课时为 2 课时。

2. 实训形式

（1）实操作业与理论相结合。

（2）与小组成员配合完成实训步骤，并配合完成实训考核。

3. 实训注意事项

注意该操作命令使用的时机以及使用条件和规范。

4. 工器具材料

（1）鼠标、键盘。

（2）ATS 系统。

四、实训作业步骤

表 26-5-1　实训作业步骤

序号	实训内容	详细信息	注意事项	图片
1	设置扣车	（1）用户鼠标点击站场图上的站台图标并在出现的菜单中选择该操作项，被点击站台的属性将被自动列入弹出的对话框中。 （2）“功能”自动选定为“扣车”，用户可根据需要在类型处选择上行或下行扣车。 （3）选择“执行”将发出该站台扣车命令，选择“取消”放弃操作并关闭对话框	选择此功能用于在某一指定站台设置车站扣车	
2	取消扣车	（1）用户鼠标点击站场图上的站台图标并在出现的菜单中选择该操作项，被点击站台的属性将被自动列入弹出的对话框中。 （2）“类型”可以选择“本站台上行”或者“本站台下行”，“功能”自动选定为“取消扣车”。 （3）选择“执行”将发出取消扣车命令，选择“取消”放弃操作并关闭对话框	取消扣车方向需要与设置时的方向保持一致，中心设置的扣车由中心进行取消，车站设置扣车由车站取消，在中心故障情况下，可由车站取消中心设置的扣车	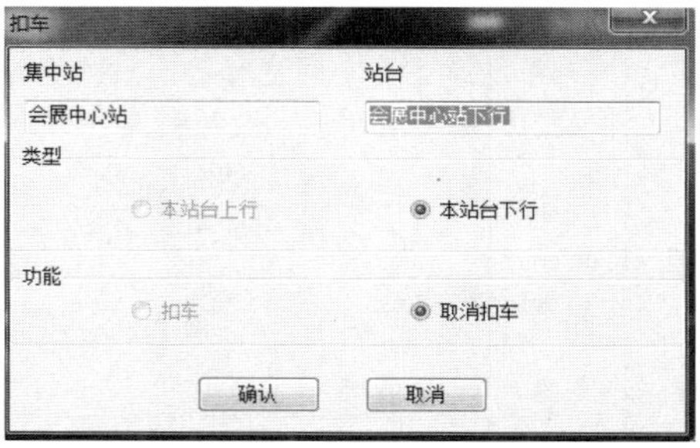

续表

序号	实训内容	详细信息	注意事项	图片
3	设置跳停	用户鼠标点击站场图上的站台图标并在出现的菜单中选择该操作项，被点击站台的属性将被自动列入弹出的对话框中。可以选择本站台上行/下行跳停和指定列车上行/下行跳停	（1）由于行调人工调整或其他运营的需要，让列车不停车通过本站，可以执行跳停操作。（2）此操作执行成功后，会有跳停显示，也会有命令发给列车，相应站台会有蓝色显示	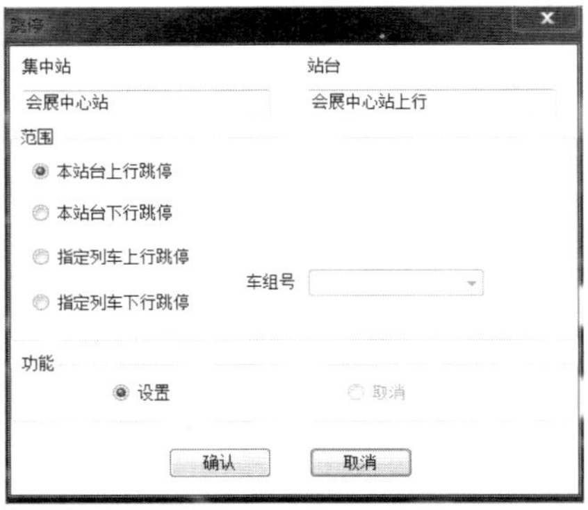
4	取消跳停	用户鼠标选择需要操作的车站站台，点击相应站台后、在右键菜单中选中“取消跳停”，点击“确认”按钮进行操作确认后，取消站台的跳停状态	（1）如果为指定列车取消跳停，还需要从下拉列表进行选择或用鼠标点击站场图列车图标选择一个列车，然后执行这一功能。（2）操作执行成功后，发车计时器 DTI 会有相应显示，并会发命令给列车，这样列车会根据收到的运行命令停靠站台	

五、实训考核标准

表 26-5-2　实训考核标准

序号	作业程序	作业内容	配分	评分标准	得分
1	确认火灾报警	综合监控系统发出火灾报警信息	11		
		（1）值班员作业：点击“综合监控系统—火灾报警—站厅报警”查看报警烟感位置		（1）未点击查看“火灾报警”界面，扣 3 分	
		（2）值班员鼠标指：报警的烟感设备		（2）未鼠标指或鼠标指位置错误，扣 0.5 分	
		（3）值班员口呼：“站厅 A 端火灾报警”		（3）未口呼或口呼错误，扣 0.5 分	
		（4）值班员对讲机汇报值班站长：“值班站长，站厅 A 端火灾报警，请立即确认”		（4）报警开始 15 s 内未通知值班站长现场确认或通知错误扣 2.5 分	

续表

序号	作业程序	作业内容	配分	评分标准	得分
1	确认火灾报警	（5）值班站长回复：站厅A端火灾报警，立即确认，值班站长明白		（5）未回复或回复错误，扣0.5分	
		（6）值班员作业：操作视频监控系统查看火情		（6）未查看火情，扣3分	
		（7）值班员手指：站厅A端商铺		（7）未手指或手指位置错误，扣0.5分	
		（8）值班员口呼：站厅A端商铺着火		（8）未口呼或口呼错误，扣0.5分	
2	组织灭火	（1）值班员对讲机通知站务员：“站厅站务员、安检员、保洁员立即到A端灭火”	4	（1）未通知站厅人员灭火或通知错误，扣3.5分	
		（2）站务员回复：“收到”		（2）未回复或回复错误，扣0.5分	
3	确认火灾模式启动	（1）值班员作业：点击“综合监控系统-机电-模式”查看环控系统站厅火灾模式联动执行成功	5	（1）未点击查看“环控系统”界面确认，扣4分	
		（2）值班员鼠标指：站厅公共区火灾模式		（2）未鼠标指或鼠标指位置错误，扣0.5分	
		（3）值班员口呼：站厅火灾模式执行成功		（3）未口呼或口呼错误，扣0.5分	
4	汇报火灾情况	（1）接通电话： 值班员点击“环调”按键，接通电话。 （2）值班员汇报环调：环调，会展中心站站厅A端商铺着火，正组织灭火，环控火灾模式已启动	30	（1）未接通电话进行汇报或汇报错误，扣4.5分	
		（3）环调复诵（机器人自动复诵）		—	
		（4）结束通话：挂断电话		（4）未挂断电话，扣0.5分	
		（1）接通电话： 值班员点击“行调”按键，接通电话。 （2）值班员汇报行调： “行调，会展中心站站厅A端商铺着火，正组织灭火，申请上下行列车不停站通过”		（1）未接通电话进行汇报或汇报错误，扣2.5分	
		（3）行调复诵： “会展中心站站厅A端商铺着火，正组织灭火，申请上下行列车不停站通过，行调明白”		（3）行调未复诵或复诵错误，扣1分	
		（4）结束通话：挂断电话		（4）未挂断电话，扣0.5分	
		（5）行调设置会展中心站上、下行站台跳停		（5）行调上行未设置跳停，扣3分；下行未设置跳停，扣3分	

续表

序号	作业程序	作业内容	配分	评分标准	得分
4	汇报火灾情况	（1）接通电话： 值班员点击“其他”按键，接通电话。 （2）值班员汇报 119： “119，地铁会展中心站站厅发生电气火灾，请支援灭火”		（1）未接通电话进行汇报或汇报错误，扣 4.5 分	
		（3）119 回复：收到（机器人自动回复）		—	
		（4）结束通话：挂断电话		（4）未挂断电话，扣 0.5 分	
		（1）接通电话： 值班员点击“其他”按键，接通电话。 （2）值班员汇报公安 110： “派出所，地铁会展中心站站厅发生电气火灾，请协助处置”		（1）未接通电话进行汇报或汇报错误，扣 4.5 分	
		（3）110 回复：收到（机器人自动回复）		—	
		（4）结束通话：挂断电话		（4）未挂断电话，扣 0.5 分	
		（1）接通电话： 值班员点击“其他”按键，接通电话。 （2）值班员汇报 120：“120，地铁会展中心站站厅发生火灾，请支援”		（1）未接通电话进行汇报或汇报错误，扣 4.5 分	
		（3）120 回复：“收到”（机器人自动回复）		—	
		（4）结束通话：挂断电话		（4）未挂断电话，扣 0.5 分	
5	组织疏散	（1）值班员询问现场：“值班站长，火灾是否可以扑灭？”	34	（1）未询问或询问语句错误，扣 1 分	
		（2）值班站长回复：控制室，火灾无法扑灭，立即组织全站疏散		（2）未回复或回复错误，扣 0.5 分	
		（3）值班员复诵：火灾无法扑灭，立即组织全站疏散		（3）未复诵或复诵错误，扣 0.5 分	
		（4）值班员确认广播：通过“综合监控系统”及耳听，确认“火灾紧急疏散广播”是否循环播放		—	
		（5）值班员口呼：疏散广播未联动播放		（5）未口呼或口呼错误，扣 1 分	
		（6）值班员人工双语广播：“各位乘客请注意，由于车站出现紧急情况，请保持镇静，听从车站人员指引，迅速离开本站。” “Dear passengers, due to the emergency, please stay calm and follow the guidance of our staff to leave the station quickly”		（6）未人工广播或中文广播词错误或英文广播词错误，扣 7 分	

续表

序号	作业程序	作业内容	配分	评分标准	得分
5	组织疏散	（7）值班员确认闸机：通过视频监控系统确认所有闸机联动全开		（7）未通过视频监控系统确认所有闸机全开，扣 6 分	
		（8）值班员手指：闸机		（8）未手指或手指位置错误，扣 1 分	
		（9）值班员口呼：闸机已全开		（9）未口呼或口呼错误，扣 1 分	
		（10）值班员确认门禁：通过 IBP 盘确认门禁已联动全开		（10）未通过 IBP 盘确认门禁，扣 6 分	
		（11）值班员手指：门禁指示灯		（11）未手指或手指位置错误，扣 1 分	
		（12）值班员口呼：门禁已全开		（12）未口呼或口呼错误，扣 1 分	
		（13）值班员确认电梯：通过综合监控系统—机电—电扶梯确认扶梯全停，直梯已停在站厅层处于停用且开门状态（停用状态）		（13）未通过综合监控系统确认扶梯、直梯停梯正确，扣 6 分	
		（14）值班员手指：综合监控—机电—电扶梯界面中的扶梯、直梯		（14）未手指或手指位置错误，扣 1 分	
		（15）值班员口呼：扶梯、直梯已停梯		（15）未口呼或口呼错误，扣 1 分	
6	汇报疏散情况	（1）接通电话： 值班员点击“行调”按键，接通电话 （2）值班员汇报行调：“会展中心站站厅火灾无法扑灭，现组织全站疏散，申请关闭本站，列车不经过本站站台”	6	（2）未接通电话进行汇报或汇报错误，扣 2 分	
		（3）行调复诵：会展中心站站厅火灾无法扑灭，现组织全站疏散，申请关闭本站，列车不经过本站站台，行调明白		（3）行调未复诵或复诵错误，扣 1 分	
		（4）结束通话：挂断电话		（4）未挂断电话，扣 0.5 分	
		（5）行调设置世纪大道站下行站台扣车		（5）行调未设置世纪大道站下行站台扣车，扣 2.5 分	
		（6）疏散完毕（系统给出提示）		—	
7	本岗位疏散	（1）接通电话： 值班员点击“行调”按键，接通电话。 （2）值班员汇报行调： “会展中心站已疏散完毕，119、120、公安已到站，现场移交 119 处置”	10	（2）未接通电话进行汇报或汇报错误，扣 3 分	

续表

序号	作业程序	作业内容	配分	评分标准	得分
7	本岗位疏散	（3）行调复诵："会展中心站已疏散完毕，119、120、公安已到站，现场移交119处置，行调明白"		（3）行调未复诵或复诵错误，扣0.5分	
		（4）结束通话：挂断电话		（4）未挂断电话，扣0.5分	
		（5）值班员穿好消防战斗服		（5）消防战斗服2 min内穿戴完好为满分（满分6分），超过2 min扣3分。 消防战斗服穿戴要求：衣服和裤子拉链拉至顶部，魔术贴贴紧，裤子吊带套上，穿好消防靴，戴上消防头盔，戴好高温手套。未完成每项扣3分，最多扣6分	
合计			100	—	

六、思考题

（1）站台跳停和指定列车跳停的区别是什么？
（2）站台跳停后的变化显示是什么？

任务六　进路操作

一、实训目的

（1）掌握设置进路和取消进路的操作方法。
（2）掌握人解进路的操作方法。
（3）掌握进路交人工控的操作方法。
（4）掌握进路交自动控的操作方法。

二、理论链接

1. 人工设置进路

（1）系统正常工作时，计划车、头码车的进路会自动触发，不需人工干预。
（2）人工车不能自动触发进路，需人工办理进路。
（3）人工办进路时需核实所办的进路。
（4）进路办理成功后，进路锁闭的区段绿光带显示。
（5）办理进路的命令发出后，若办理失败，会有相应提示（命令冲突或命令超时等）。

2. 人工取消列车进路

（1）若计划车、头码车自动触发了进路或人工办理的进路，当调度运营有变动时，且列车未处于接近锁闭区段状态，可人工取消进路。

（2）执行取消进路操作时需确认不要选错信号机。

（3）取消进路成功后，信号机关闭，进路需要锁闭的区段显示为出清且不锁闭的状态。

（4）取消进路的命令发出后，若取消失败，会有相应的提示（命令冲突或命令超时等）。

（5）当人工取消进路命令执行成功后，原自动控的进路将被自动转为交人工控。

3. 人解进路

（1）在进行接近解锁时，操作人员应特别注意以下 3 条安全注意事项：

① 在后备/CBTC 模式下，当列车接近需要办理人解进路时，操作员必须严格遵循先确认列车停稳，后办理人解的操作规程来人工解锁列车前方的进路。

② 在后备/CBTC 模式下，当列车接近需要办理人解进路时，操作员在办理接近解锁的过程中，需注意区分取消进路按钮与人解按钮。

③ 在后备/CBTC 模式下，当列车接近需要办理人解进路时，操作员在确认列车停稳的过程中，需注意确认该列车为即将解锁进路前方列车。操作员和驾驶员共同确认列车停稳后，方可使用人解来解锁进路。

（2）执行人工解锁进路后，若执行成功，进路解锁。若执行失败，会有相应的提示（如命令冲突或命令超时等）。

（3）在 CBTC 模式下，人解进路倒计时 85 s 解锁；在非 CBTC 模式下，人解进路倒计时 288 s 解锁；人解引导进路，倒计时 15 s 解锁。

4. 进路交人工控

（1）正常情况下，列车在系统的自动调整模式下运行，不需人工干预。

（2）执行进路交人工控时需确认选择的进路是想要转人工控的进路。

（3）执行进路交人工控后，可在“查询进路控制状态”中查看命令是否执行成功。

5. 进路交自动控

（1）若要使计划车、头码车自动触发进路，则要触发的进路需处于自动控状态。

（2）执行进路交自动控时需确认选择的进路是想要转自动控的进路。

（3）执行此操作后，可在“查询进路控制状态”中查看命令是否执行成功。

（4）当 LATS 初始启动后，集中站信号机处于人工控状态，调度员/值班员在将控制模式转为站控/中控后，需要再执行一步信号机批量交自动控，将信号机的控制模式由紧急站控模式下保留下来的人工控转为自动控。

三、实训要求

1. 实训时间

实训课时为 2 课时。

2. 实训形式

（1）实操作业与理论相结合。

（2）可以独自完成实训步骤，并与小组成员配合完成实训考核。

3. 实训注意事项

（1）自动取消进路且变更目的地时，列车必须要先停车，必要时需人工进行解锁。

（2）在取消列车进路时，首选是使用取消进路的方式，为保证安全性，特殊情况下（如接近锁闭、引导进路等），取消进路仅能关闭信号，不能解锁进路，这时需要人解来解锁进路，操作时需确认操作后的安全性。

4. 工器具材料

（1）鼠标、键盘。

（2）ATS 系统。

四、实训作业步骤

表 26-6-1　实训作业步骤

序号	实训内容	详细信息	注意事项	图片
1	设置进路	用户鼠标右键点击站场图选择始端信号机并在出现的菜单中选择该操作项，在对话框中的进路列表中选择进路，然后执行这一功能	执行办理进路操作前先核实所要办的进路是否具备条件（如进路上是否有列车占用，是否有敌对进路等）。	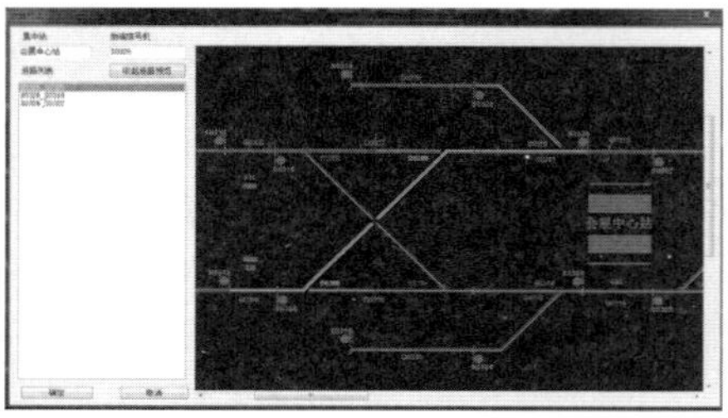
2	取消进路	用户鼠标右键点击站场图选择进路的始端信号机并在出现的菜单中选择该操作项，此时该信号机及所属车站的信息将自动输入到弹出的对话框中，操作员选择“执行”	（1）正常情况下（自动通过进路除外），列车经过进路后，联锁会自动解锁进路，不需人工取消进路。 （2）自动取消进路且变更目的地时，列车必须要先停车，必要时需人工进行解锁	
3	人解进路	（1）当需取消已处于接近锁闭状态（接近区段有车、信号开放、进路空闲）的进路时，用户鼠标右键点击站场图选择进路的始端信号机并在出现的菜单中选择该操作项。 （2）用户鼠标点击需要执行解锁进路的始端信号机，在右键菜单中选择“人解进路”，点击“执行”，该请求将发送给服务器处理	（1）在取消列车进路时，首选是使用取消进路的方式，为保证安全性，特殊情况下（如接近锁闭、引导进路等），取消进路仅能关闭信号，不能解锁进路，这时需要人解来解锁进路，操作时需确认操作后的安全性	

续表

<table>
<tr><th>序号</th><th>实训内容</th><th>详细信息</th><th>注意事项</th><th>图片</th></tr>
<tr><td>4</td><td>进路交人工控</td><td>用户鼠标点击站场图选择进路的始端信号机并在出现的菜单中选择该操作项，在弹出对话框中的进路列表中选择进路，并选择“确定”，可以设置该条进路必须为人工办理，不能由ATS自动触发</td><td>（1）取消进路始端信号机的ATS自动触发功能，转为人工办理。
（2）在特殊的情况下（人工调整列车的运行顺序、人工调整早晚点、处理故障的需要等），可人工干预，将某条进路设为人工控的状态，以此禁止进路的自动触发，待合适时机再转为自动控或人工办理进路</td><td>
</td></tr>
<tr><td>5</td><td>进路交自动控</td><td>用户鼠标点击站场图选择进路的始端信号机并在出现的菜单中选择该操作项，在弹出对话框中的进路列表中选择进路，并选择“确定”，执行成功后该条进路由人工办理变更为自动触发</td><td>（1）设置进路始端信号机的ATS自动触发功能。
（2）若某条进路由于转人工控操作或人工取消此进路而转为人工控后，需人工执行“进路交自动控”后，此进路才能被计划车、头码车自动触发</td><td>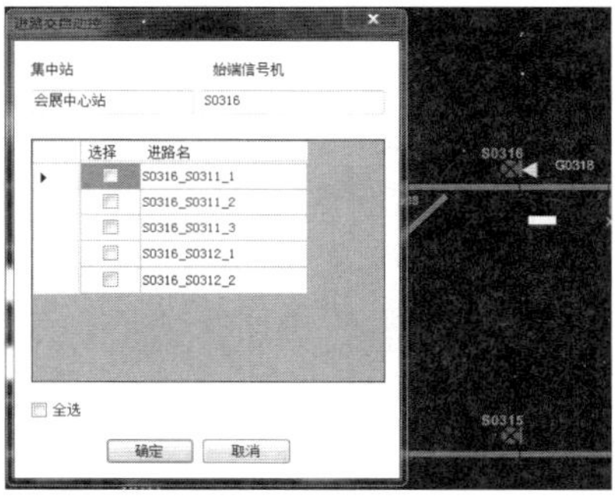
</td></tr>
</table>

五、实训考核标准

表 26-6-2 实训考核标准

<table>
<tr><th>序号</th><th colspan="3">作业内容</th><th>配分</th><th>评分标准</th><th>得分</th></tr>
<tr><td rowspan="4">1</td><td rowspan="4">根据列车运行计划，排列进路组织列车运行</td><td rowspan="4">车站控制模式下的自动进路办理（无先后顺序）</td><td>（1）值班员办理X0303自动通过模式
操作：
① 右键点击X0303；
② 选择“设置自动通过进路”；
③ 点击“确定”</td><td rowspan="4">60</td><td rowspan="4">未操作或未操作成功，每个扣15分。本项最多扣60分</td><td rowspan="4"></td></tr>
<tr><td>（2）值班员办理X0402自动通过模式（操作同上）</td></tr>
<tr><td>（3）值班员办理S0309自动通过模式（操作同上）</td></tr>
<tr><td>（4）值班员办理S0401自动通过模式（操作同上）</td></tr>
</table>

续表

序号	作业内容			配分	评分标准	得分
2		进路办理鼠标指、口呼标准	（1）值班员鼠标指：相应进路始端信号机	40	执行标准： 作业过程动作及口呼要求：清晰、准确、连贯。 扣分标准： 出现以下情况，每次扣2分： （1）需要鼠标指，未执行或者鼠标指位置不对的； （2）需要口呼，未口呼或口呼内容错误的。 （3）配分40分，扣完为止	
			（2）值班员口呼："办理××××-××××进路"			
			进路排列成功后： （3）值班员鼠标指：相应进路			
			（4）值班员口呼："相应进路已建立"			
			举例：排列X0326—S0320进路。 （1）值班员鼠标指：X0326； （2）值班员口呼："办理下0326至上0320进路"； 进路排列成功后： （1）值班员鼠标指：X0326—S0320进路； （2）值班员口呼："下0326至上0320进路已建立"			
		取消进路鼠标指、口呼标准	（1）值班员鼠标指：相应进路始端信号机			
			（2）值班员口呼："取消××××-××××进路"			
			进路取消成功后： （3）值班员鼠标指：相应进路			
			（4）值班员口呼："相应进路已取消"			
			举例：取消X0326—S0320进路； （1）值班员鼠标指：X0326； （2）值班员口呼："取消下0326至上0320进路"； 进路取消成功后： （1）值班员鼠标指：X0326—S0320进路； （2）值班员口呼："下0326至上0320进路已取消"			
		自动进路办理鼠标指、口呼标准	（1）值班员鼠标指：相应信号机			
			（2）值班员口呼："设置××××信号机自动通过模式"			
			自动进路办理成功后： （3）值班员鼠标指：××××信号机自动通过图标（绿色箭头）			
			（4）值班员口呼：××××自动通过模式已建立			
			举例：办理X0303自动通过模式。 （1）值班员鼠标指：X0303； （2）值班员口呼："设置下0303信号机自动通过模式"； 自动进路办理成功后： （3）值班员鼠标指：X0303信号机自动通过图标（绿色箭头）； （4）值班员口呼："下0303信号机自动通过模式已建立"			

续表

序号	作业内容			配分	评分标准	得分
2		自动折返办理鼠标指、口呼标准	（1）值班员鼠标指：自动折返×××按钮			
			（2）值班员口呼：“设置自动折返（具体名称）”			
			自动折返办理成功后： （3）值班员鼠标指：“相应自动折返按钮”			
			（4）值班员口呼：“相应自动折返模式已建立（具体名称）”			
			举例：办理 CY1。 （1）值班员鼠标指：CY1 按钮； （2）值班员口呼：“设置自动折返 CY1”； 自动折返办理成功后： （3）值班员鼠标指：CY1 按钮； （4）值班员口呼：“CY1 自动折返模式已建立”			
		取消自动折返鼠标指、口呼标准	（1）值班员鼠标指：自动折返×××按钮			
			（2）值班员口呼：“取消自动折返（具体名称）”			
			取消自动折返成功后： （3）值班员鼠标指：相应自动折返按钮			
			（4）值班员口呼：“相应自动折返模式已取消（具体名称）”			
			举例：取消 CY1。 （1）值班员鼠标指：CY1 按钮； （2）值班员口呼：“取消自动折返 CY1”； 取消自动折返成功后： （3）值班员鼠标指：CY1 按钮； （4）值班员口呼：“CY1 自动折返模式已取消”			
合计				100	—	

六、思考题

人工进路办理成功后，进路锁闭的区段有什么显示？

项目二十七 正常情况下行车组织

任务一 运营前检查

一、实训目的

（1）掌握运营前本地 ATS 工作站检查。

（2）掌握 IBP 盘信号按钮及指示灯的状态。

二、理论链接

1. ATS 工作站界面中轨道图各信号元素的显示

1）道岔

（1）ATS 通过岔尖联到道岔的定位或反位的状态来表示道岔的定位或反位位置。

（2）道岔的反位在 ATS 的图形用户界面上表示为：

。

（3）道岔的定位在 ATS 的图形用户界面上表示为：

。

2）信号机（见图 27-1-1）

（1）相应的灯位上打叉：CBTC 模式下的信号机，如图 27-1-1 所示的信号机均是灭灯状态。

（2）黄色：表示道岔已锁闭，并开通侧向，准许列车按规定的限制速度运行。

（3）绿色：表示道岔已锁闭，并开通直向，准许列车按规定速度运行。

（4）红色：表示不准列车越过信号机，列车在信号机前停车。

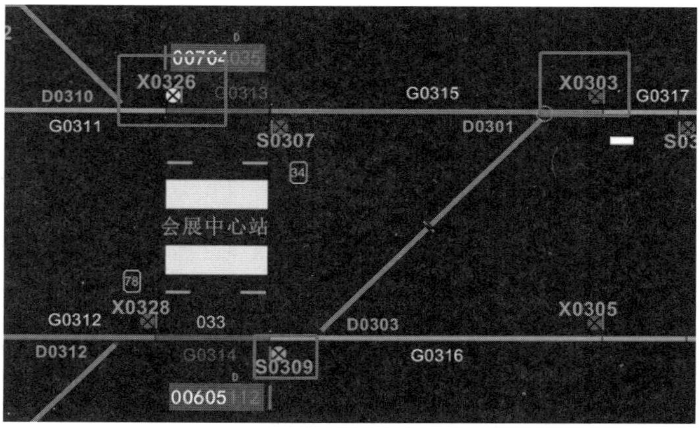

图 27-1-1 CBTC 下的信号机

3）计轴区段（见图 27-1-2）

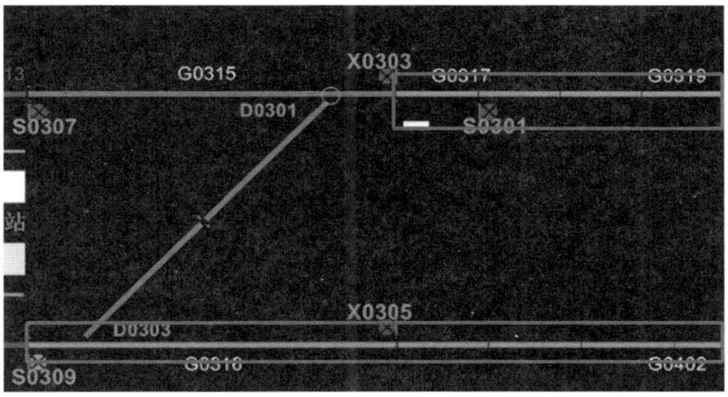

图 27-1-2　CBTC 下的计轴区段

表 27-1-1　计轴区段

显示颜色	含义	
稳定紫色	计轴处于占用状态	
稳定绿色	计轴处于空闲状态，是一条锁闭进路的一部分	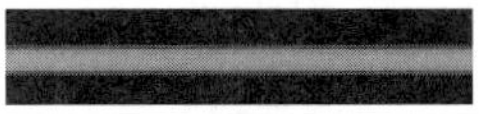
稳定白色	计轴处于出清状态，故障锁闭	
稳定蓝色	计轴处于出清状态，不是进路的一部分	
稳定棕色	计轴被 ATC 报告失效	
闪烁	计轴被 ATS 切除跟踪，以当前颜色闪烁	

2. 列车运行状态的显示（见图 27-1-3）

图 27-1-3　列车识别号

（1）前三位 010：表示列车的服务号；以列车出段/场顺序编号，系统对正线列车的辨认，在一天的服务中保持不变，回段后再出段，服务号将重新分配；服务号由 3 位数字组成，列车属性由服务号区别，服务号范围可配置。

（2）中间两位 05：表示列车的序列号；按列车运行顺序及方向顺序编制，上行为奇数，下行为偶数，序列号由 2 位数字组成。

（3）后三位 112：表示列车的目的地号。

（4）运行中的列车：箭头表示列车正在运行（见图 27-1-4）。

图 27-1-4　列车运行

（5）停稳的列车：箭头变为竖线表示列车已停稳（见图 27-1-5）。

图 27-1-5　列车停稳

3. 信号设备状态的显示（见图 27-1-6）

其中深绿色代表连通，灰色代表没有连通，浅绿色代表备机连通。

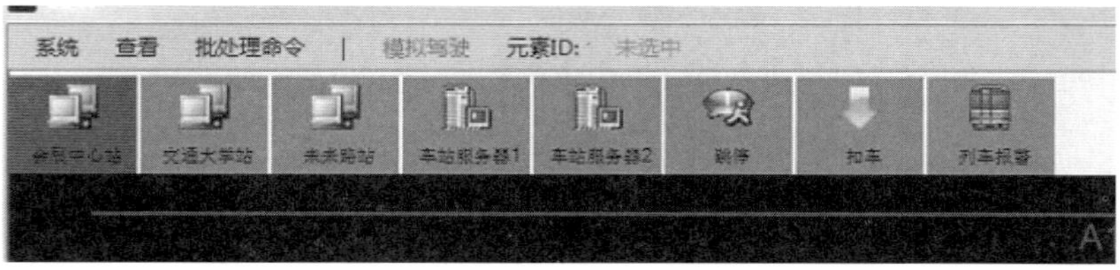

图 27-1-6　主要设备状态

4. IBP 盘上的信号按钮及指示灯状态（见图 27-1-7）

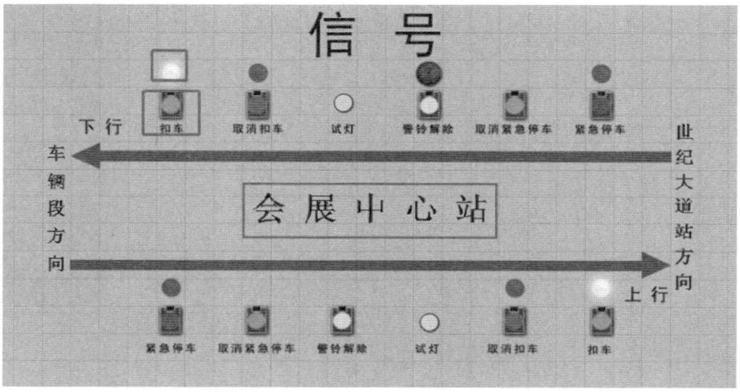

图 27-1-7　信号按钮及指示灯

三、实训要求

1. 实训时间

实训课时为 2 课时。

2. 实训形式

（1）实操作业与理论相结合。

（2）独自完成实训步骤以及实训考核内容。

3. 实训注意事项

注意本地 ATS 工作站界面中主要信号设备状态标识。

4. 工器具材料

（1）鼠标、键盘。

（2）ATS 系统。

（3）鹅颈话筒。

四、实训作业步骤

表 27-1-2 实训作业步骤

序号	实训内容	详细信息	注意事项	图片
1	检查本地 ATS 工作站界面中轨道图各信号元素的显示（道岔、信号机、计轴区段）是否正常	（1）手指：本地 ATS 工作站中的所有道岔、信号机、计轴区段。 （2）口呼："道岔、信号机、计轴状态全部正常"	需要手指联锁区内每一个道岔、信号机及计轴区段	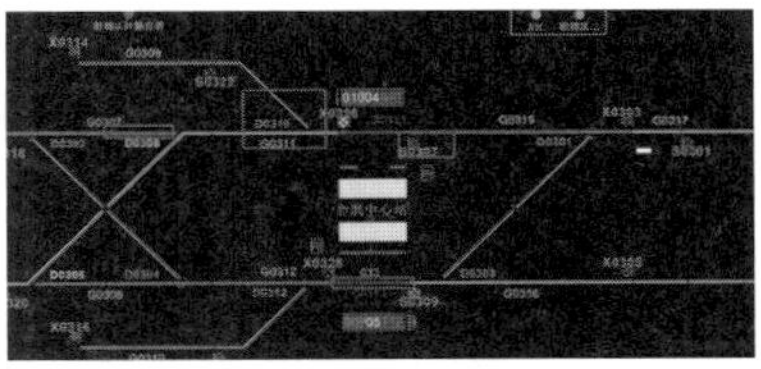
2	检查本地 ATS 工作站界面中列车运行状态的显示（列车识别号等）是否正常	（1）手指：本地 ATS 工作站上每一个列车车次框。 （2）口呼："列车运行全部正常"	需要手指联锁区内每一个列车识别框	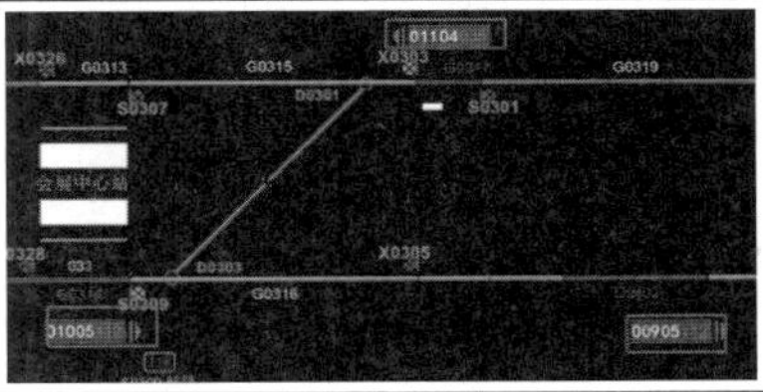
3	检查本地 ATS 工作站界面中主要信号设备状态标识的显示是否正常	（1）手指：本地 ATS 工作站设备状态栏图标。 （2）口呼："设备状态正常"	需要手指每一个主要信号设备状态标识	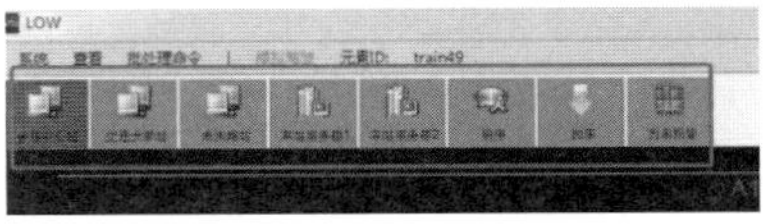
4	检查 IBP 盘上的信号按钮及指示灯状态是否正常	（1）手指：IBP 盘各按钮及表示灯。 （2）口呼：IBP 盘状态正常	需要手指每一个信号按钮及指示灯	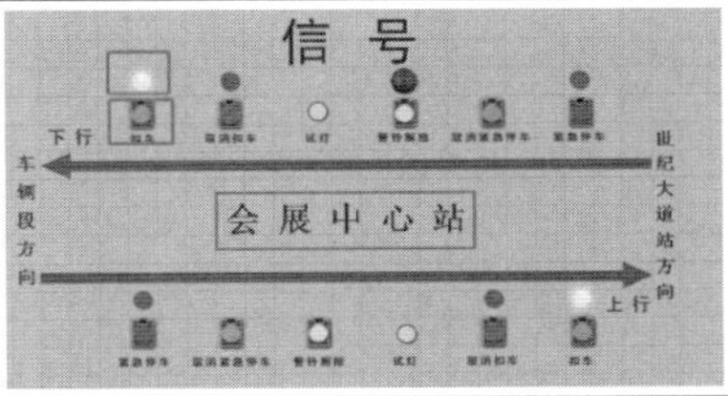

五、实训考核标准

表 27-1-3 实训考核标准

<table>
<tr><th>序号</th><th colspan="2">作业内容</th><th>配分</th><th>评分标准</th><th>得分</th></tr>
<tr><td rowspan="3">1</td><td rowspan="3">确认 ATS 系统工作站状态</td><td>检查本地 ATS 工作站界面中轨道图各信号元素的显示（道岔、信号机、计轴区段）是否正常。
（1）值班员手指：本地 ATS 工作站中的所有道岔、信号机、计轴区段。
（2）值班员口呼："道岔、信号机、计轴状态全部正常"</td><td>25</td><td>（1）手指扣分标准。
① 需要手指联锁区内每一个道岔、信号机及计轴区段，未手指或者手指位置不对的，每处扣 1 分。
② 配分 15 分，扣完为止
（2）未口呼或口呼错误，扣 10 分</td><td></td></tr>
<tr><td rowspan="2">检查本地 ATS 工作站界面中列车运行状态的显示（列车识别号等）是否正常。
（1）值班员手指：本地 ATS 工作站上每一个列车车次框。
（2）值班员口呼："列车运行全部正常"</td><td rowspan="2">25</td><td>（1）手指扣分标准。
① 需要手指联锁区内每一个列车识别框，未手指或者手指位置不对的，每处扣 3 分；
② 配分 15 分，扣完为止</td><td></td></tr>
<tr><td>（2）未口呼相应列车运行状态或口呼错误，扣 10 分</td><td></td></tr>
</table>

续表

序号	作业内容		配分	评分标准	得分
1	确认 ATS 系统工作站状态	检查本地 ATS 工作站界面中主要信号设备状态标识的显示是否正常。 （1）值班员手指：本地 ATS 工作站设备状态栏图标。 （2）值班员口呼："设备状态正常"	25	（1）手指扣分标准。 ① 需要手指每一个主要信号设备状态标识，未手指或者手指位置不对的，每处扣 3 分； ② 配分 15 分，扣完为止	
				（2）未口呼设备状态栏状态或口呼错误，扣 10 分	
		检查 IBP 盘上的信号按钮及指示灯状态是否正常。 （1）值班员手指：IBP 盘各按钮及表示灯。 （2）值班员口呼："IBP 盘状态正常"	25	（1）手指扣分标准。 ① 需要手指每一个信号按钮及指示灯，未手指或者手指位置不对的，每处扣 3 分； ② 配分 15 分，扣完为止	
				（2）未口呼相应设备状态或口呼错误，扣 10 分	
合计			100		

六、思考题

（1）列车停稳和运行中的状态有什么区别?

（2）站场图上的信号机状态表示什么意思?

任务二　列车出库

一、实训目的

（1）掌握列车出段的操作方法。

（2）掌握列车出段的站场图状态变化和显示。

二、理论链接

1. 列车出库时计轴区段现象

（1）列车出库指列车由车辆段进入正线。

（2）由于列车在车辆段的驾驶模式属于非 CBTC 模式，相比正线的 CBTC 模式属于降级模式。

（3）在 CBTC 系统中，计轴区段被报告占用，但未被 CBTC 报告占用时，处于紫色光带。

列车出库现象如图 27-2-1 所示。

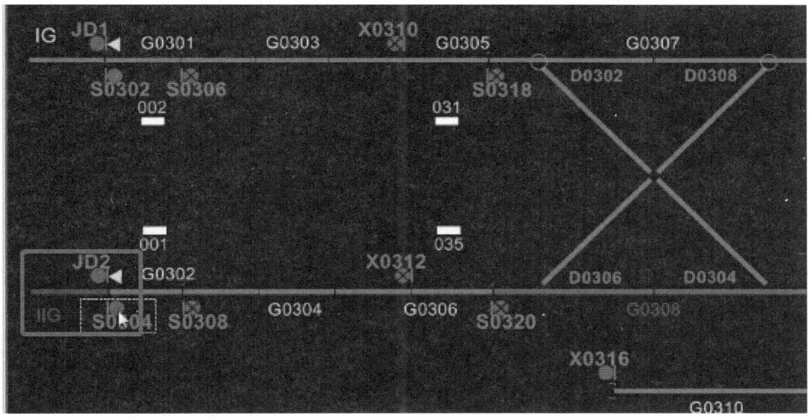

图 27-2-1　出库现象

2. 列车出库时车次号以及正线排列进路现象

在车辆段的列车识别号由 4 位服务号组成，正线进路排列成功之后，列车会进入正线，车次号也会有所变化。

列车识别号如图 27-2-2 所示。

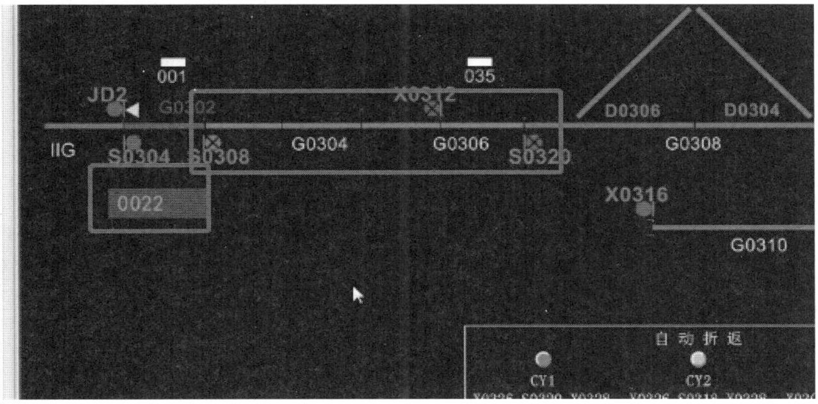

图 27-2-2　列车识别号

三、实训要求

1. 实训时间

实训课时为 2 课时。

2. 实训形式

（1）实操作业与理论相结合。

（2）独自完成实训步骤以及实训考核内容。

3. 实训注意事项

注意列车出段的执行时机：依照运行图和运行计划，车辆段将车排到转换轨，在转换轨有车占用时，将列车投入正线运行。

4. 工器具材料

（1）鼠标、键盘。

（2）ATS 系统。

（3）鹅颈话筒。

四、实训作业步骤

表 27-2-1 实训作业步骤

序号	实训内容	详细信息	注意事项	图片
1	排列车辆段出段进路	（1）操作： ① 右键点击 S0308。 ② 选择“S0308-X0312”。 ③ 点击“确定”	注意进路：“X0326-S0320”进路是否排列；若此时进路排列则“S0304-X0308”排列不成功	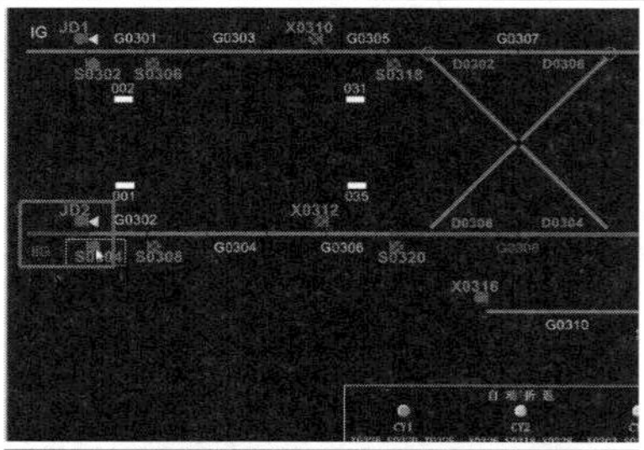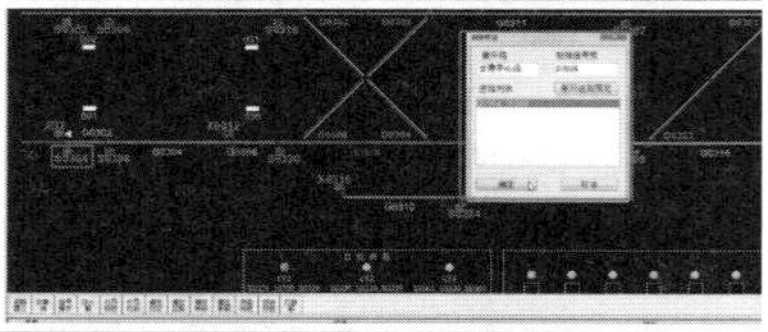
		（2）操作： ① 右键点击 S0304。 ② 选择“S0304-X0308”。 ③ 点击“确定”		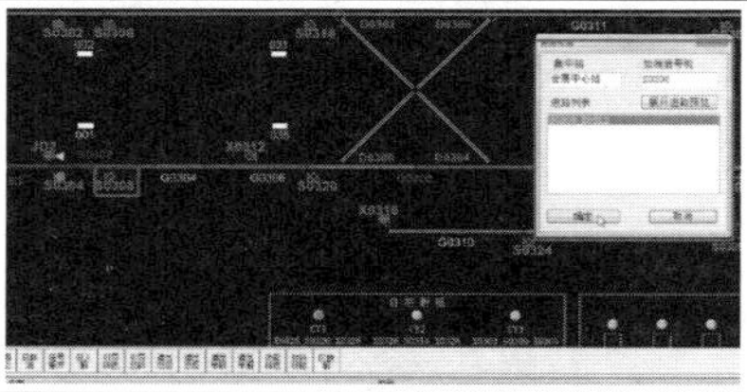

五、实训考核标准

表 27-2-2 实训考核标准

序号	作业内容			配分	评分标准	得分
1	根据列车运行计划，组织列车出段	排列车辆段出段进路	（1）值班员排列 S0308-X0312 进路。 操作： ① 右键点击“S0308”。 ② 选择“S0308-X0312” ③ 点击“确定”。 （2）值班员排列“S0304-S0308”进路	60	出段进路任意一条进路未排列，每次扣 60 分，本项最多扣 60 分	
		进路办理鼠标指、口呼标准	S0308-X0312 进路鼠标指、口呼标准： （1）鼠标指：S0308	40	扣分标准： 出现以下情况，每次扣 5 分： （1）需要鼠标指，未执行或者鼠标指位置错误的	

续表

序号	作业内容			配分	评分标准	得分
1	根据列车运行计划，组织列车出段	进路办理鼠标指、口呼标准	（2）口呼：“办理上 0308 至下 0312 进路”。 进路排列成功后： （1）鼠标指：S0308-X0312 进路。 （2）口呼：“上 0308 至下 0312 进路已建立”		（2）需要口呼，未口呼或口呼内容错误的。 （3）配分 40 分，扣完为止。 执行标准： （1）“鼠标指：××信号机”，以出现虚线框为准，否则判定为“未鼠标指”。 （2）“鼠标指：××-××进路”，应鼠标指始端信号机及整条进路，指不全整条进路，则扣除相应步骤鼠标指分数（注：有划过整条进路的动作，但不要求鼠标一直压在进路光带上）。 （3）“列车计划出段”两条进路建立的顺序无由远及近的要求；在不影响其他列车运行时，允许选手提前办理列车出段进路	
			S0304-S0308 进路鼠标指、口呼标准： （1）鼠标指：S0304。 （2）口呼：“办理上 0304 至上 0308 进路”。 进路排列成功后： （1）鼠标指：S0304-S0308 进路 （2）口呼：“上 0304 至上 0308 进路已建立”			
合计				100	—	

六、思考题

列车出库时站场图状态有什么变化？

任务三　列车入库

一、实训目的

（1）掌握列车入段的操作方法。

（2）掌握列车出段的站场图状态变化和显示。

二、理论链接

1. 列车入库知识讲解

（1）列车入库是由正线进入车辆段。

（2）根据正线列车识别号可知后三位是列车的目的码。

① 可知后三位为 035 的列车目的是从下行到上行折返站 035 站台，所以会设置 CY1 的自动折返。

② 同样后三位为 002 的列车目的站是目的 002 的虚拟站，在下行线路进段信号机 JD1 前的虚拟站台，所以列车入库就是将目的码为 002 的列车排入 002 的虚拟站。

入库列车与站台如图 27-3-1 所示。

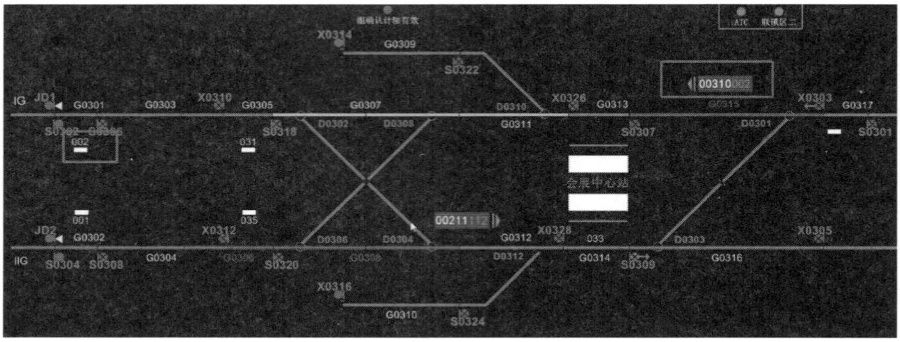

图 27-3-1　入库列车与站台

2. 列车入库时操作讲解

（1）由于大多数情况下列车会在会展中心站下行进行折返，故为了方便设置了 CY1 自动折返模式，所以每次 035 的列车都会进行折返。

（2）但由于入库列车的目的站在下行，不需要进行折返，所以需要把自动折返模式取消，以防 002 列车进错段不能完成正常的入库操作，并且会导致后续 035 列车无法折返。

取消自动折返如图 27-3-2 所示。

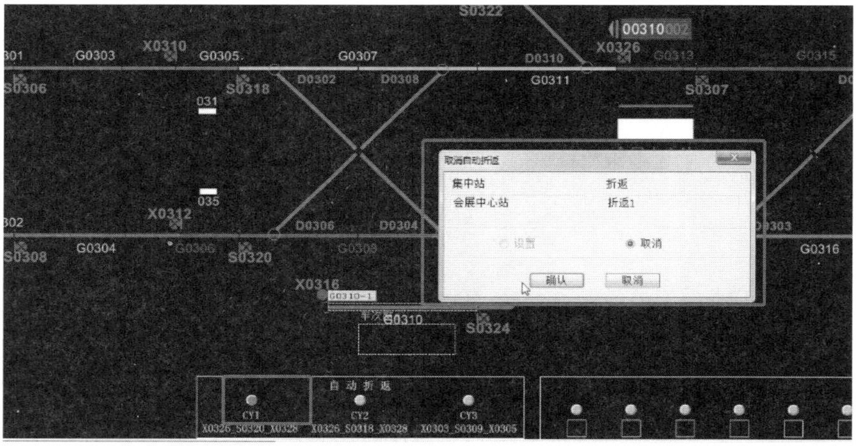

图 27-3-2　取消自动折返

三、实训要求

1. 实训时间

实训课时为 2 课时。

2. 实训形式

（1）实操作业与理论相结合。

（2）独自完成实训步骤以及实训考核内容。

3. 实训注意事项

掌握列车入段的执行时机：根据列车目的码，正确排列进路。

4. 工器具材料

（1）鼠标、键盘。

（2）ATS 系统。

（3）鹅颈话筒。

四、实训作业步骤

表 27-3-1　实训作业步骤

<table>
<tr><th>序号</th><th>实训内容</th><th>详细信息</th><th>注意事项</th><th>图片</th></tr>
<tr><td rowspan="3">1</td><td rowspan="3">排列车辆段出段进路</td><td>（1）操作：
① 右键点击 X0326。
② 选择“X0326-S0318”。
③ 点击“确定”</td><td rowspan="2">（1）注意进路：“X0326-S0320”进路是否排列；若此时进路排列则“X0326-S0318”排列不成功。
（2）及时取消自动折返</td><td>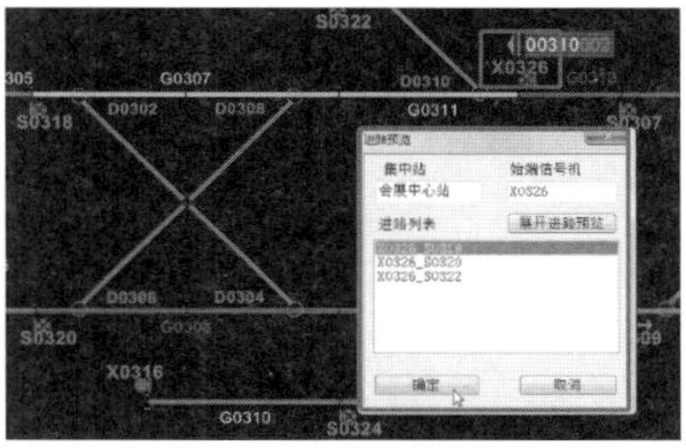
</td></tr>
<tr><td>（2）操作：
① 右键点击 X0310。
② 选择“X0310-S0306”。
③ 点击“确定”</td><td>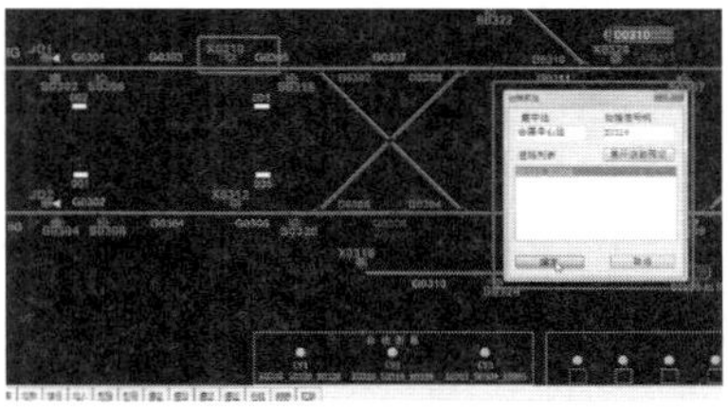</td></tr>
<tr><td>（3）列车经过 D0308 之后即可再次设置自动折返方便后续列车进行折返。
① 右键点击 CY1 按钮；
② 点击“设置”</td><td>（3）及时设置自动折返，或者为 035 列车手动排列进路</td><td>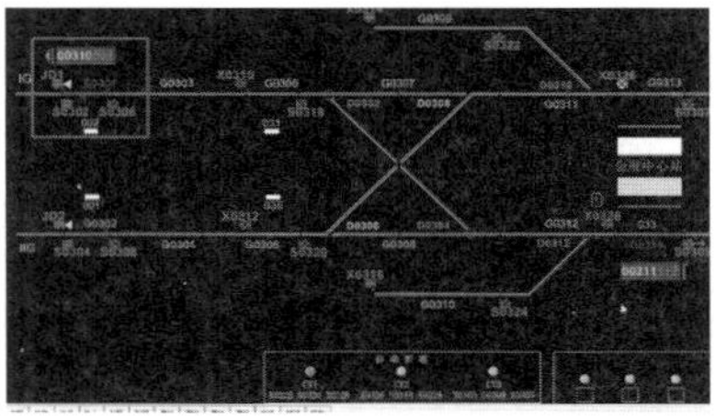</td></tr>
</table>

五、实训考核标准

表 27-3-2　实训考核标准

<table>
<tr><th>序号</th><th colspan="3">作业内容</th><th>配分</th><th>评分标准</th><th>得分</th></tr>
<tr><td>1</td><td>根据列车运行计划，组织列车入段</td><td>排列车辆段入段进路</td><td>（1）值班员排列 X0326-S0318 进路。
操作：
① 右键点击 X0326。
② 选择“X0326-S0318”。
③ 点击“确定”。
（2）值班员排列 X0310-S0306 进路</td><td>60</td><td>入段进路任意一条进路未排列，每次扣 60 分；
本项最多扣 60 分</td><td></td></tr>
</table>

续表

序号	作业内容			配分	评分标准	得分
2	根据列车运行计划，组织列车入段	进路办理鼠标指、口呼标准	X0326-S0318 进路鼠标指、口呼标准： （1）鼠标指：X0326。 （2）口呼：“办理下 0326 至上 0318 进路”。 进路排列成功后。 （1）鼠标指：X0326-S0318 进路。 （2）进路已建立。	40	扣分标准： 出现以下情况，每次扣 5 分： （1）需要鼠标指，未执行或者鼠标指位置错误的。 （2）需要口呼，未口呼或口呼内容错误的。 （3）配分 40 分，扣完为止。 执行标准： （1）“鼠标指：××信号机”，以出现虚线框为准，否则判定为“未鼠标指”。 （2）“鼠标指：××-××进路”，应鼠标指始端信号机及整条进路，指不全整条进路，则扣除相应步骤鼠标指分数（注：有划过整条进路的动作，但不要求鼠标一直压在进路光带上）。 （3）“列车计划入段”两条进路建立的顺序无由远及近的要求；在不影响其他列车运行时，允许选手提前办理列车入段进路	
			X0310-S0306 进路鼠标指、口呼标准： （1）鼠标指：X0310。 （2）口呼：“办理下 0310 至上 0306 进路”。 进路排列成功后。 （1）鼠标指：X0310-S0306 进路。 （2）口呼：“下 0310 至上 0306 进路已建立”			
合计				100	—	

六、思考题

（1）入库列车的目的码是多少？

（2）列车入库的时候为什么要取消掉自动折返？

项目二十八　信号故障处置

任务一　办理区故解

一、实训目的

（1）了解出现白光带的故障原因：非正常解锁。

（2）掌握区段故障时，进行区段故障解锁的处理流程。

二、理论链接

1. 单个区段正常解锁的条件

（1）上一区段的轨道电路和本区段的轨道电路必须曾同时被物理占用过。

（2）上一区段的轨道电路出清时，本区段的轨道电路继续被物理占用。

（3）本区段的轨道电路和下一区段的轨道电路必须曾同时被物理占有过。

（4）本区段的轨道电路出清时，下一区段的轨道电路必须被物理占用。

（5）上一区段的轨道电路已解锁。

（6）如果满足上述条件，本区段的轨道电路将自动解锁。同理，进路的其他区段也将逐个自动解锁。但对于进路的第一个区段，将不检查条件（2）和（5）。

2. 单个区段非正常解锁

若有一个条件不满足，会导致区段故障锁闭，造成“白光带”。

3. 操作区故解的注意事项

（1）当线路的某些区段因为故障情况处于故障锁闭状态时（如进路内区段未按顺序出清），白光带显示，可以使用“区故解”操作实现故障解锁。

（2）在办理区故解前，值班人员必须确认该故障区段无车占用；同时严禁解锁列车运行前方的故障区段（也称迎面解锁）。

（3）执行成功后，故障锁闭的白光带消失。

三、实训要求

1. 实训时间

实训课时为 2 课时。

2. 实训形式

（1）实操作业与理论相结合。

（2）与小组成员讨论该故障产生原因，结合实训步骤，配合完成实训考核。

3. 实训注意事项

（1）办理区故解前，值班人员必须确认该故障区段无车占用。

（2）严禁解锁列车运行前方的故障区段（也称迎面解锁）。

4. 工器具材料准备

（1）鼠标、键盘。

（2）鹅颈话筒。

（3）ATS 系统。

四、实训作业步骤

表 28-1-1　实训做作业步骤表

序号	实训内容	详细信息	注意事项	图片
1	故障判断	（1）鼠标指：G0308 区段（或 G0308、G0306 区段）。 （2）口呼：“轨道 0308（或轨道 0308、轨道 0306）白光带”。 （3）接通电话：按下“行调”按键，接通电话。 （4）汇报行调：“列车已全列到达会展中心站上行折返线，轨道 0308（或轨道 0308、轨道 0306）出现白光带”。 （5）行调回复：“收到”	列车停稳后（注：现象是列车车次框无箭头）	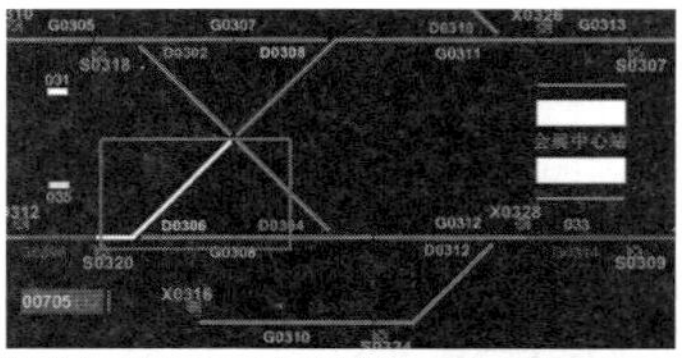 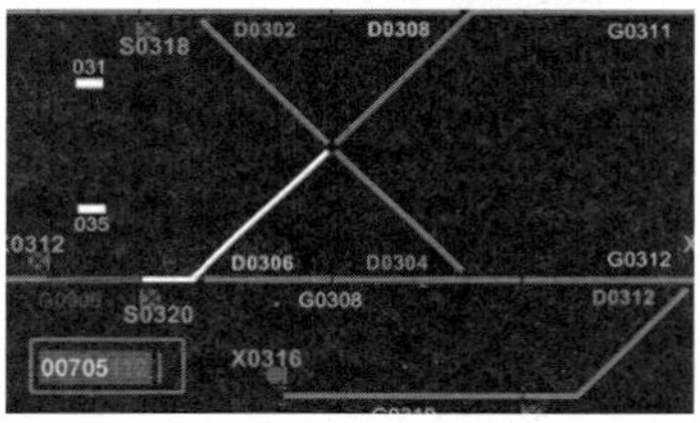
2	办理区故解操作	（1）鼠标指：G0308 区段。 （2）口呼：“轨道 0308 区故解”。 （3）操作： ① 右键点击 G0308 区段。 ② 选择“区故解”。 ③ 点击“确认”。 ④ 二次确认“区故解设备”：在倒计时结束前确认、选择 G0308 区段，并确认	区故解中二次确认有时间限制：操作倒计时，需要在倒计时内完成	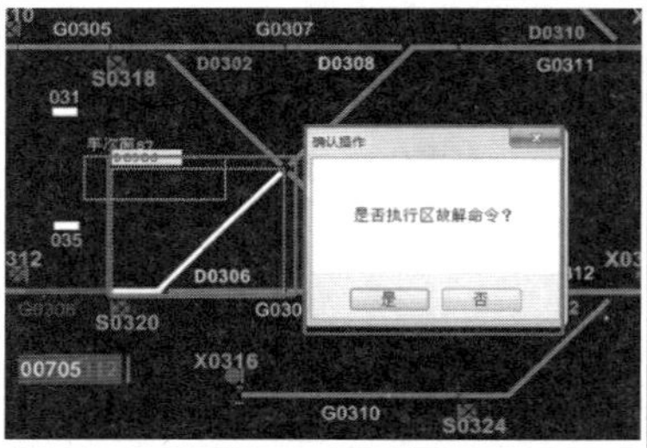 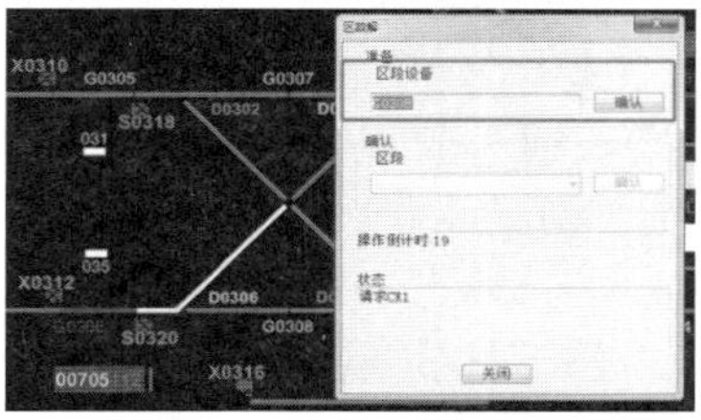 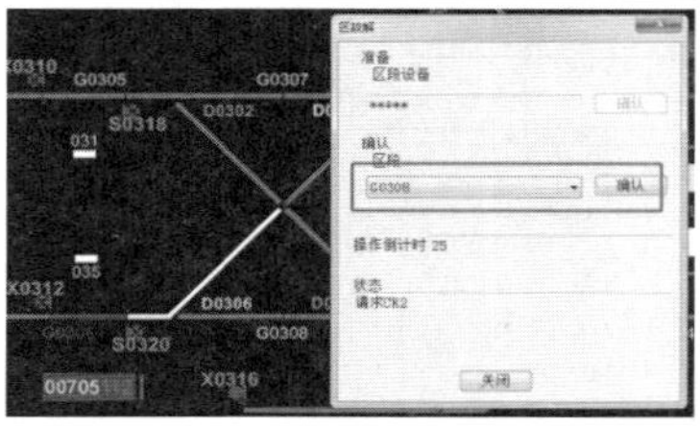

续表

序号	实训内容	详细信息	注意事项	图片
3	信息汇报	（1）接通电话：值班员按下“行调”按键，拿起电话，接通电话。 （2）值班员汇报行调：“会展中心站轨道0308（或轨道0308、轨道0306）区段白光带已解锁”。 （3）行调回复：“收到”。 （4）结束通话：挂断电话		

五、实训考核标准

表 28-1-2　实训考核标准

序号	作业内容		配分	评分标准	得分
1	故障判断及汇报	（1）鼠标指：G0308 区段（或G0308、G0306 区段）	20	（1）未鼠标指或鼠标指位置错误，扣 5 分。 注：在“区故解”（白光带）时，鼠标应指在故障光带上且出现虚线框为准，否则评判为“鼠标指”错误	
		（2）口呼：“轨道 0308（或轨道 0308、轨道 0306）白光带”		（2）未口呼或口呼错误，扣 5 分	
		（3）接通电话：值班员按下“行调”按键，拿起电话，接通电话。 （4）值班员汇报行调：“列车已全列到达会展中心站上行折返线，轨道 0308（或轨道 0308、轨道 0306）出现白光带”		（4）未接通电话进行汇报或汇报错误，扣 8 分。 注：列车停稳后（注：现象是列车车次框无箭头）才能汇报行调	
		（5）行调（机器人）自动回复：收到		—	
		（6）结束通话：挂断电话		（6）未接通或挂断电话，扣 2 分	
2	办理区故解操作	（1）鼠标指：G0308 区段	70	（1）未鼠标指或鼠标指位置错误，扣 10 分	
		（2）口呼：“轨道0308 区故解”		（2）未口呼或口呼错误，扣 10 分	
		（3）操作：		（3）未正确解锁 G0308 故障区段，扣 50 分	
		① 右键点击 G0308 区段			
		② 选择“区故解”			
		③ 点击“确认”			
		④ 二次确认“区故解设备”，在倒计时结束前确认并选择 G0308 区段并确认		—	
3	信息汇报	（1）接通电话：值班员按下“行调”按键，拿起电话，接通电话。 （2）值班员汇报行调：“会展中心站轨道 0308（或轨道 0308、轨道 0306）区段白光带已解锁”	10	（2）未接通电话进行汇报或汇报错误，扣 8 分	
		（3）行调（机器人）自动回复：“收到”		—	
		（4）结束通话：挂断电话		（4）未结束通话，扣 2 分	
合计			100		

六、思考题

（1）单个区段正常解锁的条件是什么？
（2）区故解操作时的注意事项有哪些？
（3）简述标准的作业流程的步骤。

任务二　办理信号重开作业

一、实训目的

（1）掌握信号重开的作用与执行时机。
（2）掌握信号机信号重开的操作方法。

二、理论链接

执行信号重开需要注意的事项如下。

（1）信号系统正常工作时，无需执行此操作。

（2）若信号由于故障（如锁闭的进路区段故障）或人工干预导致信号关闭，此后调度运营想再次开放此信号（前提是信号开放的条件具备，如故障区段已恢复），可以执行信号重开使信号重新开放。

（3）若办理了折返进路后，列车到达折返轨，但由于运营调整，需要让列车继续前行时，可执行此命令重开前方阻挡信号机。

（4）执行此操作后，若执行成功则信号会开放，若执行失败，会有相应的提示（命令冲突或命令超时等）。

三、实训要求

1. 实训时间

实训课时为 2 课时。

2. 实训形式

（1）实操作业与理论相结合。
（2）与小组成员讨论该故障产生原因，结合实训步骤，配合完成实训考核。

3. 实训注意事项

（1）办理信号重开时，需要进行二次确认才能认定为执行成功。
（2）办理信号重开时，要先确认是否已具备信号重开的条件。

4. 工器具材料准备

（1）鼠标、键盘。
（2）鹅颈话筒。
（3）ATS 系统。

四、实训作业步骤

表 28-2-1 实训作业步骤

序号	实训内容	详细信息	注意事项	图片
1	发现故障汇报	（1）鼠标指：道岔挤岔报警提示框及 X0326 信号机。 （2）口呼："10 号道岔挤岔报警，下 0326 信号关闭"。 （3）接通电话：值班员按下"行调"按键，拿起电话，接通电话。 （4）汇报行调："会展中心站 10 号道岔挤岔报警，现已恢复，下 0326 信号机关闭"。 （5）行调回复："收到"	信号由于故障（如锁闭的进路区段故障）或人工干预导致信号关闭（但此时进路依旧是排列出来的），此后调度运营想再次开放此信号（前提是信号开放的条件具备，如故障区段已恢复），可以执行信号重开使信号重新开放	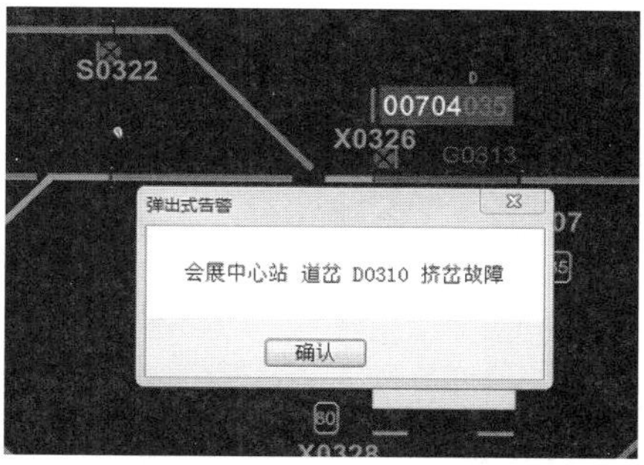 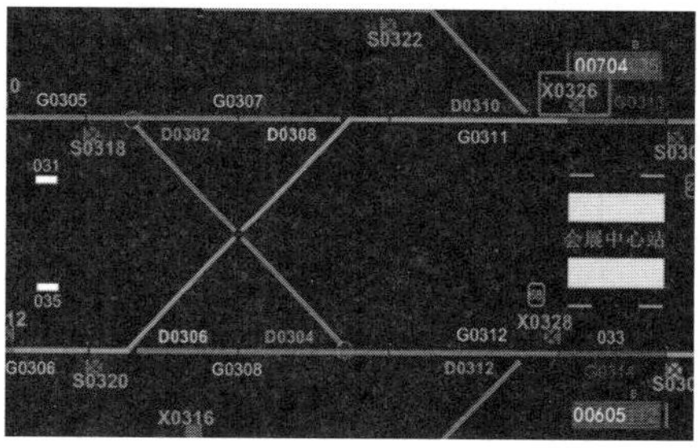
2	信号重开操作	（1）鼠标指：X0326 信号机及进路。 （2）口呼："重新开放下 0326 信号机"。 （3）操作： ① 右键点击 X0326 信号机。 ② 选择"信号重开"。 ③ 点击"确定"。 ④ 鼠标指：X0326 信号机。 ⑤ 口呼："下 0326 信号机已开放"		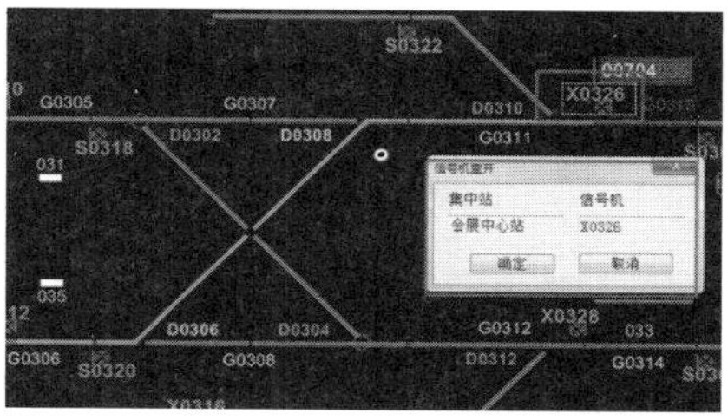
3	信息汇报	（1）接通电话：值班员按下"行调"按键，拿起电话，接通电话。 （2）汇报行调：会展中心站下 0326 信号机已开放。 （3）行调回复：收到。 （4）结束通话：挂断电话		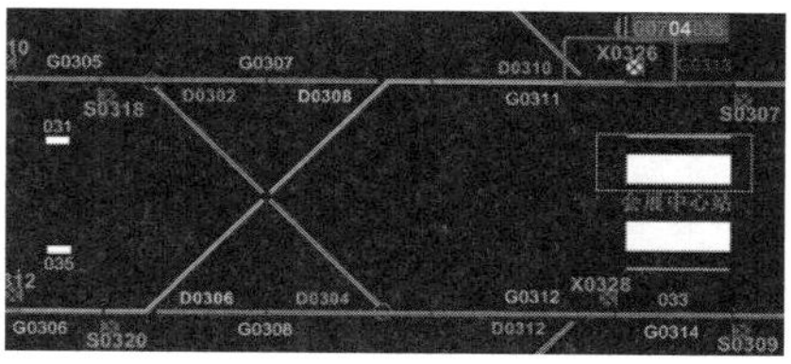

五、实训考核标准

表 28-2-2　实训考核标准

序号	作业内容		配分	评分标准	得分
1	发现故障汇报	值班员发现道岔故障报警。 (1)鼠标指：道岔挤岔报警提示框及 X0326 信号机	20	(1)未鼠标指或鼠标指位置错误，扣 5 分。 鼠标指标准： ① 鼠标须指到报警提示框和 X0326 信号机，不限制先后顺序。 ② 鼠标指“X0326”信号机，以出现虚线框为准	
		(2)口呼：“10 号道岔挤岔报警，下 0326 信号关闭”		(2)未口呼或口呼错误，扣 5 分	
		值班员将 X0326 关闭情况上报行调。 (3)接通电话：值班员按下“行调”按键，拿起电话，接通电话		(4)未接通电话进行汇报或汇报错误，扣 8 分	
		(4)值班员汇报行调：“会展中心站 10 号道岔挤岔报警，现已恢复，下 0326 信号机关闭”			
		(5)行调回复：“收到”		—	
		(6)结束通话：挂断电话		(6)未结束通话，扣 2 分	
2	信号重开操作	(1)鼠标指：X0326 信号机及进路	60	(1)未鼠标指或鼠标指位置错误，扣 5 分。 鼠标指标准： 鼠标指“X0326”信号机（以出现虚线框为准）及整条进路	
		(2)口呼：“重新开放下 0326 信号机”		(2)未口呼或口呼错误，扣 5 分	
		(3)操作： ① 右键点击 X0326 信号机； ② 选择“信号重开”； ③ 点击“确定”。		(3)操作扣分标准： ① 未操作或未操作成功，扣 40 分。 ② 导致进路延时解锁，扣 40 分。 ③ 以上两项总共最多扣 40 分	
		(4)鼠标指：X0326 信号机		(4)未鼠标指或鼠标指位置错误，扣 5 分。 鼠标指标准： 鼠标指“X0326”信号机，以出现虚线框为准	
		(5)口呼：“下 0326 信号机已开放”		(5)未口呼或口呼错误，扣 5 分	
3	信息汇报	(1)接通电话：值班员按下“行调”按键，拿起电话，接通电话	20	(2)未接通电话进行汇报或汇报错误，扣 18 分	
		(2)值班员汇报行调：会展中心站下 0326 信号机已开放			
		(3)行调回复：收到		—	
		(4)结束通话：挂断电话		(4)未结束通话，扣 2 分	
合计			100	—	

六、思考题

（1）使用信号重开的原因是什么?

（2）信号重开的前提条件是什么?

任务三　道岔单锁单解作业

一、实训目的

（1）掌握道岔单锁的操作方法。

（2）掌握道岔单解的操作方法。

二、理论链接

1. 单锁作用

设置道岔处于单锁状态，使道岔无法被扳动。

2. 单解作用

对道岔解除单锁。

3. 单锁注意事项

在特殊情况下（如岔区有施工），根据运营调度的需要，为确保安全，可以执行道岔单锁操作，将道岔锁住，防止道岔扳动。

三、实训要求

1. 实训时间

实训课时为2课时。

2. 实训形式

（1）实操作业与理论相结合。

（2）与小组成员讨论该故障产生原因，结合实训步骤，配合完成实训考核。

3. 实训注意事项

取消道岔单解需要进行二次确认。

4. 工器具材料准备

（1）鼠标、键盘。

（2）鹅颈话筒。

（3）ATS系统。

四、实训作业步骤

表 28-3-1　实训作业步骤

序号	实训内容	详细信息	注意事项	图片
1	办理道岔单锁操作	（1）鼠标指：D0312 道岔。 （2）口呼：12 号道岔处于定位，需单独锁闭。 （3）操作： ① 右键点击 D0312 道岔。 ② 选择“单锁”。 ③ 点击“确认”	单锁后，不能再扳动道岔，道岔处于当前定位/反位	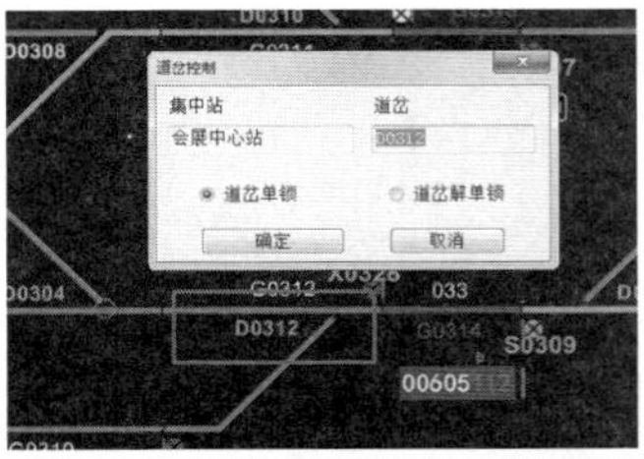 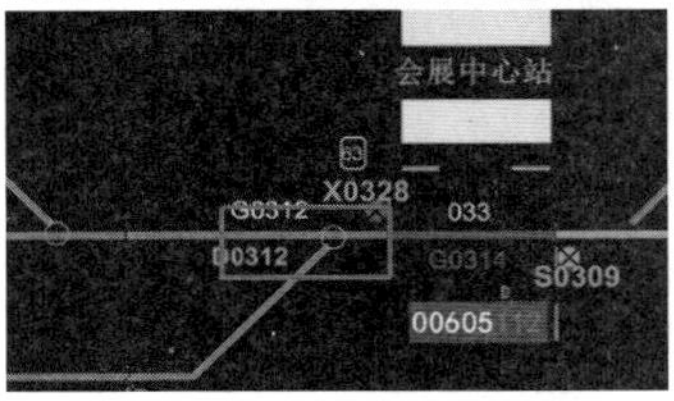
2	办理单解道岔操作	（1）鼠标指：D0312 道岔。 （2）口呼：12 号道岔处于定位锁闭，需单解道岔。 （3）操作： ① 右键点击 D0312 道岔。 ② 选择“单解”。 ③ 点击“确定”。 ④ 再次点击“是”。 ⑤ 二次确认“单解设备”，在倒计时结束前确认、选择 D0312，并确认	在执行道岔单解时，应处于无车占用状态	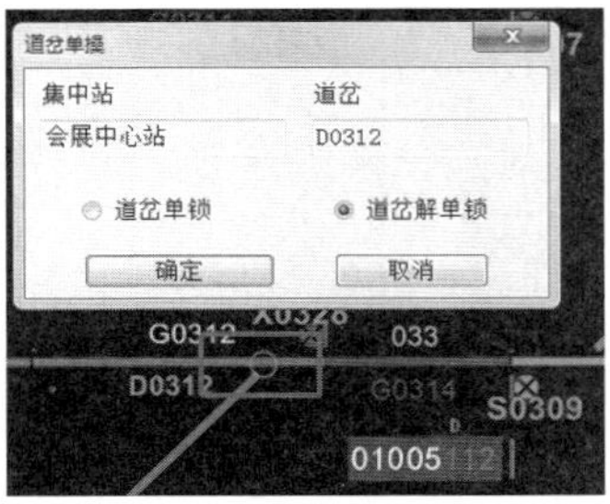 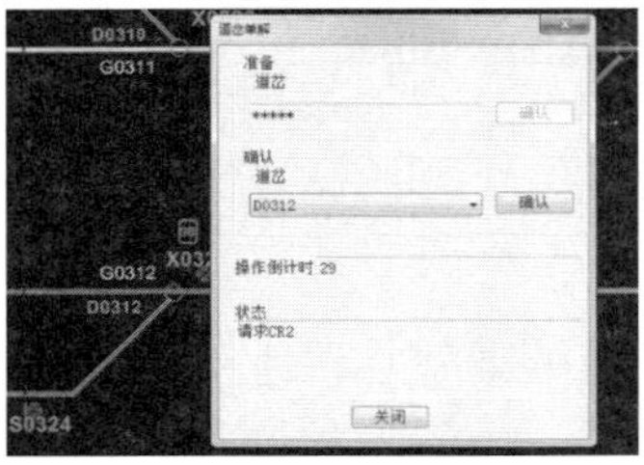

五、实训考核标准

表 28-3-2　道岔单独锁闭考核标准表

序号	作业内容		配分	评分标准	得分
1	接收命令	（1）接通电话：行调点击“会展中心站”按键，接通电话。 （2）行调下命令：12 号道岔定位单锁	20	（2）未接通电话进行通知或通知错误，扣 9 分	
		（3）值班员复诵：12 号道岔定位单锁，值班员明白		（3）未接通电话进行复诵或复诵错误，扣 10 分	
		（4）结束通话：挂断电话		（4）未挂断电话，扣 1 分	

续表

序号	作业内容		配分	评分标准	得分
2	办理道岔单锁操作	（1）值班员鼠标指：D0312 道岔	60	（1）未鼠标指或鼠标指位置错误，扣 10 分	
		（2）值班员口呼：12 号道岔处于定位，需单独锁闭		（2）未口呼或口呼错误，扣 10 分	
		（3）值班员操作： ① 右键点击 D0312 道岔。 ② 选择“单锁”。 ③ 点击“确认”		（3）未操作或操作错误，扣 40 分	
3	信息汇报	（1）接通电话：值班员点击“行调”按键，接通电话。 （2）值班员汇报行调：12 号道岔已单锁定位	20	（2）未接通电话进行汇报或汇报错误，扣 18 分	
		（3）行调回复：收到		（3）未回复或回复错误，扣 1 分	
		（4）结束通话：挂断电话		（4）未结束通话，扣 1 分	
合计			100	—	

表 28-3-3　道岔单解考核标准表

序号	作业程序	作业内容	配分	评分标准	得分
1	接收命令	系统自动拨电话，值班员的电话铃声响： （1）接通电话：值班员拿起电话，接通电话	20	—	
		（2）行调下命令（自动播放语音）：单解 12 号道岔		—	
		（3）值班员复诵：单解 12 号道岔，值班员明白		（3）未接通电话进行复诵或复诵错误，扣 18 分	
		（4）结束通话：挂断电话		（4）未挂断电话，扣 2 分	
2	办理单解道岔操作	（1）鼠标指：D0312 道岔	60	（1）未鼠标指或鼠标指位置错误，扣 10 分。 鼠标指标准： ① 鼠标指在表示道岔锁闭的圆圈处（圆圈线处或圆圈内均可）； ② 鼠标指须有手握鼠标或移动光标的动作	
		（2）口呼：12 号道岔处于定位锁闭，需单解道岔		（2）未口呼或口呼错误，扣 10 分	
		（3）操作		（3）扣分标准： ① 未操作或未操作成功，扣 40 分。 ② 有车占用时，执行单解命令，扣 40 分。 ③ 配分 40 分，扣完为止	
		① 右键点击 D0312 道岔 ② 选择“单解” ③ 点击“确定”； ④ 再次点击“是”； ⑤ 二次确认“单解设备”，在倒计时结束前确认并选择 D0312并确认			

续表

序号	作业程序	作业内容	配分	评分标准	得分
3	信息汇报	（1）接通电话：值班员按下“行调”按键，拿起电话，接通电话。 （2）值班员汇报行调：会展中心站12号道岔已解锁	20	（2）未接通电话进行汇报或汇报错误，扣18分	
		（3）行调（机器人）自动回复：收到		—	
		（4）结束通话：挂断电话		（4）未结束通话，扣2分	
合计			100	—	

六、思考题

道岔单锁的作用是什么？

任务四　计轴受扰

一、实训目的

（1）了解执行计轴预复位的条件。

（2）掌握计轴预复位的操作方法。

（3）掌握计轴受扰的处置流程。

二、理论链接

1. 计轴故障处理

1）紫光带处理

（1）非道岔区段出现紫光带以及道岔区段出现紫光带但无需转换道岔组织行车时，前方列车确认已出清该区段且该区段运行时无异常后，对故障区段执行“计轴预复位”操作。若计轴预复位执行成功，则开放引导信号、组织列车以RM模式降级通过故障区域。在列车通过后，使用“人解进路”取消引导进路。

（2）RM模式：限制人工驾驶模式。车载ATP限制列车在20 km/h之下运行，司机根据调度命令和地面信号显示驾驶列车，列车运行超速时，车载ATP设备实施紧急制动，直至停车。

（3）道岔区段出现紫光带且需转换道岔位置组织行车时，前方列车确认已出清该区段且该区段运行时无异常后。对故障区段执行“计轴预复位”操作。若计轴预复位执行成功。对故障占用的道岔执行“设置道岔强扳授权”，获得道岔强扳授权后，通过“定操/反操”将道岔转换到正确位置。然后开放引导信号，组织列车以RM模式降级通过故障区域。在列车通过后，使用“人解进路”取消引导进路。

2）白光带处理

当车站出现白光带故障时，确认列车已经全部通过以后，可以使用“区故解”对相应区段进行解锁操作。

2. 执行计轴复位操作需要注意事项

执行计轴预复位操作之前以及整个计轴预复位过程中，值班员、司机必须持续检查待预复位计轴区段无车占用，并且所有驶近该计轴区段的列车均在该计轴区段外方安全停稳。

三、实训要求

1. 实训时间

实训课时为 2 课时。

2. 实训形式

（1）实操作业与理论相结合。

（2）与小组成员配合完成实训步骤以及实训考核。

3. 实训注意事项

（1）办理信号重开时，需要进行二次确认才能认定为执行成功。

（2）办理信号重开时，要先确认是否已具备信号重开的条件。

4. 工器具材料准备

（1）鼠标、键盘。

（2）鹅颈话筒。

（3）ATS 系统。

四、实训作业步骤

表 28-4-1　实训作业步骤

序号	实训内容	详细信息	注意事项	图片
1	汇报调度	（1）鼠标指：G0308 轨道区段。 （2）口呼：“轨道 0308 显示紫光带”。 （3）点击“行调”按键，接通电话。 （4）汇报行调：“列车已全列到达会展中心站上行折返线，轨道 0308 显示紫光带，申请计轴预复位”。 （5）行调回复：“可以预复位”。 （6）结束通话：挂断电话	汇报时，列车已在上行折返线停稳	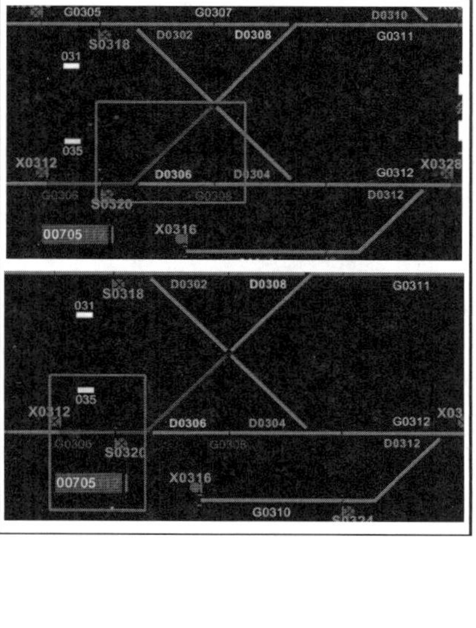

续表

序号	实训内容	详细信息	注意事项	图片
2	计轴预复位操作	（1）鼠标指：G0308 轨道区段。 （2）口呼：“轨道 0308 空闲，对轨道 0308 进行计轴预复位”。 （3）口呼：“点击计轴复位，选择‘设置’”。 （4）计轴复位按钮操作：值班员右键点击“计轴复位”按钮，选择“设置”。 确认 ATS 信号控制台的计轴复位灯状态。 （5）鼠标指：计轴复位灯。 （6）口呼：“计轴复位灯红色”。 （7）操作： ① 右击轨道区段 G0308。 ② 区段菜单内选择“计轴预复位”。 ③ 确认执行“计轴预复位”命令：选择“确认”。 ④ 二次确认“区段设备”，在倒计时结束前确认并选择 G0308 区段并确认。 （8）鼠标指：G0308 轨道区段。 （9）口呼：“轨道 0308 计轴预复位完成”	“计轴预复位”需要在设置计轴复位后 60 s 内完成预复位操作	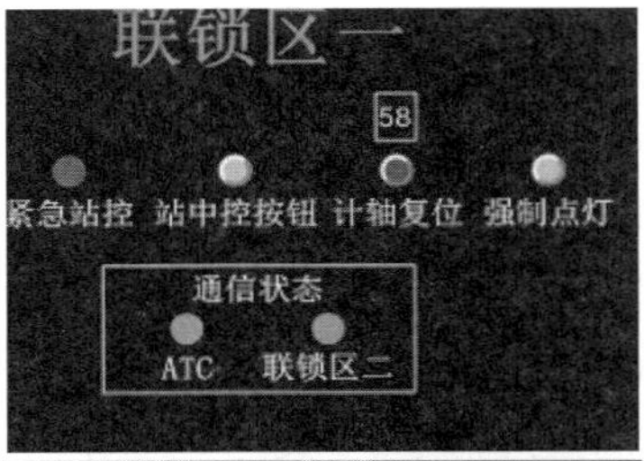  
3	强扳道岔	（1）鼠标指：D0306 道岔。 （2）口呼：“6 号道岔反位，需强扳定位”。 （3）操作： ① 强扳道岔授权： a. 右键点击 D0306 号道岔； b. 选择“设置道岔强扳授权”； c. 进行二次确认操作； d. 等待道岔进入授权有效（道岔显示白色圆圈）状态。 ② 单操道岔至定位： a. 右键点击 D0306 号道岔； b. 选择“单操定位”； c. 点击“确认”	在执行强扳道岔时需要注意： （1）要在道岔强扳授权时间内完成单操定位。 （2）不能在有单锁的情况下执行强扳授权。 （3）不能在有引导总锁执行强扳授权。 （4）不能在有进路占用此道岔区段执行强扳授权。 （5）不能在有车占用此区段执行强扳授权	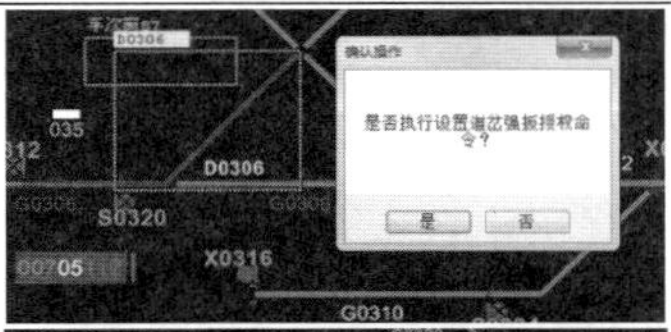 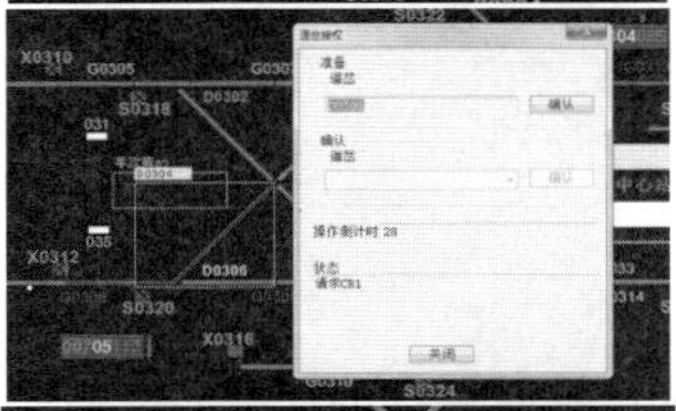 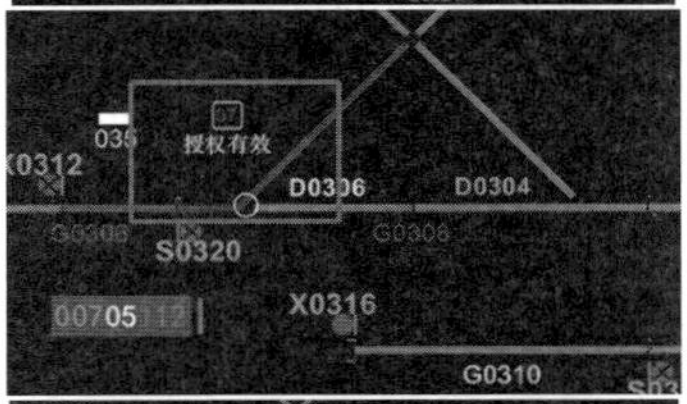 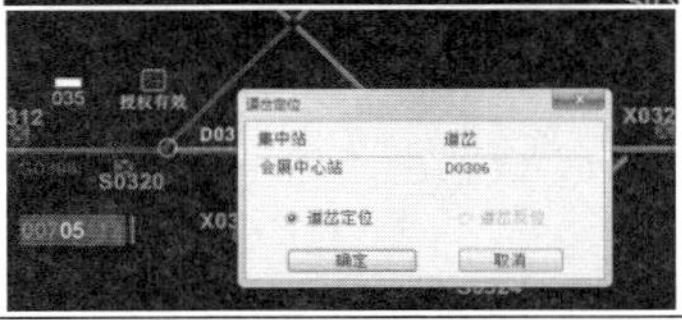

续表

序号	实训内容	详细信息	注意事项	图片
4	办理引导进路操作	（1）鼠标指：D0306、D0304、D0312 道岔。 （2）口呼：“6 号、4 号、12 号道岔处于定位”。 （3）鼠标指：G0308、G0312、G0314 区段。 （4）口呼：“轨道 0308、轨道 0312、轨道 0314 区段空闲”。 （5）鼠标指：S0320 信号机。 （6）口呼：“开放上 0320 信号机引导信号”。 （7）操作： ① 右键选择 S0320 信号机； ② 选择“引导”； ③ 点击“确认”	开放引导信号时要注意道岔位置是否正确	 
5	解锁引导进路操作	列车到达上行站台后。 （1）鼠标指：G0314 区段。 （2）口呼：“列车已全列到达上行站台”。 （3）鼠标指：S0320 信号机。 （4）口呼：解锁上 0320 信号机引导进路。 （5）操作： ① 右键选择 S0320 信号机； ② 选择“人解进路”； ③ 点击“确认”； ④ 注意事项：若遗留白光带，则解锁白光带。确认该进路内所有光带已解锁，G0308 计轴受扰故障恢复	（1）列车需在站台停稳后解锁引导进路； （2）该任务处置中不能遗留白光带，需要在任务结束前将白光带解锁完	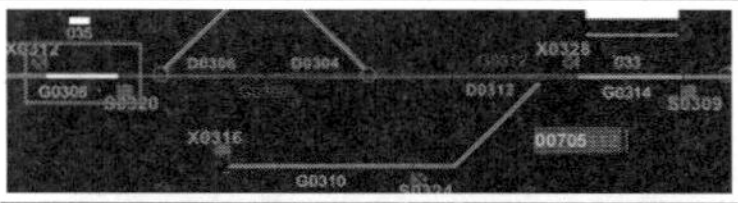  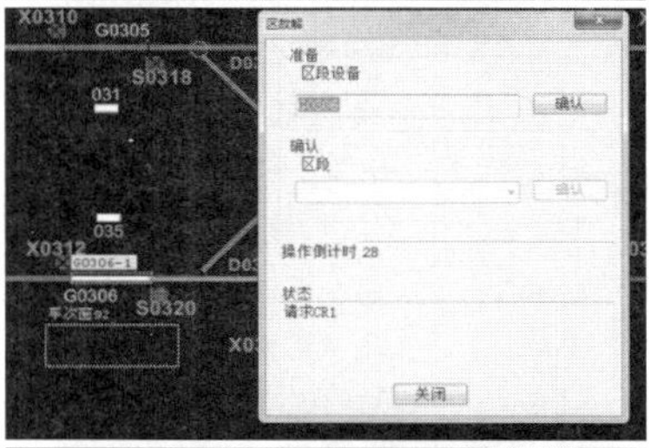 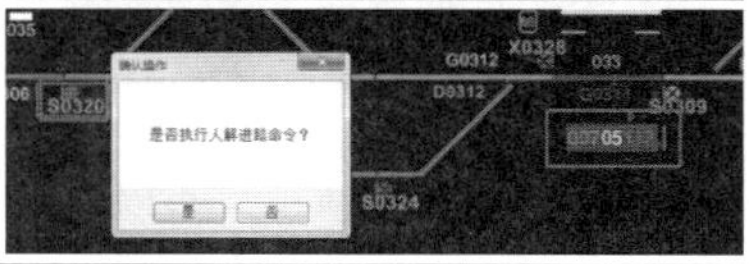
6	信息汇报	（1）接通电话：点击“行调”按键，接通电话。 （2）汇报行调：会展中心站轨道 0308 故障紫光带已恢复。 （3）行调回复：收到。 （4）结束通话：挂断电话	—	

五、实训考核标准

表 28-4-2　实训考核标准

序号	作业内容		配分	评分标准	得分
1	汇报调度	（1）值班员鼠标指：G0308 轨道区段	5	（1）未鼠标指或鼠标指位置错误，扣 0.5 分	
		（2）值班员口呼：“轨道 0308 显示紫光带”		（2）未口呼或口呼错误，扣 0.5 分	
		（3）接通电话：值班员点击“行调”按键，接通电话。 （4）值班员汇报行调：“列车已全列到达会展中心站上行折返线，轨道 0308 显示紫光带，申请计轴预复位”		（4）未接通电话进行汇报或汇报错误，扣 3 分	
		（5）行调回复：“可以预复位”		（5）未回复或回复错误，扣 0.5 分	
		（6）结束通话：挂断电话		（6）未结束通话，扣 0.5 分	
2	计轴预复位操作	（1）值班员鼠标指：G0308 轨道区段	20	（1）未鼠标指或鼠标指位置错误，扣 0.5 分	
		（2）值班员口呼：“轨道 0308 空闲，对轨道 0308 进行计轴预复位”		（2）未口呼或口呼错误，扣 0.5 分	
		（3）值班员口呼：“点击计轴复位，选择‘设置’”		（3）未口呼或口呼错误，扣 0.5 分	
		（4）值班员计轴复位按钮操作：值班员右键点击“计轴复位”按钮，选择“设置”		（4）未操作或操作错误，扣 7.5 分	
		确认 ATS 信号控制台的计轴复位灯状态。 （5）值班员鼠标指：计轴复位灯		（5）未鼠标指或鼠标指位置错误，扣 0.5 分	
		（6）值班员口呼：“计轴复位灯红色”		（6）未口呼或口呼错误，扣 0.5 分	
		（7）值班员操作： ① 右击轨道区段 G0308； ② 区段菜单内选择“计轴预复位”； ③ 确认执行“计轴预复位”命令，选择“确认”； ④ 二次确认“区段设备”，在倒计时结束前确认并选择 G0308 区段并确认		（7）计轴预复位操作扣分标准： ① 未操作或操作未成功，扣 9 分； ② 未在设置计轴复位 60 s 内完成预复位操作，扣 9 分； ③ 以上两项总共最多扣 9 分	
		（8）值班员鼠标指：G0308 轨道区段		（8）未鼠标指或鼠标指位置错误，扣 0.5 分	
		（9）值班员口呼：轨道 0308 计轴预复位完成		（9）未口呼或口呼错误，扣 0.5 分	
3	强扳道岔	（1）值班员鼠标指：D0306 道岔	20	（1）未鼠标指或鼠标指位置错误，扣 0.5 分	
		（2）值班员口呼：“6 号道岔反位，需强扳定位”		（2）未口呼或口呼错误，每次扣 0.5 分	

续表

序号	作业内容		配分	评分标准	得分
3	强扳道岔	（3）值班员操作： ① 强扳道岔授权： a. 右键点击 D0306 号道岔； b. 选择“设置道岔强扳授权”； c. 进行二次确认操作； d. 等待道岔进入授权有效（道岔显示白色圆圈）状态。 ② 单操道岔至定位： a. 右键点击 D0306 号道岔； b. 选择“单操定位”； c. 点击“确认”		（3）强扳操作，出现以下任意一种情况，扣 19 分： ① 未强扳至定位； ② 未在道岔强扳授权时间内完成单操定位； ③ 有单锁执行强扳授权； ④ 有引导总锁执行强扳授权； ⑤ 有进路占用此道岔区段执行强扳授权； ⑥ 有车占用此区段执行强扳授权； ⑦ 强扳道岔操作。 该项最多扣 19 分	
4	办理引导进路操作	（1）值班员鼠标指：D0306、D0304、D0312 道岔	25	（1）未鼠标指或鼠标指位置错误，扣 0.5 分	
		（2）值班员口呼：“6 号、4 号、12 号道岔处于定位”		（2）未口呼或口呼错误，扣 0.5 分	
		（3）值班员鼠标指：G0308、G0312、G0314 区段		（3）未鼠标指或鼠标指位置错误，扣 0.5 分	
		（4）值班员口呼：“轨道 0308、轨道 0312、轨道 0314 区段空闲”		（4）未口呼或口呼错误，扣 0.5 分	
		（5）值班员鼠标指：S0320 信号机		（5）未鼠标指或鼠标指位置错误，扣 0.5 分	
		（6）值班员口呼：“开放上 0320 信号机引导信号”		（6）未口呼或口呼错误，扣 0.5 分	
		（7）值班员操作： ① 右键选择 S0320 信号机； ② 选择“引导”； ③ 点击“确认”		（7）引导操作扣分标准： ① 未办理引导进路或未办理成功，扣 22 分。 ② 因道岔错误导致办理引导进路错误，计轴受扰下的处置，则该试题直接失格	
5	解锁引导进路操作	列车到达上行站台后： （1）值班员鼠标指：G0314 区段	25	（1）未鼠标指或鼠标指位置错误，扣 0.5 分	
		（2）值班员口呼：“列车已全列到达上行站台”		（2）未口呼或口呼错误，每次扣 0.5 分	
		（3）值班员鼠标指：S0320 信号机		（3）未鼠标指或鼠标指位置错误，扣 0.5 分	
		（4）值班员口呼：“解锁上 0320 信号机引导进路”		（4）未口呼或口呼错误，每次扣 0.5 分	
		（5）值班员操作： ① 右键选择 S0320 信号机； ② 选择“人解进路”； ③ 点击“确认”； ④ 注意事项：若遗留白光带，则进行解锁白光带。确认该进路内所有光带已解锁，G0308 计轴受扰故障恢复		（5）解锁引导进路操作扣分标准： ① 未成功解锁引导进路，扣 23 分； ② 试题提交前遗留白光带，每个扣 5 分，遗留白光带最多扣 10 分； ③ 以上两项总共最多扣 23 分； ④ 列车未在站台停稳解锁引导进路，计轴受扰下的处置该试题直接失格	

续表

序号	作业内容		配分	评分标准	得分
6	信息汇报	（1）接通电话：值班员点击“行调”按键，接通电话。 （2）值班员汇报行调：“会展中心站轨道 0308 故障紫光带已恢复”	5	（2）未接通电话进行汇报或汇报错误，扣 4 分	
		（3）行调回复：“收到”		（3）未回复或回复错误，扣 0.5 分	
		（4）结束通话：挂断电话		（4）未结束通话，扣 0.5 分	
合计			100	—	

六、思考题

（1）操作“计轴复位”按钮后，在多长时间内操作“计轴预复位”有效？

（2）简述执行计轴预复位的操作流程。

（3）道岔单锁后在 ATS 上的表现是什么？

（4）道岔单解后在 ATS 上的表现是什么？

任务五　办理站台扣车作业

一、实训目的

（1）掌握扣车的操作方法。

（2）掌握执行扣车后在站场图上的状态显示。

二、理论链接

扣车命令相关情况如下：

（1）在后备模式下，执行扣车成功后联锁会关闭出站信号机，在发车计时器 DTI 上有相应的扣车指示，并会在站台旁显示“H”。

（2）执行失败的话会有相应的提示（命令冲突或命令超时等）。

三、实训要求

1. 实训时间

实训课时为 2 课时。

2. 实训形式

结合理论知识独自完成实训步骤以及实训考核。

3. 实训注意事项

注意扣车的运行情况。

4. 工器具材料

（1）鼠标、键盘。

（2）ATS 系统。

（3）鹅颈话筒。

四、实训作业步骤

表 28-5-1　实训作业步骤

序号	实训内容	详细信息	注意事项	图片
1	接收命令	系统自动拨电话，值班员的电话铃声响。 （1）接通电话：值班员拿起电话，接通电话。 （2）行调下命令（自动播放语音）：会展中心站扣停上行（即将）进站列车。 （3）复诵："会展中心站扣停上行（即将）进站列车"。 （4）结束电话：挂断电话	扣车命令一般在处理故障或行调人工调整列车运行时使用	
2	设置扣车	（1）鼠标指：上行站台。 （2）操作： ① 右键点击"站台"； ② 选择"设置扣车"； ③ 点击"确认"； ④ 站台旁出现黄色"H"字符。 （3）鼠标指：上行站台。 （4）口呼："上行站台扣车成功"	在 CBTC 模式下，执行扣车成功后车次号上方会有"H"表示，并会在站台旁显示"H"，发车计时器 DTI 上也会有相应的扣车指示	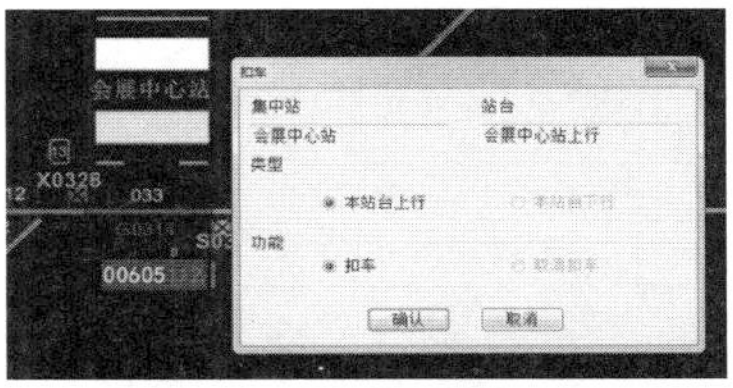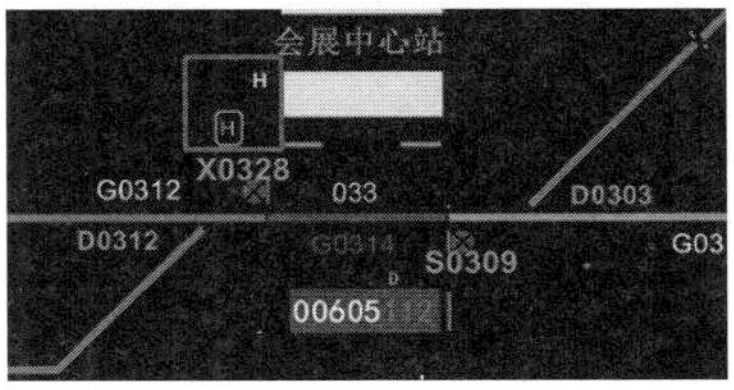
3	信息汇报	（1）接通电话： 值班员按下"行调"按键，拿起电话，接通电话。 （2）汇报行调："会展中心站上行站台扣车成功"。 （3）行调（机器人）自动回复："收到"。 （4）结束通话：挂断电话		
4	接受命令	故障处理结束： 系统自动拨电话，值班员的电话铃声响。 （1）接通电话：值班员拿起电话，接通电话。 （2）行调下命令（自动播放语音）："会展中心站取消上行站台扣车"。 （3）值班员复诵："会展中心站取消上行站台扣车"。 （4）结束电话：挂断电话		

续表

序号	实训内容	详细信息	注意事项	图片
5	取消扣车	（1）鼠标指：上行站台。 （2）操作： ① 右键点击“站台”； ② 选择“取消扣车”； ③ 点击“确认”； ④ 站台旁黄色“H”字符消失。 （3）鼠标指：上行站台。 （4）口呼：“上行扣车已取消”		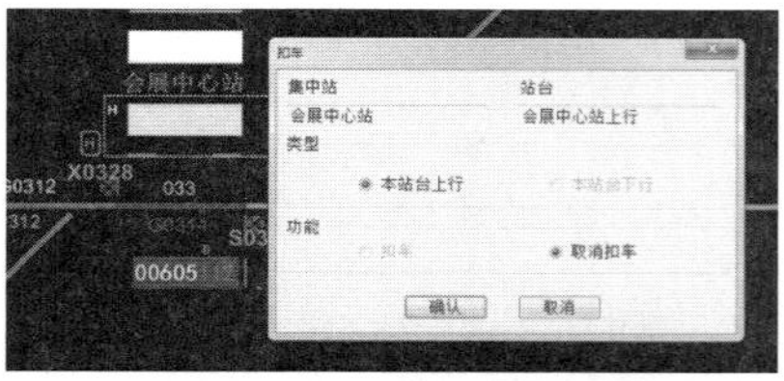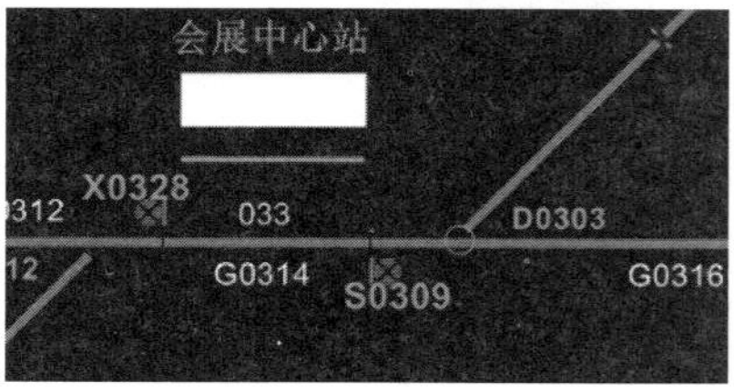
6	信息汇报	（1）接通电话：值班员按下“行调”按键，拿起电话，接通电话。 （2）值班员汇报行调：会展中心站上行站台扣车已取消。 （3）行调（机器人）自动回复：收到。 （4）结束通话：挂断电话		

五、实训考核标准

表 28-5-2　实训考核标准

序号	作业内容		配分	评分标准	得分
1	接收命令	系统自动拨电话，值班员的电话铃声响： （1）接通电话：值班员拿起电话，接通电话。 （2）行调下命令（自动播放语音）：会展中心站扣停上行（即将）进站列车	7	—	
		（3）值班员复诵：会展中心站扣停上行（即将）进站列车		（3）未接通电话进行复诵或复诵错误，扣 5 分	
		（4）结束电话：挂断电话		（4）未挂断电话，扣 2 分	
2	设置扣车	（1）鼠标指：上行站台	79	（1）未鼠标指或鼠标指位置错误，扣 10 分。 鼠标指标准： ① 鼠标应指到会展中心站上行站台并出现虚线框为准	
				② 鼠标指须有手握鼠标或移动光标的动作	

续表

<table>
<tr><th>序号</th><th colspan="2">作业内容</th><th>配分</th><th>评分标准</th><th>得分</th></tr>
<tr><td rowspan="3">2</td><td rowspan="3">设置扣车</td><td>（2）操作：
① 右键点击“站台”；
② 选择“设置扣车”；
③ 点击“确认”；
④ 站台旁出现黄色“H”字符</td><td rowspan="3"></td><td>（2）扣分标准：
① 未操作或未操作成功，扣56分。
② 指定列车未扣停在站台，扣56分。
③ 配分56分，扣完为止</td><td rowspan="3"></td></tr>
<tr><td>（3）鼠标指：上行站台</td><td>（3）未鼠标指或位置错误，扣10分。
鼠标指标准：
① 鼠标应指到会展中心站上行站台并出现虚线框为准；
② 鼠标指须有手握鼠标或移动光标的动作</td></tr>
<tr><td>（4）口呼：上行站台扣车成功</td><td>（4）未口呼或口呼错误，扣3分</td></tr>
<tr><td rowspan="3">3</td><td rowspan="3">信息汇报</td><td>（1）接通电话：
值班员按下“行调”按键，拿起电话，接通电话。
（2）值班员汇报行调：会展中心站上行站台扣车成功</td><td rowspan="3">7</td><td>（2）未接通电话进行汇报或汇报错误，扣5分</td><td rowspan="3"></td></tr>
<tr><td>（3）行调（机器人）自动回复：收到</td><td>—</td></tr>
<tr><td>（4）结束通话：挂断电话</td><td>（4）未结束通话，扣2分</td></tr>
<tr><td rowspan="3">4</td><td rowspan="3">接受命令</td><td>故障处理结束：
系统自动拨电话，值班员的电话铃声响：
（1）接通电话：值班员拿起电话，接通电话。
（2）行调下命令（自动播放语音）：会展中心站取消上行站台扣车</td><td rowspan="3">7</td><td>—</td><td rowspan="3"></td></tr>
<tr><td>（3）值班员复诵：会展中心站取消上行站台扣车</td><td>（3）未接通电话进行复诵或复诵错误，扣5分</td></tr>
<tr><td>（4）结束电话：挂断电话</td><td>（4）未挂断电话，扣2分</td></tr>
<tr><td colspan="3">合计</td><td>100</td><td>—</td><td></td></tr>
</table>

六、思考题

扣车执行成功后，站场图上有什么变化？

任务六　设置和取消轨道临时限速

一、实训目的

（1）掌握设置和取消轨道临时限速的操作方法。

（2）掌握设置和取消轨道临时限速的现象变化。

二、理论链接

1. 设置临时限速

（1）鼠标右键点击站场图上轨道或道岔的线段图形，在菜单中选择“设置临时限速”，将弹出临时限速界面对话框，选中设备自动填入输入框中，作为限速的起点设备，目前可分别针对 CBTC 和后备来设置限速。

（2）当只设置 CBTC 限速时，允许设置会话管理，且操作倒计时框和状态框显示，对话框显示如图 28-6-1 所示。

图 28-6-1　设置 CBTC 限速

（3）使用鼠标右键点击站场图上的轨道或道岔图元，选中设备自动填入输入框中，作为限速的终点设备。在“速度”下拉框中选择需要的限速速度值，其中选择速度值“无限速”代表清除从起点到终点区域的已有的临时限速。输入完成后，点击旁边的“确认”按钮。

（4）当 ATS 接收到请求确认输入时，“确认”部分输入框被激活，同时“准备”部分输入框中的内容被隐藏（显示为“*****”）。此时使用下拉输入框选择相同的起点设备，终点设备以及限速速度值。

（5）输入完成后，点击旁边的“确认”按钮，当会话被成功关闭后，此时可以点击“关闭”按钮，关闭对话框，完成整个临时限速操作。

2. 临时限速画面

（1）线路上已设置的临时限速范围和限制速度，如图 28-6-2 所示。

图 28-6-2　设置限速画面

（2）紫色代表后备临时限速，如图 28-6-3 所示。

图 28-6-3　后备临时限速限速

（3）黄色代表 CBTC 临时限速，如图 28-6-4 所示。

图 28-6-4　CBTC 临时限速

三、实训要求

1. 实训时间

实训课时为 2 课时。

2. 实训形式

结合理论知识独自完成实训步骤以及实训考核。

3. 实训注意事项

设置或取消轨道临时限速需要进行二次确认。

4. 工器具材料

（1）鼠标、键盘。

（2）ATS 系统。

（3）鹅颈话筒。

四、实训作业步骤

表 28-6-1　实训作业步骤

序号	实训内容	详细信息	注意事项	图片
1	接收命令	系统自动拨电话，值班员的电话铃声响。 （1）接通电话：值班员拿起电话，接通电话。 （2）行调下命令（自动播放语音）：会展中心站设置 G0319-1、G0317 轨道临时限速 30 km/h		
		（3）值班员复诵："会展中心站设置 G0319-1、G0317 轨道临时限速 30 km/h"		
		（4）结束电话：挂断电话		

续表

序号	实训内容	详细信息	注意事项	图片
2	设置临时限速	（1）鼠标指：G0319-1 区段、G0317 区段 （2）操作： ① 右键点击“G0319-1”区段，作为限速的起点设备； ② 选择“设置临时限速”； ③ 选中设置对象栏中的“CBTC限速”； ④ 点击会话管理栏中的“打开会话”选项； ⑤ 左键点击“G0317”区段，作为限速的终点设备； ⑥ 在“速度”下拉框中选择“30”； ⑦ 点击“首次确认”； ⑧ 二次确认“限速设备”，从下拉输入框中选择相同的集中站、起点设备、终点设备以及限速速度值； ⑨ 点击“确认发送” （3）鼠标指：G0319-1 区段、G0317 区段 （4）口呼：“G0319-1、G0317 区段已临时限速”	在进行限速操作时，要注意在操作倒计时内完成	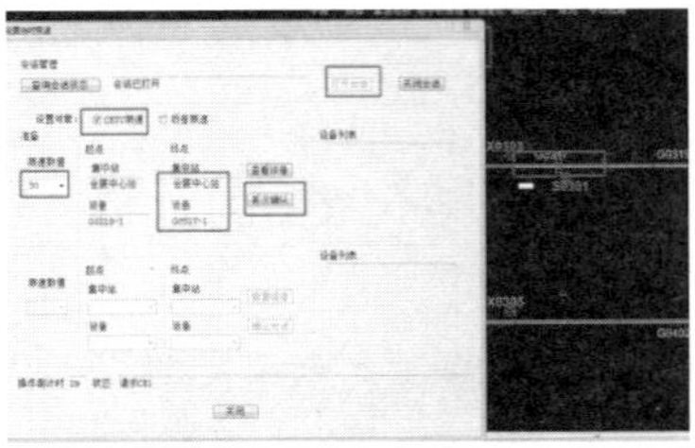 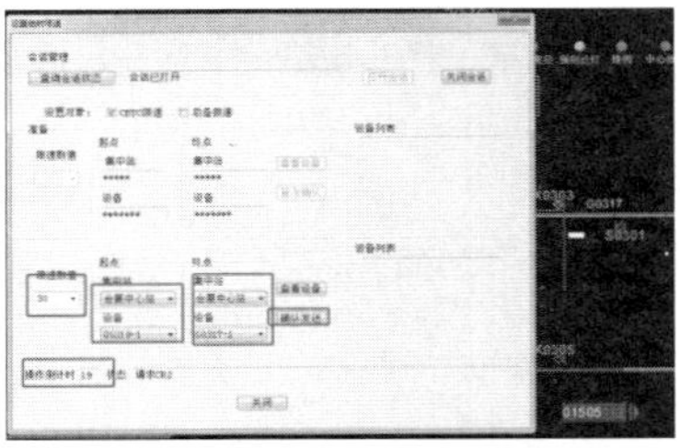 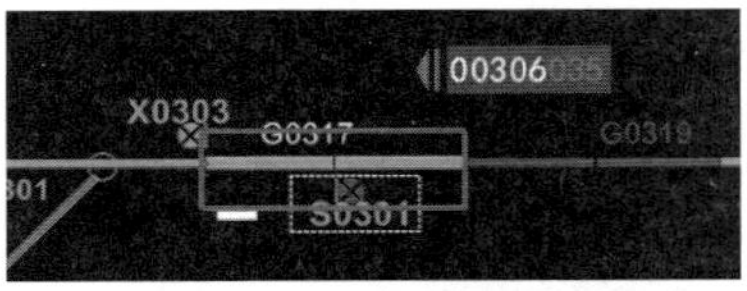 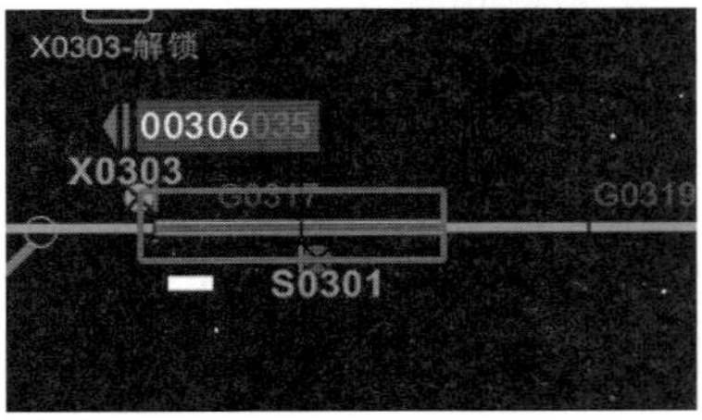
3	信息汇报	（1）接通电话：值班员按下“行调”按键，拿起电话，接通电话 （2）值班员汇报行调：“会展中心站 G0319-1、G0317 区段已临时限速 30 km/h” （3）行调（机器人）自动回复：收到 （4）结束通话：挂断电话		
4	接收命令	列车在会展中心站站台停稳后：系统自动拨电话，值班员的电话铃声响 （1）接通电话：值班员拿起电话，接通电话。 （2）行调下命令（自动播放语音）：“会展中心站取消 G0319-1、G0317 轨道临时限速” （3）值班员复诵：“会展中心站取消 G0319-1、G0317 轨道临时限速” （4）结束电话：挂断电话		

续表

序号	实训内容	详细信息	注意事项	图片
5	取消临时限速	（1）鼠标指：G0319-1 区段、G0317 区段		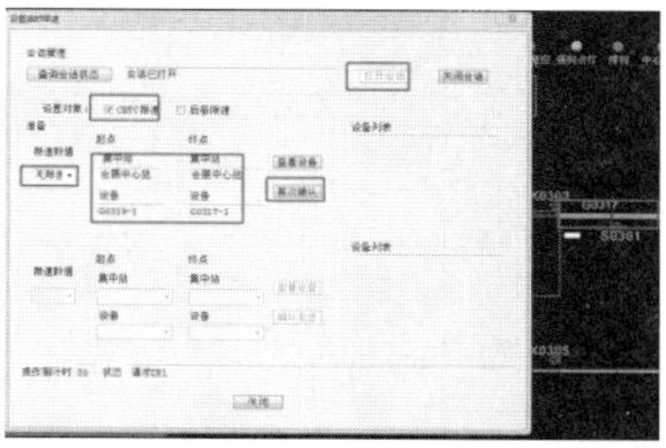 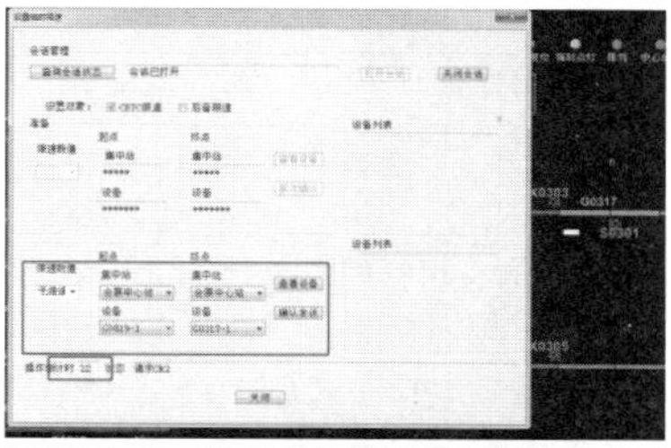 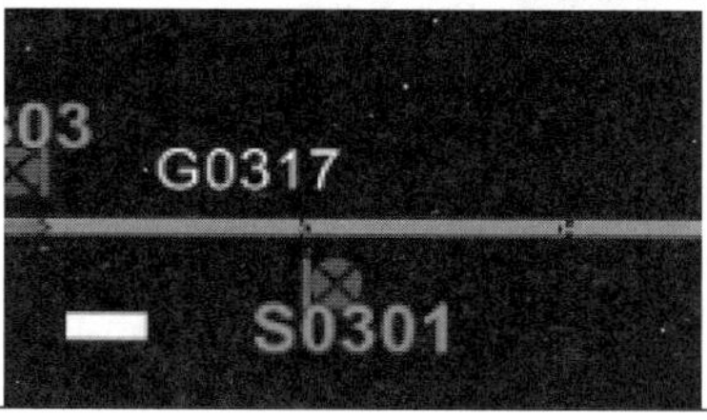
		（2）操作： ① 右键点击“G0319-1”区段，作为取消限速的起点设备； ② 选择“设置临时限速”； ③ 选中设置对象栏中的“CBTC限速”； ④ 点击会话管理栏中的“打开会话”选项； ⑤ 左键点击“G0317”区段，作为取消限速的终点设备； ⑥ 在“速度”下拉框中选择“无限速值”； ⑦ 点击“首次确认”； ⑧ 二次确认“限速设备”，从下拉输入框中选择相同的集中站、起点设备、终点设备以及限速速度值； ⑨ 点击“确认发送”		
		（3）鼠标指：G0319-1 区段、G0317 区段		
		（4）口呼：“G0319-1、G0317 区段临时限速已取消”		
6	信息汇报	（1）接通电话：值班员按下“行调”按键，接通电话		
		（2）值班员汇报行调：“会展中心站 G0319-1、G0317 区段临时限速已取消”		
		（3）行调（机器人）自动回复：收到		
		（4）结束通话：挂断电话		

五、实训考核标准

表 28-6-2　实训考核标准

序号	作业内容		配分	评分标准	得分
1	接收命令	系统自动拨电话，值班员的电话铃声响 （1）接通电话：值班员拿起电话，接通电话。 （2）行调下命令（自动播放语音）：会展中心站设置 G0319-1、G0317 轨道临时限速 30 km/h	10	—	
		（3）值班员复诵：“会展中心站设置 G0319-1、G0317 轨道临时限速 30 km/h”		（3）未接通电话进行复诵或复诵错误，扣 8 分	
		（4）结束电话：挂断电话		（4）未挂断电话，扣 2 分	

续表

序号	作业内容		配分	评分标准	得分
2	设置临时限速	（1）鼠标指：G0319-1区段、G0317区段	30	（1）未鼠标指或鼠标指位置错误，扣2.5分。 鼠标指标准： ① 鼠标应指在光带或区段编号上； ② 鼠标指须有手握鼠标或移动光标的动作	
		（2）操作： ① 右键点击“G0319-1”区段，作为限速的起点设备； ② 选择“设置临时限速”； ③ 选中设置对象栏中的“CBTC限速”； ④ 点击会话管理栏中的“打开会话”选项； ⑤ 左键点击“G0317”区段，作为限速的终点设备； ⑥ 在“速度”下拉框中选择“30”； ⑦ 点击“首次确认”； ⑧ 二次确认“限速设备”，从下拉输入框中选择相同的集中站，起点设备，终点设备以及限速速度值； ⑨ 点击“确认发送”		（2）扣分标准： ① 未操作或未操作成功，扣20分。 ② 有车占用时执行设置临时限速，扣20分。 ③ 配分20分，扣完为止	
		（3）鼠标指：G0319-1区段、G0317区段		（3）未鼠标指或鼠标指位置错误，扣2.5分。 ① 鼠标应指在光带或区段编号上； ② 鼠标指须有手握鼠标或移动光标的动作	
		（4）口呼：G0319-1、G0317区段已临时限速		（4）未口呼或口呼错误，扣5分	
3	信息汇报	（1）接通电话：值班员按下“行调”按键，拿起电话，接通电话	10	（2）未接通电话进行汇报或汇报错误，扣8分	
		（2）值班员汇报行调：会展中心站G0319-1、G0317区段已临时限速30 km/h			
		（3）行调（机器人）自动回复：收到		—	
		（4）结束通话：挂断电话		（4）未结束通话，扣2分	
4	接收命令	列车在会展中心站站台停稳后：系统自动拨电话，值班员的电话铃声响	10	—	
		（1）接通电话：值班员拿起电话，接通电话。 （2）行调下命令（自动播放语音）：会展中心站取消G0319-1、G0317轨道临时限速			

续表

序号	作业内容		配分	评分标准	得分
4	接收命令	（3）值班员复诵：会展中心站取消 G0319-1、G0317 轨道临时限速		（3）未接通电话进行复诵或复诵错误，扣 8 分	
		（4）结束电话：挂断电话		（4）未挂断电话，扣 2 分	
5	取消临时限速	（1）鼠标指：G0319-1 区段、G0317 区段	30	（1）未鼠标指或位置错误，扣 2.5 分。 鼠标指标准： ① 鼠标应指在光带或区段编号上； ② 鼠标指须有手握鼠标或移动光标的动作	
		（2）操作： ① 右键点击“G0319-1”区段，作为取消限速的起点设备； ② 选择“设置临时限速”； ③ 选中设置对象栏中的“CBTC 限速”； ④ 点击会话管理栏中的“打开会话”选项； ⑤ 左键点击“G0317”区段，作为取消限速的终点设备； ⑥ 在“速度”下拉框中选择“无限速值”； ⑦ 点击“首次确认”； ⑧ 二次确认“限速设备”，从下拉输入框中选择相同的集中站，起点设备，终点设备以及限速速度值； ⑨ 点击“确认发送”		（2）扣分标准： ① 未操作或未操作成功，扣 20 分； ② 有车占用时执行取消临时限速，扣 20 分； ③ 配分 20 分，扣完为止	
		（3）鼠标指：G0319-1 区段、G0317 区段		（3）未鼠标指或位置错误，扣 2.5 分。 鼠标指标准： ① 鼠标应指在光带或区段编号上； ② 鼠标指须有手握鼠标或移动光标的动作	
		（4）口呼：G0319-1、G0317 区段临时限速已取消		（4）未口呼或口呼错误，扣 5 分	
6	信息汇报	（1）接通电话：值班员按下“行调”按键，接通电话	10	—	
		（2）值班员汇报行调：会展中心站 G0319-1、G0317 区段临时限速已取消		（2）未接通电话进行汇报或汇报错误，扣 8 分	
		（3）行调（机器人）自动回复：收到		—	
		（4）结束通话：挂断电话		（4）未结束通话，扣 2 分	
合计			100	—	

六、思考题

（1）设置临时限速后在 ATS 上的表现是什么?

（2）取消临时限速后在 ATS 上的表现是什么?

任务七　电话闭塞法组织行车

一、实训目的

（1）掌握电话闭塞法组织行车的序号。

（2）掌握模拟值班员软件电话闭塞法操作步骤。

二、理论链接

1. 办理条件

（1）当基本闭塞法不能使用时，应根据行车调度员的命令采用电话闭塞法行车。

（2）OCC 中央工作站及车站工作站上均无法对一个或多个联锁区内运行车辆进行监控时，应停止使用基本闭塞法，改用电话闭塞法行车。

车辆段与正线信号接口故障时，应停止使用基本闭塞法，改用电话闭塞法行车。

2. 组织原则

（1）行调发布停止基本闭塞法，改用电话闭塞法组织行车命令前必须确认电话闭塞区段内全部列车到站停稳，且电话闭塞区段内所有区间空闲。

（2）电话闭塞法行车，列车以路票作为占用闭塞区段的凭证，一个闭塞区段内只允许有一列车运行，闭塞区段内列车采用 NRM（限速 60 km/h）模式运行。

（3）请求闭塞的条件：车站（车辆段）在确认发车闭塞区段空闲，且发车进路准备好后，方可请求闭塞。

（4）同意闭塞的条件：车站（车辆段）在确认接车闭塞区段空闲，且接车进路准备好后，方可同意闭塞请求。

（5）取消闭塞的条件：闭塞已办理，列车尚未动车。

三、实训要求

1. 实训时间

实训课时为 2 课时。

2. 实训形式

小组讨论：与小组成员配合完成实训步骤以及实训考核。

3. 实训注意事项

向相关车站发布采用电话闭塞法组织行车命令时需确认满足各条件。

4. 工器具材料

（1）鼠标、键盘。

（2）ATS 系统。

（3）鹅颈话筒。

四、实训作业步骤

表 28-7-1　实训作业步骤

序号	实训内容	详细信息	注意事项
1	电话闭塞法启动条件	1 个联锁区信号联锁故障、联锁区全部计轴粉红光带、联锁站 SDH 故障时使用电话闭塞法，相邻 2 个及以上联锁区故障时，故障区域停运	
2	电话闭塞法组织行车的操作	行调首先确认故障区域内列车位置，找车完毕通过运行图核对列车上线总数正确后向相关车站发布列车位置。发布完毕后若列车前方无道岔且进路、站台空闲时可先组织进站，列车前方有道岔时待车站人员钩锁后再组织进站。当前方站台有车时则组织站台列车清客进入区间或到前方站（如出站进路有道岔的需先钩锁好道岔），再组织区间列车进站	一个闭塞区段内只允许有一列车运行，闭塞区段内列车采用 NRM 模式运行

五、实训考核标准

表 28-7-2　实训考核标准

电话闭塞法启动条件	1 个联锁区信号联锁故障、联锁区全部计轴粉红光带、联锁站 SDH 故障时使用电话闭塞法，相邻 2 个及以上联锁区故障时，故障区域停运	50	未正确完成操作的扣 50 分，扣完为止	
电话闭塞法组织行车的操作	行调首先确认故障区域内列车位置，找车完毕通过运行图核对列车上线总数正确后向相关车站发布列车位置。发布完毕后若列车前方无道岔且进路、站台空闲时可先组织进站，列车前方有道岔时待车站人员钩锁后再组织进站。当前方站台有车时则组织站台列车清客进入区间或到前方站（如出站进路有道岔的需先钩锁好道岔），再组织区间列车进站	50	未正确完成操作的扣 50 分，扣完为止	
总分		100		

六、思考题

采用电话闭塞法行车的区段，列车占用区间的凭证是什么？

项目二十九　道岔故障应急处置

任务一　道岔故障处理

一、实训目的

（1）掌握道岔故障时单扳道岔的操作方法。

（2）掌握道岔故障时标准的处理流程。

二、理论链接

1. 执行道岔单操需要注意

（1）由于调度运营的需要，可以执行此操作，将道岔扳到需要的位置。

（2）执行操作前需要确认道岔未锁闭、未占用。

（3）执行成功后，道岔会被扳到指定位置（定位或反位），执行失败的话会有相应的报警提示。

三、实训要求

1. 实训时间

实训课时为 2 课时。

2. 实训形式

（1）实操作业与理论相结合。

（2）与小组成员配合完成实训步骤以及实训考核内容。

3. 实训注意事项

（1）单扳实验要扳动道岔一个来回。

（2）单扳道岔之前确认道岔未锁闭未占用。

4. 工器具材料准备

（1）调度电话。

（2）鹅颈话筒。

（3）ATS 系统。

四、实训作业步骤

表 29-1-1 实训作业步骤

序号	实训内容	详细信息	注意事项	图片
1	故障判断及汇报	（1）鼠标指：D0303（或D0301）道岔	（D0303/D0301 道岔出现红色闪烁，控制台弹出报警提示框）之后进行鼠标指	
		（2）口呼：3 号（1 号或3/1 号或 1/3 号）道岔挤岔报警		
		（3）接通电话：值班员按下”行调”按键，接通电话		
		（4）汇报行调：会展中心站 3 号(1 号或 3/1 号或 1/3 号）道岔挤岔报警，请求单扳试验(至少单扳一个来回)		
		（5）行调回复：同意		
		（6）结束通话：值班员，挂断电话		
2	办理单扳道岔操作	（1）鼠标指：D0303（或D0301）道岔	（1）反操操作之前需要确认： ① 是否有单锁。 ② 是否有进路锁闭此道岔。 ③ 是否有车占用此道岔。 ④ 是否有区段故障锁闭此道岔。 ⑤ 是否有侧防锁闭此道岔	
		（2）口呼：单扳 3 号（或1 号）道岔反位		
		（3）操作：右键点击D0303（或 D0301）道岔，选择“反操”，点击“确认”。 注意事项：道岔单扳前需确认道岔未锁闭、未占用		
		（4）鼠标指：D0303（或D0301）道岔	（2）执行反操之后，查看下方的任务栏状态，信息提示。显示反操失败之后，才可以进行定操	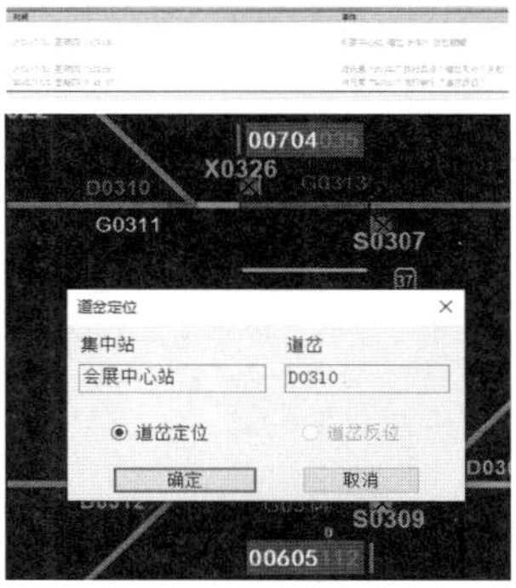
		（5）口呼：3 号（1 号或3/1 号或 1/3 号）道岔反位显示挤岔		
		（6）口呼：单扳 3 号（或1 号）道岔定位		
		（7）操作：右键点击D0303 道岔，选择“定操”，点击“确认”。 注意事项：道岔单扳前需确认道岔未锁闭、未占用	（3）定操操作之前需要确认： ① 是否有单锁。 ② 是否有进路锁闭此道岔	

续表

序号	实训内容	详细信息	注意事项	图片
2	办理单扳道岔操作	（8）鼠标指：D0303（或D0301）道岔区段	③ 是否有车占用此道岔。 ④ 是否有区段故障锁闭此道岔。 ⑤ 是否有侧防锁闭此道岔	
		（9）口呼：3号（1号或3/1号或1/3号）道岔定位显示正常		
3	信息汇报	（1）接通电话：值班员按下“行调”按键，接通电话	—	
		（2）汇报行调：会展中心站3号道岔定位显示正常		
		（3）行调回复：收到		
		（4）结束通话：值班员，挂断电话		

五、实训考核标准

表 29-1-2　实训考核标准

序号	作业内容		配分	评分标准	得分
1	故障判断及汇报	（1）值班员鼠标指：D0303道岔	20	（1）未鼠标指或鼠标指位置错误，扣5分	
		（2）值班员口呼：3号道岔挤岔报警		（2）未口呼或口呼错误，扣5分	
		（3）接通电话：值班员点击“行调”按键，接通电话		（4）未接通电话进行汇报或汇报错误，扣8分	
		（4）值班员汇报：3号道岔挤岔报警，请求单扳试验（至少单扳一个来回）			
		（5）行调回复：同意		（5）未回复或回复错误，扣1分	
		（6）结束通话：挂断电话		（6）未挂断电话，扣1分	
2	办理单扳道岔操作	（1）值班员鼠标指：D0303道岔	70	（1）未鼠标指或鼠标指位置错误，扣5分	
		（2）值班员口呼：单扳3号道岔反位		（2）未口呼或口呼错误，扣5分	
		（3）值班员操作：右键点击D0303道岔，选择“反操”，点击“确认”。 注意事项：道岔单扳前需确认道岔未锁闭、未占用		（3）反操操作，出现以下任意一种情况，扣20分： ① 有单锁执行反操。 （2）有进路锁闭此道岔执行反操。 （3）有车占用此道岔执行反操。 （4）有区段故障锁闭此道岔执行反操。 （5）有侧防锁闭此道岔执行反操。 （6）反操操作该项最多扣20分	
		（4）值班员鼠标指：D0303道岔区段		（4）未鼠标指或鼠标指位置错误，扣5分	

续表

序号	作业内容		配分	评分标准	得分
2	办理单扳道岔操作	（5）值班员口呼：“单扳 3 号道岔定位”		（5）未口呼或口呼错误，扣 5 分	
		（6）值班员操作：右键点击 D0303 道岔，选择“定操”，点击“确认”。 注意事项：道岔单扳前需确认道岔未锁闭、未占用		（6）定操操作，出现以下任意一种情况，扣 20 分： ① 有单锁执行定操。 ② 有进路锁闭此道岔执行定操。 ③ 有车占用此道岔执行定操。 ④ 有区段故障锁闭此道岔执行定操。 ⑤ 有侧防锁闭此道岔执行定操。 ⑥ 定操操作该项最多扣 20 分	
		（7）值班员鼠标指：D0303 道岔区段		（7）未鼠标指或鼠标指不正确，扣 5 分	
		（8）值班员口呼：“3 号道岔定位显示正常”		（8）未口呼或口呼不正确，扣 5 分	
3	信息汇报	（1）接通电话：值班员点击“行调”按键，接通电话	10	（2）未接通电话进行汇报或汇报错误，扣 8 分	
		（2）值班员汇报行调：“3 号道岔定位显示正常”			
		（3）行调回复：“收到”		（3）未回复或回复错误，扣 1 分	
		（4）结束通话：挂断电话		（4）未结束通话，扣 1 分	
合计			100	—	

六、思考题

（1）道岔故障中进行定反操之前需要注意哪些情况？

（2）反操结束后，什么时候进行定操，从哪里查看反操结果？

任务二　手摇道岔操作

一、实训目的

（1）了解道岔和转辙机设备。

（2）掌握手摇道岔的安全规范要求。

（3）掌握手摇道岔标准化作业流程。

二、理论链接

1. ZD6 电动转辙机的结构

ZD6 电动转辙机如图 29-2-1 及 29-2-2 所示，主要由电动机、减速器、摩擦连接器，自动开闭器、主轴、动作杆、表示杆、移位接触器，底壳及机盖等组成。

图 29-2-1　ZD6 型电动转辙机结构

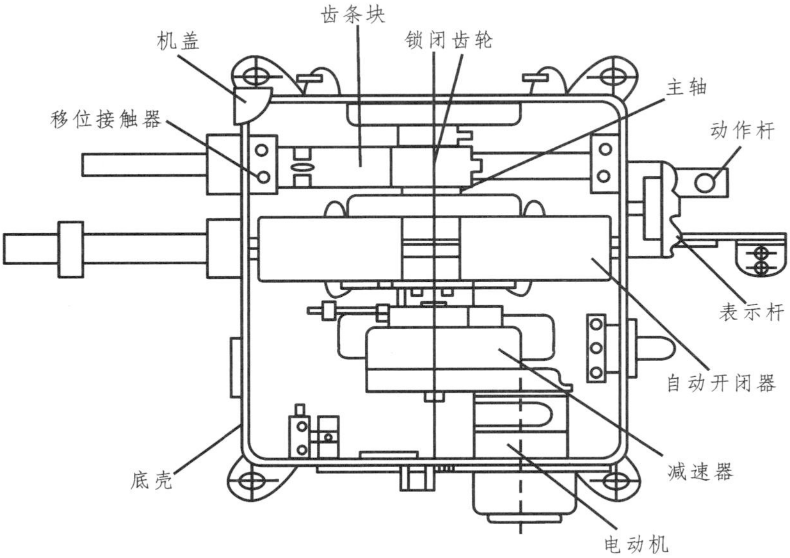

图 29-2-2　ZD6 型电动转辙机结构

三、实训要求

1. 实训时间

实训课时为 2 课时。

2. 实训形式

小组成员配合完成实训作业步骤与实训考核。

3. 实训注意事项

（1）注意用电安全。

（2）在摇动道岔时注意道岔上无异物，不站人。

（3）注意规范使用道岔工器具，避免受伤。

4. 工器具材料准备

（1）手摇道岔工器具。

包含：① 对讲机、② 信号灯、③ 锁钥匙、④ 钩锁器及扳手、⑤ 钩锁器锁及钥匙、⑥ 手摇柄、⑦ 反光背心。

（2）道岔。

（3）转辙机。

四、实训作业步骤

表 29-2-1 实训作业步骤

<table>
<tr><th>序号</th><th>实训内容</th><th colspan="2">详细信息</th><th>注意事项</th></tr>
<tr><td rowspan="3">1</td><td rowspan="3">关键考核点</td><td colspan="2">发生以下任何一项错误，直接淘汰：
（1）道岔位置判断错误。
注：若选手确认道岔位置错误，在口呼“确认道岔有无钩锁器”之前，未更正，判定手摇道岔作业失格（有及时更正，不判失格）</td><td rowspan="3">违反设备安全和人员安全的操作有：
（1）下轨行区时不穿反光背心。
（2）在“现场工器具清理”之前，工具或工具包放置在道岔台体的两根基本轨之间。
（3）作业过程中脚踩道岔台体上。
（4）在确认“道岔开通位置正确且锁闭，进路正确”时，选手站在非安全区域内进行确认（在确认“道岔开通位置正确且锁闭，进路正确” 过程中，此时选手因为要确认将手臂越过安全区黄线，该情况不属于“违反设备安全和人员安全的操作”）</td></tr>
<tr><td colspan="2">（2）不能确认手摇道岔到位</td></tr>
<tr><td colspan="2">（3)发生违反设备安全和人员安全的操作</td></tr>
<tr><td rowspan="2">2</td><td rowspan="2">接收命令</td><td colspan="2">（1）车控室值班员布置作业：请准备手摇道岔工具，进入岔区。检查 3 号道岔</td><td rowspan="2">注：车控室人员先布置作业，后按下计时按钮的情况，手摇道岔时间增加 1 min。若在检查手摇道岔备品之后仍未按下计时按钮开始计时，则手摇道岔作业时间为 4 min</td></tr>
<tr><td colspan="2">（2）手摇道岔作业人员复诵（2 号）：检查 3 号道岔，明白</td></tr>
<tr><td>3</td><td>手摇道岔工具</td><td colspan="2">必须携带的道岔工具：
① 对讲机。
② 信号灯。
③ 锁钥匙。
④ 钩锁器及扳手。
⑤ 钩锁器锁及钥匙。
⑥ 手摇柄。
⑦ 反光背心</td><td>注：
（1）清点工具应在车控室区域内进行，清点超出界限、则扣除全部清点分数。
（2)清点工具可以全部倒出后再逐一清点、也可以一件一件地拿出，对清点形式不做要求，只要做到逐一清点即可，但需要给裁判展示，少展示一项，则扣相应分数。
（3）反光背心应用魔术贴密贴，否则扣 1 分</td></tr>
<tr><td rowspan="2">4</td><td rowspan="2">手摇道岔一次作业流程</td><td rowspan="2">一检查</td><td>（1）眼看（1 号和 2 号）：看当前准备操作的道岔位置与状态</td><td></td></tr>
<tr><td>（2）手指口呼（1 号）：“道岔位置（定位/反位/四开位置）”</td><td>注：
（1）站在道岔台体“行车方向”铭牌前确认；
（2）道岔所处位置用定位、反位进行表示</td></tr>
</table>

续表

序号	实训内容	详细信息		注意事项
4	手摇道岔一次作业流程	一检查	（3）手指口呼复诵（2号）："道岔位置（定位/反位/四开位置）"	
			（4）眼看（1号和2号）：看准备操作的道岔有无加钩锁器	
			（5）手指口呼（1号）：道岔无/有钩锁器	注：在确认"道岔无/有钩锁器"时，选手应手指尖轨、基本轨密贴侧第一、第二滑床板间的钢轨，多指不扣分
			（6）手指口呼复诵（2号）："道岔无/有钩锁器"	
			（7）眼看（1号和2号）：看尖轨与基本轨间滑床板有无异物	
			（8）手指口呼（1号）："尖轨与基本轨间滑床板无/有异物"	注：确认"尖轨与基本轨间有无异物"时，选手应手指尖轨、基本轨非密贴侧的滑床板，多指不扣分
			（9）手指口呼复诵（2号）："尖轨与基本轨间滑床板无/有异物"	
			（10）向车控室值班员汇报（2号）：经检查，3号道岔无异物，处于定位/反位	
			（11）车控室下发办理进路命令：请手摇3号道岔至反位/定位并加钩锁器	
			（12）手摇道岔作业人员复诵（2号）：手摇3号道岔至反位/定位并加钩锁器，明白	
		二手摇	（1）作业动作（1号）：用锁钥匙打开套筒锁	
			（2）作业动作（1号）：打开遮断器	注：若未复诵完命令，便打开遮断器，则认定打开遮断器时机错误，扣3分
			（3）作业动作（1号）：将手摇柄插入转辙机中，根据现场情况需求，采取顺时针或逆时针转动手摇柄	
			（4）作业动作（1号）：转动手摇柄至听到转辙机内发出的"咔嚓"声为止	
		三确认	（1）作业动作（1号和2号）：确认转辙机已操作到位	
			（2）手指口呼（1号）：手指转辙机，口呼：听到"咔嚓"声	
			（3）手指口呼复诵（2号）：手指转辙机，口呼：听到"咔嚓"声	
			（4）作业动作（1号和2号）：确认道岔已密贴	

续表

序号	实训内容	详细信息		注意事项
4	手摇道岔一次作业流程	三确认	（5）手指口呼（1 号）：尖轨与基本轨密贴	
			（6）手指口呼复诵（2 号）：尖轨与基本轨密贴	
			（7）作业动作（1 号）：加装钩锁器	
			（8）手指口呼（2 号）：钩锁器加装完毕后，向值班员汇报：3 号道岔已手摇至反/定位，道岔密贴已加钩锁器	
			（9）车控室回复：收到	
			判断标准： ① 道岔（除三开道岔）钩锁器应安装于尖轨与基本轨密贴侧第一、第二块滑床板之间位置； ② 钩锁器安装到位后应确保该钩锁器不松动	注： ① 钩锁器必须使用扳手紧固，在手摇道岔结束之前钩锁器不得自然松脱，裁判不需人工检查锁紧状态。不使用扳手紧固扣 5 分，钩锁器脱落的扣 5 分(不使用扳手紧固的分数只扣不加)。 ② 安装钩锁器高出轨面，则认定钩锁器未安装到位
			（10）作业动作（1 号和 2 号）：现场工器具清理(工器具不得影响行车安全)	
			（11）手指口呼（2 号）：手摇道岔作业人员确认进路中所有道岔开通位置正确且锁闭后，操作者向值班员汇报：道岔开通位置正确且锁闭，进路正确	
		其他要求	（1）车控室下达命令：请在 3 号道岔防护信号机安全位置处显示手信号	
			（2）手摇道岔作业人员复诵（2 号）：在 3 号道岔防护信号机安全位置处显示手信号，明白	
			（3）作业动作（1 号和 2 号）：根据值班员命令，站于安全位置	
			（4）作业动作（1 号）：面对来车方向，向接近列车显示手信号（原则：站立位置错误或面向方向错误扣 5 分；显示红灯扣 5 分，其他不扣分）	注：选手检查清点手摇道岔工具时，不得提前点亮信号灯并保持长亮状态，应在接收到显示手信号的命令后方可点亮，提前点亮的扣 5 分。在检查手摇道岔工具时，选手点亮手信号灯检查其状态后再关闭，不算提前点亮手信号灯

五、实训考核标准

表 29-2-2　实训考核标准

评分要素			评分标准	配分	得分
1	关键考核点		出现以下任何一项错误，直接淘汰（需在下面勾选对应项目）: （1）道岔位置判断错误。 注：若选手确认道岔位置错误，在口呼“确认道岔有无钩锁器”之前，未更正，判定手摇道岔作业失格（有及时更正，不判失格）	直接淘汰	
			（2）不能确认手摇道岔到位		
			（3）发生违反设备安全和人员安全的操作。 注： ① 下轨行区时不穿反光背心； ② 在“现场工器具清理”之前，工具或工具包放置在道岔台体的两根基本轨之间； ③ 作业过程中脚踩道岔台体上； ④ 在确认“道岔开通位置正确且锁闭，进路正确”时，选手站在非安全区域内进行确认（在确认“道岔开通位置正确且锁闭，进路正确”过程中，此时选手因为要确认将手臂越过安全区黄线，该情况不属于“违反设备安全和人员安全的操作”）		
2	接收命令		（1）车控室值班员布置作业：请准备手摇道岔工具，进入岔区。检查 3 号道岔。 注：车控室人员先布置作业，后按下计时按钮的情况，手摇道岔时间增加 1 min。若在检查手摇道岔备品之后仍未按下计时按钮开始计时，则手摇道岔作业时间为 4 min	1	
			（2）手摇道岔作业人员复诵（2 号）：检查 3 号道岔，明白	1	
3	手摇道岔工具		必须携带的道岔工具： ① 对讲机；② 信号灯；③ 锁钥匙；④ 钩锁器及扳手；⑤ 钩锁器锁及钥匙；⑥ 手摇柄；⑦ 反光背心。 考评：每漏带一件工具扣 1 分；在第 4 项和第 5 项中少一项扣 1 分。	7	
			（1）清点工具应在车控室区域内进行，清点超出界限、则扣除全部清点分数。 （2）清点工具可以全部倒出后再逐一清点、也可以一件一件地拿出，对清点形式不做要求，只要做到逐一清点即可，但需要给裁判展示，少展示一项，扣相应分数。 （3）反光背心应魔术贴密贴，否则扣 1 分		
4	手摇道岔一次作业流程	一检查	（1）眼看（1 号和 2 号）：看当前准备操作的道岔位置与状态	2	
			（2）手指口呼（1 号）：道岔位置（定位/反位/左向位/右向位/直向位/四开位置）。 注： ① 站在道岔台体“行车方向”铭牌前确认。 ② 道岔所处位置用定位、反位进行表示（左向位、右向位、直向位适用于三开道岔）	3	
			（3）手指口呼复诵（2 号）：道岔位置（定位/反位/左向位/右向位/直向位/四开位置）	3	

续表

评分要素			评分标准	配分	得分
4	手摇道岔一次作业流程	一检查	（4）眼看（1号和2号）：看准备操作的道岔有无加钩锁器	2	
			（5）手指口呼（1号）：道岔无/有钩锁器。 注：在确认“道岔无/有钩锁器”时，选手应手指尖轨、基本轨密贴侧第一、第二滑床板间的钢轨，多指不扣分	3	
			（6）手指口呼复诵（2号）：道岔无/有钩锁器	3	
			（7）眼看（1号和2号）：看尖轨与基本轨间滑床板有无异物	2	
			（8）手指口呼（1号）：尖轨与基本轨间滑床板无/有异物。 注：确认“尖轨与基本轨间有无异物”时，选手应手指尖轨、基本轨非密贴侧的滑床板，多指不扣分	3	
			（9）手指口呼复诵（2号）：尖轨与基本轨间滑床板无/有异物	3	
			（10）向车控室值班员汇报（2号）：经检查，3号道岔无异物，处于定位/反位	2	
			（11）车控室下发办理进路命令：请手摇3号道岔至反位/定位并加钩锁器	2	
			（12）手摇道岔作业人员复诵（2号）：手摇3号道岔至反位/定位并加钩锁器，明白	2	
		二手摇	（1）作业动作（1号）：用锁钥匙打开套筒锁	4	
			（2）作业动作（1号）：打开遮断器。 注：若未复诵完命令，便打开遮断器，则认定打开遮断器时机错误，扣3分	3	
			（3）作业动作（1号）：将手摇柄插入转辙机中，根据现场情况需求，采取顺时针或逆时针转动手摇柄	7	
			（4）作业动作（1号）：转动手摇柄至听到转辙机内发出的“咔嚓”声为止	8	
		三确认	（1）作业动作（1号和2号）：确认转辙机已操作到位	2	
			（2）手指口呼（1号）：手指转辙机，口呼：听到“咔嚓”声	2	
			（3）手指口呼复诵（2号）：手指转辙机，口呼：听到“咔嚓”声	2	
			（4）作业动作（1号和2号）：确认道岔已密贴	2	
			（5）手指口呼（1号）：尖轨与基本轨密贴	2	
			（6）手指口呼复诵（2号）：尖轨与基本轨密贴	2	
			（7）作业动作（1号）：加装钩锁器	5	
			（8）手指口呼（2号）：钩锁器加装完毕后，向值班员汇报：3号道岔已手摇至反/定位，道岔密贴已加钩锁器	3	
			（9）车控室回复：收到	1	
			判断标准： ① 道岔（除三开道岔）钩锁器应安装于尖轨与基本轨密贴侧第一、第二块滑床板之间位置； ② 钩锁器安装到位后应确保该钩锁器不松动。 注： ① 钩锁器必须使用扳手紧固，在手摇道岔结束之前钩锁器不得自然松脱，裁判不需人工检查锁紧状态，不使用扳手紧固扣5分；钩锁器脱落的扣5分（不使用扳手紧固的分数只扣不加）。 ② 安装钩锁器高出轨面，则认定钩锁器未安装到位	/	/

续表

评分要素			评分标准	配分	得分
4	手摇道岔一次作业流程	三确认	（10）作业动作（1号和2号）：现场工器具清理（工器具不得影响行车安全）	4	
			（11）手指口呼（2号）：手摇道岔作业人员确认进路中所有道岔开通位置正确且锁闭后，操作者向值班员汇报：道岔开通位置正确且锁闭，进路正确	3	
		其他要求	（1）车控室下达命令：请在3号道岔防护信号机安全位置处显示手信号	1	
			（2）手摇道岔作业人员复诵（2号）：在3号道岔防护信号机安全位置处显示手信号，明白	2	
			（3）作业动作（1号和2号）：根据值班员命令，站于安全位置	3	
			（4）作业动作（1号）：面对来车方向，向接近列车显示手信号（原则：站立位置错误或面向方向错误扣5分；显示红灯扣5分，其他不扣分）。 注：选手检查清点手摇道岔工具时，不得提前点亮信号灯并保持长亮状态，应在接收到显示手信号的命令后方可点亮。提前点亮的扣5分。在检查手摇道岔工具时，选手点亮手信号灯检查其状态后再关闭，不算提前点亮手信号灯	5	
合计				100	

六、思考题

（1）手摇道岔时必须携带的工器具是什么？

（2）遮断器未断开时，手摇把能不能插进去？

（3）显示手信号时，可以选择哪些灯光？

项目三十　车站火灾应急处置

任务一　站厅 A 端火灾

一、实训目的

（1）了解 ISCS 综合监控系统的软件操作。

（2）掌握出现站厅 A 端火灾时的应急处置流程。

二、理论链接

各个车站的 FAS 系统都是相互独立的子系统，每个车站的 FAS 信息通过 FEP 接入 ISCS，ISCS 只监视 FAS 的各类状态信息并接受 FAS 的联动指令。即：FAS 主机通过 FEP 向 ISCS 传送区间火灾告警信号、各防灾分区告警信号、火灾联动模式号等不同类型的信息。

操作员可以通过功能选择栏，切换查看站厅层、站台层界面，直观地了解车站的安全状态以及是否有已确认和未确认的火灾报警。

综合监控如图 30-1-1 所示。

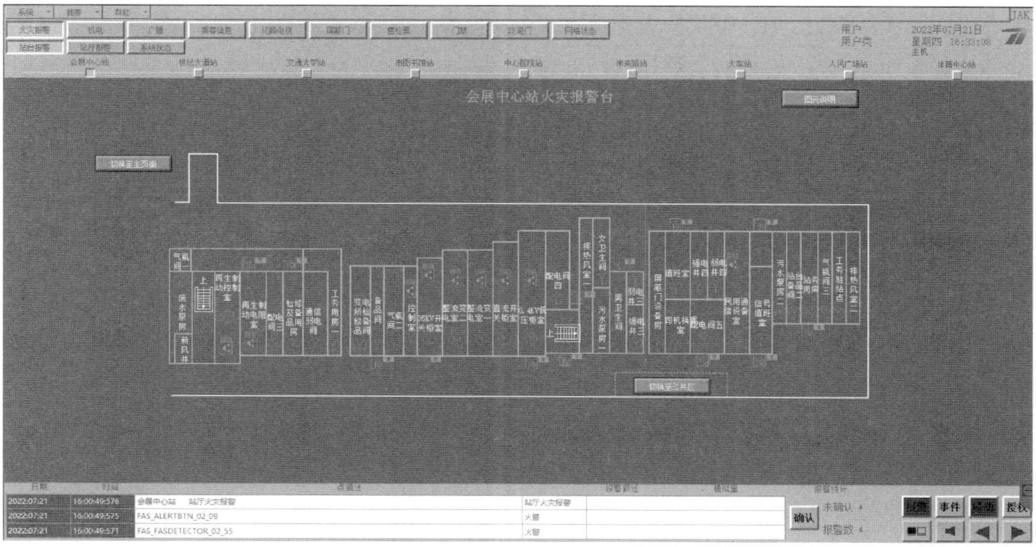

图 30-1-1　综合监控

三、实训要求

1. 实训时间

实训课时为 2 课时。

2. 实训形式

小组成员配合完成实训步骤，以及实训考核。

3. 实训注意事项

与 IBP 盘联动时要及时复位 IBP 盘钥匙及按钮状态。

4. 工器具材料准备

（1）鼠标、键盘。

（2）ATS 系统。

（3）鹅颈话筒。

（4）ISCS 系统。

四、实训作业步骤

表 30-1-1　实训作业步骤

序号	实训内容	详细信息	图片
1	确认火灾报警	综合监控系统发出火灾报警信息。 （1）作业：点击“综合监控系统—火灾报警—站厅报警”查看报警烟感位置	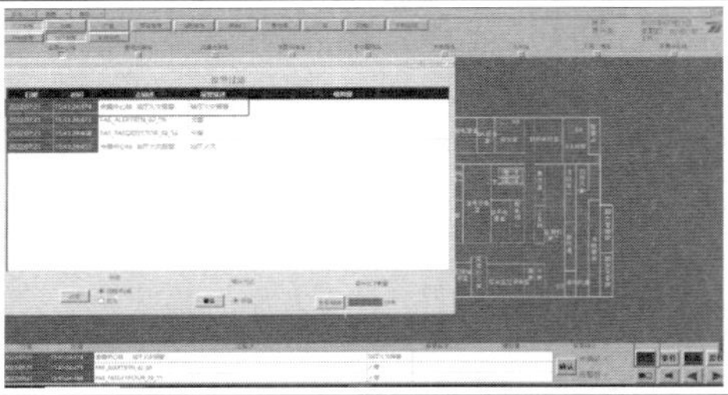
		（2）鼠标指：报警的烟感设备	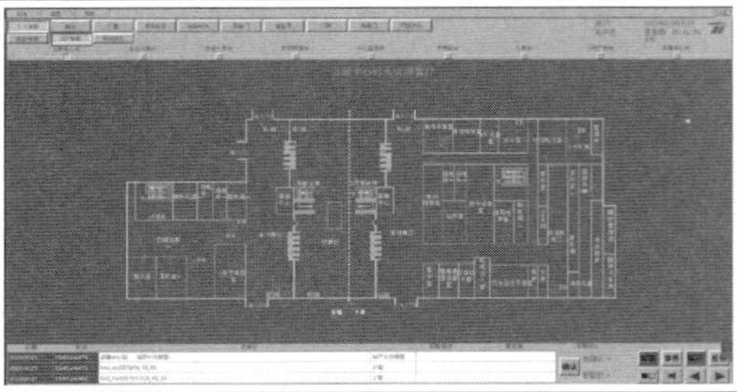
		（3）值班员口呼：站厅 A 端火灾报警	
		（4）值班员对讲机汇报值班站长：值班站长，站厅 A 端火灾报警，请立即确认	
		（5）值班站长回复：站厅 A 端火灾报警，立即确认，值班站长明白	
		（6）值班员作业：操作视频监控系统查看火情	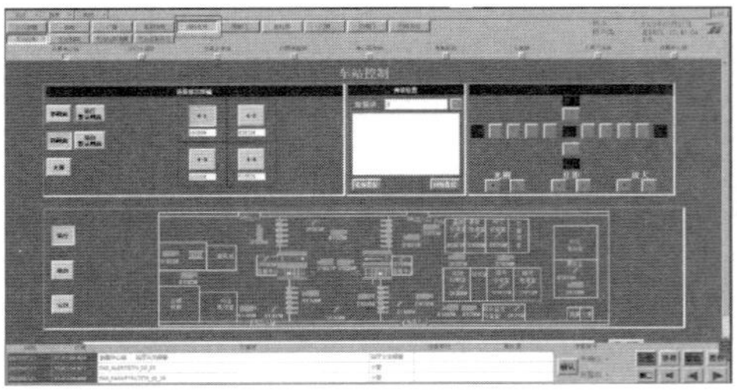

续表

序号	实训内容	详细信息	图片
1	确认火灾报警	（7）值班员手指：站厅 A 端商铺	
		（8）值班员口呼：站厅 A 端商铺着火	
2	组织灭火	（1）值班员对讲机通知站务员：站厅站务员、安检员、保洁员立即到 A 端灭火	
		（2）站务员回复：收到	
3	确认火灾模式启动	（1）值班员作业：点击“综合监控系统—机电—模式”查看环控系统站厅火灾模式联动执行成功	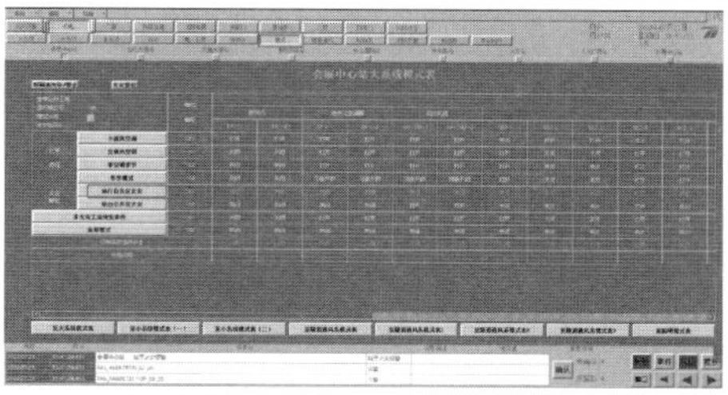
		（2）值班员鼠标指：站厅公共区火灾模式	
		（3）值班员口呼：站厅火灾模式执行成功	
4	汇报火灾情况	（1）接通电话： 值班员点击“环调”按键，接通电话。 （2）值班员汇报环调：环调，会展中心站站厅 A 端商铺着火，正组织灭火，环控火灾模式已启动	
		（3）环调复诵（机器人自动复诵）	
		（4）结束通话：挂断电话	
		（1）接通电话： 值班员点击“行调”按键，接通电话。 （2）值班员汇报行调： 行调，会展中心站站厅 A 端商铺着火，正组织灭火，申请上下行列车不停站通过	
		（3）行调复诵： 会展中心站站厅 A 端商铺着火，正组织灭火，申请上下行列车不停站通过，行调明白	
		（4）结束通话：挂断电话	
		（5）行调设置会展中心站上、下行站台跳停	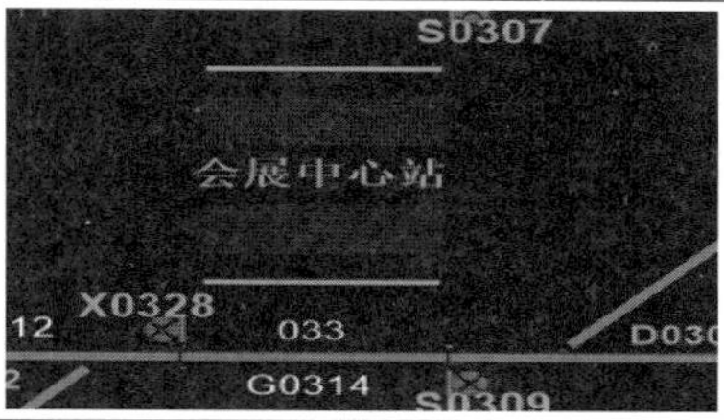

续表

序号	实训内容	详细信息	图片
4	汇报火灾情况	（1）接通电话： 值班员点击“其他”按键，接通电话。 （2）值班员汇报 119： 119,地铁会展中心站站厅发生电气火灾，请支援灭火	
		（3）119 回复：收到（机器人自动回复）	
		（4）结束通话：挂断电话	
		（1）接通电话： 值班员点击“其他”按键，接通电话。 （2）值班员汇报公安 110： 派出所，地铁会展中心站站厅发生电气火灾，请协助处置	
		（3）110 回复：收到（机器人自动回复）	
		（4）结束通话：挂断电话	
		（1）接通电话： 值班员点击“其他”按键，接通电话。 （2）值班员汇报 120：120，地铁会展中心站站厅发生火灾，请支援	
		（3）120 回复：收到（机器人自动回复）	
		（4）结束通话：挂断电话	
5	组织疏散	（1）值班员询问现场：值班站长，火灾是否可以扑灭？	
		（2）值班站长回复：控制室，火灾无法扑灭，立即组织全站疏散	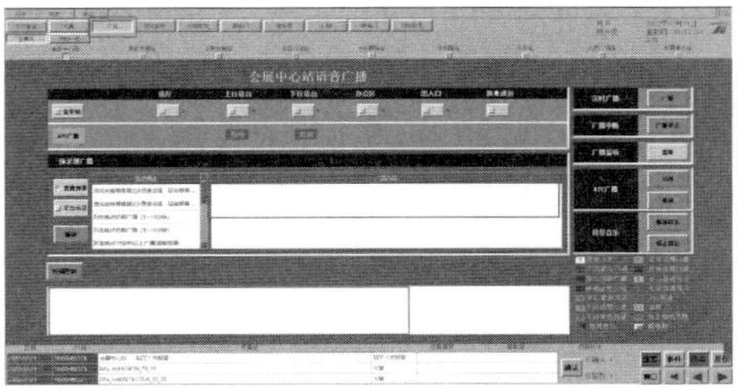
		（3）值班员复诵：火灾无法扑灭，立即组织全站疏散	
		（4）值班员确认广播：通过“综合监控系统”及耳听，确认“火灾紧急疏散广播”是否循环播放	
		（5）值班员口呼：疏散广播未联动播放	
		（6）值班员人工双语广播：各位乘客请注意，由于车站出现紧急情况，请保持镇静，听从车站人员指引，迅速离开本站。 Dear passengers, due to the emergency, please stay calm and follow the guidance of our staff to leave the station quickly	

续表

序号	实训内容	详细信息	图片
5	组织疏散	（7）值班员确认闸机：通过视频监控系统确认所有闸机联动全开	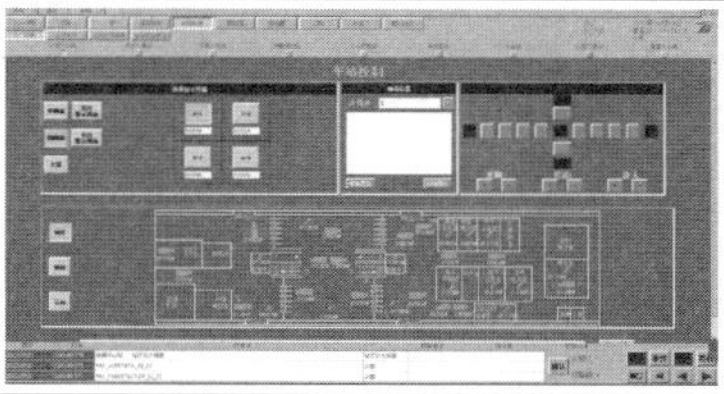
		（8）值班员手指：闸机	
		（9）值班员口呼：闸机已全开	
		（10）值班员确认门禁：通过 IBP 盘确认门禁已联动全开	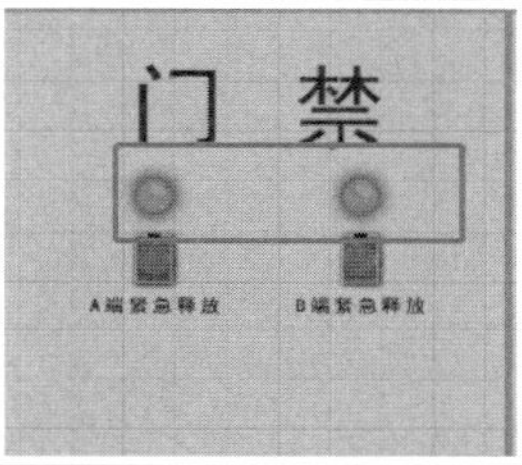
		（11）值班员手指：门禁指示灯	
		（12）值班员口呼：门禁已全开	
		（13）值班员确认电梯：通过综合监控系统—机电—电扶梯确认扶梯全停，直梯已停在站厅层处于停用且开门状态（停用状态）	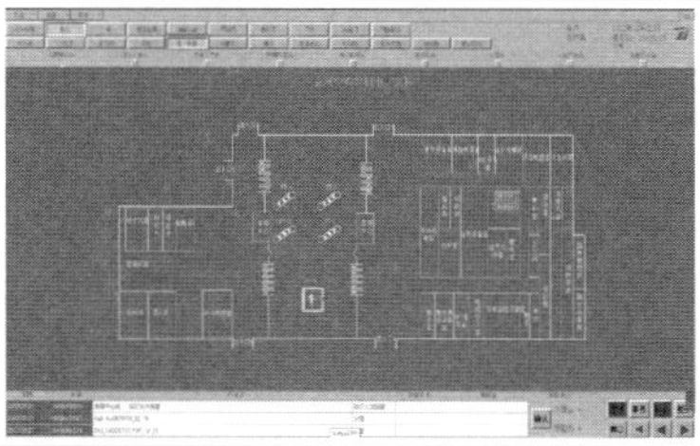
		（14）值班员手指：综合监控—机电—电扶梯界面中的扶梯、直梯	
		（15）值班员口呼：扶梯、直梯已停梯	
6	汇报疏散情况	（1）接通电话： 值班员点击“行调”按键，接通电话	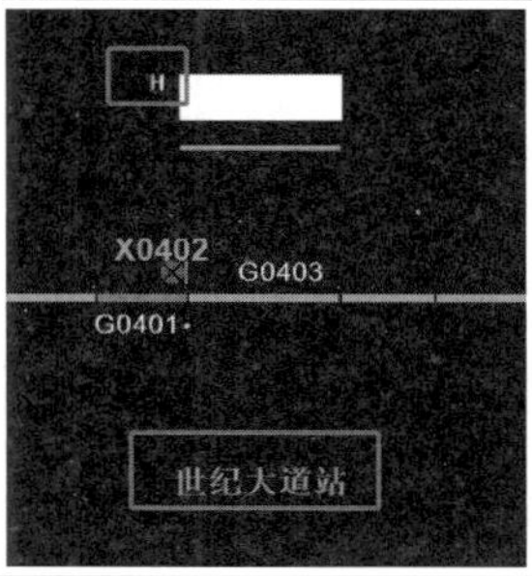
		（2）值班员汇报行调：会展中心站站厅火灾无法扑灭，现组织全站疏散，申请关闭本站，列车不经过本站站台	
		（3）行调复诵：会展中心站站厅火灾无法扑灭，现组织全站疏散，申请关闭本站，列车不经过本站站台，行调明白	
		（4）结束通话：挂断电话	
		（5）行调设置世纪大道站下行站台扣车	
		（6）疏散完毕（系统给出提示）	

续表

序号	实训内容	详细信息	图片
7	本岗位疏散	（1）接通电话： 值班员点击“行调”按键，接通电话。 （2）值班员汇报行调： 会展中心站已疏散完毕，119、120、公安已到站，现场移交119处置	
		（3）行调复诵：会展中心站已疏散完毕，119、120、公安已到站，现场移交119处置，行调明白	
		（4）结束通话：挂断电话	
		（5）值班员穿好消防战斗服	

五、实训考核标准

表30-1-2　实训考核标准

序号	序号	作业内容	配分	评分标准	得分
1	确认火灾报警	综合监控系统发出火灾报警信息。 （1）值班员作业：点击“综合监控系统—火灾报警—站厅报警”查看报警烟感位置	11	（1）未点击查看“火灾报警”界面，扣3分	
		（2）值班员鼠标指：报警的烟感设备		（2）未鼠标指或鼠标指位置错误，扣0.5分	
		（3）值班员口呼：站厅A端火灾报警		（3）未口呼或口呼错误，扣0.5分	
		（4）值班员对讲机汇报值班站长：值班站长，站厅A端火灾报警，请立即确认		（4）报警开始15 s内未通知值班站长现场确认或通知错误，扣2.5分	
		（5）值班站长回复：站厅A端火灾报警，立即确认，值班站长明白		（5）未回复或回复错误，扣0.5分	
		（6）值班员作业：操作视频监控系统查看火情		（6）未查看火情，扣3分	
		（7）值班员手指：站厅A端商铺		（7）未手指或手指位置错误，扣0.5分	
		（8）值班员口呼：站厅A端商铺着火		（8）未口呼或口呼错误，扣0.5分	
2	组织灭火	（1）值班员对讲机通知站务员：站厅站务员、安检员、保洁员立即到A端灭火	4	（1）未通知站厅人员灭火或通知错误，扣3.5分	
		（2）站务员回复：收到		（2）未回复或回复错误，扣0.5分	
3	确认火灾模式启动	（1）值班员作业：点击“综合监控系统-机电-模式”查看环控系统站厅火灾模式联动执行成功	5	（1）未点击查看“环控系统”界面确认，扣4分	
		（2）值班员鼠标指：站厅公共区火灾模式		（2）未鼠标指或鼠标指位置错误，扣0.5分	
		（3）值班员口呼：站厅火灾模式执行成功		（3）未口呼或口呼错误，扣0.5分	

续表

序号	序号	作业内容	配分	评分标准	得分
4	汇报火灾情况	（1）接通电话： 值班员点击“环调”按键，接通电话。 （2）值班员汇报环调：环调，会展中心站站厅A端商铺着火，正组织灭火，环控火灾模式已启动	30	（2）未接通电话进行汇报或汇报错误，扣4.5分	
		（3）环调复诵（机器人自动复诵）		—	
		（4）结束通话：挂断电话		（4）未挂断电话，扣0.5分	
		（1）接通电话： 值班员点击“行调”按键，接通电话。 （2）值班员汇报行调： 行调，会展中心站站厅A端商铺着火，正组织灭火，申请上下行列车不停站通过		（2）未接通电话进行汇报或汇报错误，扣2.5分	
		（3）行调复诵： 会展中心站站厅A端商铺着火，正组织灭火，申请上下行列车不停站通过，行调明白		（3）行调未复诵或复诵错误，扣1分	
		（4）结束通话：挂断电话		（4）未挂断电话，扣0.5分	
		（5）行调设置会展中心站上、下行站台跳停		（5）行调上行未设置跳停，扣3分；下行未设置跳停，扣3分	
		（1）接通电话： 值班员点击“其他”按键，接通电话。 （2）值班员汇报119： 119，地铁会展中心站站厅发生电气火灾，请支援灭火		（2）未接通电话进行汇报或汇报错误，扣4.5分	
		（3）119回复：收到（机器人自动回复）		—	
		（4）结束通话：挂断电话		（4）未挂断电话，扣0.5分	
		（1）接通电话： 值班员点击“其他”按键，接通电话。 （2）值班员汇报公安110： 派出所，地铁会展中心站站厅发生电气火灾，请协助处置		（2）未接通电话进行汇报或汇报错误，扣4.5分	
		（3）110回复：收到（机器人自动回复）		—	
		（4）结束通话：挂断电话		（4）未挂断电话，扣0.5分	
		（1）接通电话： 值班员点击“其他”按键，接通电话。 （2）值班员汇报120：120，地铁会展中心站站厅发生火灾，请支援		（2）未接通电话进行汇报或汇报错误，扣4.5分	

续表

序号	序号	作业内容	配分	评分标准	得分
4	汇报火灾情况	（3）120 回复：收到（机器人自动回复）		—	
		（4）结束通话：挂断电话		（4）未挂断电话，扣 0.5 分	
5	组织疏散	（1）值班员询问现场：值班站长，火灾是否可以扑灭？	34	（1）未询问或询问语句错误，扣 1 分	
		（2）值班站长回复：控制室，火灾无法扑灭，立即组织全站疏散		（2）未回复或回复错误，扣 0.5 分	
		（3）值班员复诵：火灾无法扑灭，立即组织全站疏散		（3）未复诵或复诵错误，扣 0.5 分	
		（4）值班员确认广播：通过“综合监控系统”及耳听，确认“火灾紧急疏散广播”是否循环播放		—	
		（5）值班员口呼：疏散广播未联动播放		（5）未口呼或口呼错误，扣 1 分	
		（6）值班员人工双语广播：各位乘客请注意，由于车站出现紧急情况，请保持镇静，听从车站人员指引，迅速离开本站。 Dear passengers, due to the emergency, please stay calm and follow the guidance of our staff to leave the station quickly		（6）未人工广播或中文广播词错误或英文广播词错误，扣 7 分	
		（7）值班员确认闸机：通过视频监控系统确认所有闸机联动全开		（7）未通过视频监控系统确认所有闸机全开，扣 6 分	
		（8）值班员手指：闸机		（8）未手指或手指位置错误，扣 1 分	
		（9）值班员口呼：闸机已全开		（9）未口呼或口呼错误，扣 1 分	
		（10）值班员确认门禁：通过 IBP 盘确认门禁已联动全开		（10）未通过 IBP 盘确认门禁，扣 6 分	
		（11）值班员手指：门禁指示灯		（11）未手指或手指位置错误，扣 1 分	
		（12）值班员口呼：门禁已全开		（12）未口呼或口呼错误，扣 1 分	
		（13）值班员确认电梯：通过综合监控系统—机电—电扶梯确认扶梯全停，直梯已停在站厅层处于停用且开门状态（停用状态）		（13）未通过综合监控系统确认扶梯、直梯停梯正确，扣 6 分	
		（14）值班员手指：综合监控—机电—电扶梯界面中的扶梯、直梯		（14）未手指或手指位置错误，扣 1 分	
		（15）值班员口呼：扶梯、直梯已停梯		（15）未口呼或口呼错误，扣 1 分	
6	汇报疏散情况	（1）接通电话： 值班员点击“行调”按键，接通电话	6	（2）未接通电话进行汇报或汇报错误，扣 2 分	
		（2）值班员汇报行调：会展中心站站厅火灾无法扑灭，现组织全站疏散，申请关闭本站，列车不经过本站站台			

续表

序号	序号	作业内容	配分	评分标准	得分
6	汇报疏散情况	（3）行调复诵：会展中心站站厅火灾无法扑灭，现组织全站疏散，申请关闭本站，列车不经过本站站台，行调明白		（3）行调未复诵或复诵错误，扣1分	
		（4）结束通话：挂断电话		（4）未挂断电话，扣0.5分	
		（5）行调设置世纪大道站下行站台扣车		（5）行调未设置世纪大道站下行站台扣车，扣2.5分	
		（6）疏散完毕（系统给出提示）		—	
7	本岗位疏散	（1）接通电话： 值班员点击“行调”按键，接通电话。 （2）值班员汇报行调： 会展中心站已疏散完毕，119、120、公安已到站，现场移交119处置	10	（2）未接通电话进行汇报或汇报错误，扣3分	
		（3）行调复诵：会展中心站已疏散完毕，119、120、公安已到站，现场移交119处置，行调明白		（3）行调未复诵或复诵错误，扣0.5分	
		（4）结束通话：挂断电话		（4）未挂断电话，扣0.5分	
		（5）值班员穿好消防战斗服		（5）消防战斗服2 min内穿戴完好为满分（满分6分），超过2 min扣3分。 消防战斗服穿戴要求：衣服和裤子拉链拉至顶部，魔术贴贴紧，裤子吊带套上，穿好消防靴，戴上消防头盔，戴好高温手套。未完成每项扣3分，最多扣6分	
合计			100	—	

六、思考题

IBP盘门禁模块状态显示如何时，证明门禁已联动全开？

任务二　站厅B端火灾

一、实训目的

（1）了解ISCS综合监控系统的软件操作。

（2）掌握出现站厅B端火灾时的应急处置流程。

二、理论链接

IBP盘门禁模块（见图30-2-1）

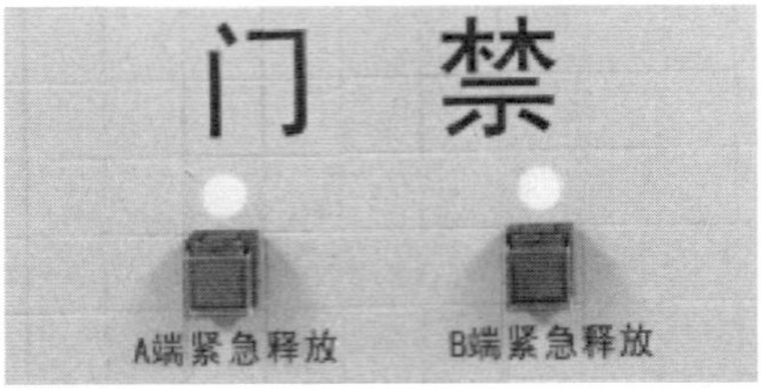

图 30-2-1　IBP 盘门禁

当发生紧急情况时，可通过门禁紧急释放需要通过刷门禁卡通行的门，使人员可以快速疏散。

（1）紧急释放按钮：红色自锁带灯按钮，门禁紧急释放分 A/B 端，按下后自动释放本端所有门禁点门禁，同时按钮亮起。

（2）紧急释放指示灯：黄/红双色指示灯，门禁未处于紧急释放时，指示灯亮黄色；若本端门禁系统已执行了紧急释放，指示灯亮红色。

三、实训要求

1. 实训时间

实训课时为 2 课时。

2. 实训形式

小组成员配合完成实训步骤以及实训考核。

3. 实训注意事项

与 IBP 盘联动时要及时复位 IBP 盘钥匙及按钮状态。

4. 工器具材料准备

（1）鼠标、键盘。

（2）ATS 系统。

（3）鹅颈话筒。

（4）ISCS 系统。

四、实训作业步骤

表 30-2-1　实训作业步骤

序号	实训内容	详细信息	图片
1	确认火灾报警	综合监控系统发出火灾报警信息。 （1）值班员作业：点击“综合监控系统—火灾报警—站厅报警”查看报警烟感位置	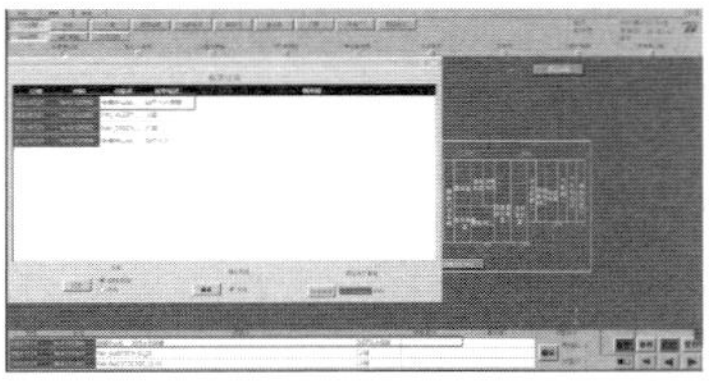 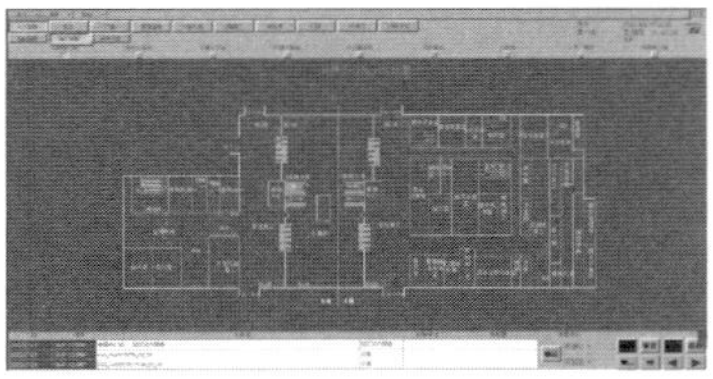

续表

序号	实训内容	详细信息	图片
1	确认火灾报警	（2）值班员鼠标指：报警的烟感设备	
		（3）值班员口呼：站厅 B 端火灾报警	
		（4）值班员对讲机汇报值班站长：值班站长，站厅 B 端火灾报警，请立即确认	
		（5）值班站长回复：站厅 B 端火灾报警，立即确认，值班站长明白	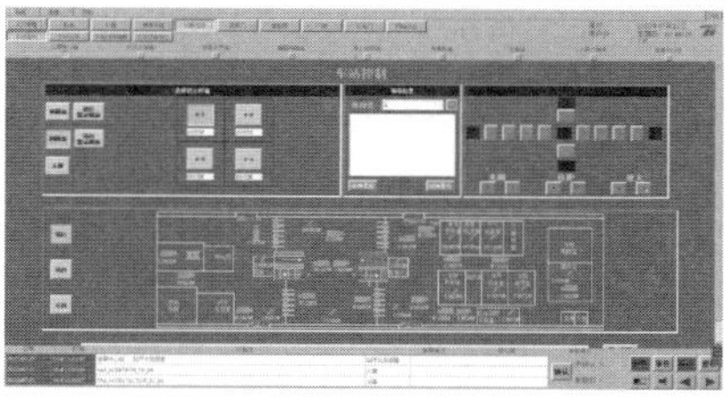
		（6）值班员作业：操作“综合监控系统”查看火情	
		（7）值班员手指：站厅 B 端商铺	
		（8）值班员口呼：站厅 B 端商铺着火	
2	组织灭火	（1）对讲机通知：站厅站务员、安检员、保洁员立即到 B 端灭火	
		（2）站务员回复：收到	
3	确认火灾模式启动	（1）值班员作业：点击“综合监控系统—机电—模式”查看环控系统站厅火灾模式联动是否执行成功（站厅火灾模式未联动执行）	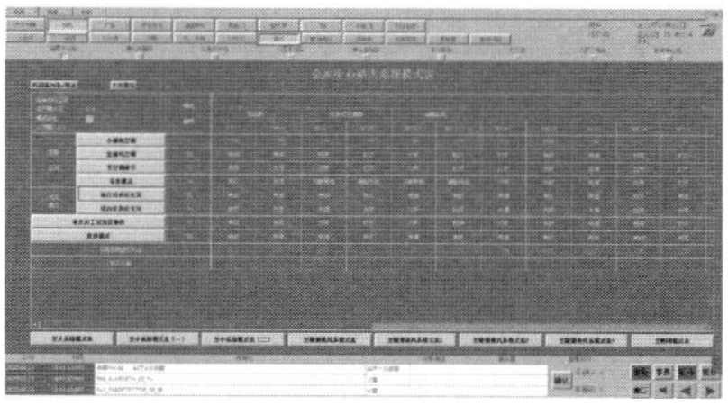
		（2）值班员鼠标指：站厅公共区火灾模式	
		（3）值班员口呼：站厅火灾模式未执行成功	
		（4）值班员作业：在 IBP 盘操作“站厅火灾模式”	
		（5）值班员手指：站厅公共区火灾模式	
		（6）值班员口呼：站厅火灾模式执行成功	
4	汇报火灾情况	（1）接通电话： 值班员点击“环调”按键，接通电话	
		（2）值班员汇报环调：环调，会展中心站站厅 B 端商铺着火，正组织灭火，环控火灾模式已启动	
		（3）环调复诵（机器人自动复诵）	
		（4）结束通话：挂断电话	
		（1）接通电话： 值班员点击“行调”按键，接通电话。 （2）值班员汇报行调： 行调，会展中心站站厅 B 端商铺着火，正组织灭火，申请上下行列车不停站通过	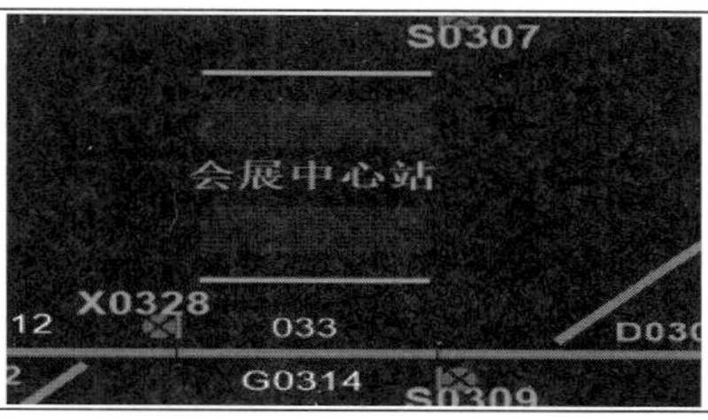

续表

序号	实训内容	详细信息	图片
4	汇报火灾情况	（3）行调复诵： 会展中心站站厅B端商铺着火，正组织灭火，申请上下行列车不停站通过，行调明白	
		（4）结束通话：挂断电话	
		（5）行调设置会展中心站上、下行站台跳停	
		（1）接通电话： 值班员点击“其他”按键，接通电话。 （2）值班员汇报119： 119，地铁会展中心站站厅发生电气火灾，请支援灭火	
		（3）119回复：收到（机器人自动回复）	
		（4）结束通话：挂断电话	
		（1）接通电话： 值班员点击“其他”按键，接通电话。 （2）值班员汇报公安110： 派出所，地铁会展中心站站厅发生电气火灾，请协助处置	
		（3）110回复：收到（机器人自动回复）	
		（4）结束通话：挂断电话	
		（1）接通电话： 值班员点击“其他”按键，接通电话。 （2）值班员汇报120： 120，地铁会展中心站站厅发生火灾，请支援	
		（3）120回复：收到（机器人自动回复）	
		（4）结束通话：挂断电话	
5	组织疏散	（1）值班员询问现场：值班站长，火灾是否可以扑灭？	
		（2）值班站长回复：控制室，火灾无法扑灭，立即组织全站疏散	
		（3）值班员复诵：火灾无法扑灭，立即组织全站疏散	
		（4）值班员确认广播：通过“综合监控系统”及耳听，确认“火灾紧急疏散广播”是否循环播放	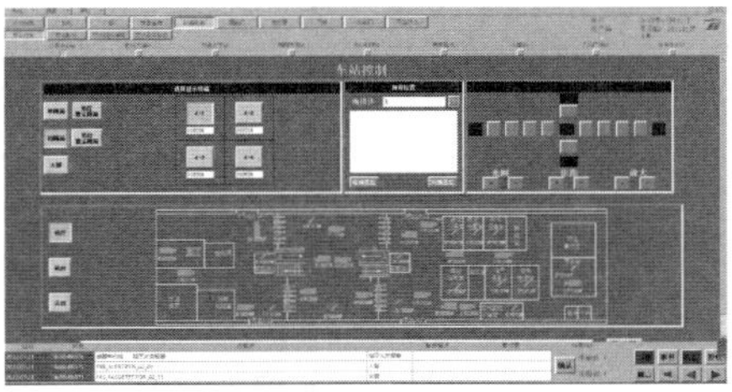
		（5）值班员口呼：疏散广播未联动播放	
		（6）值班员人工双语广播：各位乘客请注意，由于车站出现紧急情况，请保持镇静，听从车站人员指引，迅速离开本站。 Dear passengers, due to the emergency, please stay calm and follow the guidance of our staff to leave the station quickly	

续表

序号	实训内容	详细信息	图片
5	组织疏散	（7）值班员确认闸机：通过视频监控系统确认闸机联动全开	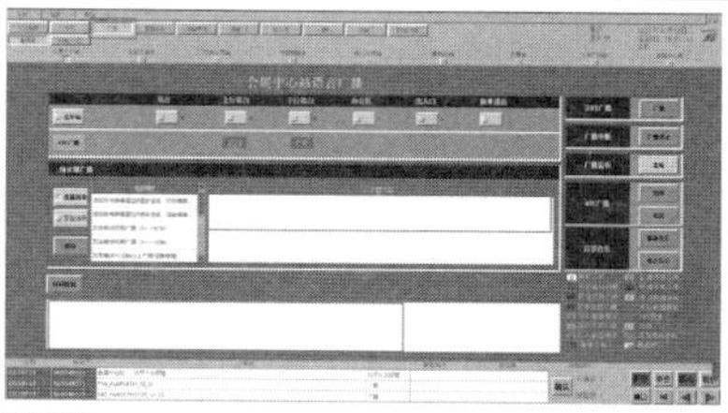
		（8）值班员手指：闸机	
		（9）值班员口呼：闸机已全开	
		（10）值班员确认门禁：通过 IBP 盘确认门禁已联动全开	
		（11）值班员手指：门禁指示灯	
		（12）值班员口呼：门禁已全开	
		（13）值班员确认电梯：通过综合监控系统—机电—电扶梯确认扶梯全停，直梯已停在站厅层处于停用且开门状态（停用状态）	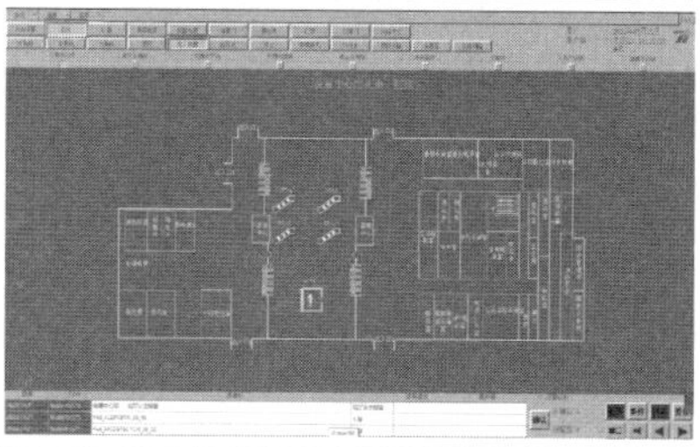
		（14）值班员手指：综合监控—机电—电扶梯界面中的扶梯、直梯	
		（15）值班员口呼：扶梯、直梯已停梯	
6	汇报疏散情况	（1）接通电话： 值班员点击“行调”按键，接通电话	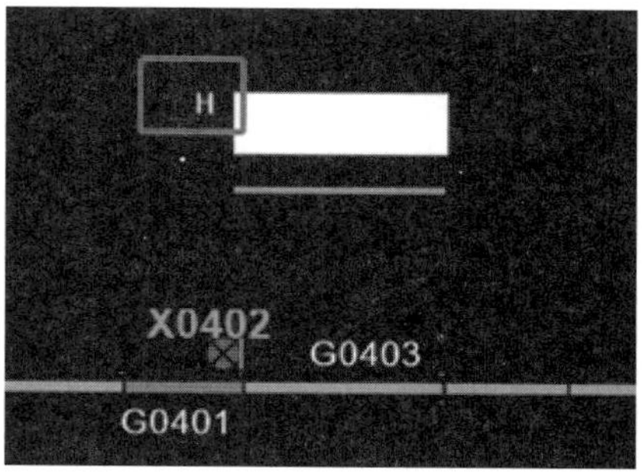
		（2）值班员汇报行调： 会展中心站站厅火灾无法扑灭，现组织全站疏散，申请关闭本站，列车不经过本站站台	
		（3）行调复诵： 会展中心站站厅火灾无法扑灭，现组织全站疏散，申请关闭本站，列车不经过本站站台，行调明白	
		（4）结束通话：挂断电话	
		（5）行调设置世纪大道站下行站台扣车	
		（6）疏散完毕（系统给出提示）	
7	本岗位疏散	（1）接通电话： 值班员点击“行调”按键，接通电话	
		（2）值班员汇报行调： 会展中心站已疏散完毕，119、120、公安已到站，现场移交 119 处置	
		（3）行调复诵： 会展中心站已疏散完毕，119、120、公安已到站，现场移交 119 处置，行调明白	
		（4）结束通话：挂断电话	
		（5）值班员穿好消防战斗服	

五、实训考核标准

表 30-2-2　实训考核标准

序号	实训内容	作业内容	配分	评分标准	得分
1	确认火灾报警	综合监控系统发出火灾报警信息。 （1）值班员作业：点击“综合监控系统—火灾报警—站厅报警”查看报警烟感位置	11	（1）未点击查看“火灾报警”界面，扣 3 分	
		（2）值班员鼠标指：报警的烟感设备		（2）未鼠标指或鼠标指位置错误，扣 0.5 分	
		（3）值班员口呼：站厅 B 端火灾报警		（3）未口呼或口呼错误，扣 0.5 分	
		（4）值班员对讲机汇报值班站长：值班站长，站厅 B 端火灾报警，请立即确认		（4）报警开始 15 s 内未通知值班站长现场确认或通知错误，扣 2.5 分	
		（5）值班站长回复：站厅 B 端火灾报警，立即确认，值班站长明白		（5）未回复或回复错误，扣 0.5 分	
		（6）值班员作业：操作“综合监控系统”查看火情		（6）未查看火情，扣 3 分	
		（7）值班员手指：站厅 B 端商铺		（7）未手指或手指位置错误，扣 0.5 分	
		（8）值班员口呼：站厅 B 端商铺着火		（8）未口呼或口呼错误，扣 0.5 分	
2	组织灭火	（1）对讲机通知：站厅站务员、安检员、保洁员立即到 B 端灭火	4	（1）未通知站厅人员灭火，扣 3.5 分	
		（2）站务员回复：收到		（2）未回复或回复错误，扣 0.5 分	
3	确认火灾模式启动	（1）值班员作业：点击“综合监控系统—机电—模式”查看环控系统站厅火灾模式联动是否执行成功（站厅火灾模式未联动执行）	11	（1）未点击查看“环控系统”界面确认，扣 3 分	
		（2）值班员鼠标指：站厅公共区火灾模式		（2）未鼠标指或鼠标指位置错误，扣 0.5 分	
		（3）值班员口呼：站厅火灾模式未执行成功		（3）未口呼或口呼错误，扣 0.5 分	
		（4）值班员作业：在 IBP 盘操作“站厅火灾模式”		（4）确认后 5 s 内未操作，扣 6 分	
		（5）值班员手指：站厅公共区火灾模式		（5）未手指或手指位置错误，扣 0.5 分	
		（6）值班员口呼：站厅火灾模式执行成功		（6）未口呼或口呼错误，扣 0.5 分	
4	汇报火灾情况	（1）接通电话： 值班员点击“环调”按键，接通电话。 （2）值班员汇报环调：环调，会展中心站站厅 B 端商铺着火，正组织灭火，环控火灾模式已启动	26	（2）未接通电话进行汇报或汇报错误，扣 3.5 分	
		（3）环调复诵（机器人自动复诵）		—	
		（4）结束通话：挂断电话		（4）未挂断电话，扣 0.5 分	

续表

序号	实训内容	作业内容	配分	评分标准	得分
4	汇报火灾情况	（1）接通电话： 值班员点击“行调”按键，接通电话。 （2）值班员汇报行调： 行调，会展中心站站厅 B 端商铺着火，正组织灭火，申请上、下行列车不停站通过		（2）未接通电话进行汇报或汇报错误，扣 2.5 分	
		（3）行调复诵： 会展中心站站厅 B 端商铺着火，正组织灭火，申请上下行列车不停站通过，行调明白		（3）行调未复诵或复诵错误，扣 1 分	
		（4）结束通话：挂断电话		（4）未挂断电话，扣 0.5 分	
		（5）行调设置会展中心站上、下行站台跳停		（5）行调未设置上行跳停，扣 3 分；未设置下行跳停，扣 3 分	
		（1）接通电话： 值班员点击“其他”按键，接通电话。 （2）值班员汇报 119： 119，地铁会展中心站站厅发生电气火灾，请支援灭火		（2）未接通电话进行汇报或汇报错误，扣 3.5 分	
		（3）119 回复：收到（机器人自动回复）		—	
		（4）结束通话：挂断电话		（4）未挂断电话，扣 0.5 分	
		（1）接通电话： 值班员点击“其他”按键，接通电话。 （2）值班员汇报公安 110： 派出所，地铁会展中心站站厅发生电气火灾，请协助处置		（2）未接通电话进行汇报或汇报错误，扣 3.5 分	
		（3）110 回复：收到（机器人自动回复）		—	
		（4）结束通话：挂断电话		（4）未挂断电话，扣 0.5 分	
		（1）接通电话： 值班员点击“其他”按键，接通电话。 （2）值班员汇报 120： 120，地铁会展中心站站厅发生火灾，请支援		（2）未接通电话进行汇报或汇报错误，扣 3.5 分	
		（3）120 回复：收到（机器人自动回复）		—	
		（4）结束通话：挂断电话		（4）未挂断电话，扣 0.5 分	
5	组织疏散	（1）值班员询问现场：值班站长，火灾是否可以扑灭？	33	（1）未询问或询问语句错误，扣 1 分	
		（2）值班站长回复：控制室，火灾无法扑灭，立即组织全站疏散		（2）未回复或回复错误，扣 0.5 分	
		（3）值班员复诵：火灾无法扑灭，立即组织全站疏散		（3）未复诵或复诵错误，扣 0.5 分	
		（4）值班员确认广播：通过“综合监控系统”及耳听，确认“火灾紧急疏散广播”是否循环播放		—	
		（5）值班员口呼：疏散广播未联动播放		（5）未口呼或口呼错误，扣 1 分	

续表

序号	实训内容	作业内容	配分	评分标准	得分
5	组织疏散	（6）值班员人工双语广播：各位乘客请注意，由于车站出现紧急情况，请保持镇静，听从车站人员指引，迅速离开本站。 Dear passengers, due to the emergency, please stay calm and follow the guidance of our staff to leave the station quickly		（6）未人工广播或中文广播词错误或英文广播词错误，扣6分	
		（7）值班员确认闸机：通过视频监控系统确认闸机联动全开		（7）未通过视频监控系统确认闸机全开，扣6分	
		（8）值班员手指：闸机		（8）未手指或手指位置错误，扣1分	
		（9）值班员口呼：闸机已全开		（9）未口呼或口呼错误，扣1分	
		（10）值班员确认门禁：通过IBP盘确认门禁已联动全开		（10）未通过IBP盘确认门禁，扣6分	
		（11）值班员手指：门禁指示灯		（11）未手指或手指位置错误，扣1分	
		（12）值班员口呼：门禁已全开		（12）未口呼或口呼错误，扣1分	
		（13）值班员确认电梯：通过综合监控系统—机电—电扶梯确认扶梯全停，直梯已停在站厅层处于停用且开门状态（停用状态）		（13）未通过综合监控系统确认扶梯、直梯停梯正确，扣6分	
		（14）值班员手指：综合监控—机电—电扶梯界面中的扶梯、直梯		（14）未手指或手指位置错误，扣1分	
		（15）值班员口呼：扶梯、直梯已停梯		（15）未口呼或口呼错误，扣1分	
6	汇报疏散情况	（1）接通电话： 值班员点击“行调”按键，接通电话。 （2）值班员汇报行调： 会展中心站站厅火灾无法扑灭，现组织全站疏散，申请关闭本站，列车不经过本站站台	5	（2）未接通电话进行汇报或汇报错误，扣2分	
		（3）行调复诵： 会展中心站站厅火灾无法扑灭，现组织全站疏散，申请关闭本站，列车不经过本站站台，行调明白		（3）未复诵或复诵错误，扣0.5分	
		（4）结束通话：挂断电话		（4）未挂断电话，扣0.5分	
		（5）行调设置世纪大道站下行站台扣车		（5）行调未设置世纪大道站下行站台扣车，扣2分	
		（6）疏散完毕（系统给出提示）		—	
7	本岗位疏散	（1）接通电话： 值班员点击“行调”按键，接通电话。 （2）值班员汇报行调： 会展中心站已疏散完毕，119、120、公安已到站，现场移交119处置	10	（2）未接通电话进行汇报或汇报错误，扣3分	

续表

序号	实训内容	作业内容	配分	评分标准	得分
7	本岗位疏散	（3）行调复诵： 会展中心站已疏散完毕，119、120、公安已到站，现场移交119处置，行调明白		（3）未复诵或复诵错误，扣0.5分	
		（4）结束通话：挂断电话		（4）未挂断电话，扣0.5分	
		（5）值班员穿好消防战斗服		（5）消防战斗服2 min内穿戴完好为满分（满分6分），超过2 min扣3分。 消防战斗服穿戴要求：衣服和裤子拉链拉至顶部，魔术贴贴紧，裤子吊带套上，穿好消防靴，戴上消防头盔，戴好高温手套。未完成每项扣3分，最多扣6分	
合计			100	—	

六、思考题

请详细描述组织疏散步骤时，值班员通过视频监控系统确认闸机联动全开的具体操作。

任务三　站台A端火灾

一、实训目的

（1）了解ISCS综合监控系统的操作流程。
（2）掌握出现站台A端火灾时的应急处置流程。

二、理论链接

1. ISCS广播系统（PA）

广播系统（Public Address System，简称PA）是有线广播系统，可以在指定的时间将指定的信息以声音的形式广播给指定的人群，它包括预录广播和实时广播。

2. 车站PA

（1）广播区域的选择（车站PA只能控制本站PA广播）。

① 在上方的特定区域左键点击“全站”，实现对整个车站的广播区域选择，再次点击取消选择。

② 在上方特定区域列表左键点击“上行站台”或“下行站台”，实现对车站任意广播区（现以上行站台和下行站台为例）的选择，再次点击取消选择。

③ 在上方的特定区域左键点击“上行站台”，实现对车站单个广播区（现以上行站台为例）的选择。

（2）音源的选择（和控制中心类似）。

车站广播操作界面如图 30-3-1 所示。

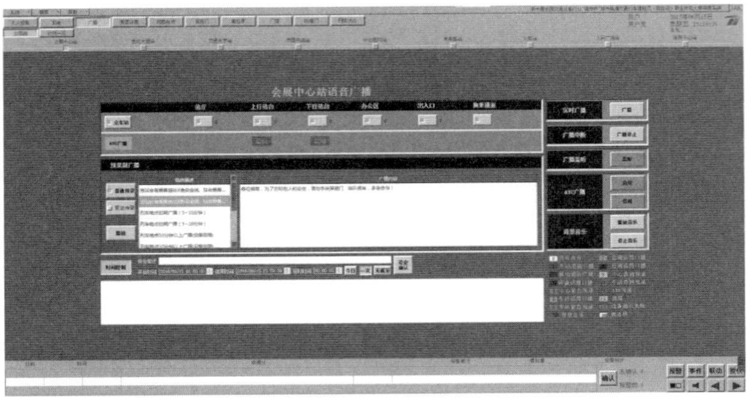

图 30-3-1　车站广播操作界面

三、实训要求

1. 实训时间

实训课时为 2 课时。

2. 实训形式

（1）实操作业与理论相结合。

（2）小组讨论。

（3）具体情况根据现场实际形势调整。

3. 实训注意事项

与 IBP 盘联动时要及时复位 IBP 盘钥匙及按钮状态。

4. 工器具材料准备

（1）鼠标、键盘。

（2）ATS 系统。

（3）鹅颈话筒。

（4）ISCS 系统。

四、实训作业步骤

（1）确认火灾报警。

① 点击“综合监控系统—火灾报警—站台报警—公共区”查看报警烟感位置。

② 对讲机汇报值班站长。

③ 操作视频监控系统查看火情。

（2）组织灭火。

（3）确认火灾模式启动。

点击“综合监控系统—机电—模式”查看环控系统站厅火灾模式联动是否执行成功。

（4）汇报火灾情况

向环调、行调、119、120、公安汇报火灾情况。

（5）组织疏散。

① 询问现场情况。

② 通过“综合监控系统”及耳听，确认“火灾紧急疏散广播”是否循环播放。

③ 确认闸机、门禁、电梯状态。

（6）向行调汇报疏散情况。

① 行调设置扣车。

② 值班员打开站台门排烟。

③ 通过综合监控系统确认隧道排烟。

（7）本岗位疏散。

向行调汇报现场情况后，穿好消防战斗服。

五、实训考核标准

表 30-3-1　实训考核标准

序号	作业内容		配分	评分标准	评分方式	扣分	得分
1	确认火灾报警	综合监控系统发出火灾报警信息。 （1）值班员作业：点击“综合监控系统—火灾报警—站台报警—公共区”查看报警烟感位置	11	（1）未点击查看“火灾报警”界面，扣 3 分	计算机自动评分		
		（2）值班员鼠标指：报警的烟感设备		（2）未鼠标指或鼠标指位置错误，扣 0.5 分	人工评分		
		（3）值班员口呼：站台 A 端火灾报警		（3）未口呼或口呼错误，扣 0.5 分	人工评分为主/计算机自动评分辅助		
		（4）值班员对讲机汇报值班站长：值班站长，站台 A 端火灾报警，请立即确认		（4）报警开始 15 s 内未通知值班站长现场确认，扣 2.5 分	人工评分为主/计算机自动评分辅助		
		（5）值班站长回复：站台 A 端火灾报警，立即确认，值班站长明白		（5）未回复或回复错误，扣 0.5 分	人工评分		
		（6）值班员作业：操作综合监控系统—视频监控系统，查看火情		（6）未查看火情，扣 3 分	计算机自动评分		
		（7）值班员手指：站台 A 端扶梯		（7）未手指或手指位置错误，扣 0.5 分	人工评分		
		（8）值班员口呼：站台 A 端扶梯着火		（8）未口呼或口呼错误，扣 0.5 分	人工评分为主/计算机自动评分辅助		
2	组织灭火	（1）值班员对讲机通知：站厅站务员、安检员、保洁员立即到站台 A 端灭火	4	（1）未通知站厅人员灭火或通知错误，扣 3.5 分	人工评分为主/计算机自动评分辅助		
		（2）站务员回复：收到		（2）未回复或回复错误，扣 0.5 分	人工评分		

续表

序号	作业内容		配分	评分标准	评分方式	扣分	得分
3	确认火灾模式启动	（1）值班员作业：点击“综合监控系统—机电—模式”查看环控系统站台火灾模式联动执行成功	5	（1）未点击查看“环控系统”界面确认，扣4分	计算机自动评分		
		（2）值班员鼠标指：站台公共区火灾模式		（2）未鼠标指或鼠标指位置错误，扣0.5分	人工评分		
		（3）值班员口呼：站台火灾模式执行成功		（3）未口呼或口呼错误，扣0.5分	人工评分为主/计算机自动评分辅助		
4	汇报火灾情况	（1）接通电话： 值班员点击“环调”按键，接通电话。 （2）值班员汇报环调： 环调，会展中心站站台A端扶梯着火，正组织灭火，环控火灾模式已启动	26	（2）未接通电话进行汇报或汇报错误，扣3.5分	人工评分为主/计算机自动评分辅助		
		（3）环调复诵 （机器人自动复诵）		—	—		
		（4）结束通话：挂断电话		（4）未挂断电话，扣0.5分	计算机自动评分		
		（1）接通电话： 值班员点击“行调”按键，接通电话。 （2）值班员汇报行调： 行调，会展中心站站台A端扶梯着火，正组织灭火，申请上、下行列车不停站通过		（2）未接通电话进行汇报或汇报错误，扣2.5分	人工评分为主/计算机自动评分辅助		
		（3）行调复诵： 会展中心站站台A端扶梯着火，正组织灭火，申请上、下行列车不停站通过，行调明白		（3）行调未复诵或复诵错误，扣1分	人工评分为主/计算机自动评分辅助		
		（4）结束通话：挂断电话		（4）未挂断电话，扣0.5分	计算机自动评分		
		（5）行调设置会展中心站上、下行站台跳停		（5）行调未设置上行跳停，扣3分；未设置下行跳停，扣3分	计算机自动评分		
		（1）接通电话： 值班员点击“其他”按键，接通电话。 （2）值班员汇报119： 119，地铁会展中心站站台发生电气火灾，请支援灭火		（2）未接通电话进行汇报或汇报错误，扣3.5分	人工评分为主/计算机自动评分辅助		
		（3）119回复：收到（机器人自动回复）		—	—		
		（4）结束通话：挂断电话		（4）未挂断电话，扣0.5分	计算机自动评分		

续表

序号	作业内容		配分	评分标准	评分方式	扣分	得分
4	汇报火灾情况	（1）接通电话： 值班员点击“其他”按键，接通电话。 （2）值班员汇报公安110： 派出所，地铁会展中心站站台发生电气火灾，请协助处置		（2）未接通电话进行汇报或汇报错误，扣3.5分	人工评分为主/计算机自动评分辅助		
		（3）110回复：收到（机器人自动回复）		—	—		
		（4）结束通话：挂断电话		（4）未挂断电话，扣0.5分	计算机自动评分		
		（1）接通电话： 值班员点击“其他”按键，接通电话。 （2）值班员汇报120： 120，地铁会展中心站站台发生火灾，请支援		（2）未接通电话进行汇报或汇报错误，扣3.5分	人工评分为主/计算机自动评分辅助		
		（3）120回复：收到（机器人自动回复）		—	—		
		（4）结束通话：挂断电话		（4）未挂断电话，扣0.5分	计算机自动评分		
5	组织疏散	（1）值班员询问现场：值班站长，火灾是否可以扑灭？	25	（1）未询问或询问语句错误，扣0.5分	人工评分为主/计算机自动评分辅助		
		（2）值班站长回复：控制室，火灾无法扑灭，立即组织全站疏散		（2）未回复或回复错误，扣0.5分	人工评分		
		（3）值班员复诵：火灾无法扑灭，立即组织全站疏散		（3）未复诵或复诵错误，扣0.5分	人工评分为主/计算机自动评分辅助		
		（4）值班员确认广播：通过“综合监控系统”及耳听，确认“火灾紧急疏散广播”是否循环播放		—	—		
		（5）值班员口呼：疏散广播未联动播放		（5）未口呼或口呼错误，扣0.5分	人工评分为主/计算机自动评分辅助		
		（6）值班员人工双语广播（各一次）：各位乘客请注意，由于车站出现紧急情况，请保持镇静，听从车站人员指引，迅速离开本站。 Dear passengers, due to the emergency, please stay calm and follow the guidance of our staff to leave the station quickly		（6）未人工广播或中文广播词语错误或英文广播词语错误，扣5分	人工评分		
		（7）值班员确认闸机：通过视频监控系统确认闸机已全开状态（闸机未能联动打开）		（7）未通过视频监控系统确认闸机全开，扣3分	计算机自动评分		

续表

序号	作业内容		配分	评分标准	评分方式	扣分	得分
5	组织疏散	（8）值班员手指眼看：闸机		（8）未手指或手指位置错误，扣 0.5 分	人工评分		
		（9）值班员口呼：闸机未能联动打开		（9）未口呼或口呼错误，扣 0.5 分	人工评分为主/计算机自动评分辅助		
		（10）值班员作业：在 IBP 盘操作闸机紧急释放		（10）未通过 IBP 盘闸机释放，扣 5 分	计算机自动评分		
		（11）值班员手指眼看：闸机		（11）未手指或手指位置错误，扣 0.5 分	人工评分		
		（12）值班员口呼：闸机已全开		（12）未口呼或口呼错误，扣 0.5 分	人工评分为主/计算机自动评分辅助		
		（13）值班员确认门禁：通过 IBP 盘确认门禁已联动全开		（13）未通过 IBP 盘确认门禁，扣 3 分	人工评分		
		（14）值班员手指：门禁指示灯		（14）未手指或手指位置错误，扣 0.5 分	人工评分		
		（15）值班员口呼：门禁已全开		（15）未口呼或口呼错误，扣 0.5 分	人工评分为主/计算机自动评分辅助		
		（16）值班员确认电梯：通过综合监控系统—机电—电扶梯确认扶梯全停，直梯已停在站厅层处于停用且开门状态（停用状态）		（16）未通过综合监控系统确认扶梯、直梯停梯正确，扣 3 分	计算机自动评分		
		（17）值班员手指：综合监控—机电—电扶梯界面中的扶梯、直梯		（17）未手指或手指位置错误，扣 0.5 分	人工评分		
		（18）值班员口呼：扶梯、直梯已停梯		（18）未口呼或口呼错误，扣 0.5 分	人工评分为主/计算机自动评分辅助		
6	汇报疏散情况	（1）接通电话：值班员点击“行调”按键，接通电话。 （2）值班员汇报行调： 会展中心站站台火灾无法扑灭，现组织全站疏散，申请关闭本站，列车不经过本站站台	19	（2）未接通电话进行汇报或汇报错误，扣 3.5 分	人工评分为主/计算机自动评分辅助		
		（3）行调复诵：会展中心站站台火灾无法扑灭，现组织全站疏散，申请关闭本站，列车不经过本站站台，行调明白		（3）未复诵或复诵错误，扣 1 分	人工评分为主/计算机自动评分辅助		
		（4）值班员结束通话：挂断电话		（4）未挂断电话，扣 0.5 分	计算机自动评分		
		（5）行调设置世纪大道站下行站台扣车		（5）行调未设置世纪大道站下行站台扣车，扣 2 分	计算机自动评分		

续表

序号	作业内容		配分	评分标准	评分方式	扣分	得分
6	汇报疏散情况	（6）值班员作业：确认上、下行区间或站台均无列车时，在 IBP 盘操作打开上行站台门排烟		（6）未通过 IBP 盘操作打开上行站台门，或者在上、下行区间或站台有车时操作打开站台门，扣 3 分	计算机自动评分		
		（7）值班员确认站台门：通过视频监控系统确认对应侧站台门已打开		（7）未通过视频监控系统确认站台门全开，扣 3 分	计算机自动评分		
		（8）值班员手指眼看：视频监控系统中的站台门		（8）未手指或手指位置错误，扣 0.5 分	人工评分		
		（9）值班员口呼：上行站台门已打开		（9）未口呼或口呼错误，扣 0.5 分	人工评分为主/计算机自动评分辅助		
		（10）值班员确认隧道排烟：通过综合监控系统确认隧道排烟启动正确		（10）未通过综合监控系统确认隧道排烟正确，扣 4 分	计算机自动评分		
		（11）值班员手指：隧道排烟设备		（11）未手指或手指位置错误，扣 0.5 分	人工评分		
		（12）值班员口呼：隧道排烟模式启动正确		（12）未口呼或口呼错误，扣 0.5 分	人工评分为主/计算机自动评分辅助		
		（13）疏散完毕（系统给出提示）		—	—		
7	本岗位疏散	（1）接通电话：值班员点击“行调”按键，接通电话。 （2）值班员汇报行调：会展中心站已疏散完毕，119、120、公安已到站，现场移交 119 处置	10	（2）未接通电话进行汇报或汇报错误，扣 3 分	人工评分为主/计算机自动评分辅助		
		（3）行调复诵：会展中心站已疏散完毕，119、120、公安已到站，现场移交 119 处置，行调明白		（3）未复诵或复诵错误，扣 0.5 分	人工评分为主/计算机自动评分辅助		
		（4）结束通话：挂断电话		（4）未挂断电话，扣 0.5 分	计算机自动评分		
		（5）值班员穿好消防战斗服		（5）消防战斗服 2 min 内穿戴完好为满分（满分 6 分），超过 2 min 扣 3 分。 消防战斗服穿戴要求：衣服和裤子拉链拉至顶部，魔术贴贴紧，裤子吊带套上，穿好消防靴，戴上消防头盔，戴好高温手套。未完成每项扣 3 分，最多扣 6 分	人工评分		
合计			100	—			
备注	应急处置完成后，系统复位						

六、思考题

值班员“汇报疏散情况—在 IBP 盘操作打开上行站台门排烟”的操作前提是什么?

任务四　站台 B 端火灾

一、实训目的

（1）了解 ISCS 综合监控系统的操作流程。

（2）掌握出现站台 B 端火灾时的应急处置流程。

二、理论链接

BAS 系统（Building Automatic System），是对地铁建筑物内的环境与空气条件、通风、给排水、照明、乘客导向、自动扶梯及电梯、屏蔽门、防淹门等建筑设备和系统进行集中监视、控制和管理的系统。

车站 BAS 执行中央级制定的运行方案，接收中央级的时间表指令和阻塞模式启动指令，并将时间表和阻塞模式下发给控制器。同时，车站 BAS 完成对设备的日常管理和调度，在正常运营时，BAS 设备的控制、挂牌、模式号的下发等权限全部保留在车站，车站机电值班操作员可以根据 OCC 环调或实际需要对设备进行监控管理。

（1）车站机电值班工作站的操作员可以监视：

① 车站的 BAS 各系统设备的状态，包括大系统、小系统、水系统、传感器、电扶梯、给排水和动力照明等设备。

② 车站的环境参数以及环控的过程参数。

③ 车站的 BAS 模式号的状态，包括火灾联动模式、大系统模式、小系统模式、水系统模式、电扶梯模式和动力照明模式等。

④ 车站的 BAS 时间表内容。

（2）车站机电值班工作站的操作员可以控制：

① 车站 BAS 模式号的启动。

② 车站低压配电照明系统，包括工作照明、广告照明、节电照明等。

③ 车站通风和空调系统，包括含空调机组、车站风机、各类风阀、空调水系统。

④ 车站给排水系统，包括车站/区间污水泵、排水泵等。

⑤ 隧道通风系统，包括区间风机、射流风机等。

⑥ 升降电梯/自动扶梯。

图元说明（见表 30-4-1）。

表 30-4-1　图元说明表

序号	标准设备名称	环控设备名称代号	图标	备注
1	组合式空调机	AHU		白色：停止。绿色：运行。红色：报警。黄色：故障。淡蓝色：通信中断
2	吊式空调机	AHU		
3	分体式空调机组 室内机/室外机	PEU/PCU		
4	送风机	FAF		

续表

序号	标准设备名称	环控设备名称代号	图标	备注
5	排风机	EAF		
6	回排风机	RAF		
7	排烟风机	RAF/SEF		
8	排气扇	AEF		
9	排风/排烟机	EAF/SEF		
10	隧道风机	TVF		
11	轨道排风机	TEF		
12	射流风机	JEF		
13	风量调节阀	MD	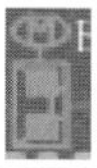	包括联动阀和调节阀
14	防烟防火阀	SFD		
15	防火阀（70 °C 关闭）	FD1		
16	防火阀（280 °C 关闭）	FD2		
17	冷却塔	LT		
18	冷水机组	LS		
19	水箱		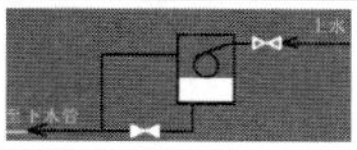	
20	电动蝶阀	MV		
21	动态平衡电动调节阀	BV		
22	冷冻泵、冷却泵	LD		

在正常运营时，每日所有BAS设备的启停等控制由ISCS的BAS时间表功能实现，当时间表运行被禁止时可以对设备子系统进行模式控制。

模式画面如图 30-4-1 所示。

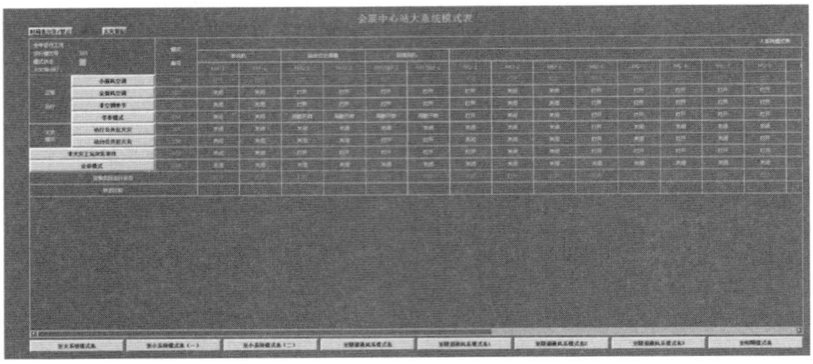

图 30-4-1　模式画面（一）

进行模式控制前也需要对闭锁条件进行检查，检查的内容包括：控制权所在地和设备子系统的时间表控制方式是否为禁止状态。模式控制的画面如图 30-4-2 所示，单击需要下发的模式，在弹出的模式下发对话框中单击【执行】，ISCS 将下发选中的模式号至 PLC，PLC 收到控制指令并判断合法后，分解为具体的设备控制指令，并执行。

大系统模式表如图 30-4-2 所示。

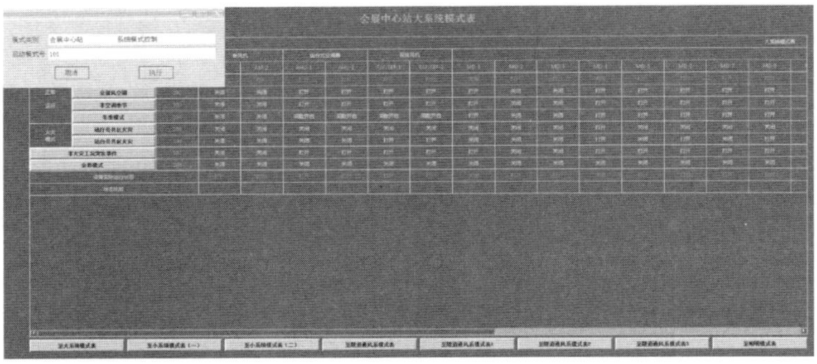

图 30-4-2　模式画面（二）

三、实训要求

1. 实训时间

实训课时为 2 课时。

2. 实训形式

（1）实操作业与理论相结合。

（2）小组讨论。

（3）具体情况根据现场实际形势调整。

3. 实训注意事项

与 IBP 盘联动时要及时复位 IBP 盘钥匙及按钮状态。

4. 工器具材料准备

（1）鼠标、键盘。

（2）ATS 系统。

（3）鹅颈话筒。

（4）ISCS 系统。

四、实训作业步骤

（1）确认火灾报警。

① 点击“综合监控系统—火灾报警—站台报警—公共区”查看报警烟感位置。

② 对讲机汇报值班站长。

③ 操作视频监控系统查看火情。

（2）组织灭火。

（3）确认火灾模式启动。

点击“综合监控系统—机电—模式”查看环控系统站厅火灾模式联动是否执行成功。

（4）汇报火灾情况。

向环调、行调、119、120、公安汇报火灾情况。

（5）组织疏散。

① 询问现场情况。

② 通过“综合监控系统”及耳听，确认“火灾紧急疏散广播”是否循环播放。

③ 确认闸机、门禁、电梯状态。

（6）向行调汇报疏散情况。

① 行调设置扣车。

② 值班员打开站台门排烟。

③ 通过综合监控系统确认隧道排烟。

（7）本岗位疏散。

向行调汇报现场情况后，穿好消防战斗服。

五、实训考核标准

表 30-4-2　实训考核标准

序号	作业程序	作业内容	配分	评分标准	评分方式	扣分	得分
1	确认火灾报警	综合监控系统发出火灾报警信息。 （1）值班员作业：点击“综合监控系统—火灾报警—站台报警—公共区”查看报警烟感位置	11	（1）未点击查看“火灾报警”界面，扣 3 分	计算机自动评分		
		（2）值班员鼠标指：报警的烟感设备		（2）未鼠标指或鼠标指位置错误，扣 0.5 分	人工评分		
		（3）值班员口呼：站台 B 端火灾报警		（3）未口呼或口呼错误，扣 0.5 分	人工评分为主/计算机自动评分辅助		

续表

序号	作业程序	作业内容	配分	评分标准	评分方式	扣分	得分
1	确认火灾报警	（4）值班员对讲机汇报值班站长：值班站长，站台B端火灾报警，请立即确认		（4）报警开始15 s内未通知值班站长现场确认或通知错误，扣2.5分	人工评分为主/计算机自动评分辅助		
		（5）值班站长回复：站台B端火灾报警，立即确认，值班站长明白		（5）未回复或回复错误，扣0.5分	人工评分		
		（6）值班员作业：操作综合监控系统—视频监控系统，查看火情		（6）未查看火情，扣3分	计算机自动评分		
		（7）值班员手指：站台B端扶梯		（7）未手指或手指位置错误，扣0.5分	人工评分		
		（8）值班员口呼：站台B端扶梯着火		（8）未口呼或口呼错误，扣0.5分	人工评分为主/计算机自动评分辅助		
2	组织灭火	（1）值班员对讲机通知：站厅站务员、安检员、保洁员立即到站台B端灭火	4	（1）未通知站厅人员灭火或通知错误，扣3.5分	人工评分为主/计算机自动评分辅助		
		（2）站务员回复：收到		（2）未回复或回复错误，扣0.5分	人工评分		
3	确认火灾模式启动	（1）值班员作业：点击“综合监控系统—机电—模式”查看环控系统站台火灾模式联动执行成功	5	（1）未点击查看“环控系统”界面确认，扣4分	计算机自动评分		
		（2）值班员鼠标指：站台公共区火灾模式		（2）未鼠标指或鼠标指位置错误，扣0.5分	人工评分		
		（3）值班员口呼：站台火灾模式执行成功		（3）未口呼或口呼错误，扣0.5分	人工评分为主/计算机自动评分辅助		
4	汇报火灾情况	（1）接通电话。 （2）值班员点击“环调”按键，接通电话。 （3）值班员汇报环调：环调，会展中心站站台B端扶梯着火，正组织灭火，环控火灾模式已启动	26	（2）未接通电话进行汇报或汇报错误，扣3.5分	人工评分为主/计算机自动评分辅助		
		（4）环调复诵（机器人自动复诵）		—	—		
		（5）结束通话：挂断电话		（5）未挂断电话，扣0.5分	计算机自动评分		

续表

序号	作业程序	作业内容	配分	评分标准	评分方式	扣分	得分
4	汇报火灾情况	（1）接通电话： 值班员点击“行调”按键，接通电话。 （2）值班员汇报行调：行调，会展中心站站台 B 端扶梯着火，正组织灭火，申请上下行列车不停站通过		（2）未接通电话进行汇报或汇报错误，扣 2.5 分	人工评分为主/计算机自动评分辅助		
		（3）行调复诵：会展中心站站台 B 端扶梯着火，正组织灭火，申请上下行列车不停站通过，行调明白		（3）行调未复诵或复诵错误，扣 1 分	人工评分为主/计算机自动评分辅助		
		（4）结束通话：挂断电话		（4）未挂断电话，扣 0.5 分	计算机自动评分		
		（5）行调设置会展中心站上下行站台跳停		（5）上行未设置跳停，扣 3 分；下行未设置跳停，扣 3 分	计算机自动评分		
		（1）接通电话： 值班员点击“其他”按键，接通电话。 （2）值班员汇报 119：119，地铁会展中心站站台发生电气火灾，请支援灭火		（2）未接通电话进行汇报或汇报错误，扣 3.5 分	人工评分为主/计算机自动评分辅助		
		（3）119 回复：收到(机器人自动回复)		—	—		
		（4）结束通话：挂断电话		（4）未挂断电话，扣 0.5 分	计算机自动评分		
		（1）接通电话： 值班员点击“其他”按键，接通电话。 （2）值班员汇报公安：派出所，地铁会展中心站站台发生电气火灾，请协助处置		（2）未接通电话进行汇报或汇报错误，扣 3.5 分	人工评分为主/计算机自动评分辅助		
		（1）110 回复：收到(机器人自动回复)		—	—		
		（2）结束通话：挂断电话		（2）未挂断电话，扣 0.5 分	计算机自动评分		
		（1）接通电话： 值班员点击“其他”按键，接通电话。 （2）值班员汇报 120：120，地铁会展中心站站台发生火灾，请支援		（2）未接通电话进行汇报或汇报错误，扣 3.5 分	人工评分为主/计算机自动评分辅助		

续表

序号	作业程序	作业内容	配分	评分标准	评分方式	扣分	得分
4	汇报火灾情况	（3）120 回复：收到（机器人自动回复）		—	—		
		（4）结束通话：挂断电话		（4）未挂断电话，扣 0.5 分	计算机自动评分		
5	组织疏散	（1）值班员询问现场：值班站长回复，火灾是否可以扑灭？	18	（1）未询问或询问语句错误，扣 0.5 分	人工评分为主/计算机自动评分辅助		
		（2）值班站长回复：控制室，火灾无法扑灭，立即组织全站疏散		（2）未回复或回复错误，扣 0.5 分	人工评分		
		（3）值班员复诵：火灾无法扑灭，立即组织全站疏散		（3）未复诵或复诵错误，扣 0.5 分	人工评分为主/计算机自动评分辅助		
		（4）值班员确认广播：通过“综合监控系统”及耳听，确认“火灾紧急疏散广播”是否循环播放		—	—		
		（5）值班员口呼：疏散广播未联动播放		（5）未口呼或口呼错误，扣 0.5 分	人工评分为主/计算机自动评分辅助		
		（6）值班员人工双语广播（各一次）：各位乘客请注意，由于车站出现紧急情况，请保持镇静，听从车站人员指引，迅速离开本站。 Dear passengers, due to the emergency, please stay calm and follow the guidance of our staff to leave the station quickly		（6）未人工广播或中文广播词语错误或英文广播词语错误，扣 4 分	人工评分		
		（7）值班员确认闸机：通过视频监控系统确认闸机已全开状态		（7）未通过视频监控系统确认闸机全开，扣 3 分	计算机自动评分		
		（8）值班员手指眼看：视频监控系统中的闸机		（8）未手指或手指位置错误，扣 0.5 分	人工评分		
		（9）值班员口呼：闸机已全开		（9）未口呼或口呼错误，扣 0.5 分	人工评分为主/计算机自动评分辅助		

续表

序号	作业程序	作业内容	配分	评分标准	评分方式	扣分	得分
5	组织疏散	（10）值班员确认门禁：通过 IBP 盘确认门禁已联动全开		（10）未通过 IBP 盘确认门禁，扣 3 分	人工评分		
		（11）值班员手指：门禁指示灯		（11）未手指或手指位置错误，扣 0.5 分	人工评分		
		（12）值班员口呼：门禁已全开		（12）未口呼或口呼错误，扣 0.5 分	人工评分为主/计算机自动评分辅助		
		（13）值班员确认电梯：通过综合监控系统—机电—电扶梯确认扶梯全停，直梯已停在站厅层处于停用且开门状态（停用状态）		（13）未通过综合监控系统确认扶梯、直梯停梯状态，扣 3 分	计算机自动评分		
		（14）值班员手指：扶梯、直梯		（14）未手指或手指位置错误，扣 0.5 分	人工评分		
		（15）值班员口呼：扶梯、直梯已停梯		（15）未口呼或口呼错误，扣 0.5 分	人工评分为主/计算机自动评分辅助		
6	汇报疏散情况	（1）接通电话：值班员点击“行调”按键，接通电话	26	（2）未接通电话进行汇报或汇报错误，扣 2.5 分	人工评分为主/计算机自动评分辅助		
		（2）值班员汇报行调：会展中心站站台火灾无法扑灭，现组织全站疏散，申请关闭本站，列车不经过本站站台					
		（3）行调复诵：会展中心站站台火灾无法扑灭，现组织全站疏散，申请关闭本站，列车不经过本站站台，行调明白		（3）未复诵或复诵错误，扣 1 分	人工评分为主/计算机自动评分辅助		
		（4）结束通话：挂断电话		（4）未挂断电话，扣 0.5 分	计算机自动评分		
		（5）行调设置世纪大道站下行站台扣车		（5）行调未设置世纪大道站下行站台扣车，扣 2 分	计算机自动评分		
		（6）值班员作业：确认上、下行区间及站台无列车时，在 IBP 盘操作打开上行站台门排烟		（6）未通过 IBP 盘操作打开上行站台门，或者在上、下行区间或站台有车时操作打开站台门，扣 3 分	计算机自动评分		
		（7）值班员确认站台门：通过视频监控系统确认对应侧站台门状态		（7）未通过视频监控系统确认站台门状态，扣 3 分	计算机自动评分		

续表

序号	作业程序	作业内容	配分	评分标准	评分方式	扣分	得分
6	汇报疏散情况	（8）值班员汇报：值班站长，站台门未能打开，请在PSL手动打开上行站台门		（8）未通知值班站长手动打开站台门或在区间或站台有车时通知手动打开站台门，扣3分	人工评分为主/计算机自动评分辅助		
		（9）值班站长复诵：站台门未能打开，在PSL手动打开上行站台门，值班站长明白。并使用PSL打开该侧站台门		（9）值班站长未复诵或复诵错误，扣1分；未使用PSL打开该侧站台门，扣3分	人工评分/计算机自动评分		
		（10）值班员确认站台门：通过视频监控系统确认上行站台门已打开		（10）未通过视频监控系统确认站台门状态，扣2分	计算机自动评分		
		（11）值班员手指：视频监控系统中的站台门		（11）未手指或手指位置错误，扣0.5分	人工评分		
		（12）值班员口呼：上行站台门已打开		（12）未口呼或口呼错误，扣0.5分	人工评分为主/计算机自动评分辅助		
		（13）值班员确认隧道排烟：通过综合监控系统确认隧道排烟启动正确		（13）未通过综合监控系统确认隧道排烟正确，扣3分	计算机自动评分		
		（14）值班员手指：隧道排烟设备		（14）未手指或手指位置错误，扣0.5分	人工评分		
		（15）值班员口呼：隧道排烟模式启动正确。		（15）未口呼或口呼错误，扣0.5分	人工评分为主/计算机自动评分辅助		
		（16）疏散完毕（系统给出提示）		—	—		
7	本岗位疏散	（1）接通电话：值班员点击“行调”按键，接通电话。（2）值班员汇报行调：会展中心站已疏散完毕，119、120、公安已到站，现场移交119处置	10	（2）未接通电话进行汇报或汇报错误，扣3分	人工评分为主/计算机自动评分辅助		
		（3）行调复诵：会展中心站已疏散完毕，119、120、公安已到站，现场移交119处置，行调明白		（3）未复诵或复诵错误，扣0.5分	人工评分为主/计算机自动评分辅助		
		（4）结束通话：挂断电话		（4）未挂断电话，扣0.5分	计算机自动评分		

续表

序号	作业程序	作业内容	配分	评分标准	评分方式	扣分	得分
7	本岗位疏散	（5）值班员穿好消防战斗服		（5）消防战斗服2 min内穿戴完好为满分（满分6分），超过2 min扣3分。 消防战斗服穿戴要求：衣服和裤子拉链拉至顶部，魔术贴贴紧，裤子吊带套上，穿好消防靴，戴上消防头盔，戴好高温手套。未完成每项扣3分，最多扣6分	人工评分		
合计			100	—			
备注	应急处置完成后，系统复位						

六、思考题

请描述“值班员组织疏散——确认电梯状态”的详细步骤，并说明电扶梯图元如何显示时处于停用状态。

参考文献

[1] 全国图形符号标准化技术委员会. 公共信息导向系统 评价要求 第 3 部分：城市轨道交通车站：GB/T 38604.3—2020[S]. 北京：中国标准出版社，2020.

[2] 全国消防标准化技术委员会. 城市轨道交通消防安全管理：GB/T 40484—2021[S]. 北京：中国标准出版社，2021.

[3] 全国图形符号标准化技术委员会. 城市轨道交通运营技术规范：GB/T 38707—2020[S]. 北京：中国标准出版社，2020.

[4] 国家铁路局. 铁路调车作业：TB/T 30002—2020[S]. 北京：中国铁道出版社，2021.

[5] 中国铁路总公司. 铁路技术管理规程[M]. 北京：中国铁道出版社，2014.

[6] 孙策. 铁路客运站调车作业计划编制系统研究[D]. 大连：大连交通大学，2019.

[7] 李芳，刘吉洋. 铁路调车作业安全问题研究[J]. 铁道运营技术，2020，26（03）：11-13.

[8] 铁路部运输局. 铁路车站行车作业人身安全规定：TB 16991985[S]. 北京：中国铁道出版社，1986.

[9] 林瑜筠. 正确使用 6502 电气集中：第 2 版[M]. 北京：中国铁道出版社，2017.

[10] 张云丽，雷定猷，张英贵，等. 铁路通信与信号[M]. 长沙：中南大学出版社，2013.

[11] 王小丰，刘东华. 铁路行车组织[M]. 成都：西南交通大学出版社，2013.

[12] 洪立新. 列车调度指挥：第 2 版[M]. 成都：西南交通大学出版社，2018.

[13] 陈小波. 铁路接发列车作业[M]. 北京：中国铁道出版社，2020.

[14] 全国城市客运标准化技术委员会. 城市轨道交通运营指标体系：GB/T 38374—2019[S]. 北京：中国标准出版社，2019.

[15] 全国城市轨道交通标准化技术委员会. 城市轨道交通安全防范通信协议与接口：GB/T 38311—2019[S]. 北京：中国标准出版社，2019.

[16] 全国消防标准化技术委员会. 城市轨道交通消防安全管理：GB/T 40484—2021[S]. 北京：中国标准出版社，2021.